決定版 笹島式 帯結び100選

指導＝笹島寿美

世界文化社

決定版 笹島式帯結び100選 目次

江戸風角出し

千鳥結び

れんげ文庫
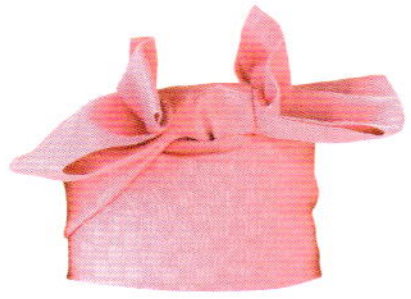

二枚片わな
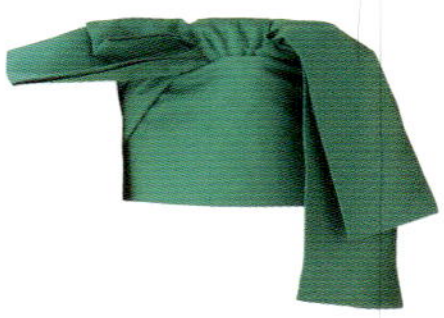

花はさこ

重箱

貝の口

片わな結び

片ばさみ
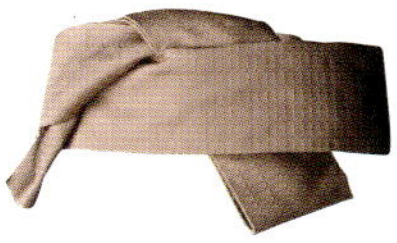

銀座結び

立て矢文庫

浪人結び

吉弥

角出し太鼓

結びのルーツをさかのぼる

結びの原点は横綱にあり

結びは、二つのものがからみ合って成り立つものです。

帯では最初になるほうを「て」と呼び、結んでから形を作るほうを「たれ」と呼んでいます。その「て」と「たれ」によって最も基本となる結びが『片わな結び（片蝶結び）』と「諸わな結び（蝶結び）」です。片わな結びは紐であれ帯であれ、長さの短いもので結び、諸わな結びは長いもので結びます。この二つの結びを代表しているものは日本の国技である相撲の横綱の「雲竜型」と「不知火《しらぬい》型」の綱の結びに見ることができます。型は得意とする技で決めていますが、これらは歌舞伎の衣装のように注連縄《しめなわ》を誇張したつくりです。

雲竜型は片わな結びです。片方で輪を作り、もう一方で結んでいます。そして、結んだて先とたれ先を美しく見せるために、両先を揃えて上向きに並べ、輪を折り上げて形を作っています。

不知火型は諸わな結びです。左右が輪となる蝶結びですが、やはりて先とたれ先を上に向けて並べ、二つの輪を起こして形を作っています。

このように美化された形になっていますが、江戸時代の素朴な片わな結びから始まったものです。いずれにしても綱を締める横綱は、神聖な意味を表しています。

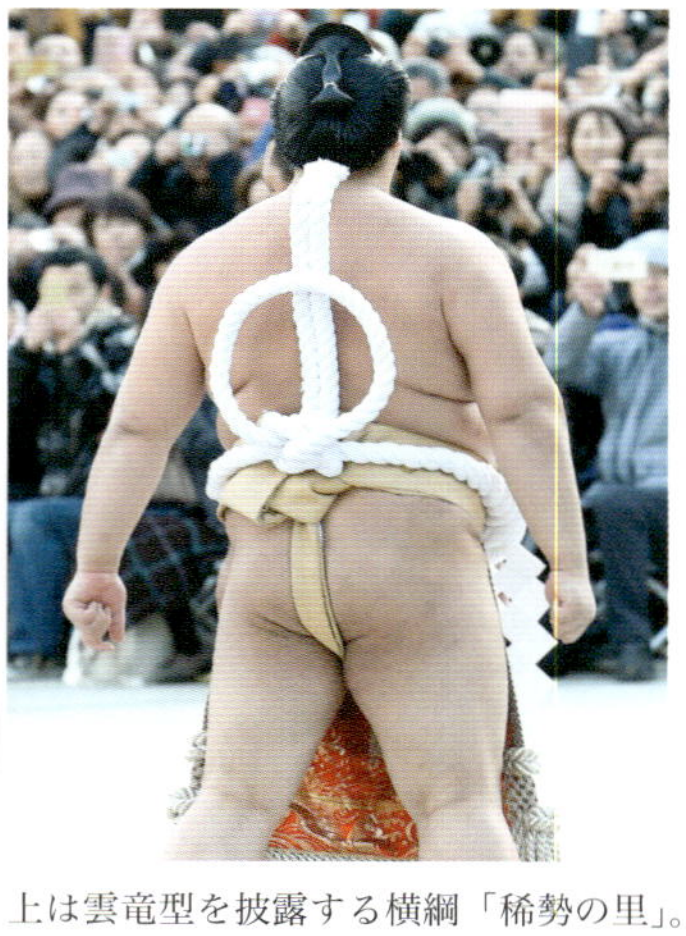

上は雲竜型を披露する横綱「稀勢の里」。
左は不知火型を披露する横綱「白鵬」。

雲竜 片わな結び

不知火 諸わな結び

結ぶということの定義

結びの働きは機能と装飾

結びの種類をその働きから大きく分けると、機能結びと装飾結びになります。機能結びは荷造りの紐結びなど、運搬・作業時などに、装飾結びは、帯や水引などの結びに見られ、現在も生活の中にしっかり根づいています。

原始時代における結びは、狩猟や作業結びなどの機能結びで、人が衣服を押さえるために紐を結んでいた帯の原形を埴輪《はにわ》などから知ることができます。また、紐を結ぶことは信仰や呪術の意味を表したり、男女の愛の証しとしても用いられたようです。

結びは人が生きるために必要不可欠です。結びによって文化は生まれ、そして発展しました。その中で、礼法的な特別なものは伝授されてきましたが、日常において欠かすことのできない結びは、時代の変遷の中でその伝授がおろそかになっているようです。そのせいか、結びの定義も追求されないまま時は流れてきてしまいました。

そこで、結ぶということとは、どういうことなのか考えてみますと、結びはプラスとマイナスのように分かれた二つのものが寄り合い、からみ合って成り立つということです。機能結びであればしっかりとほどけにくくすること。装飾結びであれば、美しく結び上げるということです。結びは、働きによってその定義も異なってくるのです。

●結びの種類

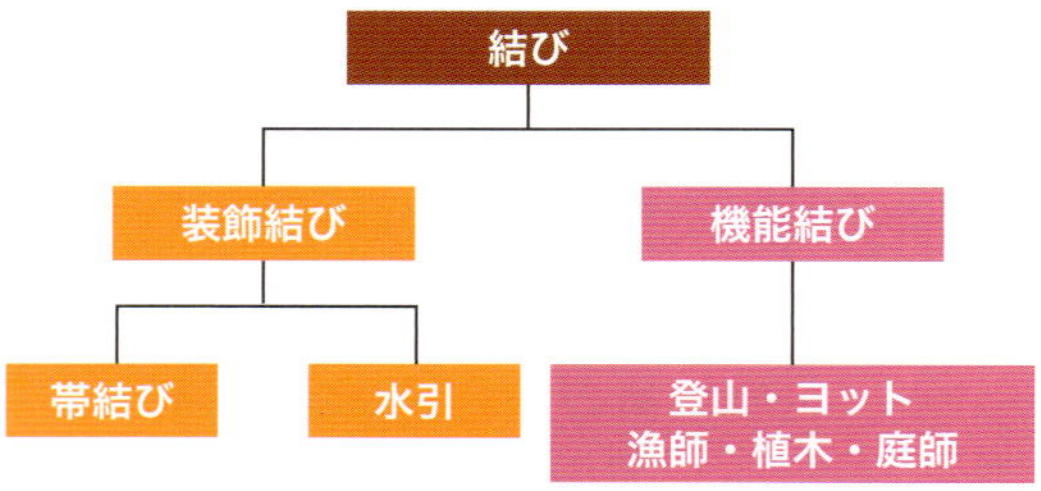

上：この本でもご紹介する“寿々賀”。帯結びというより、帯による創作、アート感覚です。装飾的な面が際立ち、機能の面はほとんど表に現れていません。装飾結びを極めた形といえるのではないでしょうか。

下：港の船着き場で、よく目にする光景です。ロープがぐるぐると巻いて結ばれた、船と港をつなぎ止める作業結びの一種でしょう。昔から命綱ともいわれるように、結びは、人の生命にかかわることさえあり、生活に不可欠なものだったのではないでしょうか。

結びの原形を探ってみる

結びの基本四タイプ

結びは、その働きから機能を重視したものと装飾を重視したものに分かれます。その働きを生かすために、昔から受け継がれ、今も日常生活に欠かせない結びの基本をご紹介します。複雑そうに見える帯結びの形も、もとをたどればこの四つの形から発生したものといえるのです。

［駒結び］

ほどけないように固定する機能を重視した駒結び。真結びや固結びとも呼ばれ、今も荷造りや作業結びなど、生活に欠かせない結びとなっています。帯結びでは、男帯で仕事をする職人や、祭の激しい動きなどの結びに最適です。この本に出てくる駒結び＝神田結び、袴の駒結び、帯締めの結び。

左ページ上：
狂言「棒縛《ぼうしばり》」（太郎冠者《たろうかじゃ》：野村万作）／撮影＝政川慎治
写真＝万作の会

引き抜き結び

結びやすくてほどけやすい、これに尽きる引き抜き結び。てとたれをくぐらせて締めるだけという、きものの脱ぎ着が簡単で生活着だった時代の帯結びだったようです。その代表が遊女などに見られるひっかけ結びです。今では、歌舞伎や狂言など、舞台の早変わりの衣装用の結びになっています。この本に出てくる引き抜き結び＝柳結び、角出し、ひっかけ結び。

諸わな結び

古い時代から駒結び、片わな結び、と並ぶ三大結びで、服飾の基本結びとされる諸わな結び。左右に輪を作るため、蝶結びともいわれ、片わな結びよりもさらに装飾性が高く、華やかです。堅い織り帯では作りにくい形なので、七五三の腰帯のしごきや兵児《へこ》帯、柔らかい半幅帯などに結ばれることが多い。

片わな結び

駒結びと並んで、古い時代から結ばれていた片わな結び。片方に作られる輪に装飾性を持たせつつ、ほどけやすいという特徴があります。風呂敷のお使い包みや紐結びなど、今も日常によく見られる結びです。帯結びでは、小袖に締められていた、帯の原形の紐の結びといわれています。て先が上になる結び方なので、振袖などの華やかな変わり結びも、始まりはこの片わな結びだったといえるでしょう。

帯の移り変わりをたどる

帯を結ぶとは

帯のルーツは、埴輪に見られるように衣服を支える細い紐でした。やがて時代の変遷とともに細く短い紐は、幅が広くて長い帯へと変化したのです。結びも駒結び、片わな結び、諸わな結びで衣服を押さえる機能結びでしたが、平安、室町時代の頃になると、女性の帯幅は広く長くなり装飾性を高め始めます。その代表が小袖のきものに片わな結びの姿です。

そして江戸時代になると、帯はその幅をますます広くし、士農工商の身分制度のもと、身分によって結びの形が決められるなど、身分の象徴として、その存在を確立しました。やがて帯結びは、機能の中にも独特の美をもって男女別に完成され、現代に伝承されてきたのです。

きものが周囲に向かって精神をアピールするものであれば、帯はきものを支えると同時に着る人に我慢を強いたこともあったようです。

しかし、明治時代に入ると、西洋の衣服が急速に生活に欠かすことのできないものとなりました。そこで帯を締めることが少なくなって解放された精神が日本文化への思いを薄くし、表面だけを飾るファッション的結びの流行が訪れます。

そして昭和の後半になって飾り結び百花繚乱の時代を迎えるのです。

●帯の今昔

長くて平べったくてシンプルな形の帯

【今】
現代、帯は自分が自分であることを認識する、アイデンティティが秘められている。帯は心や感情、意識を表現する。

【昔】
帯は結び方によって、結ぶ人の人柄を表し、格をも表す。そして帯は、魂を守る。

●結びと時代の変遷

時代と帯の変遷	
古代・奈良時代	信仰・呪術・産霊（むすひ）
安土桃山時代	後期には紐状から幅広に結びが表面化
江戸時代	帯結びの完成
明治時代	太鼓結びと立て矢結びが主力
大正時代	色や模様の個性化
昭和時代	帯結び百花繚乱
平成時代	和服が斜陽、手軽な結びの出現

左ページ
右上：江戸時代以前、桃山時代の頃の帯です。
紐状で、付属品的にきものをとめておくだけのものだったようです。
「紙本著色花下遊楽図」狩野長信作（部分）／東京国立博物館蔵・Image:TNM Image Archives
左上：江戸時代の浮世絵に見られる帯で、幅が広がり、結びの形に身分を象徴する意味が出てきました。
「高輪海岸之景」歌川豊国作／東京国立博物館蔵・Image:TNM Image Archives
下：現代の成人式の様子です。
ほとんど変わり結びによる形で、飾り結び百花繚乱の時代といえます。

江戸時代

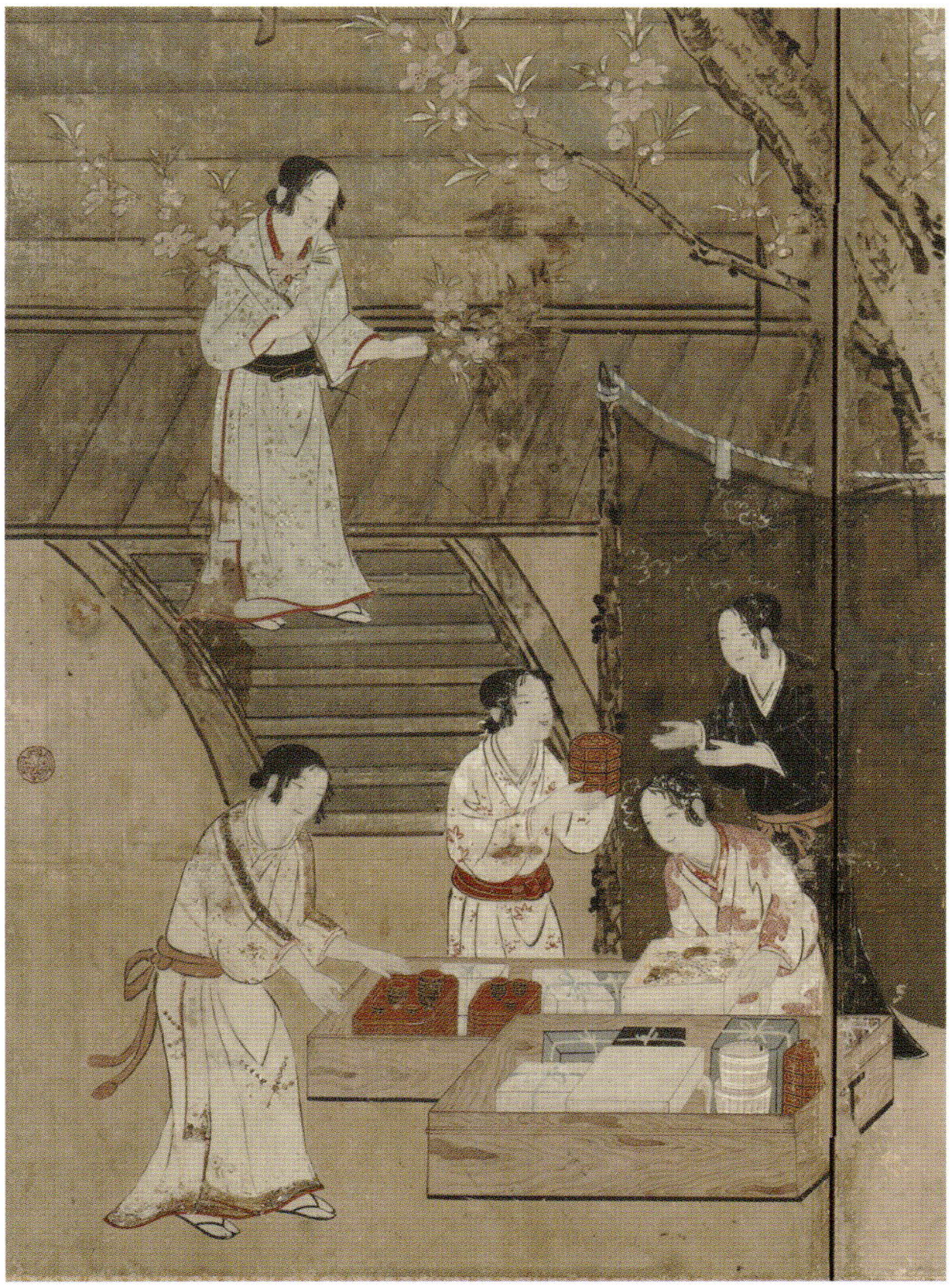

江戸時代以前

昭和の後半～現在

この本に出てくる帯結び

さあ、いよいよ帯結びの実践に入りましょう。

この本では、おさらいにもなる簡単な結びから、アレンジを加えた少し高度な結びを厳選して取り上げ、基本テクニックと、その応用によるバリエーションの広げ方を、身につけられるようにしました。

一文字（P.40）
マスターしたい基本のテクニックが集まった結び。

れんげ文庫（P.49）
一文字結びの羽根をアレンジし、華やかさを出した結び。

花はさこ（P.46）
可愛らしく量感があるため、年代を問わない結び。

二枚片わな（P.51）
一文字の変化のつけ方次第でこんなバリエーションも。

はさこ（P.48）
心地よく、安定しているので踊りの稽古にも最適な結び。

水ばしょう（P.52）
一文字結びに遊びを取り入れて可憐にした結び。

花がさね
（P.54）

半幅帯二枚で結んで、振袖にもぴったりの豪華な結び。

割り角出し
（P.60）

時代結びの角出しを半幅帯に応用した、小粋な結び。

一重太鼓
（P.66）

結べるようにしておきたい、最もポピュラーな結び。

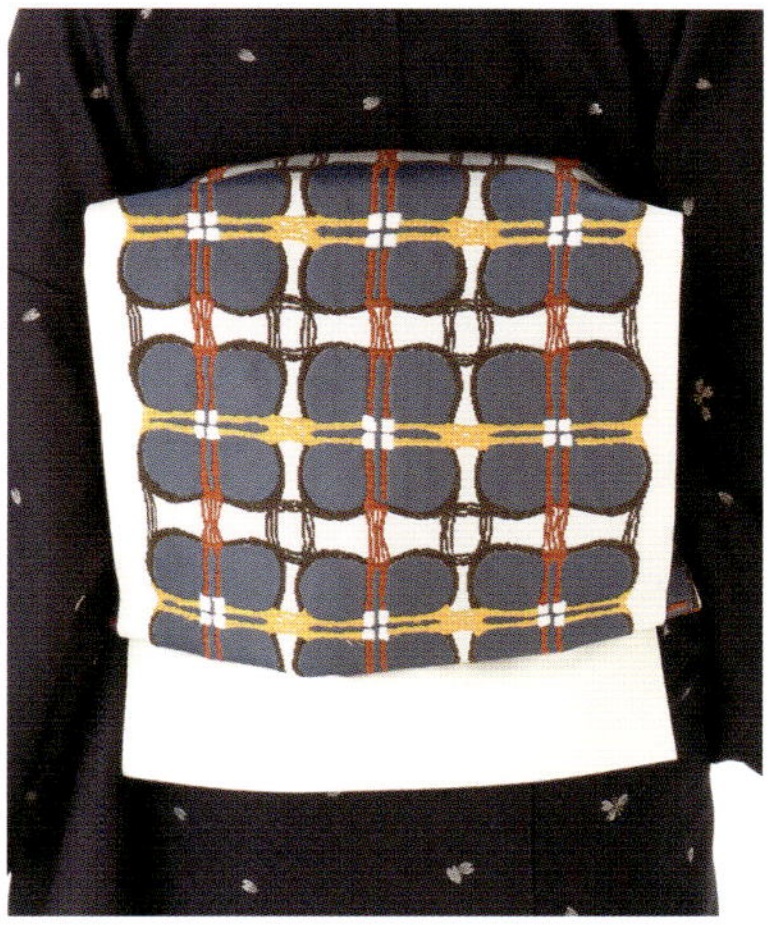

貝の口
（P.55）

単純なだけに、形よく見せるのが最も難しい結び。

割り太鼓
（P.62）

帯枕を用いず、重ねたたれでお太鼓を作った結び。

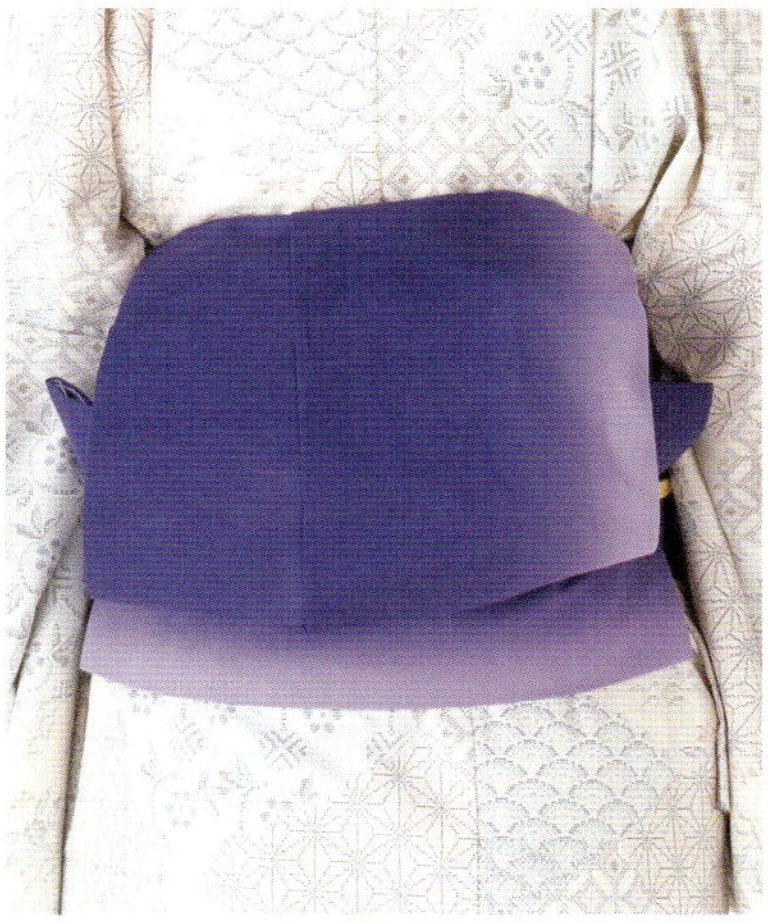

羽根つき太鼓
（P.72）

て先で羽根を作り、お太鼓の帯山からのぞかせた応用結び。

吉弥
（P.58）

きりっとさせ過ぎないほうが味が出る、江戸時代の結び。

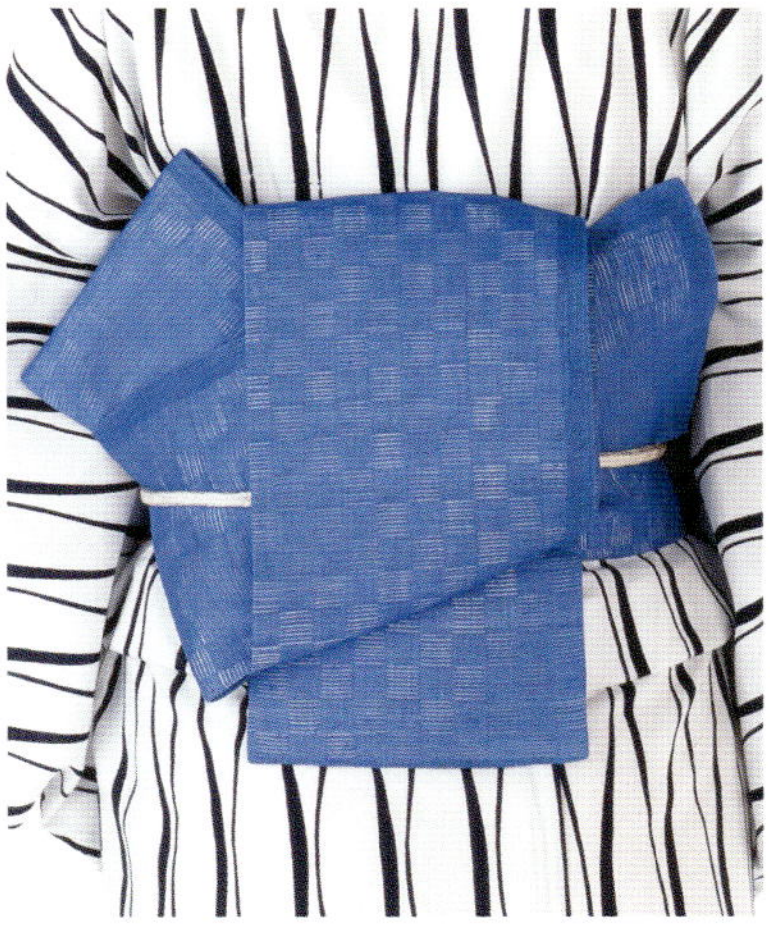

横一文字
（P.63）

結ばず、帯幅をそのまま生かして巻いた華やかな形。

銀座結び
（P.74）

角出し結びを現代風にアレンジした、親しみのある結び。

一文字（P.78）

半幅帯の一文字を、帯締めでとめて名古屋帯に応用して。

富士太鼓（P.93）

二重太鼓の帯山にひだで立体感をつけて飾った結び。

ふくら雀 1（P.96）

振袖に最も多く結ばれる、豪華で品格のある結び。

二重太鼓（P.84）

帯結びに欠かすことのできない、フォーマルな基本結び。

華さね太鼓（P.94）

たれの重なりで変化をつけた、落ち着きのある結び。

ふくら雀 2（P.101）

1の羽根を水平にして趣を変え、可愛らしくしました。

重箱（P.92）

お太鼓を大きく、たれ先を短くして変化をつけて。

十文字太鼓（P.95）

七五三の帯を大人にも結べるようお太鼓を応用した結び。

角出し二重太鼓（P.102）

て先の幅をたたまずに残し、華やかにした結び。

角出し太鼓（P.103）

て先にボリュームを持たせた、角出し結びのアレンジ。

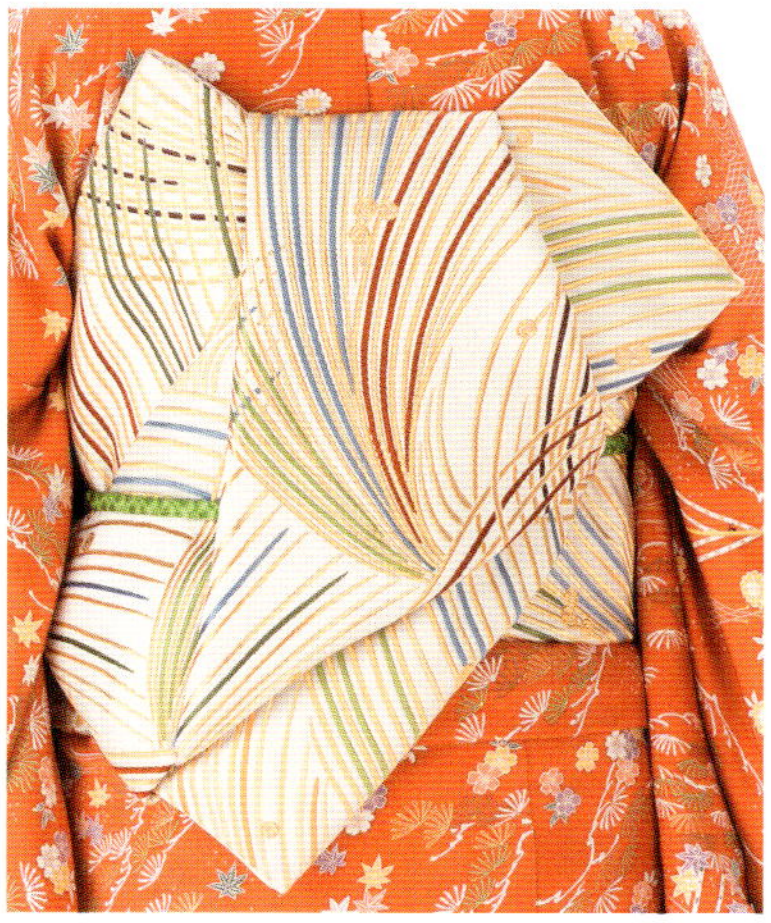

後見結び2（P.110）

プロセスを変え、より平面的に表現してみました。

文庫結び（P.116）

上品で格もあり、振袖や訪問着に結ばれる基本の形。

扇太鼓（P.105）

て先とたれをたたんでひだをつけた二重太鼓のアレンジ。

後見結び3（P.111）

日本舞踊の流派によって異なる後見結びの一つ、花柳流。

花文庫1（P.124）

袋帯の無地部分を生かし、花を咲かせたようにした結び。

後見結び1（P.106）

斜めに重ねて決める部分の多い、男結びが基本の結び。

千鳥結び（P.112）

花柳流では、若い芸妓が結ぶとされる結び。

花文庫2（P.125）

1ので、先に大小をつけて、表情を変えてみました。

立て矢文庫（P.126）

文庫結びの羽根を斜めにした立て矢系と文庫の合作結び。

新美蝶（P.133）

蝶結びの羽根と手先を立ち上げ、さらに生き生きさせて。

巾着（P.139）

お祝いの巾着袋を表現したインパクトのある創作結び。

だらり文庫（P.128）

舞妓が結ぶだらりを袋帯で楽しめるよう応用した結び。

うの花結び（P.135）

螺旋状に巻いたパラソル風のたれが個性的な創作結び。

柳結び（P.142）

芸者や浮世絵などに見られる時代結びの引き抜きの形。

蝶結び（P.131）

文庫の羽根を蝶の羽に見立てた躍動感のある結び。

寿々賀（P.137）

燃え上がる炎のような羽根が強烈な印象の創作結び。

江戸風角出し（P.146）

江戸時代の町人や商人の女性に見られた一般的な結び。

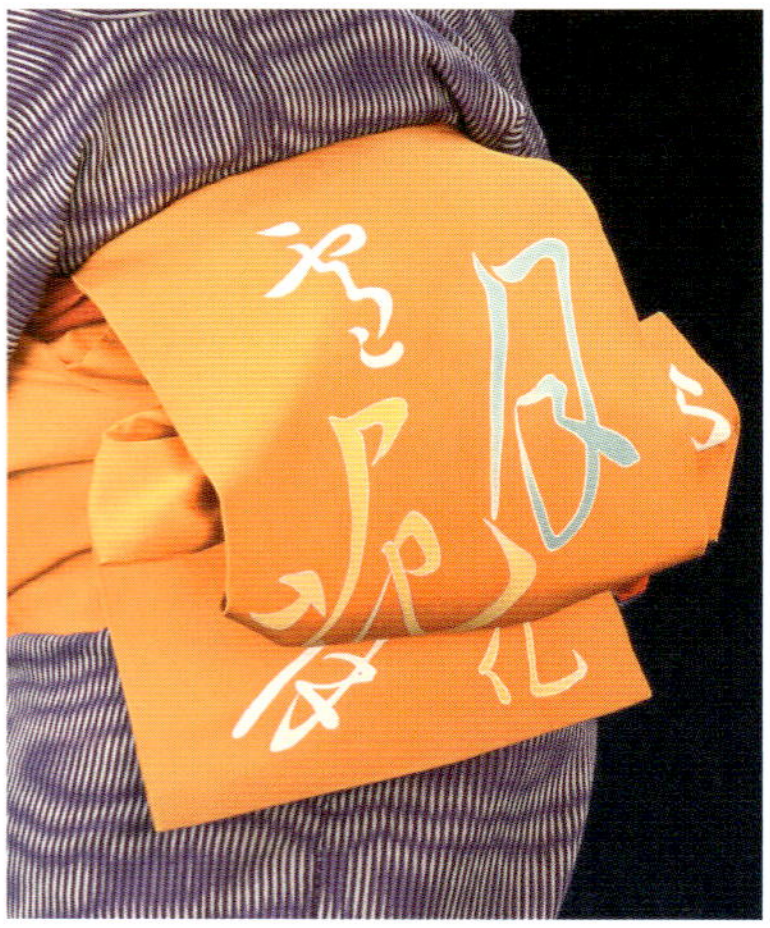

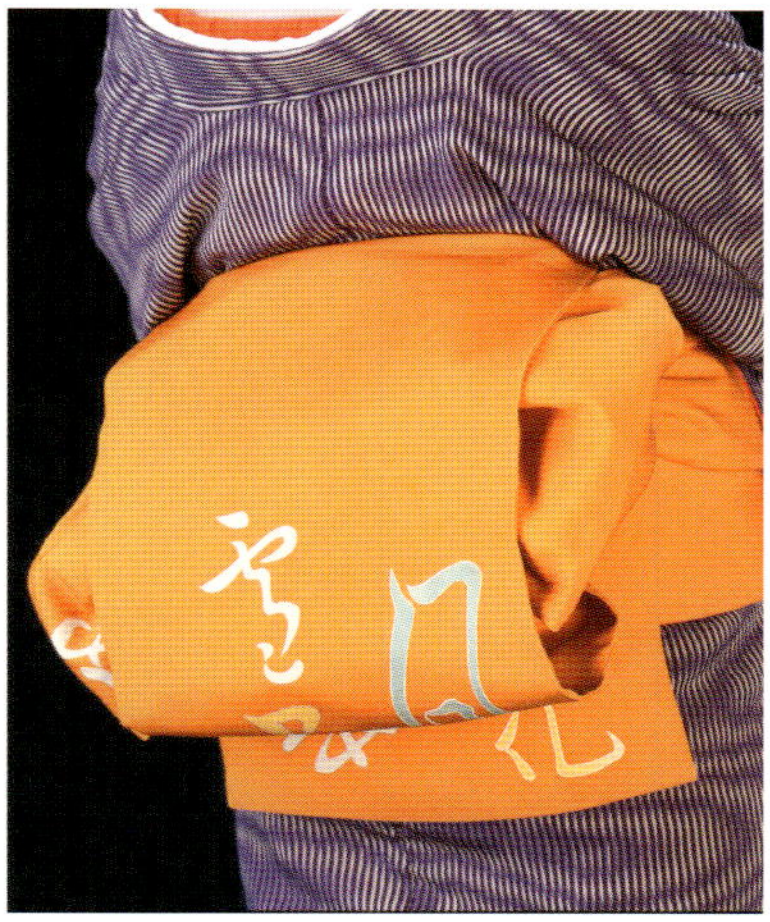

京風角出し
（P.149）
右から左に帯を巻く関西巻きで、て先が左にくる結び。

のし結び
（P.156）
片わな結びを縦にして、帯の美しさを際立たせた結び。

ひっかけ
（P.157）
結びやすくほどけやすい、昔の生活がうかがえる結び。

右矢の字
（P.150）
腰元の室内用の結びで、羽根を右肩斜め上にした結び。

まな板
（P.156）
遊女の最高位とされた花魁の象徴の結び。

前ばさみ
（P.157）
ほどきやすく、長襦袢にも締めた半幅帯の結び。

左矢の字
（P.151）
腰元の外出用の結びで、羽根を左肩斜め上にした結び。

関東だらり
（P.157）
文庫結びを長くした形で、江戸の町娘の結んだもの。

あんこ結び

（P.158）

諸わな結びを誇張した形で、舞台衣装用の作り帯の結び。

一文字

（P.162）

江戸時代の武士の結び。主に袴下に結ぶ。

浪人結び

（P.170）

時代劇で結ばれた、貝の口と片ばさみを合わせた形。

島原結び

（P.159）

〝心〟の文字を模し、島原の傾城《けいせい》の心意気を表した結び。

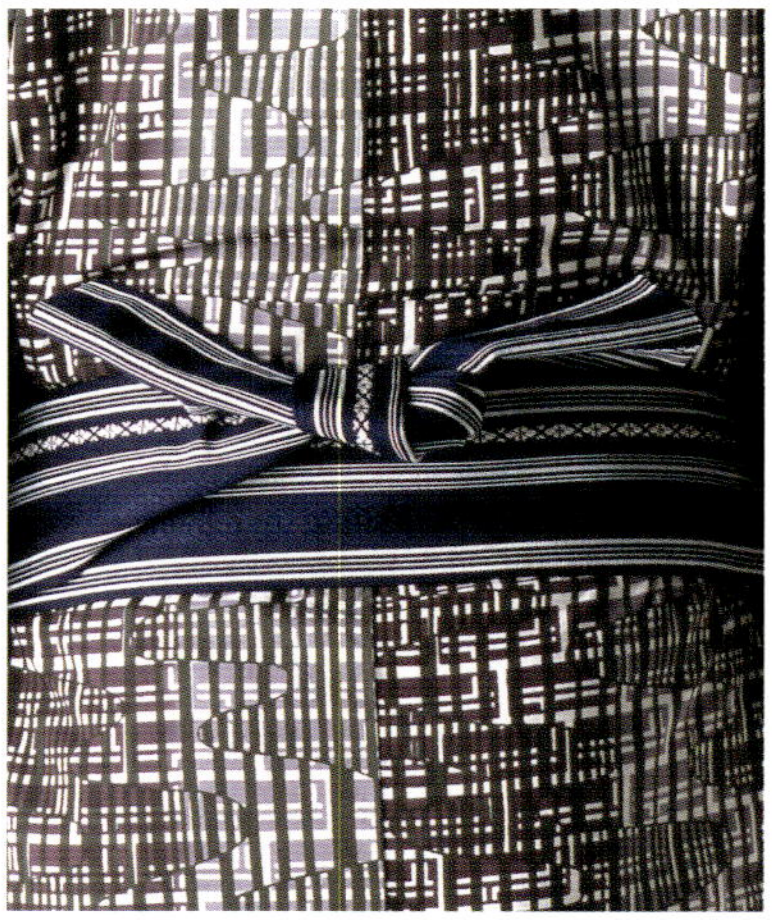

神田結び

（P.165）

祭りのイメージがあり、職人が結ぶとされる形。

片ばさみ

（P.171）

刀を帯に挟むことで固定する武士の結びとされる形。

掛け下文庫

（P.160）

打ち掛けを着る花嫁の結び。

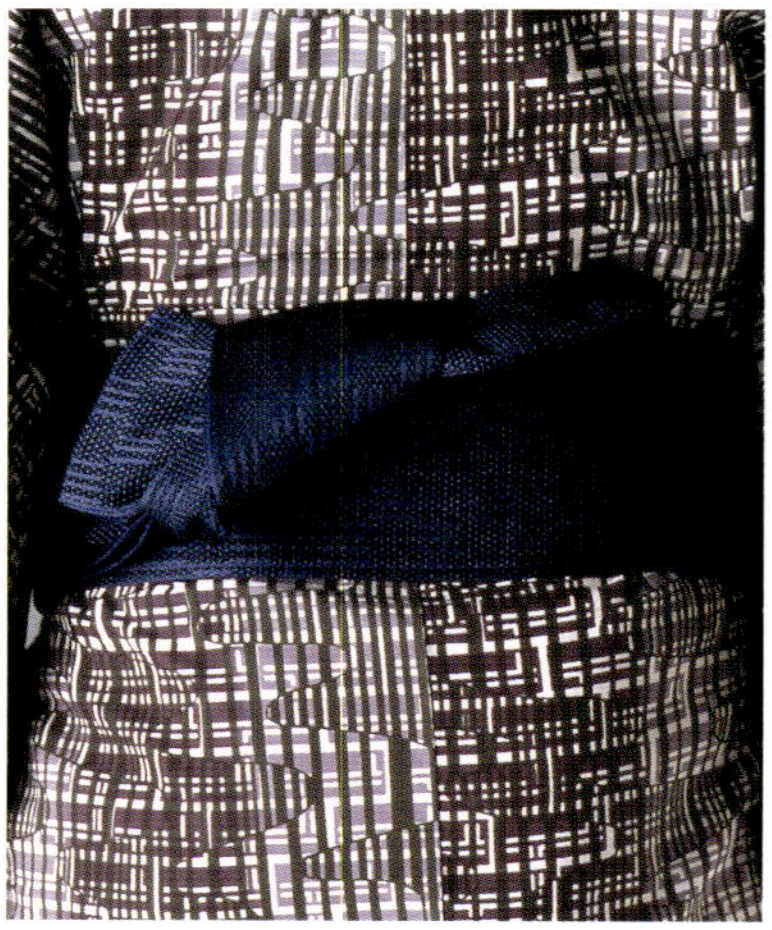

貝の口

（P.167）

男結びだからこそ、より格好よく決めたい基本の結び。

割りばさみ

（P.173）

片ばさみ同様、武士の結びとされ、長い帯向きの形。

駒結び （P.174）

結びの基本の一つ。たるまないように巻いて結ぶこと。

諸わな結び （P.200）

三大結びの一つ。しごきで七五三用の腰に結んだもの。

引き抜き諸わな結び （P.203）

狂言や時代衣装などで男性が上着を押さえるためのもの。

片わな結び （P.175）

三大結びの一つ。一方の帯端を隠して長さを調整します。

横一文字結び （P.202）

巻くだけの横一文字を腰帯で作った形。

はさみ （P.176）

巻き終わりの帯端を挟んでとめるだけの簡単な結び。

一文字結び （P.202）

基本の一文字を腰帯で結んだもの。

さらに進化した内容を加えて、わかりやすくリニューアルしました

『帯結び100選』は、二〇〇一年に刊行されて笹島式の技を紹介した本として定評を得ています。

この度、一つひとつのページの内容を確認して、新たに帯結びの歴史や、結び方にいくつかポイントを加えて再編集しました。
さらに、イラストで説明をすることでさらに詳しく、わかりやすい内容としバージョンアップした一冊にまとめました。

帯結びをきれいに仕上げるポイントはもちろん、体に楽な着やすい結び方、着くずれさせないコツ、お洒落を楽しむ素敵な帯結びのバリエーションなど、きものを楽しむ方にとって、欠かせない保存版となっています。

笹島式の帯結びの極意を余すことなくご紹介したこの一冊が、もっと楽しく、もっと自由に、きものを取り入れた暮らしを、さらに彩ってくれることでしょう。
帯の結びは、日本文化を凝縮したもの。
帯で変わる、帯で決まるのです。

決め技・二大結び

笹島式帯結びの極意

帯も人も生きて動くもの

帯結びとは、決められた幅と長さの帯で、着る人の体型やきものに合わせて格調高く、あるいは粋に結ぶものです。しかし、人の体は物体と違い、人格があり、感情があります。そのうえ、体温があり、よく動きます。そこで、帯を巻くためのこまやかな部分に心配りと注意が必要で、ある部分は強く、ある部分はゆるくを繰り返しながら、素材の味わいを出し、着る人が苦しくないよう、きものを守って帯を結び上げなければならないのです。

たとえば、男性の帯は幅が狭いうえに、常に動く腰に巻くので、三巻きして形を作りますが、女性の帯は幅が広いため、腰上の胸と胴の間に二巻きして年代や個性に応じた形を作ります。

そのために巻く、締める、結ぶ、形を作る、とめる、仕上げるといった過程に大切なポイントがおのおのあり、それらが結集して生き生きとしたきもの姿を作り上げるのです。忘れてはならないことは、帯も生きているということです。

●結び過程の役割ポイント

巻く → **きものとのバランス**

帯を巻くと着る人の精神（心、魂）は落ち着き始めます。同時に帯はきもの姿の美を表しますので、巻く位置に気をつけます。

↓

締める → **体に快適**

一巻き目は静かに締めながら体が気持ちよく感じるようにして固定します。帯を締めると、着たものの間の空気が抜けて体にフィットする。

↓

結ぶ → **帯を固定**

結ぶことによって帯の位置が体に固定されるので、結び目の角度を守って結び、締めます。

↓

形を作る → **人柄・表現美**

帯結びの形はそれぞれです。人柄や個性に合わせて仕上げによってバランスよく作ります。一種の造形美です。

↓

とめる → **結びを守る**

形を結んだ帯は胴体、腰とともに動きます。従って徐々に型くずれを起こします。その型くずれを防ぐのが帯締めの位置です。

↓

仕上げる → **美装**

限られた幅と長さの布（織物）を曲線の体に結ぶ帯は、動作の流れの中で歪みが生じます。要所ごとに守って結んだ形は、最後の仕上げで美しい表情をたたえます。

帯結びのきれいな形は巻くときから始まります。巻くときは帯幅の上を持って、締めるときは帯幅の下を持って静かに締めることです。

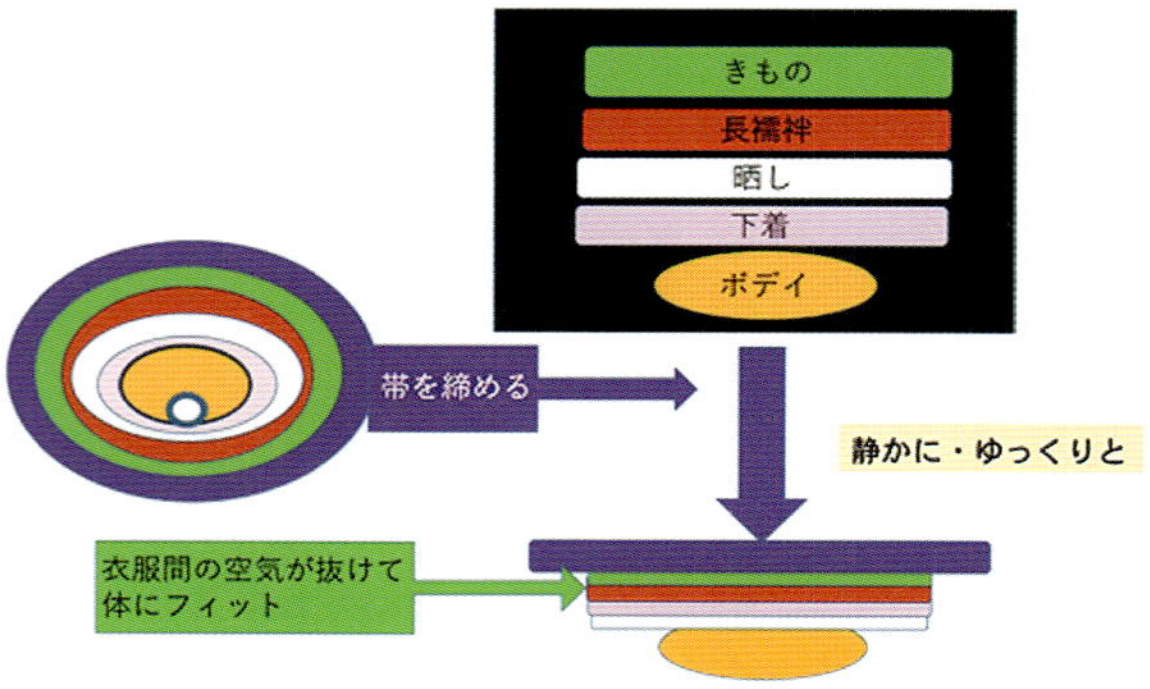

❶ 巻く

着る人に帯が絡みつかぬよう間隔を取り、ある部分は手早く、ある部分は丁寧にします。流れに逆らわないよう、巻く人が帯に合わせて。

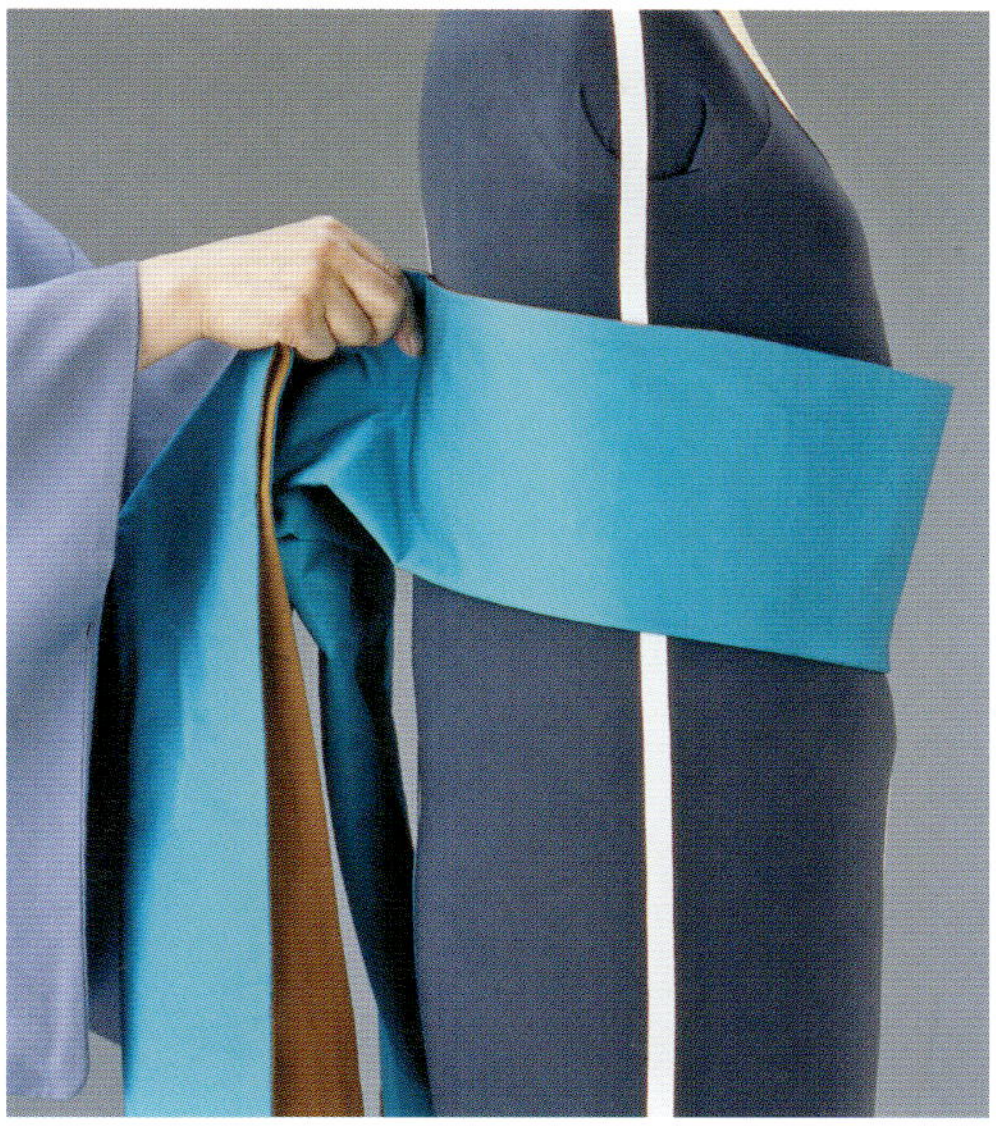

❷ 締める

帯の流れに従った角度と位置できっちり締めて。無理な力をかけなくても自然に締め上がり、人にも帯にも負担になりません。

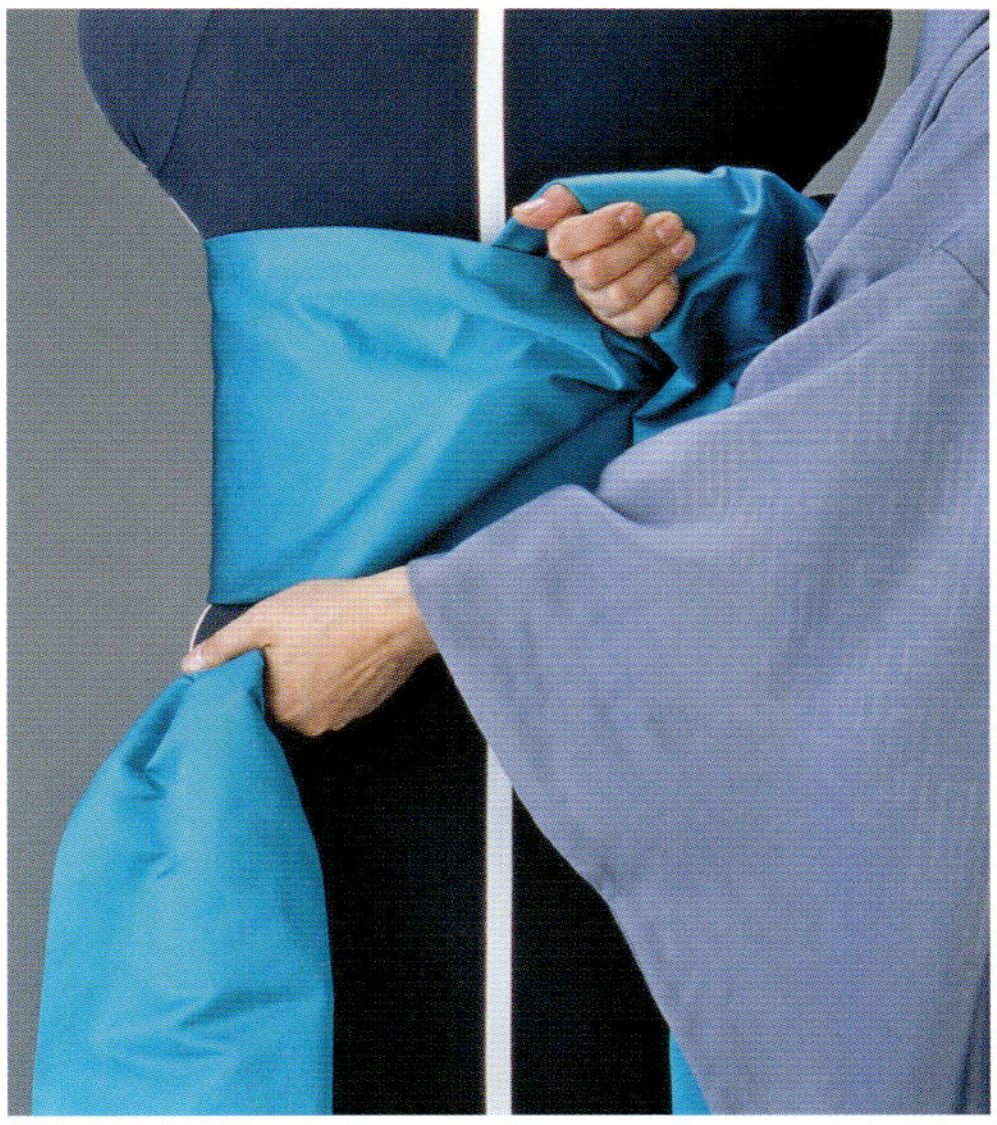

❸ 結ぶ

帯のてとたれを重ね合わせて締めます。どちらが上下かで結び方が異なります。上に出したいほうを上に、と覚えておきましょう。

❹ 形を作る

てとたれを結び、残された帯の長さで、着る人にふさわしい形を帯枕などで作ります。着る人の個性を生かした形にするように。

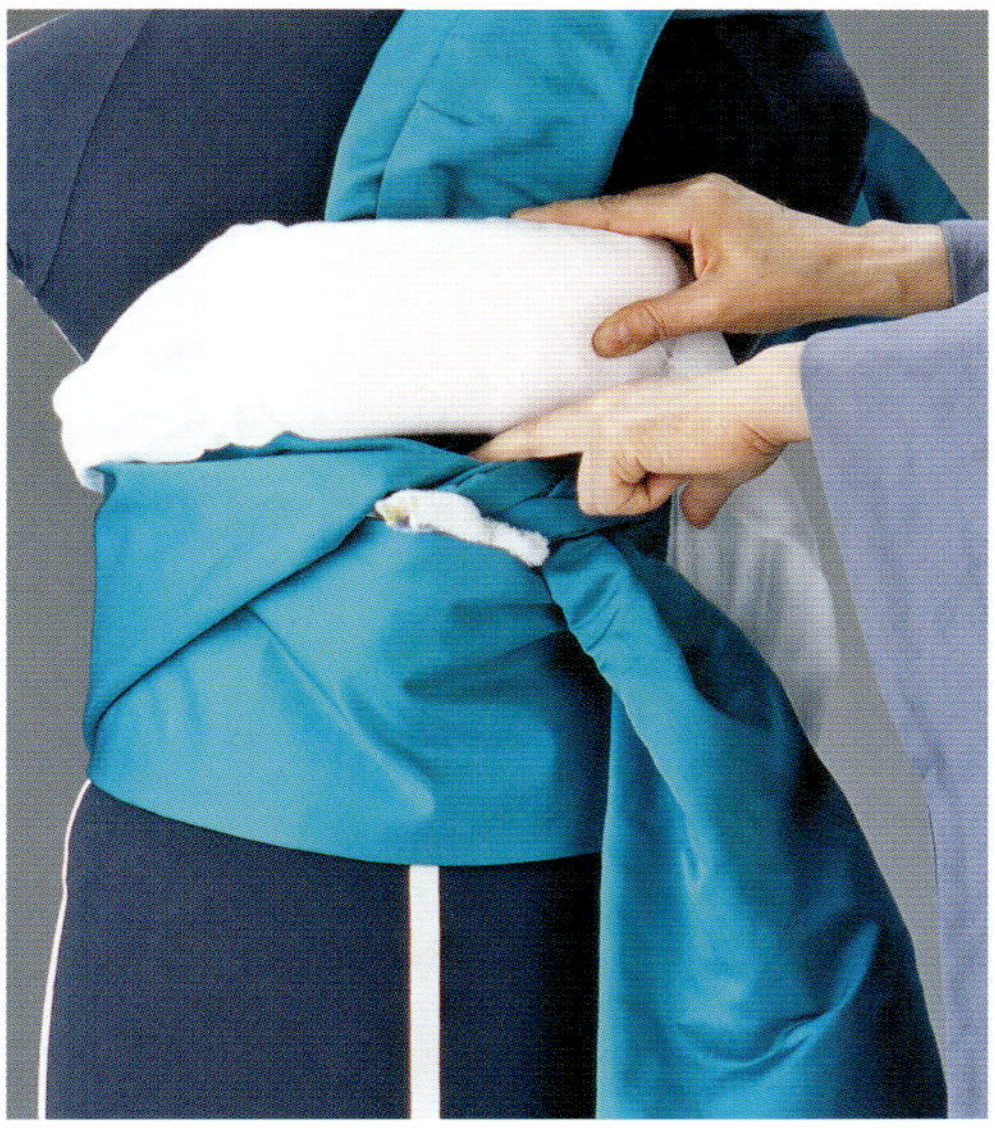

❺ とめる

人の体は常に動くもの。結ばれた帯も体とともに揺れるので、作った形を帯締めと帯板でしっかり固定します。

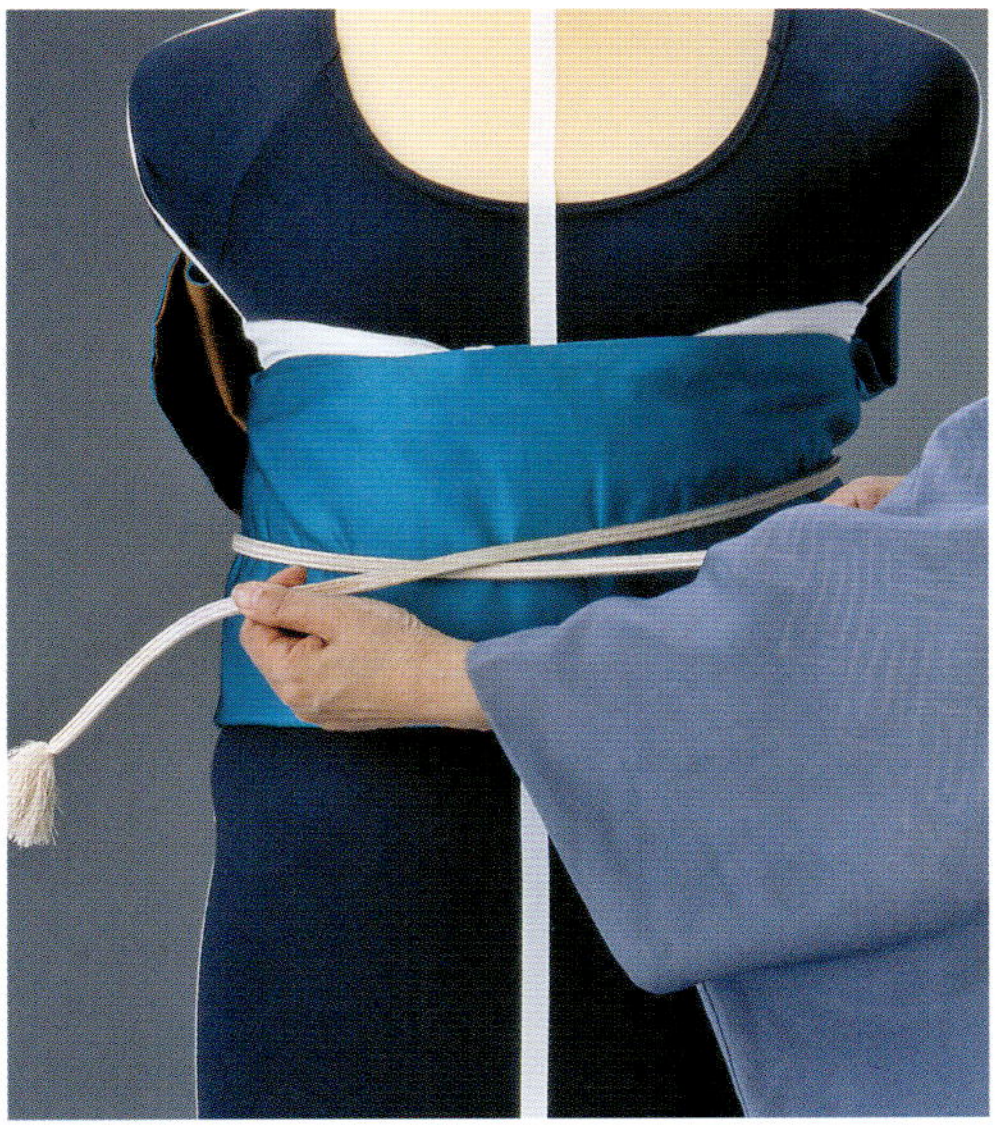

❻ 仕上げる

最後に帯の各部分を広げたり、立ち上がらせるなどして表情をつけます。各ページの最後のプロセスをご参照ください。

❶ 巻く

体に沿わせ、布目を整えながら巻ききる

帯結びで最初の動作となる一巻き目。ここで体と帯の間にすき間を作らずぴったりさせておかないと、時間がたつにつれ、体から帯が離れてしまいます。ゆるまないように巻きましょう。そのとき、布目を整えながら巻くと、前後の帯幅が揃って形もきれいになります。

て先と胴帯の持ち手の間隔をあけ過ぎない

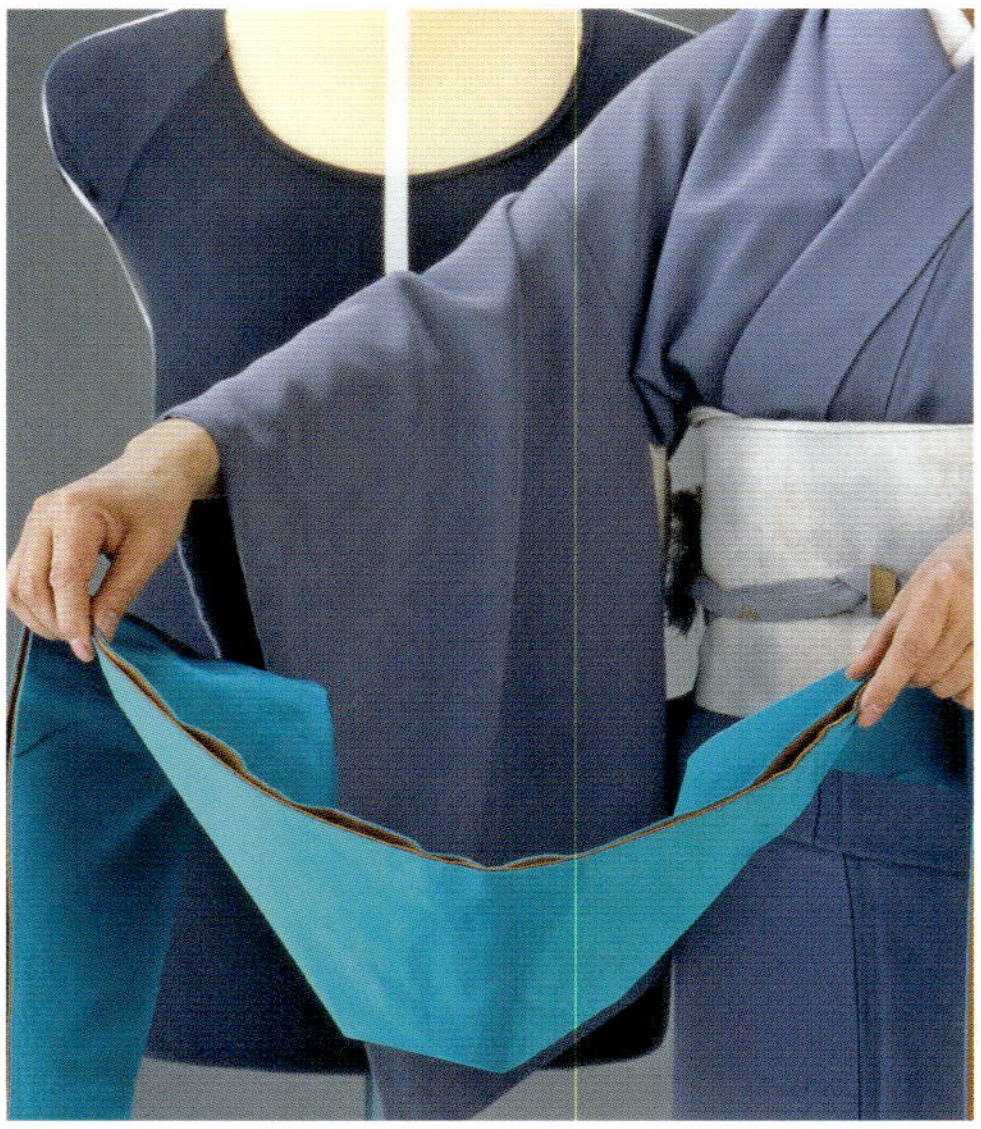

一巻き目の巻き始めの帯の持ち方は、て先と胴帯びの間隔を約五〇センチとって（右）。これより間隔をあけ過ぎると、体に回したとき、帯が長過ぎて沿わず、すき間ができてしまいます（左）。

背中心で合わせるときは後ろ上がりに

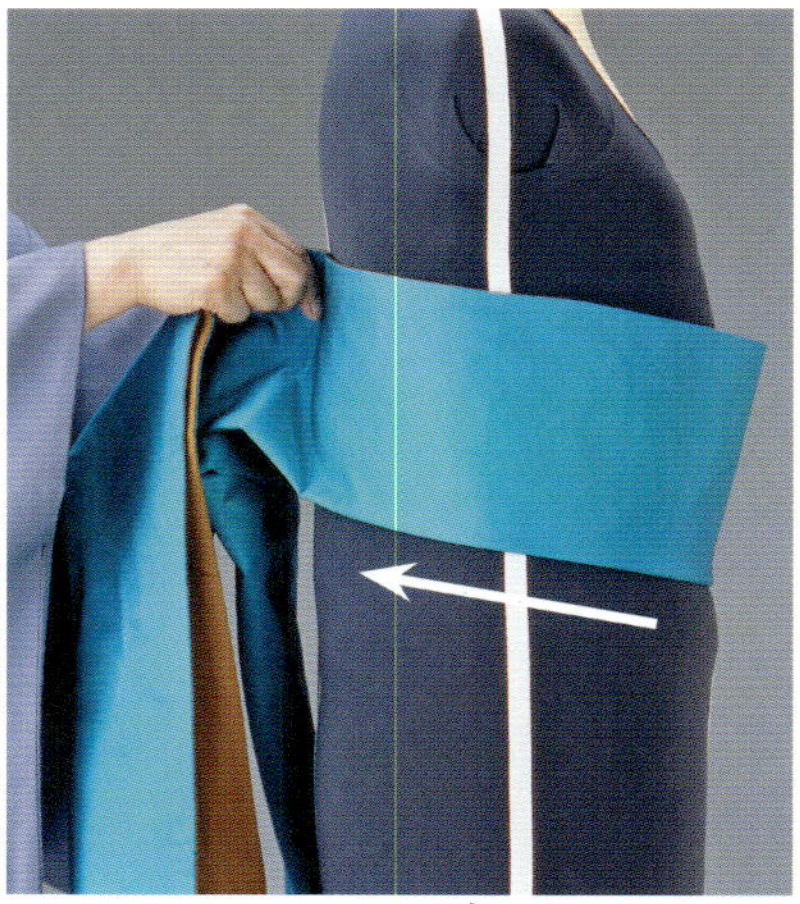

一巻き目を体に巻いたら、て先を後ろ上がりにして背中心で合わせます。こうすると、胴帯が下から持ち上がるように密着し、しっかり体に巻きつけられます。

前帯の柄をきれいに出すには一巻き目のここがコツ

前帯の柄が、ずれてうまく出せないことがあります。一巻き目を背中心で巻き上げるとき、写真のように柄（写真の赤いテープの部分）が、着る人の太もものあたりにくるようにします。こうすると、一度で柄が決まります。

体にぴったりつける巻き方のコツ

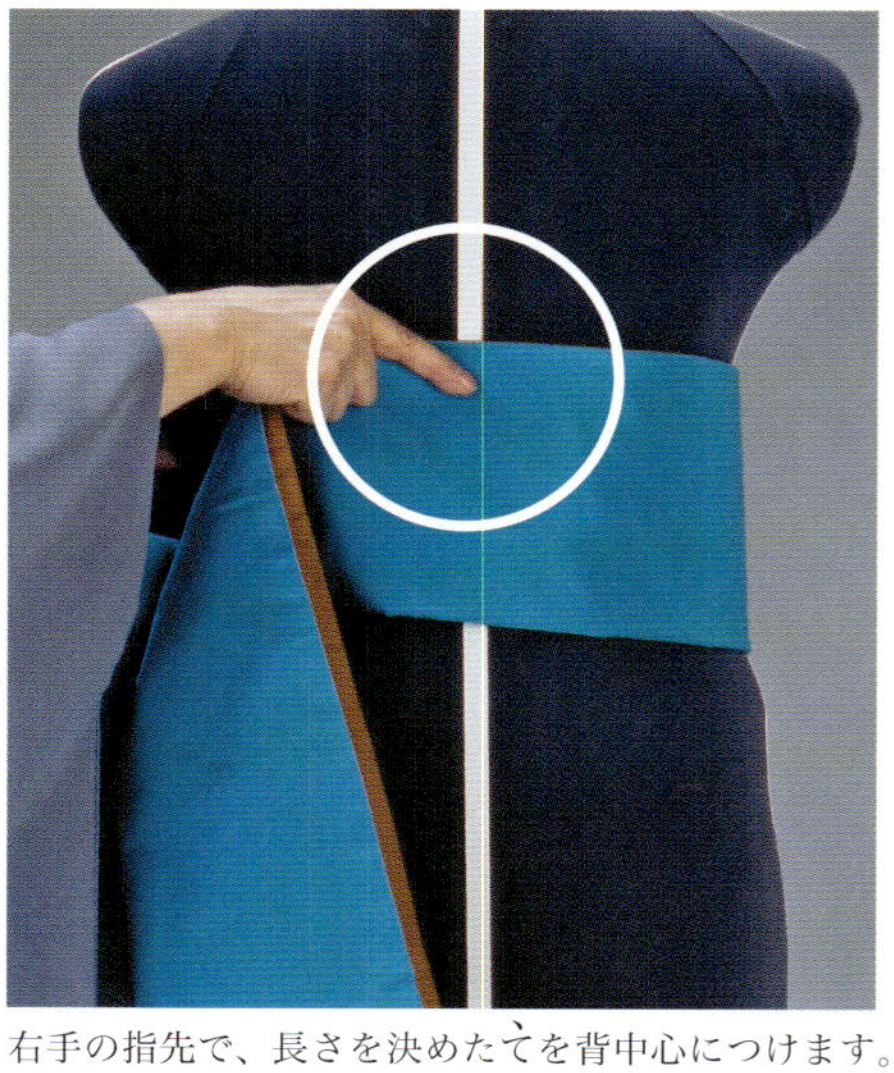

右手の指先で、長さを決めたてを背中心につけます。このとき左手で胴帯の上端を前で持っておきます。

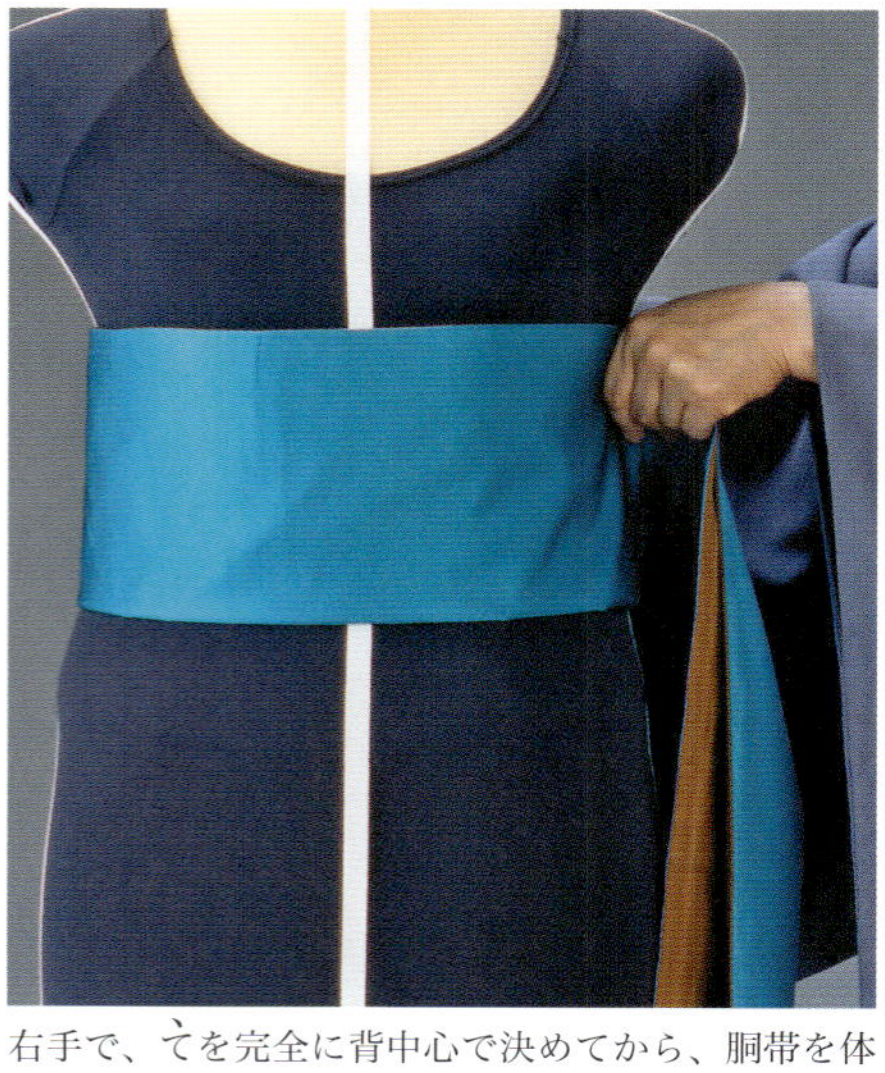

右手で、てを完全に背中心で決めてから、胴帯を体にぴったりつけて、巻き始めます。

一巻き目と二巻き目の帯をきれいに重ねるコツ

たれを右手に持って、手前に開きます。左手でての帯を下げて、斜めにひねり上げながら、背中に密着させます。

たれをてに重ねて左手で押さえながら、背中心で帯幅を広げます。

帯をゆるめずに巻くコツ

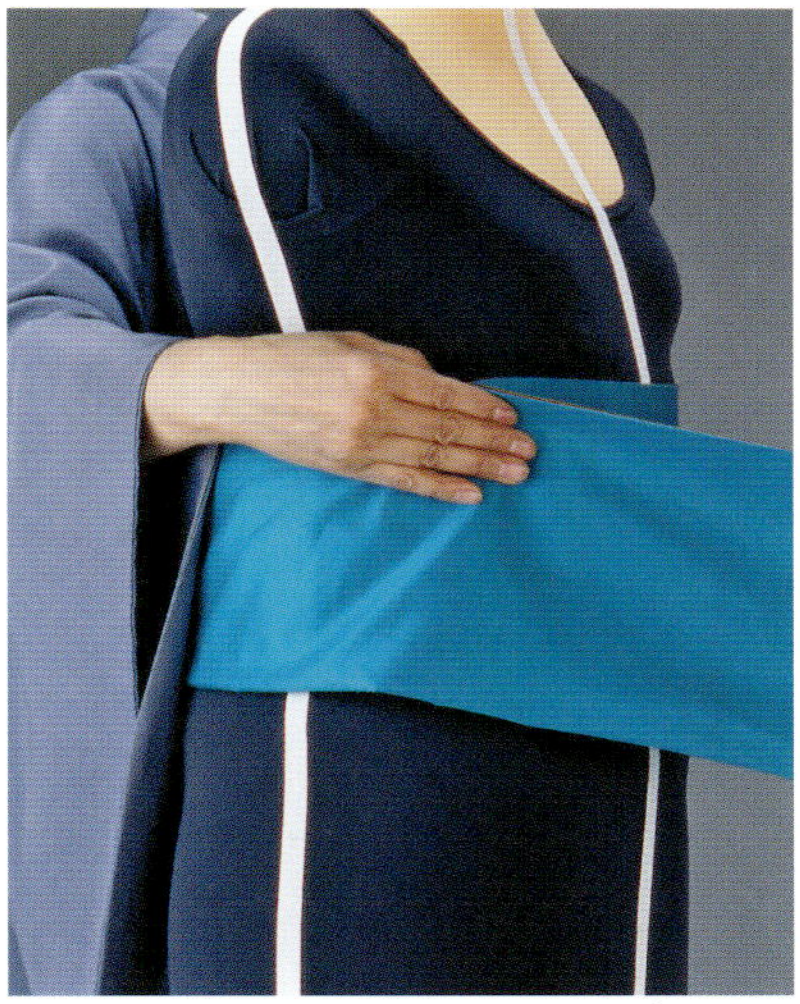

二巻き目が体の脇を通過するまで、てを押さえておきます。

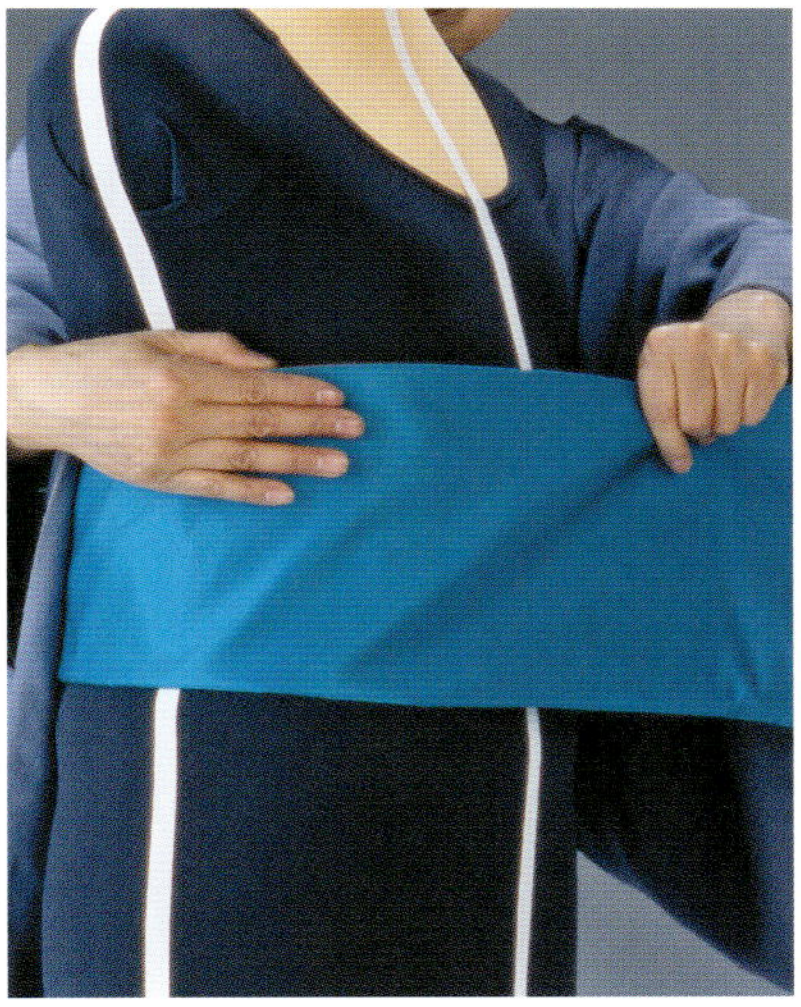

体の脇を通過したら、帯の上端を右手で重ねて持ち、左手で帯幅の上を受け取ります。

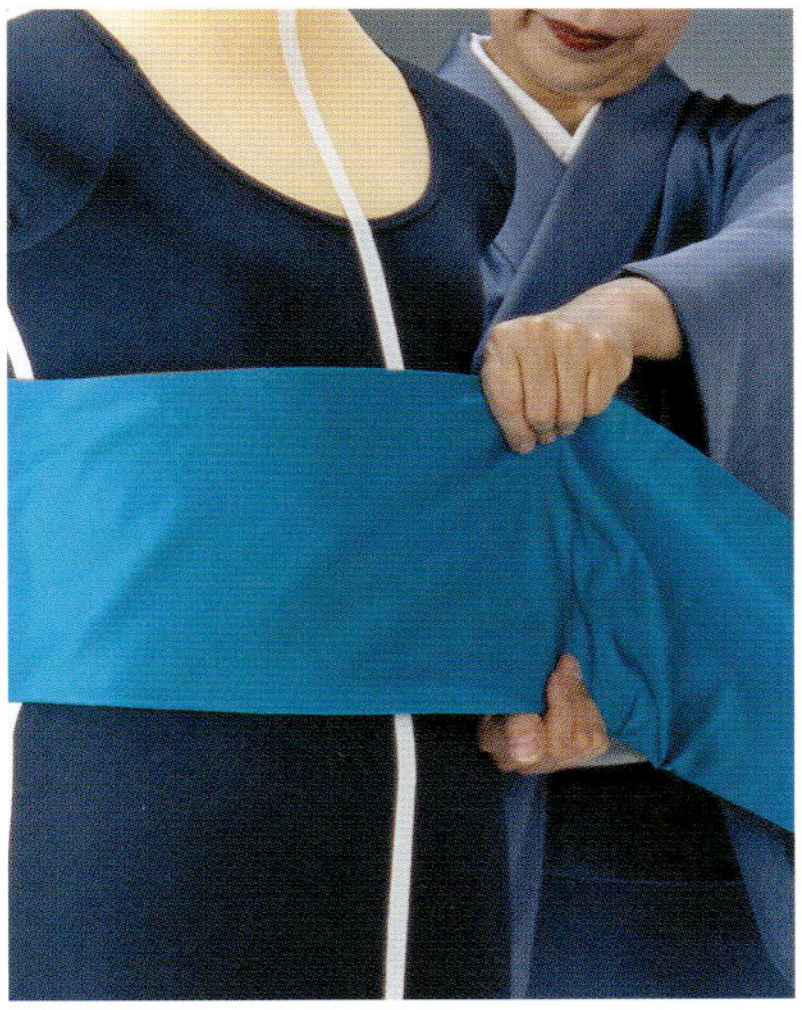

下の折り山を持ち、両手で帯の上下を支えて引っぱるように巻きます。

Point

二巻き目の帯の横で帯幅の上を左手に渡したら、右手は前に移動して帯幅の下を引き寄せる。右足を斜め後ろにすると、楽に帯を引き寄せることができる。

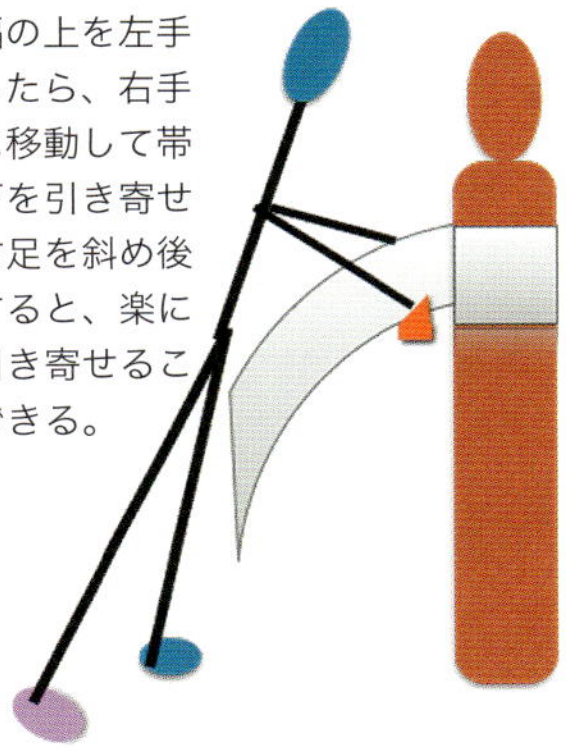

Point

帯を締めた後、右足を半歩前に出し、帯幅の上を持って回す。

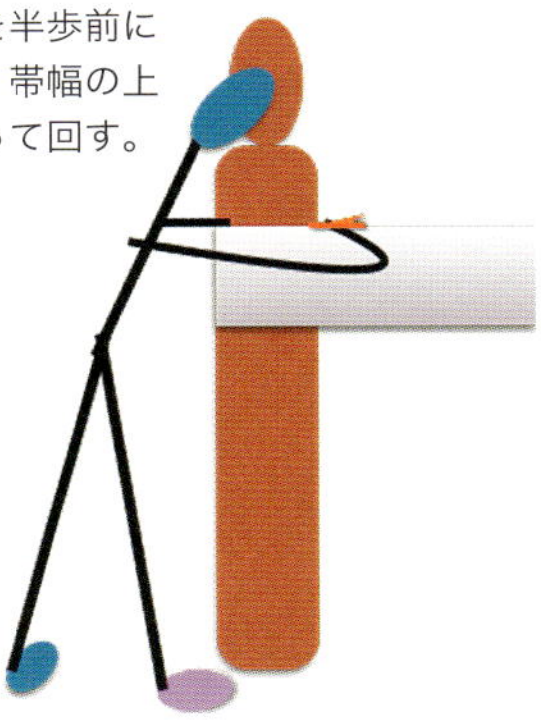

❷ 締める
手の位置と持ち方を正しく

帯結びで、締めるという動作は二通りあります。結ぶ前に、一度締め上げて帯のゆるみをなくすものと、結んだあと、もう一度締め上げて結び目を固定するためのものです。どちらも、正しい手の持ち方と正しい位置で締めることがポイントです。

一巻き目の締め上げ方のコツ

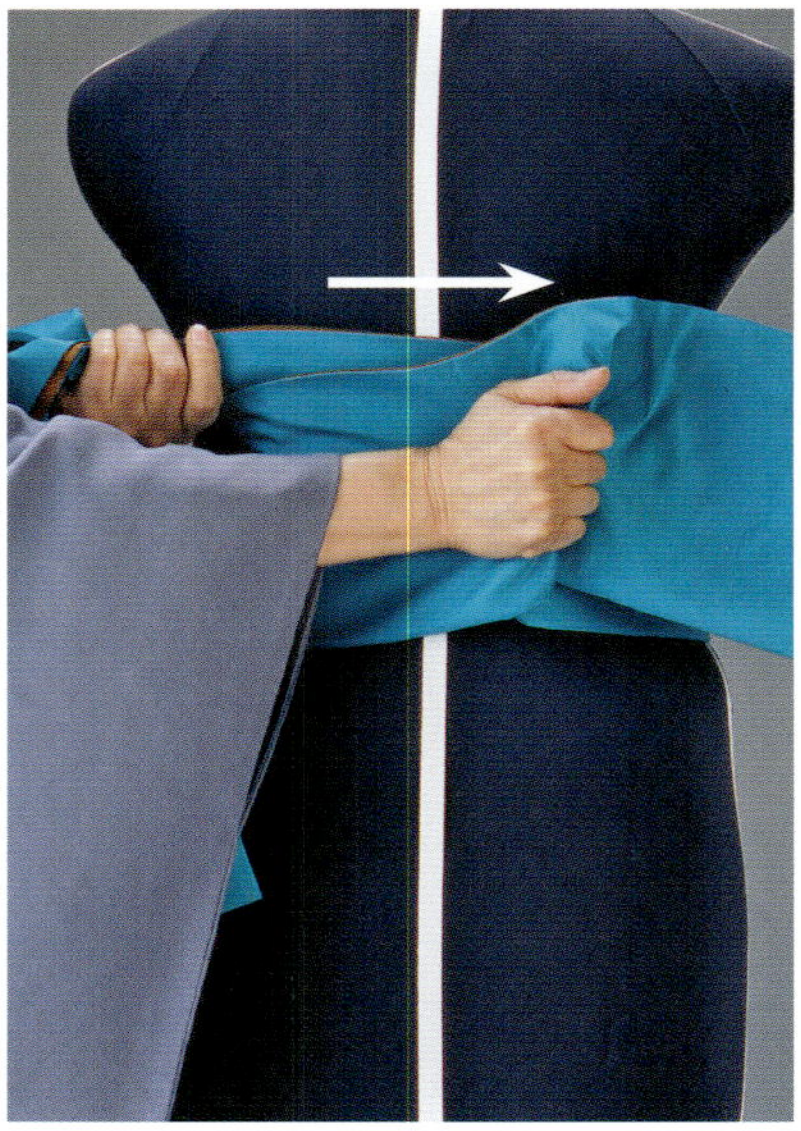

帯を巻く方向と反対側に立ち、胴帯の中央を右手でにぎるように持って、腕を伸ばして締め上げます。

Point

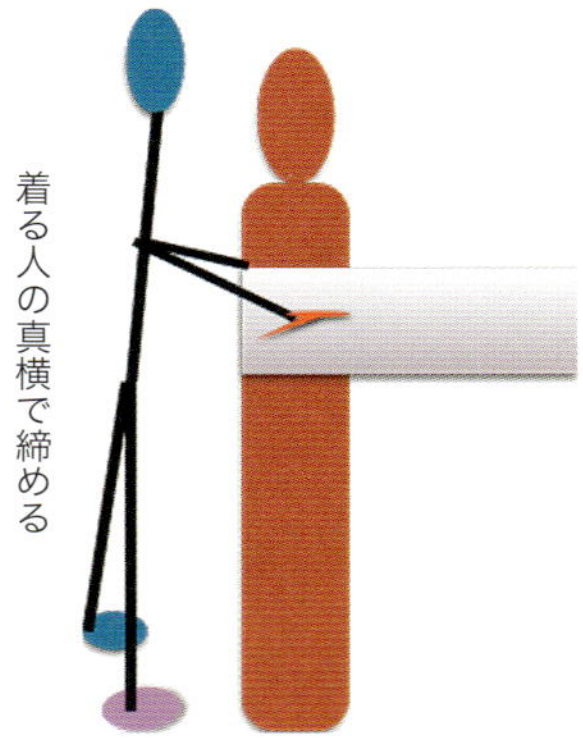
着る人の真横で締める

一巻き目は体に帯を気持ちよくすっきりと締める。そのために一巻き目には帯板は入れないで二巻目に入れる。締めるときは背中心で帯幅の中央を締める。

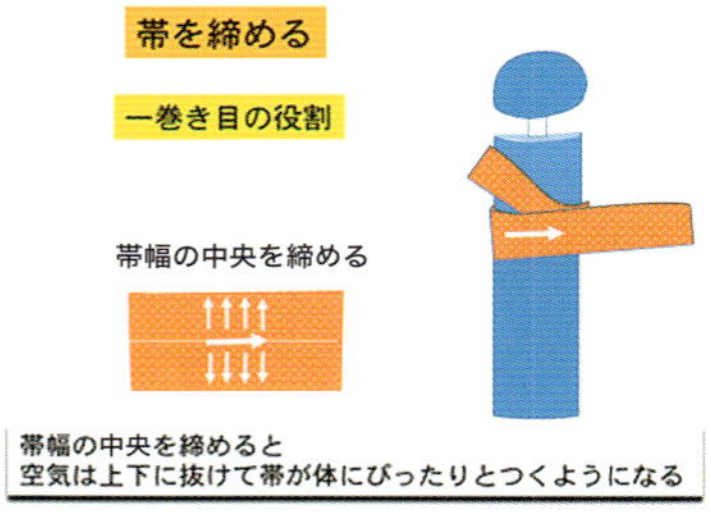
帯を締める
一巻き目の役割
帯幅の中央を締める
帯幅の中央を締めると
空気は上下に抜けて帯が体にぴったりとつくようになる

二巻き目の締め上げ方のコツ

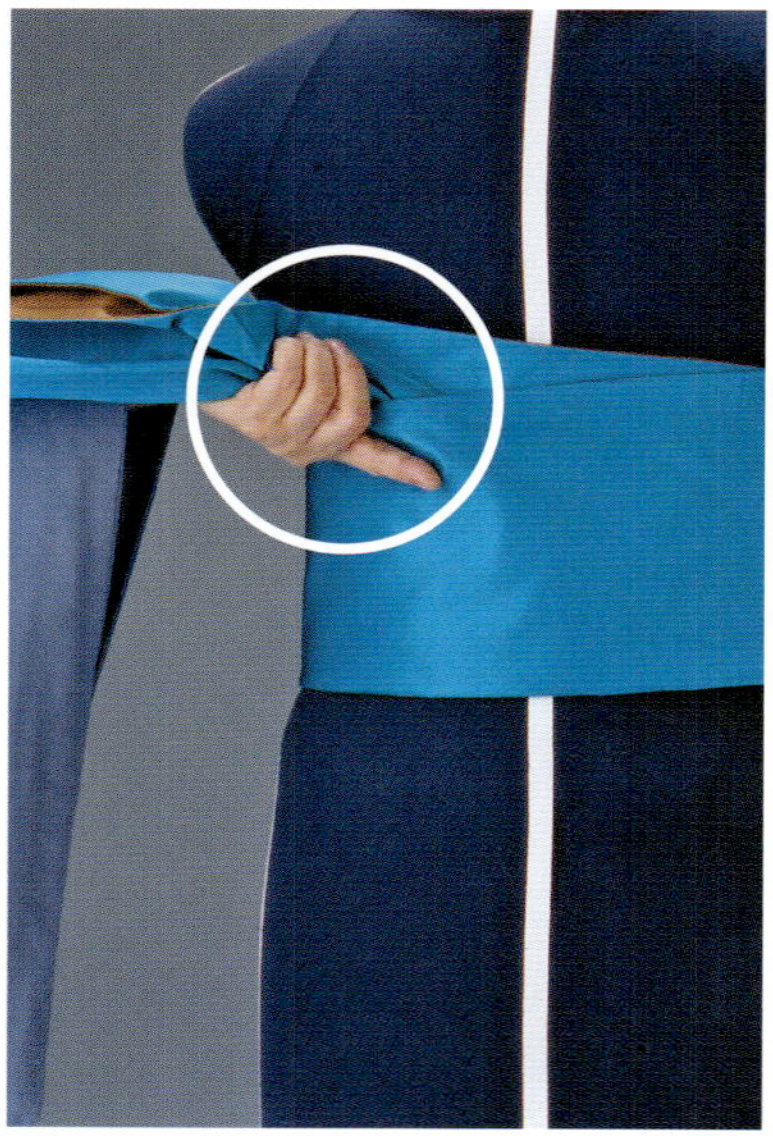

二巻き目を巻き上げる前の持ち方のコツです。着る人の真横に立ち、て先とたれを根元で下からにぎり込むように持ち、ゆるみを止めます。

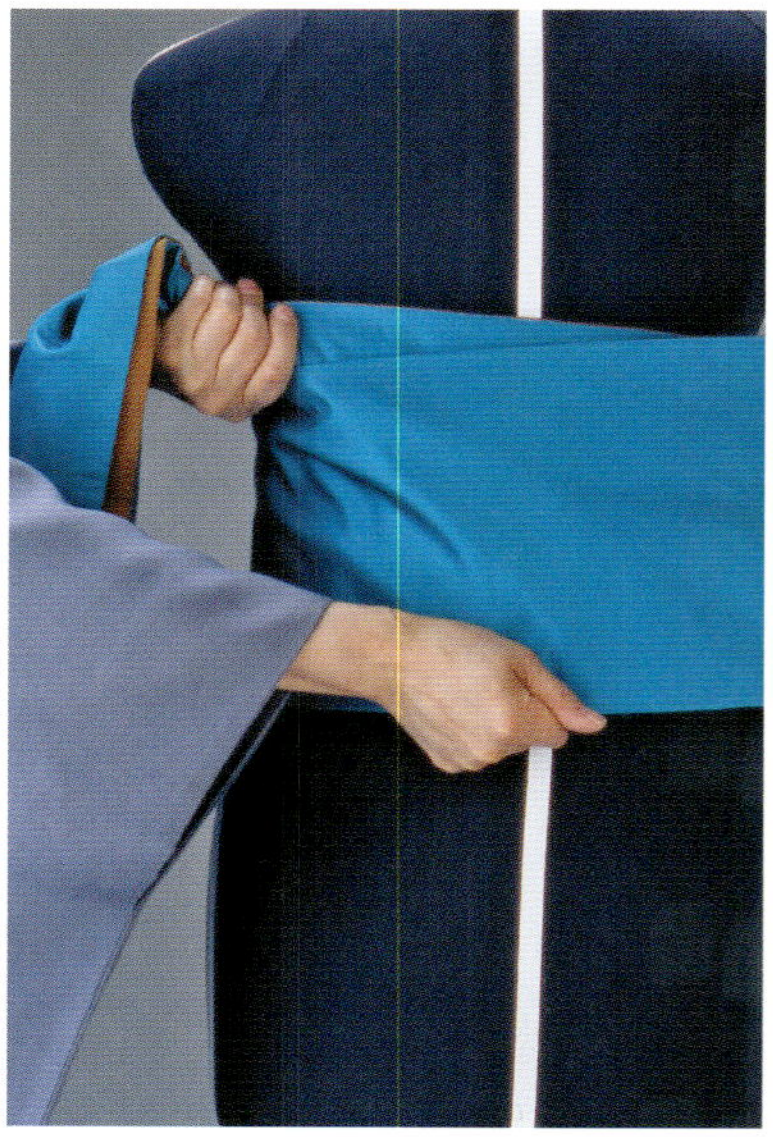

二巻き目の締め上げ方です。右の手のひらを上に向けて胴帯の下端を持ち、静かに締め上げます。

結んだあとの締め上げ方のコツ

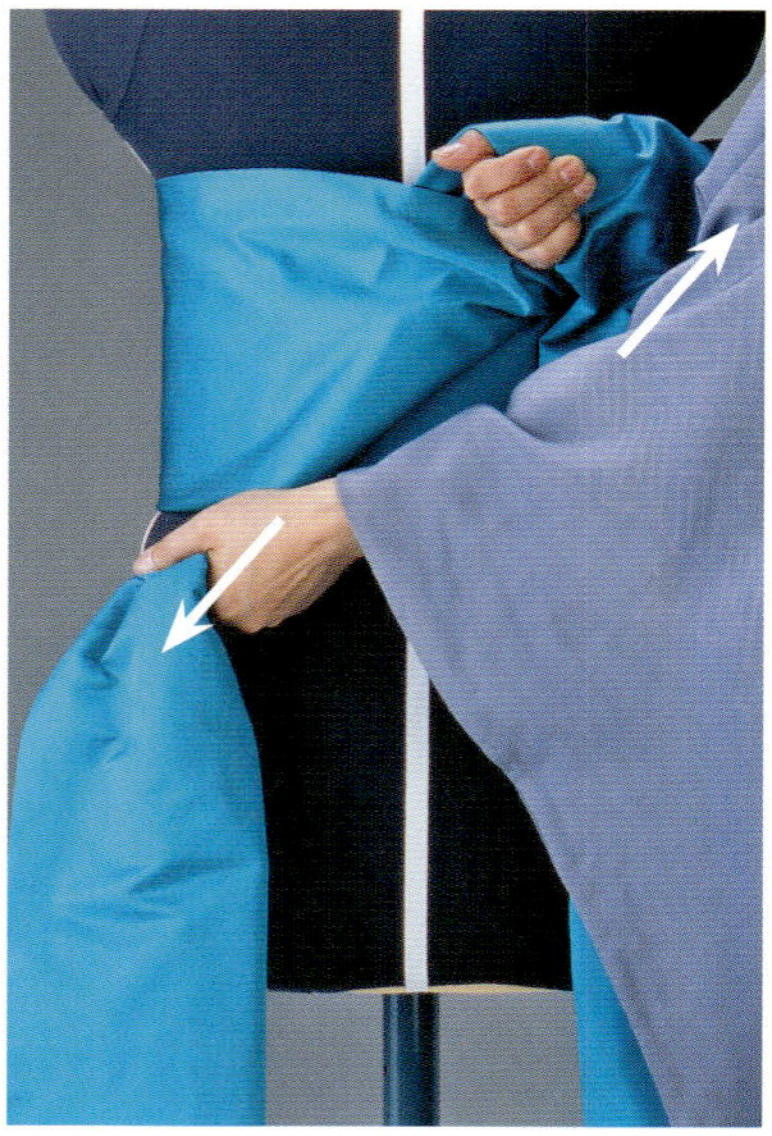

結んだあと、完全に締め上げるときの帯の持ち方です。結び目を持って斜めに締め上げます。結び目が斜めになっているのがポイント。

❸ 結ぶ

上に出したいほうを上に

帯結びで間違いやすいのが、この結びの動作ではないでしょうか。帯の表裏や、上下が逆になっていたり、結び目がよれていないか、ここできちんとチェックしましょう。上（表側）に出したいほうを上にして重ねることがポイントです。

て先が上にくる帯結びの正しい結び目

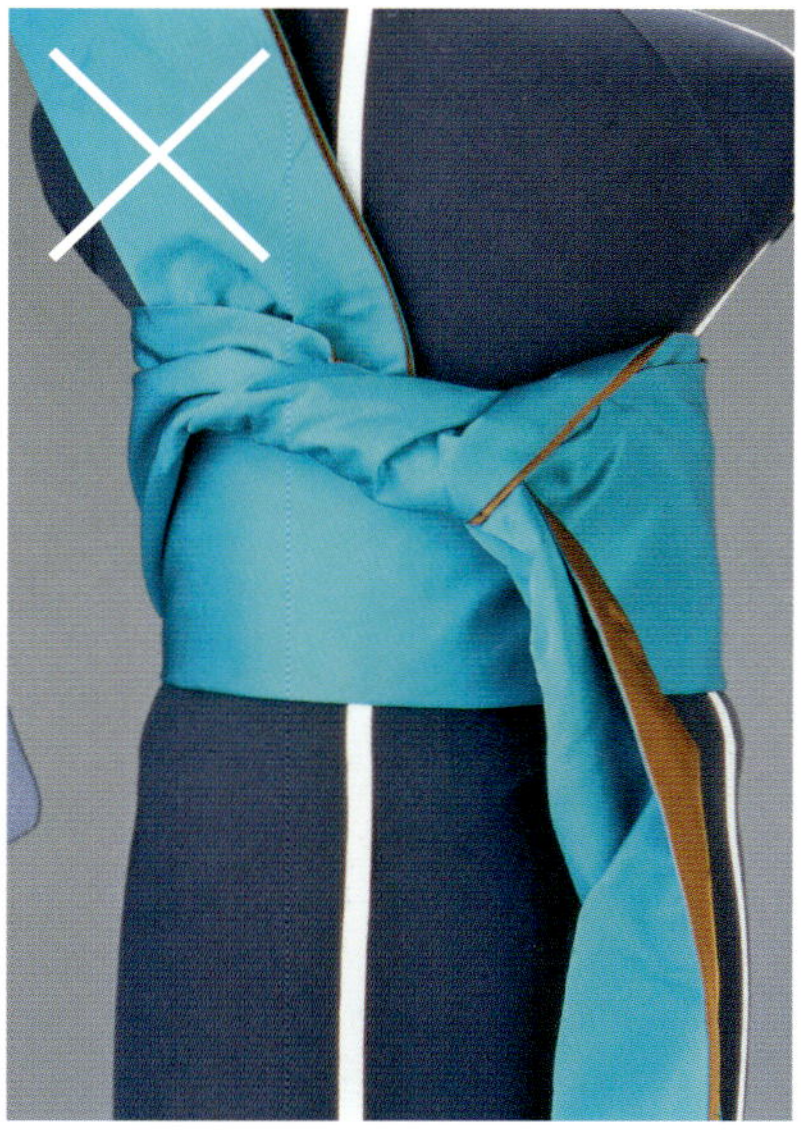

×印の上下２つの写真は、結ぶ前にて先の重ね方が悪い例です。て先が上になっていますが、結び目がよじれ、ての開き口も背中から離れています。体から帯が離れ、よじれた結び目で無駄な長さがとられているので、仕上げに必要な長さが足りず、形が決めにくくなります。

ポイントどおり、左肩に掛かっている上がて先で、下がっているほうがたれになります。二つ折りのての開き口が、結び目で背中についているか確認を（①）。帯が体から離れず、長さも無駄にとらないコツです。

たれが上にくる帯結びの正しい結び目

たれが上で、て先が下になってはいますが、結び目がよじれています。そのため、結び目の帯端が体から離れ、ての開き口も内向きになっています。

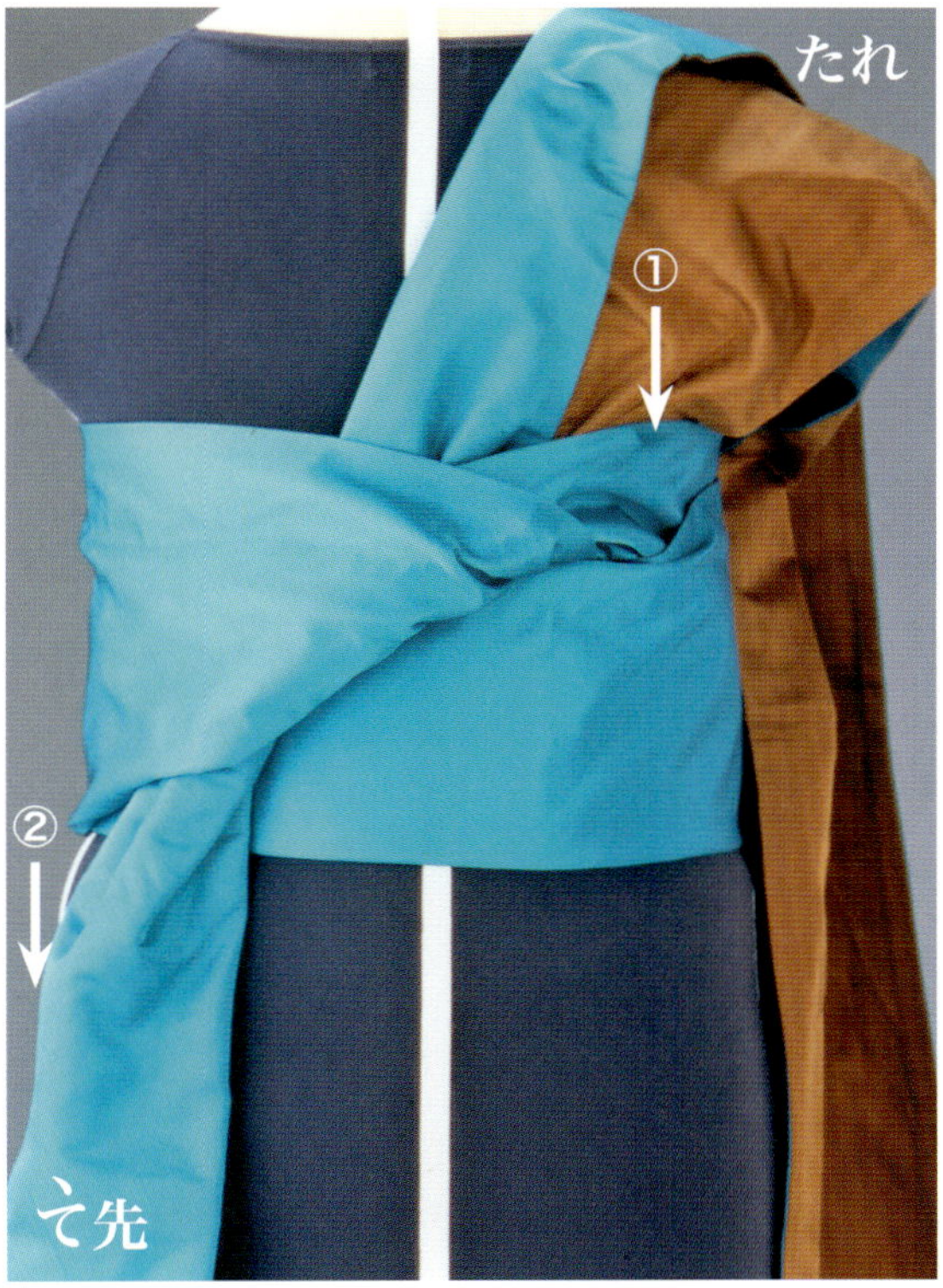

ポイントどおり、右肩に掛かっている上がたれで、下がっているほうがて先になります。結び目の帯端が背中にきちんとついています（①）。開いたたれが背中心で結ばれ、ての開き口がそのまま外向きに（②）下がり、無駄なよじれがありません。

④ 形を作る

形を支える帯枕づかいをまずマスター

帯結びで、結び手のセンスと技術の差が最も表れるのが、この形を作るという過程です。ここでの作り方次第で、オリジナルの創作結びなどもできるのです。そのために必要な帯枕の基本の使い方と選び方を知り、結びのバリエーションを広げましょう。

位置と押さえ方がポイント

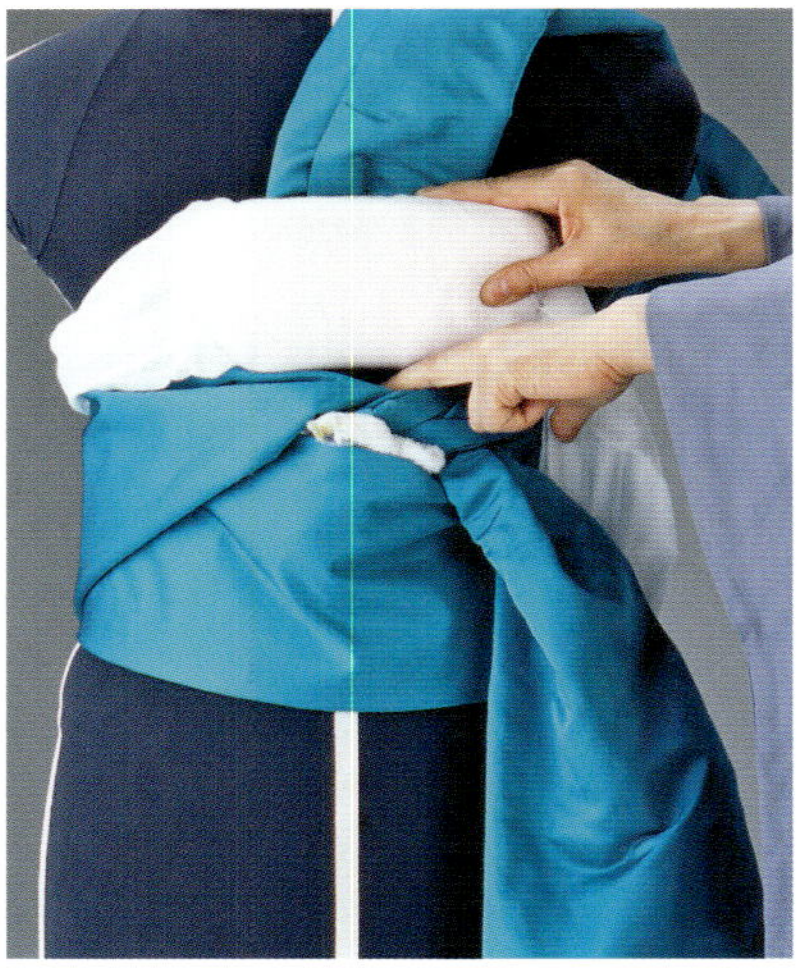

帯枕で大切なポイントは、のせる位置と固定の仕方です。とくにてが上の帯結びの場合、写真のように結び目の上にしっかり帯枕をのせて背中につけます。

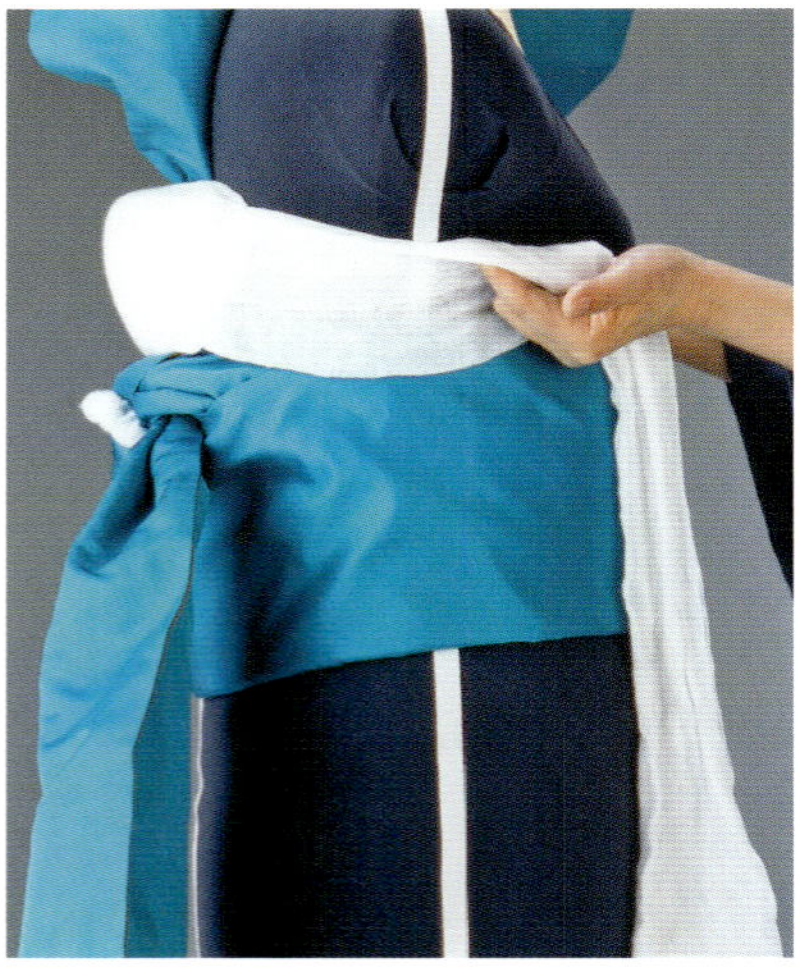

帯枕のガーゼ紐の上端に指をかけ、体の横でまっすぐに紐を引き締めて帯枕を背中にぴったりつけます。

Point

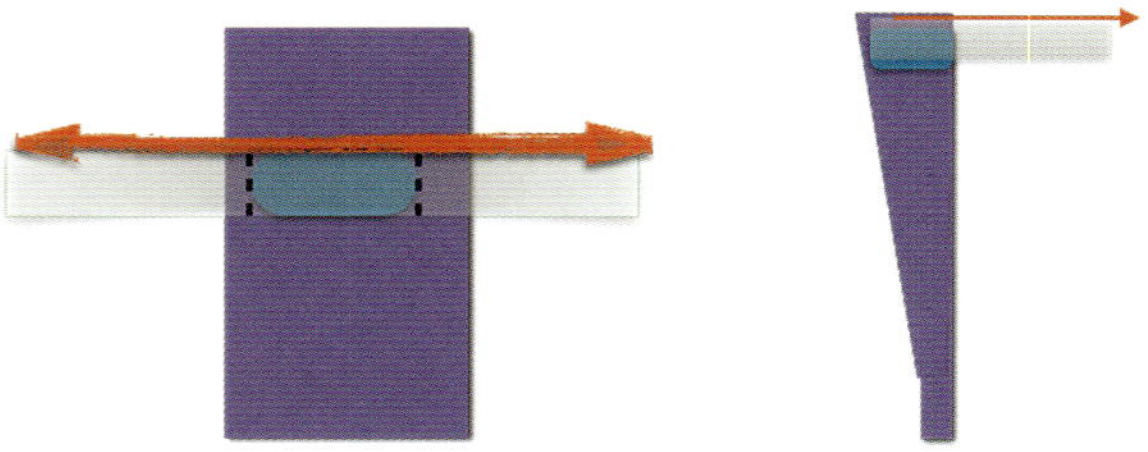

帯枕は帯の形を固定し、結びを美しく見せます。
特にお太鼓結びでは、帯山の線を引き締めて守ります。

帯枕を使い分ける

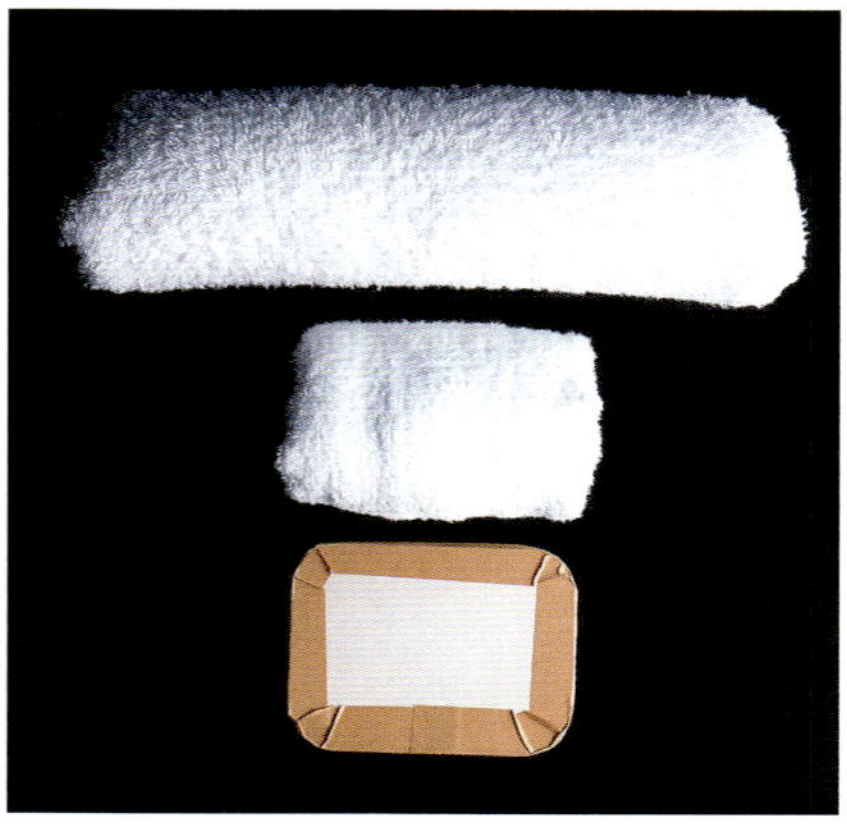

右は市販のものですが、帯結びの形に合わせ、自分で工夫して帯枕を作るのもよいでしょう。
上・タオルを丸めて横長に作ったもの。
中・ハンドタオルを丸めて作った掛け下文庫用。胴帯と背中のすき間に詰めて、結び目の土台にします。
下・厚紙を重ね合わせて作った、後見結び用の板枕。寸法は縦約 8.5 センチ × 横約 10 センチです。

厚みも大きさもある帯枕。袋帯のフォーマルなお太鼓系結び、形にボリュームを出したいときなどに。

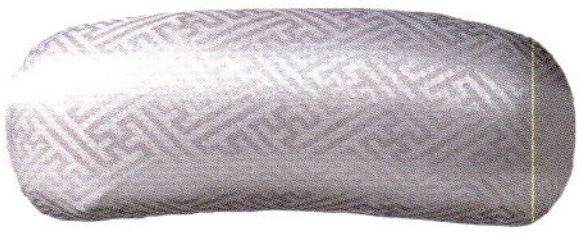

薄くて小ぶりの帯枕。名古屋帯などのカジュアルな結びで、形を小さくまとめたいときに。

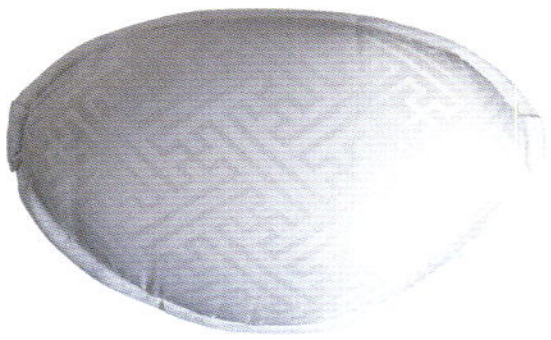

はまぐり形の帯枕。厚みと丸みがあるので、振袖の変わり結びなどに。上下をひっくり返して用いることもあります。

Point

紐付きの枕は、中央に力が働き、枕の上側のラインには働きが弱いため、お太鼓結びがきれいにでき上がりません。
紐付きの帯枕の場合

×

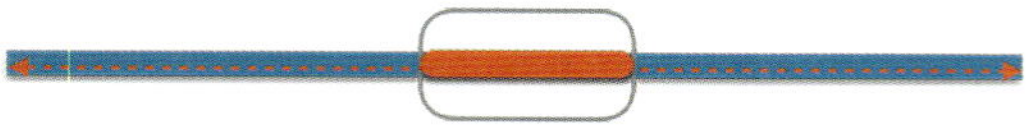

紐を切り離し帯枕をガーゼで包み、枕が安定するように枕の幅に合わせて縫い止めます。

○

5 とめる

結んだ形をとめて守る帯締めと帯板

作った形を帯締めでとめて守り、いよいよ結びも締めくくりです。とめて守るということでの役目を助けるため、二巻き目を巻くとき、体型や結びの形に合わせて帯板を入れておくことも大切です。

帯板の差し込み方

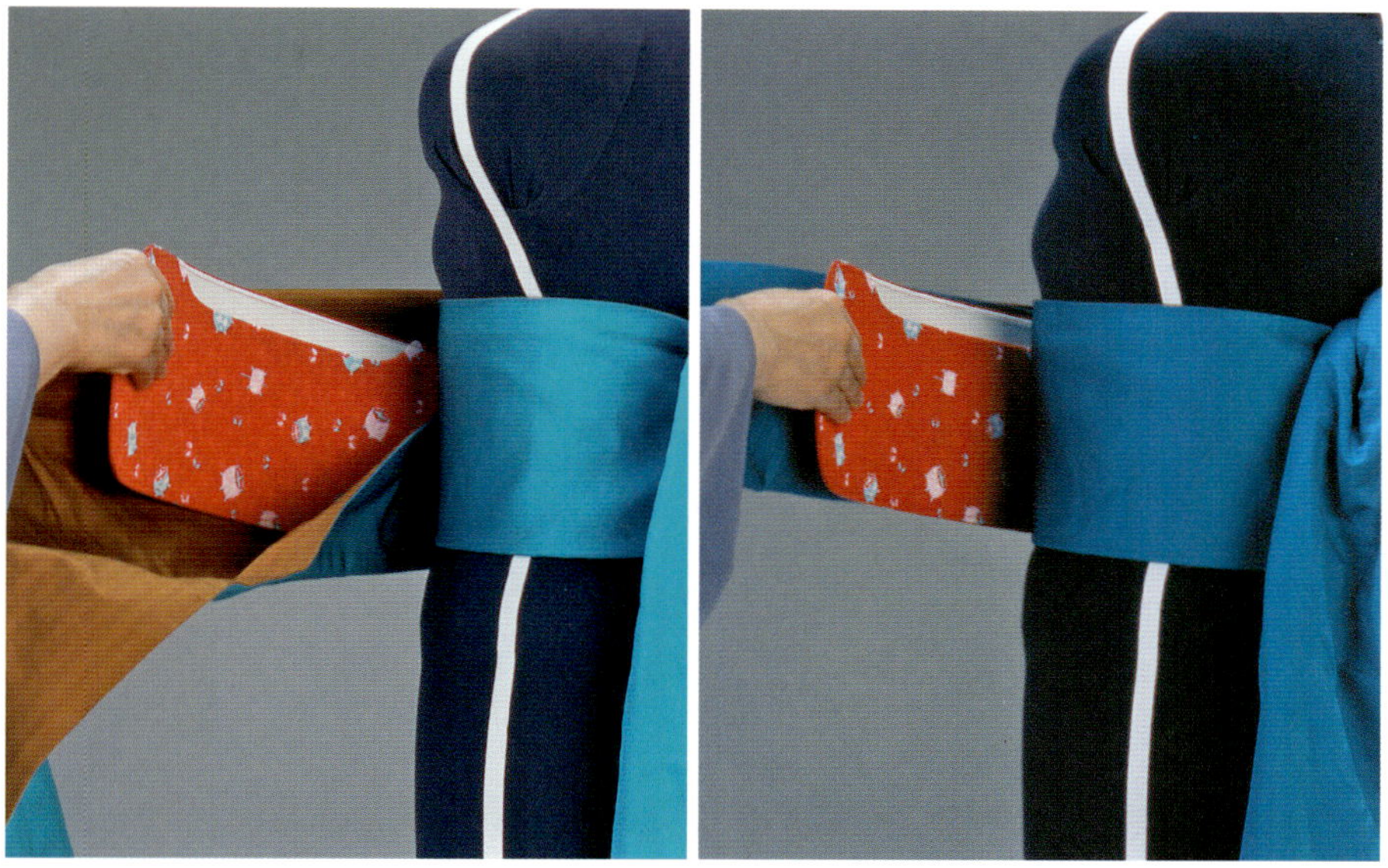

帯板は、一巻き目と二巻き目の間（右）か、二巻き目の二つ折りにした帯の間（左）に差し込みます。帯板を入れると前帯に張りが出て、しわやゆるみを防ぎ、結びがきれいになります。

帯締めをゆるめないためのコツ

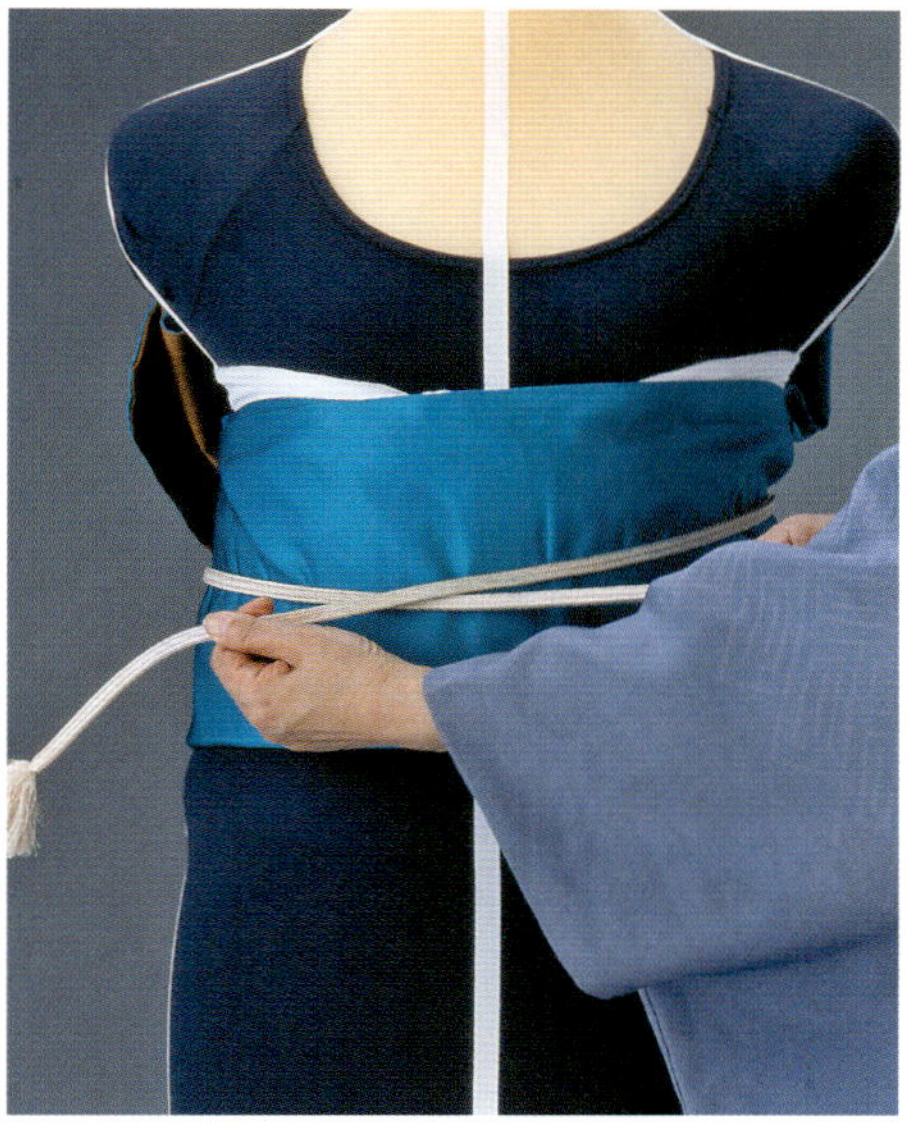

帯締めは、結ぶ前に一度、しっかりと左右に引っ張って締めておくこと。これで背中に帯がぴったりとつき、ゆるむのを防ぎます。

帯板を使い分ける

標準的な長さと幅の帯板。一般的な結びや標準体型のかたならこれで十分です。

幅が広めの帯板。帯幅を広めにとる振袖の結びなどに。

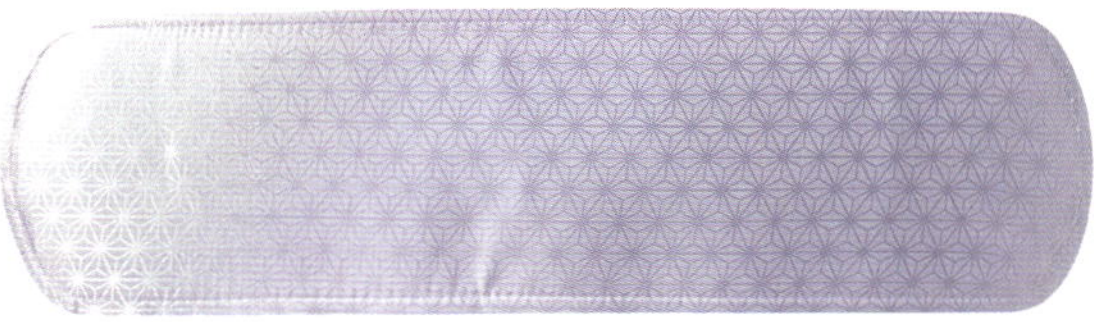

長さのある帯板。帯板の長さが足りないと、前帯に段差ができてきれいに見えません。太めのかたにおすすめです。

「て」が上と「たれ」が上の結び

てとたれ

てとたれは、まったく異なった役割を持ちながら、帯結びの形を作り上げます。たれは帯幅と長さをそのまま生かして結びの形を作り、てはたれでできた形を支えるという役割があります。

通常、てが上下どちらの帯結びでも、て先をまずとってから体に巻き始めます。結ぶ形によって、必要なての長さはおおよそ決まっています。ここで正確にてをとっておくと、残りの部分であるたれの長さもきちんと決まります。帯を巻き進め、肝心な形づくりで、たれの長さが適当でなかったということのないよう、ての長さをきちんと確認して、帯を巻き始めることが大切です。

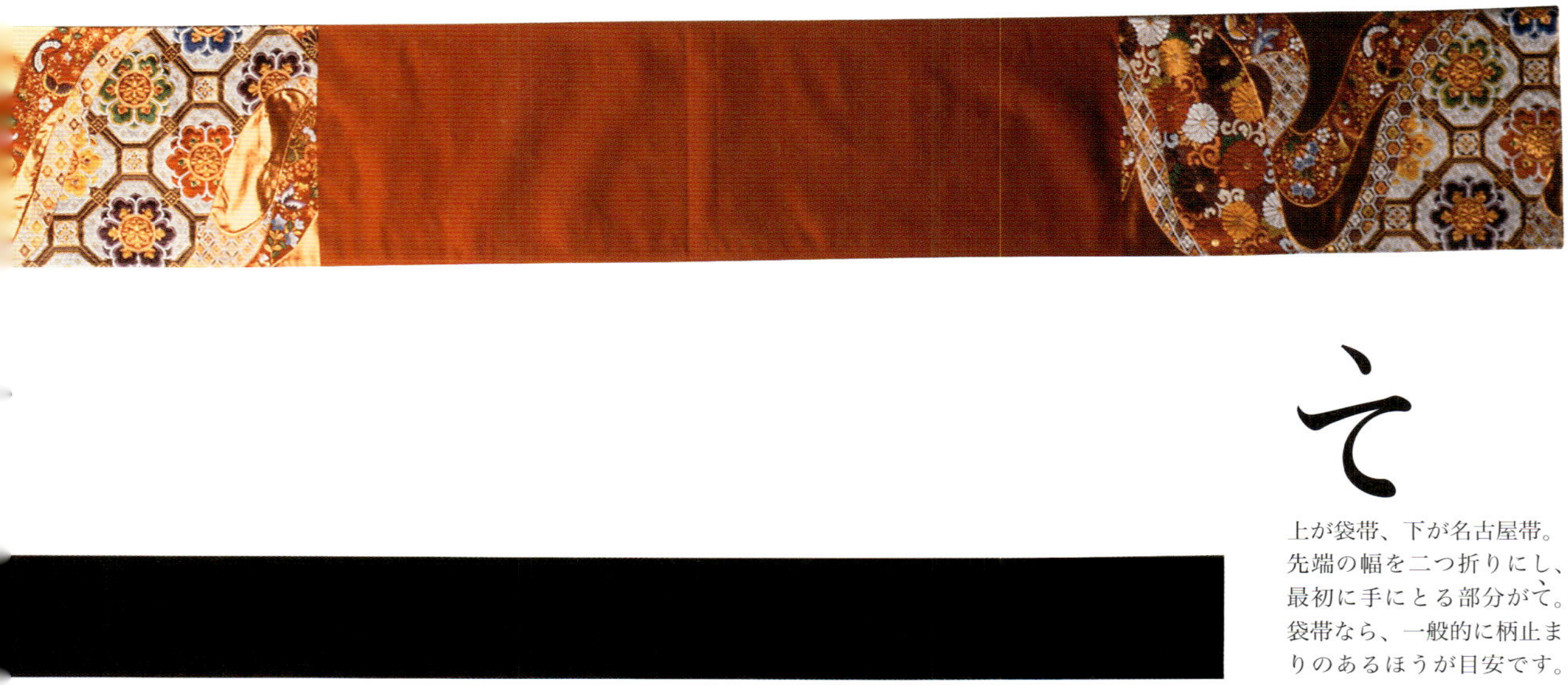

て

上が袋帯、下が名古屋帯。先端の幅を二つ折りにし、最初に手にとる部分がて。袋帯なら、一般的に柄止まりのあるほうが目安です。写真のような名古屋仕立ての帯なら、幅が半分で模様が少ないほうです。袋帯、名古屋帯とも模様のない部分は、巻いて中に隠れます。

てを上に結ぶと

文庫系、変わり結び系と呼ばれるのが、てが上の結びです。基本の文庫結びを例にとると、羽根状にしたたれを横向きにし、幅を二つ折りにしたてで上からくるむようして中心で形を支えます。大きなリボンのようになって、たれとてが表に出ています。

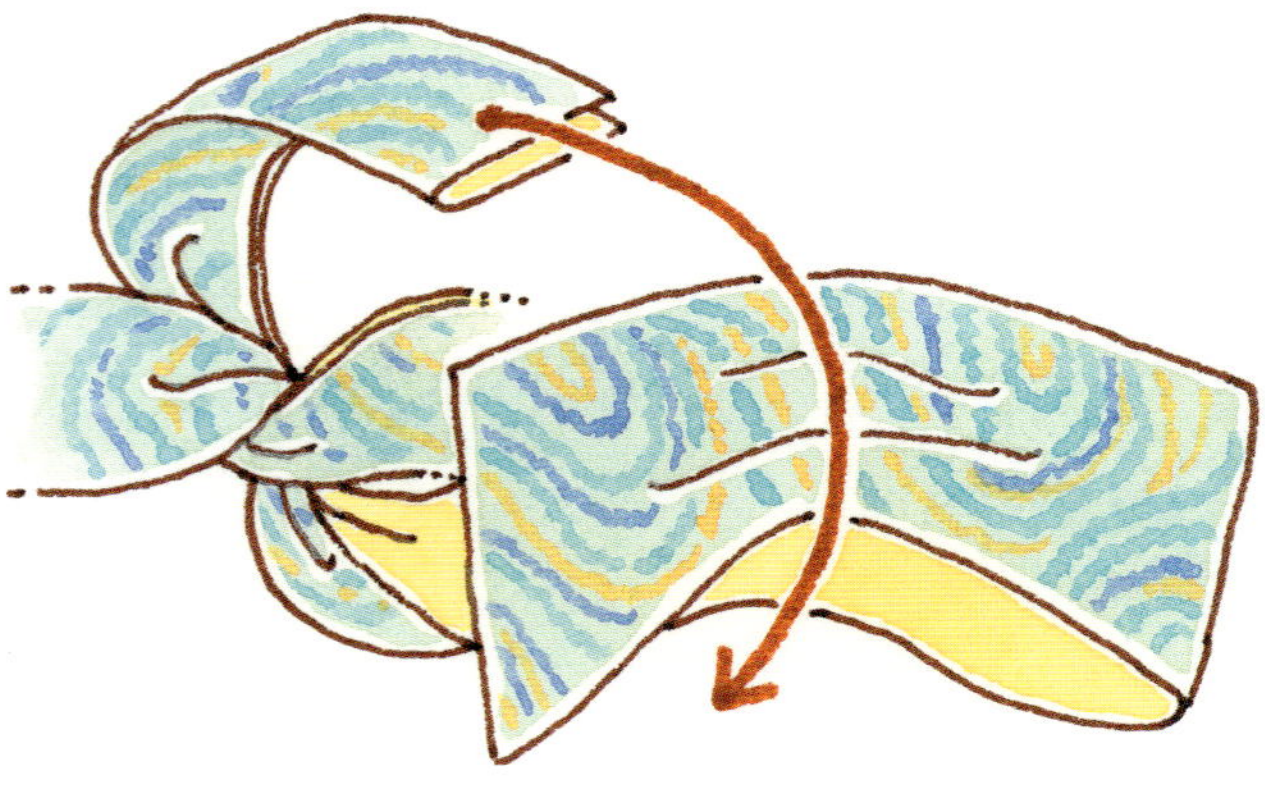

てが上 たれが上とは

帯を巻いて、背中で左右の帯を交差させたり、結んだとき、てが上にくるものを「てが上の結び」といい、逆にてが下にくるものを「たれが上の結び」と言います。

帯結びのとき、ては上にきても下にきても、二つ折りにして幅を狭くします。また、たれは、てが上にくるときは、折り重ねて羽根状にし、たれが上（てが下）にくるときは、そのままの幅でお太鼓の形になります。

そして、羽根状のたれの中心を、てで上からくるむように支えると、てが上の結びになります。お太鼓にするたれを、ての下からくぐらせるように通すと、たれが上（てが下）の結びとなります。

たれ

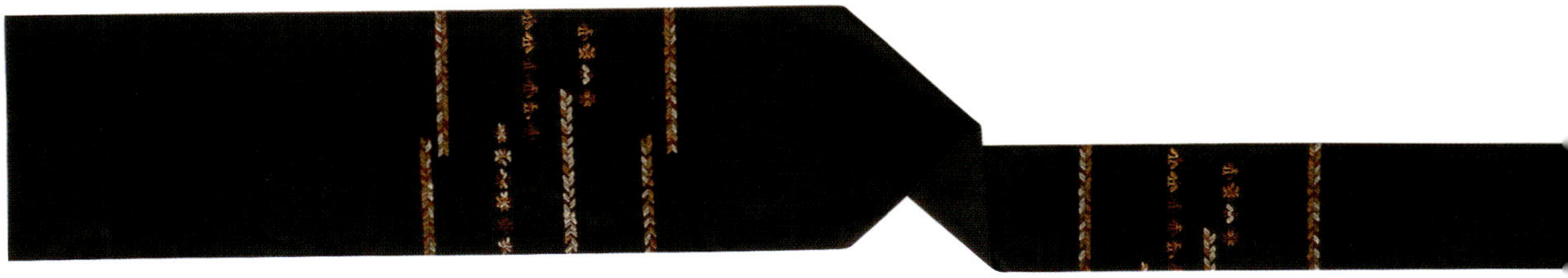

袋帯のたれは柄止まりがないほうです。名古屋帯は幅がそのままで、模様があるほうがたれです。たれは隠れず表に出る部分なので、袋帯は模様が途切れていませんし、名古屋帯にも背中を飾る柄があります。折り目がついてしまうと目立つので、てと間違えないように気をつけましょう。

たれを上に 結ぶと

お太鼓系と呼ばれるのが、たれが上（てが下）の結びです。お太鼓結びを例にとると、長さの調整のために折り上げた部分にてを通して、お太鼓の形にしたたれを支えます。ては表には出ませんが、横からお太鼓の中を通っているのが見えます。

「て」が上の結び——文庫系

文庫系、変わり結び系と呼ばれるように、振袖などの華やかな帯結びに多いようです。基本の文庫結びさえ覚えれば、あとは羽根にするたれの変化のつけ方次第。さまざまなバリエーションが楽しめ、オリジナルの創作結びも簡単にできてしまいます。

て
羽根の形を中心で支えて

てが表にくるといっても主役は飾りとなるたれ。ては、幅を二つ折りにして、たれを中心で支えるためのものです。

たれ
羽根となって飾りに

ここが飾りの主役となって、結びの形になります。羽根のたたみ方や立ち上げ方などで、自分だけの帯結びも。

「たれ」が上の結び——お太鼓系

一重、二重太鼓といわれるように、バリエーションの多さより、バランスのとれたお太鼓の形の美しさで勝負したいこちらの結び。それを踏まえたうえで、お太鼓の形を微妙に変えたり、たれ先やて先に表情をつけてみるとよいでしょう。

て

お太鼓の形を中で支えて

お太鼓の中にてがくると、ほとんど見えなくなりますが、折り方や、て先の出し方を変えると、違った表情になります。

たれ

そのままでお太鼓に

幅をそのまま生かし、結び目などの上からかぶせるようにしてお太鼓にします。帯山やたれ先にひだをつけたり、お太鼓そのものの形に変化をつけることも。

二大結び この違いがポイント

帯結びは、文庫系とお太鼓系の基本の二大結びさえマスターできれば、あとはほとんどがこの二つの応用に過ぎません。二大結びにも、共通するプロセスと異なるプロセスがあります。二大結びの違いを比較しながら、それぞれの結びのポイントを押さえていきましょう。

※わかりやすくするため、二つ折りにしたてのわの側に、赤いテープをつけています。

「て」が上　文庫系結び①

❶ 二巻き目でたれを折り上げる

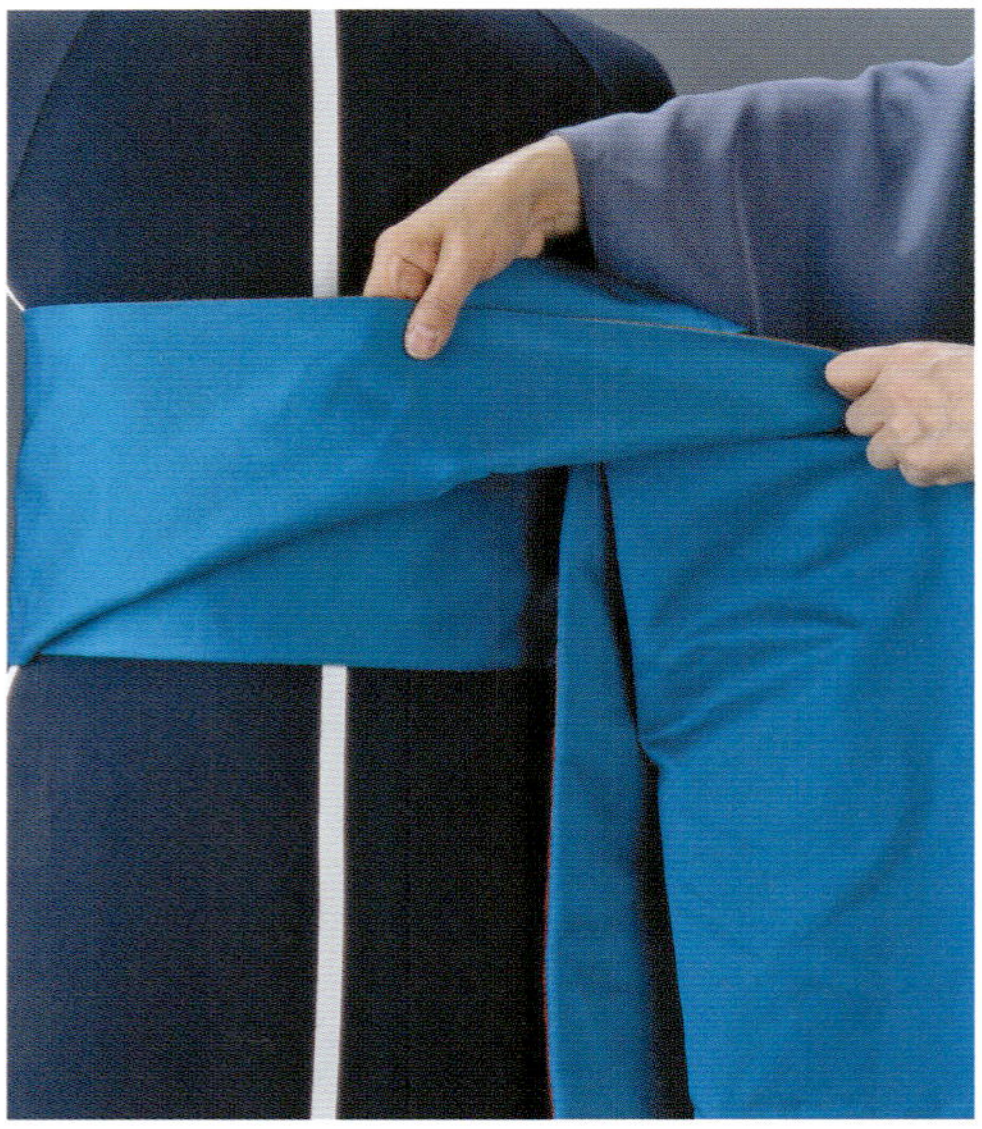

羽根にする準備のために、ここでたれを写真のように折り上げてまとまりやすくしておきます。布目も揃って羽根がきれいにたためます。

❷ 上に出したいてを上に

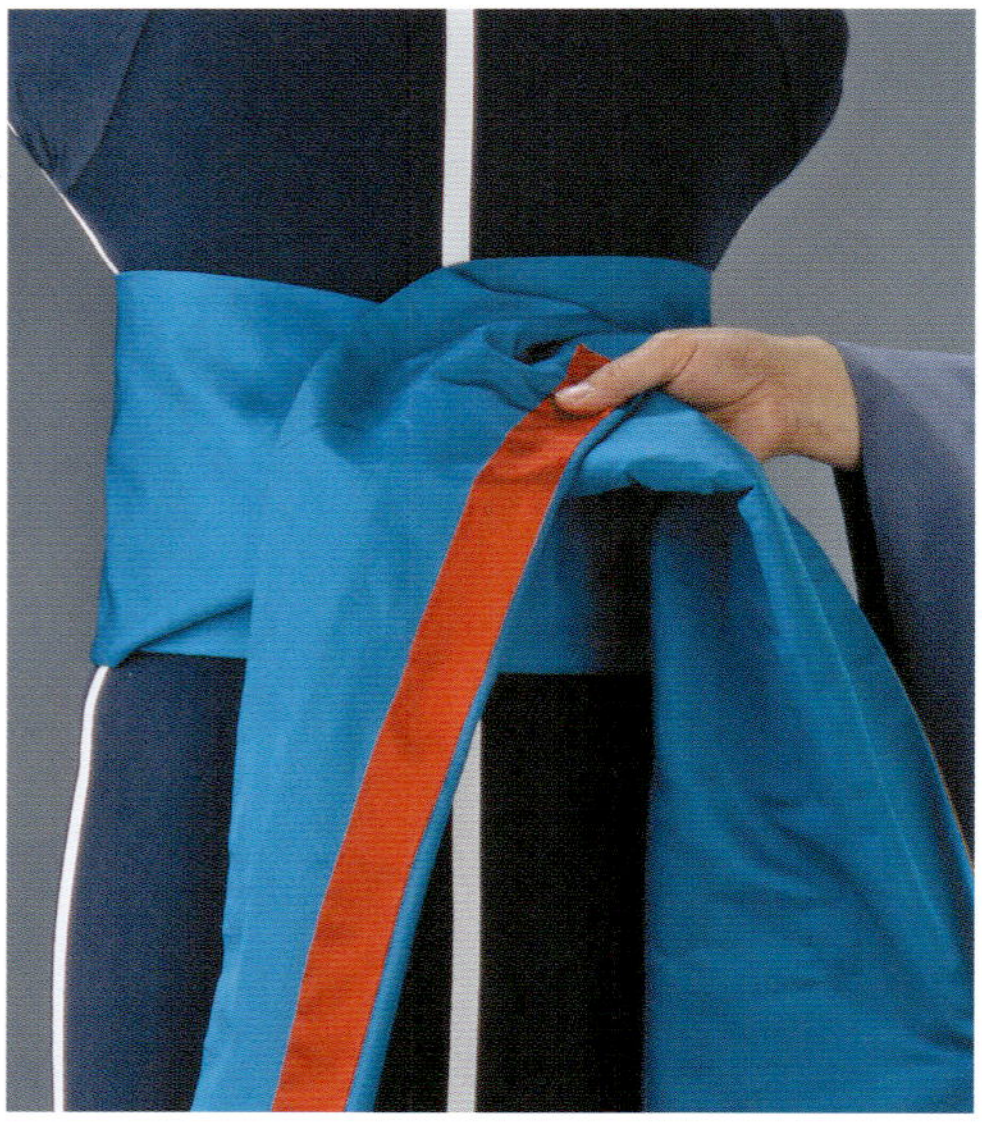

結ぶ前のてとたれの重ね方です。巻くポイントを思い出しましょう。上に出したいてを上にして重ねています。

❸ 結び終えたあとも、てが上に

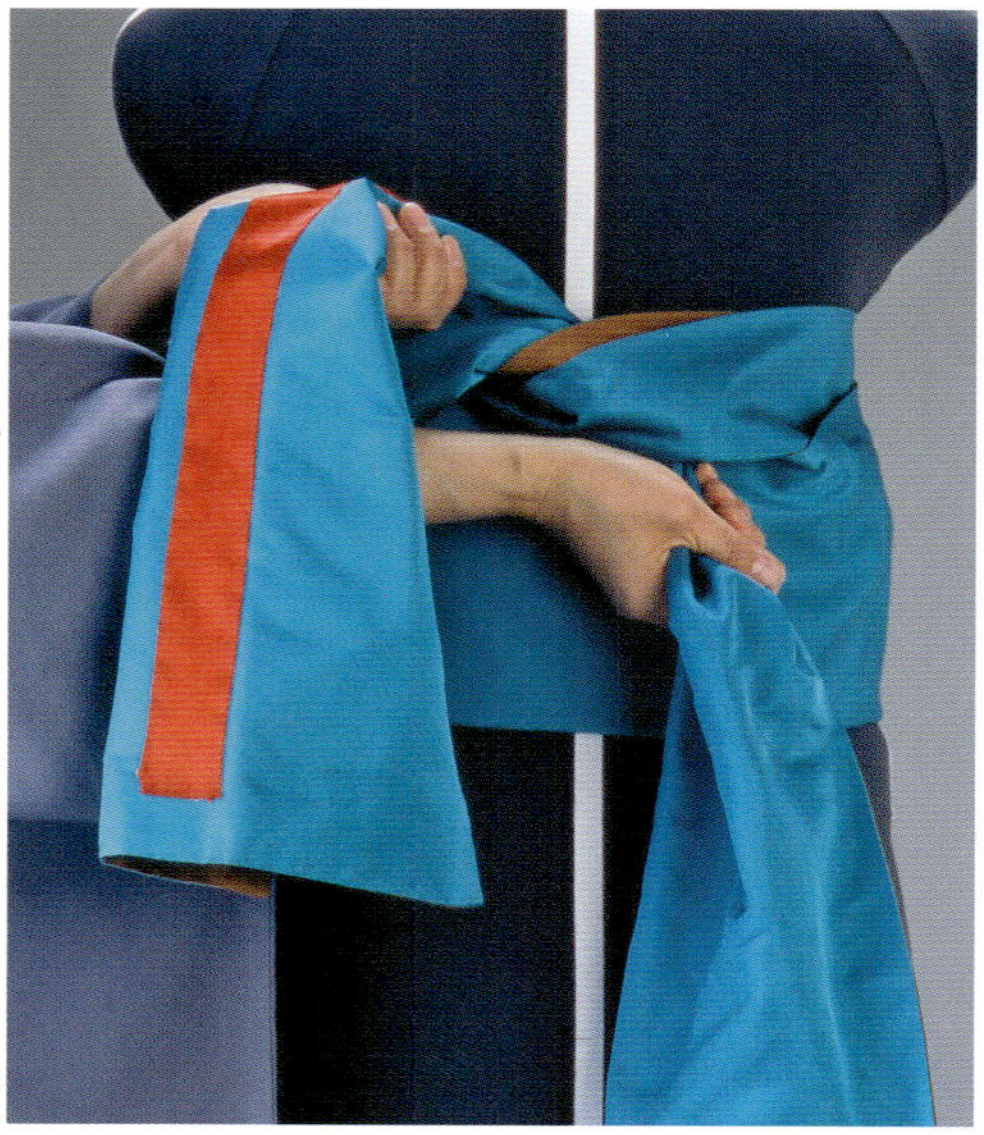

結んでからも、そのままてが上にきていますが、よじれなどで上下が逆になっていないか確認を。ここで間違うと、あとの過程がうまく進みません。

「たれ」が上 お太鼓系結び①

❶ たれは幅を変えずにそのまま巻く

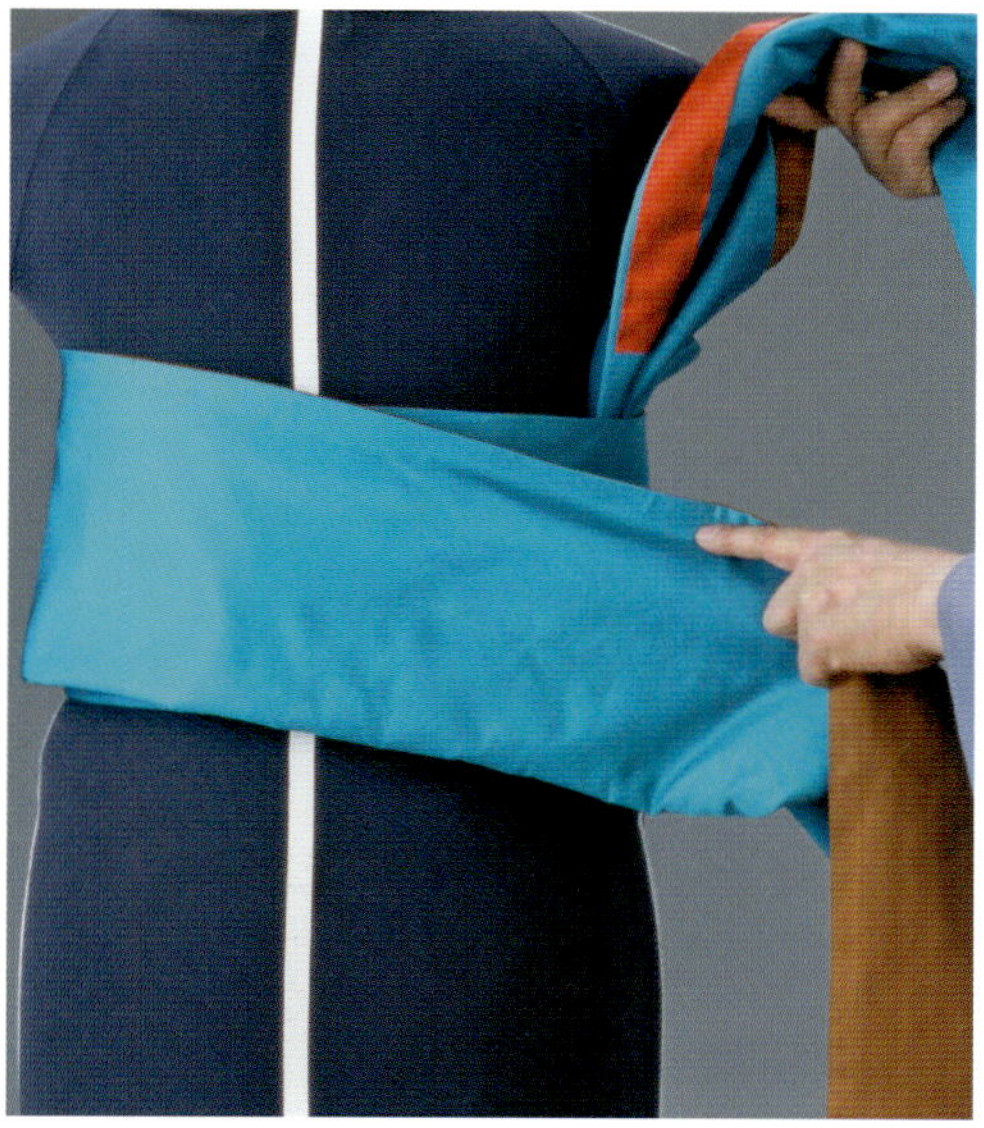

お太鼓を作るために、たれの幅をそのまま生かすので、帯はたたみません。重みで帯が下がらないよう、手でしっかり支えながら巻きます。

❷ 上に出したいたれを上に

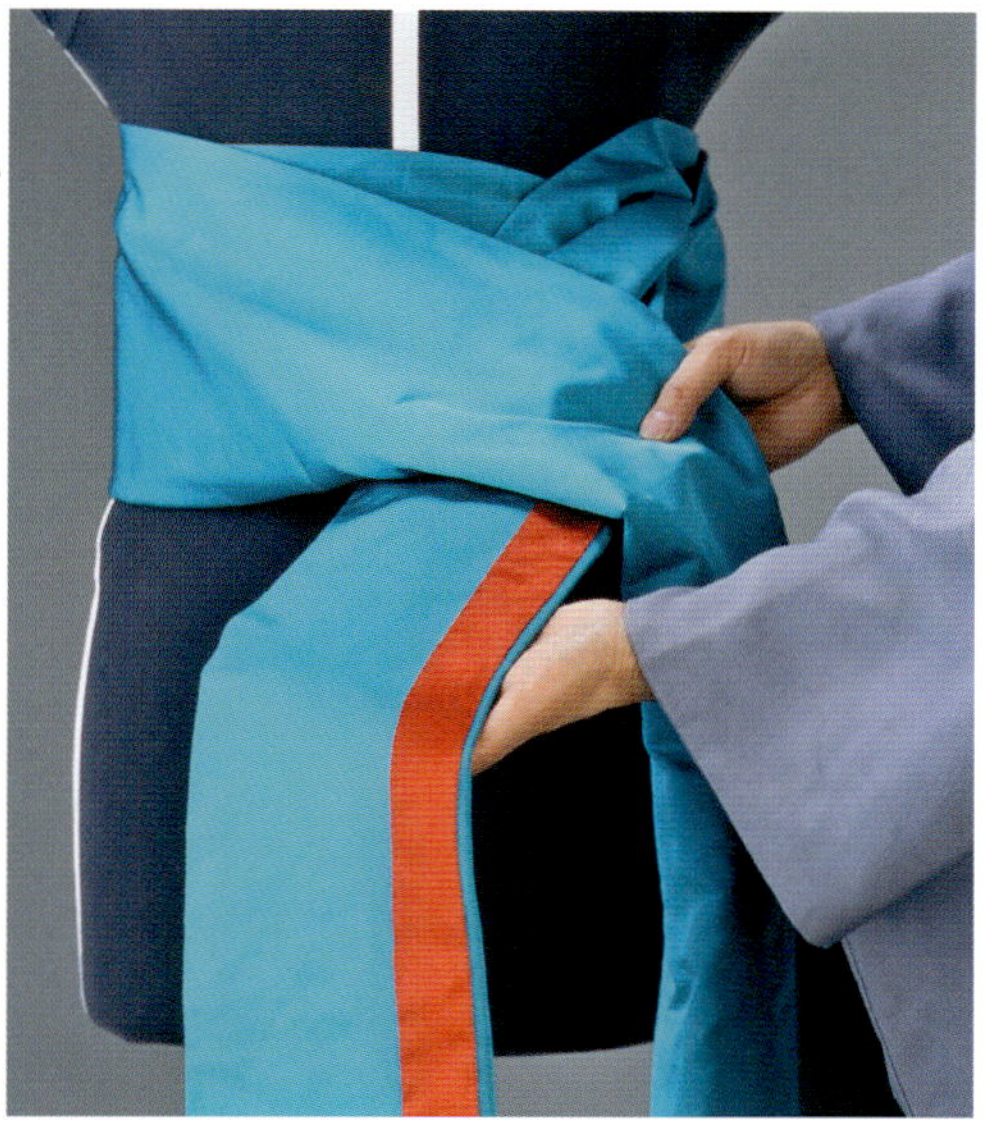

結ぶ前のてとたれの重ね方です。巻くポイントを思い出しましょう。上に出したいたれを上にして重ねています。

❸ 結び終えたあとも、たれが上に

結んでからも、そのまま たれが上にきています。よじれなどで上下が逆になっていないか確認を。ここで間違うと、あとの過程が進めにくくなります。

「て」が上　文庫系結び②

❹ て、の結び目に帯枕をつける

て、とたれの結び目の上に帯枕をのせるようにして固定します。て、は帯枕の下で押さえられています。

❺ 帯枕に羽根をかぶせ、その上をて、でくるむ

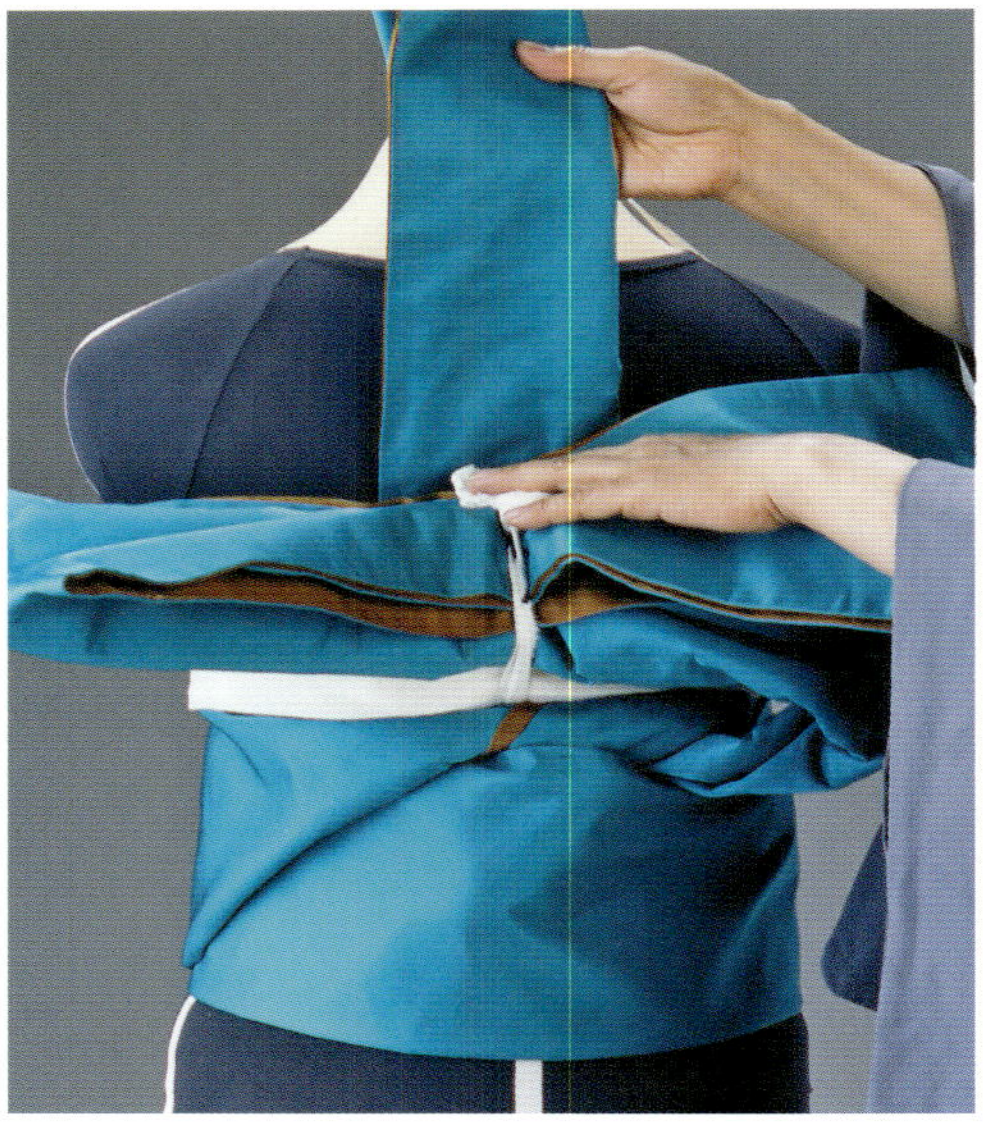

④で押さえた帯枕に折りたたんだ羽根（たれ）をかぶせて、中心を帯枕ごと紐で固定します。紐をカバーするように、て、で上からくるみます。

❻ て、先は胴帯上で始末

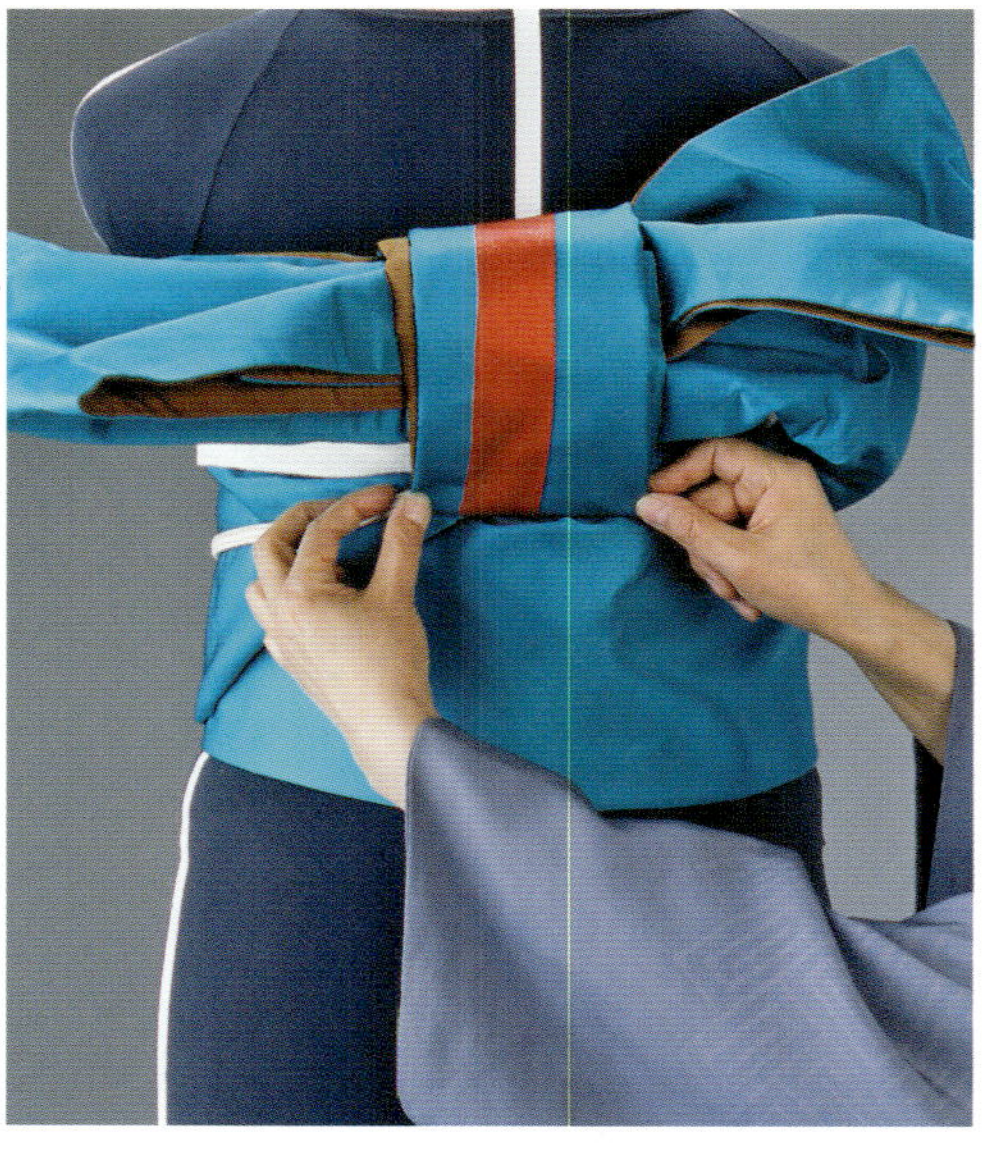

くるんで余ったて、先は、内側に折りたたんで、帯締めで固定します。表に出ている部分を整えながら、帯締めで羽根（たれ）を安定させます。

「たれ」が上　お太鼓系結び②

❹ 手に持った帯枕にたれを掛けて

たれでお太鼓を形作るのに帯枕は欠かせません。あらかじめ帯枕にたれを掛けて一緒に合わせておいてから、背中に固定します。

❺ 下がったたれの間にてを通す

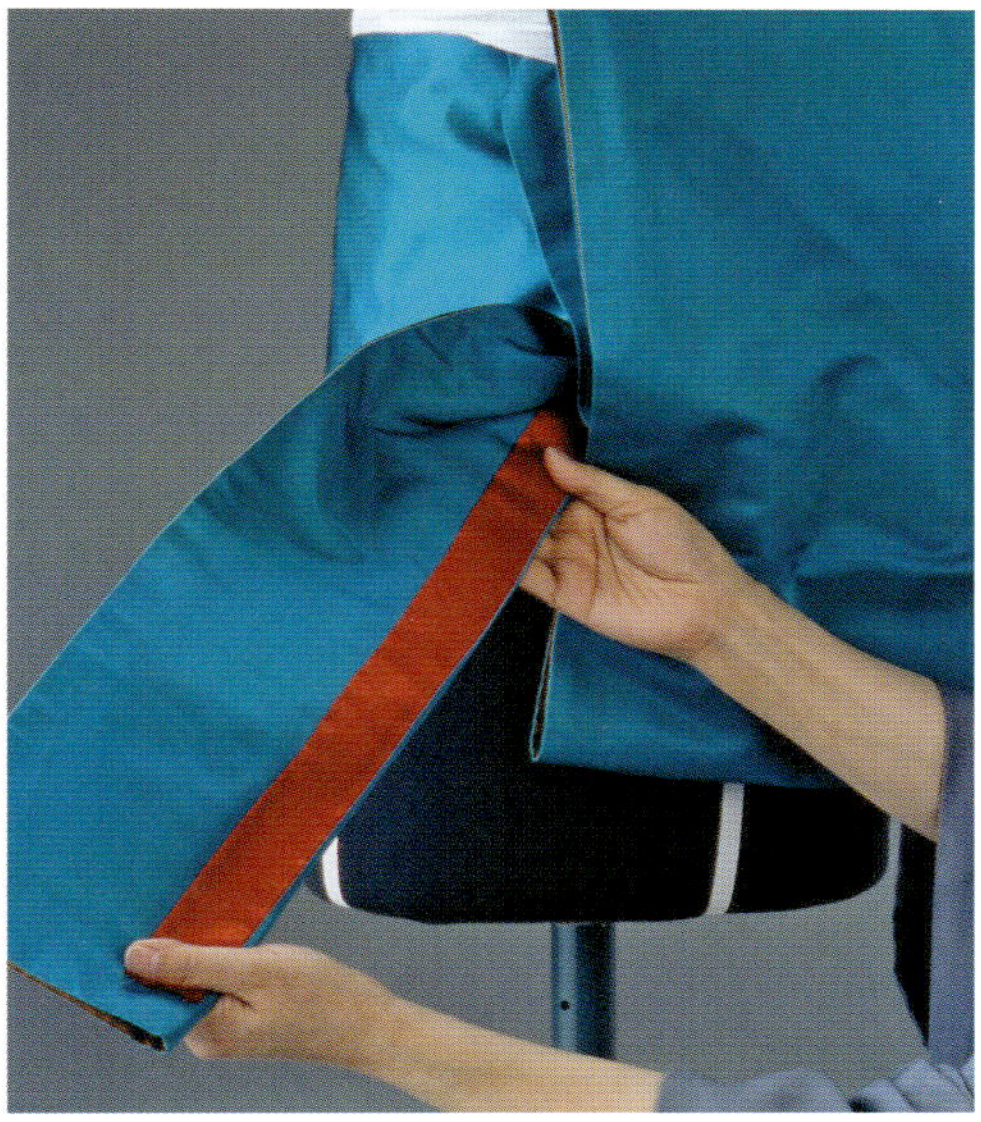

たれの左端からて先を入れて、右へ通します。重なったたれの間をてが通っているので、たれが押さえられ、お太鼓の形が固定されます。

❻ て先はお太鼓の右端から出します

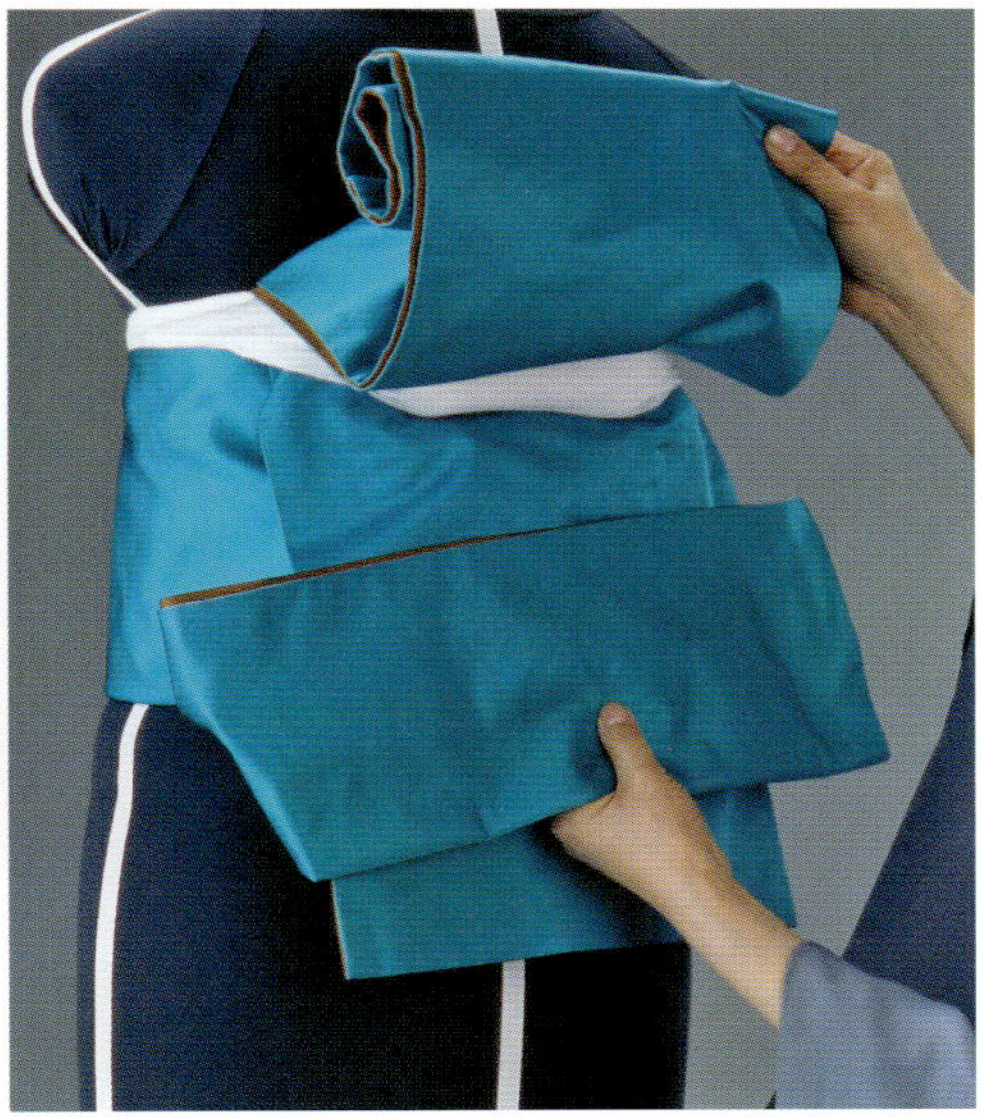

たれに通したて先は、お太鼓の右端から出します。ての上から押さえるようにして、折り上げたたれと一緒に帯締めで押さえてお太鼓を完成させます。

結びの形はたれが決め手

文庫系のたれ——羽根にして飾りにする

[外だたみ]

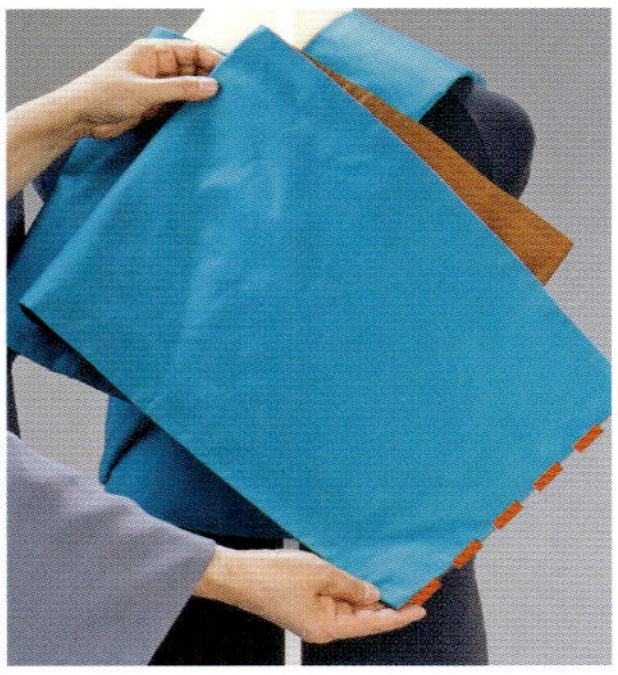

たれ先を外に出して、折り重ねていきます。短い帯でもできます。たれ先が外に出ているので、そこだけ立ち上げて立体感をつけるなど、動きのある羽根の表情になります。

[内だたみ]

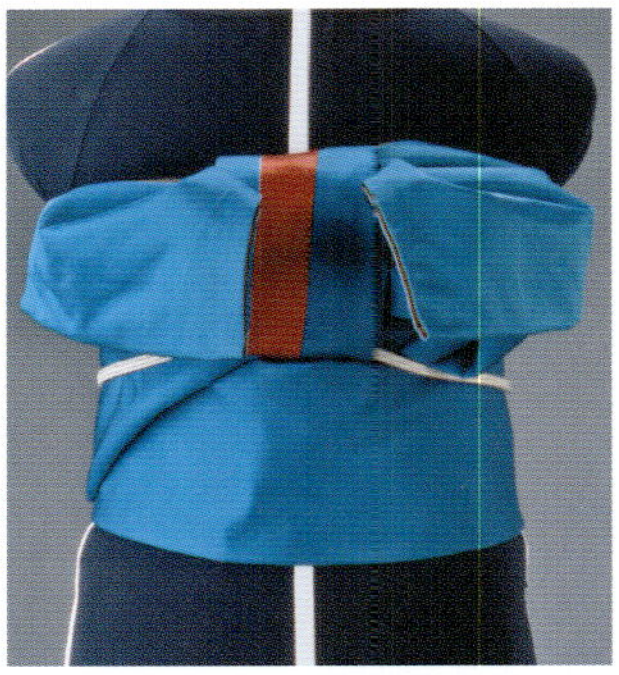

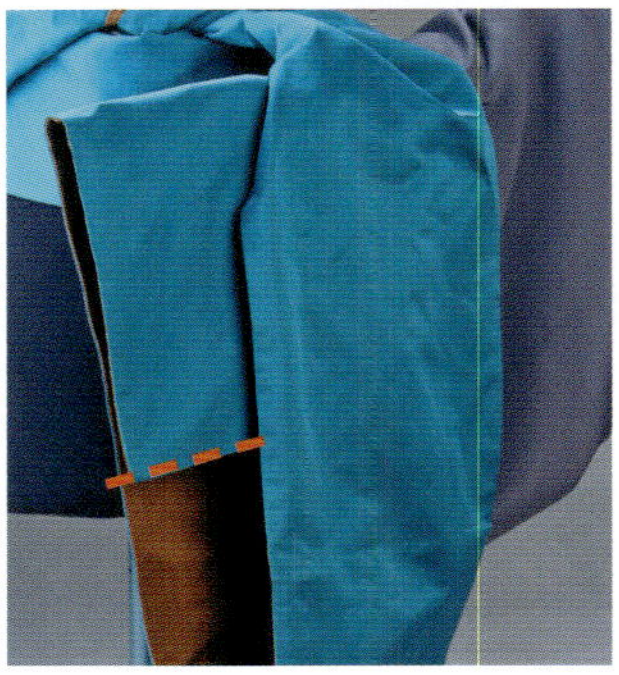

たれ先を内側で重ねたまま、折り重ねていきます。たれ先が外に出ていないので、羽根全体で変化をつけるようになります。長い帯向きです。

難しそうに見えるこの本の中の帯結びも、羽根を変化させて応用。
右上・花文庫1（P124）　左上・新美蝶（P133）
右下・寿々賀（P137）　左下・うの花結び（P135）

お太鼓系のたれ——表面をくるむ

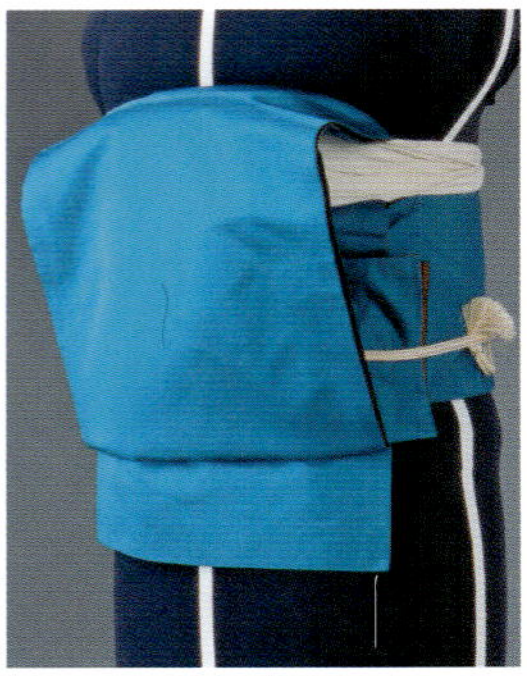

たれの幅を生かし、てや結び目、帯枕などすべてを覆ってお太鼓の形にします。

華さね太鼓（P94）
たれを、帯山の上に出します。お太鼓とたれを重ねて変化をつけて。

ふくら雀1（P96）
て先とたれ先をお太鼓の両端から出して雀の羽ばたきを表現しています。

扇太鼓（P105）
ひだを作ったて先を帯山からのぞかせます。たれ先にもひだをつけて飾ります。

千鳥結び（P112）
小ぶりの帯枕を使ったてとたれの複雑な重なりが見せどころの結び。

半幅帯の結び

一《いち》文《もん》字《じ》

帯結びの基本で登竜門

江戸時代に男性が結び、箱結びとも呼ばれていた結びです。簡素な形でほどけにくく、腰帯や袴などにも結ばれています。てが上の帯結びの基本形なので、まずはこの結びを覚えてください。巻く、締める、結ぶなど、テクニックや手の動きなどが習得でき、どんな帯結びにも応用できます。

① 幅を半分に折り右手に持ち、肩から指先ぐらいまでとり、て先の長さを決める。半幅帯はこれくらいの長さでいろいろな結びができるので、覚えておきましょう。

② 長さを決めたて先から帯幅を自然に開いて約五〇センチ離れたところを左手に持つ。後ろから体の前に回してての長さ分を再び右手に渡す。

③ て先を受け取った右手は背中心につけ、左手で帯幅の上端を持って体に帯を巻きつけながら、ゆるまないように上端に沿って一巻きする。

④ 右手に持っていたて先を左手に渡してから胴帯を受け取る。指先を伸ばし親指と四本の指で帯の上端を挟むようにして受け取ると帯の布目がゆがまない。

⑤ 左手首を手前に向け、て先を背中に水平につけます。このとき胴帯を持っている右手を手前に戻す。一巻き目の帯を体にきちんと巻くことが大切。

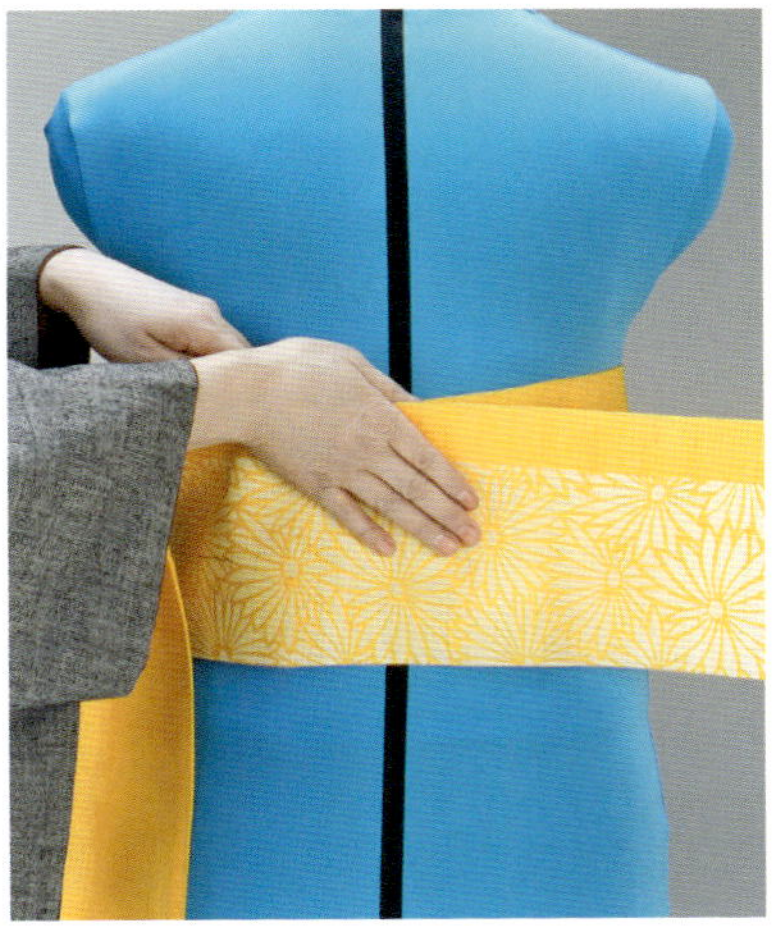

⑥ 背中心でて先の上に胴帯を重ねる。写真のように胴帯の上端を斜めに。挟んで持っている右手の指先を伸ばしているので、帯の布目が守られる。

⑦ 右手首を帯幅の中央に下げて写真のように帯をにぎり持って締める。背中心で、体に直角に締めると、前帯もよく締まる。

⑧ てと胴帯を背中心で締め、ゆるまないようにて先を持っている左手で胴帯も一緒に持つ。次に右手で胴帯を体の前に向けて右に回す。

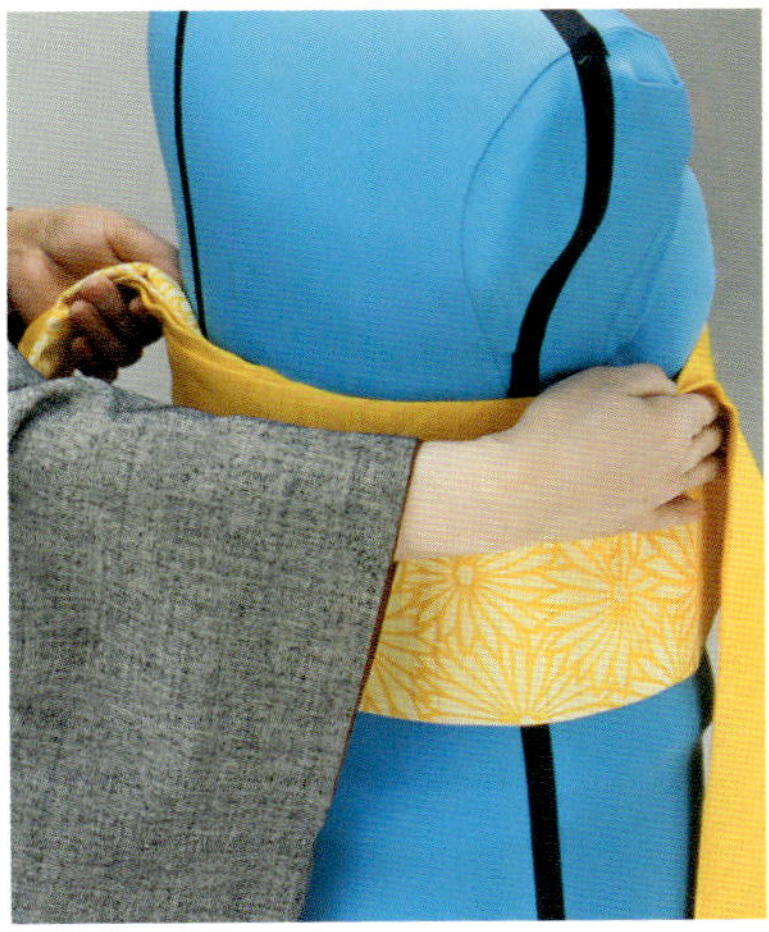

⑨ 右手で帯の上端を持ち胴帯を巻く。右手に持った二巻き目の胴帯が体の真横を通過するまで、左手はて先と胴帯を持ってゆるむのを防ぐ。

Point

帯の結びがしっかりと背中につくコツ

てとたれを結ぶときの注意ポイント。二つに折りたたんだて先の開き口を必ず上にして巻き、その向きを守って重ねて結ぶ。

⑩ 真横を通過してから左手に持っていた帯を離し、右手から二巻き目の胴帯の上端を受け取る。

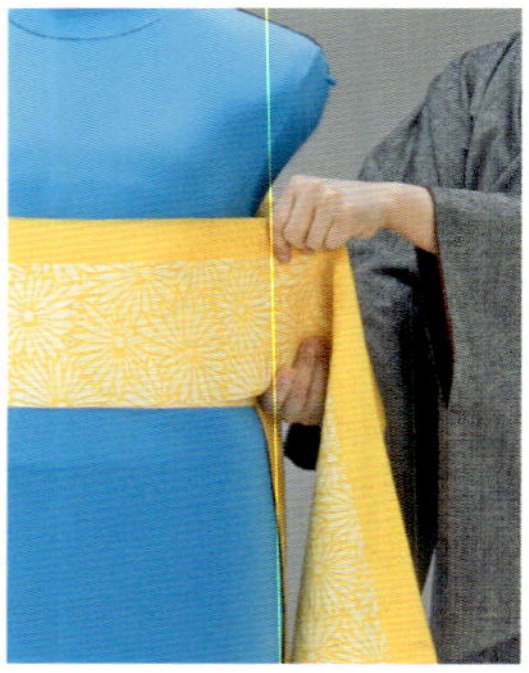

⑪ 左手に帯を渡し終えた右手を前に移し、帯下を持って全体を引き寄せる。体から離れた位置で。

⑫ 体の真横を通過するまで上下を持っておき、帯幅を開いた状態で後ろへと引き寄せて巻く。

⑬ 右手を帯下から離し、背中心にあるて先を持って静かに体の脇に戻す。

⑭ 右手を胴帯に移し、手のひらを上に向けて下から斜めに折り上げる姿勢をとる。

⑮ 斜めに折った帯を、手首を下に向けて右手で持ち、左手は斜め上に向け折り目を整える。

Point

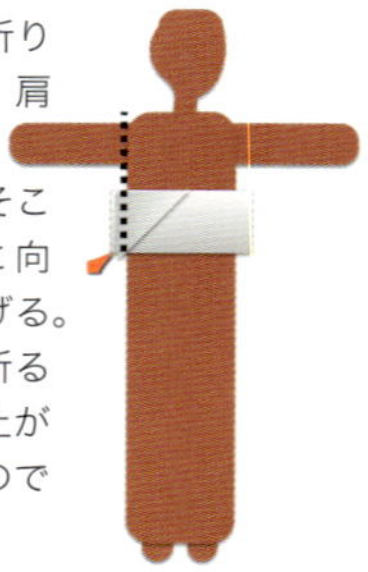

帯幅を斜めに折り上げる位置は、肩下のところで、体の脇です。そこから背中心に向かって折り上げる。腕下の脇から折ると、帯がずり上がり安定しないので注意。

⑯ 整え終わったら、そのまま左手で、て先を持つ。右手は背中心でそのまま胴帯を持つ。

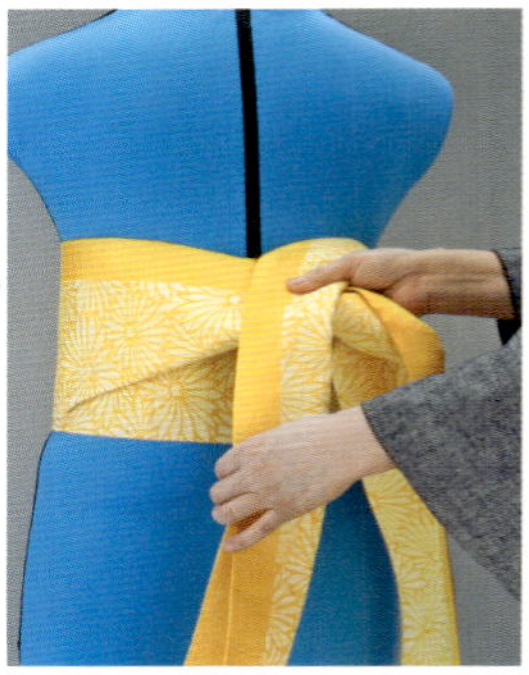

⑰ 二つ折りのて先を、斜めに折りたたんだ胴帯の上に重ねて背中心で持つ。重ねるて先は必ず開き口を上に向ける。

⑱ て先を、胴帯に重ねた部分で下から上に向けてくぐらせる。結び目がずれないよう背中心で行う。

⑲ 重ねた部分を持っている右手をゆるめないようにして、前帯が下がらないようて先を全部引き抜く。

⑳ 引き抜いたてとたれを結んでそのまま軽く締め、背中心で結ぶ。

㉑ 結び目が下がらないようにて先を胴帯の上部に向けて引き上げる。この段階で結び目が下がらないようにする。

㉒ 結び目の根元を持って斜めに締める。持ち方は両手のひらを上に向けて帯を絞るようにすると締まる。

㉓ 締めた結び目を右の親指で押さえて、ゆるむのを防ぎながら、左手で斜めになっているてを背中心に戻す。

羽根のたたみ方（内だたみ）

Point

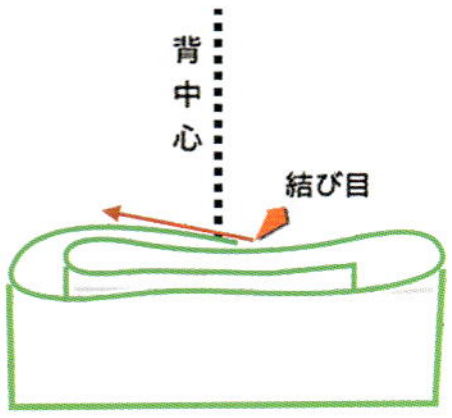

羽根のバランスをよくする折りたたみ方と中心の決め方、その位置は、結び目部分の帯を反対側に引っ張るようにして折りたたみ、結び目のところを中心にして左右の羽根のバランスを見る。

㉔ 一結びのままでは、たれがゆるみがちになるので、結び目の根元から幅いっぱいにたれを開き、戻りを防ぐ。

★結び目から離れたところで、指先を伸ばした手に掛けるようにたれを持つ。帯をにぎって持たないことがコツ。

★はポイント

㉕ 両手の指先を伸ばして、たれを内側に折りたたむ。寸法がとりにくくなるので、たれ先にこだわらないこと。

㉖ 両手を回転させて、たれを折りたたむ。羽根になる長さはだいたい35～40センチが目安。

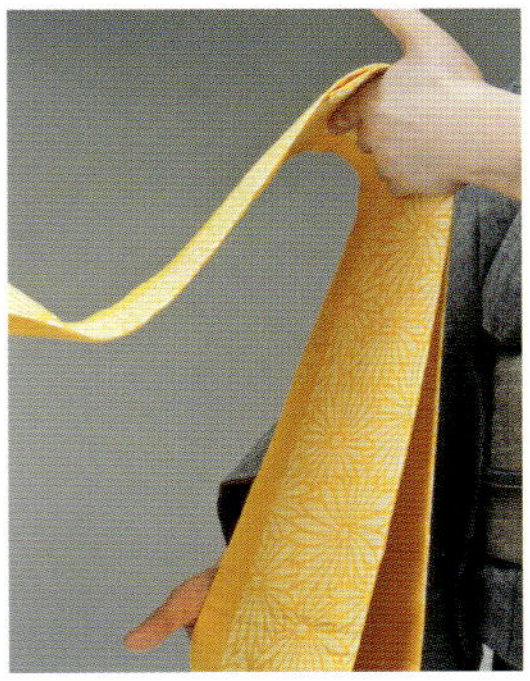

★指先を伸ばして行うと羽根の大きさ、寸法の加減が調節しやすい。何度も練習するとバランスのとり方がつかめる。

㉗ 折りたたむ最後の位置は、羽根の大きさの約半分強のところで決める。長さによっては一度折るだけの場合も。

㉘ 羽根の半分強のところで折りたたみ、写真のように帯を持ってたたんだ羽根が安定するよう結び目から横に向ける。

㉙ 左手で羽根の横を持ち、右手で重ねた帯幅の上端を羽根の中心で全部揃えて持つ。結び目も残さずに持つ。

㉚ 帯端を揃えて持ち、羽根全体を水平にする。中心を持つ右手親指の方向と持ち方に注意。布目を正しくするのがコツ。

㉛ 右の親指を帯幅の中心に向けて浅く持つ。左手親指も中心に向けて浅く持つ。下の四本の指は伸ばしておく。

㉜ 左の指先を下から突き上げて山ひだの中心となる山を高く作り、上下の両帯端も折り上げて羽根の中心を作る。

㉝ 羽根の中心の手を持ち替えて、もう一方の羽根の横部分を持って引き、布目を正す。山ひだをくずさないように注意。

㉞ 山ひだを保ち、結び目をゆるめないために、布目を正したあと、右手で羽根の中心を深くにぎって持ち直す。

㉟ 山ひだを持つ手を交互に替え、左右の横の羽根を引いて布目を正す。結ぶ前にきちんと布目を正すことがコツ。

㊱ 羽根を作るうちに結び目がゆるんでくるので、て先と羽根をもう一度締め直す。このとき羽根を深くしっかりとにぎって持つことが大切。

㊲ 上にあるて先を下ろし、羽根を包むようにして大きな輪を作り、そのまま羽根を持つ指先にて先を渡す。輪を大きくして結ぶのがコツ。

㊳ 右手から左手に代えて羽根の中心の山ひだを持つ。羽根の中心の山をくずさないようにして、帯の持ち手を替えることが大切。

㊴ 右手でて先を引き抜きながら結ぶ。羽根を持つ手はまだしっかりと山ひだの中心を持っておく。

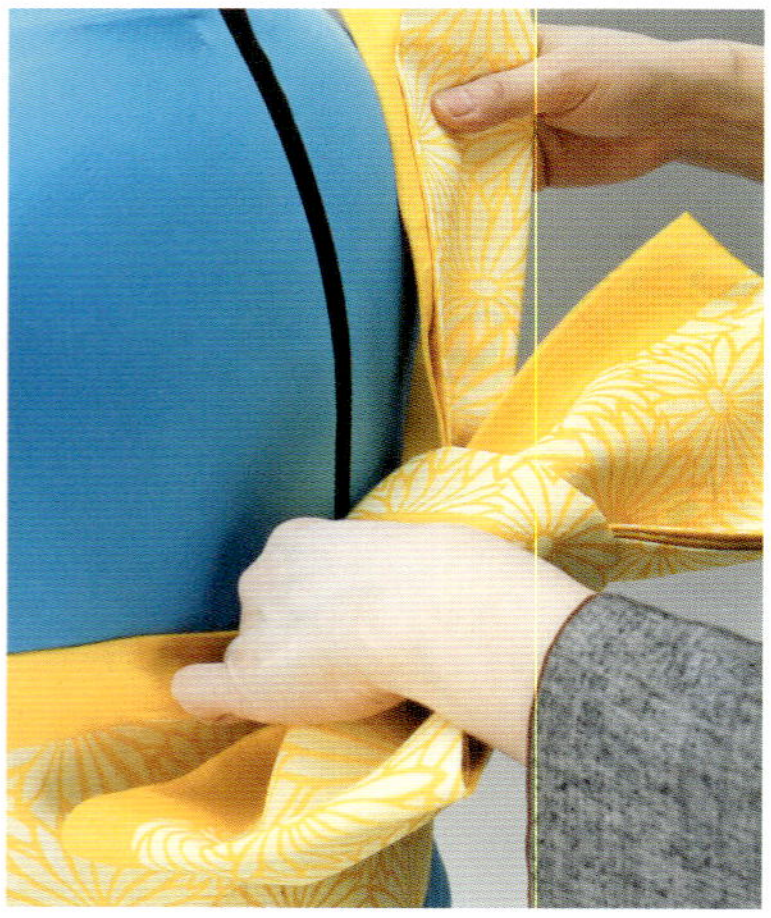

㊵ 斜め上に出したて先をゆるみがなくなるまで締める。左手に持っている羽根はてのゆるみが少なくなるまで離さないことが、きれいな羽根を作るコツ。

㊶ 羽根を持つ左の手首を回して手のひらを上に向けて帯を持つ。上にあるて先を羽根の下に下げ、両羽根とて先を持って水平に引き締め、形を固定する。

㊷ 羽根を締めたあと、て先を端から折りたたむ。折りたたむ大きさは適当で構わない。外側に向けて折りたたむと次のプロセスがスムーズに。

㊸ て先を結び目まで折りたたみ、写真のようにして指先を伸ばして持つ。あまり小さくたたむとやりにくいので、大きさを調節すること。

㊹ 折りたたんだて先を右手で持っておき、胴帯の一巻き目に左手を入れ、結び目まですべらせる。脇から行うと結び目下の帯口が開きやすい。

㊺ て先を右手で押すと同時に、左手で手前に引いてすき間を作り、右手でて先を中に入れる。

㊻ て先を入れたら、もう一度羽根の上に手をあて、結び目を入れ込む。これで土台がしっかりして羽根が安定する。

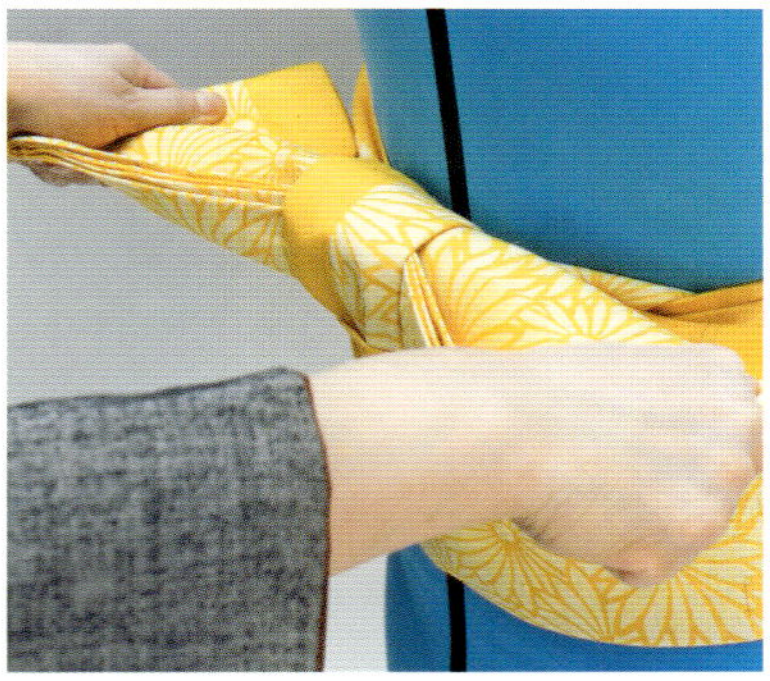

㊼ 左右の羽根の横を写真のように持ち、親指のはらで左右同時に引きのばして最後に布目を正す。

㊽ 一文字結びのでき上がり。この方法で結ぶと、どんなに激しく動いても長時間形がくずれません。

★はポイント

★1 表情を変えたいときの方法です。初めに、両手で羽根の中心を深く持つ。

★2 羽根を持ったまま、両手首を手前に半回転させるようにひねり、羽根の中心の向きを変える。

★3 羽根を背に向けて仕上げると表情が変わり、可愛らしい蝶結びとなります。

花はさこ

――くずれない可愛い結び

可愛らしく安定感があるので、踊りのお稽古に合う結びです。巻くところまでは一文字と同じですが、て先を羽根にして飾り、たれを胴帯の下まで通して飾りにするところがポイントです。

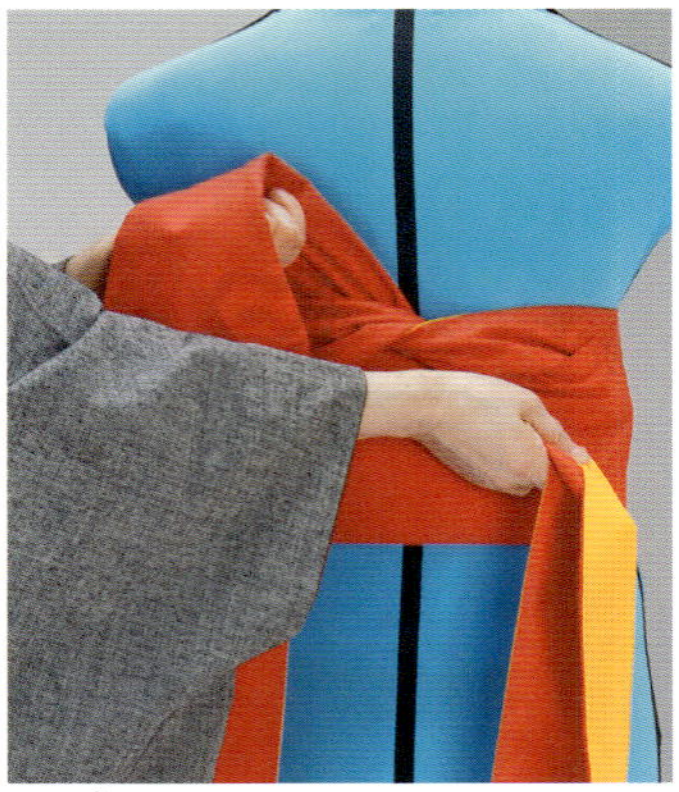

① ての長さを50～55センチに決め二巻きする。結ぶ前に背中心から斜め下に帯幅を折り、てを上にして結ぶ。

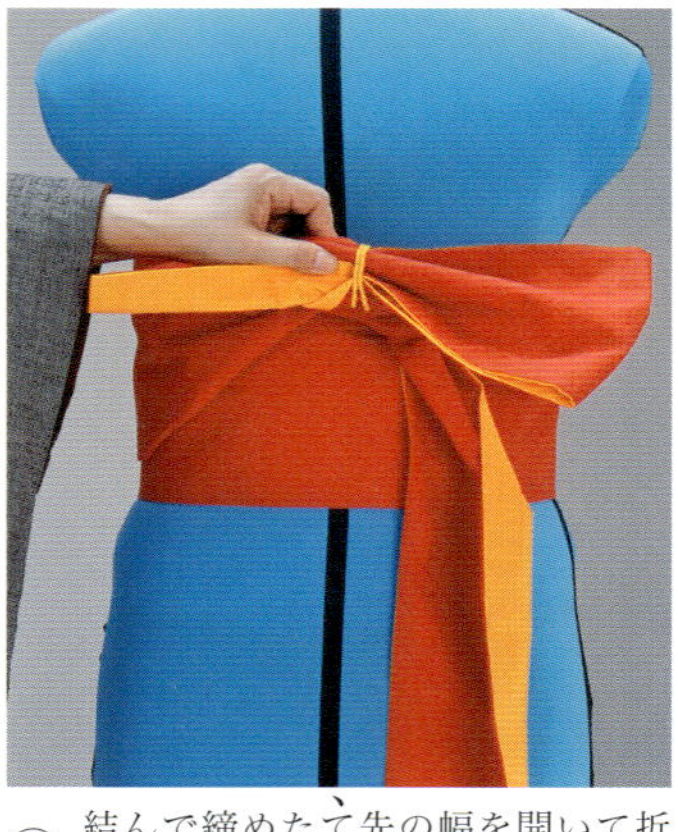

② 結んで締めたて先の幅を開いて折り返し羽根を作ります。羽根の中心の山ひだをゴムなどでとめておく。

③ たれを一文字結びのように帯端から結び目近くまで折りたたむ。長さは、帯幅プラス10センチくらいで。

④ 折りたたんだたれを上に向けて縦にする。写真のように帯幅プラス5～6センチの長さになるように。

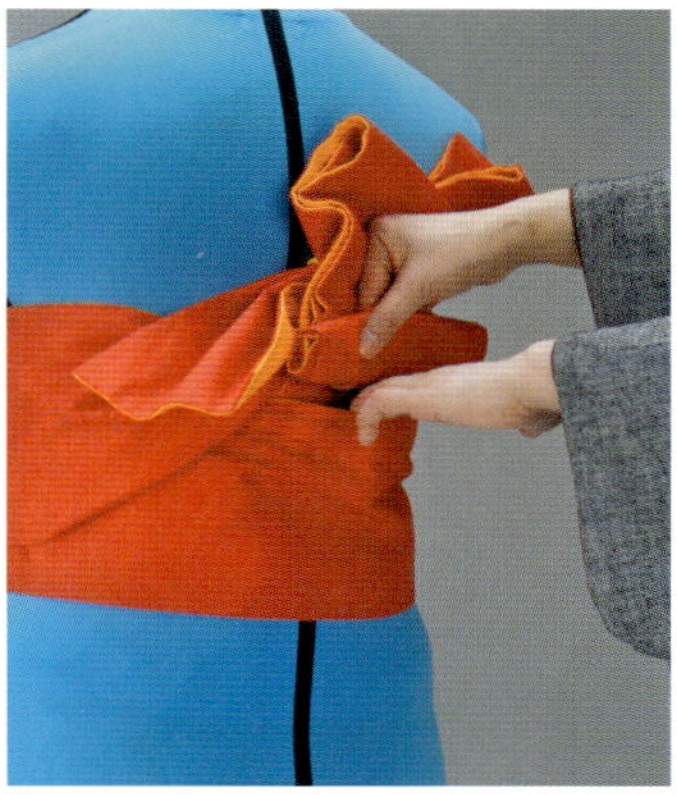

⑤ 折りたたんだたれを、②の羽根の下で胴帯の上から下に向けて通す。このとき、きものの胸紐に注意。

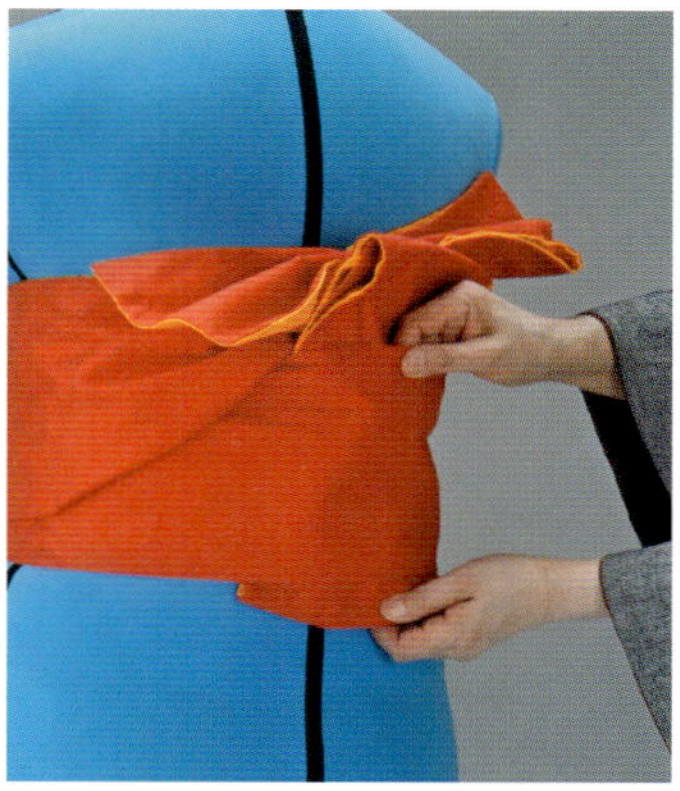

⑥ 胴帯の上の部分に輪にしたたれを残しておく。このとき、しわをきれいに整えてておくこと。

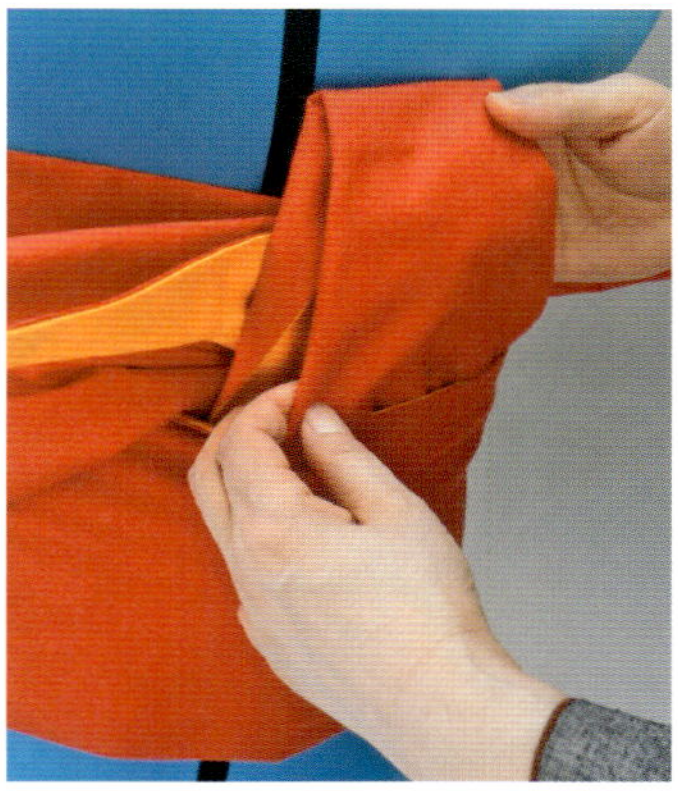

⑦ 胴帯の上の輪のところでたれの両端を折り込んで三つに折る。好みによっては亀甲ひだでも。

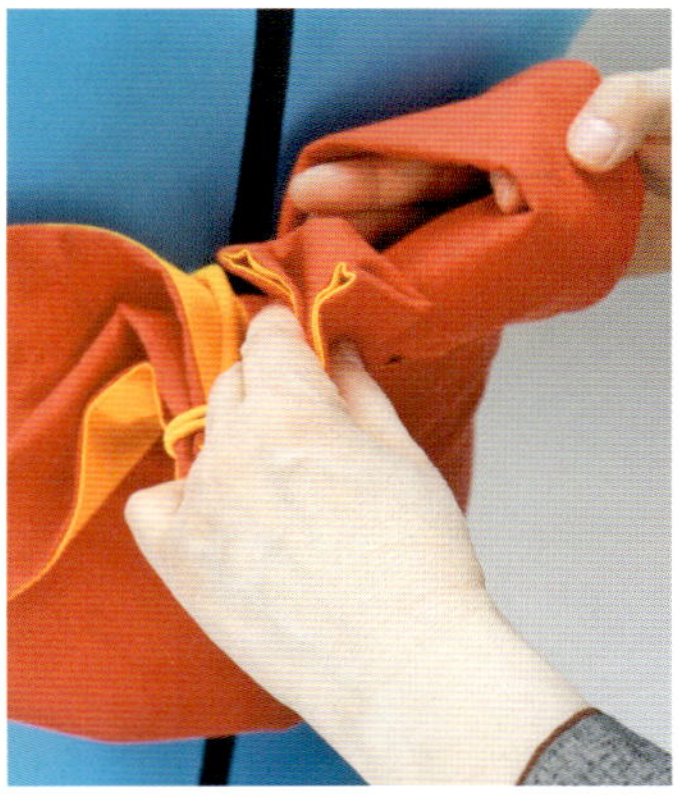

⑧ ⑦で折ったたれの輪の中に、初めにて先で作った羽根を入れて通す。入れる方向は左から右に。

⑨ 三つ折りのたれの形をこわさないように持ちながら羽根を通す。形がこわれたら輪のゆるみで調整する。

⑩ 羽根を完全に通し、形を整えてから胴帯の下に出ている部分を引き下げて羽根を固定する。

⑪ 羽根を開いて整える。写真の羽根は背中に向けて作っていますが、好みによっては水平でも。

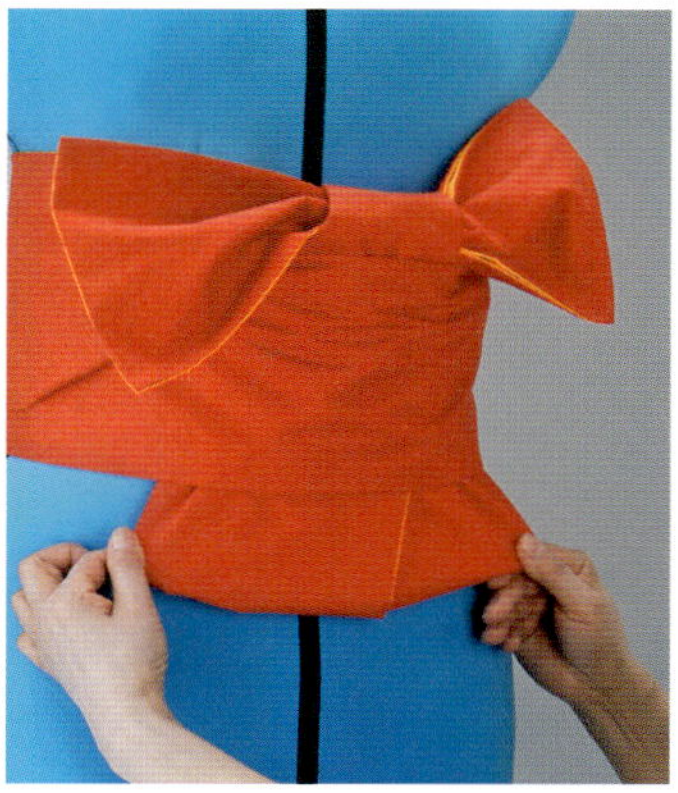

⑫ 重ねて折りたたんだまま上から下に通したたれを左右に開く。開き方は帯柄によって調節を。

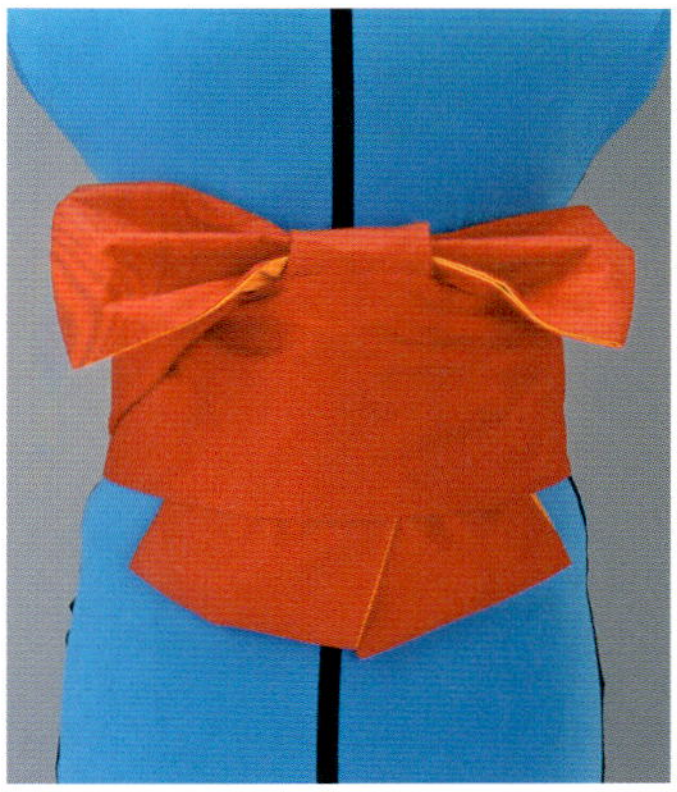

⑬ 花はさこのでき上がり。お太鼓結びほどのボリュームがあるので、浴衣以外にも合う結びです。

はさこ——安定したシンプルな結び

花はさこに比べ、シンプルで落ち着いた雰囲気の結びです。プロセスは花はさこと同じですが、て先の羽根をほとんど広げずに仕上げます。

① 花はさこと同様にて先の長さを決め、て先を上にして結ぶ。帯幅を二つ折りにしたて先の布目を整えておく。

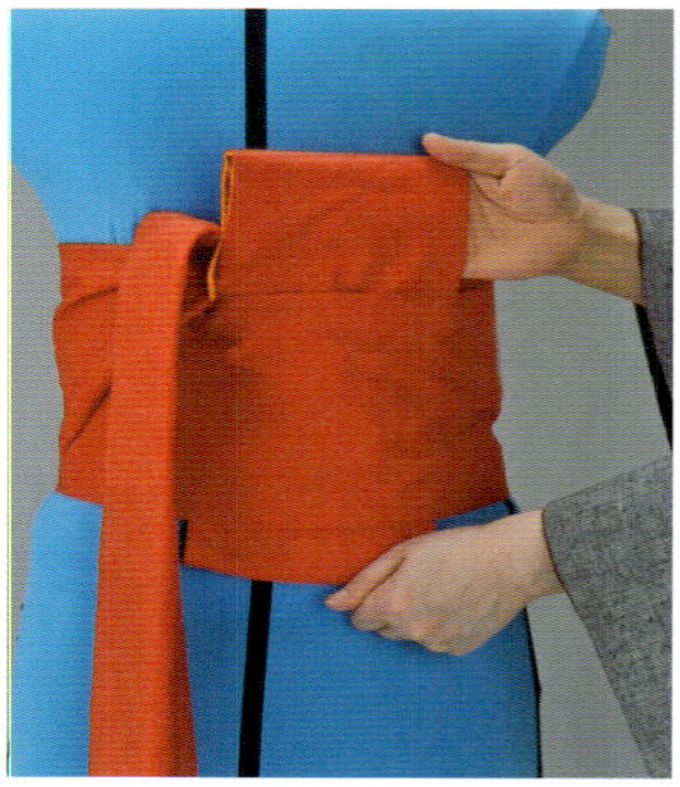

② 折りたたんだたれを胴帯の上から下に向けて通す。上の部分は少しだけ残しておく（花はさこと同じ）。

③ 二つ折りにしたて先を、そのまま結び目から上げて折り返す。このとき布目を整えておく。

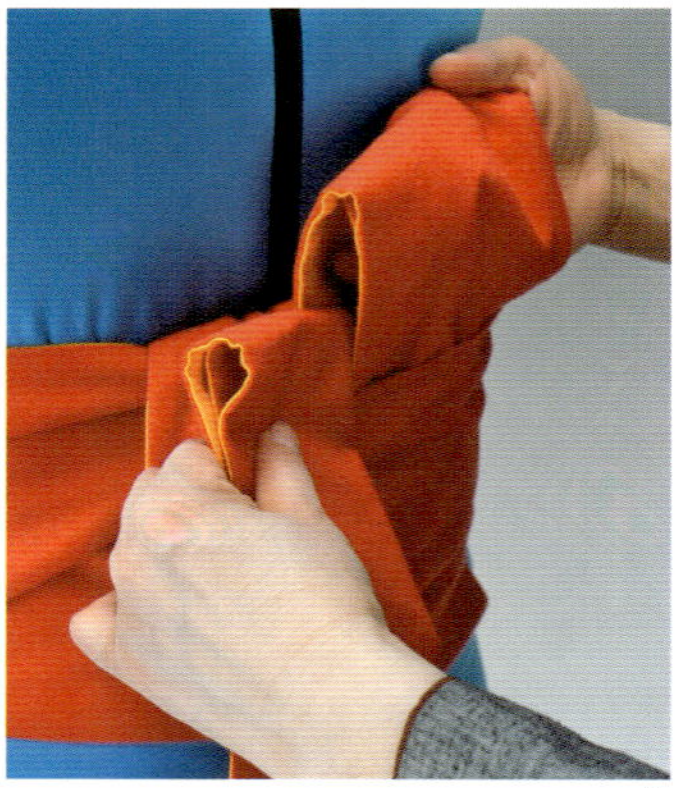

④ たたんでできたたれの輪の中にて先を左から右に通す。通すときはどんな結びでも先端から。

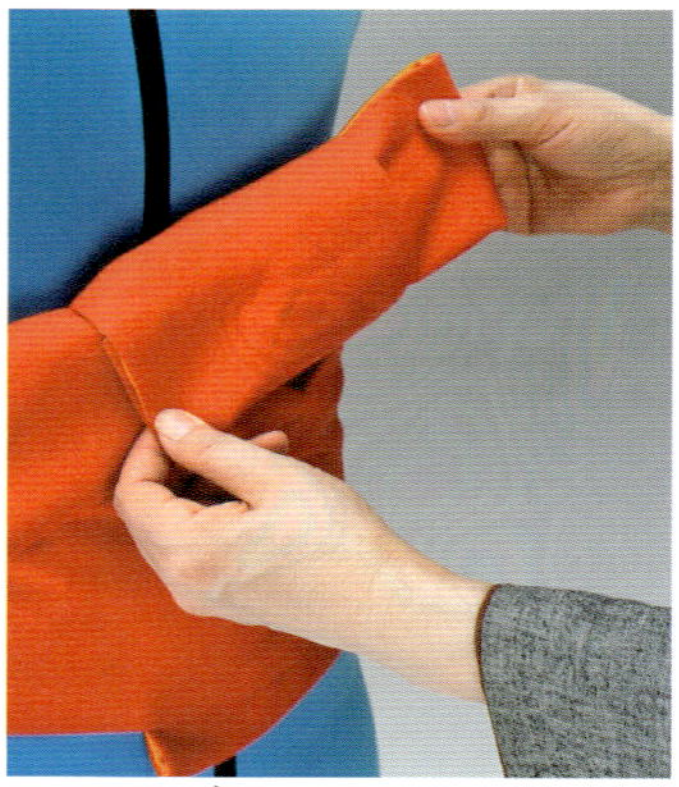

⑤ 棒状のて先を通して左右のバランスを調節する。ゆるみのないように整えてから花はさこと同様に帯下に引く。

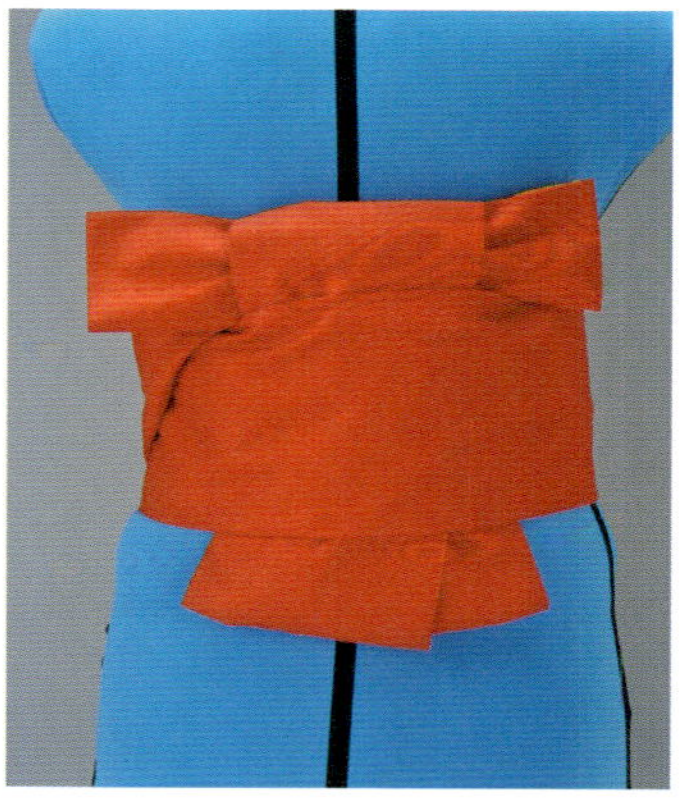

⑥ 胴帯の下に出ているたれを引き出し、左右に開いてでき上がり。開き加減はお好みで。

れんげ文庫

——長い帯をたたんで作る

一文字をアレンジし、帯の表裏で
れんげの花を表現した可愛らしい結びです。
たれ先から折りたたんだ羽根を立ち上げ、花びらに見せています。
帯が長いと、そのぶん立ち上がりが出て、立体感が出ます。

羽根のたたみ方（外だたみ）

① てへの長さを決めて胴に巻き（P41～42参照）、てを上に結ぶ。たれを結び目で開く。

② 開いたたれを結び目から逆方向に折り返し、一枚目の羽根を決める。右手の親指方向に注意すること。

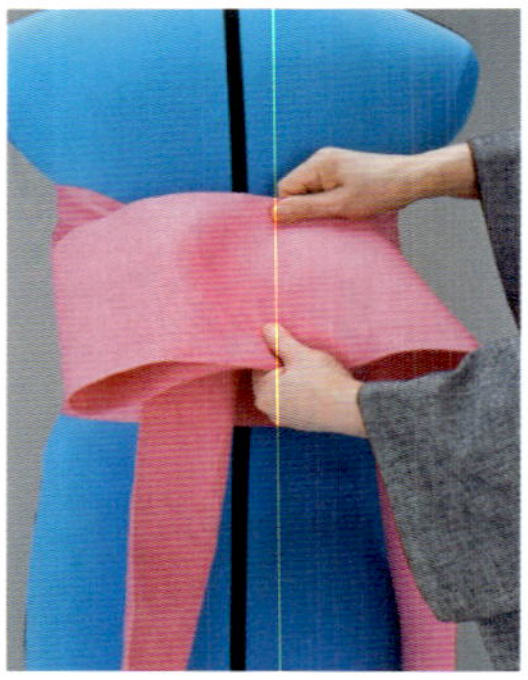

③ 一枚目の羽根の中央の両端を持つ。左の親指は上に向け背中心で帯を持つように。

④ たれた帯を右手で持ち、一枚目の羽根の上に重ねて二枚目の羽根を作る。帯を重ねるまで左手で中心を持って。

⑤ 帯の長さ分だけ右と左に重ねるが、一枚目の羽根は長く、二枚目は少々短くてもよい。

⑥ 羽根を重ねたまま中心で山ひだを作る。山ひだは下から突き上げて作るときれいです。

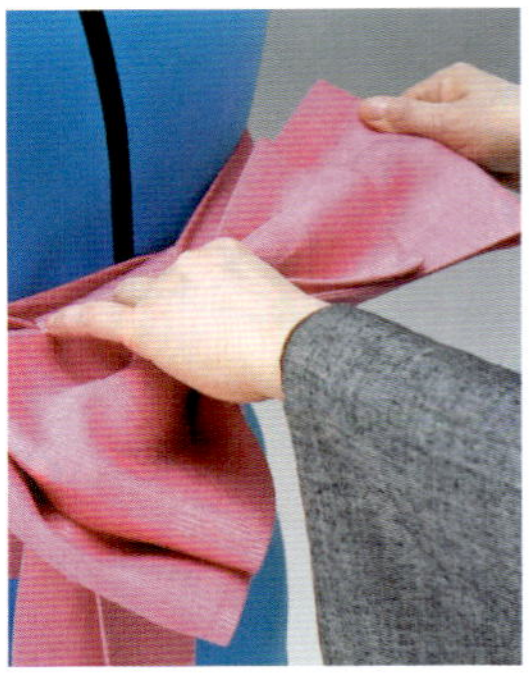

⑦ 中心の山ひだの持ち手を替えながら左右の羽根を引いて、それぞれの布目をきちんと整える。

⑧ 羽根の中心をにぎって持ち、もう一度結び目を締め直して結ぶ。一文字結びと同じ方法で（P44参照）。

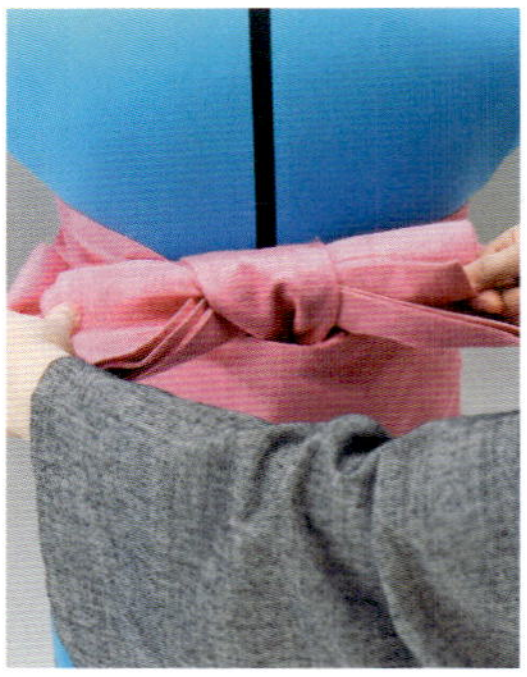

⑨ 羽根の重なりを好みによって調節する。一般的に上が短いほうがバランスのよい形になりますが、同じ長さでも。

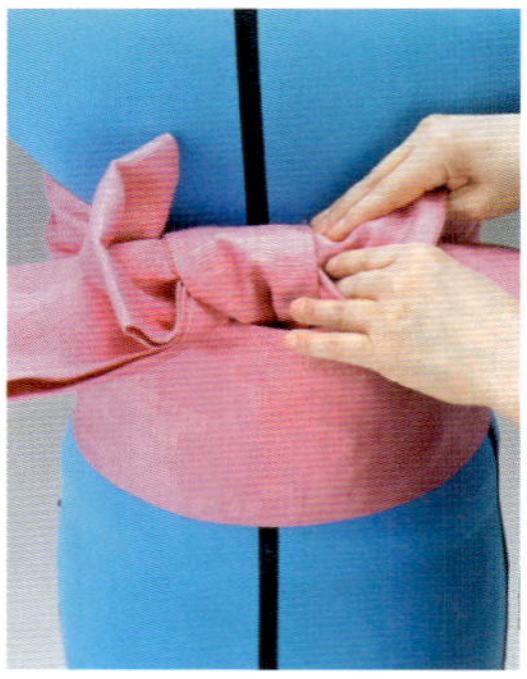

⑩ 表情をつけるために羽根を起こすときは、両手で結び目近くの羽根を写真のように持ち、上に向けて起こす。

⑪ 一枚目の羽根を上に向けて起こし、帯の端と端を持って布目を引き延ばし、仕上げます。左右を一つひとつ丁寧に。

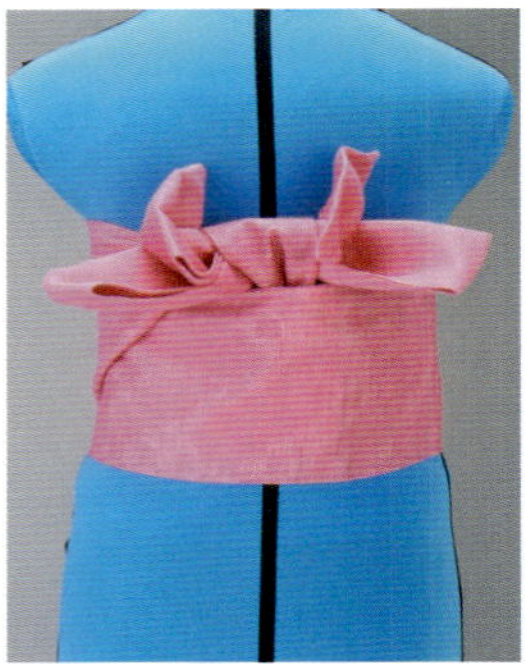

⑫ 一文字結びと同様、下の左右の羽根を両手で横に引いて布目を整えると、れんげ文庫のでき上がりです。

⑬ 下の羽根を折り曲げて、表情を作ります。曲げるときは写真のような持ち方で。

⑭ 一文字結びの基本を応用して、羽根のたたみ方や山ひだの作り方を変えると、さまざまな表情が楽しめます。

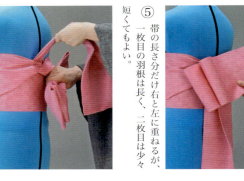

二枚片わな

てのことがポイント

本来、一本の紐で輪を作る片わな結びを、半幅帯で現代風にアレンジした結びです。左にたれで二枚の羽根を作り、右にてとたれを帯端で重ねてたらして仕上げます。

Point

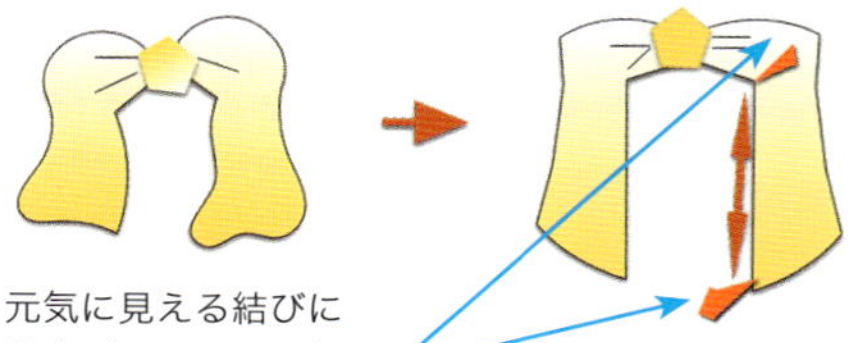

元気に見える結びに仕上げるには、羽根の上と下の帯端を持って引く。

① れんげ文庫の羽根のたたみ方(P50)のように、たれ先を外に出して、たたんでいく。

② 一文字と同様に結び（P41 ～ 45)、傾かないように注意して結び目を胴帯の中に入れ込んで仕上げる。

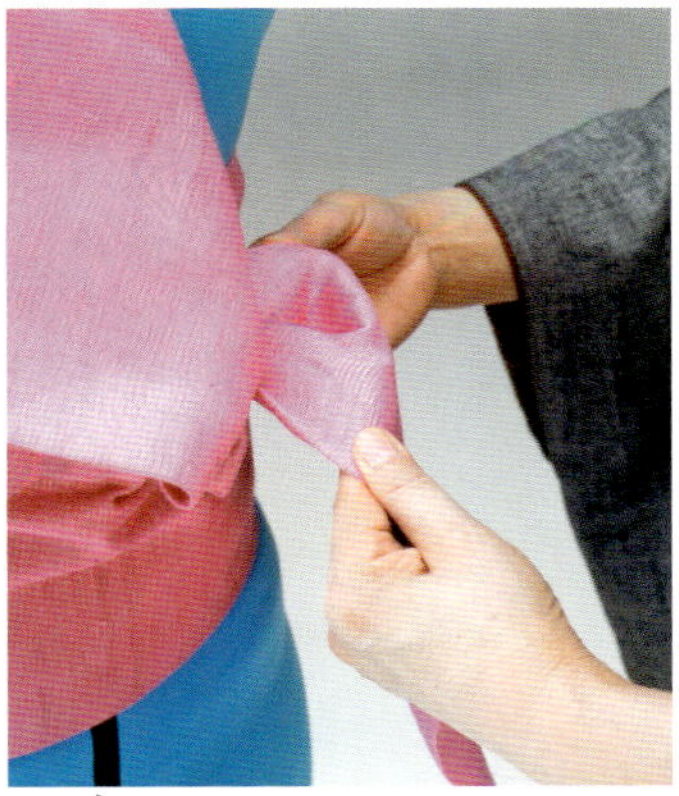

③ てを引き出して下ろし、結び目から帯幅いっぱいに開く。

④ ③で開いたての帯端を写真のようにして持ち、縦の布目を通してまっすぐに正す。

⑤ 上に重なったたれを④と同じように布目を正して仕上げる。

⑥ 二枚片わなの結び上がり。羽根が一枚の結びを「片わな」といい、小袖に結んだ室町時代を代表する結び。

水ばしょう

て先を巻いて花の形に

結び目でくるりと巻いたて先をのぞかせ、咲いた水ばしょうの花に見立てた結びです。手が込んだように見えますが、基本は一文字と同じ。一文字で胴帯に入れるて先を、ここでは巻いて結び目から立ち上げています。

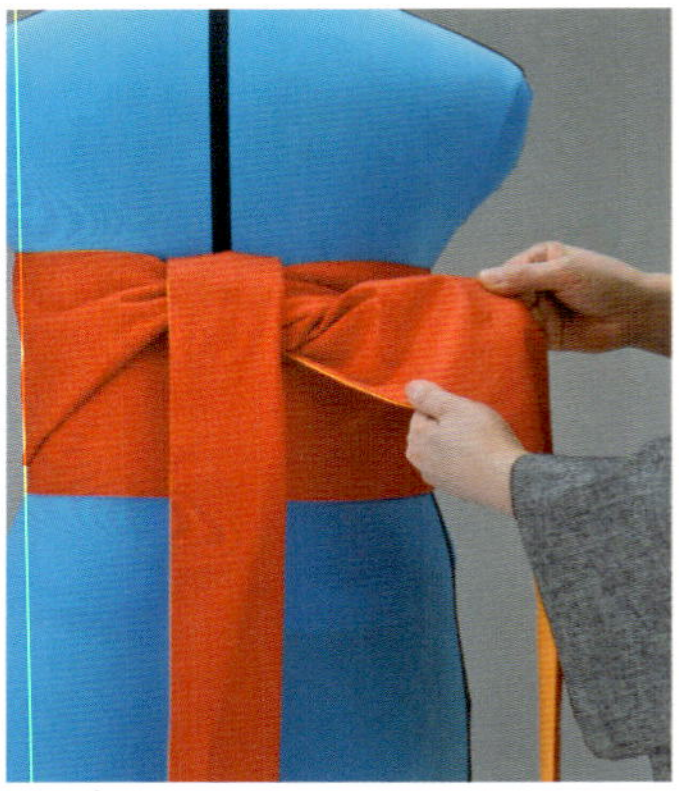

① ての長さを50～60センチに決めて二巻きし、てを上にして結ぶ。たれを結び目から開きゆるみを防ぐ。

② 開いたたれを結び目から逆方向に折り返し、一枚目の羽根を作る。れんげ文庫と基本は同じ（P50）。

③ 残りのたれを上に折り返し、裏側の色が出るように斜めに重ねる。このときに重ね方を決めておくことがコツ。

④ たれを斜めに重ねたので上下の幅が広くなっています。羽根の中央のところで下から突き上げ山ひだを作る。

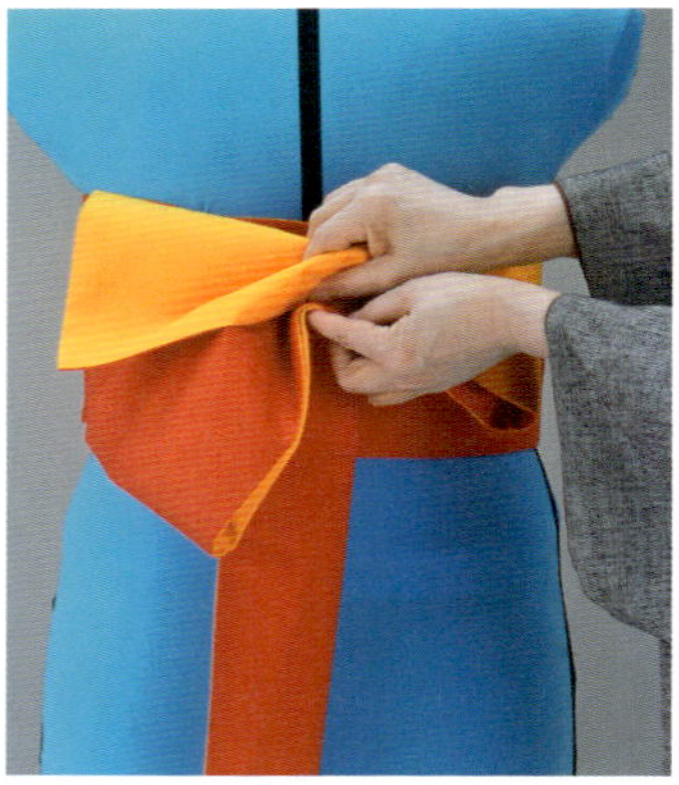

⑤ 中心の山ひだの上下の端をよせて、リボンの羽根を作る。山ひだの作り方は一文字と同じ（P43）。

⑥ 山ひだの中央をにぎって持ち、羽根横の角を引いて布目をきれいにする。残りの羽根も同様に。

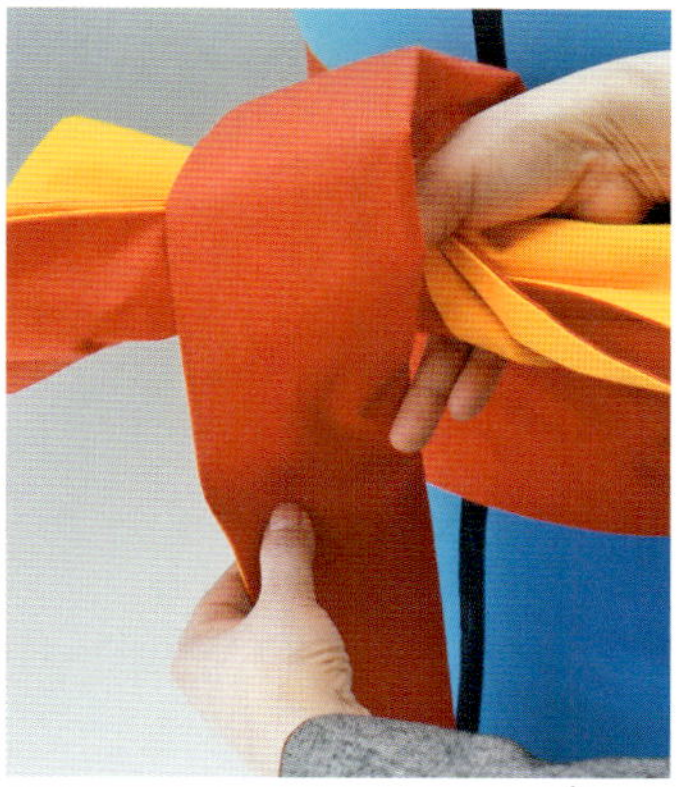

⑦ 結び目を締め直し、そのままて先を上から下に向けておろし、羽根をにぎっている指先に渡す。

⑧ 羽根とて先の結び方は一文字結びと同じ（P44～45）。最後の締め方は写真のように水平に締める。

⑨ 締め終わったて先を帯幅いっぱいに開く。結び終わったて先は裏と表を変えても結びに支障はありません。

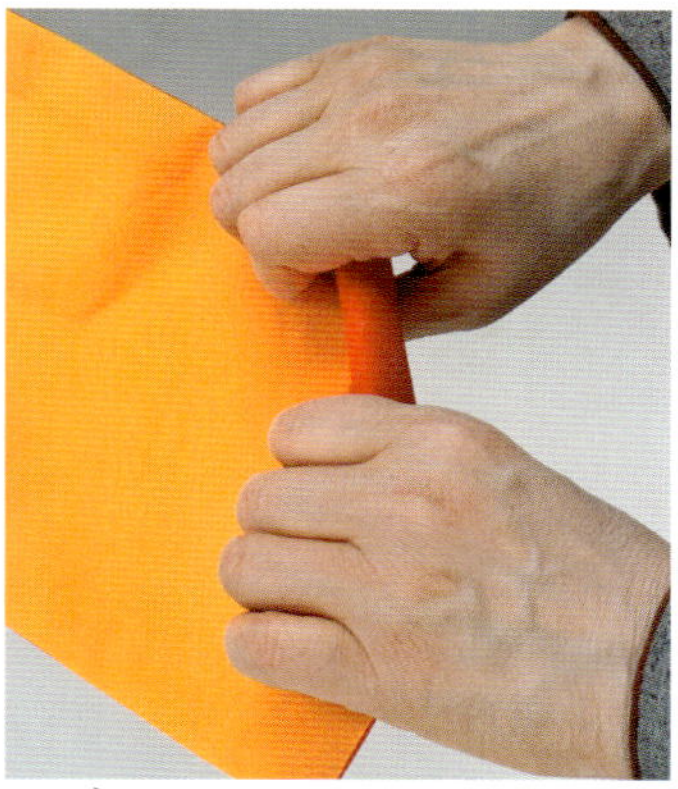

⑩ て先をのばし帯端の角から内側に巻き始める。ボール紙を巻く要領で行うときれいに巻ける。

⑪ て先を結び目まで螺旋状に巻く。形は細長いラッパのように。好みの色柄が表に出るように巻く。

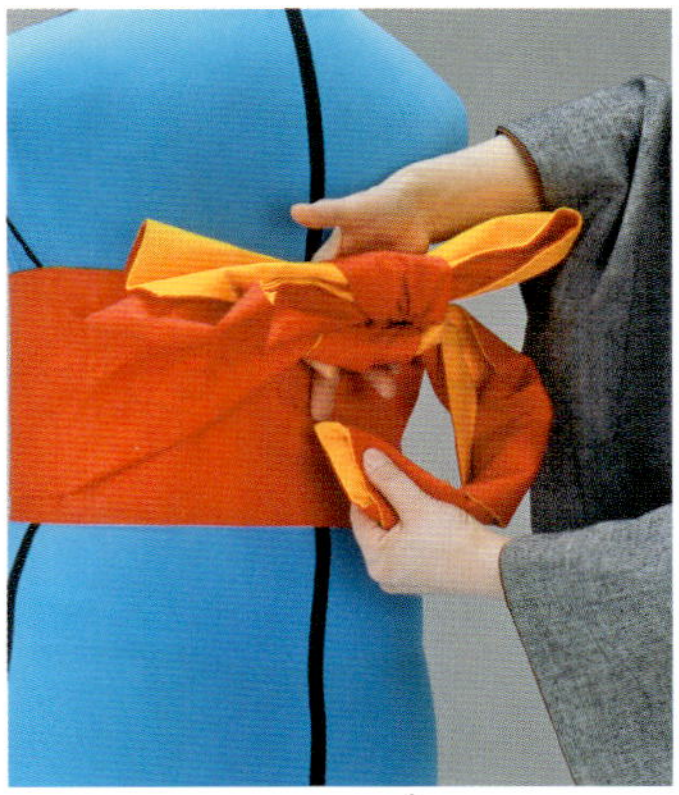

⑫ 結び目で、巻いたて先を羽根の下から上に通します。片方の手を背中の上から入れ、帯の先端を受け取る。

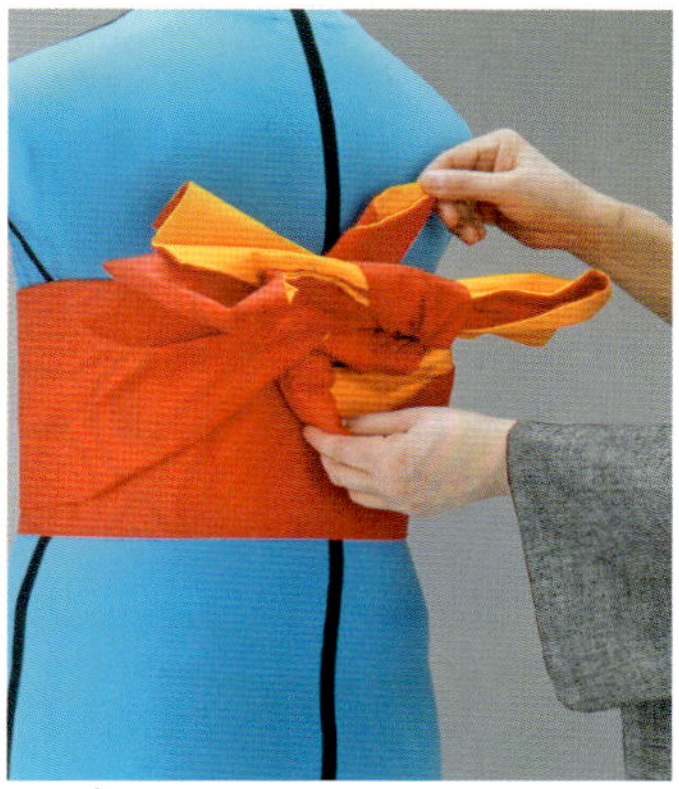

⑬ て先を静かに上に引き出す。あまり多く出さないようにして、下に余りを残しておく。

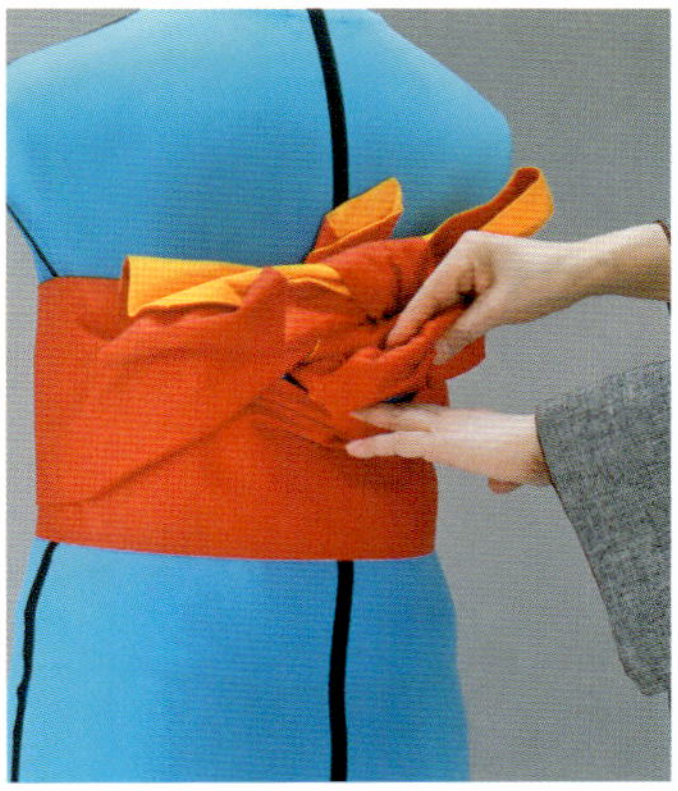

⑭ 残しておいた余りを胴帯の中に入れて台にし、結びを安定させる。入れ方は一文字結びと同じ（P45）です。

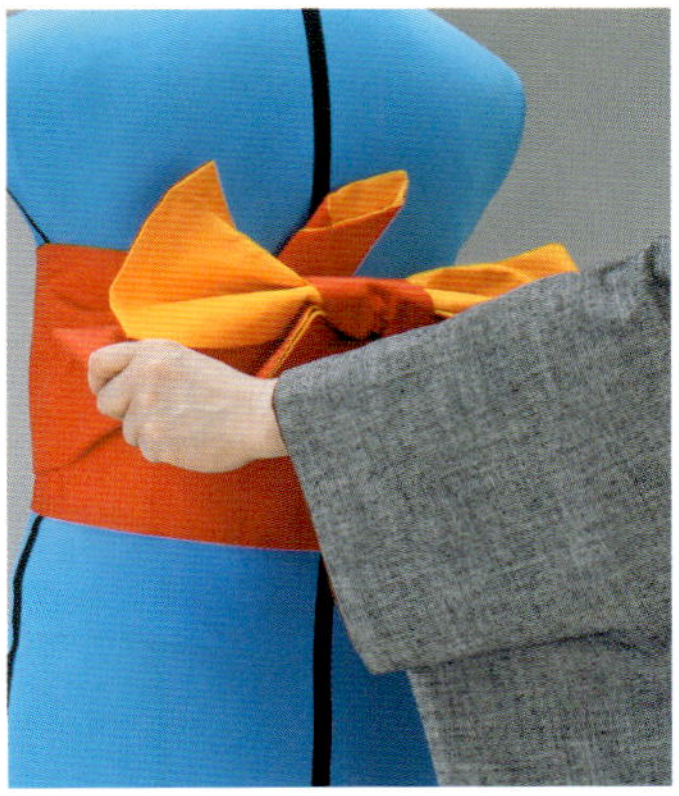

⑮ 羽根の左右を同時に持って引きのばし、布目を正して仕上げる。羽根の長さの調節は静かに丁寧に。

⑯ ⑬で引き出したて先を、ひねり戻しながら大きくふくらませて形を決める。

⑰ 水ばしょうの結び上がり。帯の色柄や長さによって、同じ形に結んでもいろいろな表情になる結びです。

⑱ 蕾《つぼみ》の部分を全部ひねり戻して開いたものです。表情がすっかり変わりました。

花がさね

――基本を生かして帯二本で

半幅帯二本を使って、一文字を結んでみました。二本の半幅帯の重なりが豪華で、振袖にも合います。

帯二本の重みがかかるので、て先を胴帯に深く入れて形を安定させるところがポイントです。

① 長さや幅の違う半幅帯二本でかまいません。二本の長さが同じ場合には、長短にずらしてての長さを決める。

② 巻き方、締め方、結び方すべて一文字結びと同じ（P41〜45）です。て先を上に結んでたれを幅いっぱいに開く。

③ 初めは二枚の帯を一緒に折り返して羽根を作り、次に外側にある一枚の帯を折り返して上に重ね羽根を作る。

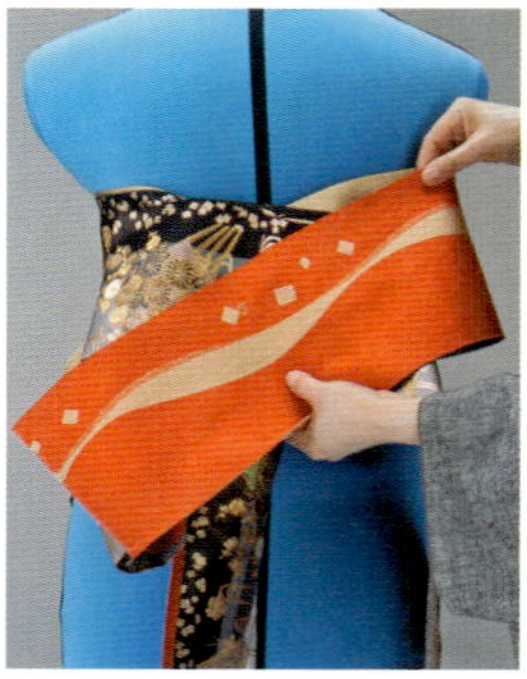

④ もう一枚の帯を折り返して上に重ねる。斜めに重ねると華やかな結び上がりに。中央は常に押さえておく。

⑤ 羽根の山ひだの作り方は水ばしょうと同じ（P52〜53）。ほかは基本どおり。写真はて先と羽根を結ぶところ。

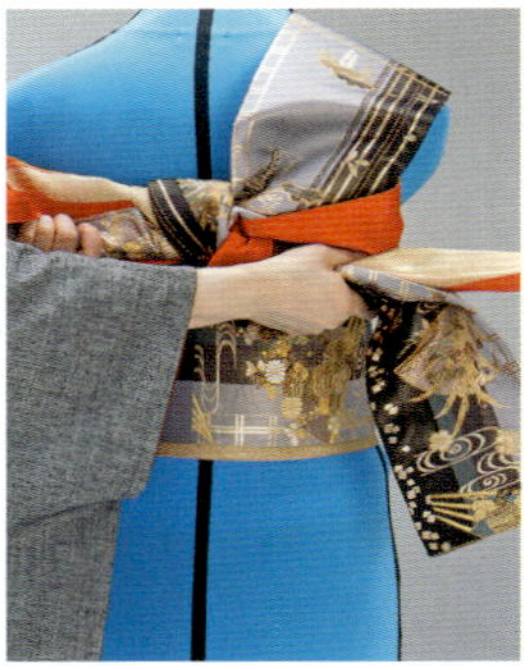

⑥ 最後は二本のてを羽根の下に下げ、水平方向でしっかりと結んで締めると帯の表情に勢いが出ます。

⑦ 形を安定させるため、て先を胴帯の中に深く入れ込む。結んだ後は、すべて一文字と同じ（P45）。

⑧ 花がさねのでき上がり。仕上げに羽根の向きを自由に変え、帯の色や柄をアレンジして楽しみましょう。

貝の口——細かいコツを守る

江戸時代から現在まで、変わらない結びです。貝の口に似ていることから、この名前がついたといわれています。帯結びの中で、結び方と形が最も単純といわれていますが、形のバランスのとり方や細かいテクニックの決め方など、実はいちばん難しい結びといえます。一つひとつのプロセスを、丁寧に進めていくことがポイントです。きちんと帯を押さえる、布目を正すなど、細かいコツを守って練習しましょう。

①半幅帯の左右の角を持つ。次の手順で、角を持ったまま交互に手を移動して寸法を測る。

②どちらかの帯角を持つ手を、もう一方の帯を持つ手の下に移動させる。

③もう一方の角を持っている手をそのまま下に移動して同じ帯端を持つ。これで帯幅の二倍を測ったことになる。

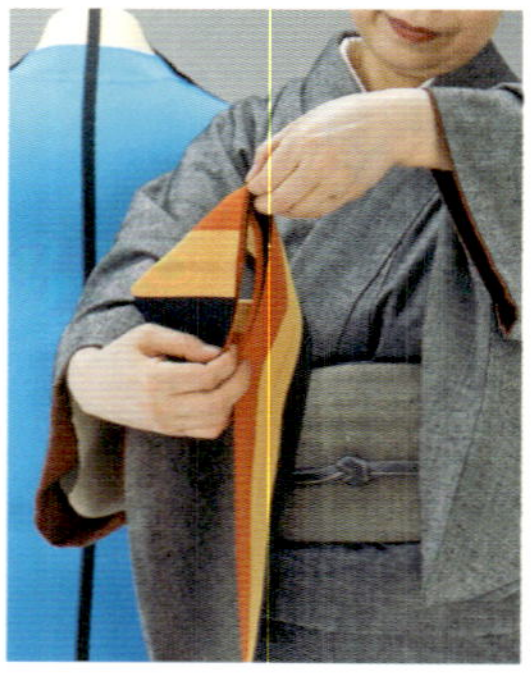

④最初に移動した手で帯を持ったままの状態で、次の手の下に移動します。これで帯幅の三倍測ったことになる。

⑤四度目の移動をしますが、帯地が薄い場合は三倍で止め、厚い場合はそれに二〜三センチ加え、て先の長さに。

⑥帯幅の三倍、もしくは帯幅の三倍プラス二〜三センチのところまでを、帯幅を二つ折りして、て先にする。

⑦寸法を決めたところを、背中心に正しく決める。二つ折りのて先の開き口が上に向いています。

⑧胴帯を二巻きしたら、て先を脇までゆっくり戻す。胴帯を持つ左手をゆるめないように注意しながら戻す。

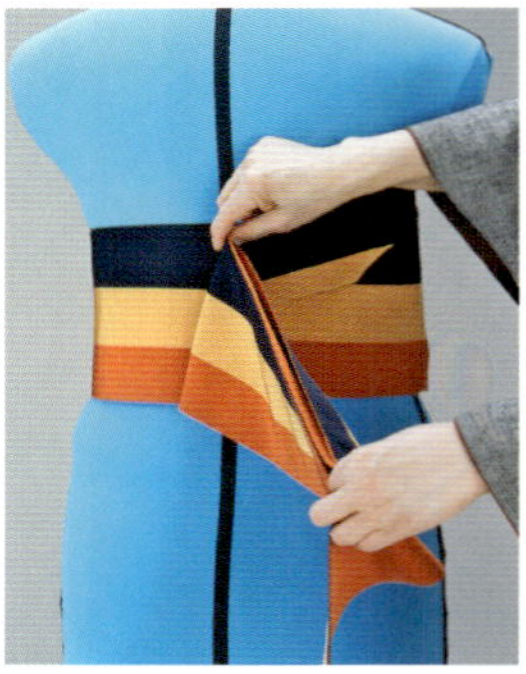

⑨脇まで戻したてとたれを背中心で合わせて持ち、て先の端から一〜二センチ短い位置でたれの寸法を決める。

⑩二つ折りのての角（帯の紺色の角）から一〜二センチ短いところで、必要なたれの寸法を決める。

⑪貝の口を結ぶために必要なたれの寸法を決めたところ（写真左手の位置）から残りのたれを内側に折り込む。

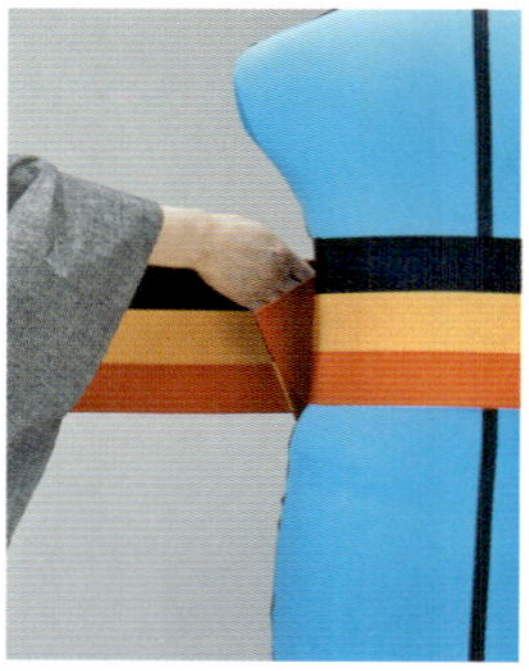

⑫たれの残りを入れ込む。体の斜め横で胴帯がゆるまないようにして入れ込む。

⑬たれを入れた右手を帯上に沿って後ろまで戻す。帯の上端を持つことで布目が正しく揃う。

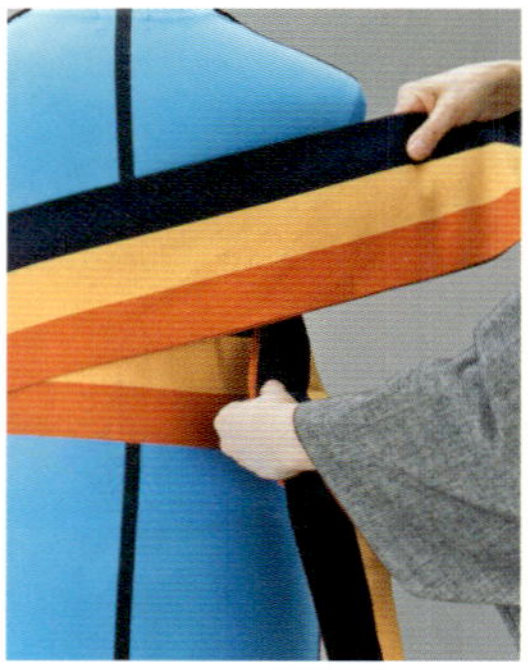

⑭輪になっているたれをやや上に持ち、左手はたれの下から、て先を背中心に向けて運ぶ。

⑮てを下に、たれを上に重ねる。手前の交差したところを背中心で持つことが大切なポイント。

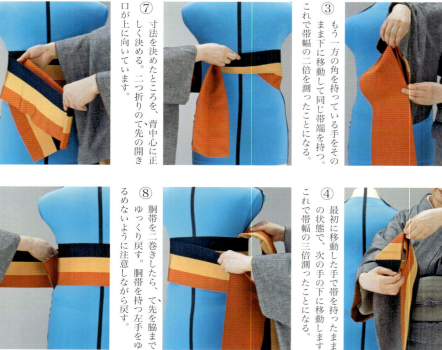

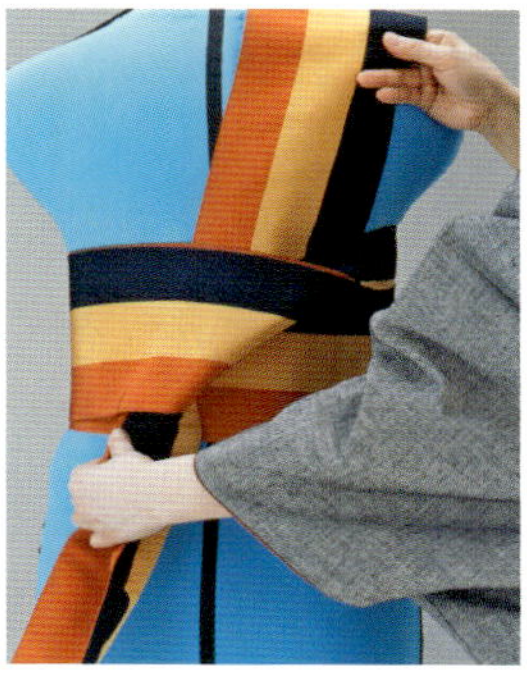

⑯ たれを上に向けて結ぶ。結び上げたたれを持つ右手が、帯の右端を持つことが布目をスムーズに運ぶコツ。

⑰ 締める前に結び目を整え、結び目の中心が背中心にあることを確認する。ゆるまないように右手でたれを持つ。

⑱ しっかり締める。写真のように結び目でたれを手首に掛けて持ち、てをにぎって持って横で締める。

★はポイント

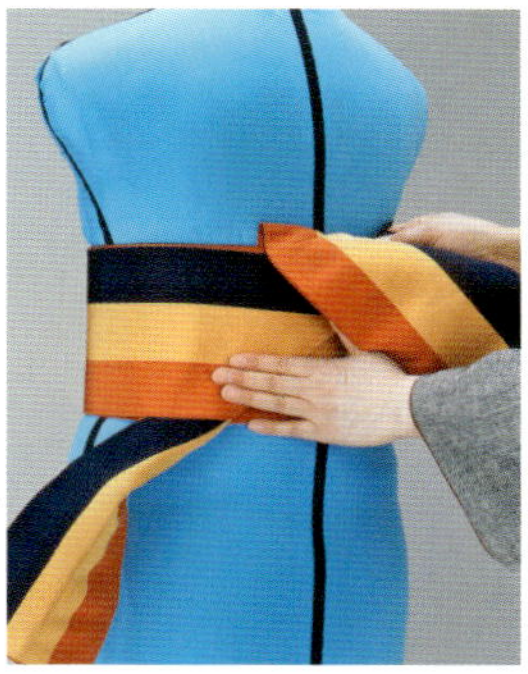

⑲ 帯幅全体を締めたあと、てを持っていた左手で結び目のゆるみを押さえ、右手でたれの右端を一センチほど戻す。

⑳ 両手でたれの帯端を持って左右に布目を静かに引きのばす。結び目の際ではなく、一センチくらい上で。

㉑ 結び目のゆるみをくい止めるため、内側に向いているてを、結び目の脇で逆にひねり起こす。

㉒ 写真のように左手でてを斜め上に向けて、右手でたれの右端を持つ。

㉓ てをたれの角にぴったりつけて持つことがコツ。また交差しているところは右の親指で押さえる。

㉔ 左の指先を脇から入れて、たれの左端を持ち、右手親指でてとたれの交差部分を持つ。

Point

帯幅の端で結びを決める。て先とたれを結ぶとき、左側の端を持って結ぶ。

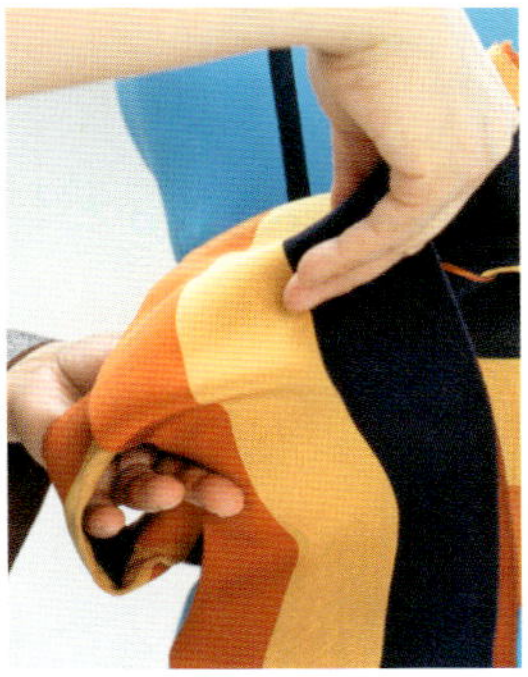

★ 左手を入れ、たれの左端を持っているところです。楽に結ぼうとして右端を持ってしまいがちなので注意。

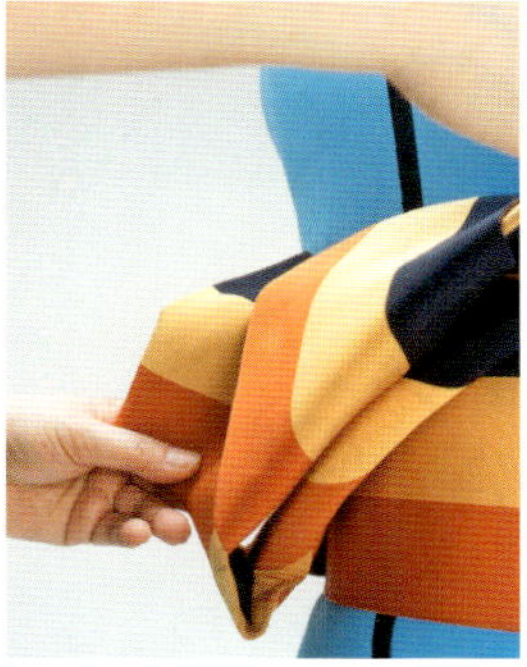

㉕ たれを持った手をそのまま外に引き出す。次に全体を優しく引き出して、貝の口の形を作る。

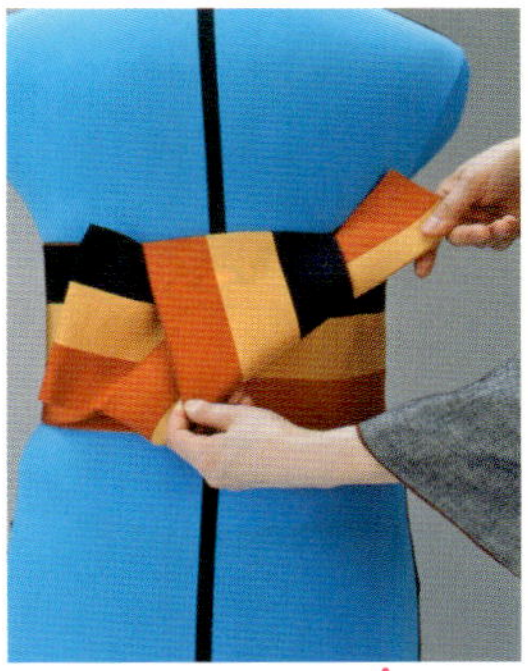

㉖ 貝の口結びの最後の仕上げを兼ねて、写真のような帯の持ち方と指づかいでゆるみを静かに締め上げる。

Point

仕上げにポイント部分を持って締め上げて仕上げる。

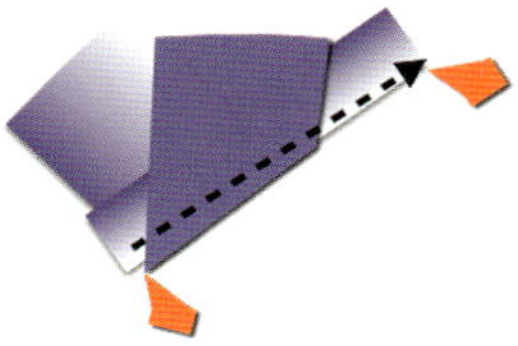

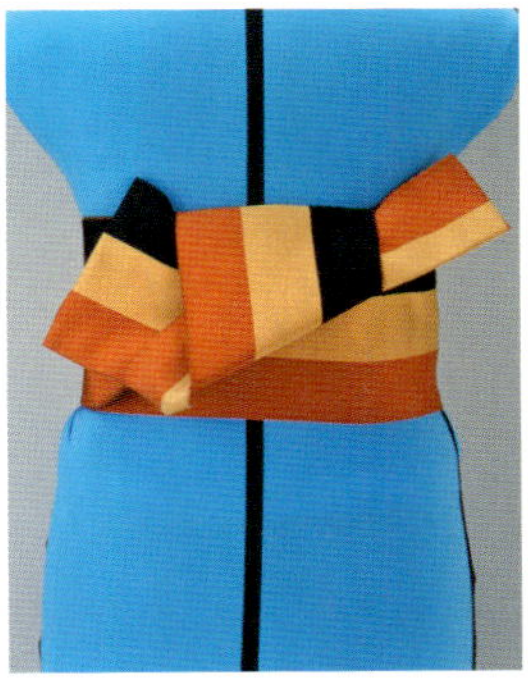

㉗ 貝の口結びのでき上がり。この結びは、ての端をとめたり挟んだりしないので、各プロセスの形の決め方が大切。

吉《きち》弥《や》

引き抜きを応用した結びで、江戸時代の雰囲気に。

——引き抜き結びの貝の口

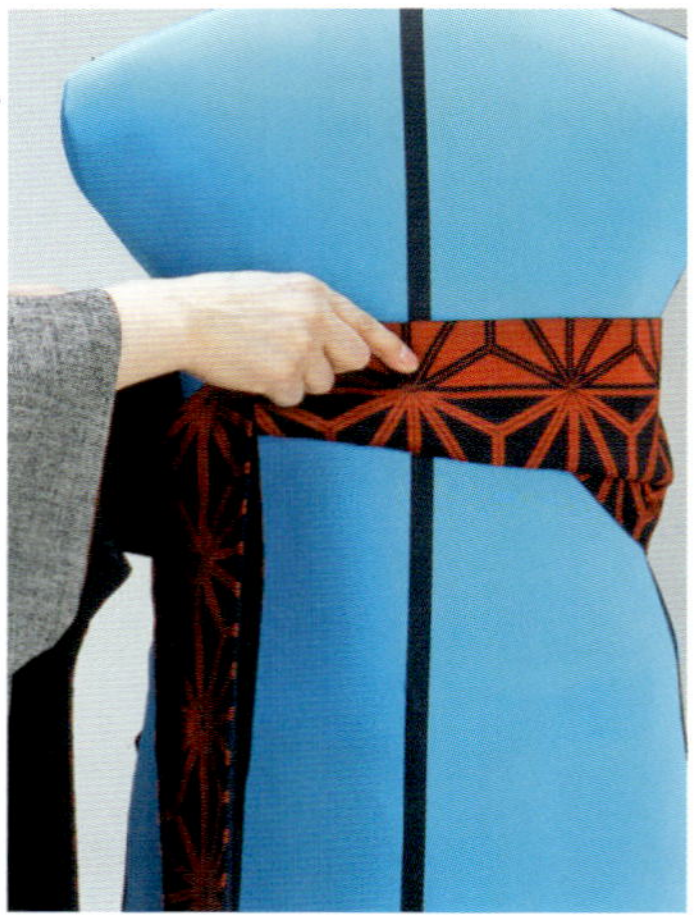

① ての長さは使用する帯の種類や長さによって変わりますが、貝の口結びのての長さプラス一〇〜一五センチを目安として、背中心からの位置を決める。

② 基本どおりに二巻きする（P41〜42）。てを脇までゆっくり戻す。脇まで戻さないと結び目の位置がずれて結ぶ形に影響するのでしっかりと。

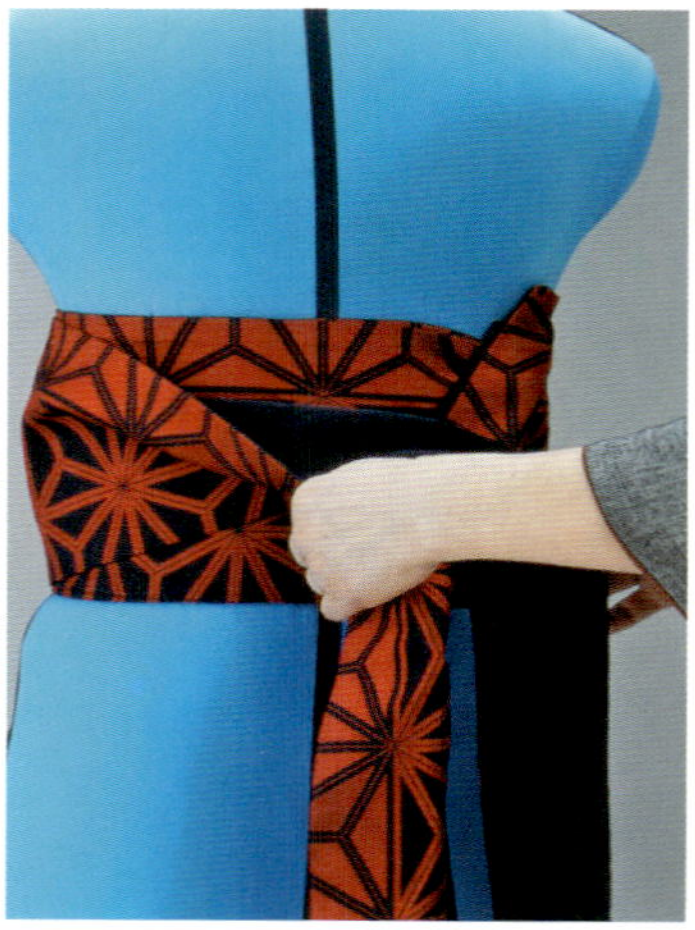

③ 腹合わせ帯を使用しました。次の流れを考慮しながら結ぶと、無理なく進められます。ここではたれの裏側の無地の色を表にして、上に重ねます。

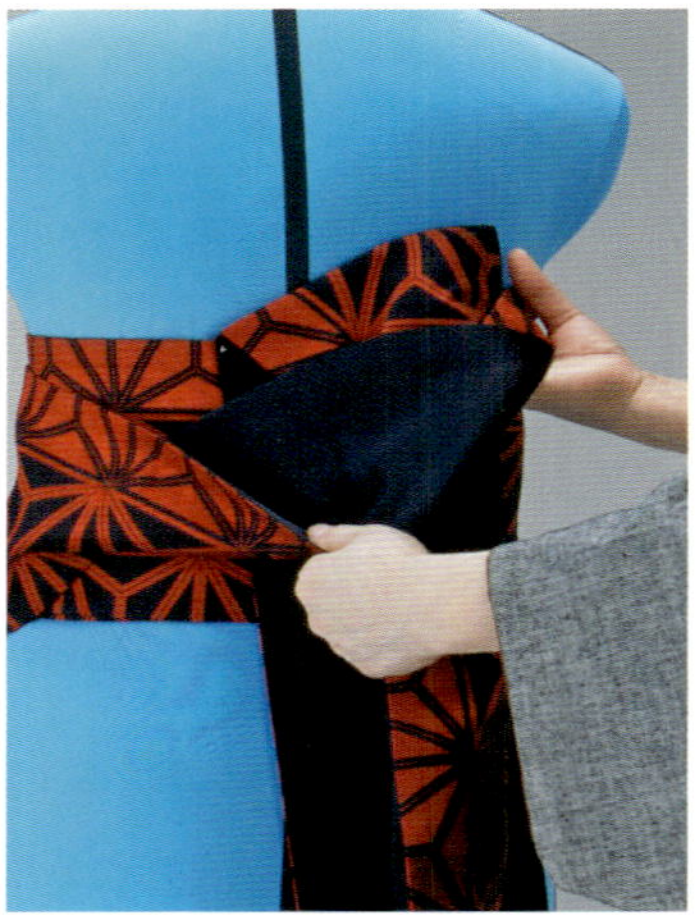

④ てとたれの交差部分を持って結ぶ。注意点は結ぶたれの端を真上に引き上げて結ぶこと。江戸時代の引き抜き結びの方法にしました。

⑤ 結び目近くのたれを持って引き上げ、てと軽く結び締める。たれ先までは抜かないこと。

⑥ 軽く締めたあと、たれ先を確認し、たれ先を残したまま、余分な帯を引き上げる。

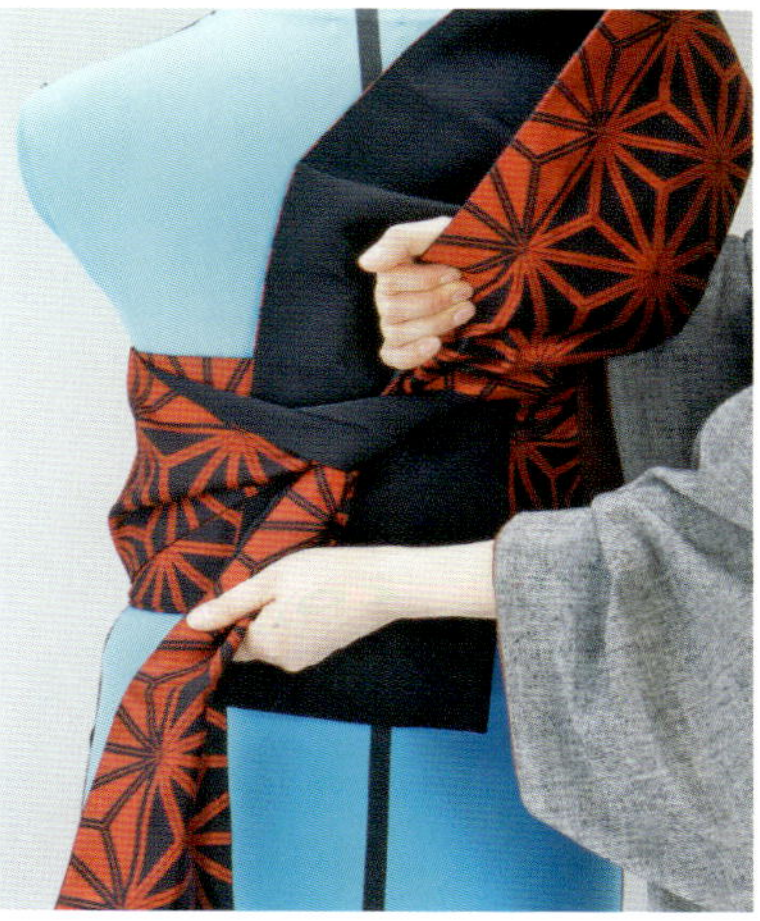

⑦ てとたれの結び目をしっかり締める。両方の端を持ってしっかり締めると帯幅全体がよく締まり、布目のゆがみが少なくなります。

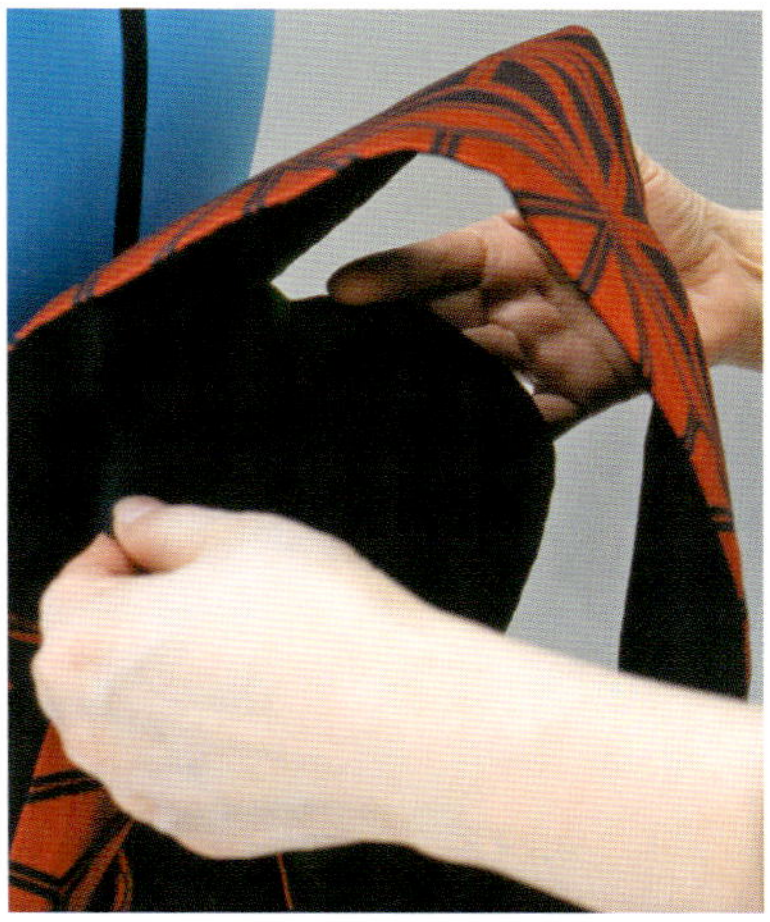

⑧ 引き抜き結びは、上が二枚の輪になっているので、内側のたれの帯山の端を持って左右にしわをのばし、布目を正す。内側を整理しないと外側に響きます。

⑨ 同様に表側の帯山の両端を持って左右に引きのばし、布目を正す。帯枕を使用しないので、丁寧にたれを重ねる。無理に重ねると結び目がゆるむので注意。

⑩ ての二つ折りを結び目から確認する。てを斜め上に折り上げて結ぶ。

⑪ 輪になっているたれと⑩のてを結ぶ。

⑫ 右手でて先を引きながら、左側のたれの端から、たれ先を左手で引き抜いて結ぶ。

⑬ てとたれで貝の口結びを参考に形を作る（P57）。左手に持ったたれ先を引き出し、たれ全体を出して形を作る。無理に引き出さないこと。

⑭ 写真のように左手でたれの角を持ち、右手でて先を持って帯のゆるみを斜めに引き上げて仕上げる。無理に引いて形をくずさないように。

⑮ この吉弥結びは、てを長めにとり、最初に結んでから二つ折りのてを開いて全体にゆったりと結んで形づくります。帯締めで形を押さえ、前で結びました。

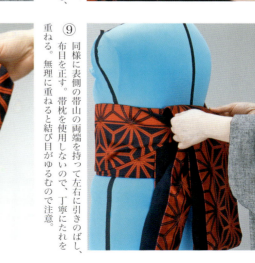

割り角出《つのだ》し

短いて、先できりっと結ぶ

時代結びの角出しを半幅帯に応用した結びです。帯の色柄次第で粋にも可愛くも演出できます。たれを重ねてお太鼓に見せるので長めの帯のほうが結びやすいでしょう。

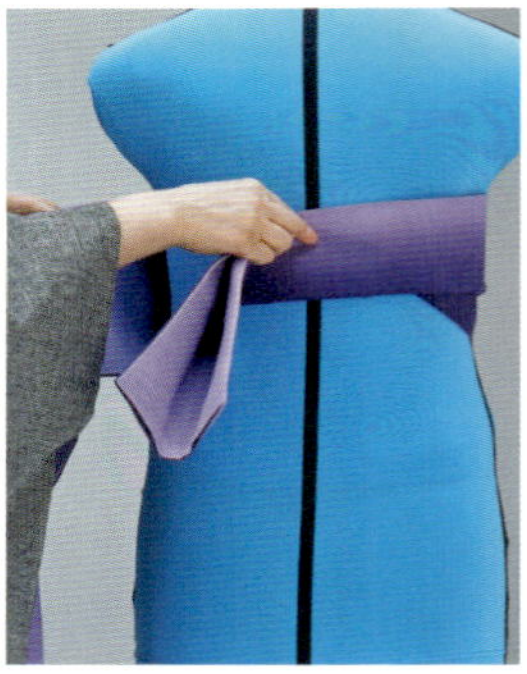

① 開いた手の親指から小指の幅約二〇センチに、約三センチくらい加えた長さをてと決めて、背中心につけて巻く。

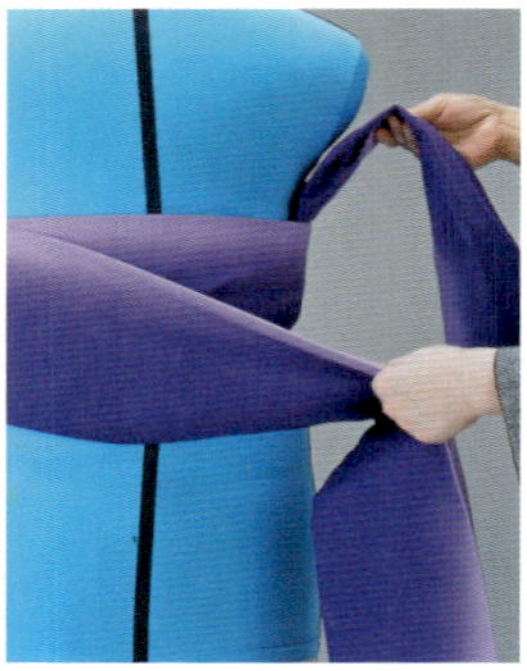

② 胴に二巻きして、てを脇までゆっくり戻す。この戻りが少ないと背中で結ぶとき、正しい位置で結べません。

③ たれの裏側を表に返して幅いっぱいに開き、ての上に重ねる。ここでは表に出したい色柄は見えない。

★ てとたれを重ねるとき、二つ折りにしたての開き口が、上向きになるように。これは結びの基本。

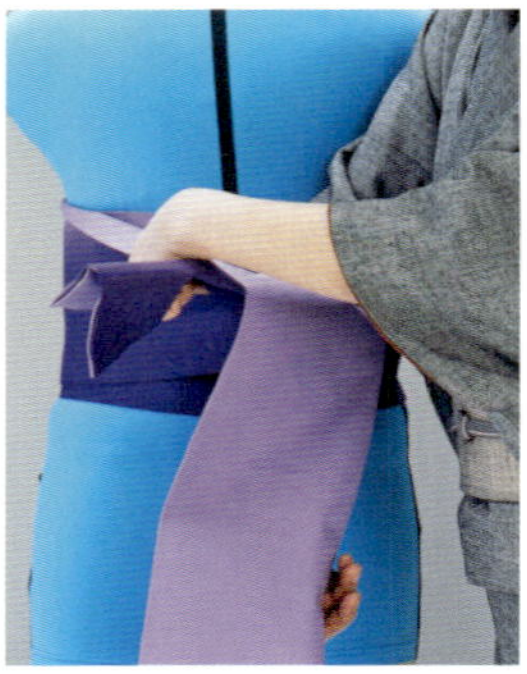

④ てとたれが交差している部分を左手で持つ。交差した中に右手を上から入れてたれの右端を持つ。

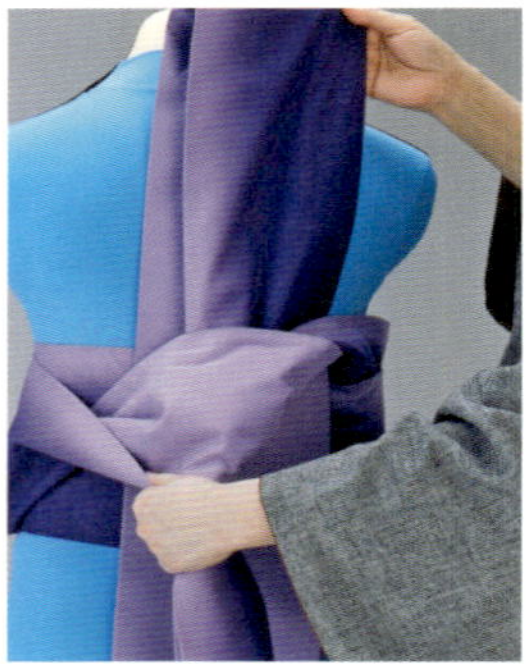

⑤ 右手に持ったたれを真上に引き上げる。結ぶときや締めるときの正しい体の位置は、右か左に立つのがよい。

⑥ たれを全部引き抜いて結ぶ。たれの裏側の色柄が表に出れば、正しい結び方です。

★はポイント

⑦ て、とたれを持って結び目をしっかりと締める。脇で立って締めるとよい。結ぶ位置は胴帯のできるだけ上で。

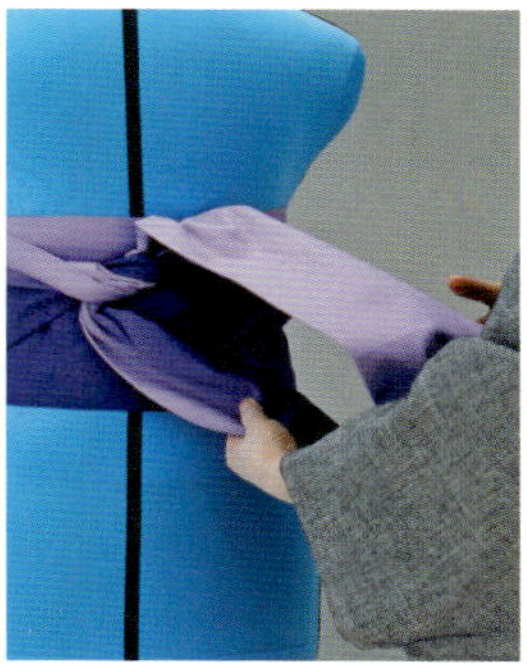

⑧ 一結びして締めたあと、再びて、とたれを結ぶので、左側のてを逆方向の右に向きを変えて折る。

⑨ 左のて、を右に向け、帯幅いっぱいに開いて持つ。写真のようにたれの下で横になる。

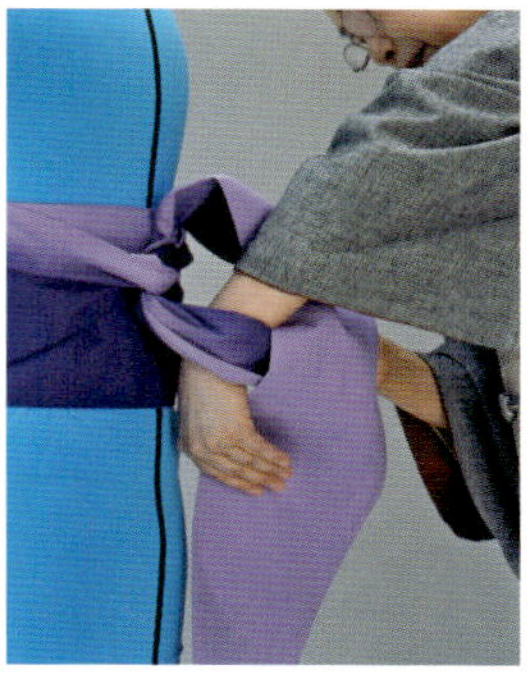

⑩ て、とたれの交差部分を大きく開いて左手を入れ、たれの左端を持つ。間違って右端を持たないように。

⑪ 左手に持ったたれを引き出して結ぶとき、必要とする長さが出るまで右手に持っているて、を引かないように。

⑫ 羽根になるたれを引き出して長さを決め、て、と羽根を左右に引き締め、しっかりと結ぶ。

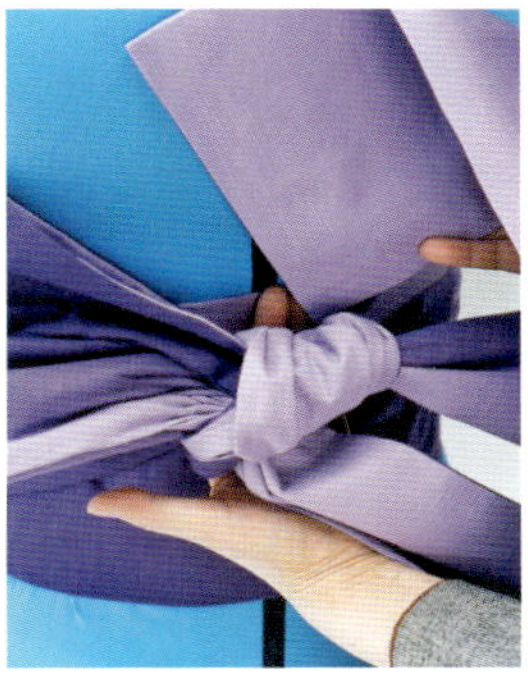

⑬ 左の指を結び目の下から上に差し入れる。右手でたれ先を持ち、結び目に通すため左の指先に渡す。

⑭ 結び目を通しやすくするため右手でたれを持ちながら、左手でたれ先を左斜め下に向けて引き下げる。

⑮ 左手でゆっくりと引きながら、右手はたれを背中心に向けて斜めに持ち、お太鼓となるふくらみの大きさを決める。

⑯ 残りのたれの長さを確認し、たれ先から約五〜八センチあるか確認し、もう一枚のお太鼓のふくらみを調節する。

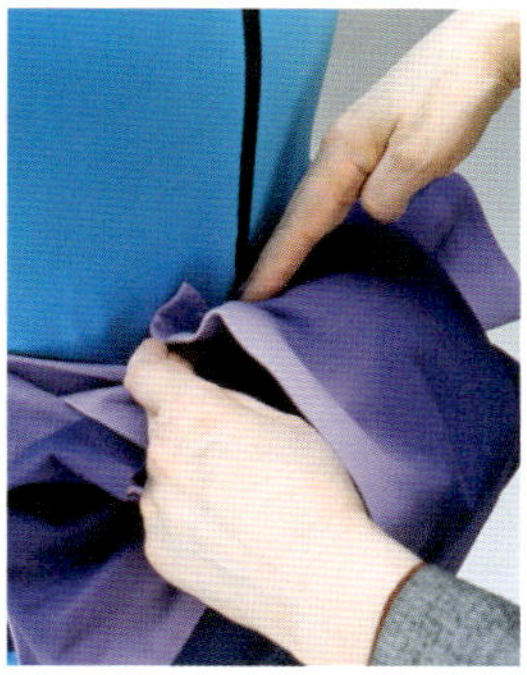

⑰ 結び目に負担がかからないよう、胴帯ときものの間に残りを深く差し込んで、帯の端をとめる。

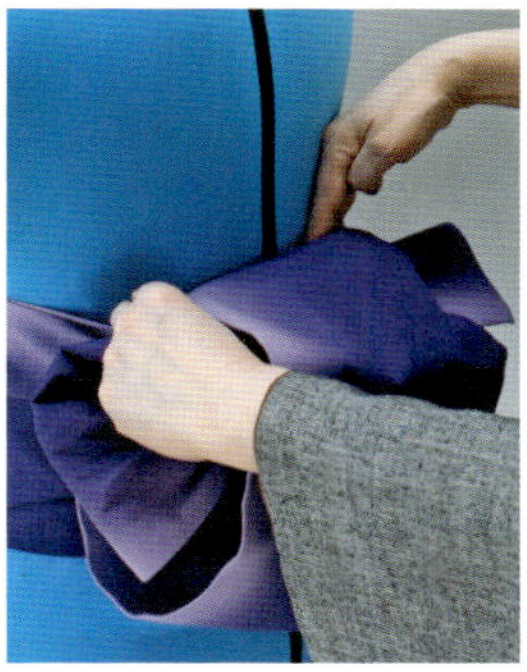

⑱ たれ先を胴帯ときものの間に入れてしわをのばし、横にしごいて整える。

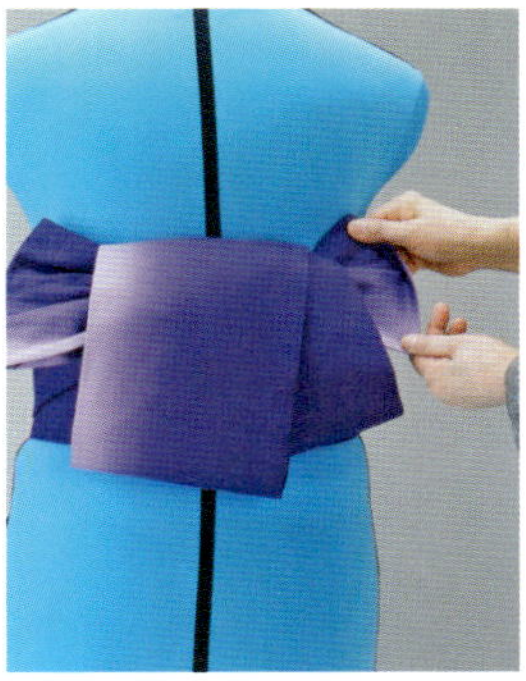

⑲ 左右の羽根を開いて形を整えて仕上げる。

⑳ 割り角出しのでき上がり。帯の色柄や全体の長さで表情が粋になったり可愛くなったり、変化が楽しい結びです。

割り太鼓——てをたれ先に生かして

お太鼓を半幅帯に応用した結びです。帯枕を使わないので、気軽に結べ、浴衣や単衣《ひとえ》によく合います。重ねたたれをお太鼓に、お太鼓のたれ先をてで作っているのがミソです。

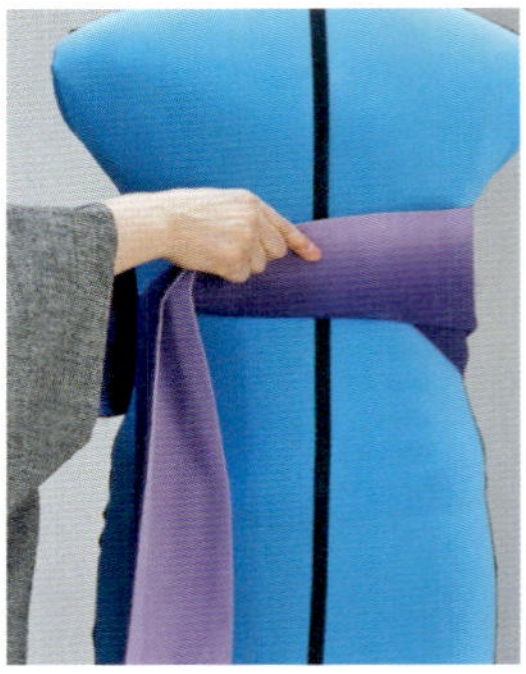

① ての長さを五〇～五三センチに決める。基本どおり帯幅を二つ折りにして決めたところを背中心につけて巻く。

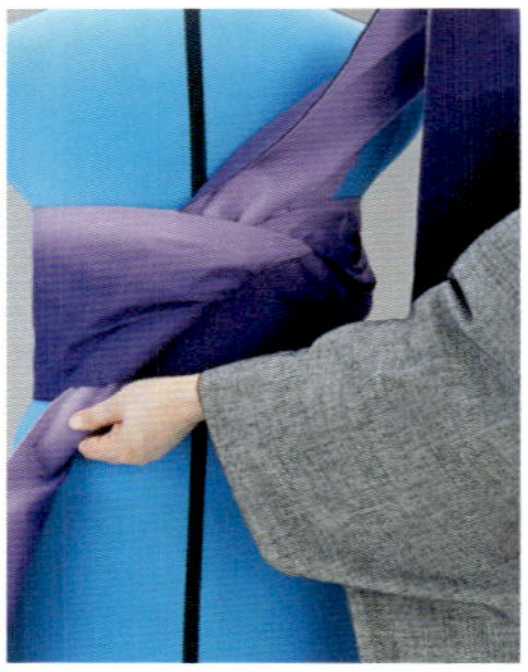

② たれをての上に重ねて結ぶ。たれを重ねるとき、帯幅いっぱいに開き表に出したい色柄を表にして結ぶ。

③ たれ先を持って一回転させる。たれの色柄を表にして回転させる。

④ 回転して一方は輪になっています。写真のように帯をずらして、幅を広げて横に並べ、お太鼓の大きさにする。

⑤ ガーゼ紐で帯山を作りお太鼓系と同様に結び、帯揚げをかける。二つ折りのてを幅いっぱいに結び目から開く。

⑥ 開いたてを横に向け、お太鼓のたれ先を作る。二枚並んでいるたれの左右より長めに出す。

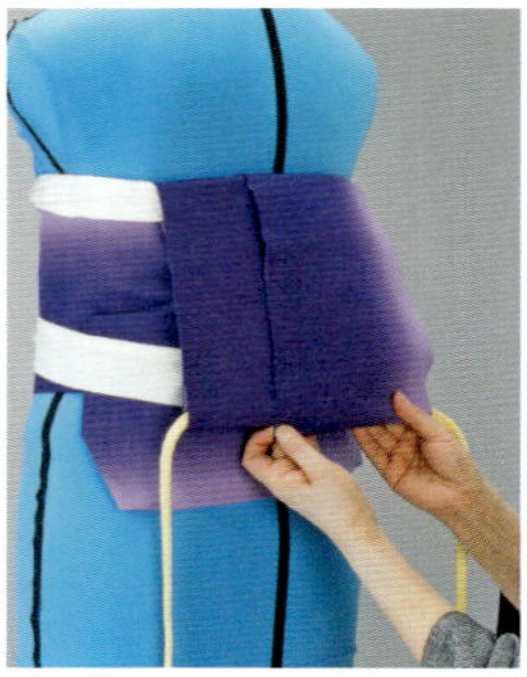

⑦ 横に向けたてを仮紐で押さえる。その上に、④で作ったお太鼓を折り上げ、帯締めで押さえて前で結ぶ。

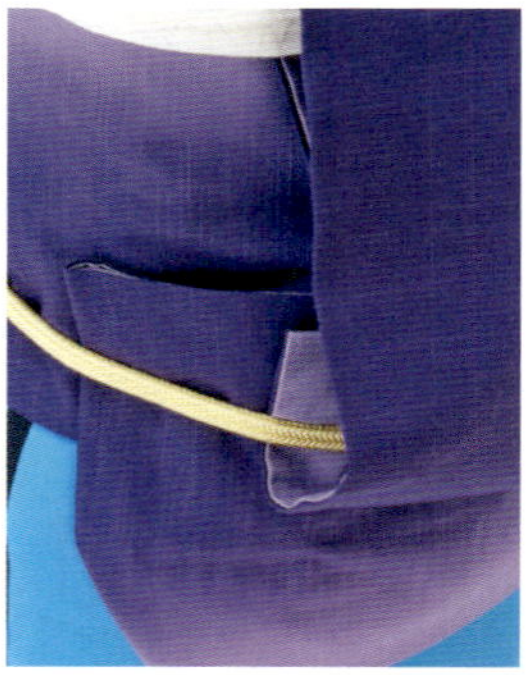

⑧ 帯締めを結び終えたら仮紐を抜いて仕上げる。たれ先の代わりとなっているては帯締めで押さえてあります。

横一文字
——結ばないで作る一文字

結ばずに、帯幅を生かして巻いた個性的な結びです。て先は胴帯に入れず、たれと胴帯に巻いてとめています。

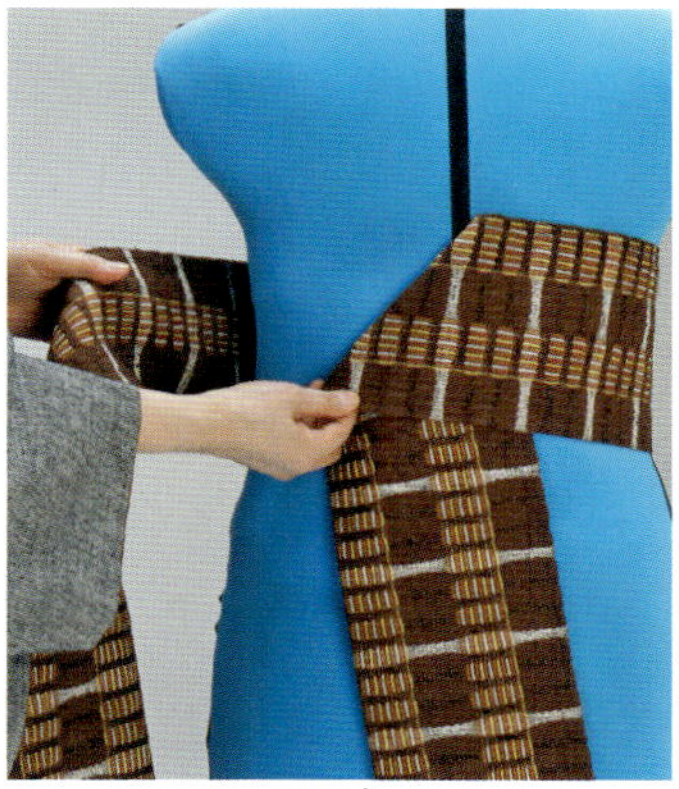

① 帯幅の約5倍をての長さに決める。写真のように一巻きして、決めたてを背中心につけ、下に向けて折る。

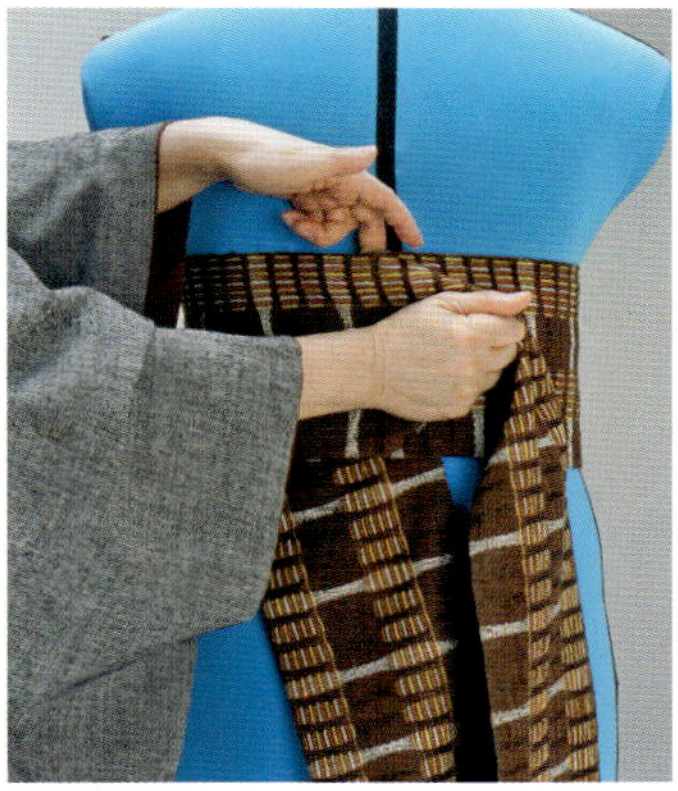

② てが背中心からずれないように左手で押さえ締める。締め方は帯の中央を持ち横まっすぐにする。

③ 胴に二巻きする。二巻きして背中心を通過したところで、一巻き目のてと一緒に、帯の上端を持つ。

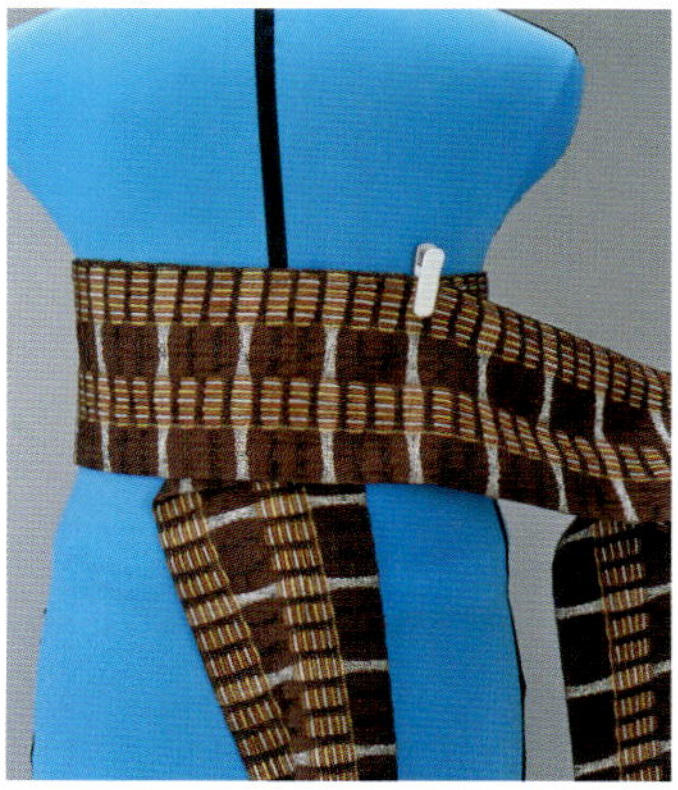

④ 二巻きして手で持った胴帯2枚を一緒に留め具でとめる。固定すると帯がゆるまなくなり安心です。

⑤ 下のて先を上に向けて上げる。ゆるまないようにして、交差した右上の角で胴帯につけて一緒に持つ。

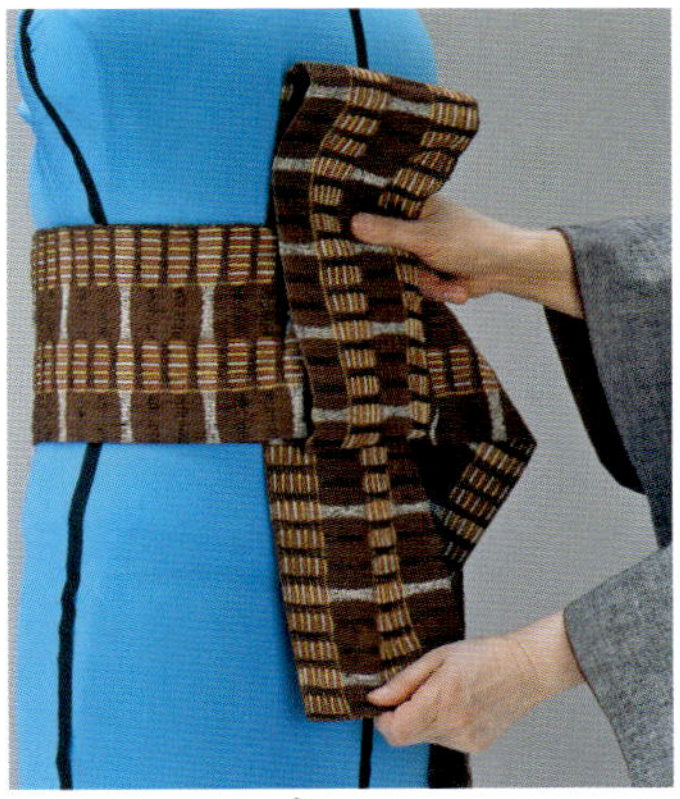

⑥ ⑤で上げたて先の端を胴帯2枚にくぐらせて下に引き抜く。通すときは、端から入れるときれいにできる。

⑦ 通したて先がゆるまないようにしっかり下に引いて締める。ここがゆるむと巻いた胴帯もゆるみます。

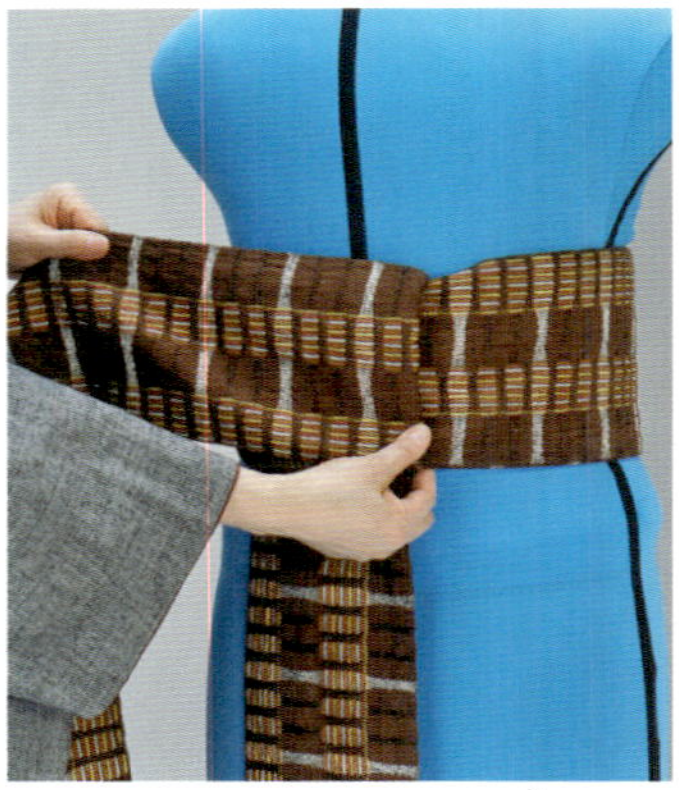

⑧ 留め具をはずし、たれをて先の際から進行方向と逆に、たれのゆるみを残さないように戻す。

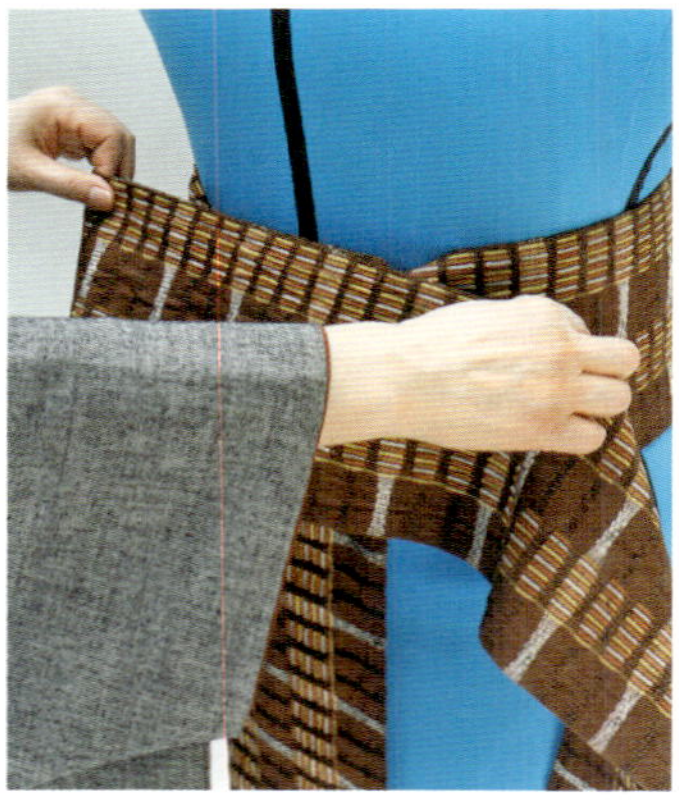

⑨ 戻したたれの位置を背に合わせて決めたら、再び進行方向に折り、羽根の大きさを決める。

⑩ 羽根の大きさを決めたら、残りのたれを内側に入れてたたむ。最初の折り返しをゆるめないこと。

⑪ 折りたたんだたれを胴帯に重ね、羽根の形を決めて、全体のバランスを見る。留め具でとめてもよい。

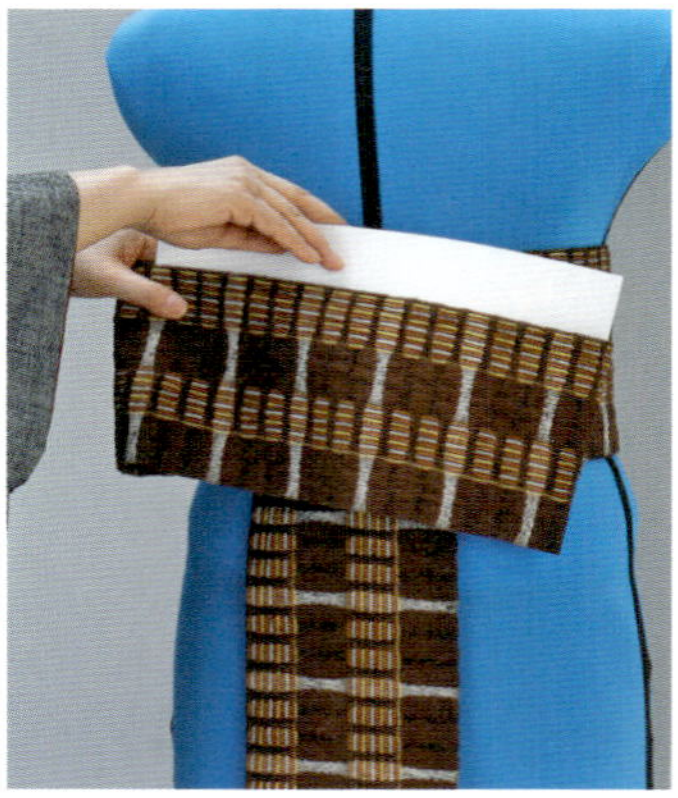

⑫ 羽根が柔らかいときは、帯板や厚紙などを入れて芯にすると、表面に張りが出てしっかりする。

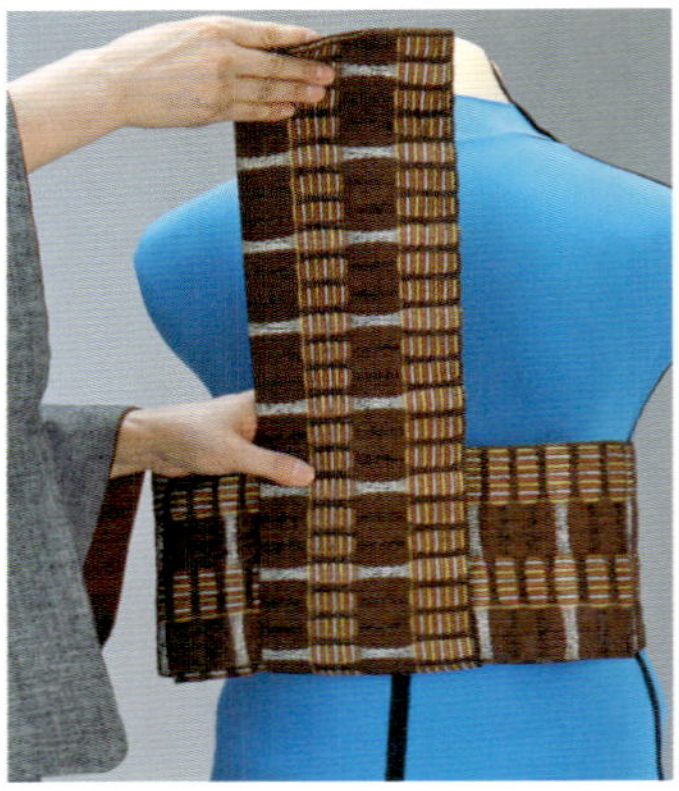

⑬ 横にたたんだたれの形がくずれないように、て先を下から持ち上げてたるまないように押さえる。

⑭ 羽根と上に上げたて先の交差部分の左角を持つ。右手でて先を胴帯の内側に入れ込む。

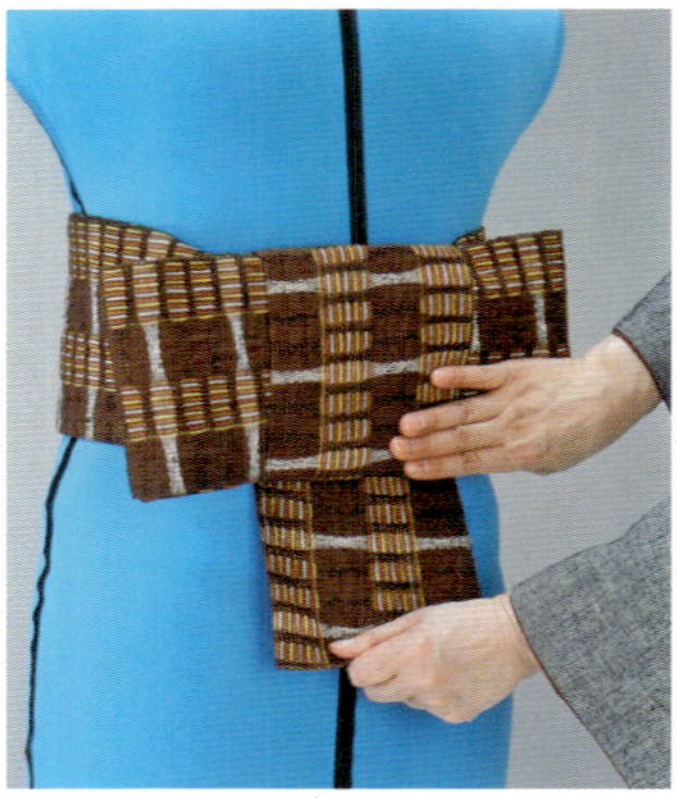

⑮ 胴帯に通し、て先をしっかりと下から引っぱり、折りたたんだ羽根を固定する。ゆるみを残さないこと。

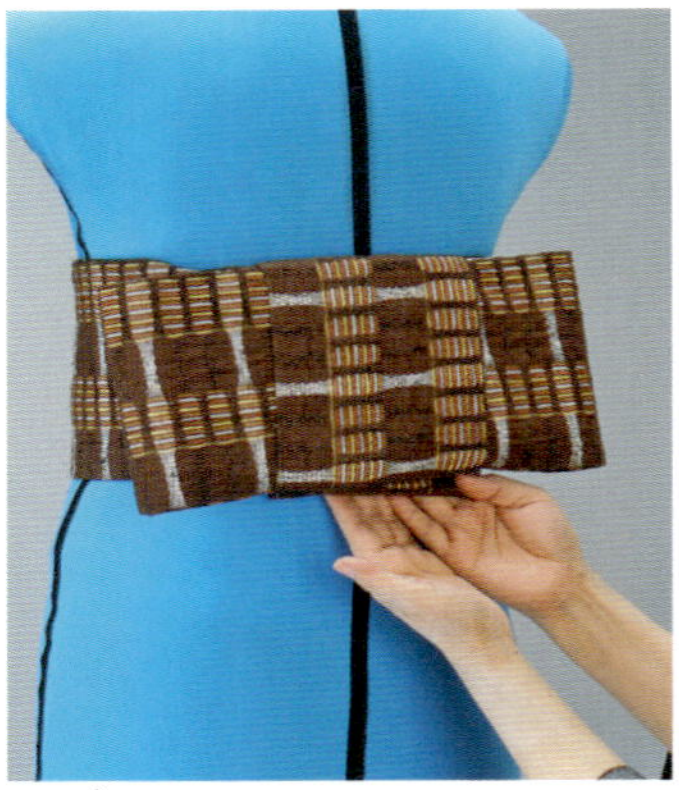

⑯ て先が余った場合は、胴帯の中に折り込んで形を仕上げますが、出したままでもかまいません。

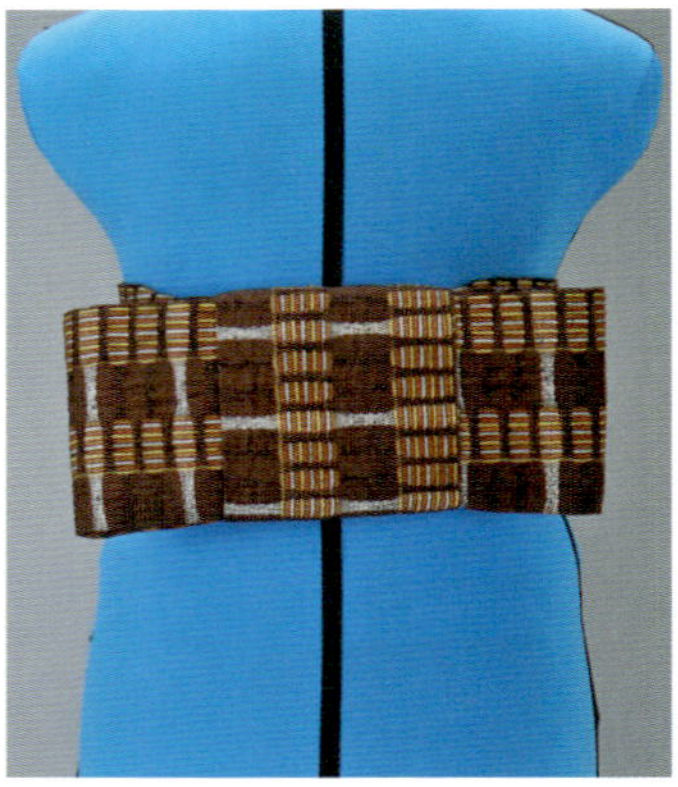

⑰ 半幅帯による横一文字のでき上がり。シンプルな形の中に華やかさもある個性的な結びです。

名古屋帯の結び

一重太鼓

――結ばずきれいにできるコツ

もっともポピュラーで、略礼装からカジュアルまで幅広い結びです。あらかじめ短く、幅も半分に仕立てた名古屋帯で結びます。たれが上に出る結びの基本なので、結び方を覚えておくと、いろいろな結びに応用できます。布目の揃え方、て先の始末、帯枕の位置と押さえ方など、半幅帯より一歩進んだテクニックを習得しておきましょう。

Point

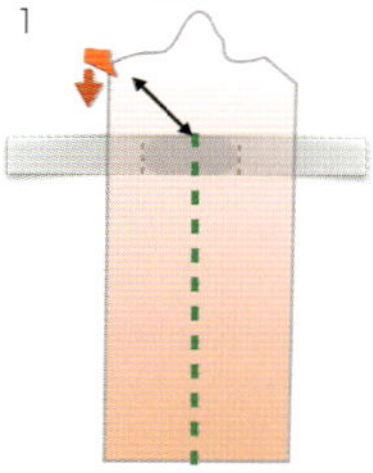

よい姿勢で、着る人に優しくきれいに着付けできるコツ。高度な技術ですが、こうすると最後の仕上げで結果が出ます。
1 右手は帯枕を持ち、帯を胸につけて左親指で帯端を下げると、帯枕の中央につながります。

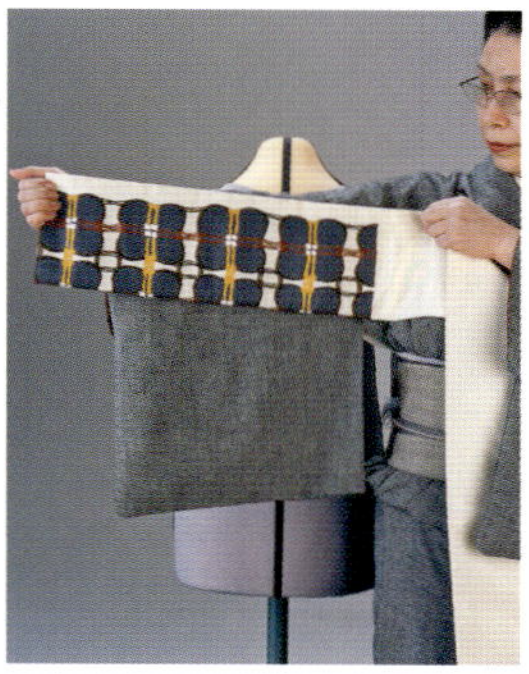

①てを写真のように持ち、肩で長さを決める（半幅帯の一文字結びと同じ寸法で五〇センチくらいに）。

②てと胴帯を基本（P41～42参照）どおりに持ち体に巻く。①で決めた部分を背中心につけて後ろ上がりに巻く。

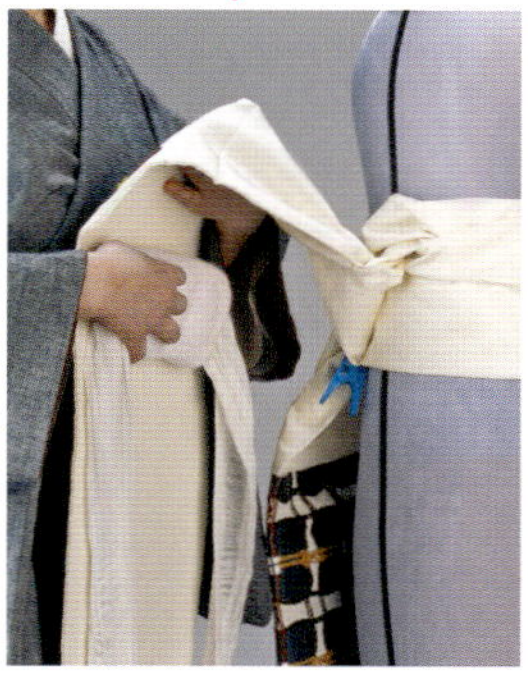

⑥右手で帯枕を斜め横に持ち、左腕に掛けている帯の裏側に入れる。帯柄の上端の部分に帯枕をあて胸につける。

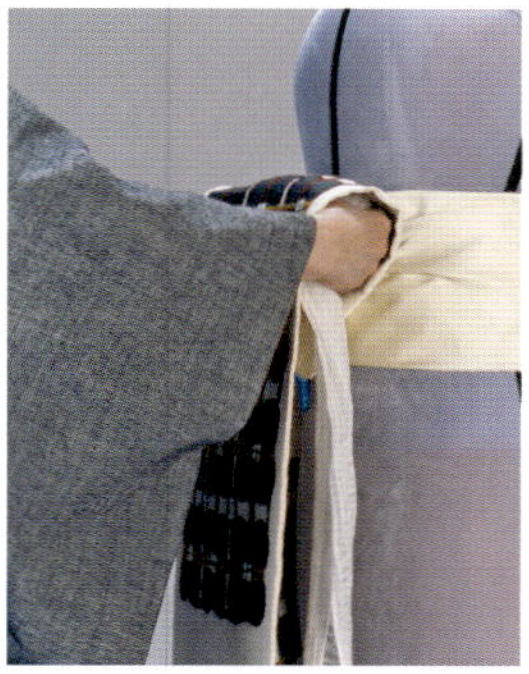

⑧帯山の布目を正して、枕を持っている手をそのまま胸から離して背中の胴帯につける。

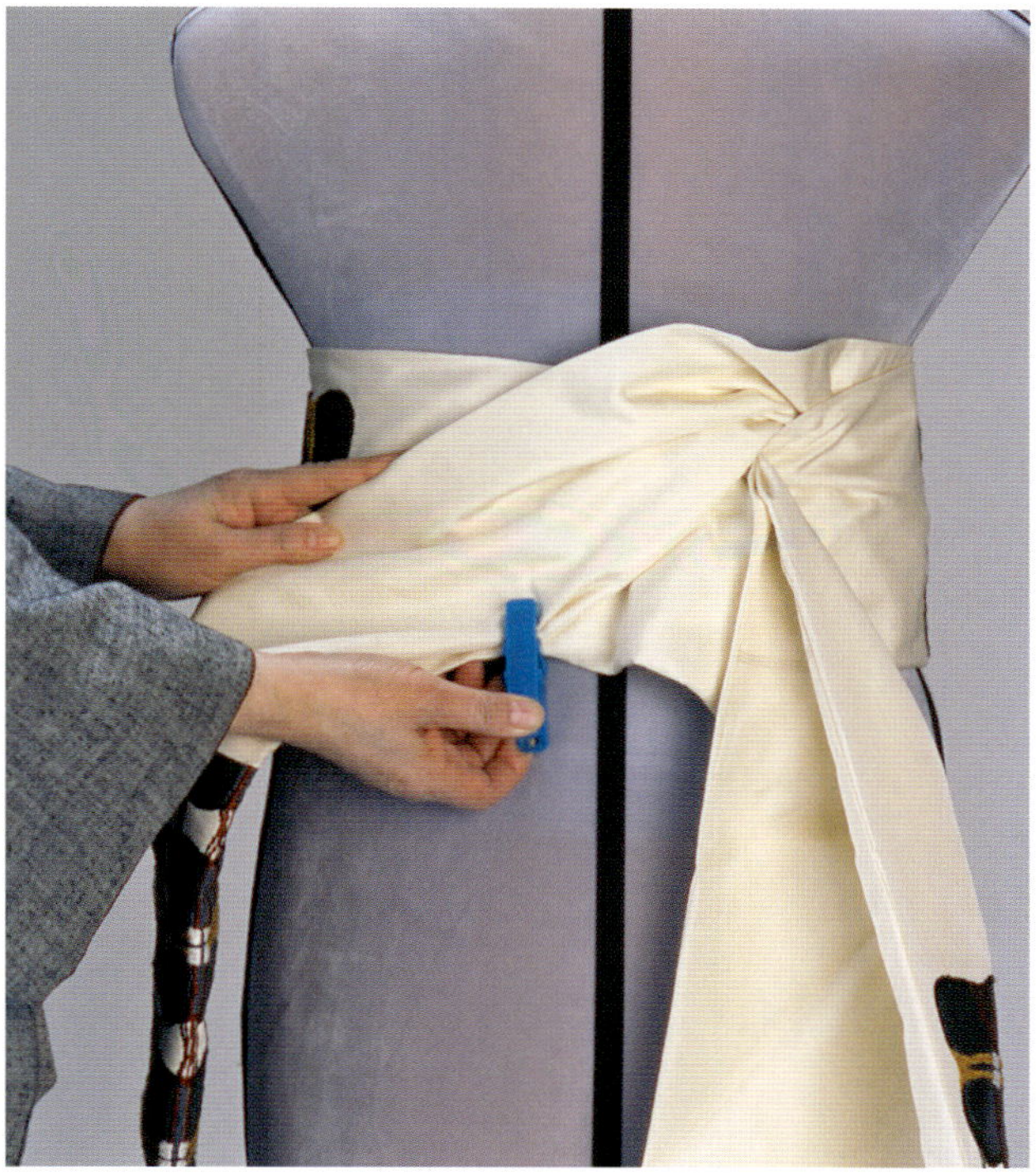

③帯の巻き方、締め方、帯板の入れ方などすべて基本どおり。上に出すたれの上にてを重ねて、留め具でとめる。て先が胴帯の上に残らないように下げてとめるように。とめる位置は、背中心と肩の半分のところで。胴帯二枚とての三枚をとめる。

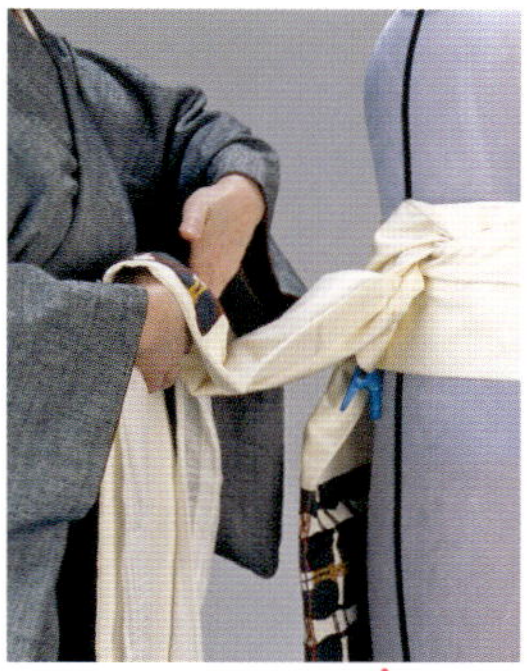

⑦左中指で帯端の角を持って、写真のように手を帯枕に直角にして、帯枕の裏の帯じわと布目を正す。

⑨足を着る人の真横に一歩出して体を近づけ、胸で帯山を押さえ、両手で帯枕を包んでいるガーゼ紐の上端の布目を正す。

Point

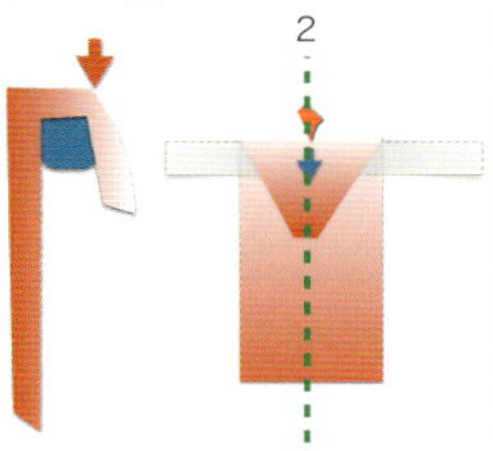

2　左中指で帯枕の中央の帯を直角に下げる。

Point

帯と帯枕を整えたお太鼓の帯山を背中につける姿勢

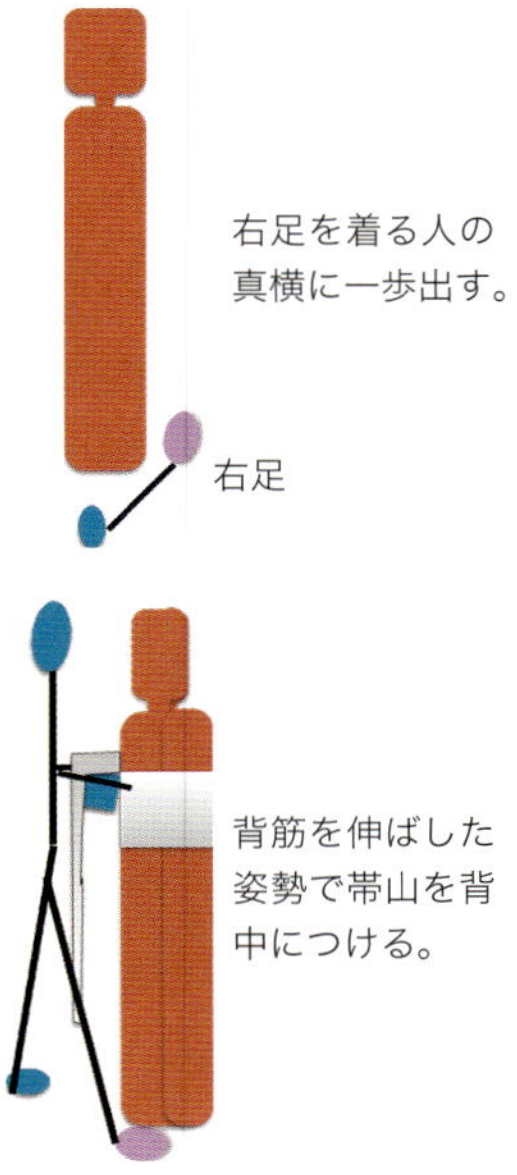

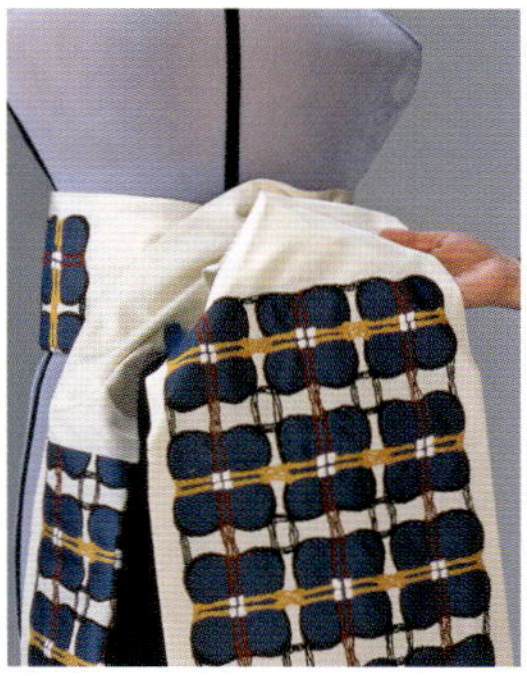

④お太鼓を作るたれの柄を表にして開く。ここで帯柄やたれの長さなどを確認。常に布目も確認して。

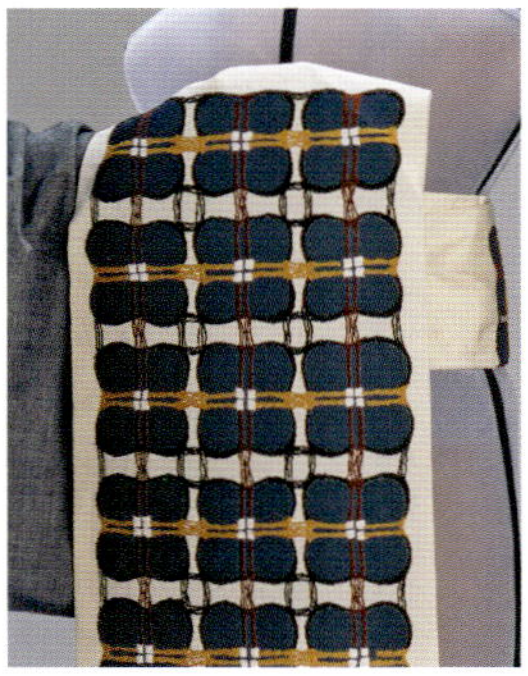

⑤お太鼓になる柄の位置を確かめながら、たれを左の腕に掛けて帯幅全体の布目を正しく整える。

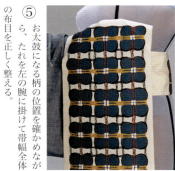

⑩ お太鼓の山の両脇から、中央に向けて両親指と残りの指で帯を挟むようにして動かし、帯枕裏のしわを横にしごいて布目を正す。

⑪ 帯枕に親指をかけ、小指と薬指でガーゼ紐を、人さし指と中指は帯の外側から帯枕を持ち、帯と帯枕を一緒に持つ。帯枕の底から胴帯の上で背中心につける。

⑫ 背中心につけた帯枕から離れた両手を、横に同時に進めて、ガーゼ紐と帯端を一緒に持って帯の角をきちんと親指で背につけ、帯山の線をきれいにするのがコツ。

⑬ お太鼓の山の角を親指できちんと背につけてから、ガーゼ紐の上端に指をかけ、胴帯の上端から帯枕が下がらないように進めて前で結ぶ。

⑭ 帯揚げを帯枕にかけて包む。完全に包んだことを確認して前に進め、そのままの状態で帯揚げを仮結びする。

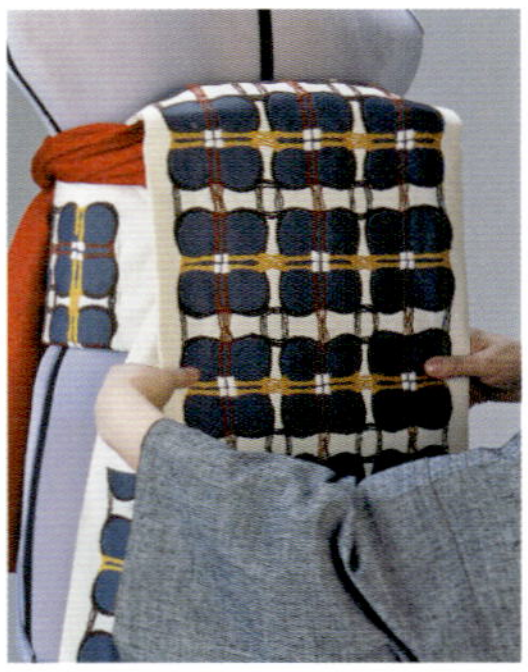

⑮ お太鼓の大きさを腰の位置を目安に決める。左右の親指を真っすぐに向き合わせ、人さし指と一緒にたれを持つ。

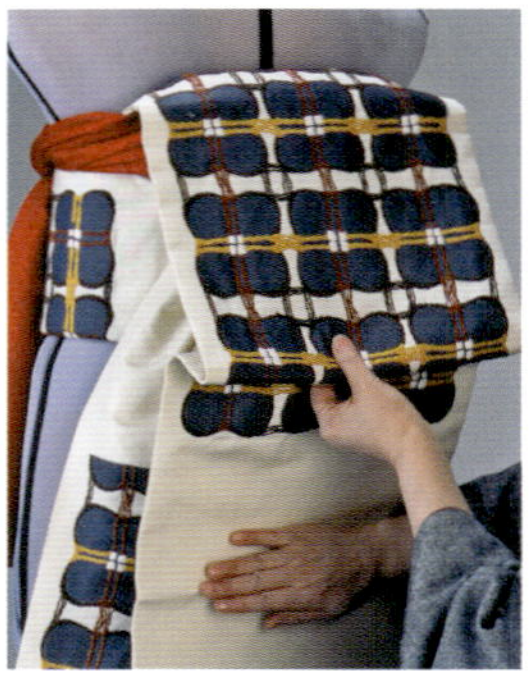

⑯ 決め線を作る。親指を上向きにして中央を持って、右手で残りの帯を押さえる。

⑰ 決め線を持つ左手を浮かしながら、右手をそのまま上に向けて、余ったたれを折り上げていく。

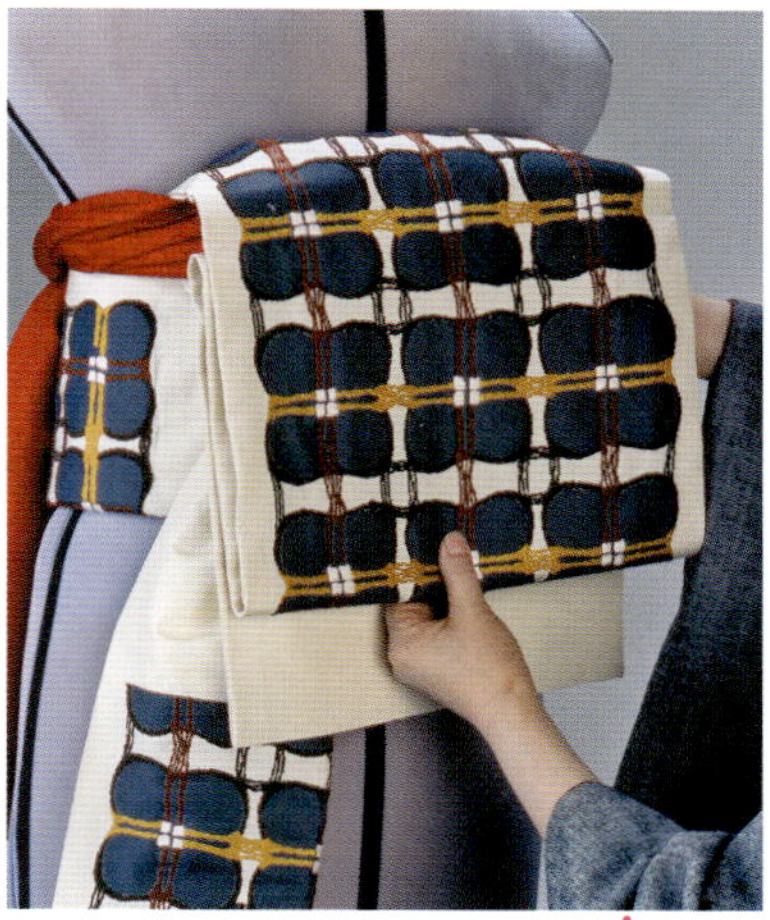

Point

帯が生き生きとしてきれいなお太鼓の決めどころ。

必ず帯幅中央で指先を真上に向けて持つこと。P67 の⑦で決めた帯幅中央とつながり、帯地がピンとしてお太鼓の表情を作ります。

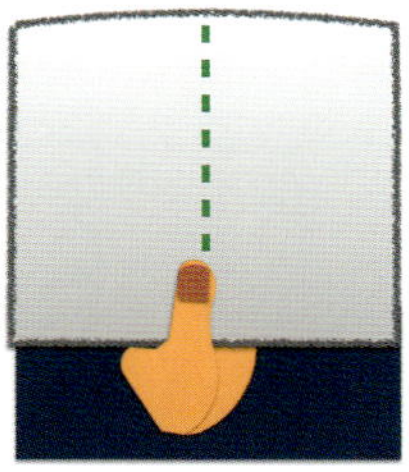

⑱ たれ先を約七～八センチ表側に残して、お太鼓の内側に折り上げ、写真のように決め線とたれを左右の角で持つ。お太鼓の表情をたるませないこと。

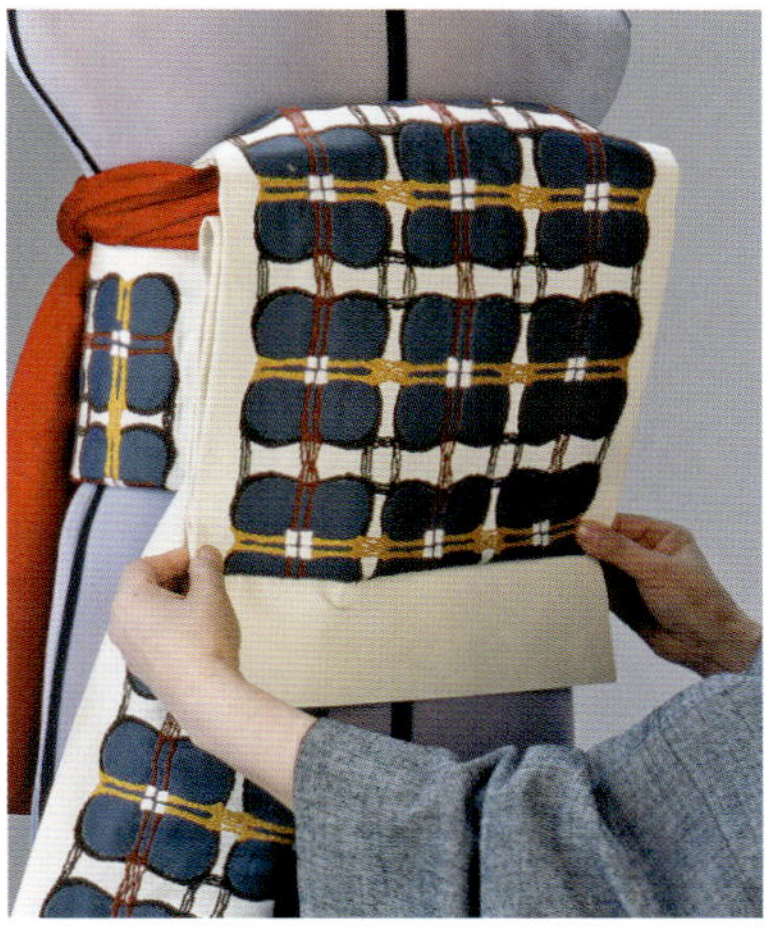

⑲ 左手をお太鼓の角から横に移して写真のように決め線を押さえ、決め線に沿って右手のひらを背に向け、右の親指をお太鼓の中の決め線に沿って入れる。

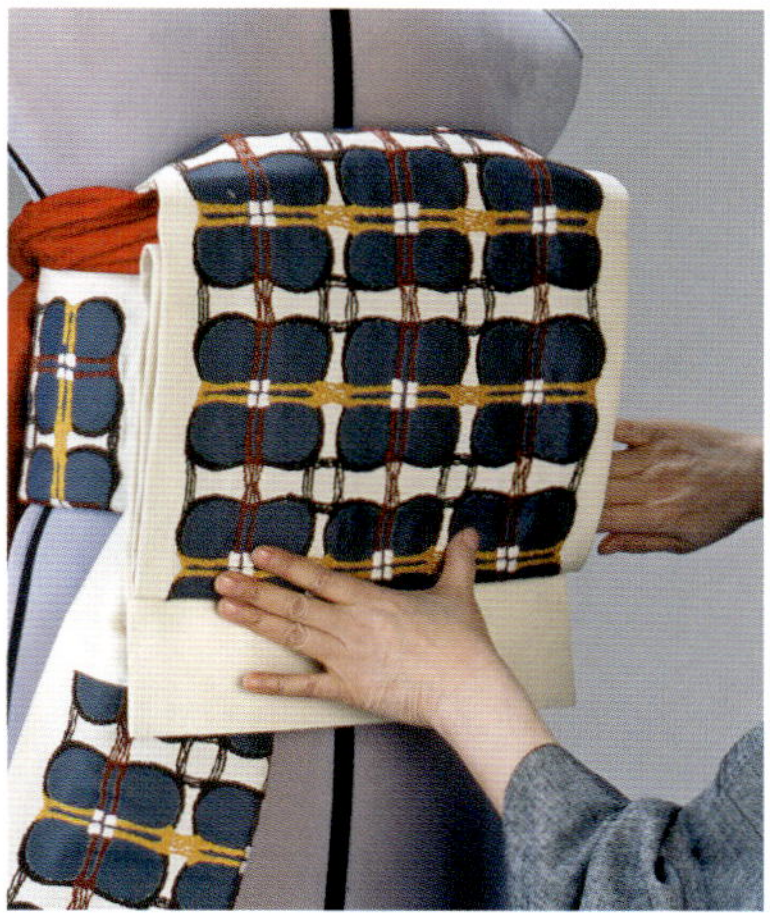

⑳ お太鼓の中に右手を入れて、手をいっぱいに開いて親指で決め線を中から押さえる。左手でて先の端を持ってお太鼓の中に入れ、右手に渡す。

㉑ お太鼓の中の決め線に沿わせて、左手の人さし指を伸ばし入れ角全体を持つ。右手はて先をお太鼓の下の右端まで引き出してとめます。

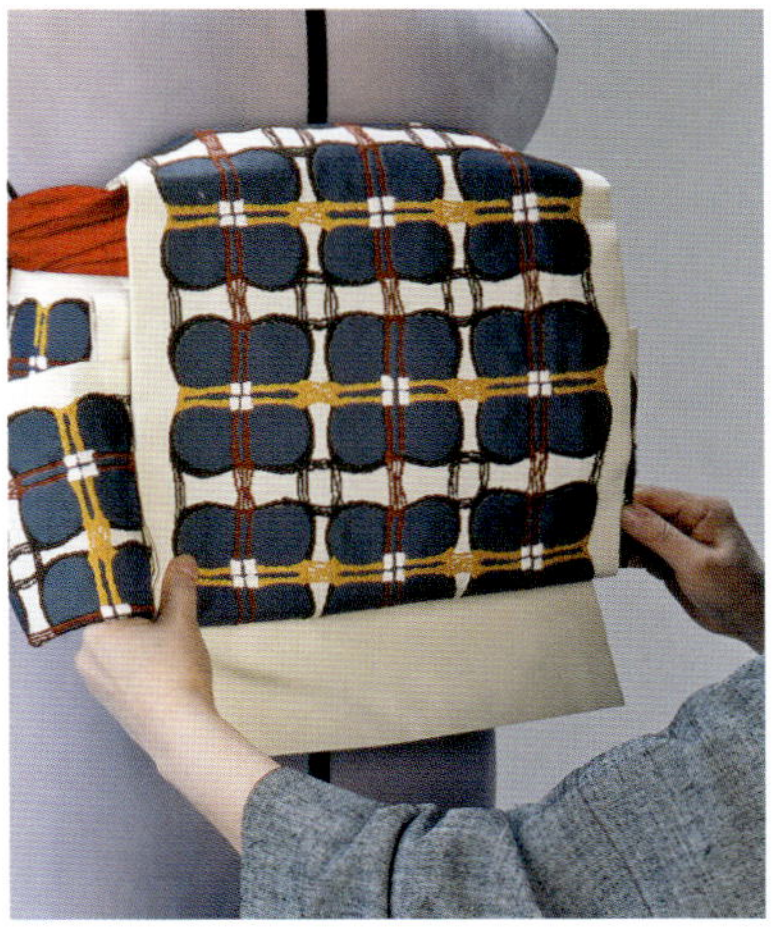

㉒ て先を通しながら、傾いた形を正すため、たれ先と決め線の間から右の手のひらを親指を上にして入れる。これでて先も決め線に沿って布目が整う。

㉓ て先の通った決め線の左右の角を持つ。お太鼓の角を親指を斜めにして浅く持ち、全体の布目を引き締め最終的な位置を決める。

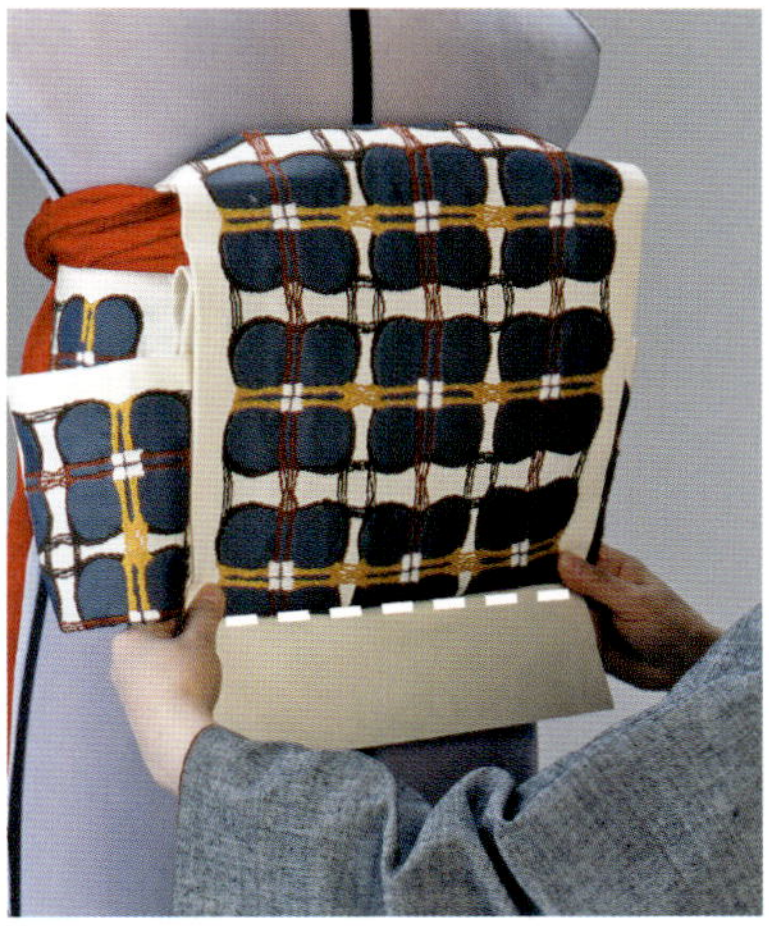

㉔ 人さし指をお太鼓の裏の角にさし入れ、人さし指以外の指でたれ先を表に折り返す。外側を向いていた両ひじを内側に向けると指先が簡単にひっくり返る。

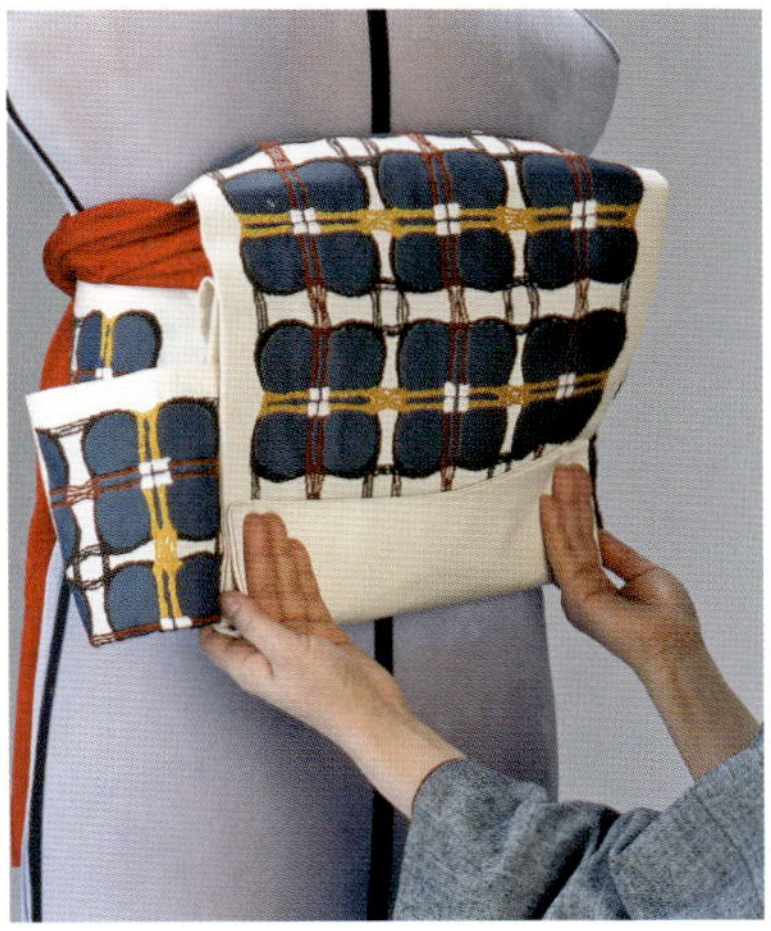

㉕ 左右の角を持ってたれ先を折り上げ、右手の親指を裏側で真上に立てて決め線を裏側で持つ。残っているて先を左手で整え、お太鼓とての交差している角からお太鼓の端に沿って写真のように指先全部を上に向けて伸ばし、左の親指を入れる。

㉖ 決め線を持っている右手を少し浮かせ、お太鼓の内側にすき間を作り、残っているて先を手首を返して手のひらで折り込む。お太鼓の端に沿って立てている左の親指を帯で巻く状態になっています。

㉗ ㉖のすき間に左手でて先を入れる。余っているて先が長い場合は、最初に入れた帯を、右の親指にあずけ、残りのて先を背中心に向けて写真のように指先を伸ばして入れ込む。

㉘ て先をお太鼓に入れ、残りも内側に入れたら、写真のように、左手の親指を上に向け、て先を折りたたんだ脇を縦ににぎって持つ。縦に持つことによって、四角形のお太鼓の形は布目が安定し、きりっとしたよい形のでき上がりになります。

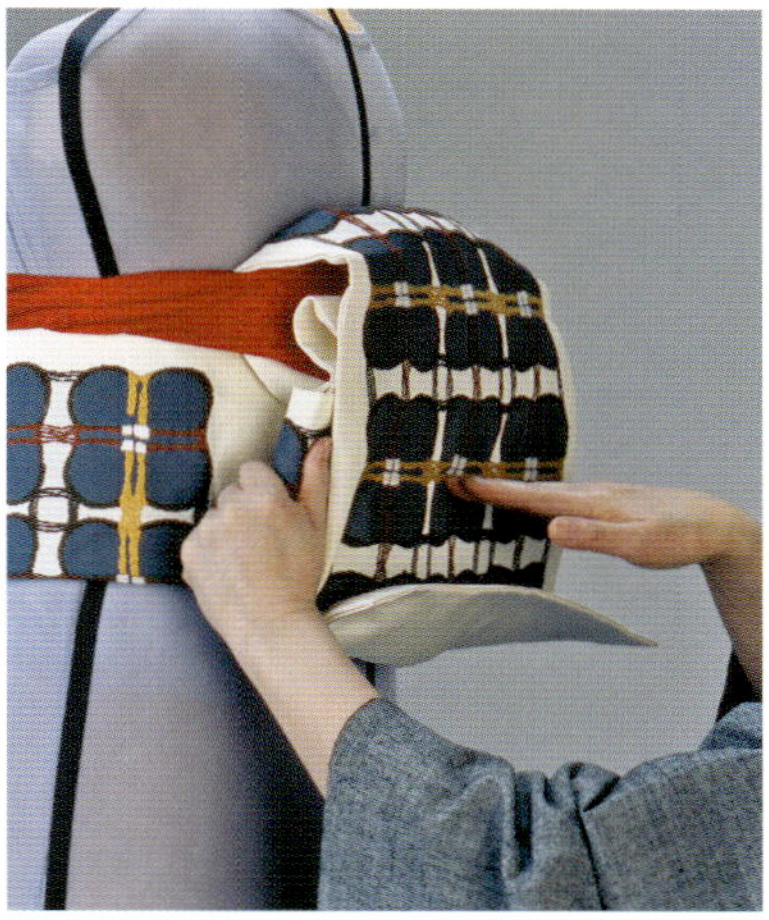

㉙ 左手首を体につけ、折り上げたたれを持っている右手は、写真のように指先をお太鼓につけて、親指を決め線から離す。

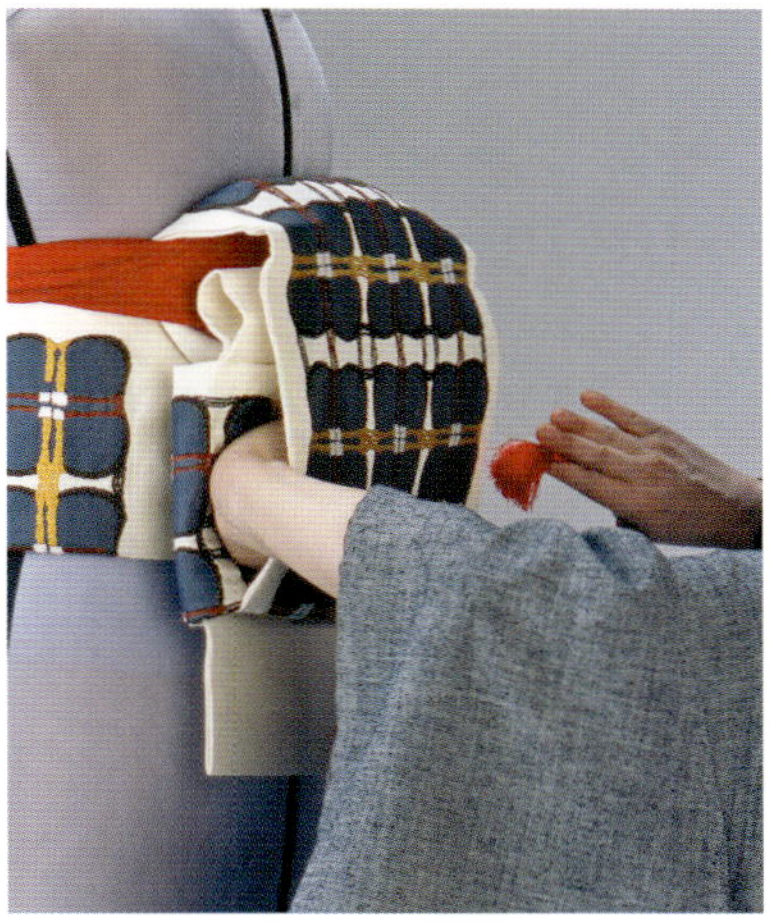

㉚ 右手で決め線を押さえ、指先を伸ばした左手をお太鼓の中に入れて全体を押さえる。帯締めの房に近い部分を、右手の指先を伸ばして持つ。

㉛ 左の指先で帯締めを受け取り、お太鼓の形をくずさないようにゆっくり外に引き出す。約半分を引き出すまで右手はお太鼓のて先の上で全体を押さえておく。

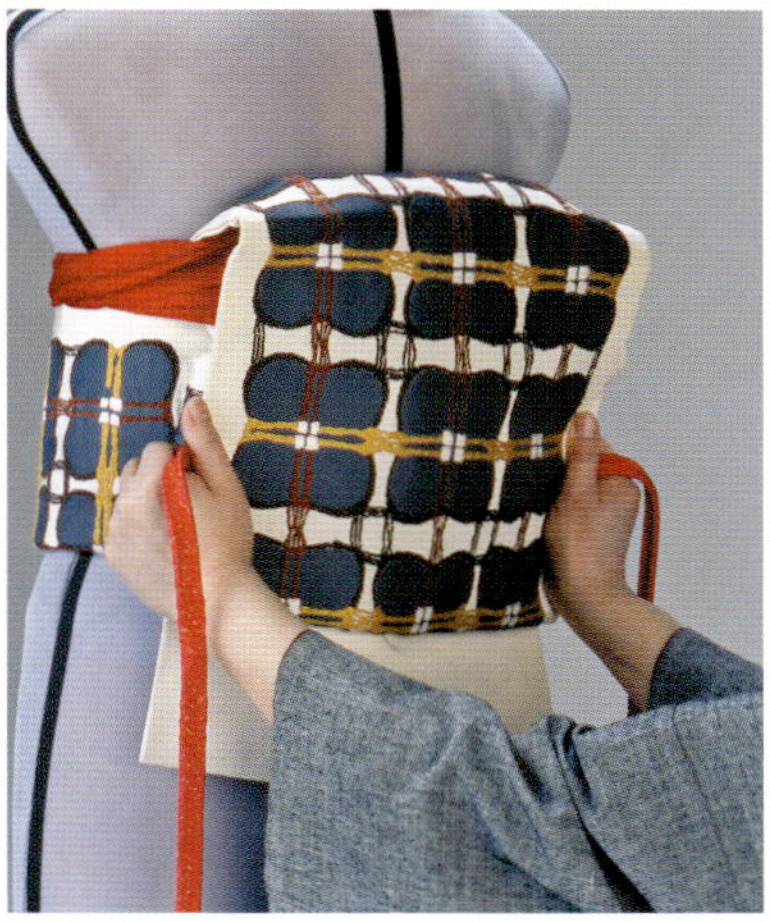

㉜ 帯締めを通し、写真のようにお太鼓の両脇を帯締めと一緒ににぎって持つ。お太鼓全体を体に沿わせ帯締めを前に回して結ぶ。

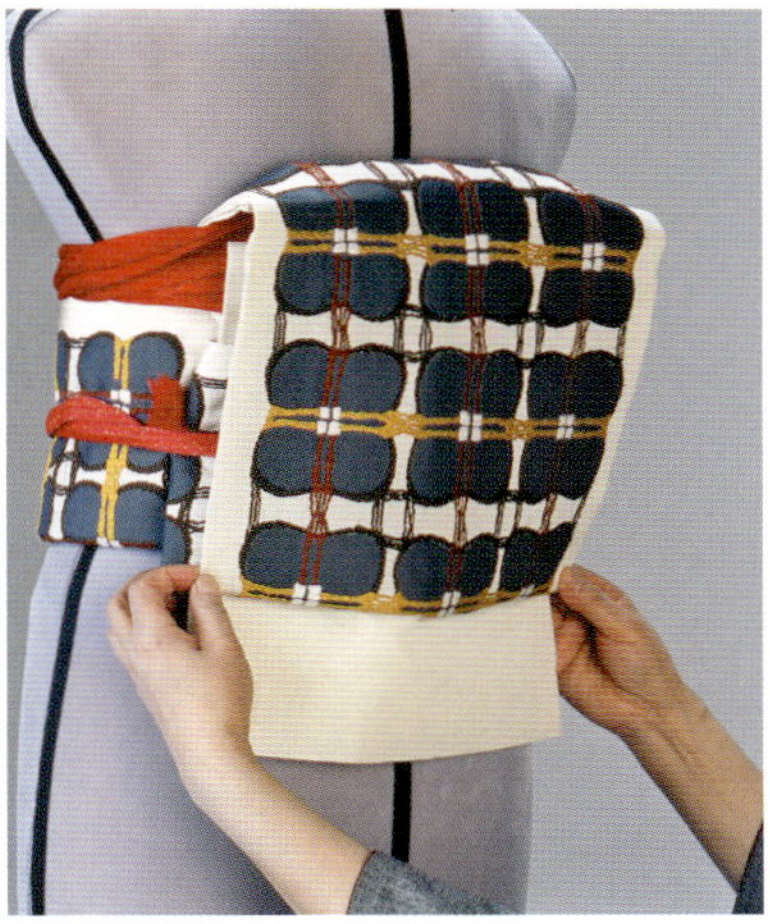

㉝ 帯締めを結び、帯揚げも結んで整えてからたれ先をとめていた留め具をはずす。仕上げは、決め線とたれ先の左右の端を持って横に引き、布目を正して整える。

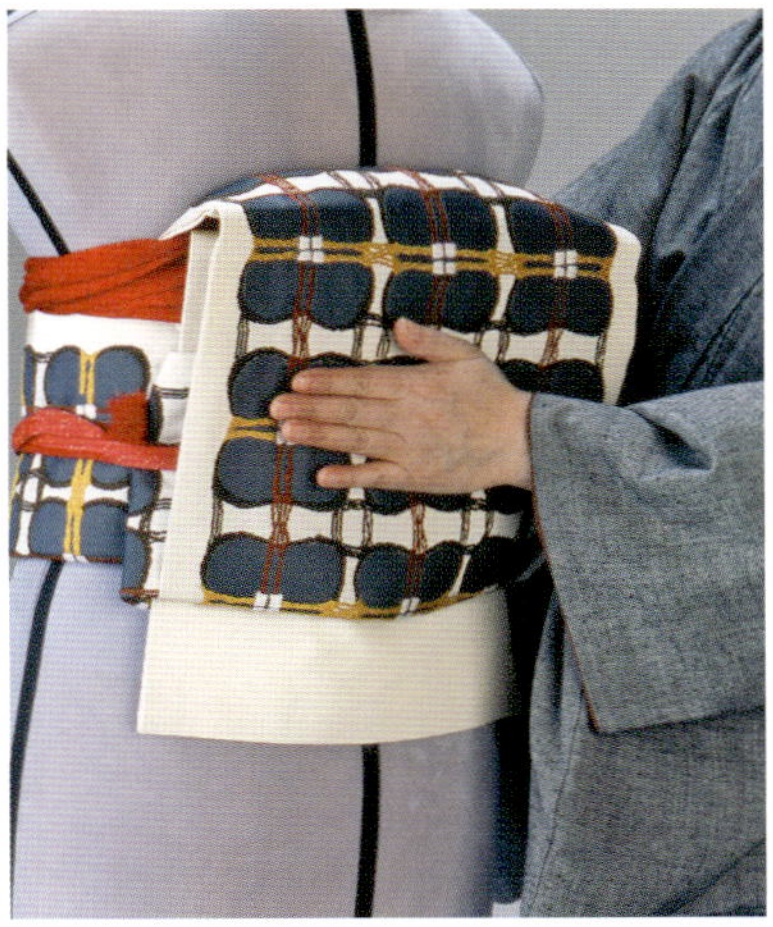

㉞ どちらか片方の手を前帯にあて、もう一方の手のひらを帯枕下の部分にあてて、帯枕下の重なりを押しつぶします。前帯にあてている手には力を加えません。

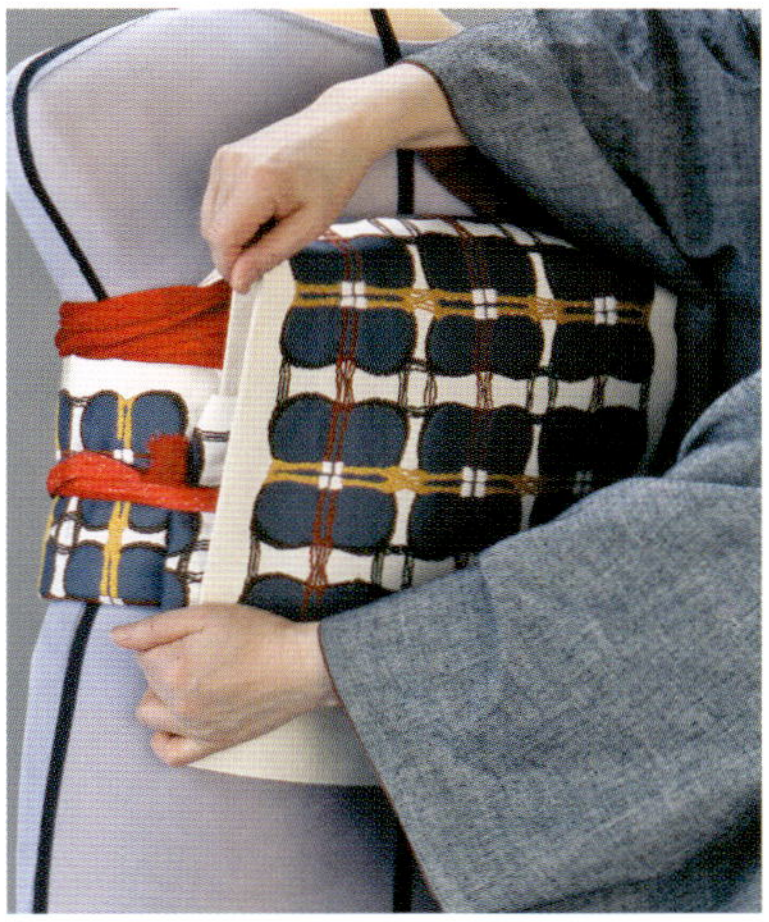

㉟ 帯山をきれいに整えてから、最後にお太鼓の厚みを整える。写真のように片方の手で決め線の角を、もう一方の指先で帯山の角を持って仕上げる。

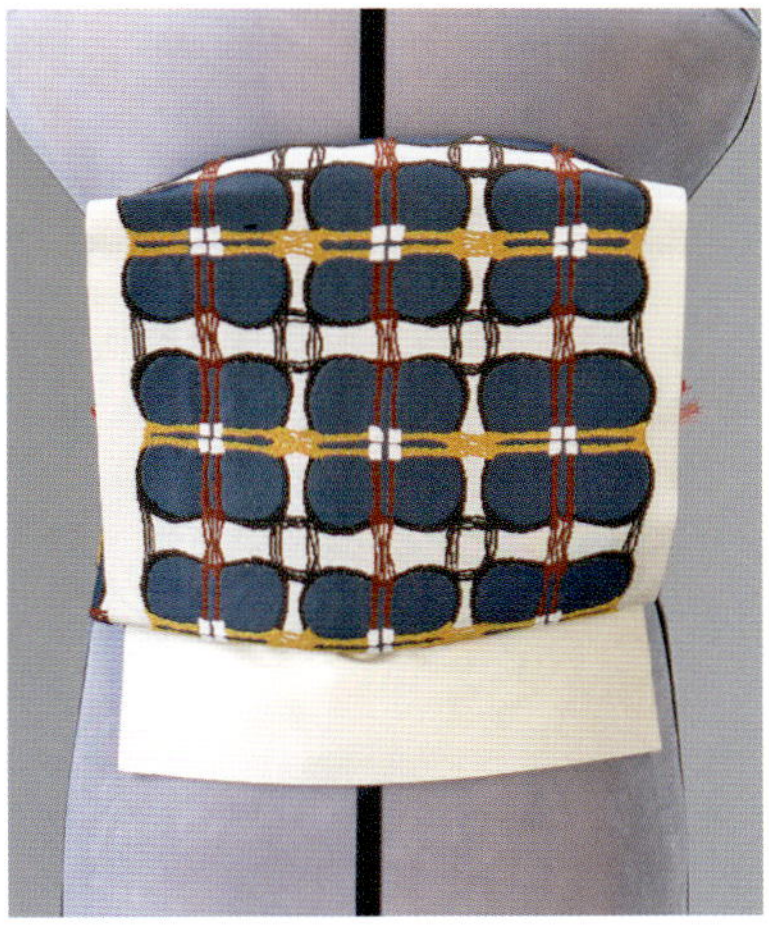

㊱ 名古屋帯を使用して結ぶ一重太鼓のでき上がり。巻き方や締め方、後半のて先の始末、形の仕上げ方など、すべて袋帯の二重太鼓も同じ方法です。

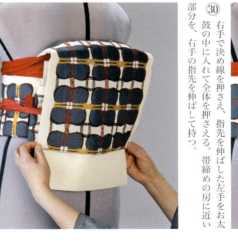

羽根つき太鼓——て先で作る羽根

お太鼓をベースにし、て先で羽根の飾りを作った結びです。無地や小紋のきものに華やかさがほしいときに、おすすめです。お太鼓のて先を折り上げて、帯山から出して飾りにします。

① 一重太鼓と同じ、50～60センチにての長さを決める。て先を上に重ね、たれが下になるように結び、幅を二つ折りにしたてを斜め上に折り上げて折り返す。

② 結び目のところで、残りのて先を右の羽根と逆向きに折り上げてV字形にたたむ。浅く折り返すと、帯がはずれやすく羽根がこわれるので深く折り返す。

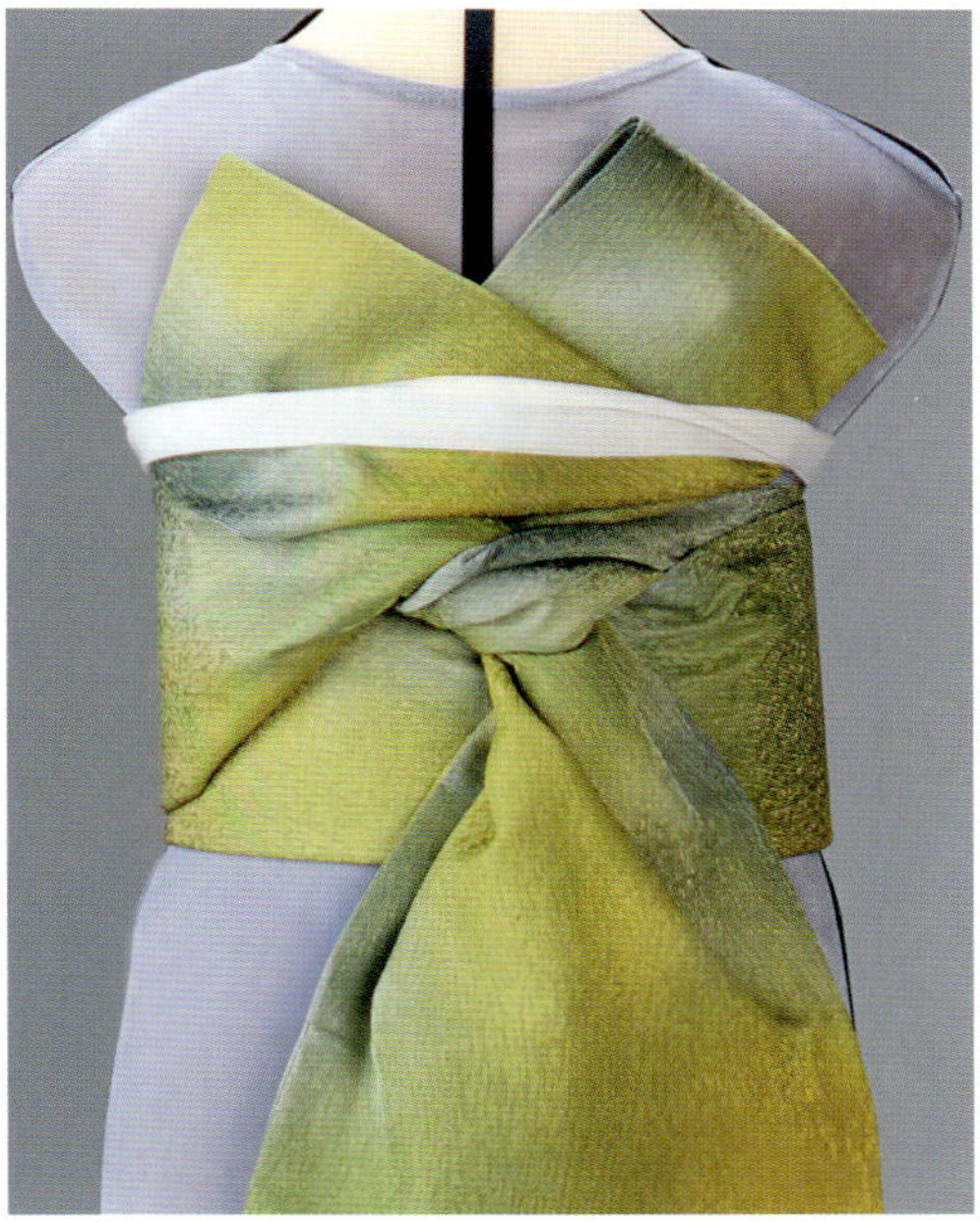

③ て先を折り返して作ったV字形の羽根を仮紐で押さえる。お太鼓の山線よりも下で仮紐をあてて前で仮結びしています。

④ 一重太鼓と同様に帯山を作り、帯揚げで帯枕を包む。次にたれ先の位置も一重太鼓と同じ要領で決め、たれを折り上げ、はずした仮紐をたれ先にあてて押さえる。

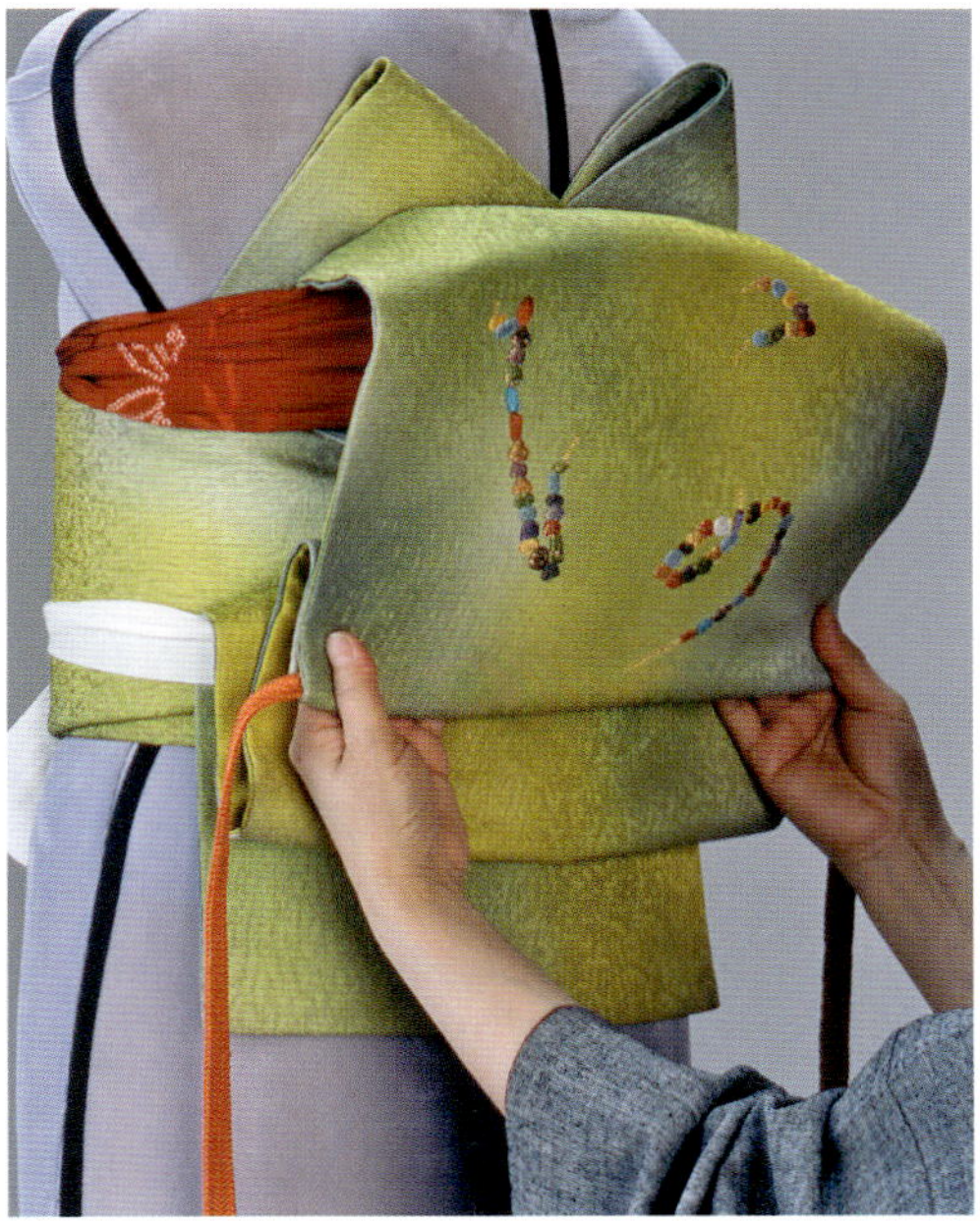

⑤ 胴帯の幅の3分の1に帯締めをあて、その位置でお太鼓の大きさを決め、帯締めで決め線を作る。残りのたれ先を重ねて輪を作り、2枚重ねの形にまとめる。

⑥ 帯締めを前で結び、帯揚げも結んで整える。帯締めを結んで形を決めてから、押さえていた仮紐をはずす。

⑦ 一枚目は本来のたれ先で作り、二枚目はたれ先を折り返して作っているのでお太鼓が小さめです。

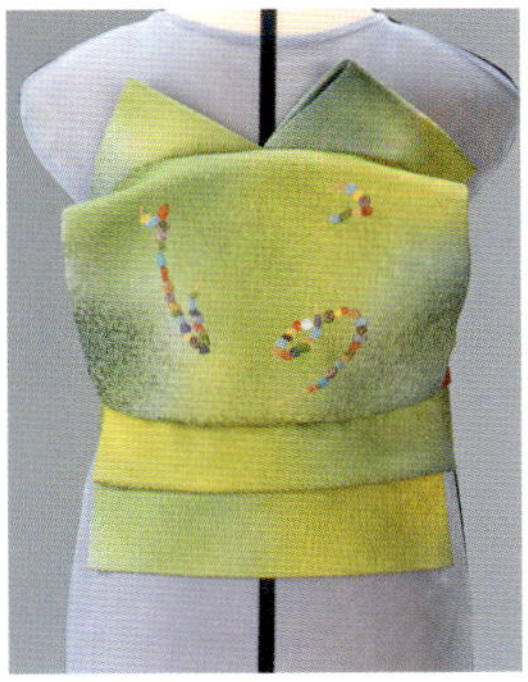

⑧ て先で羽根を作り、帯締めで決め線を支えている結びです。一重太鼓に華やかさが加わります。

⑨ 決め線から折り上げる部分は、三センチくらいの余裕をみて帯締めで結ぶこと。

銀座結び

──帯枕を使用しない魅力

お太鼓よりも通の雰囲気で、人気のある結びです。
戦後、銀座の女性が、角出しに似せて結んだところから、
こう呼ばれるようになったそうです。
帯枕を使わず、帯締めでてとともにお太鼓のたれ先から
持ち上げるようにして形を支えています。

①背中心から五五～六〇センチにての長さを決めて巻く。ポイント柄などは、前柄を中心から少し脇にずらして、ての長さを決めるとよい。

②胴帯を二巻きし、て先を脇まで戻してから背中心のところでたれを上に重ねて交差させる。て先を脇まで戻しておかないと、背中心での結びができません。

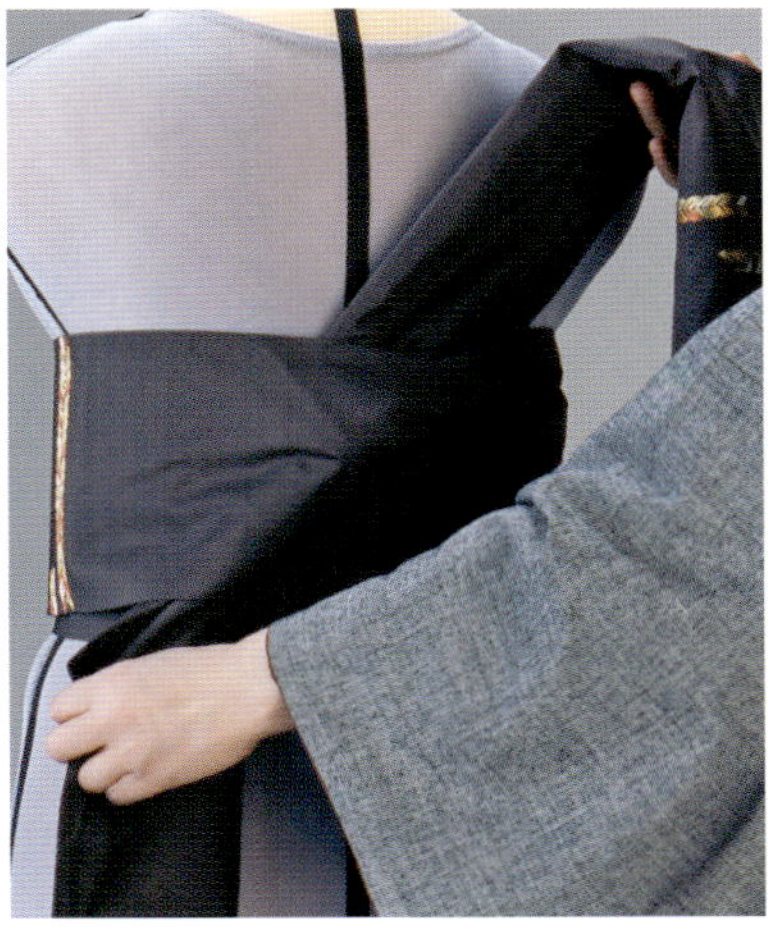

③て先を下にし、たれを上に重ねて結ぶと、たれが上に出る。結び目を整えてからしっかりと締める。締めるときは着る人の斜め横へ移動して。

④上に出して結んだたれを下ろし、おしりのあたりでたれを帯幅いっぱいに開く。結び目で開くと結び目がゆるみ、長さも足りなくなるので下のほうで開く。

⑤下に下ろしたたれの上に、て先を横にして重ねる。位置は胴帯に重ねるように。銀座結びの角になるて先が、たれの帯幅から両側に八センチほど出るくらいに。

⑥ ⑤で重ねた、て先とたれを仮紐で押さえて前で結ぶ。帯結びや着付けでは、留め具や紐を利用して押さえながら進めると、便利です。

⑦ 下に下ろしたたれで一重太鼓の方法にならって（P67〜68）帯山を作る。帯枕を使わずガーゼ紐で帯山を作り、横に重ねたて先の幅の長さを折り上げる。

⑧ 帯山の左右を持って胴帯の上まできちんと上げてつけ、前で結ぶ。ガーゼ紐は胴帯の縁からはずれて下がらないようにしっかりつけて結ぶ。

⑨ 銀座結びは、帯枕を使わない紐だけの帯山なので、帯揚げは四つ折りにして、帯山の紐にかけて使います。帯揚げは前に回して仮結びしておく。

⑩ 帯山にかけた紐を前で結び、帯揚げをかけてから、て先を押さえていた仮紐をはずす。仮紐を引き抜くときは体に沿って横にすべらせるように。

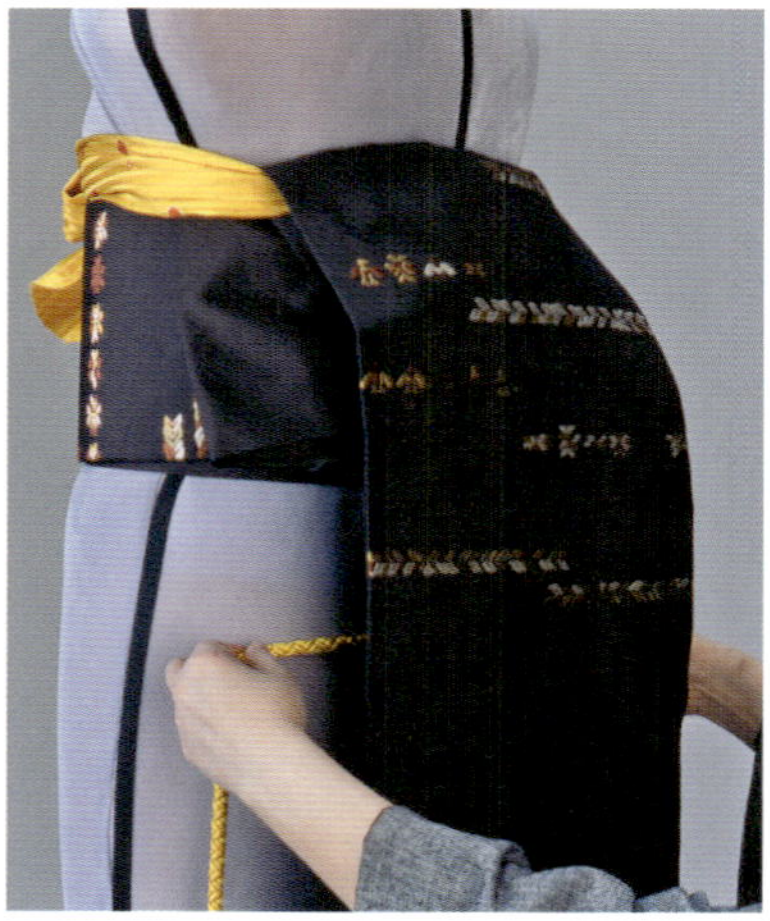

⑪ 帯締めを使用して、お太鼓のふくらみの大きさを見る。お尻のトップに帯締めをあててお太鼓の寸法を決める。帯の素材や長さで調整してください。

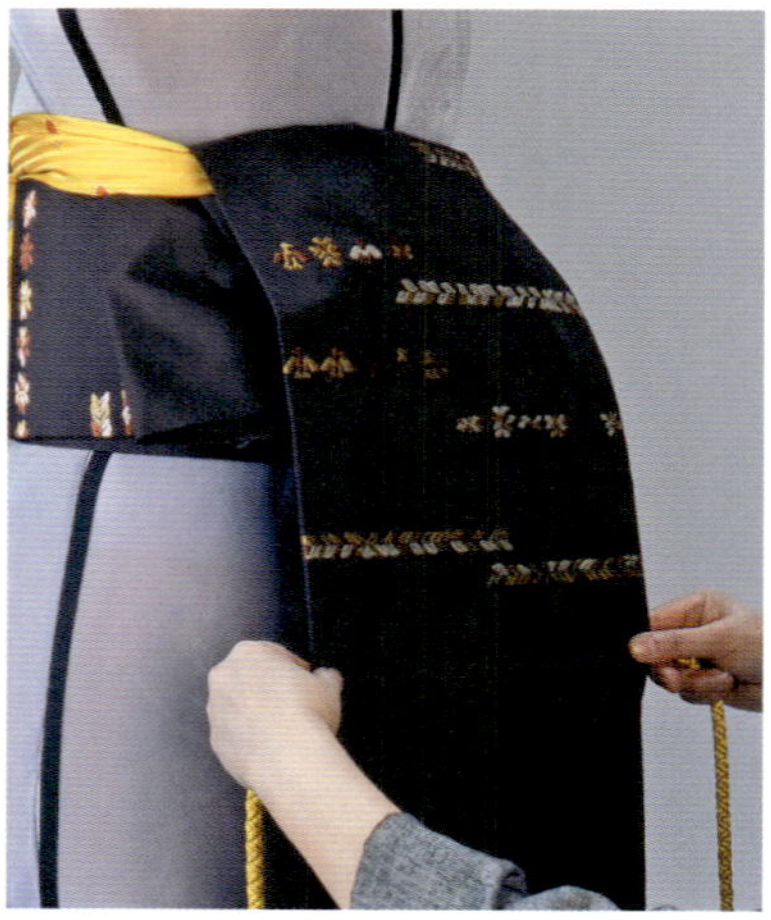

⑫ 寸法を決めたら、そのままの位置で帯締めを体から離し、たれの内側につける。たれを帯締めに合わせて動かさないこと。

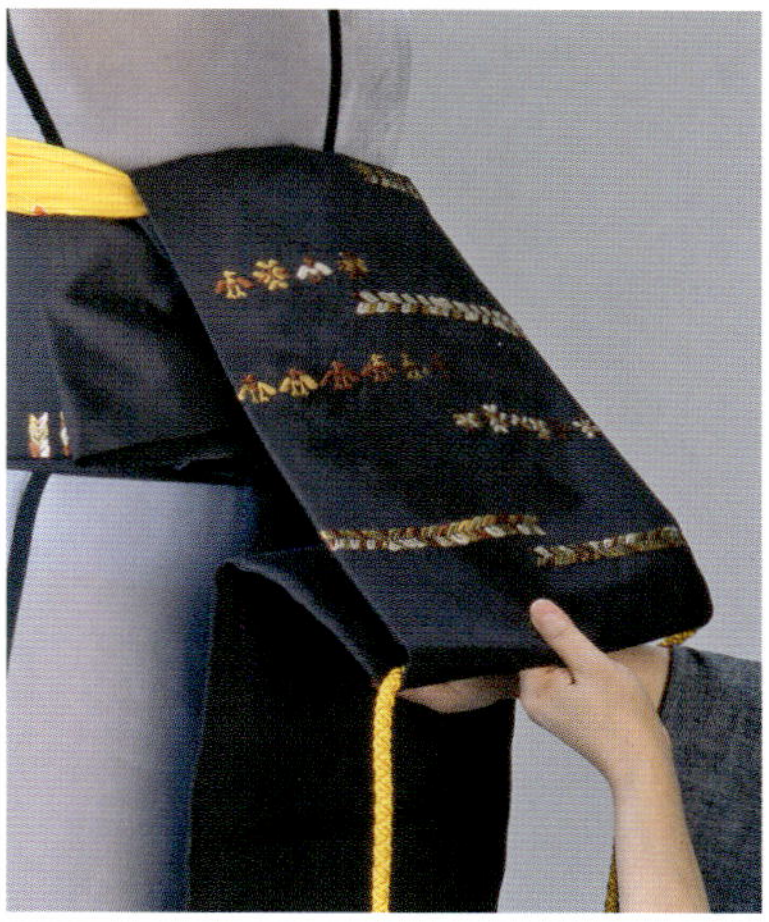

⑬ 帯締めをたれにつけて決め線を作る。決め線と帯締めをしっかり合わせて持って、たれを上に折り上げる。折り上げ方が大きいと安定しやすい。

⑭ 下に残すたれ先の長さは一重太鼓の約二倍、一四センチくらいに。写真のように帯締めと決め線の両角を持って胴帯の下から三分の一くらいを目安に上げ、横に渡したて先とともに、下から押し上げるようにして胴帯につける。

⑮ 帯締めを前帯の中央でしっかり結ぶ。帯締めは後ろから前上がりになるように結ぶ。お太鼓の両脇から出ているて先の左右の角を表に起こして形を整える。

⑯ お太鼓の中に手を入れ下半分にふくらみをつける。帯締めを強く締めるので、帯締めまわりの帯じわをのばし、帯締めの上にかかる部分を折り返して整える。

⑰ 銀座結びのでき上がり。お太鼓の両側から出るて先の角は七〜八センチが理想ですが、短い場合は、左右から帯を引っ張って布目をのばして仕上げる。

一文字

――半幅帯と同じ基礎結びの大型一文字

半幅帯の一文字を名古屋帯にそのまま応用した結びです。
武家の女性の結びともいわれています。
幅の広い名古屋帯のたれで羽根を作ってとめるので、
帯締めなどでしっかり結び目を固定します。
帯幅が広く重みのあるぶん、半幅帯よりも
一つひとつのプロセスを丁寧に進めていくのがコツ。

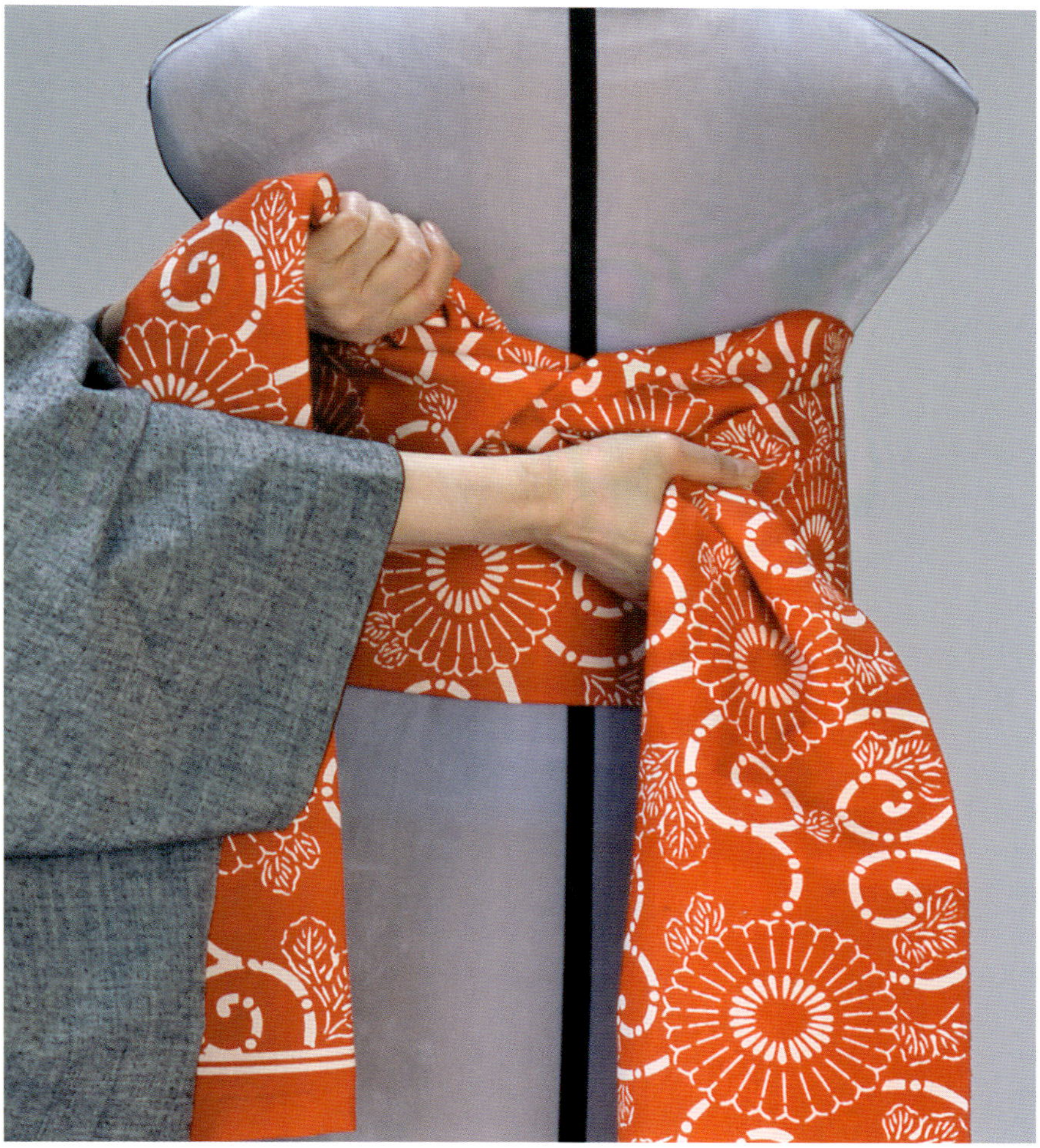

①ての長さを約六〇センチに決めて二巻きする。半幅帯の基本どおり（P41〜42）にたれを斜めに折り上げ、て先を上にして結ぶ。帯を結び目で持ちしっかり締める。

②てを肩にあずけ、結び目の下にあるたれを帯幅いっぱいに開く。開くと、たれが戻るのを防ぐと同時に次の流れがよくなり、帯幅の布目が正せます。

③たれ先を持って、肩幅ほどの羽根の大きさを目安に内側に折りたたむ。帯の長さにより異なりますが、結び目から半分近いところで大きさを決める。

④たれをたたんで羽根を作り写真のように横にする。羽根の大きさを肩から八センチくらい出るように調節し、裏側の結び目の帯幅を開いて布目を正す。

⑤基本に従って下から指先で帯を突き上げ、羽根の中心となる山を作る。下から突き上げて作るときちんとした羽根の山ができて型くずれしにくい。

⑥中心の山を作り、両端を折り上げて山ひだを作る。次に羽根の中心を持ち、両端を引っ張って丁寧に布目を正す。

⑦羽根の山ひだを固定するため、二等分して輪にした帯締めを、羽根の中心で下から通して羽根の中心を一巻きし、輪を背中に近いところで開く。常に羽根が上に向き下がらないように、中心の山ひだの羽根が動かないように注意しながら開く。

⑧輪の中に帯締めを内側から外側に向けて通す。輪がゆるまないように、背中に近い位置で、通した二本の帯締めをしっかりと絞り込み、羽根の山ひだを固定する。

⑨帯締めを背中に向けて羽根の左右に分けて引き下げる。胴帯の半分の位置まで斜めに下ろしてから前に回して結ぶ。帯締めは、後ろの高い位置からスタートしているので一度しっかりと下げてから前に回すのがポイント。

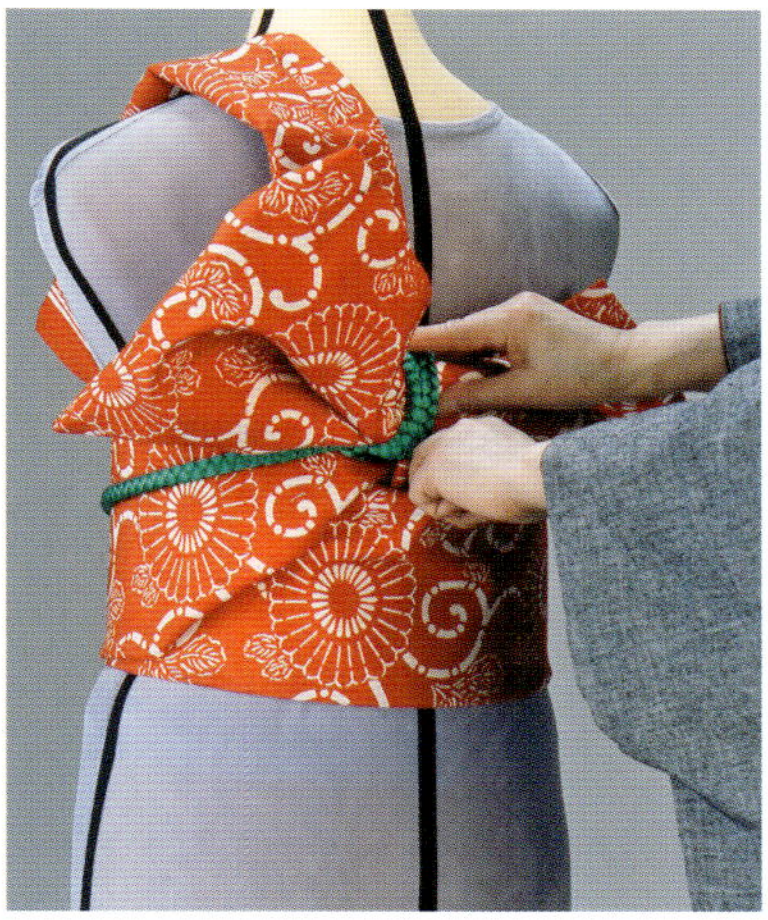

⑩ 帯締めを前で結んだあと、羽根の下の胴帯を手前に開き、羽根をしっかりと胴帯の上にのせる。帯枕を使用しない結びは細かい部分に注意しましょう。

⑪ 肩にあずけたて先を下ろし、背中心に戻して幅を細めに整え、羽根の中心に上からかぶせてて先を胴帯に入れる。

⑫ 羽根を帯幅いっぱいに開いて形を整える。右の羽根は右横で、左の羽根は左横で仕上げるのが、上手な仕上げのコツです。

⑬ 名古屋帯を使用して結んだ一文字結びのでき上がり。帯枕を使うと重々しい雰囲気になってしまいますが、帯枕を使わないので軽やかな結びになります。

⑭ 羽根の形をやや傾けて仕上げてみました。水平の一文字より華やかに見えます。傾けるときは、両手で羽根の中心を持って傾かせてから、布目を正して仕上げます。

エッセー❶　帯が語りかけるもの——笹島寿美

私と帯、そして人生

1960年代頃まで、日本の衣服は「着物」。この認識が全てであり何の思惑もなく当然のように着ていました。しかし、社会の変化とともに洋装化が進み、時代に流され、その認識が薄れ始めると、日本の民族衣装は「着物である」と意識を取り戻すかのようになりました。そこで私は着物と帯の二つの衣服文化に分類して、着物の着付けと帯の研究を同時進行ではありますが、半世紀にわたり続けています。

私の帯への道は結びから始まりました。

平べったくて何の仕掛けもない長い一本の帯、帯は結び方によって、あるときは上品に、あるときは優しく、あるときは凜々しくさまざまに人の姿を彩ります。たとえ棒にでも、陶器のかけらにでも布を巻き一心に結んでみると、何かを語りかける人の姿に見えてきます。江戸時代の武士は一文字、割ばさみ、片ばさみの結び、町人は貝の口結び、職人は神田結びといった種類を結びましたが、それなりに意義があり、その影響は現代の和装にも「帯は女の顔」と言われて伝え続けられているといえましょう。

人の巻かない帯、それは商品であり、織物であり、美術品です。その状態を無とすれば、体に巻かれてできる結びの形は人の手によって有の世界を生みます。手は、指は心の伝達です。歌は心の響きが声となり伝わります。同じように結びも心の響きが現れてくるのでしょう。よい結びは見る人に感動を与えます。

結びの感動は、余波を招くかのように、私は長い帯そのものへの思いへと進みました。なぜなら人の温もりを知った帯、結びによって息吹を知った帯には、不思議な力があり人の心に訴えるものが漂っています。人の顔のしわは人生を語るように、誰のものであれ、結びでできた帯のしわをじっと見ていると思わず手をあててしまうのです。すると指先から、あるときは織った職人の、あるときは持ち主の、人の思いが聞こえてくるような気がして少しの間ではありますが帯と親しみます。やがて帯は人であり魂であると思うようになりました。このようにして帯に魅せられてから、機会あるごとに出会う古い帯に秘められている物語を追求してみたいと思うようになり、また帯人形創作のためにも購入していました。そんな中で数本だけ離れ難く、時々帯の顔を見たい思いからタンスの片隅に身近において三十数年以上が過ぎました。その間、時々目に入る帯の存在にパワーや愛を覚えながら運命共同体と感じていましたが,高齢になって「ついに時がやってきた」というのでしょうか、その数本を知り合いの呉服屋さんに仕立て直しを依頼して、立派に蘇ってきました。それは「長いことお待たせしましたね」と言葉をかけたいほどでした。しかし、それらは過去の歴史を語るかのように時代の素材、柄の色合いが漂っていて、いつでもどんな着物にでも組み合わせられるものではありません。年に二、三度、それも或る一日の数時間だけ私の心を満足させてくれる確かな帯となっているのです。

昔の人たちの歌などに「粗末な着物を着ても帯は錦を」といった意味合いの言葉があります。それは、たとえ生活環境が苦に落ちても精神はしっかり持つこと、ゆがまない強い精神を持つことの教えを表しています。つまり着物は環境を表し、帯は精神、魂です。高価なものをいうのではなく自分に妥協しないことを、と語っているのでしょう。事実、着物は年代や生活環境が変わると着なくなり、気軽に人にあげてしまいますが、帯は簡単には手放しません。やはり魂を物語っている現象といえましょう。それを物語るように若いときの帯が高齢になっても十分に巻くことができることを、昔の人も、そして私の体験からも言えます。“魂は生涯、肉体とともにあり”なのかもしれません。

不安からなのでしょうか。「今日はしっかりしなくては」と思うとき、自分自身を支えてくれるものに帯があります。そんな帯を私は勝負帯と呼んでいます。スポーツのように競争する姿とか、戦うためではなく、仕事をしていると環境や雰囲気に心が萎えそうなときや場面があるからです。勝負帯はそんなときの助け舟です。そのようなときは着物の着付けも当然ですが、帯を巻くのにも形を決めるのにも普段より集中して丁寧に結びます。結びといえばトンボ結びがあります。この結びは戦国時代の武将がトンボの目玉のように360度の世界が見える、つまり背後の敵を知るに因んで結んだと聞いていますが、私も勝負帯の時は、背に不安を感じないように、できるだけ質のよいものを選びます。そして環境に恥じないためにも自分に正直な気持ちで色柄を決めています。すると正直とか素直にといった言葉が、いかに大切で強い意味を持っているかを感じることができるのですから不思議です。

人は、日々社会や周囲の環境の中で自分を支えながら生きているのかもしれません。なぜなら帯が私の人生を守り安心を与えてくれていることを常に実感し、その恩恵を受けているからです。過言かもしれませんが、「帯こそ我が人生」なのです。

袋帯の結び

二重太鼓

——結ばないで決めるコツ

江戸時代末期から始まり、現在まで続く礼装に欠かせない結びです。留袖だけでなく、訪問着や色無地などにも結ばれ、お太鼓の形の決め方で格調高くも粋にもなります。たれが上の結びのお太鼓系の基本です。ここでは初心者向きと上級者向きの二通りのプロセスをご紹介します。

一巻き目

① て先の幅を二つに折り、右手に持って右胸で、必要なての長さを約六〇センチと決める。

② 長さを決めたところを右手に持ち、さらに約六〇センチ離れた一巻き目の胴帯を左手で持つ。基本の帯の持ち方。

③ 長さを決めて持っている右手のて先を左手の親指と人さし指に渡す。左手は胴帯とて先の二か所を持つ。

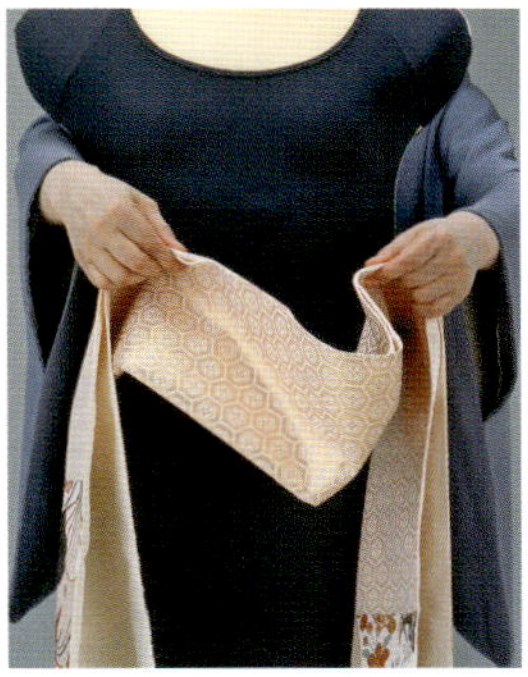

④ 二か所を持った左手を、着る人の後ろから前に回し、長さを決めたところのて先を右手で受け取る。

⑤ 右手に受け取ったて先を背中心につける。て先が背中心につくまで左手で前帯を押さえておく。

⑥ 右手に持ったて先を背中心に決めてから、左手の胴帯を巻き始める。

⑦ て先とたれを両手で持って背中心で合わせて、後ろ上がりに巻く。これで一巻き目の胴帯が体にぴったりつく。

⑧ 胴帯を持つ左手首を上に向け、手のひらの上にて先の折り目のわをのせる。左の小指と薬指で帯を受け取る。

⑨ 左手でてとたれを持ち、右手で二巻き目の胴帯を左から右へと進行方向に移す。

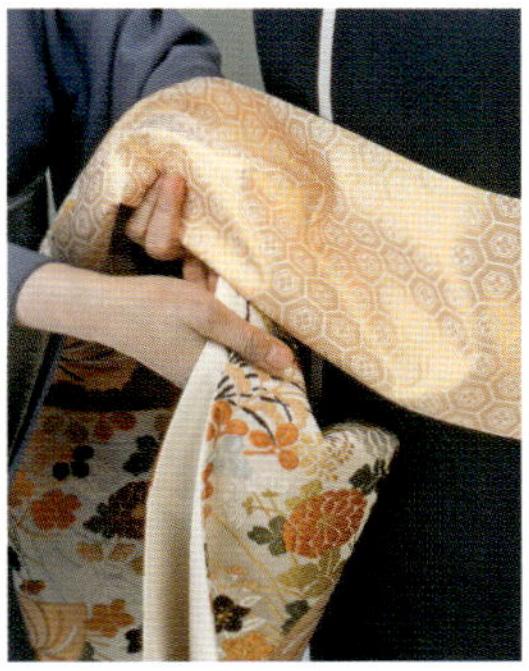

⑩ 右の指先を伸ばし親指を斜め内側にかまえて胴帯を持つ。背中心で帯を受け取るために一歩横に体を移動させる。

⑪ 右手に持った胴帯を手前に戻して、すき間を作る。左の中指と人さし指を伸ばし、て先の下につける。

⑫ 左手首を内側に向けて回し、伸ばした中指と人さし指で、て先を押し下げながら斜めに折って背中につける。

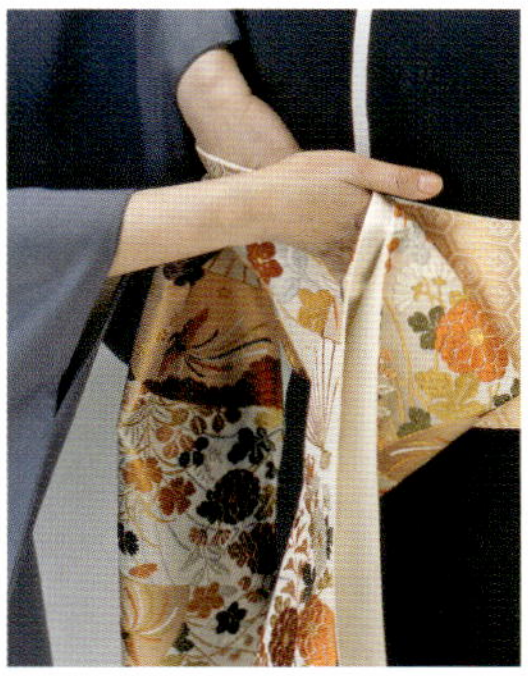

⑬ 胴帯の上で親指と帯を挟み持つ指を伸ばして、左手首を返してて先をつけた上に、二巻き目の胴帯を重ねる。

⑭ 背中心で胴帯の上からて先を支え、両手で帯幅を広げる。体型や好みにより、二巻き目を約三〜四センチ広くします。

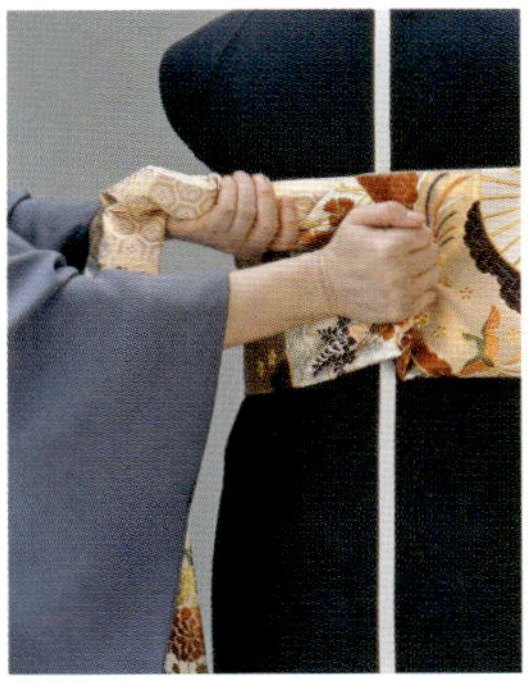

⑮ 背中心で胴帯をにぎって持ち、進行方向に腕を伸ばして締める。中央を締め、帯の中の空気を上下に抜く。

⑯ 二巻き目の胴帯が脇を通るまで、て先と胴帯を持っている左手を帯から離さないように。脇の通過がポイント。

二巻き目

⑰ 胴帯の上で二巻き目の胴帯を持つ。一巻き目の上端にきちんと重なっているか指先で確認して斜め前まで巻くこと。

⑱ 右手の帯を真横を通過させて前まで巻いたら、左手を帯から離して前に回し、右手の帯を受け取って前部分を巻く。

⑲ 右手で、帯下を持って胴帯を引き寄せる。これで帯全体の布目が進行方向に流れたことになります。

⑳ 帯板を一巻き目と二巻き目の間に入れる。帯板を入れると、帯の表面に張りが出て華やかな表情になります。

㉑ 帯板を入れ、帯下の折り目をきちんと整えて重ねる。布目をゆるめないように右手で帯上を持って引く。

㉒ 着る人の斜め後ろで、て先の下に胴帯を引き寄せて二巻き目を締める。二巻き目は胴帯下のわを持って締める。

㉓ 腕を伸ばして静かに締めると、帯は着る人の後ろ右横で自然にとまる。とまったところで巻いた帯下全部を持つ。

㉔ 帯を締めた右手で写真のように帯下を持ち、親指を伸ばして胴帯の上部が倒れ落ちないように支えて全体を持つ。

㉕ 左手で胴帯のしわをのばしきちんと重ねて整える。右手で二巻きした胴帯がゆるまないよう押さえて持つ。

㉖ て先が胴帯から出る部分で、左の手のひらを上に向け二つ折りしたて先のわを持つ。右手は胴帯を持ったままで。

㉗ て先を持った左手を胴帯に沿って手前に引き寄せる。て先のわを着る人の脇まで寄せてとめる。

㉘ て先を持っている左手をそのまま真下に引き下げる。帯から両手を離さないようにします。

㉙ そのまま左手に持った帯を前に進めて写真のあたり（背中心と左肩の真ん中）でとめ、帯を全部一緒に持つ。

㉚ 二巻きした胴帯とて先を留め具でとめる。て先をしっかり引き下げて胴帯を押さえ、ゆるまないようにする。

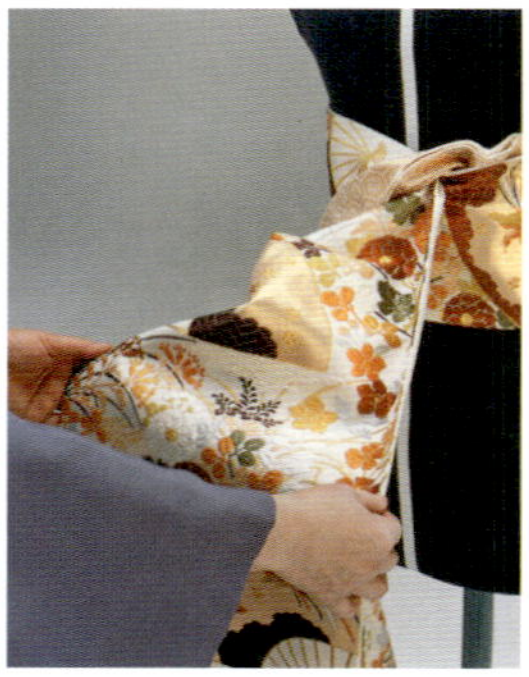

㉛ 柄を表にしてたれを開く。㉚で帯をまとめたところから二五〜三〇センチ手前で開く。

以下、
初心者は P.87
上級者は P.88

［初心者向き］

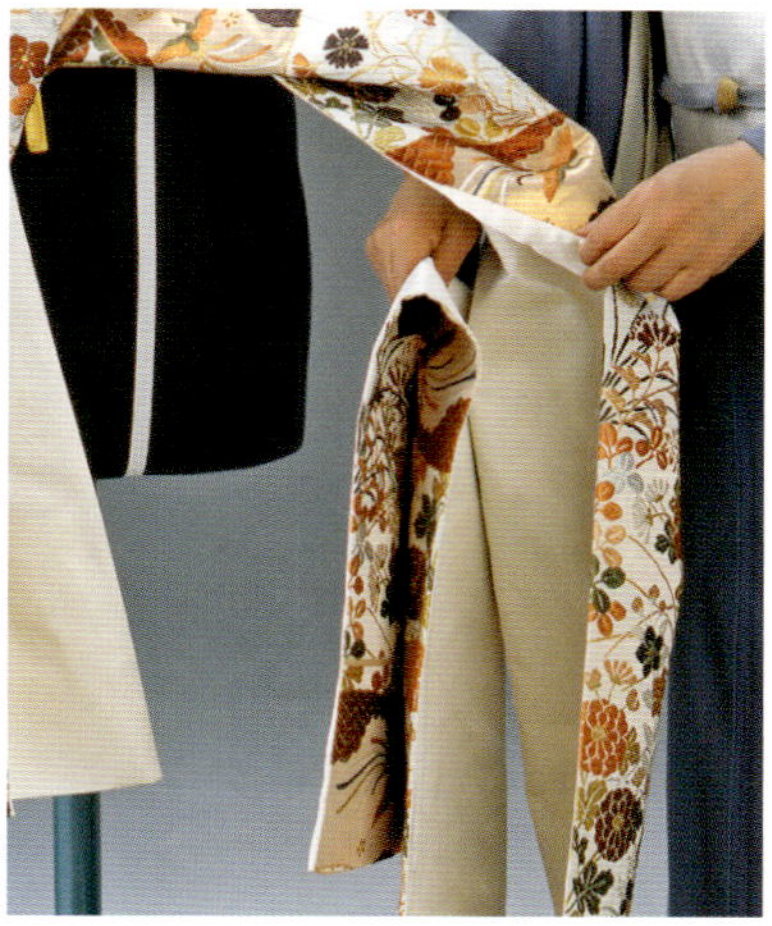

㉜ たれの端から手の幅二つ、約四〇センチのところを折り山に決めて裏を出して折る。その折り山の中央を写真のようにして持ち、長いたれの内側に入れる。

㉝ 折り山のところに左右の中指を入れて持つ。上に重なるたれの両端を人さし指と親指で持つ。たれ先より二重の輪のたれが長いことを確認する。

㉞ 右手を折り山の中に入れ帯を胸で押さえ、左手で帯枕を持ち（どちらの手で行ってもよい）帯山を作る。帯山を押さえている手の代わりに帯枕を入れて、二重になったたれを押さえる。

㉟ 帯山の中央に帯枕を固定する。お太鼓裏の帯と帯枕を持って胴帯の上に帯枕の底を先につけ、お太鼓の山を作る。帯枕が胴帯から落ちないように。

以下P.88左上へ続く

帯山の作り方

㉜ 開いたたれを左手に掛けて上に上げる。帯が棒状のハンガーに掛けた状態になり横と縦の布目が整理されます。

㉝ 帯枕の上の角を右手に持ち、たれ先から約四〇センチのところに枕をつけて背中にあて、お太鼓の大きさを確認。

㉞ たれを掛けた帯枕を持った右手を、背から離す。同時に高く上げた帯を左手を手前に回しながら戻す。

㉟ 高く上げた左手のたれを静かに戻し、一枚目のたれ先より二重にした輪の帯が約一〇センチ長いことを確認する。

㊱ 戻した表側の帯を、帯枕に直接掛けた一枚目の帯に重ねる。帯山となる右手首のところ（★）で二枚重なる。

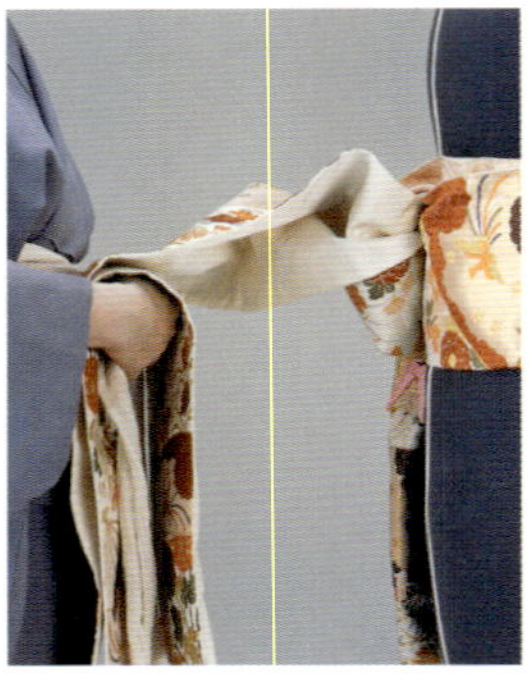

㊲ 二枚のたれをきちんと重ね、表と裏二枚のたれの長さを確認し、帯枕を持った右手を胸につけ帯を固定する。

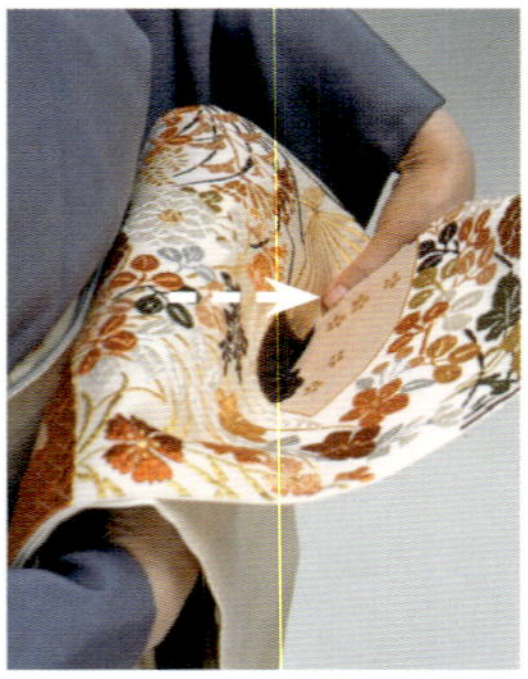

㊳ 帯枕を胸につけて、右手でたれを固定すると安定する。左の親指を帯山から下げるようにして布目を正す。

㊴ 左の指先で帯山の真ん中の布目を縦に下げて正す。次に左右同じように、帯枕の位置を確認する。

㊵ 一歩足を踏み込み、再び胸で帯枕の入った帯山を押さえる。両手で帯枕の紐を左右に引いて布目を正す。

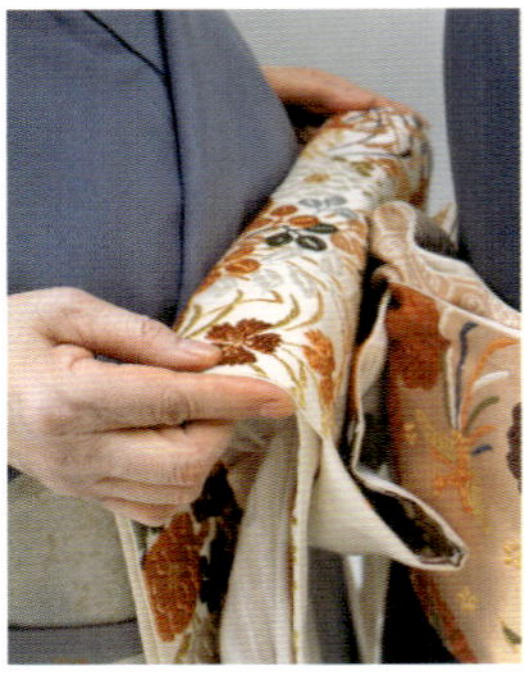

㊶ 帯山で重ねたたれの両端をきちんと重ね、指先で確認する。きちんと重ねて背中につけると、きれいです。

㊷ 枕紐や帯山のたれの重なりを確認したあと、両手の親指を帯枕の左右にあて帯山全部と枕紐を一緒に持つ。

●以下は初心者・上級者共通

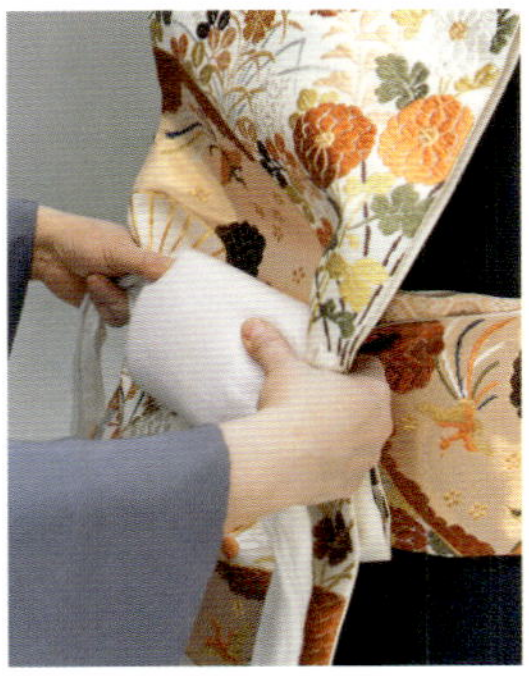

㊸ 親指を帯枕にあて、人さし指と中指を背中側に出して帯と帯枕を持つ。枕紐は薬指と小指で持つ。

㊹ 帯枕の底を先に胴帯の上に上げてつける。このとき、右足を着る人の脇に出した姿勢で行いましょう。

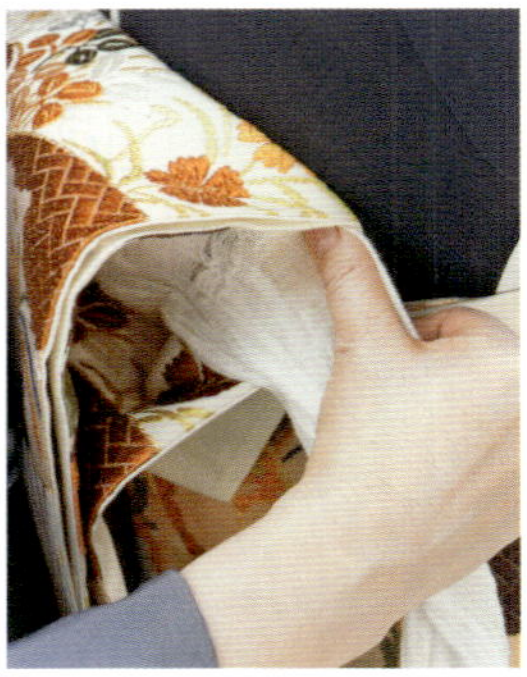

㊺ 帯枕から離れた親指で、帯山の角で枕紐と重なった帯山を持って、きちんと背中につける。

㊻ 枕紐の左右の上端を親指にかけ、真っすぐに進める。両脇を通過しないうちにゆるめないこと。

㊼ 枕紐を前で結び、帯揚げの上を持ち枕に掛ける。帯山の角で帯揚げの端を左右に引いて帯枕に掛かったか確認。

㊽ 立て膝の姿勢で、二つ折りしたて先の幅を一〜二センチ広く調節する。厚地の帯はその差をさらに大きくします。

㊾ 写真のように両手の親指と人さし指の間でて先を持ち、横に向けて相手の腰のあたりでたれにあてる。

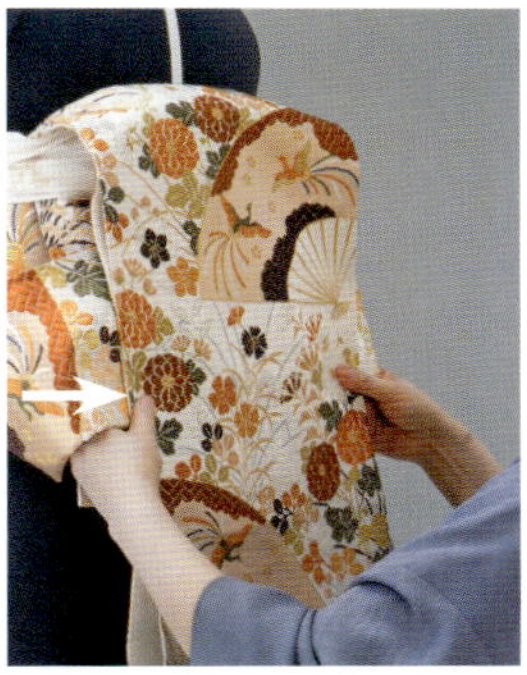

㊿ て先をそのまま体から離してたれの輪のほうに移してつける。たれはそのまま、て先だけを動かして。

(51) て先をつけたたれを着る人の体から離し、親指と人さし指で両角を持つ。残りの指を外側に出し余分なたれを手前内側に折り上げていく。

(52) そのまま折り上げ、決め線を作る。できた決め線のたれの中央を左の親指を外側にして写真のように持ち、右手で余分なたれを内側に折り上げる。

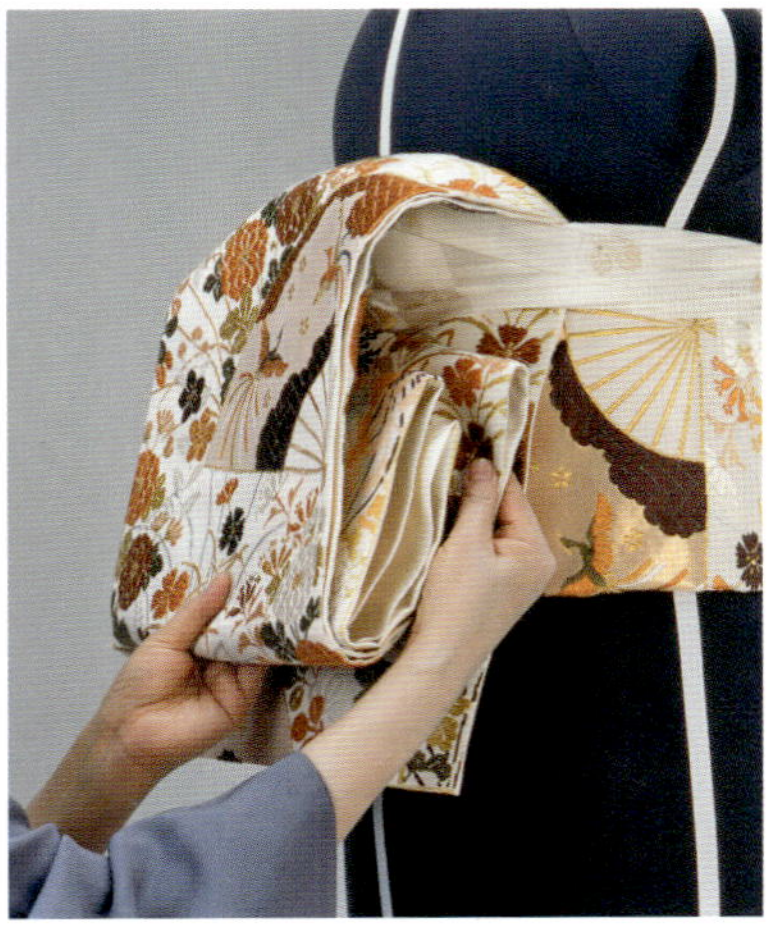

たれ先が長過ぎてしまった場合の調節の仕方です。帯締めを通すところより上の位置で、帯枕の下にある部分をつまみ上げてたれ先を決める。

(53) 決め線の左右の角に親指を斜めにあて、たれ先とともに全部持つ。帯を持つ両手は、指先を伸ばして着る人の腰から離れています。

(54) 両角を持っている手首を返してたれ先を上に折り上げ、右手のひらを背に向け写真のようにして決め線を持つ。

(55) 折り上げたたれ先と決め線を、右手のひらを背に向け指先を伸ばして持つ。左手で、余ったてを決め線の角にぴったりつける。

余ったての処理

㊱ お太鼓の左脇の端に沿って親指を上に向けて入れる。残りの指先を外側で伸ばして、てを写真のように持つ。布目や形を正しく整えるためには親指の方向と、常に指先を伸ばしておくことが大切です。また、手首は回せるように軽く持っておくこと。

㊲ 決め線を持っている右の親指を上げてすき間を作る。そこで、左の親指を軸にして手首を回す。回しながら伸ばしている四本指で余ったてをたれの裏側に入れ込む。帯を挟んで左右の手のひらが合わさった状態になります。

㊳ ㊲のように返したてを、右の親指で受け取る。外に余るては体型により違いますが、短いときは決め線を左寄りにして持つとよい。

㊴ 右の親指でて先を受け取り、決め線を持っている右手首を体から離してすき間を大きくする。伸ばした左の指先で残りの余分な帯を背の奥にきれいに入れる。

㊵ 決め線を右手で持って体につけて押さえる。てを左手でにぎり締めて帯の向きを固定し、写真のように親指を真上に向けて深く持つ。

布目揃え

㉑ て先を持った左手を相手の腰にあて、右の中指を帯につける。

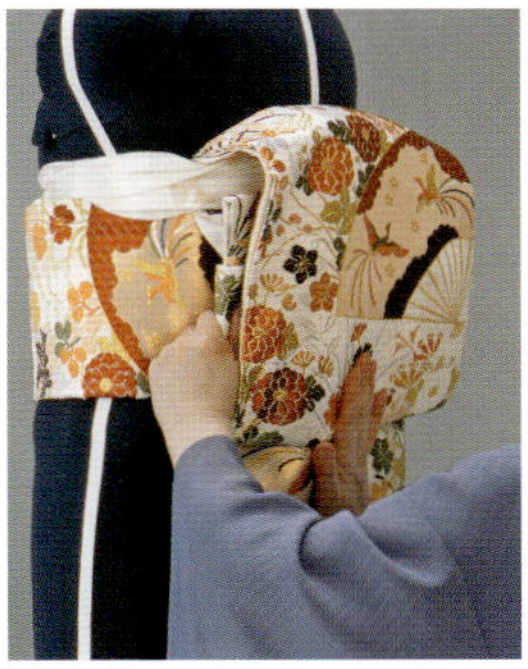

㉒ 右の中指以外の指が帯を離れると上に向いていたたれ先が下がるので、右手のひらで上から押さえる。

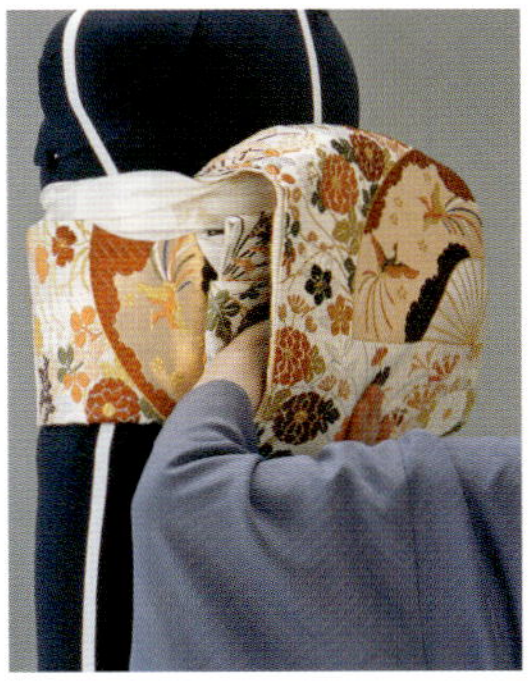

㉓ て先を持っていた左の指先をお太鼓の中に入れる。中で決め線に近いところを手のひらで押さえる。

㉔ 帯締めの先を右手で持ち、お太鼓の中に通し左の指先に渡す。て先の中央に帯締めを通して前に回して結ぶ。

㉕ 帯締め、帯揚げを結んで仕上げに入ります。㉚の留め具をはずしてたれ先を整え、決め線の角を持って左右に引き布目を正す。

㉖ 帯枕下のお太鼓の表面をつぶし、写真のように二重太鼓の背中についている帯山の両角を持つ。左右の帯角を横に引き、背中につく帯山の線をきれいにする。

㉗ 左手で決め線の角を押さえ、左の帯山の角に右の人さし指を入れて角を形作る。同じようにしてもう一方の帯山の角をきちんと作って仕上げる。

㉘ 二重太鼓のでき上がり。品格を重んじる礼装の二重太鼓は、たれ先やお太鼓の大きさを標準より一センチ前後大きくし、決め線や帯山の角をきりりと仕上げる。

重箱——たれ先の短い大きな太鼓

二重太鼓と同じ方法で、お太鼓を大きく、たれ先を短くした関西巻きの結びです。

① 結び方や帯山の作り方など、細かいテクニックは二重太鼓と同じですが、時計回りの関西巻きにし、てとたれを結ぶ。て先は短く右角を三角に残し、お太鼓の決め線を曲線に作る。

② 太くて長い丸組の帯締めでお太鼓の決め線を押さえ、胴帯の下で締める。位置は左腰の前で諸わな結びに。短いて先は帯締めからはずれていますが、右角の元で締めているので安定しています。

富士太鼓——立体感のある太鼓結び

帯山にひだをつけて、お太鼓に表情をつけた結びです。

①て先の長さもすべて二重太鼓と同じに。て先を胴帯でとめ、背中のたれを開き、富士山の山ひだを作る。

②富士山の山ひだを胴帯の上側につけ仮紐で押さえる。山ひだの内側にたれ先から約四〇センチ回して表側を出す。

③たれ先を回して作った折り山に帯枕を入れる。帯枕を入れたお太鼓の中央に富士山のひだを重ねて背中につける。

④③の山ひだと帯枕の山を背中につけたら、帯枕の紐を前で結ぶ。仮紐をゆっくり引き抜き、帯揚げをかける。

⑤帯枕と同じ輪の中にて先を入れて横に渡し、回したたれ先でて先を包んで決め線を作り、次にお太鼓を作る。

⑥左手でお太鼓の決め線の中央を押さえる。たれ先を約八センチ残して余分な部分を右手で内側に折り上げる。

⑦二重太鼓や一重太鼓と同じように、たれ先を上に折り上げ、余っているて先を背中心に向けて内側に折り込む。

⑧て先に帯締めをあて、て先の帯幅の中央を押さえて前に回して結ぶ。留め具をはずして形を仕上げる。

華さね太鼓

帯を縦に長く重ねて

新潟地方の芸者の結び〝かつぎ〟をヒントにした結び。帯山から出たたれと重ねたお太鼓が個性的な変わり結びです。

① 二重太鼓の結びと同じように、ての長さを決めて二巻きし胴帯にとめる。たれを開いて布目を正し上から折り返す。

② 折り返したたれの輪を肩甲骨より約三センチ上の、お太鼓の帯山より高い位置で背につけ、仮紐で押さえる。

③ 輪の折り山から約三〇センチのゆとりをみて帯枕を裏にあてる。写真のように折り返しのところで帯を下げます。

④ 一重太鼓と同様に（P67～68）帯山を作り枕紐を前で結ぶ。帯揚げをかける前に仮紐を横から引き抜く。

十文字太鼓

華さね太鼓の上部分と一重太鼓を併用し、七五三の帯で結びます。七五三の帯は幅が狭いので、てを長くとって開き、お太鼓の帯幅から約八センチ横に出して大きく見せます。

⑤ 帯揚げをかけたあと、たれ先をお太鼓と同じ位置で決めて仮紐で押さえる。てが長いので写真のように上に折り上げて、留め具でとめると位置が決めやすい。

⑥ 上でとめていた帯を下に下ろす。たれの輪にて先を横に渡す。て先の位置は、着る人の腰のあたりで二重太鼓の決め線と同じです。

⑦ 横に渡したて先をたれで下から上に包んで、最初の決め線を作る。仮紐で押さえてあるたれ先が下がらないよう決め線を作る。

⑧ 上に折り上げた残りのたれを再び下に折り返す。横に渡したて先の幅の半分を目安に折り下げ、小さなお太鼓を作る形になります。

⑨ て先の上に作った折り線に帯締めを入れてしっかりと決め線を作る。帯締めを前で結んで、全体をとめてでき上がりです。

ふくら雀 1

基礎技術が身につく帯結び

振袖結びの中で、最も歴史のある（明治時代から）オーソドックスな結びです。華やかさと品格をもった結びの女王といえます。羽根のひだのとり方、布目の正し方などを丁寧に進め、羽根の美しさを保つことがポイントです。

巻き方～羽根の作り方

① ての長さを約八〇センチに決め、背中心にあてて胴に巻く。胸を圧迫しないように、後ろ上がりに巻く。

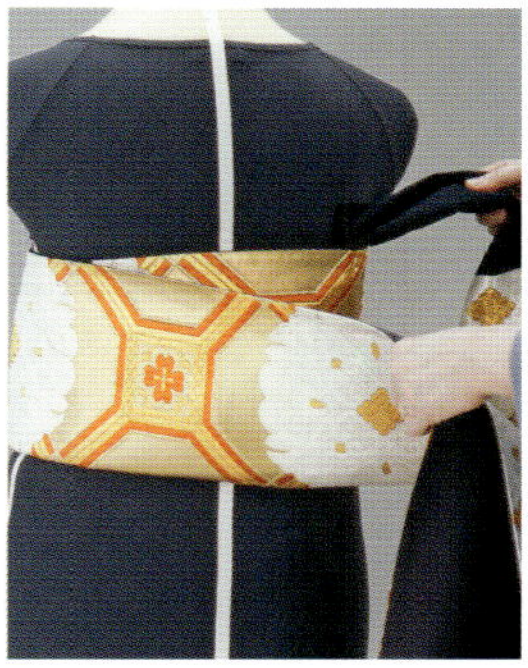

② 前幅を広くし、帯板を入れて二巻きして締めたあと、て先を脇までゆっくり戻し、結ぶところを整える。

③ 胴帯とて先をきれいに結ぶために、胴帯の下側を背中心から少し斜めに折って細くする。

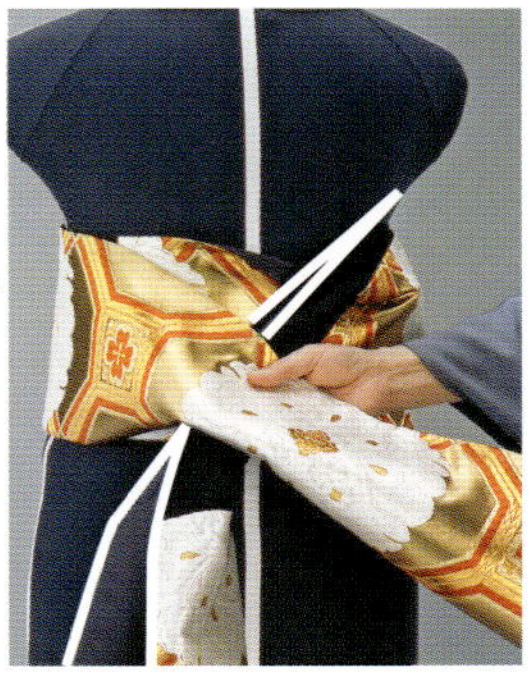

④ 脇に戻したて先を、開き口を上にして背中心に向けて斜めに下げ、その上にたれを重ねて交差させる。

⑤ て先とたれの交差部分を左手で持ち、右手を上から入れてたれの右端を持つ。着る人の右肩に体をあずける姿勢で。

⑥ 右手に持ったたれを上に引き上げて結ぶ。持つ手を上げながら上半身の向きを着る人の背中側に変えた姿勢で。

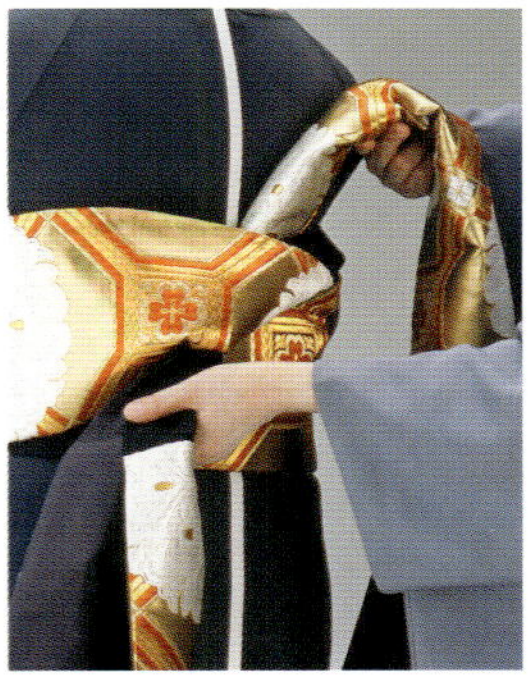

⑦ て先とたれの結び目を持って締める。関東巻きでたれが上の場合は、右側で行うと帯が締まりやすい。

⑧ 結び目の下の胴帯にハンドタオルなどを入れ、結び目が下がるのを防ぐ。重みのある帯結びには必ず入れること。

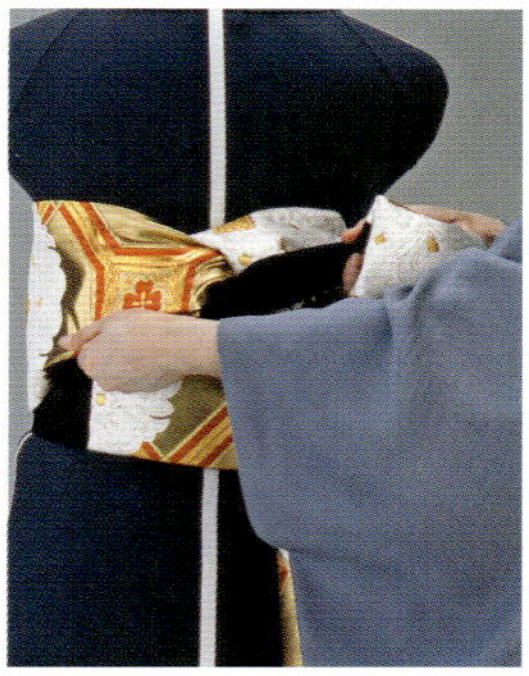

⑨ 着る人に負担を与えず、ゆるまないように、左手で左の胴帯を持ち、右手でて先を持って背中心に引き寄せる。

⑩ 背中心に引き寄せた二つ折りのて先を持ち、幅いっぱいに開く。羽根を作るので布目を正して整える。

⑪ 開いたて先に右手を入れて折り返し、右肩にあてる。折り返した端と結び目の端を重ねて左手で持つ。

⑫ て先の折り返しが肩よりこぶし一つ出る長さに羽根を決める。左手で端を押さえ、内側に重なった部分を開く。

山ひだの作り方

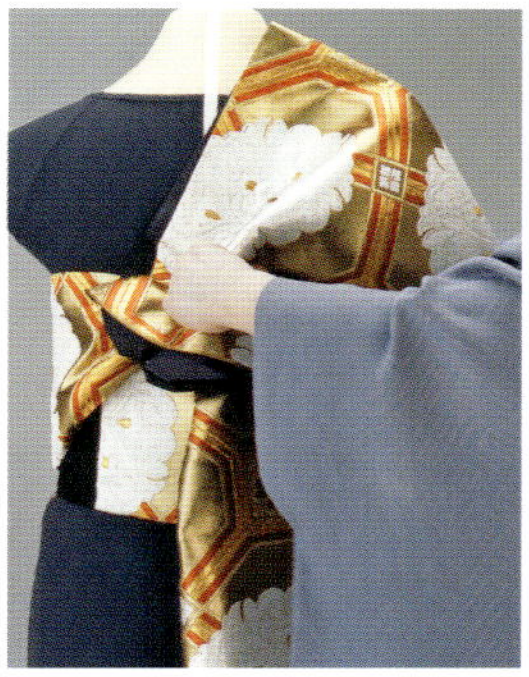

⑬ 羽根の中央に左手をあてる。内側から右の指先で帯を突き上げて山ひだの中心を作り、山ひだを左手で持つ。

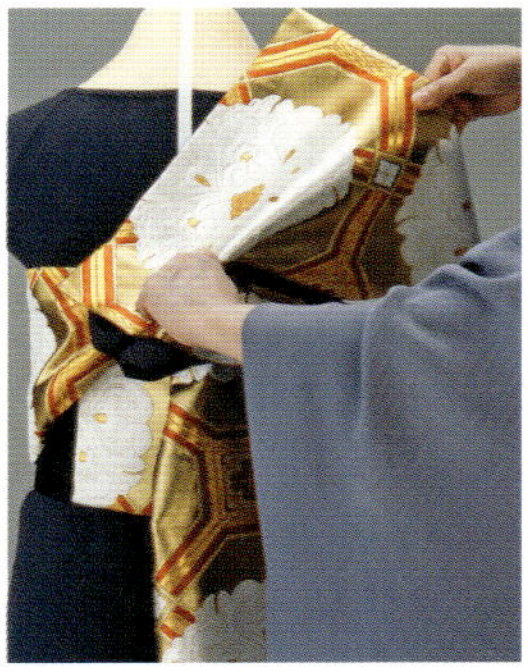

⑭ 羽根の中心に作った山ひだに沿って羽根の折り端を持ち、引きながら山ひだの布目を正す。

⑮ 山ひだの中心の上半分を、内側から右の指先で突き上げて山ひだを作る。突き上げる裏側もきれいに整える。

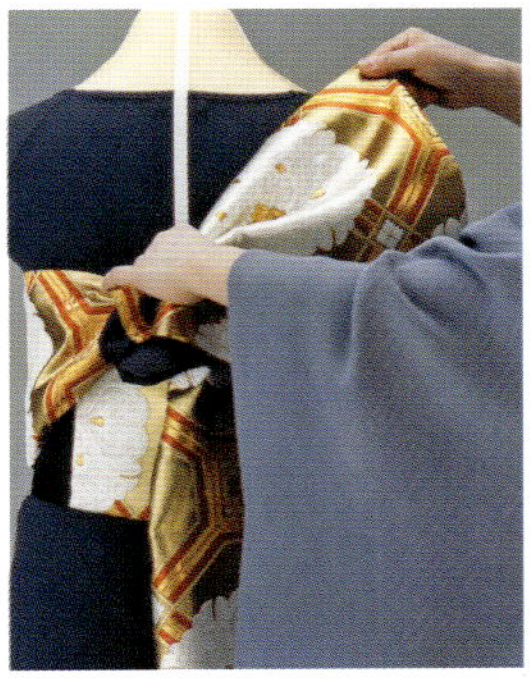

⑯ 羽根の折り端の角を持って引っ張り、二つ目に突き上げた山ひだの布目を正して整える。

⑰ 羽根の下半分の中央を右の指先で裏側から突き上げて三つ目の山ひだを作る。左手は、三つ山ひだの中心を作るときから羽根を持ち続けています。

⑱ 三つ目の山ひだの布目を整えるため、二つ目の山ひだと同じように折り端の角を持って帯を引く。斜めに三つ山ひだが広がり、羽根がきれいに出る。

⑲ 三つ山ひだの元を輪ゴムでとめる。羽根の裏も表と同じように布目の通ったきれいな溝になっているか確認する。布目を正すと形がくずれにくくなります。

⑳ て先で作った羽根を右肩につけ、その上からたれを開いて左肩に上げる。左手に掛けてたれを折り返し、約三〇センチにして帯端を合わせて持つ。

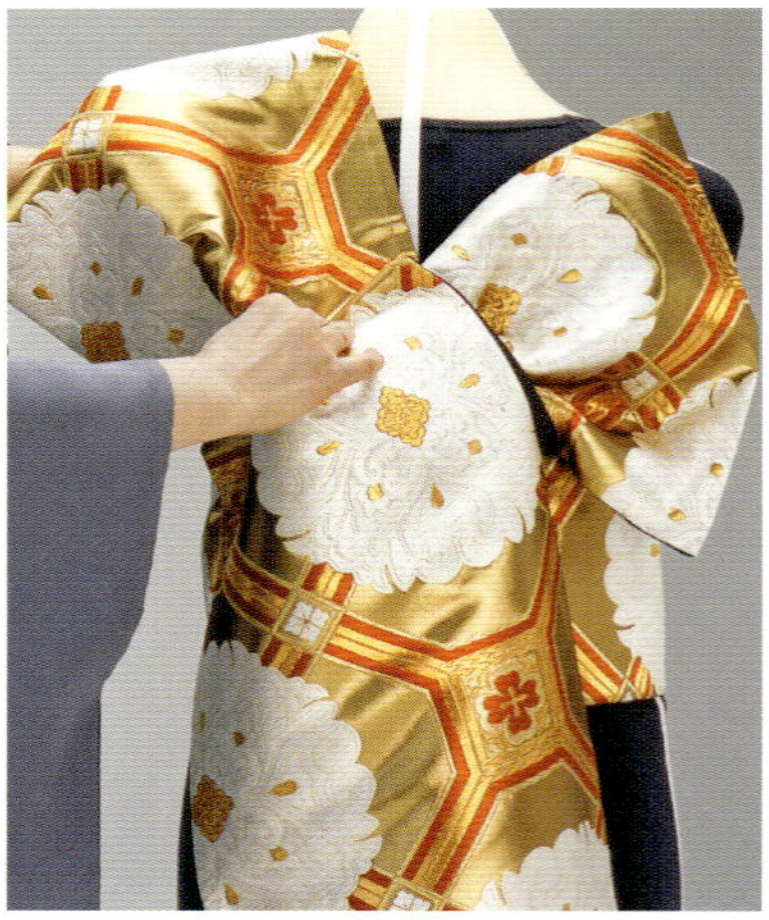

㉑ 同じようにしてもう一方の羽根も作る。右手のひらを羽根を作る帯の中心にあて、左の指先で内側から帯を突き上げ山ひだを作り右手で持つ。

㉒ 中心の山ひだの布目を正し、右の羽根と同じように中心の上半分も内側から帯を突き上げて山ひだを作る。羽根の角を持って引き、斜めに山を作って布目を正す。

㉓ 羽根の三つ目の山ひだを作ります。残りのたれの重みで帯がゆがみやすいので、写真のように羽根を持っている右腕で上に上げた帯を押さえて布目を正す。

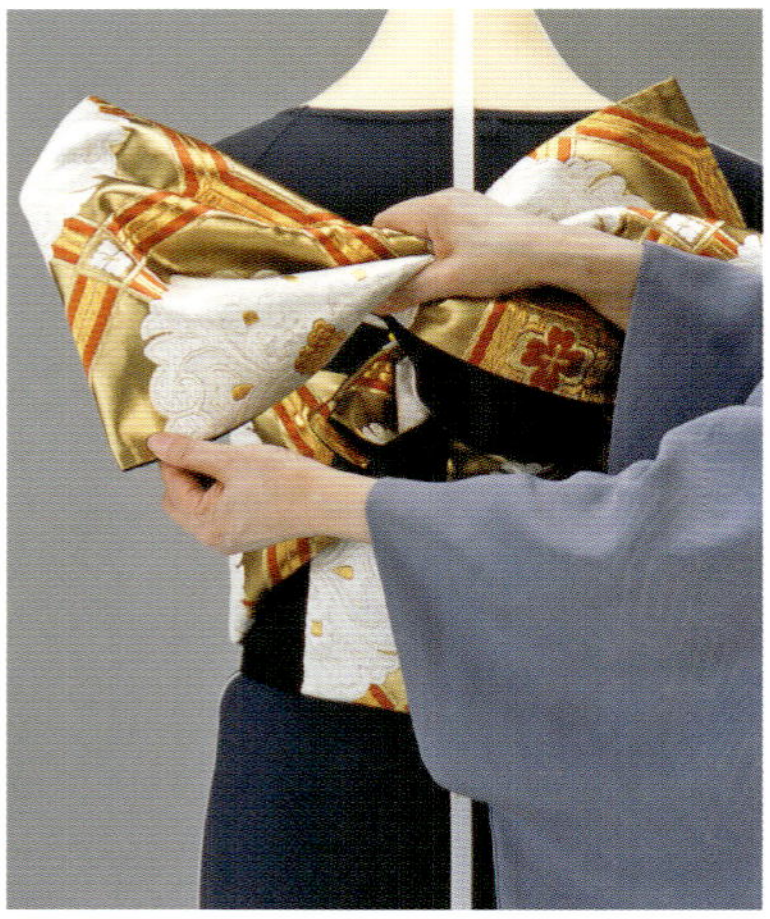

㉔ 羽根の元を輪ゴムでとめて左の羽根のでき上がりです。

羽根の重ね方

㉕ 左右に交差させた羽根を、最初の位置に戻してあらためて持ち直す。て先で作った左側の羽根を左手に、たれで作った右側の羽根を右手に持つ。輪ゴムでとめた羽根の元を両手で持つ。

㉖ 左手に持っているて先で作った羽根を、右肩に向けて斜め上に上げて背につける。羽根の先が右の肩先から約八センチ出る高さまで上げる。羽根を上げるとき帯の長さが十分ない場合は、結び目も一緒につり上げるようにする。

㉗ 左手の羽根の上に、右手に持っているたれの羽根を重ねる。肩に向けて斜めに上げて羽根の先を左肩から約八センチ出して重ね、背につける。写真のように左手を下、右手を上にして胴帯の上で重ねています。

㉘ 輪ゴムでとめた羽根を交差させて二枚重ねると、厚みが出る。片方の手を前帯に、もう一方の手を交差している羽根の元にあてて重なった厚みを押してつぶす。羽根の重なりは胴帯の上で交差して背中についています。

お太鼓の作り方

㉙ 交差させた羽根に帯枕をあてて紐を前で結ぶ。ここではお太鼓用の帯枕を逆さにして使います。

㉚ 帯枕に帯揚げをかけ、たれ先を写真のように持ってお太鼓に必要な長さ（約七〇センチ）を決める。

㉛ たれ先から決めた約七〇センチのところで折り、布目を正す。端の布目を揃えるようにする。

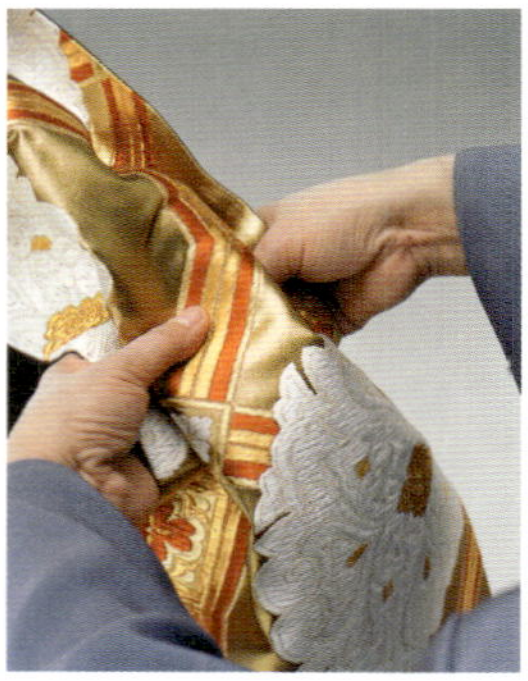

㉜ たれ先から約七〇センチのところで両端を約二センチ残し、裏に折り入れ、約一〇センチ幅の亀甲ひだを作る。

㉝ 亀甲ひだを持ち、もう一方の手でたれ先の中央を持って強く引き布目を正す。ひだの作り具合を確認する。

㉞ 亀甲ひだをしっかり持って、その位置から約一五センチ上のあたりまでひだをしっかり整える。

㉟ 亀甲ひだの裏から紐をあてて帯山を作る。この紐は帯枕の役割をするので、しっかりした幅のあるものを。

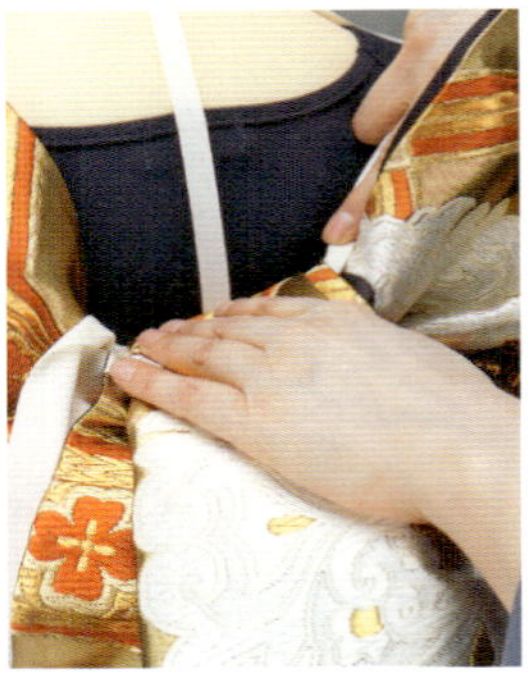

㊱ 亀甲ひだを羽根の間で背中に丁寧につける。片方の手で山を押さえ、もう一方の手で紐を引き下げてから前に渡す。

㊲ 同様に、もう一方も羽根の裏で指先で紐を下げてつける。紐は帯枕の紐の要領で前で結び、前帯の中に入れる。

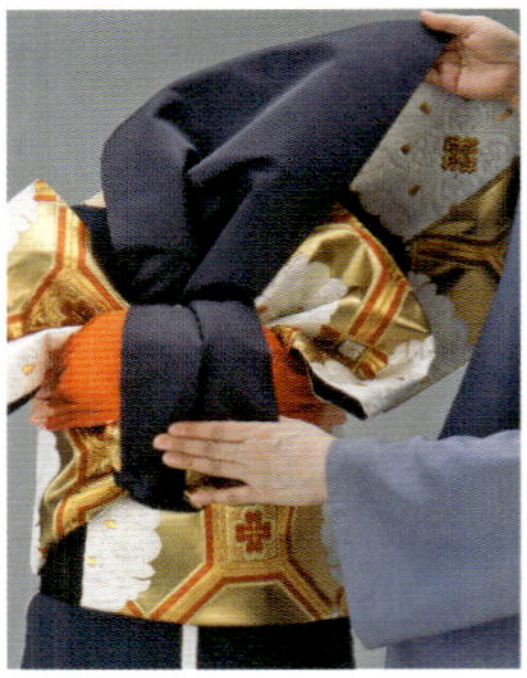

㊳ たれ裏の帯枕に掛かっているひだを整える。主に帯枕の下部分のひだの流れに逆らわないよう整えておく。

㊴ て先で作った羽根を斜めに上げるとき、帯締めを使う前に結び目の帯のよじれを直しておく。

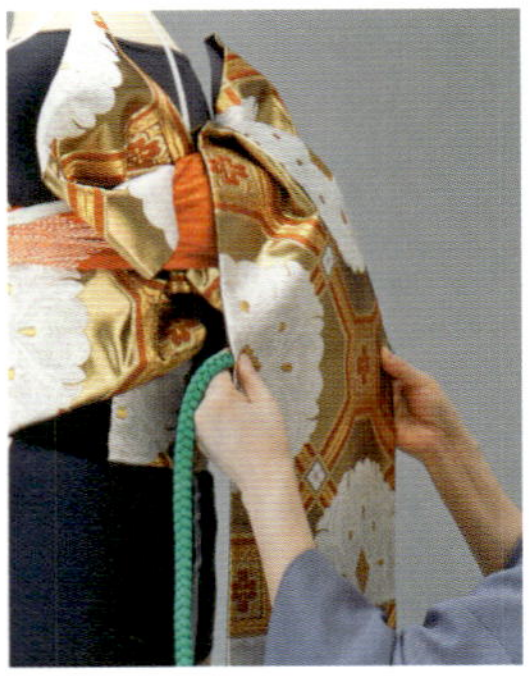

㊵ 帯締めを胴帯幅の下から三分の一にあてて位置を決める。

㊶ たれを帯締めに沿って折り上げ、決め線を作る。帯締めと決め線を持ちたれ先を約八〜一〇センチ残して整える。

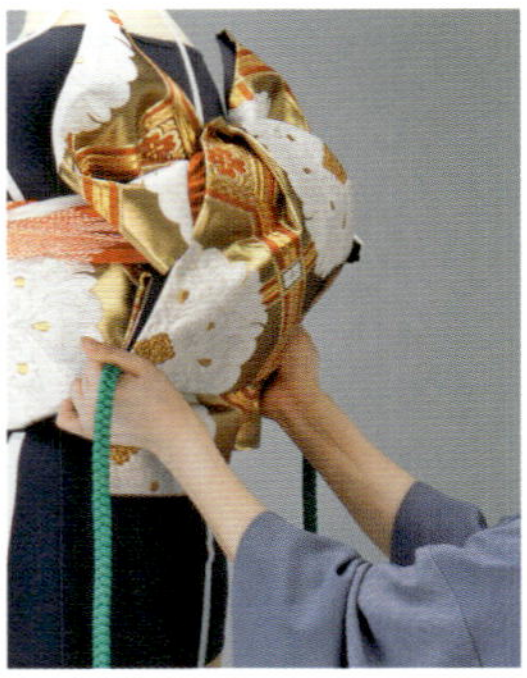

㊷ ㊶の決め線の両端を持って胴帯を包むようにつける。帯締めを前に回して結ぶ。

㊸ 決め線の角を、親指のつけ根で押さえて斜めに持つ。両端が引き締まり、三角形の亀甲ひだ入りのお太鼓に整える。

ふくら雀2

ふくら雀の結びには豪華さと品格があります。
そんなふくら雀の雰囲気を羽根の向きを㊾のように少し変えて、
華やかで可愛い表情にすることもできます。
ふくら雀の結び方を完全にマスターできれば、
羽根元を変えるだけで
いろいろな表情が楽しめます。

㊹ 羽根の横に立って片方の手を山ひだの元にあて、もう一方の手で羽根の端を持ってゆっくり引き出す。

㊺ 羽根の上部と下の裏側の山ひだに中指をあてて持ち、裏から中指で帯を突き上げて羽根を裏側に反らせる。

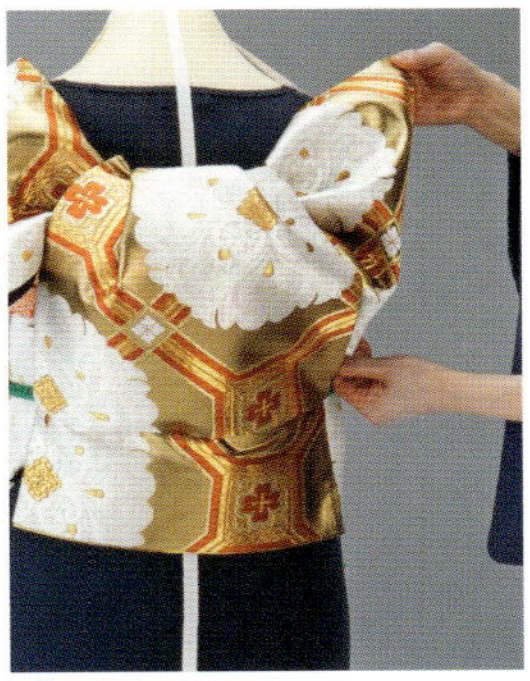

㊻ 羽根の上下の角に向けて両手の指先を動かす。下の羽根はお太鼓の中に入れ込む。

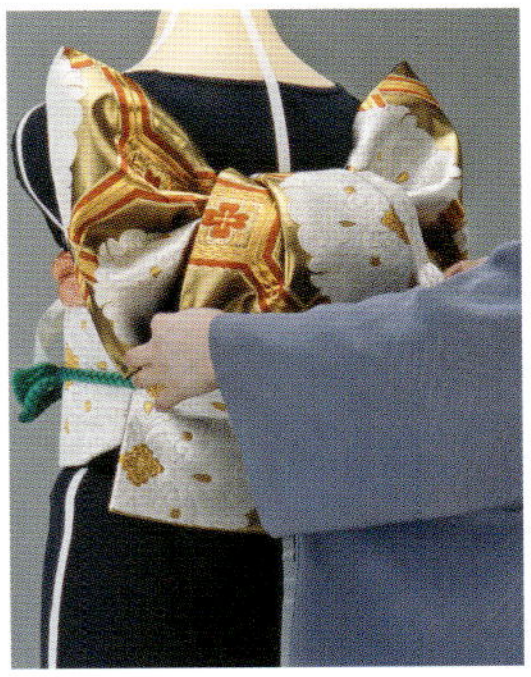

㊼ 左右の羽根を仕上げて固定する。亀甲ひだの両端を横に引いてふくらみをつけて仕上げる。

㊽ でき上がり。帯結びの基本的テクニックがたくさんあるので、ふくら雀は帯結びに自信をつける基礎になります。

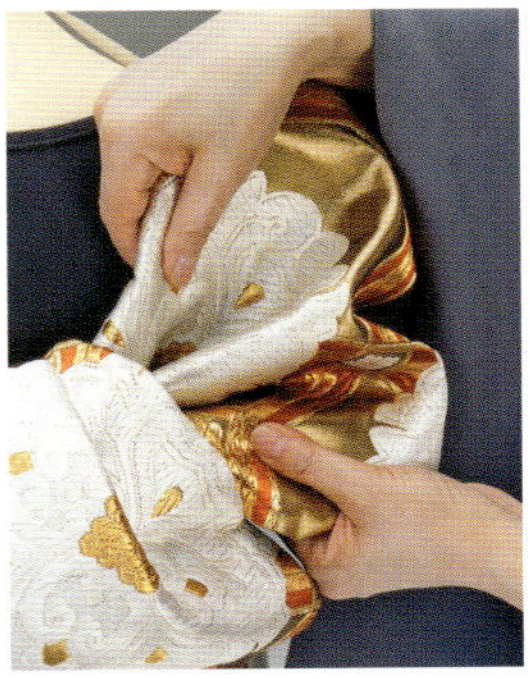

㊾ ふくら雀2（左上）の作り方。羽根の山ひだの元を両手で持ち、下の羽根の向きをお太鼓の外側に出す。羽根は斜めに傾け大きく開く。

角出し二重太鼓

——て先いっぱい華やかに

二重太鼓のて先を折らずに、お太鼓に通して仕上げた結びです。

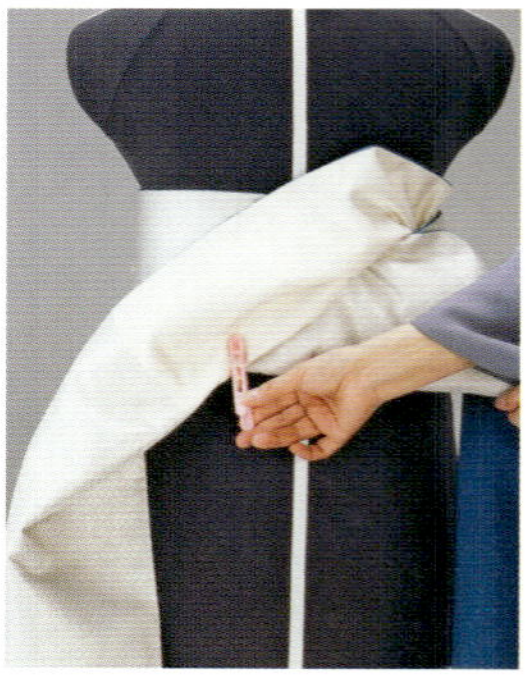

① ての長さを約六〇センチに決め、背中心にあてて二巻きする。二重太鼓を参考に、て先を下げて胴帯にとめる。

② お太鼓の大きさや帯山の作り方、帯枕のあて方はすべて二重太鼓と同様に。ただし、お太鼓の山の位置は高めに。

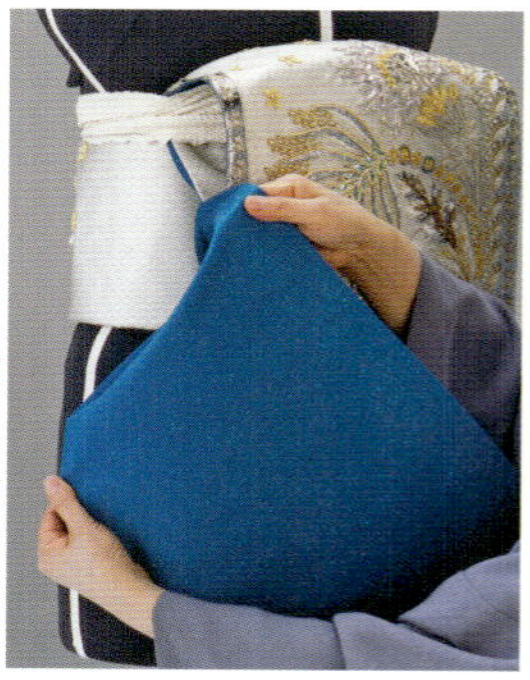

③ 二つ折りにしたて先を帯幅いっぱいに開く。表に出したい部分の布目を正す。留め具は最後まではずさないこと。

④ 開いたて先を写真のように帯枕に重ねて横に渡す。お太鼓の両端から八〜九センチほどて先を出す。

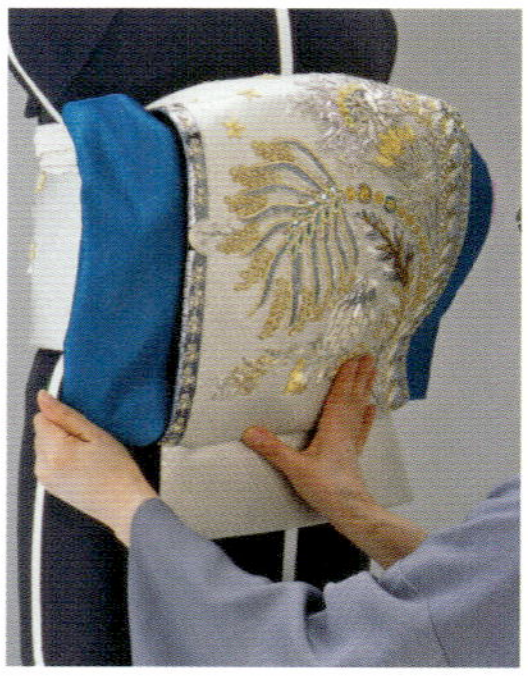

⑤ 横に渡したて先の幅をお太鼓の大きさまで広げる。余ったたれをて先に沿って折り上げてお太鼓を作る。

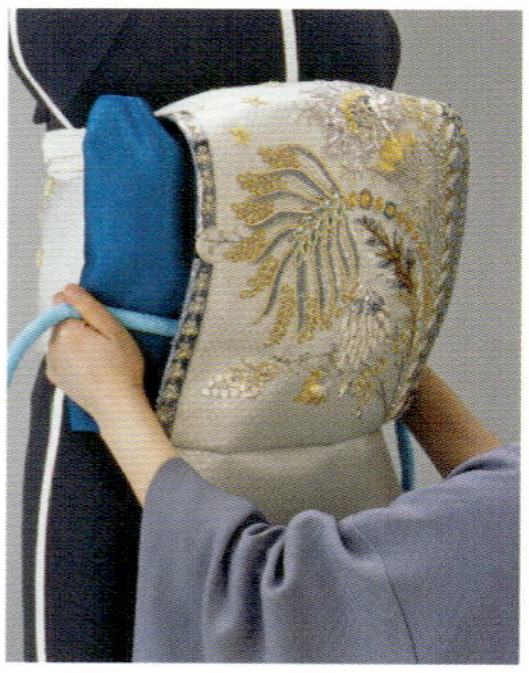

⑥ 帯締めを通す。帯締めは高い位置にするとお太鼓の決め線が不安定になるので、後ろ下がりにあてる。

⑦ 帯締めを前で結び、て先の留め具をはずす。帯締めの位置に片方の手をあて、もう一方の手でて先の上部を持つ。

⑧ 右手に持っているて先を帯締めから下に折り下げる。お太鼓の中まで折り下げる。左右同様にして仕上げる。

角出し太鼓

大きな羽根を左右に

二重太鼓のたれとて先を羽根にし、お太鼓の両端から出して華やかにした結びです。

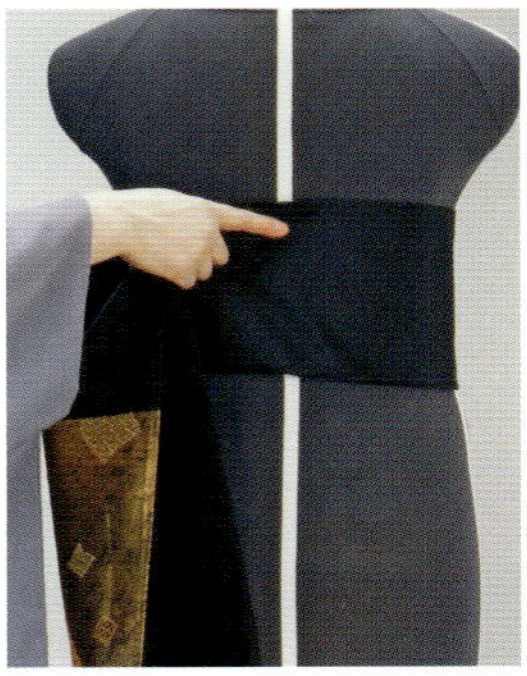

① ふくら雀に近い（P96〜101）結び方です。て先を背中心から約八〇センチに決めて胴に二巻きする。

② て先を脇まで戻し、たれを重ねて結ぶ。たれを上、てを下にして結び、しっかりと締める。

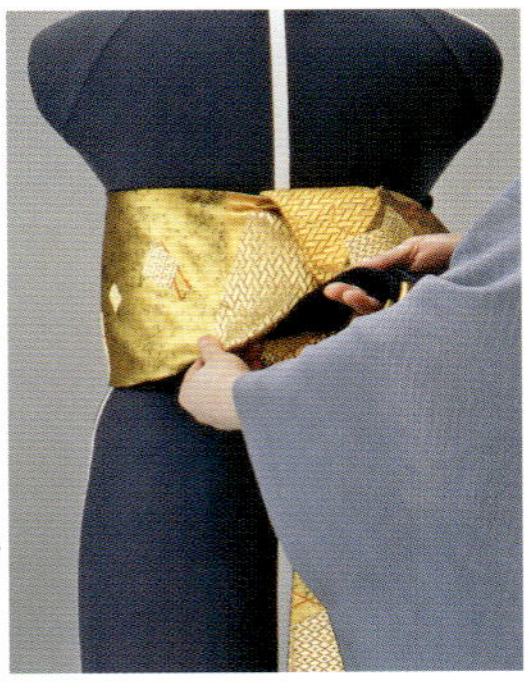

③ ゆるまないように、左手でての結び目の胴帯を持つ。右手でてを結び目の中心に向けて引き寄せる。

④ 引き寄せたてを幅いっぱいに開く。開いたてを結び目に近い位置で右手に掛けて布目を正す。

⑤ 右手に掛けたてを半分に折り返して重なった帯端を揃えて持ち、右肩に向けて布目を正し羽根の大きさを確認。

⑥ ふくら雀の羽根の作り方（P97〜98）と同様に、て先で羽根を作り、輪ゴムでとめて山ひだを整える。

⑦ たれの布目を整え、左手を入れて折り返し、左に傾ける。二枚目の羽根もふくら雀と同様に作る。

⑧ たれが長いので、羽根の三つ山ひだの下部分を作るときは、帯を上げて腕で押さえると布目が整えやすい。

⑨ 結び目に細紐を通す。通すのは、羽根を作る前でもあとでも構わないが、通したら左右の羽根の根元を持って結び目を締め直す。

⑩ 、ての羽根を右に、たれの羽根を左に向け、胴帯に沿って羽根を交差させる。交差した二枚の羽根を結び目に通した⑨の紐で結んで、固定する。

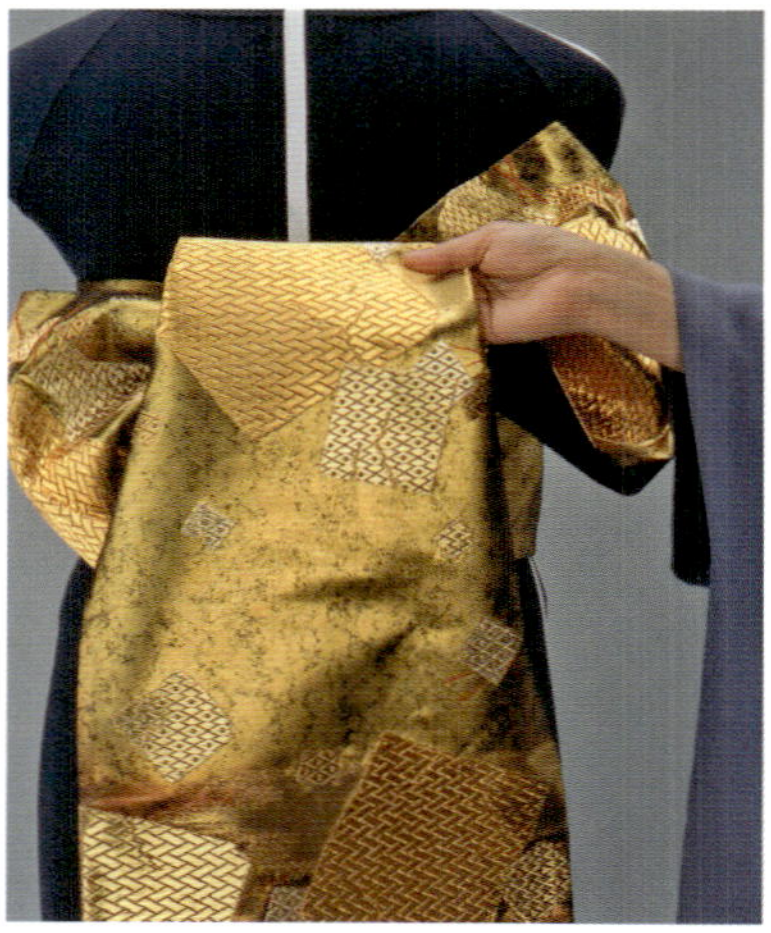

⑪ 羽根を作った残りのたれを開いて布目を正す。たれの左右の帯端を好みに応じて斜め内側に折り込む。幅の広い富士山形の帯山に整える。

⑫ 帯山にガーゼ紐を通し、帯山の線をきれいに出して胴帯の上にしっかりつけて前で結ぶ。帯枕を使うとより豪華な結びになります。

⑬ 銀座結び（P76～77）と同様に、お尻のあたりに帯締めをあてお太鼓の大きさを決める。お太鼓をふくらませたいときは、この下を決め線にする。

⑭ 帯締めを体から離してそのままたれの裏側にあて、決め線を作る。たれ先から二重太鼓の約二倍の一五センチを残して折り上げ、左右の角を持つ。

⑮ 帯締めと決め線の両角を持って胴帯の下から三分の一まで上げる。左右の羽根裏で胴帯に帯締めをつけて前に回し、前帯の中央で結ぶ。

⑯ 形の仕上げをする。折り上げたたれを帯締めに沿って決め線から折り返し、形がくずれないようにする。

⑰ 羽根を整えて、角出し太鼓のでき上がりです。お太鼓のふくらみを変えたり、帯山の形を真っすぐにしたり、ひだを入れたりと、変化をつけられます。

扇太鼓——たたんで作るたれの先

二重太鼓のたれとてを折りたたんでひだで飾った、豪華な結びです。

① てを背中心から約六〇センチに決めて二巻きする。文庫結び同様（P117～121）てを上に結び、帯を開く。

② ふくら雀の羽根の作り方（P97～98）で開いたて先を結び目から折り返して、裏側の帯の布目を正す。

③ て先で三つ山ひだを作り輪ゴムでとめる。

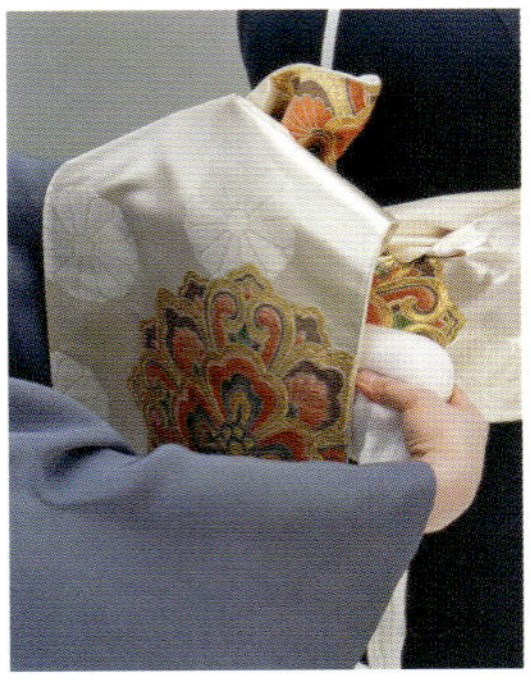

④ お太鼓の帯柄を確認して帯枕を入れる。一重太鼓と同様に（P67～68）山を作り、前で帯枕の紐を結ぶ。

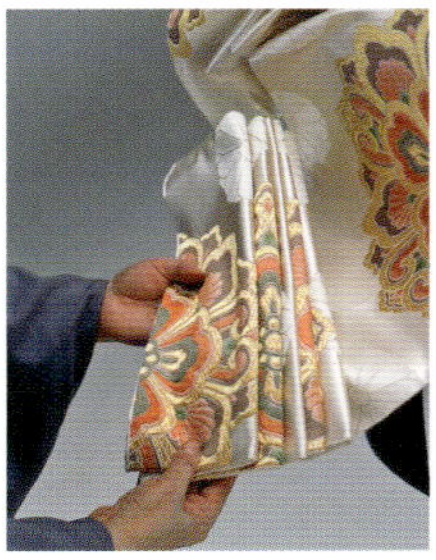

たれ先から約八センチのところで帯柄の表を手前に折り返し（右）、扇状にたたむ（左）。

⑤ 扇状にたたんだたれ（写真上参考）を帯枕の下で背につけ仮紐で押さえる。たれの開き加減を調節して固定する。

⑥ お太鼓を作る帯の内側に帯締めを入れて決め線にする。位置は胴帯の幅の約三分の一のところで。

⑦ たれのひだの形を調節をする。たれの扇の分量や開き加減は帯の色柄や個性に合わせ、変化させて。

⑧ 羽根をとめた輪ゴムの上から飾り紐などを巻く。帯の色柄などに合わせて羽根を開き、固定して仕上げます。

後見結《こうけん》び

1——斜めの線の要所を押さえて

踊りのときの後見役の結びです。
斜めに流れる線が身上だけに、技術的に難しい形です。
流れる線を保つため、帯を要所要所で押さえながら進めていきます。
腕から手の動きに気をつけるのがポイント。

Point

帯の折りたたみ方で、きれいな形の後見結びになります。

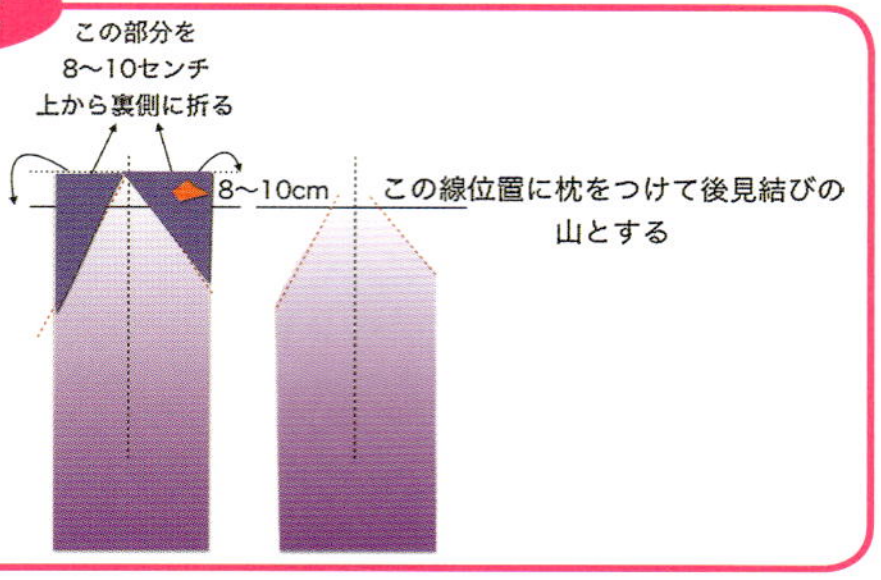

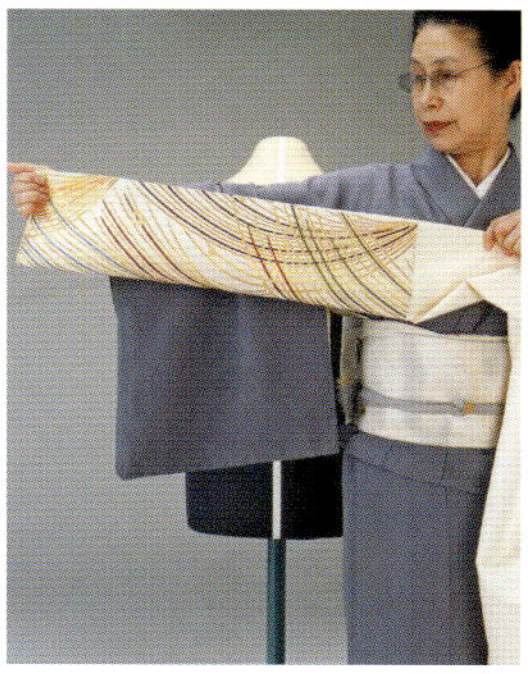

この部分を
8〜10センチ
上から裏側に折る
8〜10cm
この線位置に枕をつけて後見結びの
山とする

① ての幅を二つ折りにし、右手に持ち腕を伸ばす。体の前中心で約七〇センチの長さを決め、背中心につけて巻く。

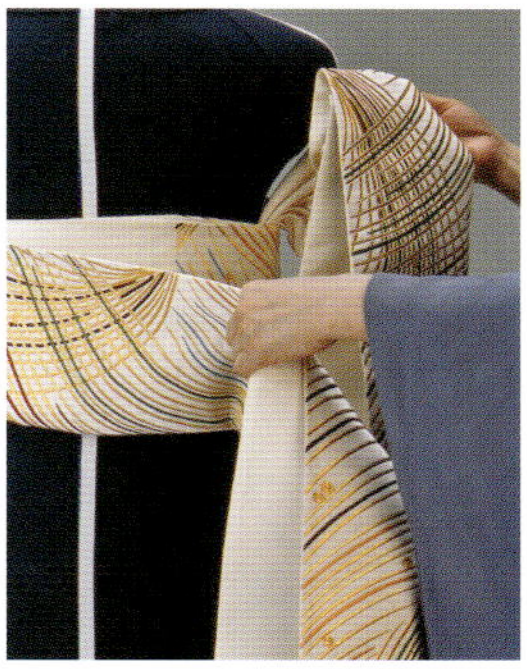

② 胴に二巻きして、て先を体の脇まで戻す。これによって背中心で正しい結びができます。

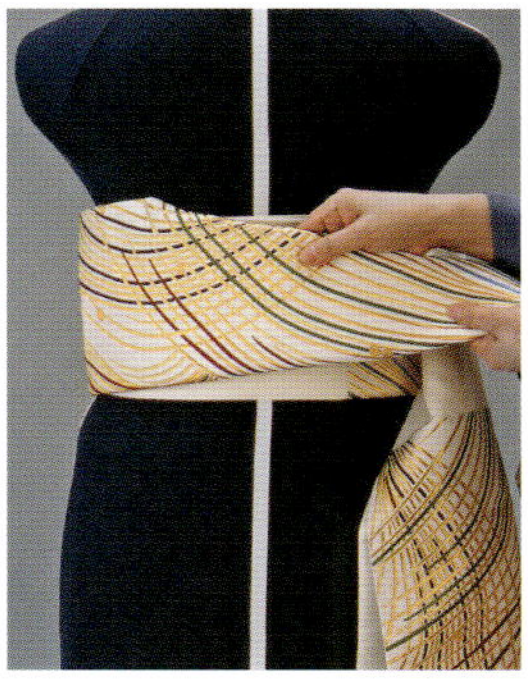

③ たれとて先を結ぶ前に、て先の開き口が開いているほうを、写真のように少し内側に向けて折る。

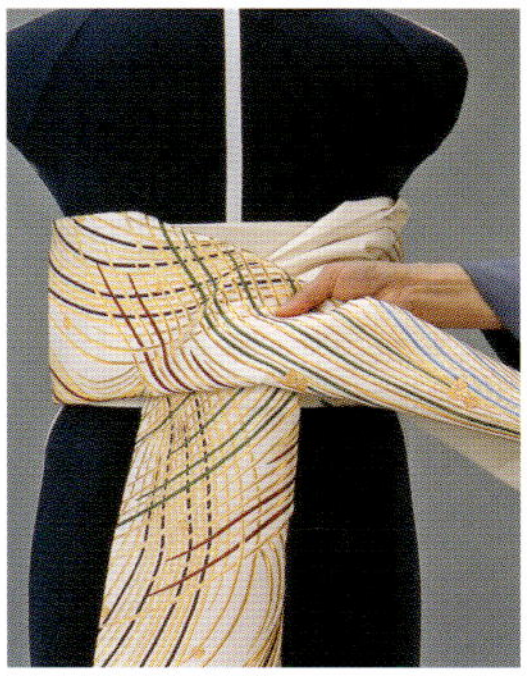

④ て先の開き口を上に向けて背中心に移す。て先の上に端を折ったたれを重ねる。

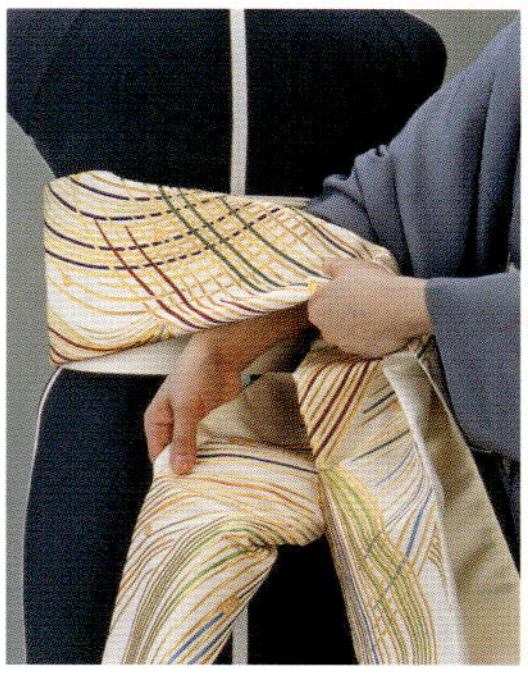

⑤ て先とたれの交差部分を左手で持つ。右に寄って、交差している上から右手を入れてたれを持つ。

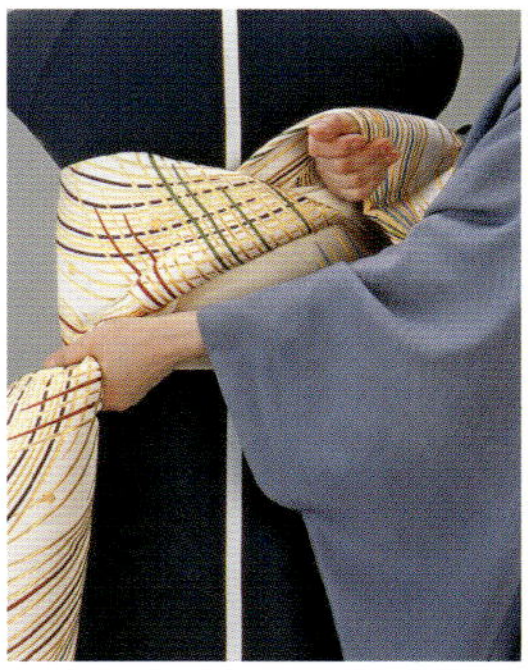

⑥ たれを引き上げて結ぶ。て先とたれの斜めになっている結び目を持って、締め上げる。

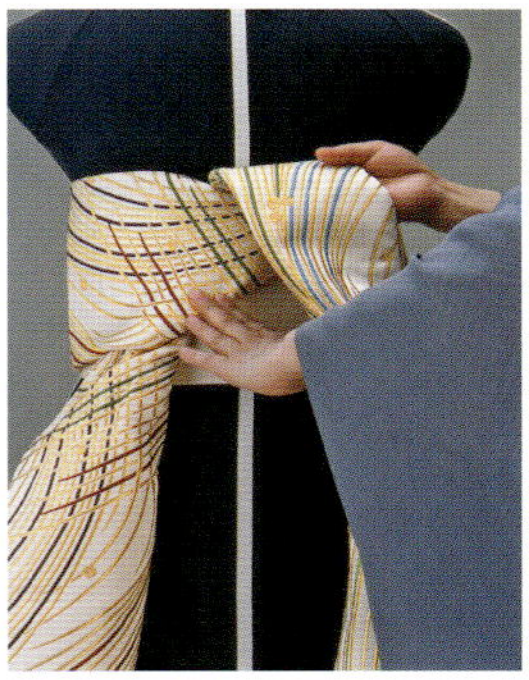

⑦ 締めたあと、結び目を押さえてたれを背中心に向けて少し戻す。結び目がゆるむので、強く戻さないこと。

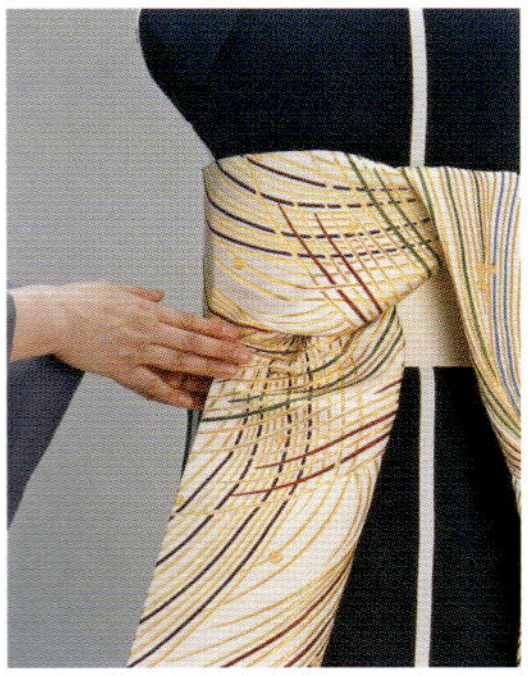

⑧ たれを戻したあと、結び目のて先のしわを丁寧に伸ばして整える。結び目はゆるみやすいのでここも丁寧に。

⑨ 写真のように帯をたらして足もとから約二〇センチの長さを確認し、後見結びの帯山の位置を決める。長すぎても短すぎても形をまとめにくいので、しっかり確認すること。

⑩ 帯山に決めたところの布目を正し、布目が動くのを防ぐために左腕を胸にあて、帯を押さえて帯山を作る。

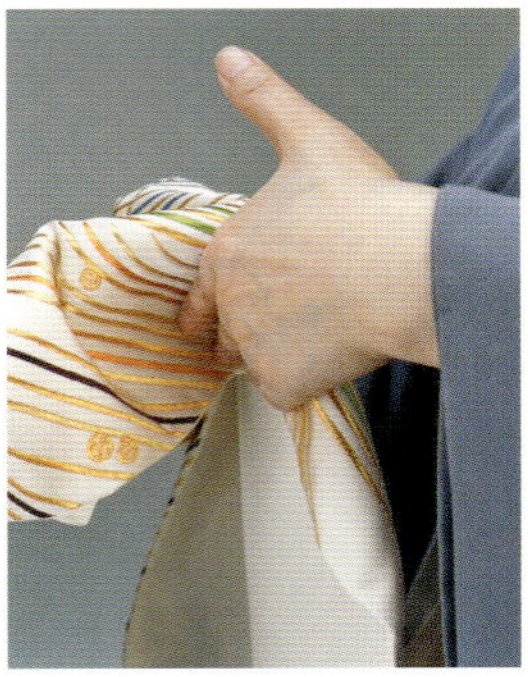

⑪ 右端を帯幅の中心に向けて深く短く斜めに折り、左側は帯幅の中心に向けて斜めに長く折り、富士山形を作る。

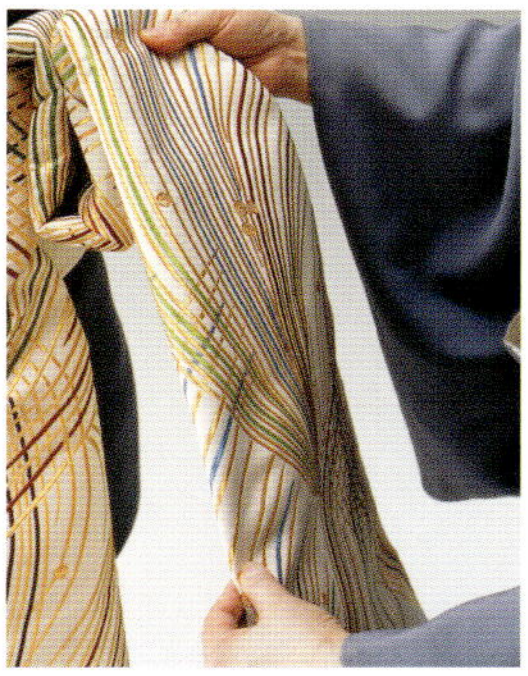

⑫ 左側が帯の中心へ深く長い斜め折りになっているか確認する。右側も同様に。帯山の幅は約一〇センチに。

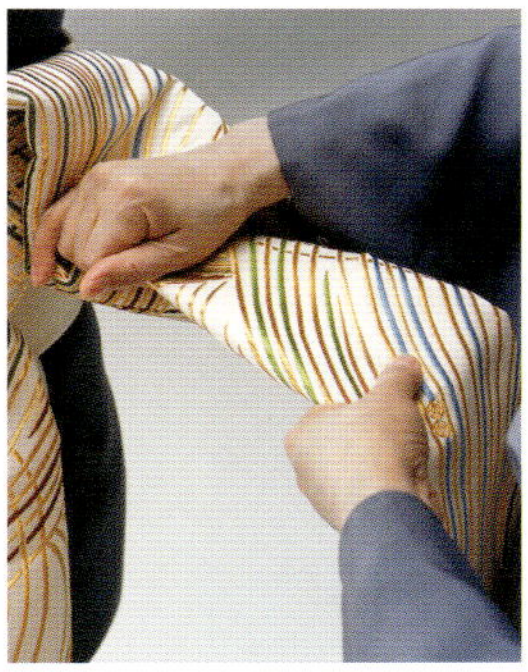

⑬ 富士山形の帯山を決めたところから奥のしわをのばし、作った帯山の折りの流れに従って帯山の裏を整える。

⑭ 後見結び用の板枕を帯山に入れる。帯山の裏のしわを写真のようにして平らにきれいに整える。

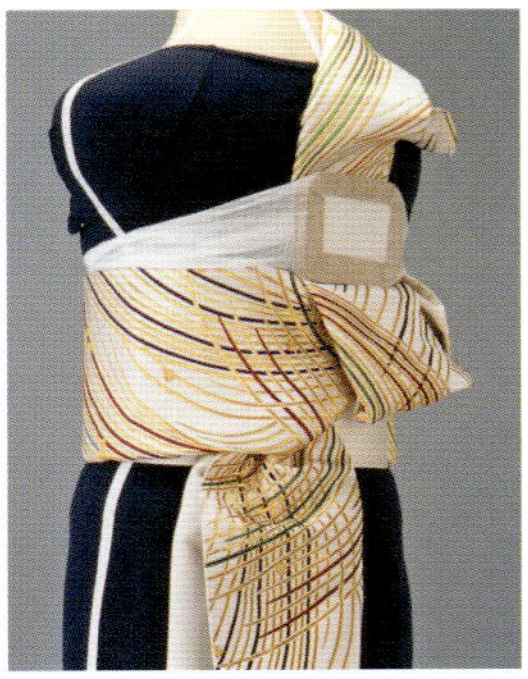

⑮ 胴帯の結び目の上にきちんと帯山をつける。枕紐は胴帯の上を通り、基本に従って結び、帯揚げをかける。

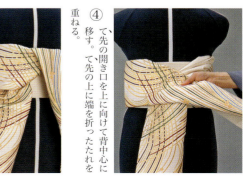

羽根の作り方

⑯ たれ先から約三〇センチを持って写真のように回して柄を表に出す。たれを折り返して幅を揃え、布目を正し、折り線を持って左肩に向けて斜めに上げる。

⑰ 斜めに折り上げた部分を肩から約九センチ出す。表に出した柄を帯山の左角にぴったりつける。

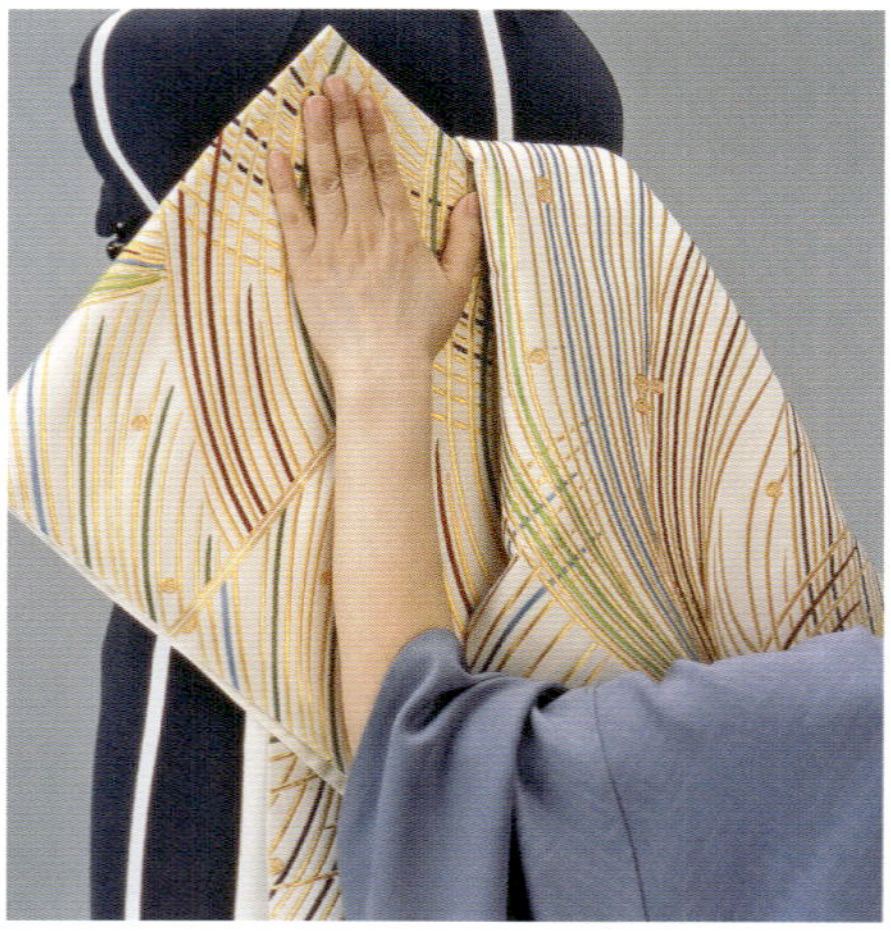

⑱ 折りたたんだ斜めの部分をひじで押さえて帯が落ちるのを防ぐ。左手を真上に向けて指先を伸ばし、帯全体を押さえる。立て膝の姿勢で。

⑲ 左側の帯は左ひじと手で押さえています。右下の輪の折り返しから約一〇センチ上のところを、写真のようにして右手で表を持つ。

⑳ そのまま右端を揃えて斜め上に上げる。折り返しを胴帯の下から三分の一上げたあたりで、とめる。右手を開き、指先を伸ばして斜め上で帯を押さえる。

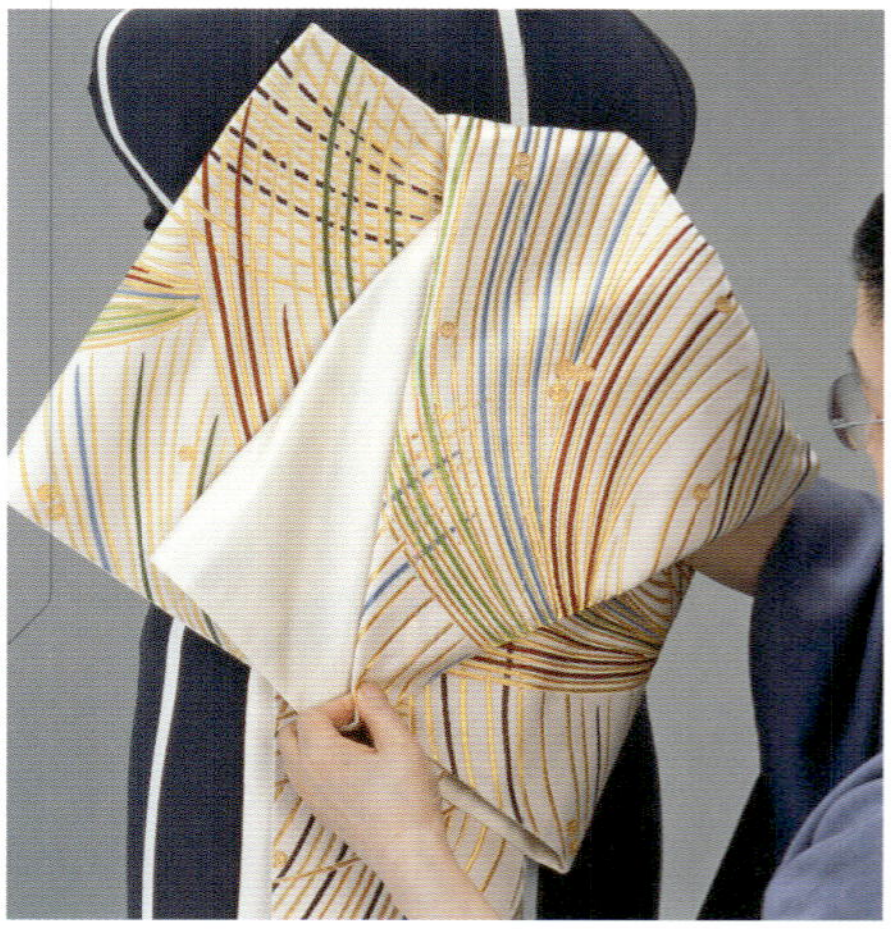

㉑ 斜めに上げた帯を右手のひらで押さえたあと、左手で富士山形を作った左の角を押さえる。ゆっくりしていると形がくずれ、帯が落ちるので、手の交換は素早く。

羽根の重ね方

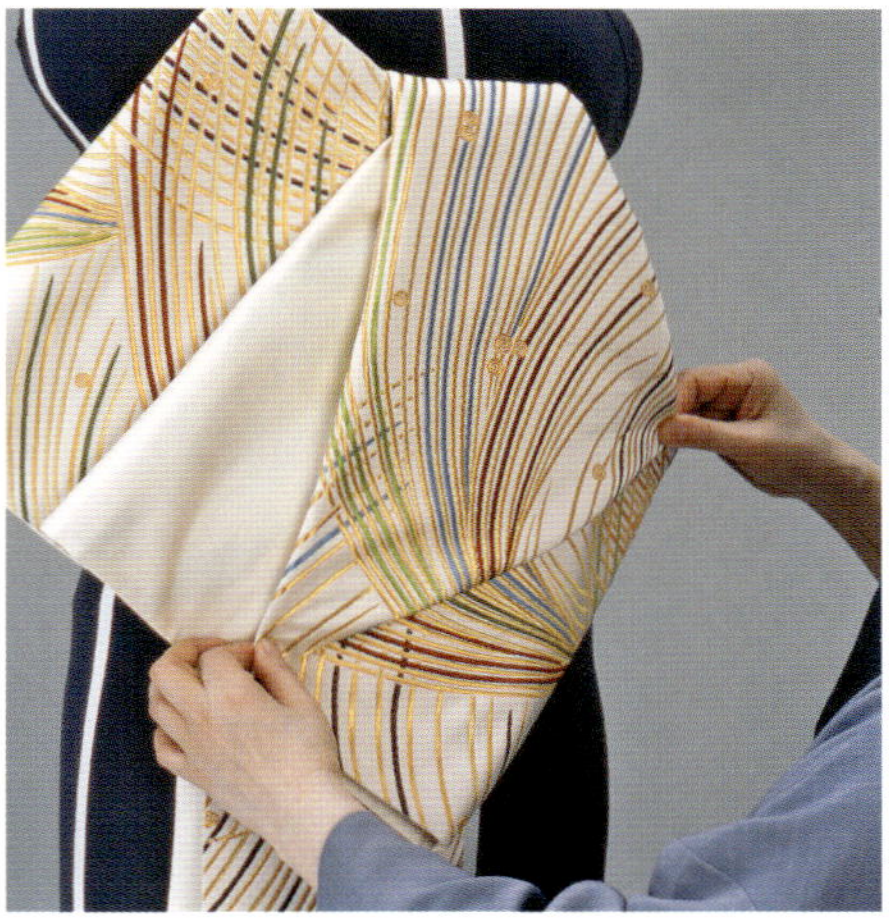

㉒ 左手で決め線の角を押さえたあと、右手で斜めの裾角を押さえる。裾角は斜めに折り上げたたれ先の角につく計算になっている。二重のたれ先も斜めになる。

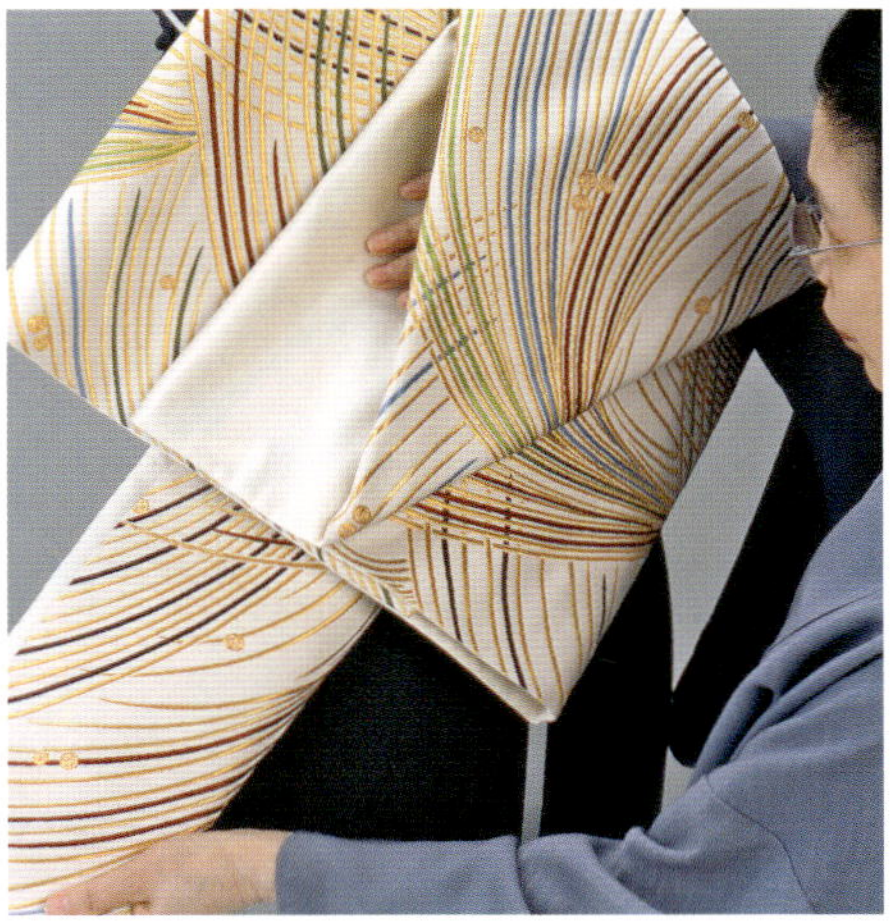

㉓ 富士山形のお太鼓の中にて先を通す。上体を右斜めに近づけて、右斜め上から右手を深く入れる。手のひらを開いて背につけ帯全体を押さえる。

㉔ 左手でて先の端を持ったまま右手に渡す。渡したあと、左の指先で折り上げた中の帯を押さえる。左右の手は絶えず交互に大切なポイント部分を押さえる。

㉕ 右手に持ったて先を右肩に向けて斜め上に引き上げ静かに通す。て先は出口から約五センチ引き出し短めにとめる。左手で軽く全体を押さえるように。

㉖ 帯締めを通し左右の長さを等分する。左側は斜めに折ったお太鼓の中央で写真のように帯締めを親指と人さし指の間に持って、手のひら全体で帯を押さえる。

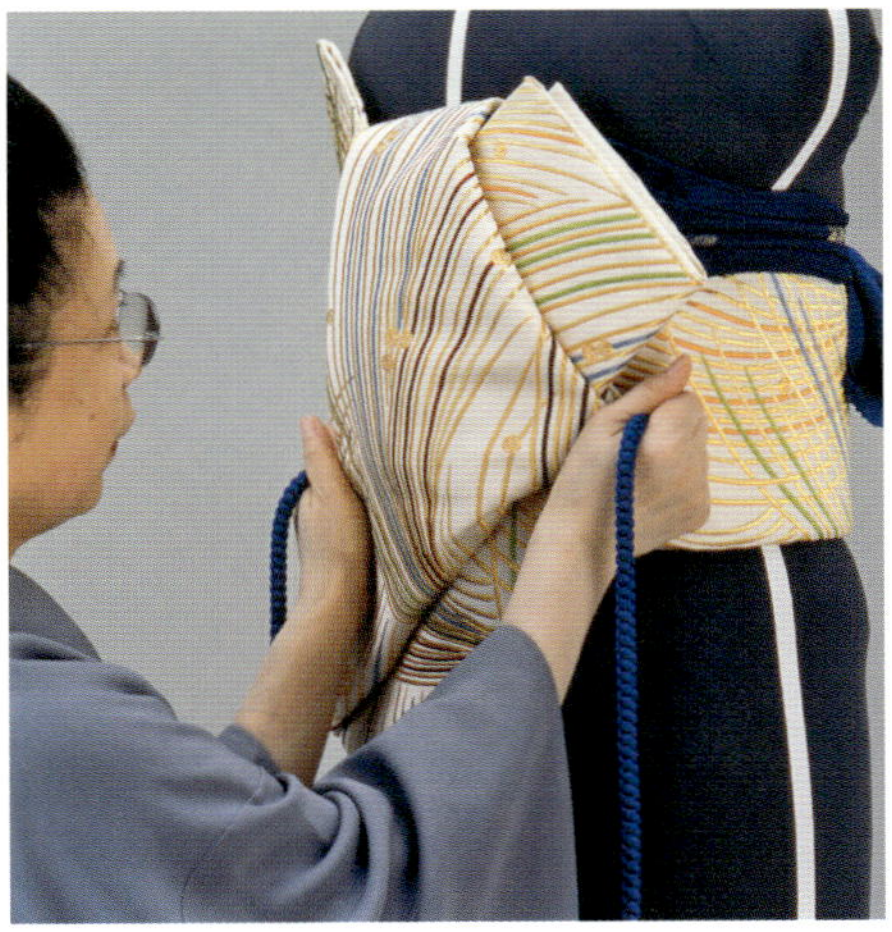

㉗ 右側の帯締めを富士山形のお太鼓の裾角にあてる。角が大きいときは帯を内側に折り入れて帯締めを前でしっかり結ぶ。帯締めはほかの結びと同じ位置で。

後見結び２

たれ先を、決め線となる腰まで折り上げ、右手をあてて左肩に角を出して仕上げた平面的な後見結びです。後見結び３の⑤と同じ方法で、たれを上げて仕上げます。

㉘ 通した左のて先から余分に出ている裏帯は、中に折り入れてきれいにする。左手で左角を持ち、右の親指を斜め下に向け、て先を持って上に引き出す。

Point

着付け、帯結びは最後の仕上げで決まる。て先は最後に引きあげて、形も表情も決まります。

持つ位置に注意して引き上げる。

引き上げるとて先は角にぴったりとついてバランスがよくなる。

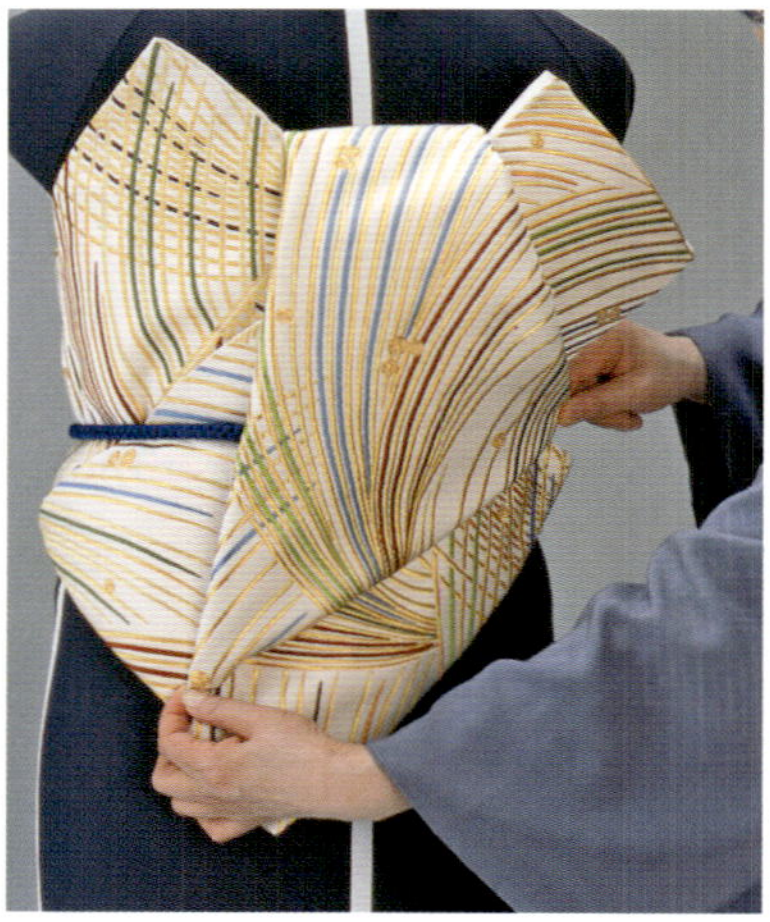

㉙ 斜めの決め線の角と角を持って引っ張り、形に沿ってしわを整え、布目を正す。たれ先の長さは、二重太鼓の長さとほぼ同じで、斜めになっています。

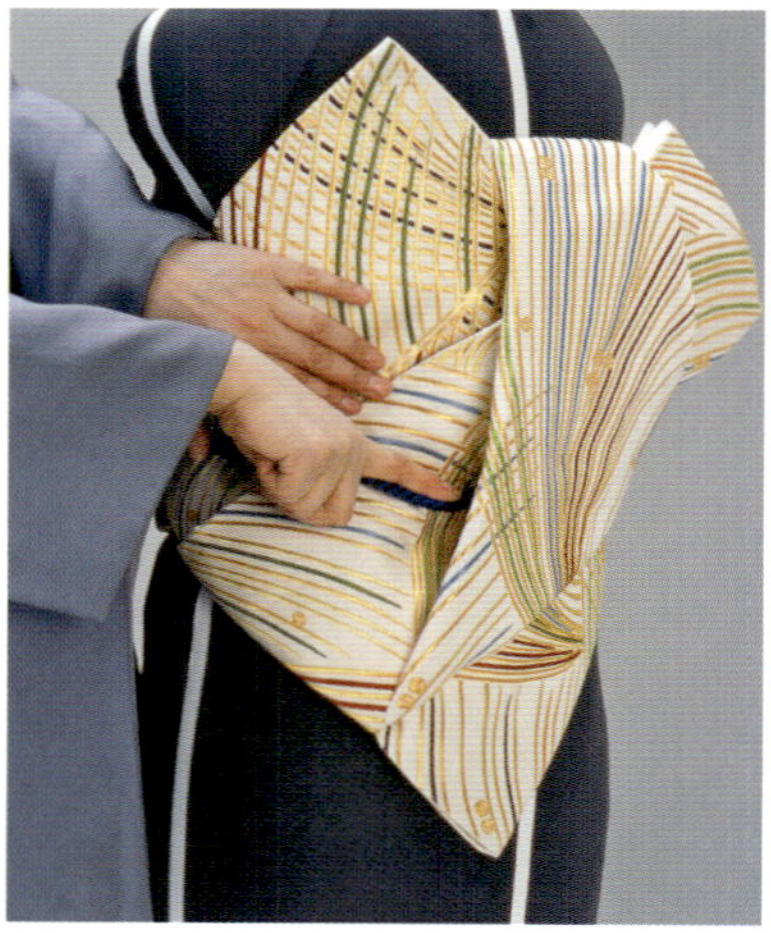

㉚ 左側から指を入れ、お太鼓の中心から約一センチ下に帯締めを下げる。帯締めを下げることで斜めの決め線が安定し、富士山形のお太鼓の表面に張りが出る。

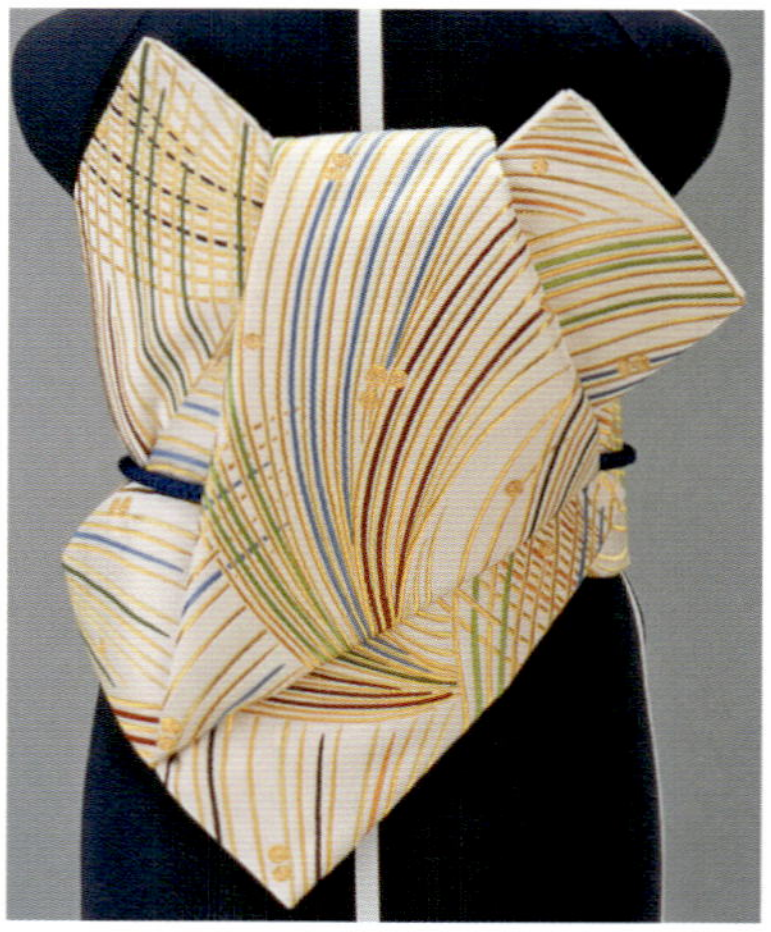

㉛ 後見結びのでき上がり。左側のたれ先の角は背中心より二～三センチ左寄りに結び上がります。左右の羽根（角）の出る割合は約一〇対七で左が長くなります。

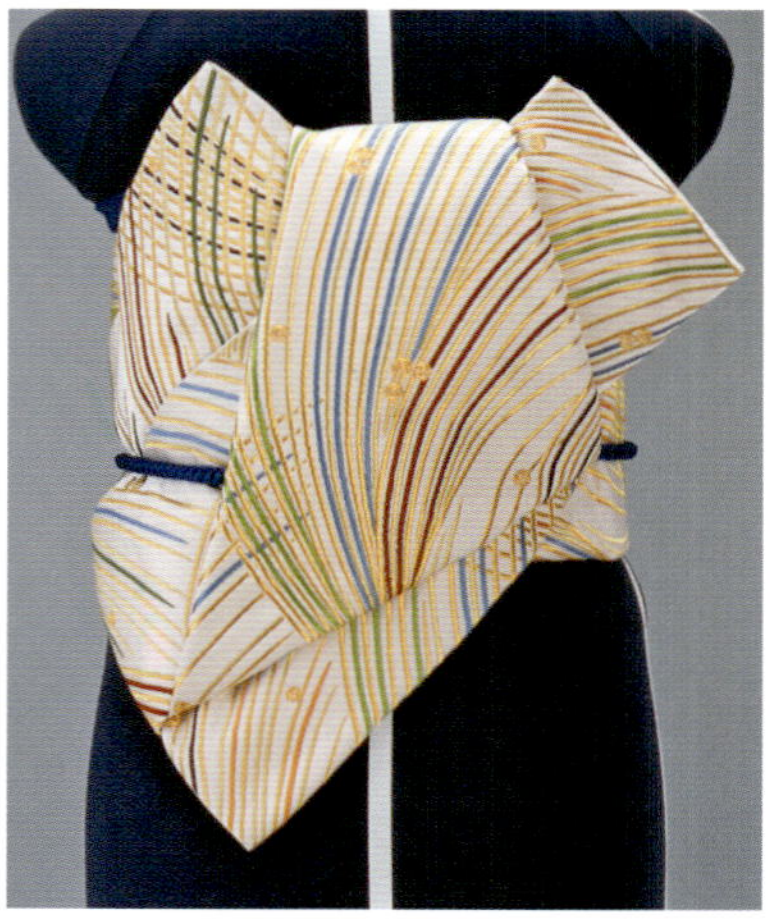

後見結び3

流派によって違う後見結び。これは花柳流の結びです。

① ての幅を二つに折り、端を右手に持って肩のところで長さを決める。半幅帯の一文字や一重太鼓と同じです。

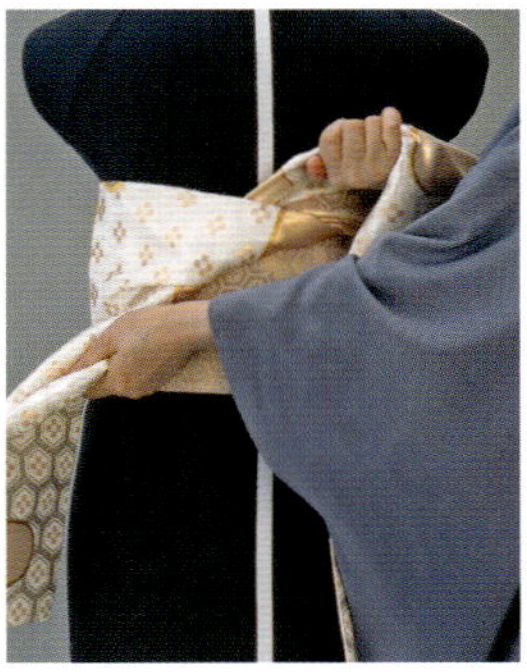

② 長さを決めたところを背中心にして基本通り二巻きする。たれを上に重ねて結び、たれとて先でしっかり締める。

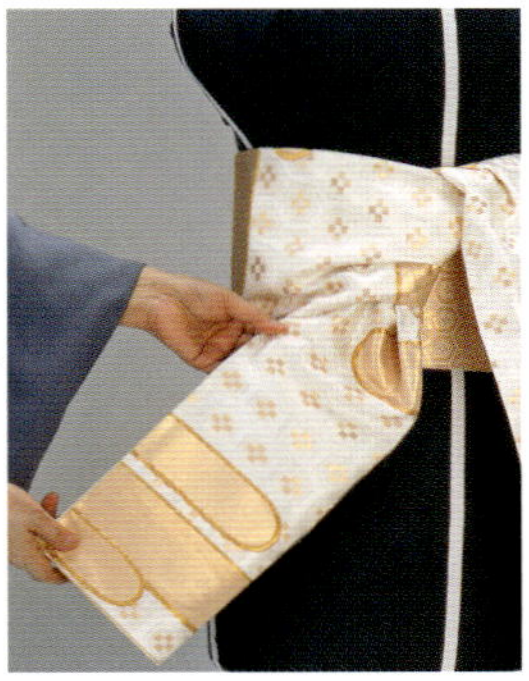

③ 結び目の元からて先のしわをのばし布目を整える。て先が長いと、形を作りにくくなるので気をつけます。

④ 結びに必要なたれの長さは、後見結び1と同様に決める。帯山の布目を正し、右端を少し斜めに折る。

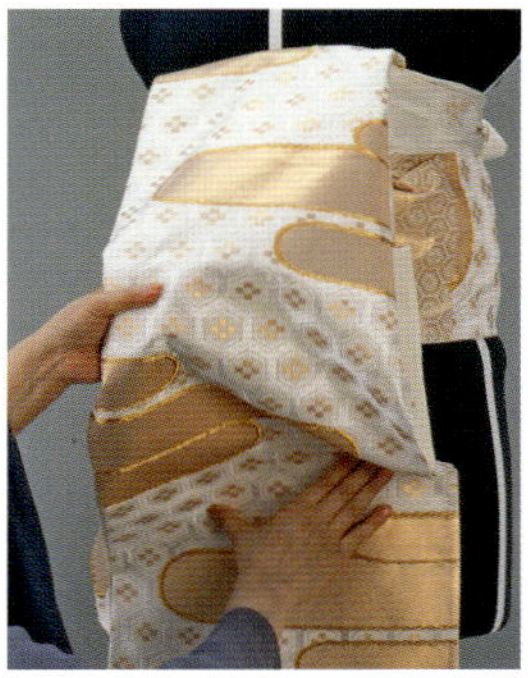

⑤ 帯山を板枕で押さえ帯揚げをかける。たれ先を内側にして腰まで折り、左手で持ち右手を開いて斜め上に上げる。

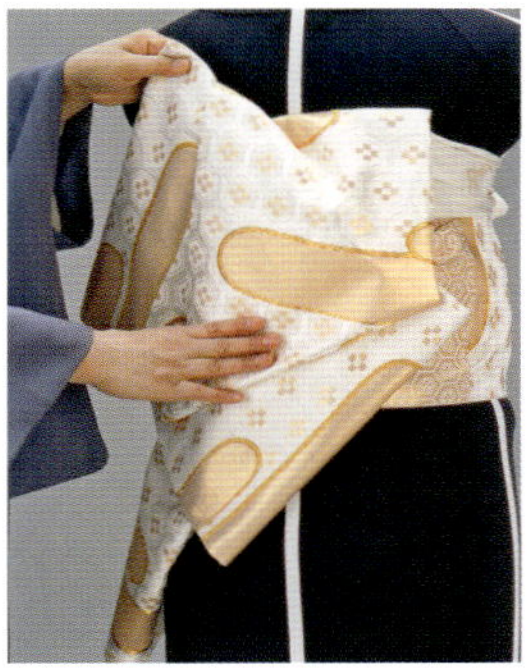

⑥ 左肩に向けて帯山から約九センチ上に角を出し、斜めに上げ、右端に沿って帯山の左角を斜めに突き上げ溝を作る。

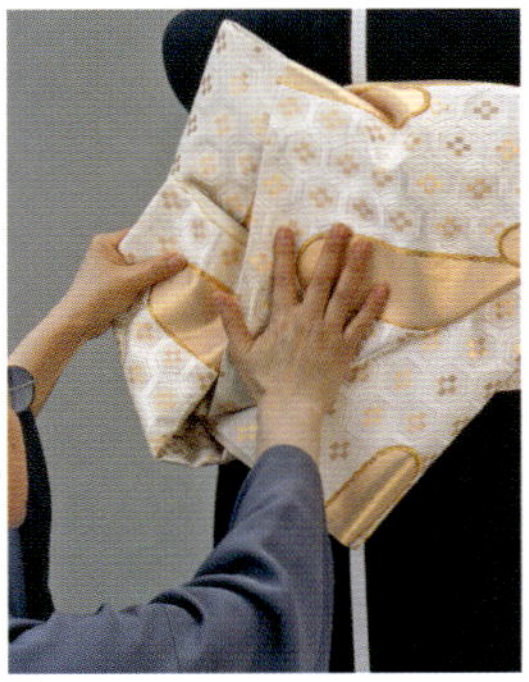

⑦ 斜めの決め線に沿ってて先を入れる。て先は短いので途中までしか入らない。て先が長いと帯山の溝がくずれる。

⑧ ほかの後見結びと同じように帯締めを通し、決め線の右角とたれ先の角を押さえ、しっかりと締めて結ぶ。

千鳥結び

——亀甲ひだで華やか後見

後見結びの帯山に亀甲ひだを入れて、若々しくした結びです。花柳流では後見結びは大人を、千鳥結びは若い芸妓を表すそうです。後見結びと基本は同じですが、ひだを入れるぶん、手の動き、帯の押さえ方に気をつけましょう。

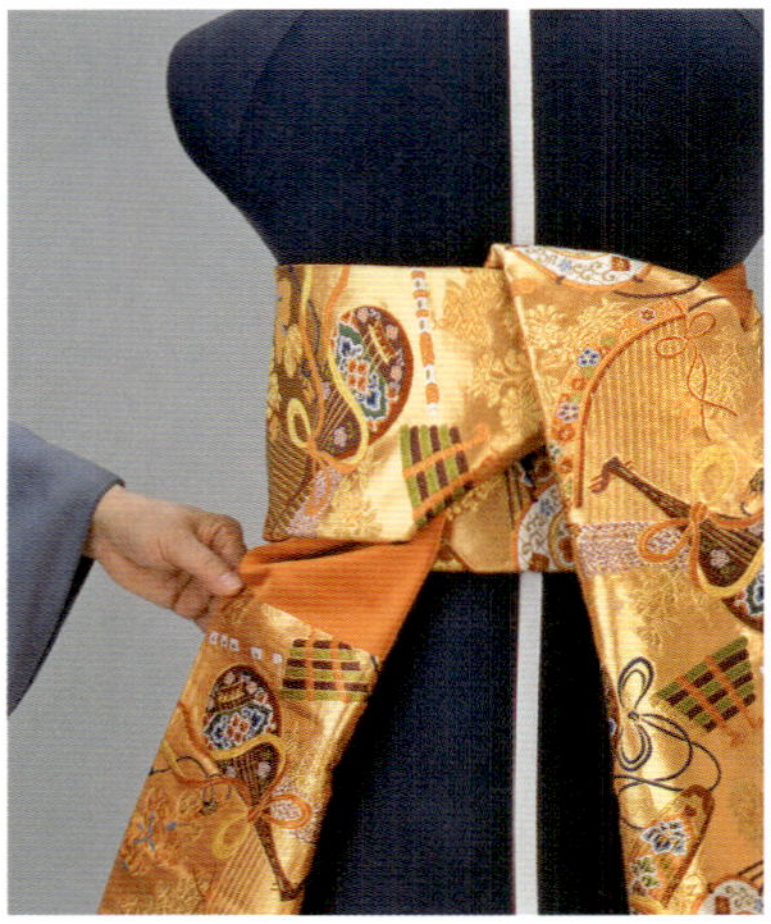

① 基本的には後見結び1と同じです。て先の長さを約七〇センチに決めて胴帯を巻き、て先を下、たれを上にして重ねて結ぶ。結び締めたあと、て先を整える。

② たれ先を足もとから約二〇センチ残して必要な帯の長さを確認する。帯山の位置を決めたところで帯幅の布目を正し、約一〇センチ幅の亀甲ひだを作る。

③ 帯山に小さい帯枕をあて胴帯の上にきちんとつけて枕紐を結び、帯揚げをかける。亀甲ひだを作るときは一〇センチ幅でも、帯枕をあてるとふくらみが出ます。

④ たれ先から二〇〜三〇センチ折り返し、折り山を左肩に向けて斜めに上げ、約一〇センチ出して帯山の角につける。後見結び1と同じ手の使い方で形を作る。

⑤ 幅いっぱいの斜め上で左側の裾角を、次に右側の裾角を押さえて亀甲ひだのあるお太鼓を作る。亀甲ひだの帯山から流れる自然の裾線で斜めの決め線を作る。

⑥ 亀甲ひだのお太鼓の中で、右肩に向けて右の帯山の角にぴったりつけて先の端を通す。て先を控えめに出し、後見結び1より長い六〜七センチでとめる。

⑦ 右手で斜めに決め線を押さえ、左手で左脇に出ている三角状の帯と残っているて先を一緒に持ち、て先を通した元の角から縦に内側に折って入れる。

⑧ 左は亀甲ひだのお太鼓の中央を、右は決め線の裾角を押さえて帯締めを通す。帯締めを前方に進めるとき、折り入れた縦の左側の帯をもう一度きれいに入れて押さえる。

⑨ 帯締めを前でしっかり締めて結んだあと、て先を引き上げて長くし、後ろの帯締めを一センチ下げて決め線を固定するなど、後見結び1と同じように仕上げる。

⑩ 千鳥結びのでき上がり。後見結び1との違いは、亀甲ひだの帯山と左脇の帯を折りたたんで形を作っている点です。プロセスや細かいポイントはすべて同じです。

エッセー② 帯の両端に注目——笹島寿美

界切り線のはなし

帯をはじめとする織物の両端には線があります。とくに、帯のたれの部分は二本線になっています。この太い二本の線が帯幅いっぱいに左右の織り端に平行してついているものを界切り線といい、一本が織り端まで達していないものをオランダ線、両端が交互に離れているものを霞線と呼んでいます。

ところで結界《けっかい》という言葉があります。密教で修法を行って一定の地域に摩障の侵入を防いだり、寺院の内陣と外陣の境界、すなわち聖域と俗の境界などをいいます。また、私たちが先祖から「帯は魂」という言葉を伝え聞くように、帯を織ることは織り人の魂を捧げることであり、巻くことは巻く人の魂を守ることであり、そして結ぶことは信仰的なこととされていました。

二十数年前のことですが、私は桐生の帯産地で機織りに詳しい老人と出会い「最初の織り出しの二本線はお参りのときの柏手で二拍子、霞線は鳥居を、長い柄部分は参道と本殿、最後のて先の一本線は一礼を表す」とお聞きしたことがあります。

このようなことから、私は界切り線の語源は結界と関係があるのではないかと思っています。

右は、左右が織り端まで達していない霞線の入った、帯のたれ先。
中は、３本の線が端に入った三尺帯。
左は、腰紐ですが、なんと、こんな細い紐にもちゃんと２本線が入っています。

下は、帯のたれ先にくっきり入った２本の界切り線。
昔の帯や紐にはよく見られたそうですが、最近のものは界切り線の入っていないことが多いとか。こうした何気ない線の中にも、昔から伝わる意味があるのでしょう。普段気をとめないところから帯を見つめ直してみると、新たな発見がありそうですね。

文庫結び

袋帯の基本結び

江戸時代の武家の女性に始まる結びです。
今でも振袖や訪問着、花嫁衣装などに結ぶ、優雅な雰囲気の帯結びです。
てが上の結びの基本で、袋帯の変わり結びのベースともなるものなので、
覚えておくと便利。帯の巻き方から、
たれの羽根の作り方、ての始末、布目の正し方など、
基本の動作をここで身につけましょう。

てのとり方

① て先から一巻き分の長さで帯幅を二つ折りし、開き口を上にし、約五五センチ間隔で両手で帯を持ち、右の帯を左手に渡す。

② 左の指先で二か所を持った手を着る人の後ろから回し、て先を右手に渡す。相手の体を後ろから包む状態です。

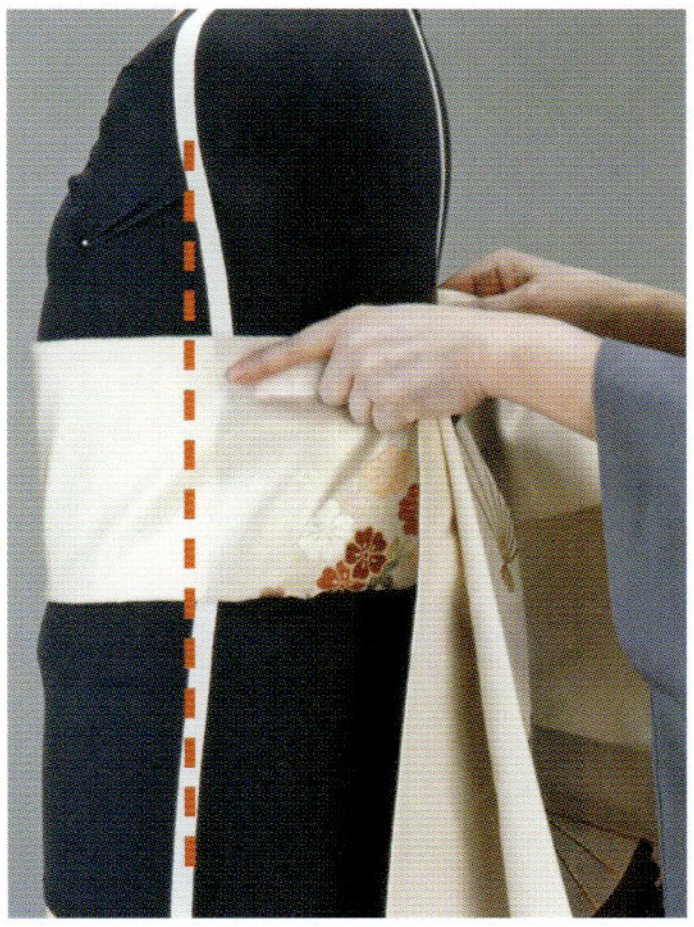

③ 一巻き目の帯が無地の帯のときは、柄止まりを体の真横に位置づけ、胴帯を巻く。

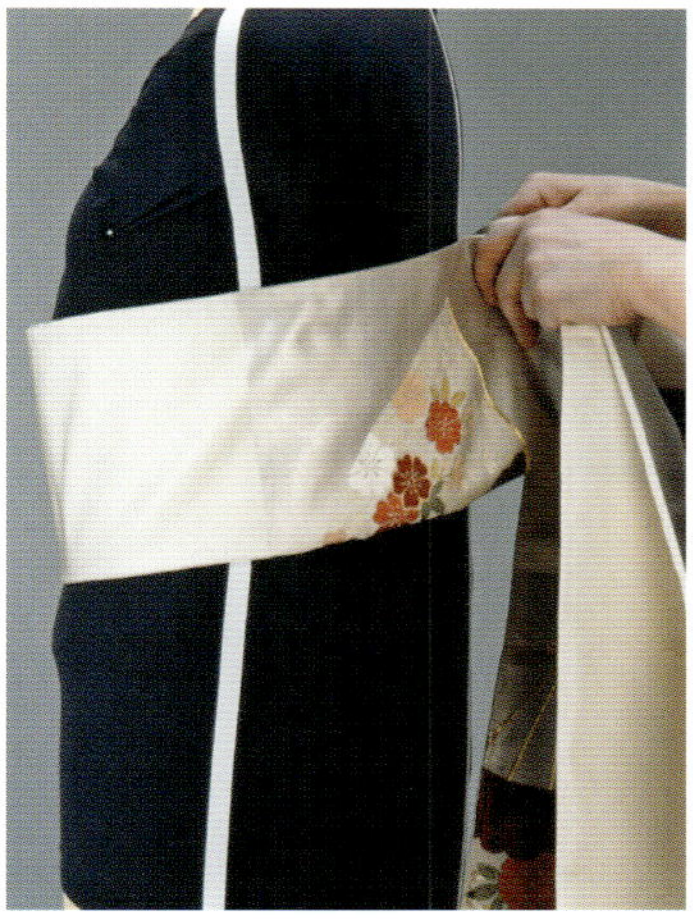

④ 帯をぴったりと体につけて後ろ上がりに巻く。初めが大切。後ろ上がりに巻くことで帯の下がるのを防ぎ、着る人の体も楽にします。

一巻き目

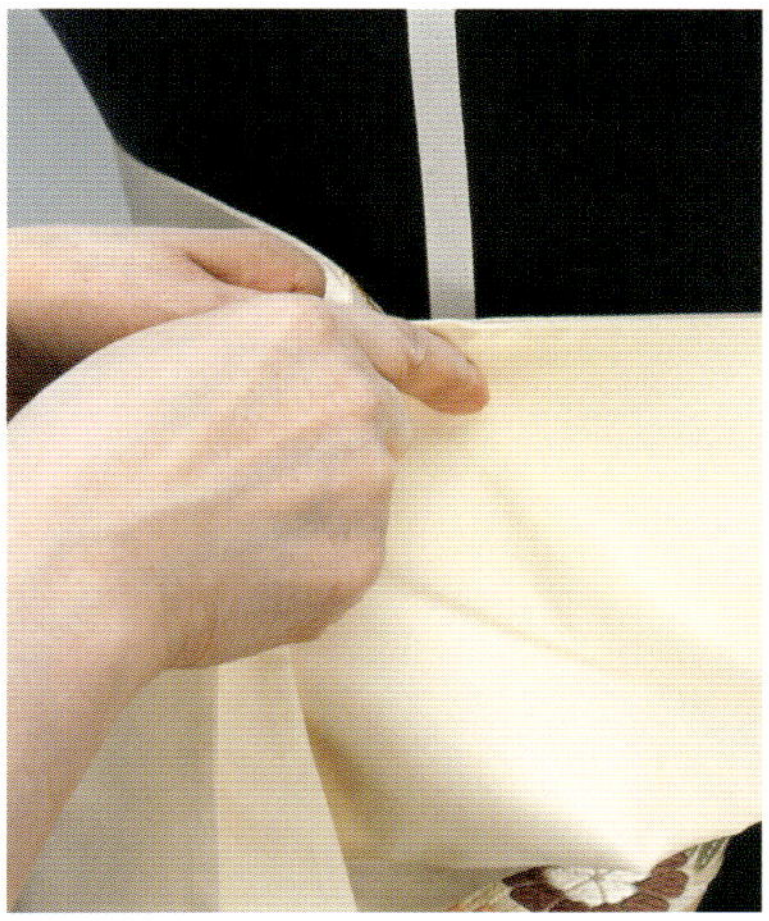

⑤ 両手首を下に向けて帯を持ち、後ろ上がりに帯を巻く。背中心で左右の帯を合わせる。この状態で一巻きしたことになる。

⑥ 背中心で合わせて持っているて先をそのまま上に上げる。同時に胴帯を持っている左の手首を上に向けて小指と薬指を伸ばし、て先の下のわの部分を受ける。

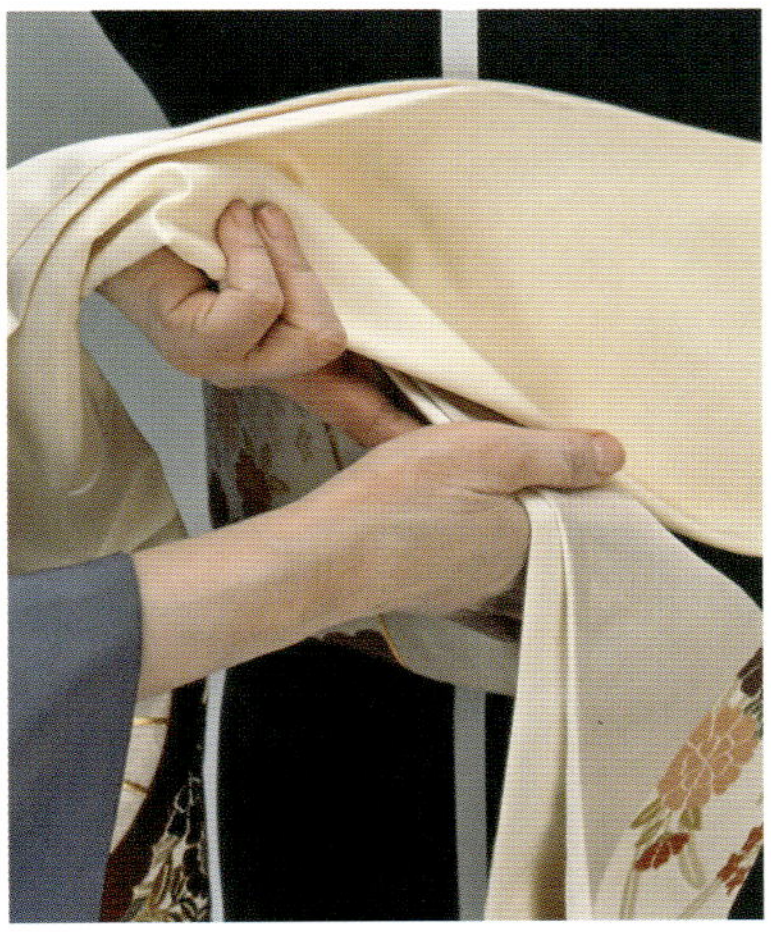

⑦ 右手で胴帯を受け取る。帯の交換で持つ手も変わる。左手でて先の下のわを持ち、胴帯を右手の親指と人さし指で上から挟む。

締め方

⑧ 胴帯を少し戻してすき間を作り、左手のて先を背中心で下げる。小指と薬指で先を持ち、人さし指と中指は伸ばしています。

⑨ て先を持つ指はそのままで、左手首を背中側に向けて回転させる。これで、て先が正しい位置で体につきながら胴に二巻きし、斜め上に折った状態になります。

⑩ て先の上に胴帯を重ねて左手の甲で押さえ、胴帯の幅を好みに合わせて広くする。このように後ろで幅出しするので、体の脇から同じ帯幅で巻けます。

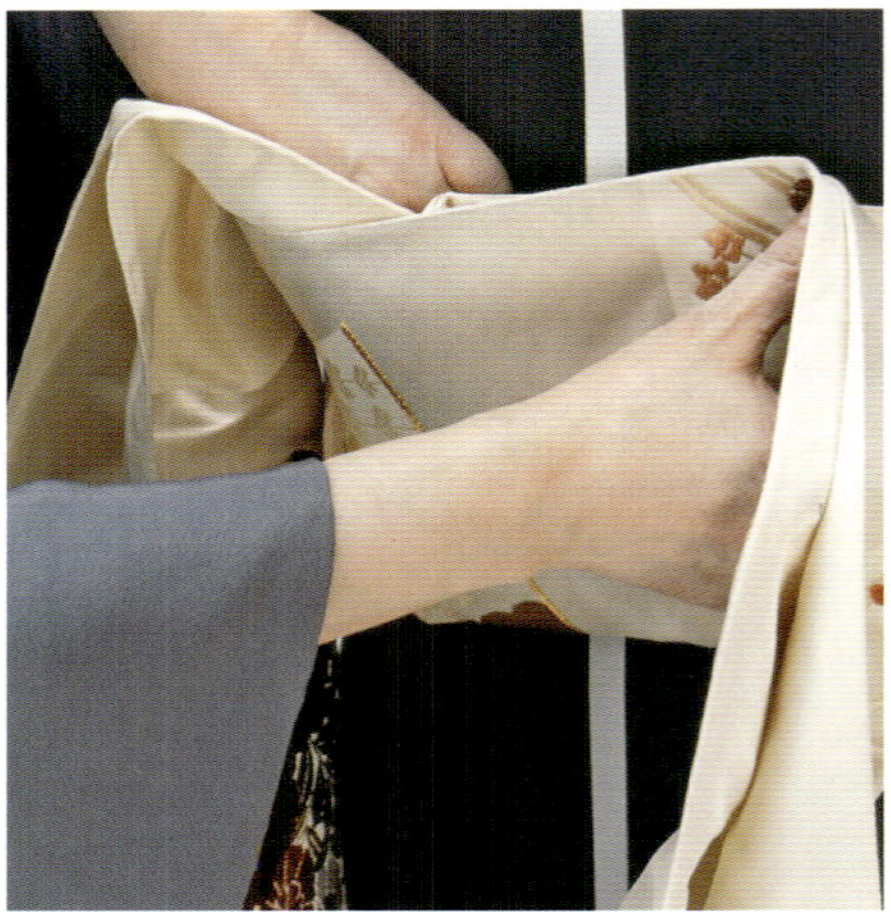

⑪ ⑩で調節した胴帯を、て先の上に重ね直し、巻く方向に指先を向けて右手のひらを胴帯の中央にあてる。背中心で行うこと。

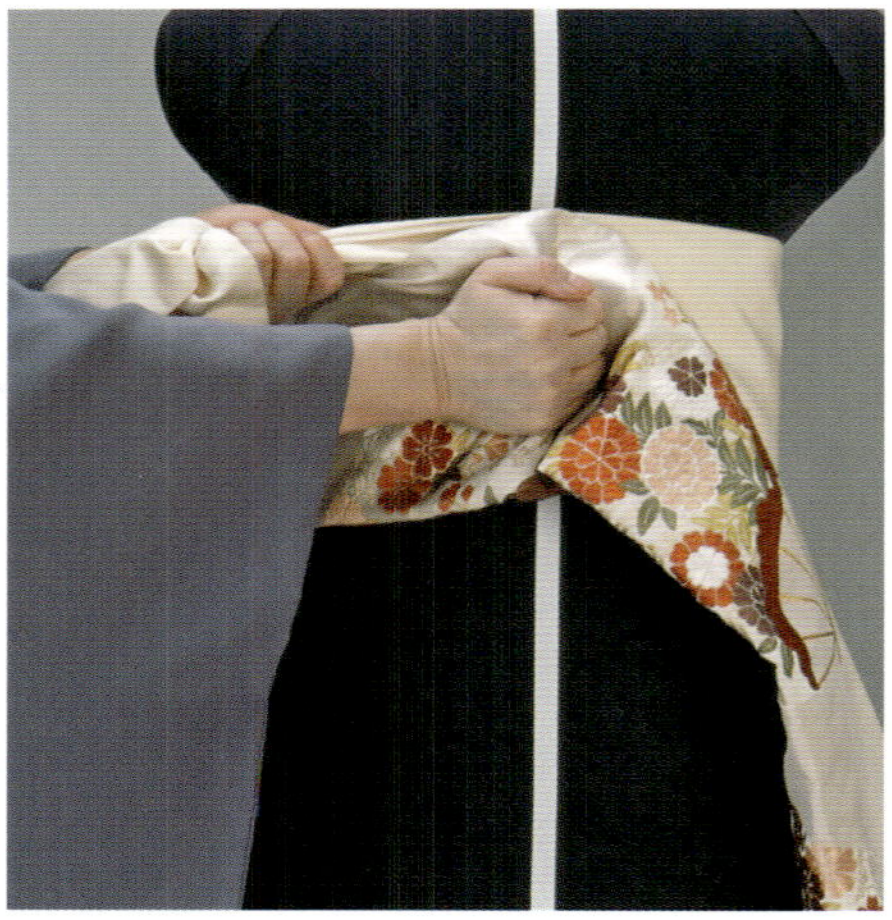

⑫ 左手を上に向けてて先を持ち直し、写真のようにして右手でたれをにぎり持って腕を真っすぐに伸ばし、手のひらでゆっくり締める。これで前も締まる。

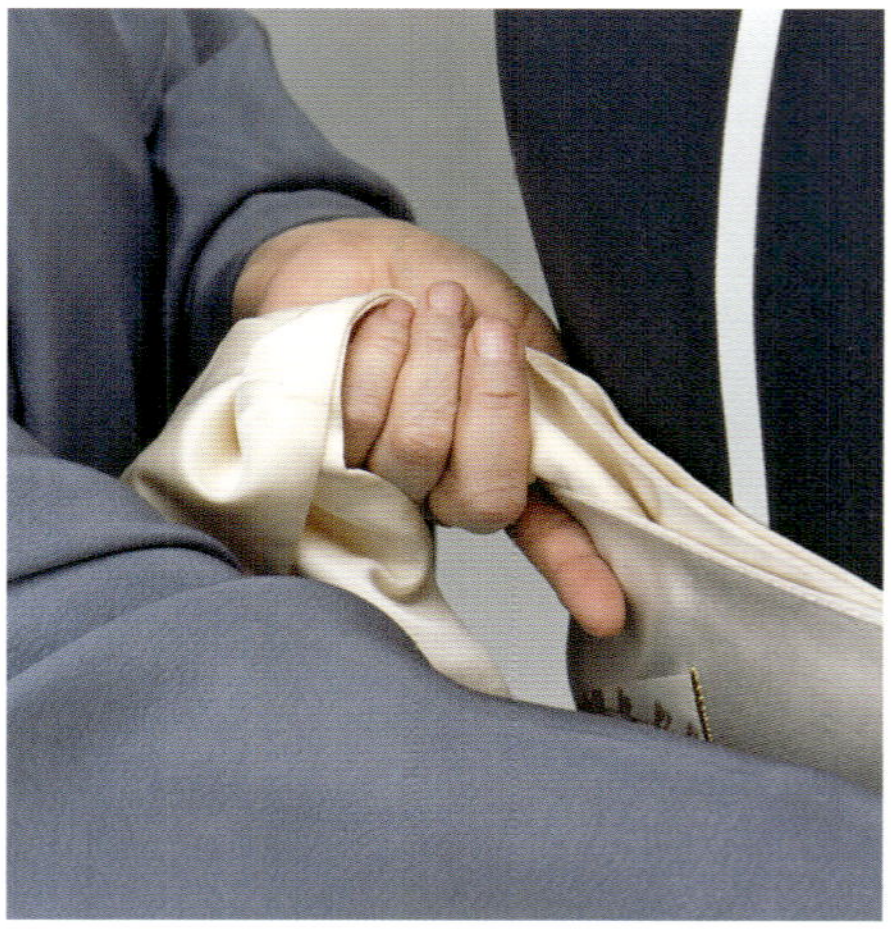

⑬ 帯がゆるまないようにて先を持ちながら左手の指先で胴帯の上端を挟んで持つ。右手で、持っている胴帯を前に向けて進め、一巻き目の帯上を持つ。

締め方

⑭ 帯上を持って巻き進める。体の真横を通過するまで左の指先で胴帯を持ってゆるむのを防ぐ。

⑮ 帯が右横を通過すると、左手で持っていたて先と胴帯を離してもゆるまない。前の胴帯の上端を左手で受け取る。

⑯ 相手の左側に移って右手で胴帯の下端を持って引き寄せる。これで胴帯全体の布目を正しています。

⑰ 左手で胴帯を持ち、右手で帯板の端を持って二巻き目の帯の間に差し込む。

⑱ 着る人の左側で胴帯を引き寄せる。左手でて先を、右手で胴帯のわを持ち、腕を伸ばして静かに締める。

⑲ たれを左手で持ち、右手でて先を脇まで静かに戻す。背中を整えておくと、次のプロセスがスムーズに進みます。

Point

矢印の方向に向かって、て先を脇まで戻す。

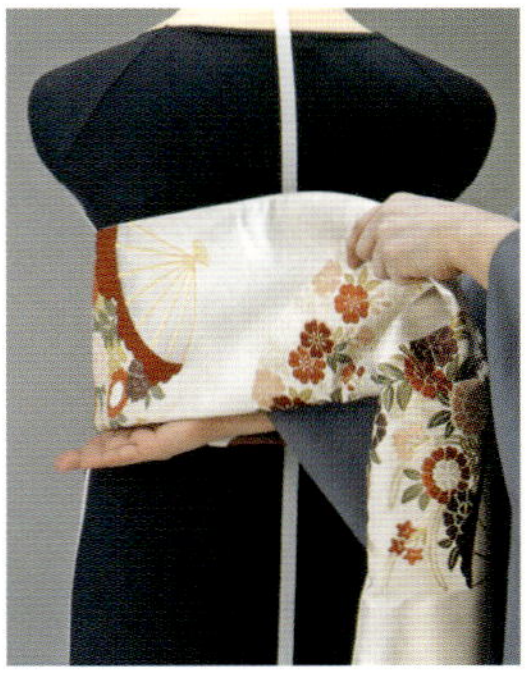

⑳ 右手を胴帯の左脇下に添える。このプロセスは袋帯も半幅帯の一文字も同じです。

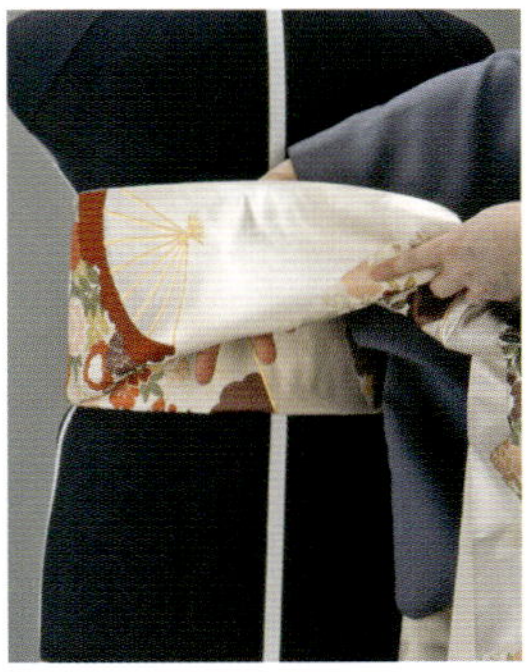

㉑ 脇下の胴帯に添えた右手で帯を背中心に向けて斜め上に内側に折る。折っていくと右ひじも自然に回転します。

㉒ 折っていくと、写真のように右手が一八〇度回転するので、手首を下向きに背中心で帯を持つ。

㉓ そのまま右手で胴帯を持つ。左手で、胴帯の折り目を上から斜め下に下ろしながら布目をきれいに整える。

★ 布目を整えている間、胴帯がゆるまないように右手で背中心から離れないように持っておく。

★ 帯がゆるみそうなときは、留め具などで写真のように胴帯の上端をとめるとよいでしょう。

★はポイント

て先のひだの作り方

㉔ 斜めに折った胴帯を背中心で、右腕で下から抱え持って引き寄せる。必ず背中心で。

㉕ 右腕で下から抱え持った帯の上から、て先を、左手で背中心へ引き寄せる。このとき、右腕に抱えた胴帯をゆるめないように腕を脇につけておく。

㉖ 抱えた右手と左手で、裏側を上に向けててた先を開く。ここで胴帯がゆるみそうなときは、留め具（▽）でとめておく。

㉗ 開いたて先の右端から約三分の一、または半分近くを大きく折りたたむ。胴帯のたれの部分と交差しているところから約二〇センチほど折る。

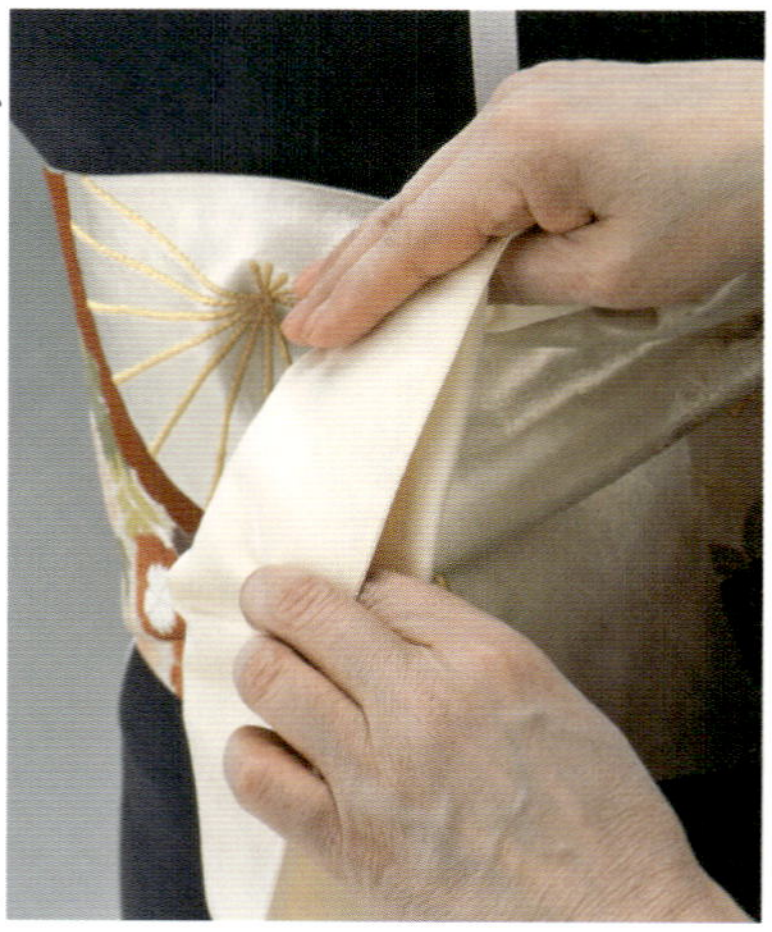

㉘ て先の左端を手前に向けて折りたたむ。これで、て先を三つに折って箱ひだを作ったことになります。この段階では箱ひだの裏側が出ています。

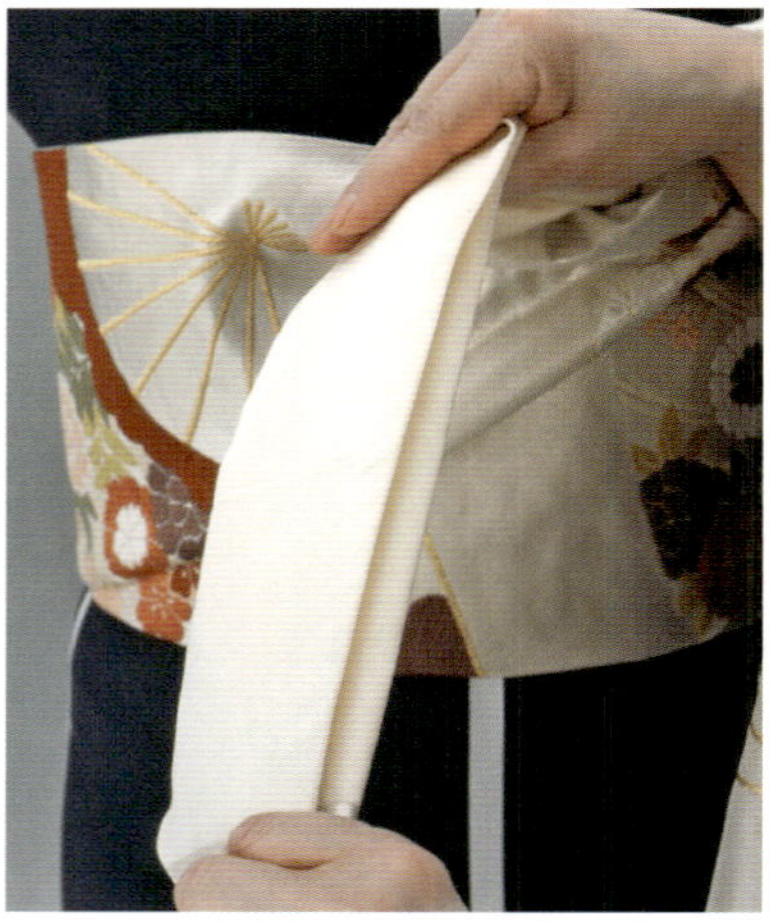

㉙ 箱ひだを約三〇センチほどきちんとたたんで整える。手前に開き口を向けて写真のように両手の指先を伸ばして持ち、左右に強く引いて布目を正す。

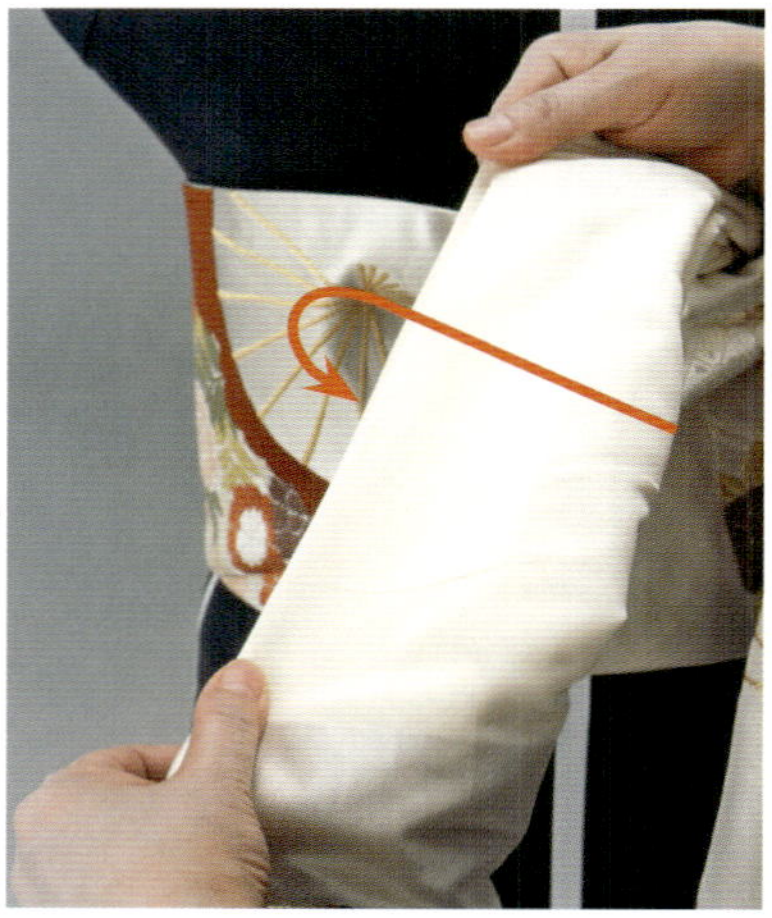

㉚ 指先を伸ばして箱ひだのて先を持ち、強く左右に引いてそのまま両手首を外側に向けてひっくり返す。指先でて先を挟み持ったまま、箱ひだの表を出す。

㉛ ㉚で表に返したて先を、腕に抱えた胴帯の上に背中心で重ねる。交差部分の背中に近いところを、右の親指を上にして持つ。

巻き方〜て先の始末

㉜ 右手を手前に引いて、㉛で交差した部分を開いて、重ねたて先を下から上に突き出す。

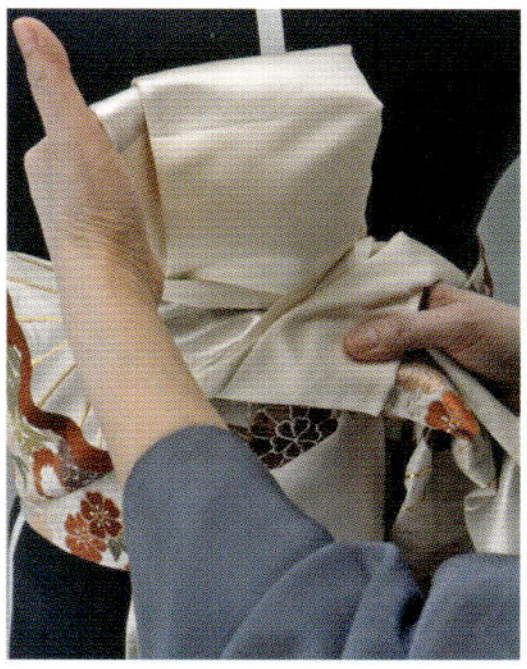

㉝ て先は、箱ひだの裏側から出てきます。

㉞ て先を上に引き上げて結ぶ。結び目が下がらないように、て先を持ち上げて結び目を高い位置にする。

㉟ 体を着る人の左の斜め後ろに移動する。左右の手のひらを上に向けて結び目を持ち、て先とたれを締め上げる。

㊱ 締めたら、結び目がゆるまないように片方の手で押さえ、少し斜めになっているて先を背中心に戻す。

㊲ て先とたれを一緒に結び目で持って上に上げ、一方の手で結び目下の胴帯の上端を手前に引いてすき間を作る。

㊳ ㊲で作ったすき間にハンドタオルを丸めて入れる。タオルを奥まで押し込まないで、土台にする。

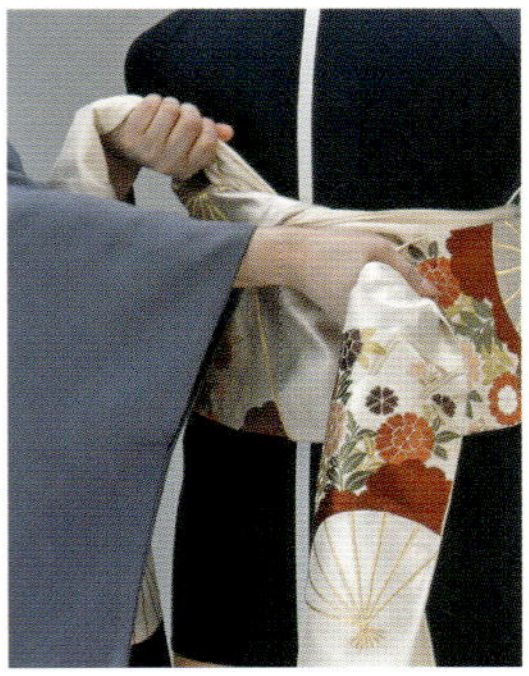

㊴ て先とたれを持ってゆるんだ結び目を締め直す。締めるとき、両手のひらを上に向けて帯を持つこと。

★ て先が長いと無地部分が多く出てしまうことがあります。以下は、それを短くするプロセスです。

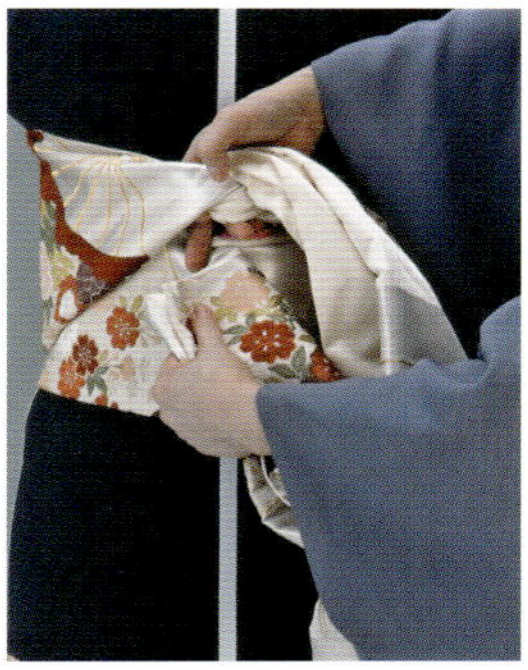

★1 三つ折りしたて先をきちんと整えて持つ。片手で結び目を持って空間を作り、下からて先を入れる。

★2 箱ひだをきちんと揃え、布目を守りながらて先を結び目の下から入れて静かに引き上げる。

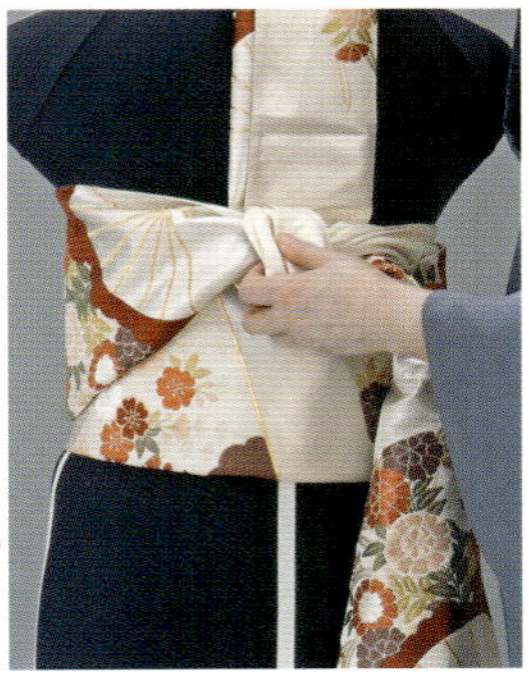

★3 結び目を一巻きしたので、て先が短くなり、無地部分が目立たなくなる。その結び目を胴帯の上に固定する。

㊵ 帯枕をあてる前に細紐を縦にあてる。結び目を土台にして帯枕をのせて、背中心にあてる。

㊶ 帯枕の紐を結び帯揚げをかける。胴帯の上に結び目があり、結び目に枕がのっていることがポイント。

㊷ たれ先から内側に折りたたむ。羽根の長さにもよるが、帯枕から四五〜五〇センチを目安に折る。

㊸ 少なくとも結び目から約三〇センチの長さを残してたたんでいく。背中心でたたんだ帯端を揃えて持つ。

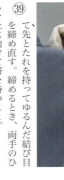

羽根のたたみ方

㊹

㊸で持ったたれを、帯枕の上に向けて上げる。上がりにくいときは結び目から残しておいた帯が少ないので、ここで調節し直す。

㊺

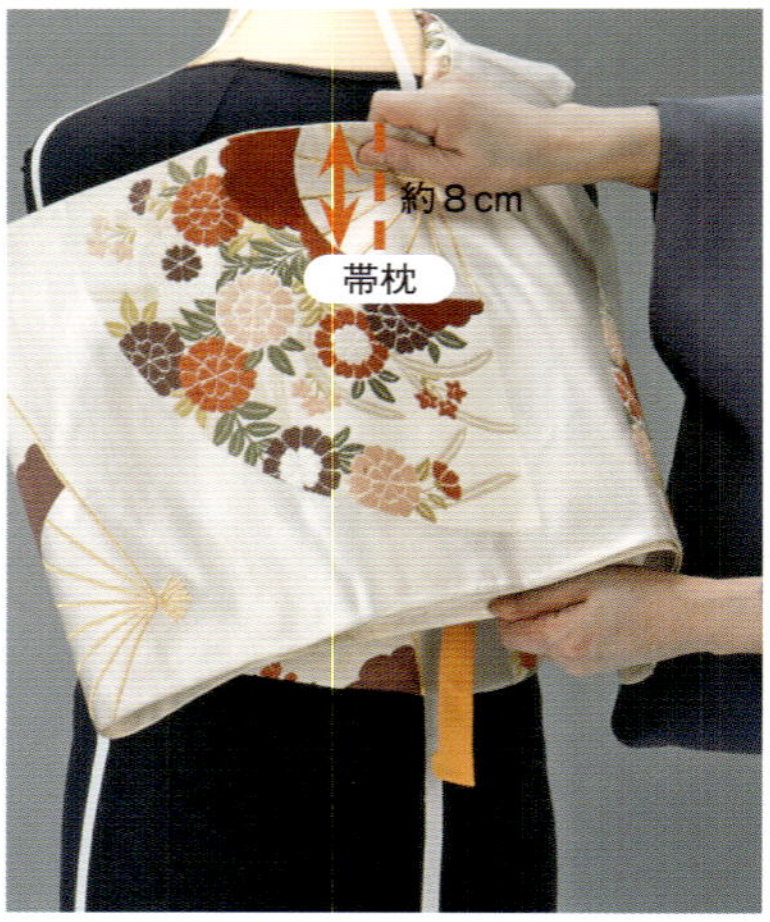

㊹で持ち上げたたれを横にし、帯枕から約八センチ上に上げて帯枕にかぶせて羽根の長さを調節する。たたんだ内側の帯端を持って、帯幅を揃える。

㊻

羽根にしたたれの帯枕のあたりに、指を伸ばして右手のひらをあてる。左手は、帯の内側で帯枕の上に置く。

㊼

㊻の左手です。左手で帯枕と背中のすき間を作り、そこに上から右手で羽根を折り入れるようにする。

㊽

㊼で作ったすき間に、帯枕をにぎった右手の指先で上から羽根を入れる。

㊾

右手で帯枕の中央を持ち、左手で羽根の端を持って引っぱり布目を正す。次に帯枕を持つ手を替えて同じように右の羽根の布目を正す。

㊿

帯山の帯枕の中央を右手で持つ。左手の親指の指先を帯枕の下から添えて、羽根を持つ。

51

左の指先で内側から帯を突き上げて三つ山ひだを作る。帯枕の山より高く折り作っておく。三つ山ひだの作り方はふくら雀（P97〜98）と同じです。

52

帯山と帯枕を一緒につかんで持ち、羽根先の角を引っ張って布目を正し、溝をきれいに出す。帯枕を持つ手を替え、左右交互に同じようにする。

53 作った山ひだを細紐で帯枕に結んで固定する。強く結ぶと布目が自由にならないので、ほどほどに。

54 一方の手を帯枕にあて羽根を押さえながら、て先をゆるめないように背中心から下に向けて下ろす。

55 て先を結び目まで真っすぐにおろし、帯締めをあてる位置を決める。決めた位置の裏側に帯締めをあてる。

56 帯締めをあてて帯を折り返したところを写真のように指先を伸ばして持ち、余分なて先を内側に折りたたむ。

57 折り返した決め線の両角を帯締めと一緒に持つ。胴帯の上に帯締めの決め線をつけて固定します。

58 帯締めを基本に従って結ぶ。結ぶ前に強く締めておくと、後ろがよく締まり、胴帯に食い込んで安定します。

Point

イラストを参考に、て先、帯締め、帯揚げを整えておく。

59 写真のように左右の羽根を持って横に引いて、全体の布目を上向きの水平に正す。

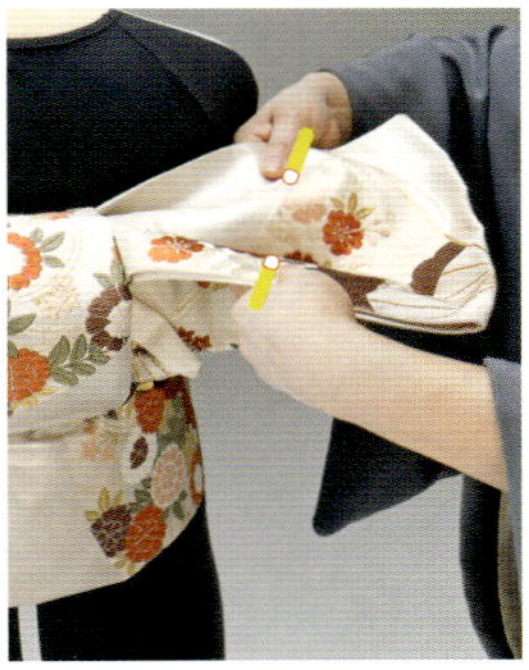

60 文庫の大きさを決めて、その位置で写真のように左右の親指の先が向き合うように羽根の両端を持つ。

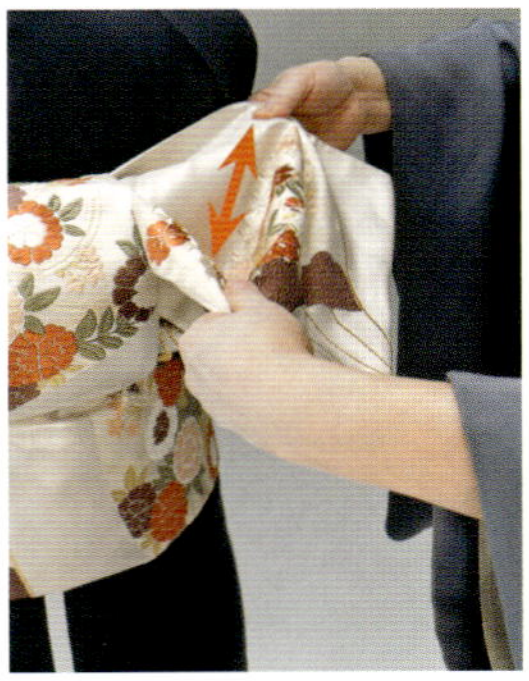

61 羽根の両端をそのまま持って、左右に開くようにして引く。持っているところから折れ曲がります。

62 写真のような手つきで帯端を持って上下に布目をのばす。

63 文庫結びのでき上がり。羽根を折り曲げるとき、必要以上に帯に触れないようにするときれいです。

同じ文庫でも、折り曲げる羽根の角度によって表情が変わります。これは、羽根を斜めに持って引いた形です。

花文庫1

――て先の無地部分を使って

現代の袋帯に多い無地部分を生かし、咲いた花に見立てた結びです。たれの羽根の立ち上げ方やひだのとり方、最後の表情のつけ方がポイントです。

① 柄止まりを体の脇につけて胴帯を一巻きする。あとは文庫結びと同じです。

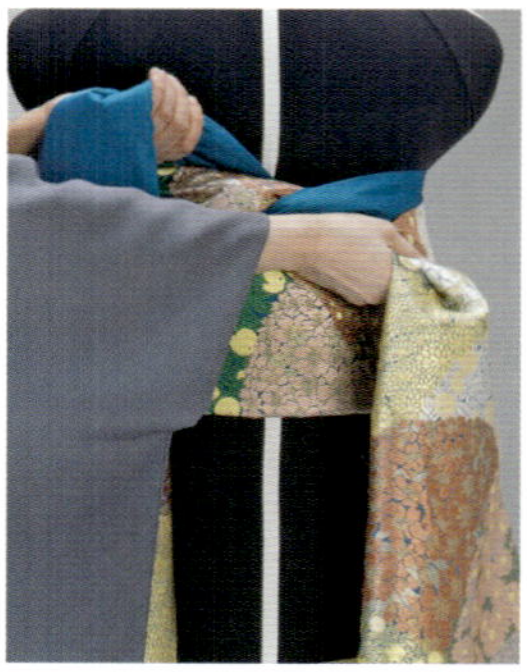

② 胴に二巻きし、て先を上に重ねて結ぶ。P121のように、ハンドタオルなどを入れて締め直す。

③ 帯枕をつける前に細紐を置く。結び目の上に帯枕の底をしっかりとつけ、背中にあてて帯枕の紐を前で結ぶ。

④ 文庫結びと同様に（P122～123）羽根を作り、細紐で結んで固定する。

⑤ て先を下げて開き、両脇を持つ。帯端から約四センチ、模様部分を手前にして折り下げる。

⑥ て先の模様部分を扇子のように折りたたむ。て先を上げ下げしながら折りたたむと、簡単に進みます。

⑦ 無地部分に近くなったら、たたんだて先を内側に向けて回し、裏を真上にして帯枕の上に上げる。

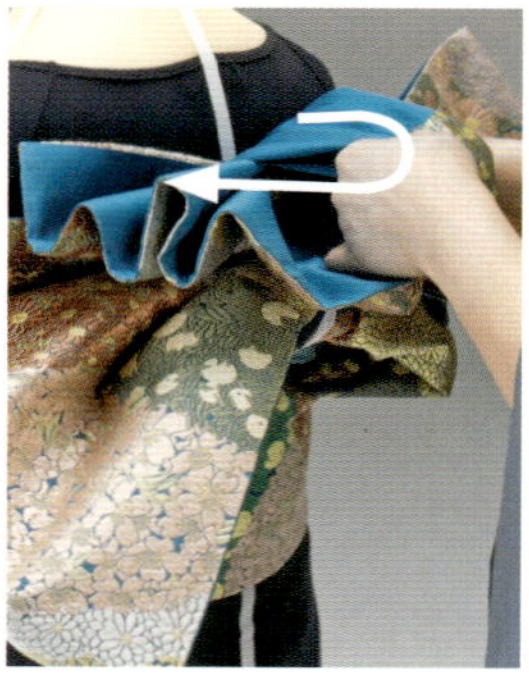

⑧ ⑦の状態で帯を背中につけ、無地部分のて先を約五センチ幅に細くし、結び目までの長さを調節する。

花文庫2

帯の流れや結ぶ形が同じであっても、最後の仕上げのちょっとした調節で表情は大きく変わります。小さなポイントを正しく守って行うと、仕上げで思わぬ発見をします。

Point

帯締めを胴につける前に、手は帯枕のところを押し、もう片方はて先の帯を引く。これを同時に行ってから帯締めを胴につけると、きりっとした形ができます。(P.123 (56)も同様)

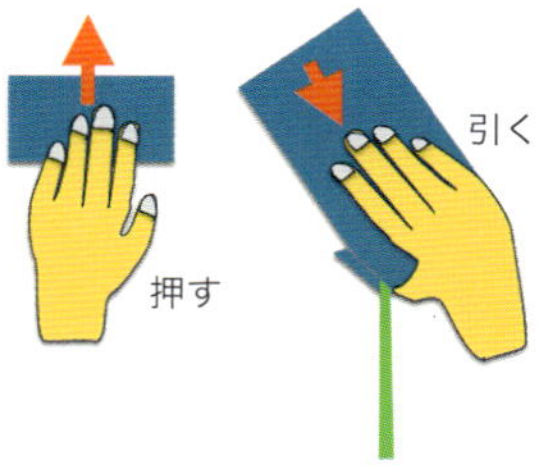

⑨ てを決めたところで輪に帯締めを通す。羽根の傾きを押さえ、胴帯の上に決め線をあてて帯締めを前で締める。

⑩ 帯締めを締めると羽根が傾くので、中から両手で山ひだをにぎって持ち、背中に向けて傾きを起こす。

⑪ たたんだて先を指で起こし、向きを変え立てる。帯の色柄に応じて調節を。

⑫ 両手の指先をあてて、て先を起こす。元から起こさないとすぐに倒れるので気をつけること。

⑬ 水平に羽根をのばしてから、左右の端を持って引き、折り曲げて仕上げます。

⑭ 花文庫のでき上がり。立ち上げたて先は色や分量によって形を調節します。

⑮ て先を立ち上げる前に、右のほうを長く引いて仕上げたバリエーション。長いほうをねじり曲げ表情をつける。

立て矢文庫

横向きの帯枕に斜めのひだ

羽根の形を体に斜めに作る結びを立て矢系、真下に作る結びを文庫系といいます。これは立て矢と文庫を合わせた結びです。

右の羽根が文庫、左が立て矢の形になっていますので、両方の羽根の傾け方がポイントです。

① て先の柄止まりから約一八センチをての長さに決める。決めたところを背中心にあてて胴帯を二巻きする。

② 箱ひだにたたんでおいたて先を上にして結ぶ。結び目で手のひらを上に向けて帯を持って締める。

③ 細紐や帯枕、帯揚げのかけ方や手順は文庫結びと同じです。結び目に近いところでたれを開いて布目を整える。

④ 右手はたれの端を持って、開いたたれを左肩に向けて斜めに上げ、肩から約八センチ出して折り返す。

⑤ 重ねた二枚の帯を右の親指を伸ばして持ち、左の親指を右手と平行にして折り返した中の部分を持って開く。

⑥ 斜めに下がっているたれを折り上げて、上からもう一枚重ねる。長さによって折り返しが異なる。

⑦ ⑥で重ねた羽根を少し斜めにずらし、背中心の帯枕のあたりの重なりを右手のひらで押さえる。左手は中の帯枕に。

⑧ 上から押さえる右手も帯枕に斜めに構え、指先で帯端を斜めに折り込む。斜めがポイントです。

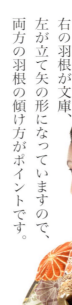

⑨ 三つ山ひだを斜めに作る。山ひだは、左の指先で内側から帯を突き上げ、帯枕より高い折り山にする。

⑩ 三つ山ひだを細紐で斜めに結び固定する。帯枕は横に向いていますが、手順はすべて斜めにする。

⑪ て先を羽根に合わせて右肩から斜めに下げる。結ぶ前に作ったて先の箱ひだの幅を調節して折りたたむ。

⑫ て先に合わせて帯締めをあて、余分な部分を内側に折り込む。帯締めの決め線を胴帯の上につけて固定する。

⑬ 左肩の羽根に、ふくら雀と同様に一枚ずつ表情をつける。羽根を揃えすぎないほうが華やかです。

⑭ たれ先をやや下に傾ける。たれ先の両端を持って行うと、布目が正されて形がしっかりします。

⑮ でき上がり。体に斜めの立て矢系の帯結びは、羽根の長さや大きさのバランスによって形が決まります。

重ね立て矢

① 立て矢文庫のバリエーションです。ここまでは、立て矢文庫の結び（⑨まで）と同じです。

② 中心の山ひだからたれ先の角を持って、折り下がりの部分を押さえ、右肩に向けて斜め上に折り上げる。

③ 帯枕の上に作った山ひだと折り上げた角を、あらかじめ帯枕下に掛けておいた細紐を斜めにして結び、固定する。

④ 箱ひだのて先を斜めに下ろし、帯締めで押さえて前で結ぶ。斜めに上げたたれ先をて先で支えた形にします。

⑤ 右肩斜めに折り上げていたたれと端を、両手で持つ。そのまま斜め下に折り端をのばして仕上げる。

⑥ 重ね立て矢のでき上がり。羽根の中心でしっかり形を決めておくのがポイント。

だらり文庫——関西巻きで結ぶ帯の美

舞妓のだらりの帯結びを袋帯に応用した結びです。

① ての長さを約五〇センチに決め、て先を箱ひだにたたむ。前帯の下側をわにする場合と上側をわにする場合で、たたみ方も逆になる。

② て先は写真のように逆S字形の三つ折りに。舞妓の本格派のだらりの帯は、長くて広幅の、裏にも模様のある丸帯で結びます。

③ 三つ折りにたたんだて先を背中心にあてる。左から右の関西巻きで巻く。ここでは前帯のわが上になっています。

④ 帯を一巻きし背中心で持つ。背中心で締めると前もよく締まり、帯が体をぴったりと包みます。腕を真っすぐ伸ばして手のひらで締める。

⑤ 二巻きして胴帯を背中心に向けて斜め上に折った上に、脇に戻したて先を重ねて結ぶ。ここは関西巻きでも関東巻きでも同じです。

⑥ て先を上に結んで締めたあと、結び目下の胴帯に土台にするタオルなどを入れる。タオルは全部奥に入れ込まないように。

⑦ たれ先が約八センチ長くなるように長いままたれを二つに折る。必ず折った輪のほうが右、たれ先が左になるように折る。

⑧ たれ先が輪の部分より長いことを確認する。次に、二枚に重ねた折り山が結び目から十分にゆとりを持って重なっているかどうかも確認する。

⑨ たれ二枚が重なっていることを確認し、重ねて山になった端から左右を四分の一ずつ内側に折る。裏側の部分にゆとりがないときれいに折れません。

⑩ ⑨の左右を四分の一ずつ、次に左右の親指を中心に向けてたれを持ち、残っている部分をさらに二つに折る。

⑪ 両手で端から四分の一折った折り山を持ち、手を合わせて、二つの折り山をつける。これで、帯幅を四分の一ずつ均等に折ったことになります。

⑫ 二つの山を合わせて左右の布目を正してから、結び目の上に合わせた二つの折り山を真上に向けてつける。折り山を重ねて整え、背中にきちんとつける。

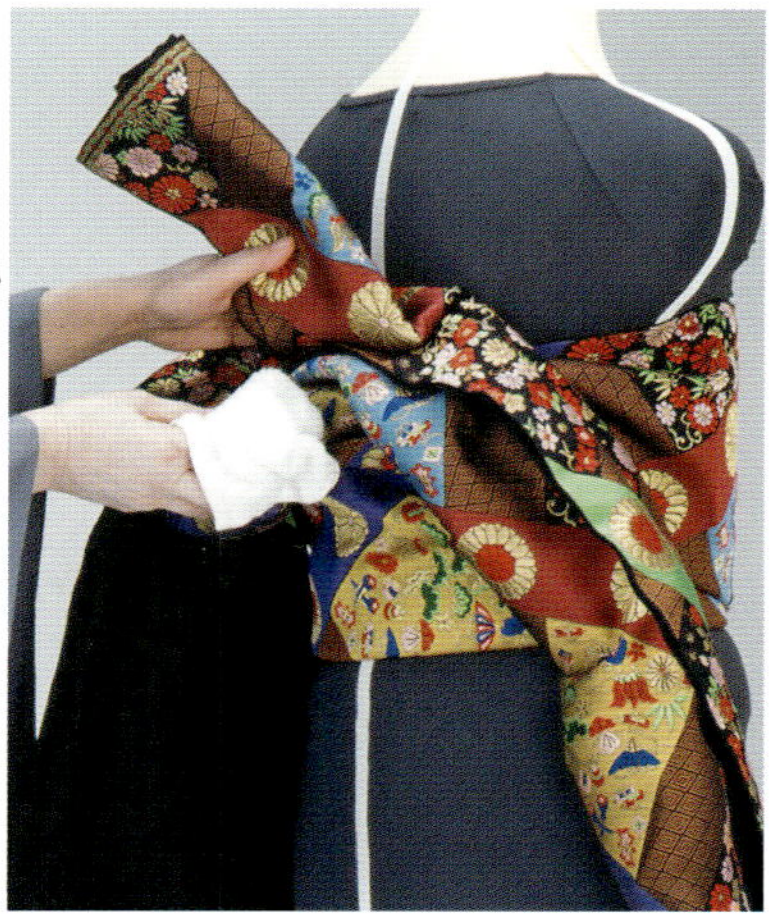

⑬ 片方の手で先を下ろして二つの折り山を押さえる。もう一方の手で結び目下の胴帯に入れたタオルを取り出す。

⑭ タオルを取り出した胴帯のすき間に、て先の余分な帯を入れ込む。ゆるみのないように折り山をぴったりと背中につけ、て先をなで下ろして入れる。

⑮ て先を入れた胴帯の上端に帯枕の底をつける。たたんだ折り山の端を押さえないように帯枕を背中にぴったりとつけ、枕紐を前で結ぶ。

⑯ て先がゆるまないよう帯枕を胴帯の上で背中にきちんとつけて押さえる。帯枕がついていないと帯山も倒れるので、しっかりと。帯枕に帯揚げをかけておく。

⑰ 仕上げの最初は、折り山を両手で持ち、背中側に向けて少し斜めに傾ける。両手で一緒に傾けると折り山の形をくずさずにできます。

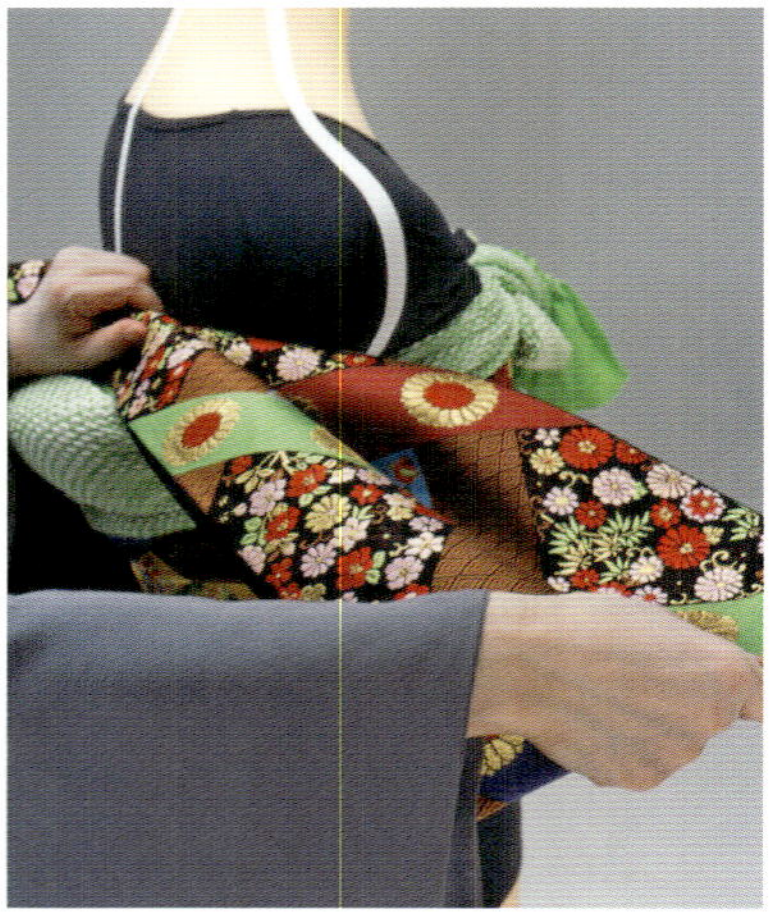

⑱ て先で包んだ折り山の中央を包んだ折り山ごと片手でにぎって持ち、もう一方の手でひだになっている端の中央を引いて布目をのばして整える。左右同様に。

Point

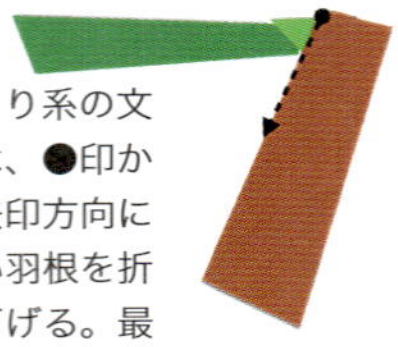

だらり系の文庫は、●印から矢印方向に長い羽根を折り下げる。最初から矢印方向に斜めに折り下げて作ると、形がきれいに流れる。

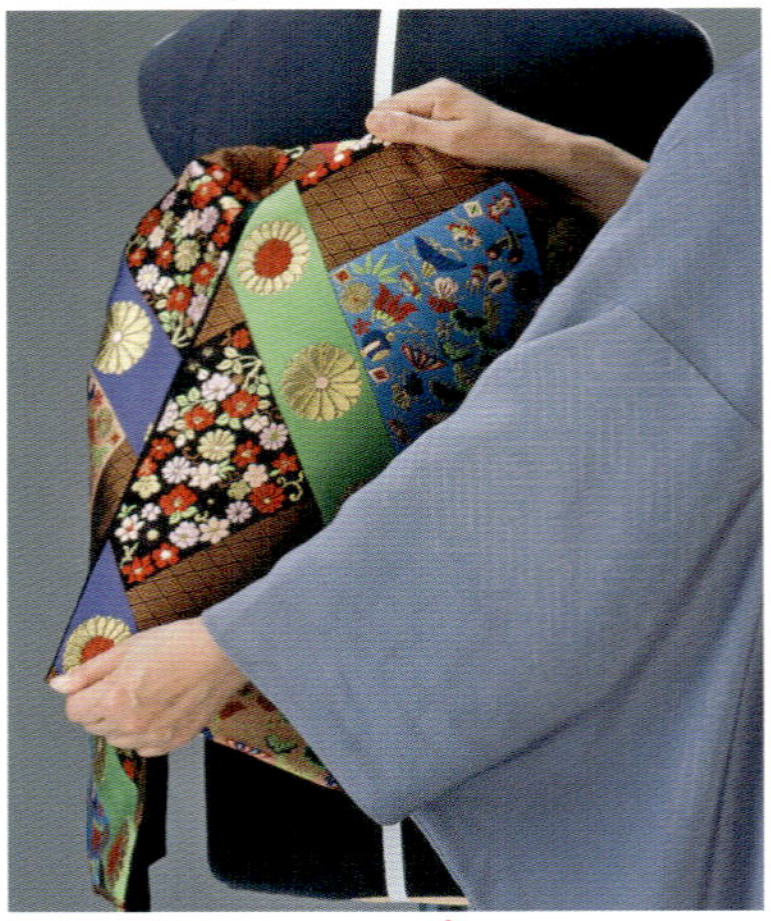

⑲ 三角形に起こした帯山の形を保ち、こわさないように帯山とたれ先の角を持ち、斜め下に向けて下げる。浅い角度だと、すぐに帯が開いてしまいます。

Point

て先の折り山と左右の羽根の折り山は、3つの二等辺三角形になっている。

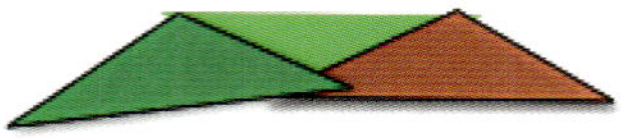

★はポイント

⑳ 右の折り山と同じく、左の折り山も横に開いて三角形を作ります。

Point

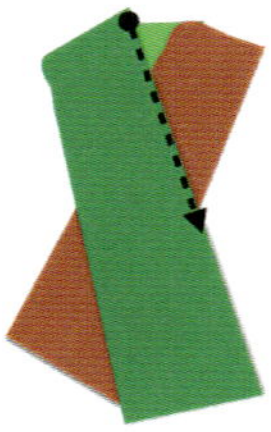

左側の長い帯の羽根も、●印から矢印方向に折り下げて作る。

㉑ 三角形にした帯山を斜めに傾け、形をこわさないように。帯山とたれ先の角を持ち、斜めに下げる。右、左の順でたれ先の形を作ること。

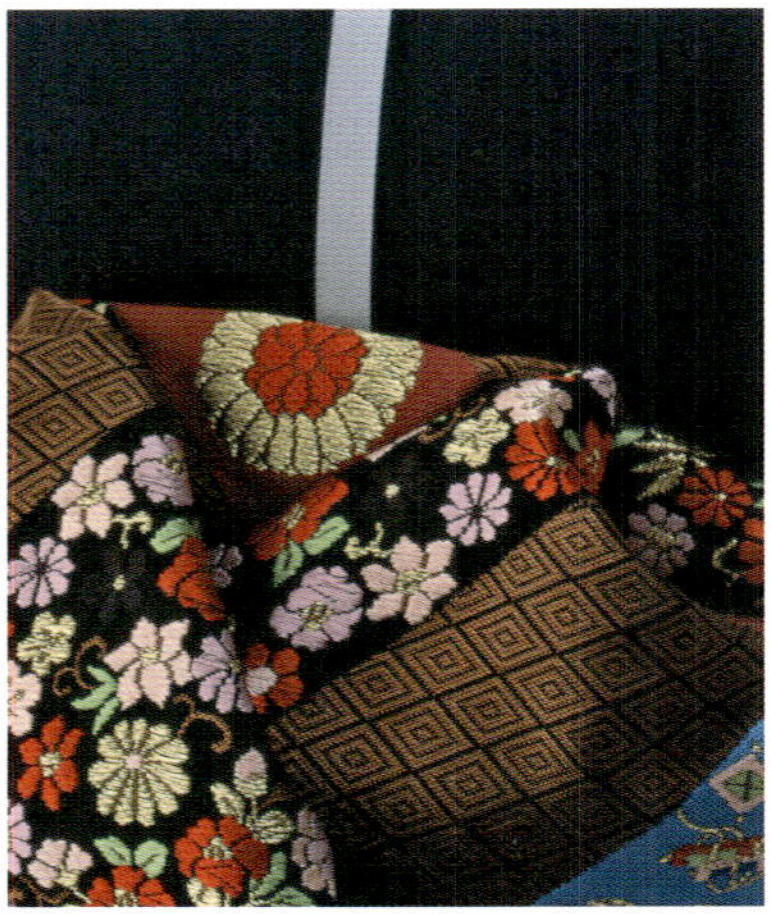

★三角に形作った帯山です。中心がきちんと背中についていること、折り山を薄く作ること、必ず左を上にして羽根の重なりを作ること。

㉒ でき上がり。本来のだらりの帯は長くて重さもあるので斜めの傾きが安定しますが、短い帯は開きやすいので、帯山のポイントをしっかり確認します。

蝶結び

——帯幅を最大限に使って

羽根を、羽ばたく蝶に見立てた結びです。若々しく躍動感があるので、振袖にぴったり。大きさによって表情が変わるので、羽根のとり方に気をつけましょう。

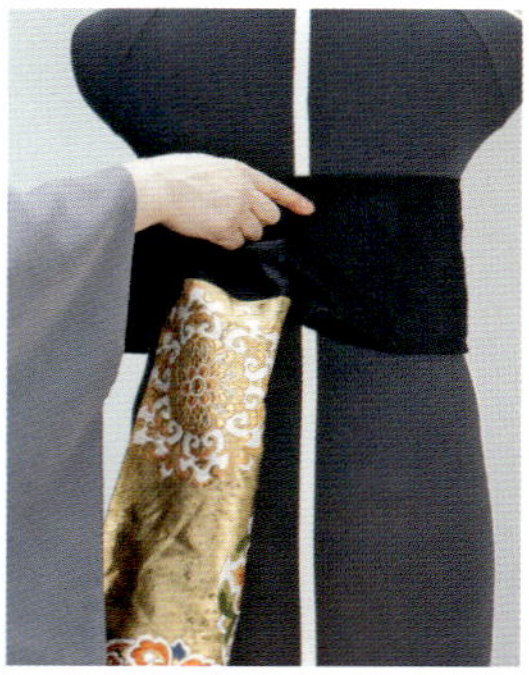

① 柄止まりから約一八センチの無地部分をてに決め、背中心につけて胴帯を巻く。

② て先を亀甲ひだにして上に結ぶ。細紐、帯枕の用い方の手順やポイントは、ほかの結び方と同じです。

③ たれ先を持ち内側に回して模様を表にして折る。結び目から約三〇センチほどとって、羽根の大きさを決める。

④ 折りたたんだ帯を左肩に斜めに上げる。羽根の角が肩から約八センチ出るところで全体の大きさを調節する。

⑤ 内側にたたんだたれや羽根全体の長さを、帯枕を中心に調節する。斜めに作る羽根の大きさは、帯枕を中心に五・五対四・五の割合で肩側を長くしておく。

⑥ 重なった内側の部分の三分の一か半分を出し、帯枕のあたりで右手を斜めにあて羽根を押さえる。

⑦ 中から出した部分も含めた幅の真ん中あたりに帯枕がくるようにする。左手を中から帯枕にあて、帯枕の上で斜めに帯をたたみ、右手で山ひだにして持つ。

Point

矢の字系の斜め結びの羽根作りは、帯枕を包むようにして矢印方向に斜めに折りたたむ。

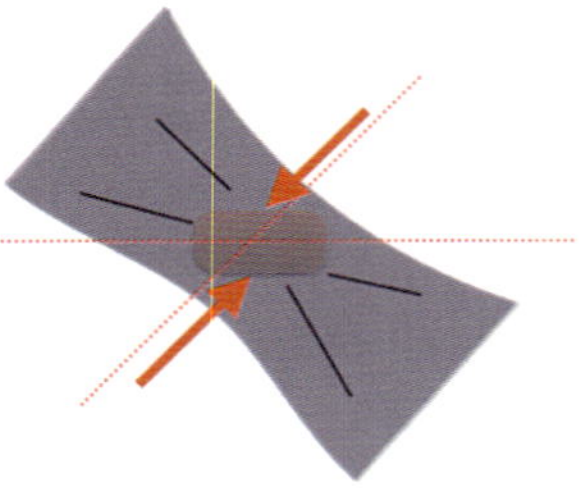

⑧ 写真のように帯山を交互に斜めに持って固定し、左右の羽根の角を持って引きのばし、全体の布目を整える。

⑨ 帯枕に羽根をかぶせるようにする。

⑩ 作った山ひだを細紐で結んで帯枕に固定する。真横につけてある帯枕に対して帯を斜めにして羽根を作るため、仮紐も斜めにして結ぶ。斜めがポイントです。

Point

羽根を作ったら、仮紐も斜めに結んでとめる。

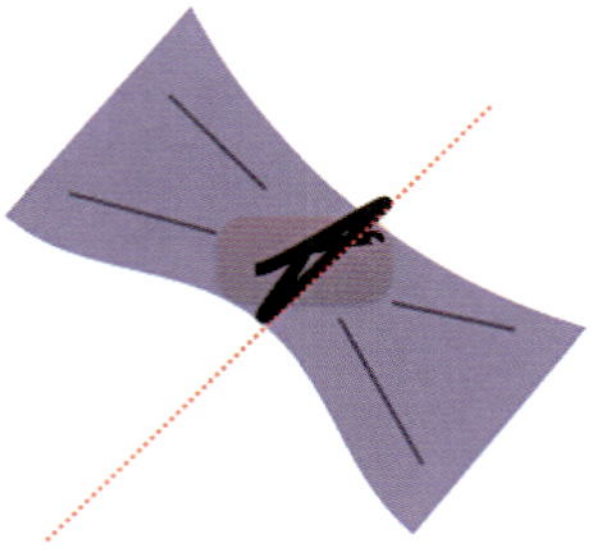

⑪ てを下げ胴帯の上で長さを決める。ての裏側に帯締めをあて、余分な部分を折り入れて決め線を作る。

⑫ 蝶結びのでき上がりです。引き出して、広い幅にして羽根を作ると豪華に。羽根の大きさや斜めに作ったひだがポイントです。

⑬ 帯が短めで、羽根の内側に折りたたむ部分が少ないときは、左肩のほうを長くするとバランスがとれて花結びのようになります。ポイントは同じです。

新美蝶

——羽根は水平、て先は縦

て先の無地部分を生かした、蝶結びのアレンジです。羽根を変えるだけで、こんなにもバリエーションが広がります。

① 柄止まりを体の脇に決める。巻くときは、後ろを高くした後ろ上がりに。

② て先を上にたれを下にして結ぶ。結び目下の胴帯に必ずタオルを入れて帯が下がるのを防ぐ。

③ 細紐、帯枕、枕紐の結び方などはすべて基本どおりの手順です。結び目のたれを開いて布目をきれいに正す。

④ たれ先を内側に回し、模様を表に出して折りたたむ。結び目から約三〇センチ残して折りたたむ。

⑤ たたんだ帯を横にするための持ち方です。折り山を左手に持ち、たたんだたれを揃えて右手で端を持って横にする。文庫結びなどと同じ手順と持ち方です。

⑥ 帯枕より約八センチ上まで端を上げて水平にする。両肩から約八センチ出して羽根の長さを調節し、中に折りたたんだ部分を半分縦に引き出して幅を広げる。

⑦ 全体の羽根の中央に帯枕がくるようにし、右手のひらで押さえる。帯枕を左手で押さえ、右手で枕の上から羽根を折って折り山を作って持つ。

⑧ 真ん中を左の指先で中から突き上げ、右の親指で折り山を受け取る。

⑨ 羽根の布目を正し、折り山を細紐で結んで固定する。中の部分を引き出して幅を広げた中心で帯枕を包み、山ひだを作る。

⑩ て先を背中心で下に下ろし、二回ねじって幅を細くする。この部分のて先は無地部分です。左右どちらにねじっても構いません。

⑪ 模様を表に向けて、て先を内側に回し、折り返す。羽根を押さえて余った部分を幅をいっぱいに開いて折り返しています。

⑫ 折り返してできたて先の輪に帯締めを通し、胴帯につけて前で結ぶ。羽根を押さえたて先が長すぎると羽根がゆるみます。

⑬ ⑪で折り返したて先を起こして布目を正し、表情を作る。ねじったて先がゆるんでいると帯が立ちません。

うの花結び

棒巻きひねりの羽根

タレントの神田うのさんのために考えた、オリジナルの創作結び。個性的なうのさんのキャラクターを引き立てる形です。

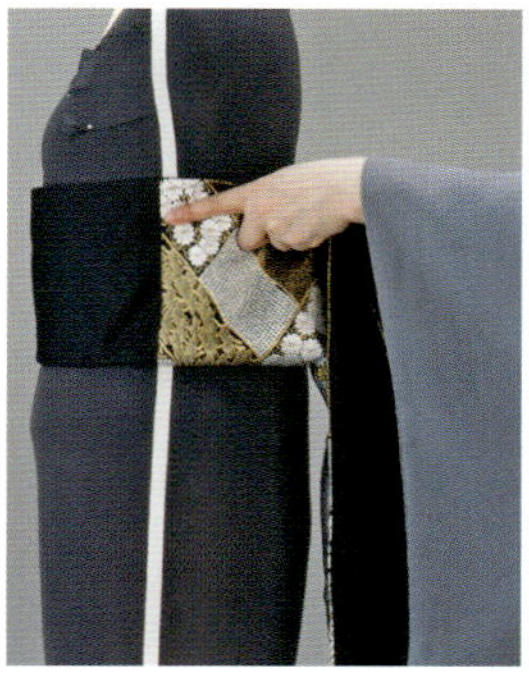

① 柄止まりを体の脇に決めて帯を一巻きする。後ろを高めにして帯を巻く。

② 帯を二巻きし、脇から斜めに折りたたむ。その上に脇に戻したてを細い三つ折りにして写真のように重ねる。

③ 上に重ねたてを結び目で全部引き抜かないように結んで輪を残す。上に出たては、三つ折りの裏側が出ています。

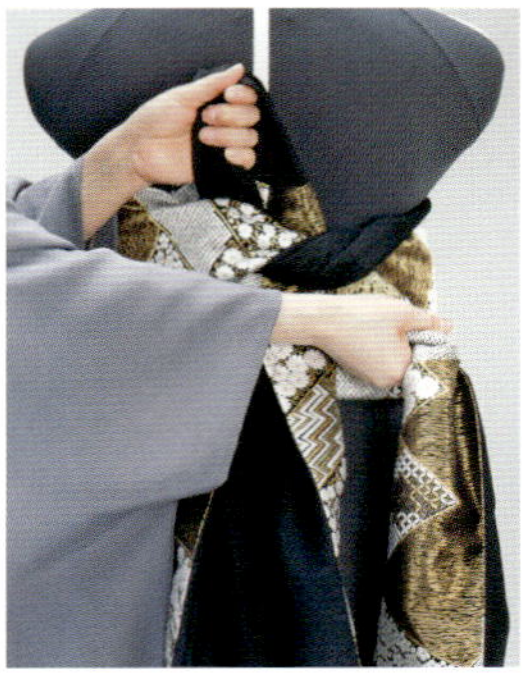

④ てとたれを持って結び目を締める。両手のひらを上に向けて帯を持ち、斜めに締めると楽に締まる。

⑤ 引き抜き結びなので、て先を下に向けています。結び目下のたれを裏側を表に出して開く。

⑥ 裏側を表に出して結び目から帯の布目を正す。たれ先を両手で持って手首を傾け、端から内側に向けて巻く。

⑦ 結び目までたれを巻く。巻き加減は、あまりゆるくせず少し固めに巻き、帯端を揃えて整える。

⑧ 巻き終えたら、たれ先を持って静かに引き出す。

⑨ 螺旋状に帯を引き出して棒のように長くする。螺旋状の重なりが一か所でもはずれると折れるので、引き出しすぎないように。

⑩ 必要な長さを引き出したら、引き出し始めの部分をにぎって持つ。棒状の傾き具合や開き加減をここで確認する。

⑪ にぎり持ったところを輪ゴムでとめ、棒状の羽根を固定する。③で残しておいた、ての輪の中に棒状にした羽根を通す。

⑫ 通し終えたら、羽根を開いて形を決める。写真のように片手で支えながら、もう一方の手でて先を下に引いて輪をしっかり締め固定する。

⑬ 帯全体の重みがかかって、下がりやすくなっているので、胴帯を開いてタオルなどを入れて土台にする。台の上に帯全体が落ち着くように仕上げる。

⑭ 三つ折りにした裏側を表に向けて、てのひだを整える。ての長さや帯の色柄によって結び上げる形を変える場合は、この段階でたたみ方などの調節をしておく。

⑮ 羽根の大きさによって折り返しを決める。て先から約半分を目安にガーゼ紐か腰紐を二つ折りにしてあて、帯山にする。

⑯ 帯山を上げ、紐を背中心につけて前で結び、帯揚げをかける。折り返しのて先の向きは好みに合わせて。

⑰ うの花結びのでき上がり。棒状の部分は、ゆるく巻いたまま引き出すと帯先が開きやすくなりますが、螺旋状にして引き出すとくずれにくくなります。

寿々賀——てを縦に広げて

帯の長さを生かし、羽根を大きく開いた豪華なオリジナル結びです。

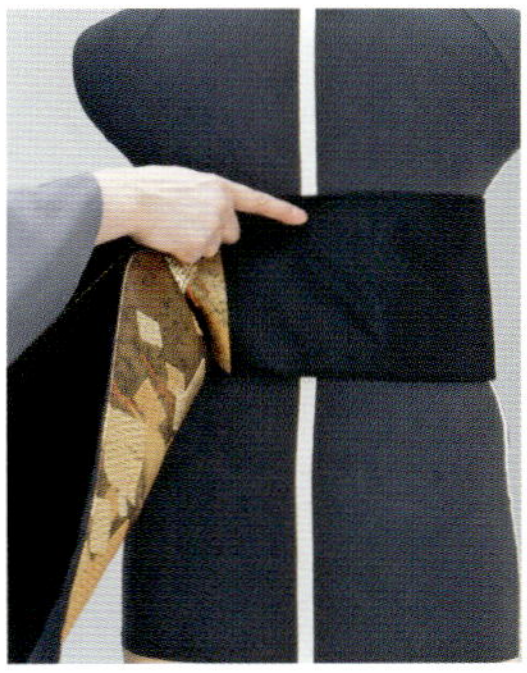

① 柄止まりから約一八センチをとり、ての長さに決める。決めたところを背中心にあてて帯を二巻きする。

② 腕にかかえ持っているたれの上に、右脇に戻したてを背中心で重ねる。ての裏を開いて亀甲ひだを作る。

③ て先を両手で約三〇センチの長さを持ち、両手首を返して②で作った裏側の亀甲ひだを表に出す。

④ タオルの台、細紐、帯枕、帯揚げは、すべて文庫結び（P121〜122）の手順を踏み、たれを開く。

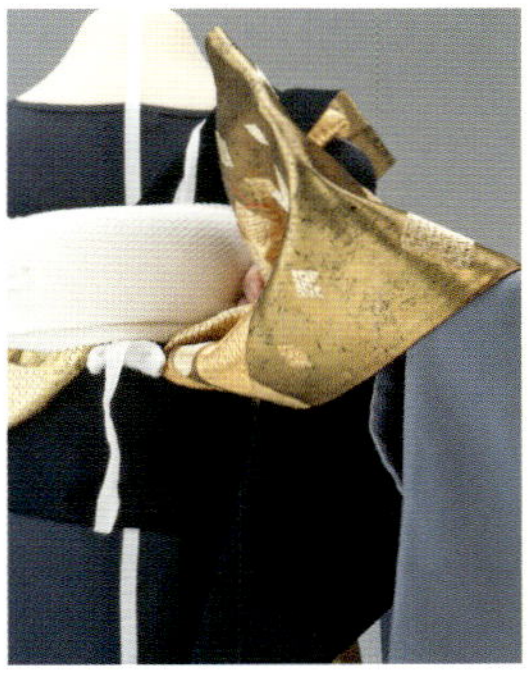

⑤ たれを左腕に掛けて、右手で帯端を揃えて持ち、着る人の左肩に向かってたれを上げる。ふくら雀と同じ手順で。

⑥ 肩から約八センチ出して羽根の大きさを決め、羽根の片側の端を右手と同じ位置で持って、結び目から開く。

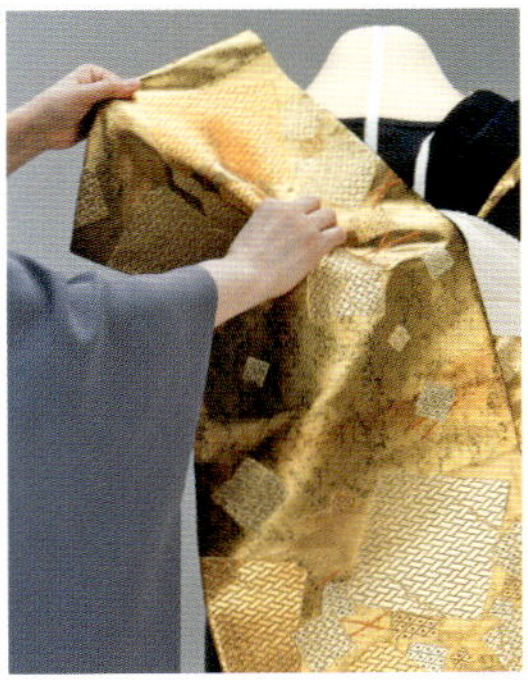

⑦ 羽根の端から二二〜二三センチのところで、下から突き上げて山ひだを作り、布目を正す。

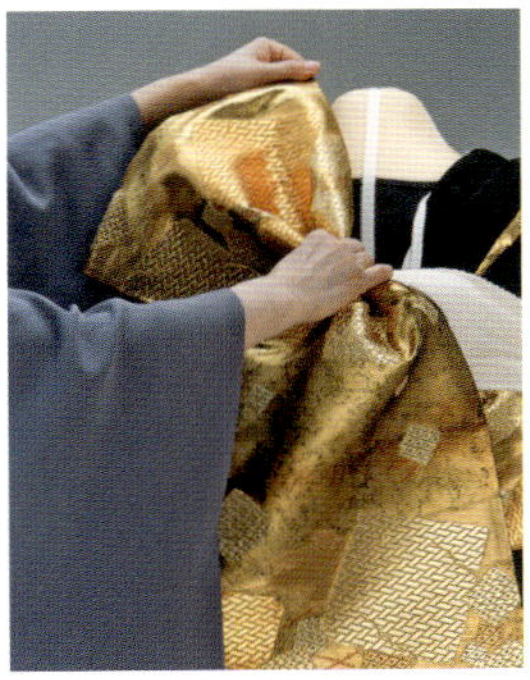

⑧ さらに、上半分を下から突き上げて中心の山より低く折り山を作り、羽根の角を持って引き、溝の布目を正す。

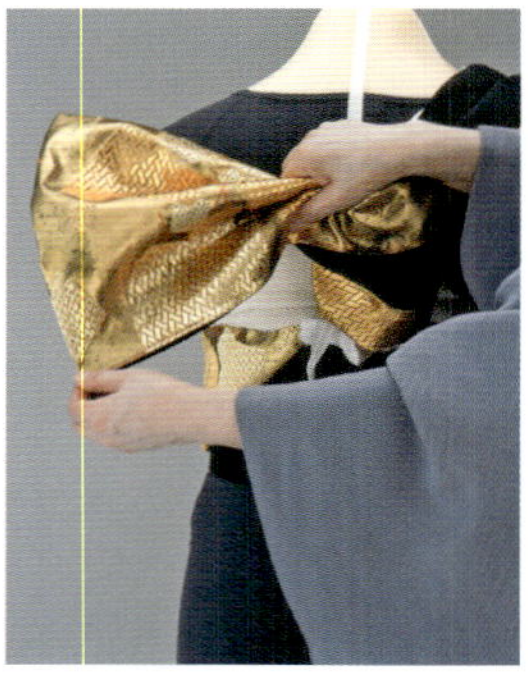

⑨ たれを上げて右ひじで押さえ、羽根の布目を平らに整えてから下半分を突き上げて折り山を作り、溝をのばす。

⑩ 羽根の山ひだを輪ゴムでとめ、帯枕の上にのせる。

⑪ 羽根の中央で帯を裏返しにする。

⑫ たれを下から上に向けて一枚目の羽根を大きく折り上げる。

⑬ 二枚目を折り上げ、帯枕につけて押さえる。一枚目より上げる幅を少なくし、常に帯枕のあたりで帯を押さえる。

⑭ 四回を基準に帯を折り上げる。三回目と四回目は約五センチ幅に折り、最後のたれ先は背に向ける。

⑮ 折りたたんだ帯で帯枕を包み、④で帯枕下に置いた細紐で結んで固定する。たれ先を背中にしっかりとつける。

⑯ てを整えて下に下ろし、折りたたんだひだを押さえて包み、帯締めをかける。長いて先は斜めに折り上げる。

⑰ 左の羽根の角を肩に向けて引き出し、三つ山ひだの布目を正す。ふくら雀と同様に羽根の形を仕上げる。

⑱ 左手で帯枕のあたりを押さえ、右手でおりたたんだ一番表面にあるひだの角を持って静かに横に引き出しのばす。

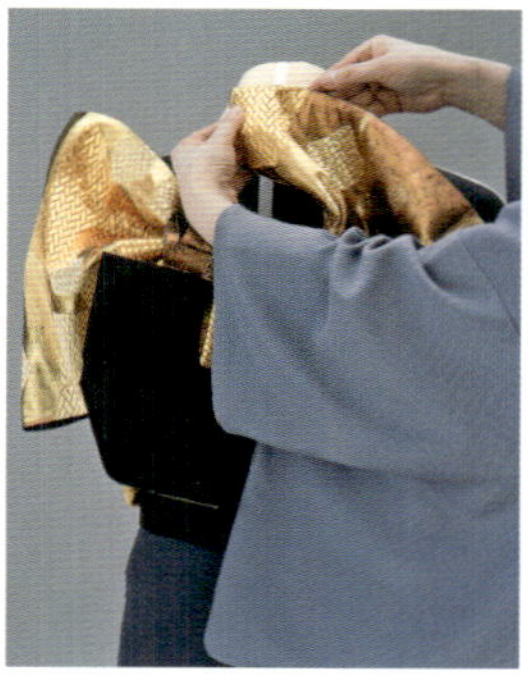

⑲ たれ先を持ち、背中心まで上げて開き、左手に渡す。

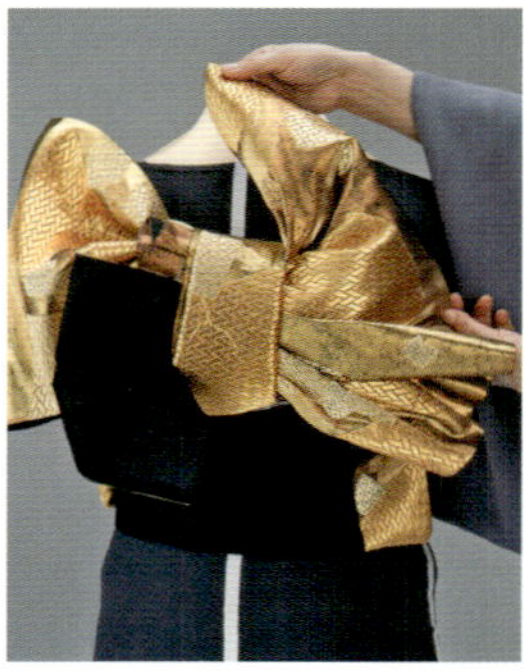

⑳ 上半分の山ひだを裏から表に折り返し、帯を開いて羽根の形を固定する。

㉑ 下の羽根を表面につき上げて羽根を開き、帯締めのあたりで先の上にひねり出し固定する。

㉒ 余分なて先を斜め上に折り上げ、裏側になった部分を帯締めのところからねじって折り返し、小さな羽根を作る。

㉓ 寿々賀結びのでき上がり。左右の羽根がアンバランスに見えますが、余分なて先で全体を調和させましょう。

巾着——縦のて先を横に使って

巾着袋をヒントにしたオリジナル結びで、大らかな形がとても印象的です。

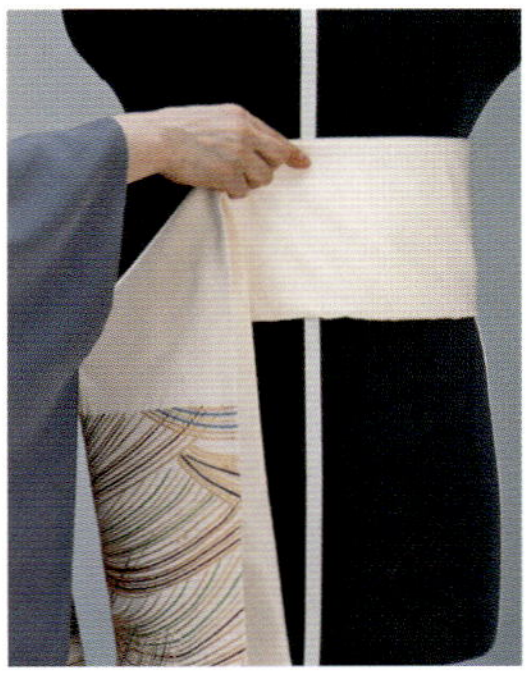

① て先の柄止まりから二五～三〇センチのところをてにして背中心につけ、帯を後ろ上がりに巻く。

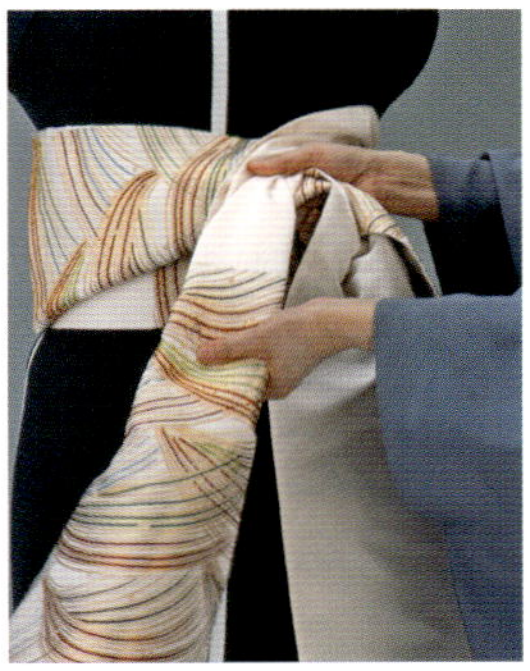

② てに亀甲ひだを作り、斜めに折ったたれの上に背中心で重ねる。巻き方、締め方はすべて基本どおりに。

③ て先を上に結んで締め、結び目下の胴帯にタオルなどを入れて帯が下がるのを防ぐ。タオルは奥に入れすぎない。

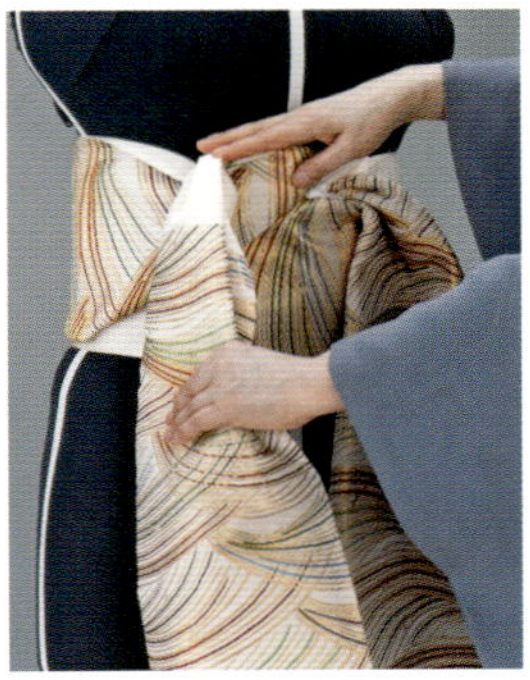

④ て先が上にくる帯結びのほとんどは右の肩にあずけておきますが、巾着結びでは、て先を左脇下に下げておく。

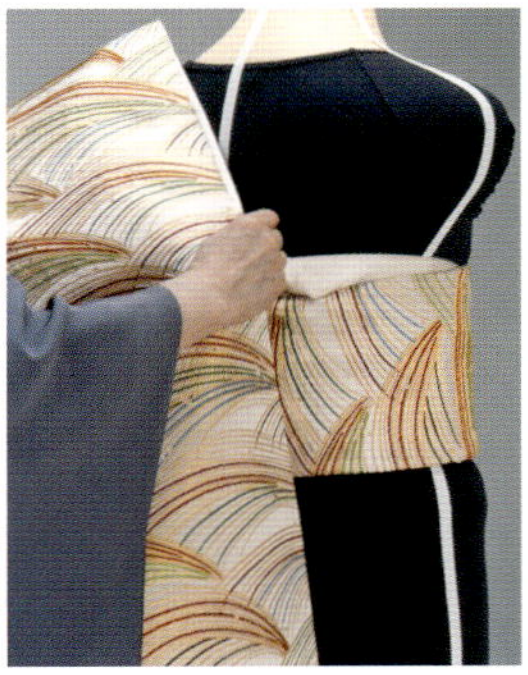

⑤ たれを結び目から左肩に向けて上げ、折り返して羽根の長さを測る。ふくら雀と同じ方法で決める。

⑥ 肩から約八センチほど角を出して羽根を決める。右手で表のほうを持ち、左手で裏の端を持って開く。

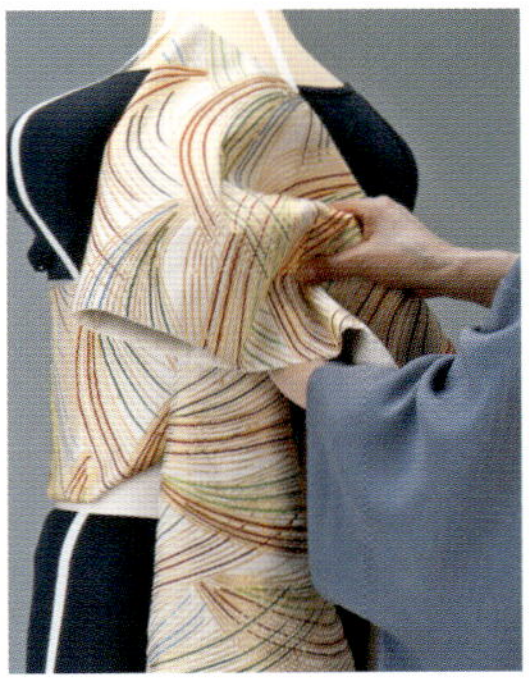

⑦ 結び目で右手を羽根上からあて、左の指先で帯の真ん中を下から突き上げて中心の折り山を作る。

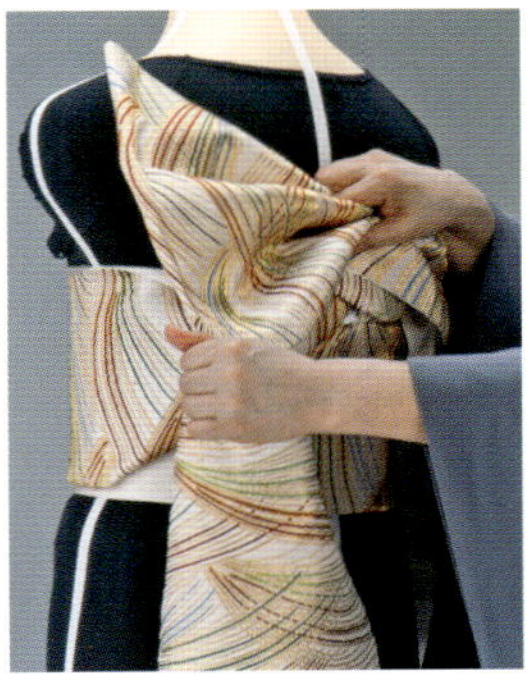

⑧ たれを右腕で押さえ、布目を平らにして三つの折り山を作る。羽根の角を持って折り山と溝の布目を正す。

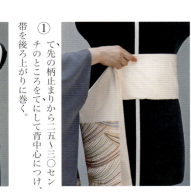

⑨ 左の羽根を輪ゴムでとめたところから約一〇センチ下でたれを折り上げ、もう一枚の羽根を作る。

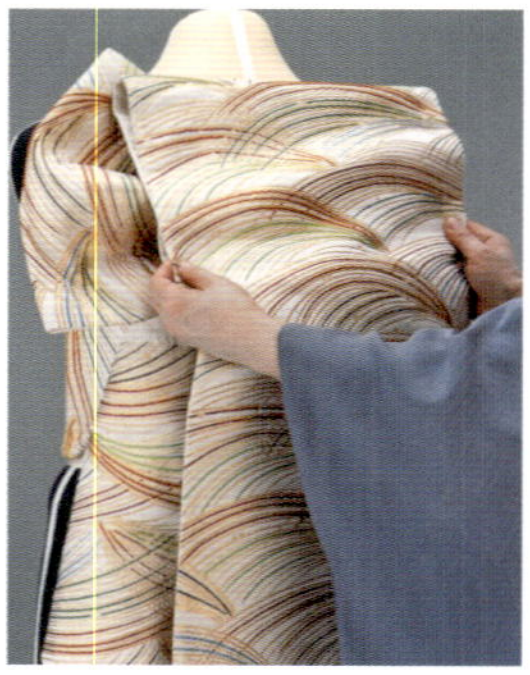

⑩ 折り返した二枚の羽根の両端をきちんと重ねて持ち、布目を正す。重ねた羽根は体に対して縦に持つ。

⑪ 中心で裏から突き上げて折り山を作って左手で持ったまま、上の中央を引き、布目をのばす。

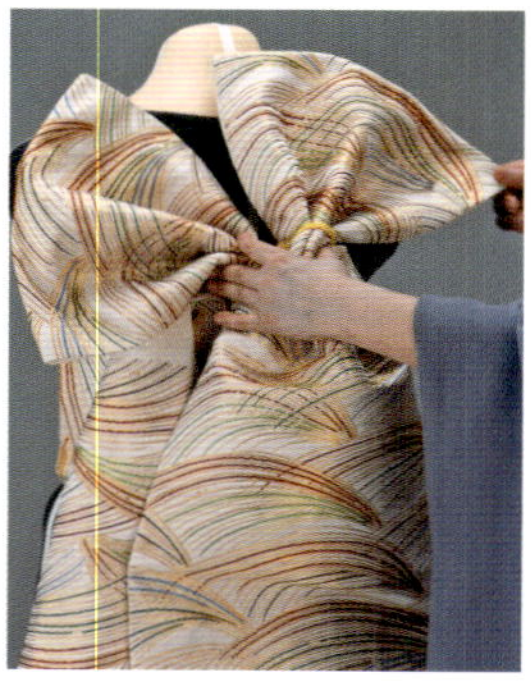

⑫ 三つ山にした羽根を輪ゴムでとめる。二枚の羽根を背中心で拳一つ分あけ、中心を重ねて結び目の上で並べる。

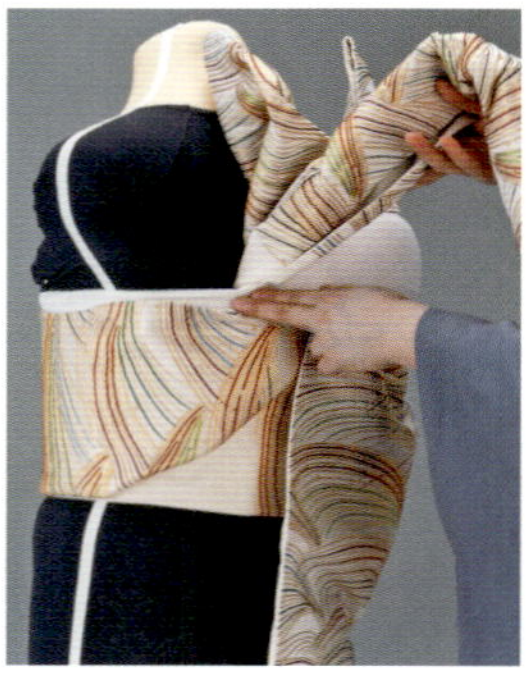

⑬ 重ねて並べた二枚の羽根に帯枕をあて押さえる。帯枕の紐は、ての下を通して胴帯の上で前に回し結ぶ。

⑭ 帯枕に帯揚げをかける。紐は、ての下を通しています。帯枕下の帯のひだは自然に残しておく。

⑮ ②で作ったての亀甲ひだを整え、左から右横に向け、帯枕を覆って包む。

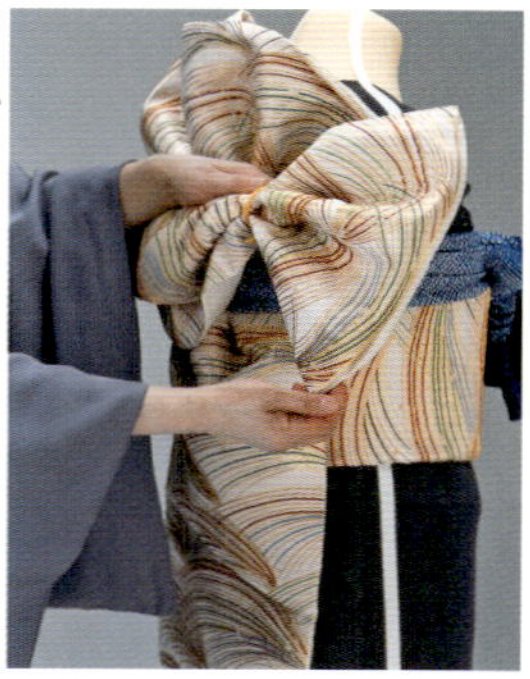

⑯ て先の端から約二〇センチのところで、三つ山ひだを作り、輪ゴムでとめて羽根を作る。

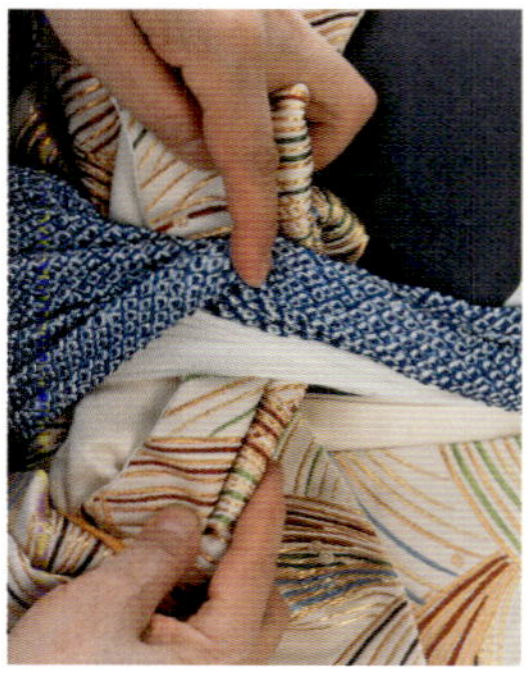

⑰ ⑯の羽根を扇子状にきちんと折りたたみ、帯揚げと枕紐の下からて先を上に通す。

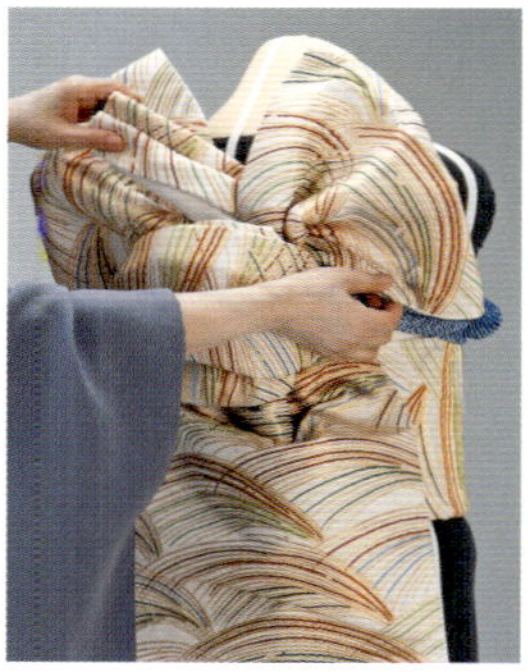

⑱ 先に作った二枚の羽根の間に⑰の羽根を入れて固定する。ゆるまないよう羽根とて先を整えます。

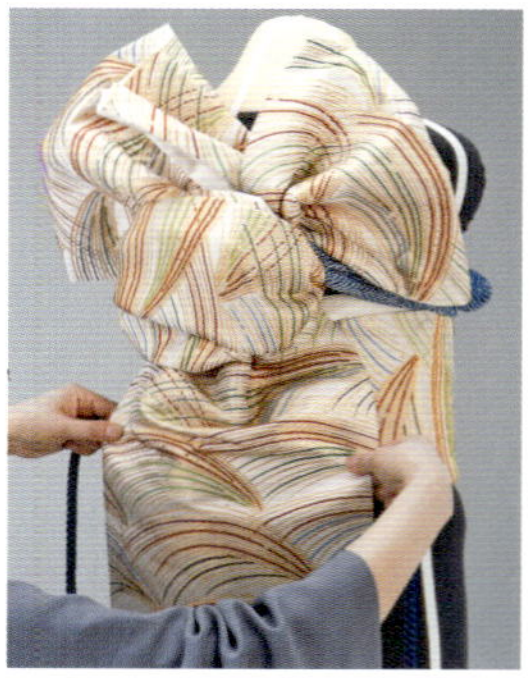

⑲ 胴帯の下から三分の一あたりに帯締めをあて、決め線にする。帯締めを胴帯から離してたれの裏につけます。

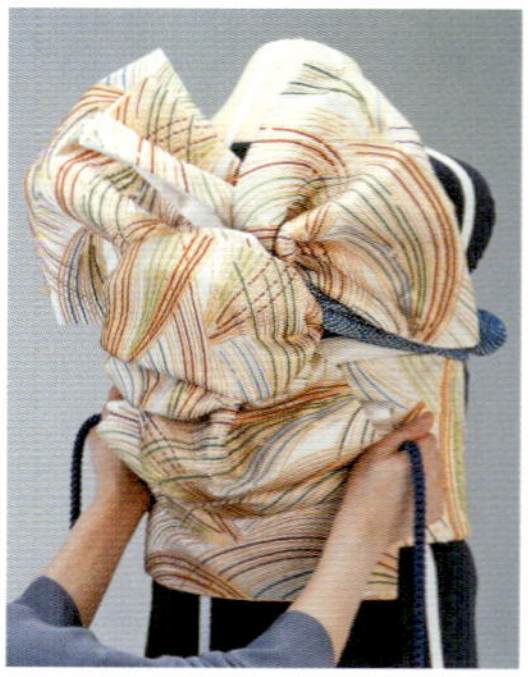

⑳ たれ先の長さをほかの結びと同じく決めて余分を中に折る。帯締めの決め線を胴帯につけて前に回して結ぶ。

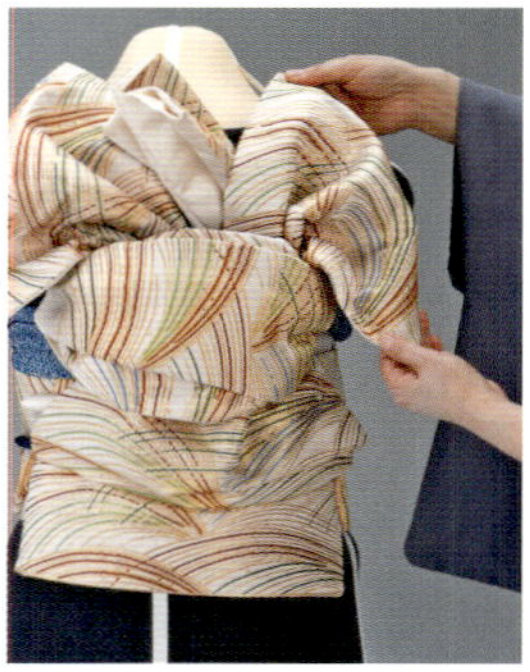

㉑ 右の羽根をて先にかけるようにして開いて仕上げる。羽根はふくら雀と同じように仕上げる。

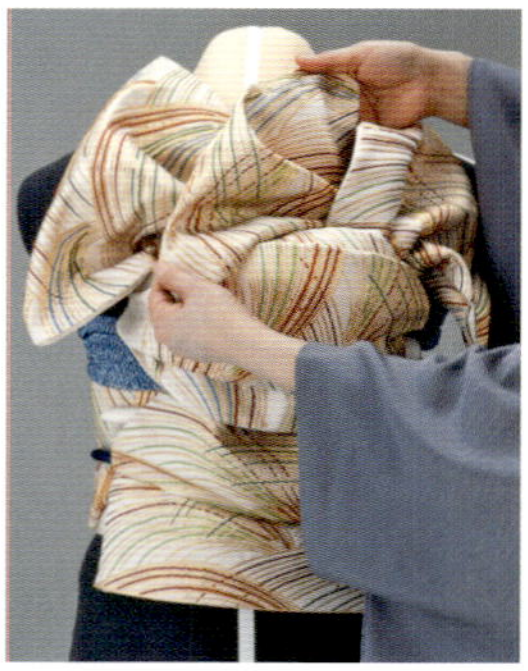

㉒ て先の折り山の羽根の溝を開く。左の羽根も同様にして仕上げ、三枚の羽根を重ねて揃える。

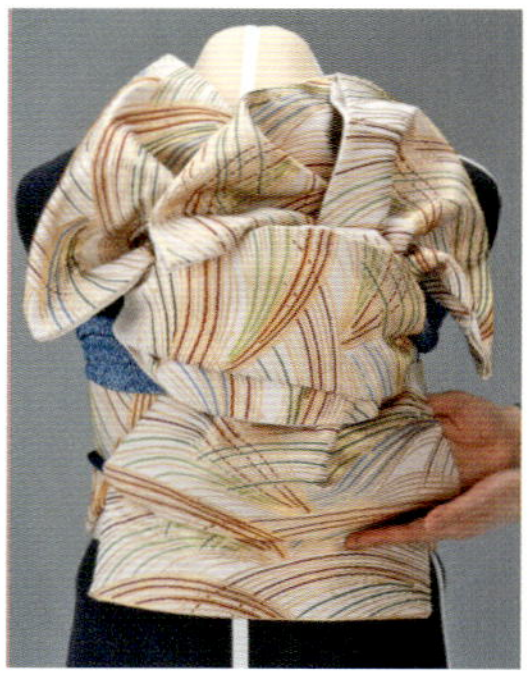

㉓ お太鼓の中に手を入れ、帯締めの際からふくらみをつけて仕上げる。中の余分な帯は帯締めに沿って折り返して芯にする。

㉔ 巾着のでき上がり。ゆるまないよう、て先は帯枕の紐の下を通すこと。お太鼓のふくらみ加減がポイントです。

時代結び

柳結び

――たれ先を残して結ぶ

芸者特有の結びで、一般の女性が結ぶことはほとんどありません。原型は、浮世絵などで見られる時代結びの引き抜き。今にも解けそうで解けない形が、また艶っぽく魅力的です。

右：丸帯と大きな帯枕で結ぶといわれる柳結び。主に関東系の芸者の帯結びとして知られています。実際にお座敷に出るきものと帯で、芸者の千代喜久さんに再現してもらいました。
着る人＝千代喜久

①て先から五〇センチほど持ち、前で左腰から右上がりの斜めにして一巻きする。巻いたて先を前に回し、体の約半分のところでての長さを決める。

②帯の中央を進行方向に向けて背中心で持ち、腕を伸ばして締める。帯が地厚なときは、腕を真っすぐにし、重心を下げて締めるとよい。

③二巻き目の前帯は、右腰から左上がりに斜めにして巻く。きものに巻いた赤のしごきの幅が、横に細く見えるように帯を巻く。

④後ろでしっかり締めたあと、てを脇まで十分戻す。次に帯を幅いっぱいに開いて結ぶために、て先を戻しておかないと帯の流れが悪くなります。

⑤二巻きした胴帯を開く。両面が柄の丸帯なので開いても裏と表がはっきりしませんが、帯を開くと裏側が出ています。

⑥脇まで戻したての開き口を上向きにして、その上に開いたたれを重ねて交差させる。たれ先まで帯幅を整えると結びやすくなります。

歩くたびに揺れる帯の後ろ姿は、柳腰をいっそう際立たせ、人目を引きます。

Point

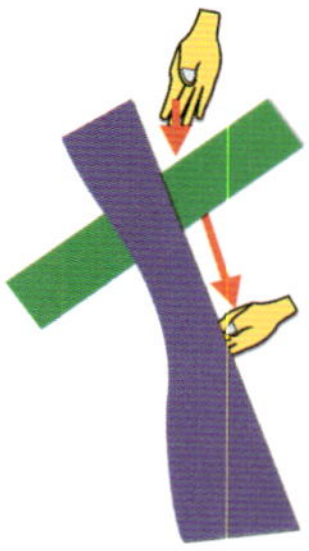

て先とたれの帯をきれいに結ぶコツ。どのような結びでも、右手を入れたときは帯の右端を持って引き抜く。

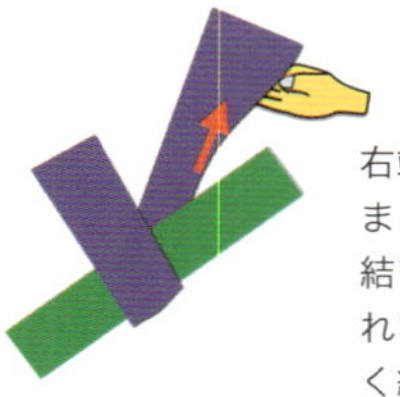

右端を持ったまま結ぶと、結び目裏がきれいなのでよく締まる。

⑦ 交差部分の左右を左手で持ち、相手の右肩に自分の右肩をつけて右上から右手を入れ、たれの右端を持つ。

⑧ 右手のたれを上に引き、できた輪の中に右腕を入れて帯が戻るのを防ぐ。左手で結び目の中の部分を整える。

⑨ 左手で帯の整理を終えたら、て先を持つ。右手でたれの結び元部分を持って軽く締める。

⑩ たれ先を腰に残してたれを引き上げる。たれの中央、左端、右端の順で三回に分けて全体をきっちり締める。

長めのたれとお引きずりのきものの裾が、うなじから流れるような美しさ。後ろからも色香を感じさせる形式美の表れです。

⑪ 着る人の指先あたりを目安にたれ先の長さを決め、帯山の位置も決める。

⑫ 肩甲骨の下で帯枕をきちんと背中につけて帯山を作る。二重太鼓と同じ方法で。

⑬ 帯揚げで帯枕を包みガーゼ紐が見えないようにする。赤い縮緬《ちりめん》の帯揚げが一般的です。

⑭ 一巻き目と二巻き目の間に左の指先を入れてすき間を作り、後ろから前へ右手で先の半分を入れて斜めでとめる。

江戸風角《つの》出《だ》し

——引き抜き方で決まる角

江戸時代の町人や商人の女性に結ばれた粋な江戸角出し。左右の角を高くして若い娘に、低くして年配の女性に結ばれていました。毎日がきもの姿だった頃の女性たちの、帯に秘めたお洒落心がしのばれます。

①てての長さは、使用する帯の厚さや幅によって違いますが、目安として三〇〜三五センチに決める。決めたところを右手で持つ。

②帯の持ち方、巻き方は基本どおりに。前にあてる帯の位置は柳結びと同様、左腰から右上がりにして一巻きし、右手に持ったて先を背中心につける。

③背中心で帯幅の中央部分を持ち、進行方向に真っすぐ腕を伸ばして締める。中央を締めると空気が抜け、帯が体につきます。

④締めにくい場合、着る人の左肩に自分の右肩を斜めに向け左手で帯上を持つ。右腕を伸ばして相手の体につけ、帯下を持って手首を回しながら、二巻き目を締める。

⑤二巻き目の前帯を巻いて締めたあと、て先を脇まで戻す。柳結びと同じようにするので、十分に戻してきれいにしておく。

⑥たれの裏を開く。たれ先まで帯を整えておくと、上に引き抜くときスムーズに流れます。常に次のことの準備をしておくことが大切です。

⑦二つ折りの開き口を上にしてて先を持ち、その上に開いたたれを重ねて交差させる。結ぶ前に帯を開いておくことが大切です。

⑧て先とたれの交差部分を左手で持つ。写真のように相手の右肩に自分の右肩をつけて、右手を上から入れて腕を伸ばし、たれの右端を持つ。

⑨斜めにしていた体の向きを変えながら、右手を下から真上に引き上げます。真上に上げると、たれをねじらないで引き上げられます。

⑩ ⑨で作った輪の中に右腕を入れ、帯が戻るのを防ぐ。同時に、結び目に左手を入れ、たれの左右の幅をきれいにしておく。

⑪ たれを胴帯の下に約一五センチ残して引き上げ、軽く締める。たれの中央、右端、左端の順序で三回に分けて全体をきっちりと結び締める。

⑫ 輪になっているたれ二枚をきちんと重ねて布目を整える。写真のような塩瀬の染め帯は、縦横の布目を正すのがポイントです。

⑬ て先を右手に持つ。て先をゆるめて持つと広くなり、左手が入りやすくなります。左手をて先の元で上から入れ、帯の左端を持つ。

⑭ 端を持ったまま左手を外に出す。右手に持っているて先と出した部分をしっかり締めて結ぶ。

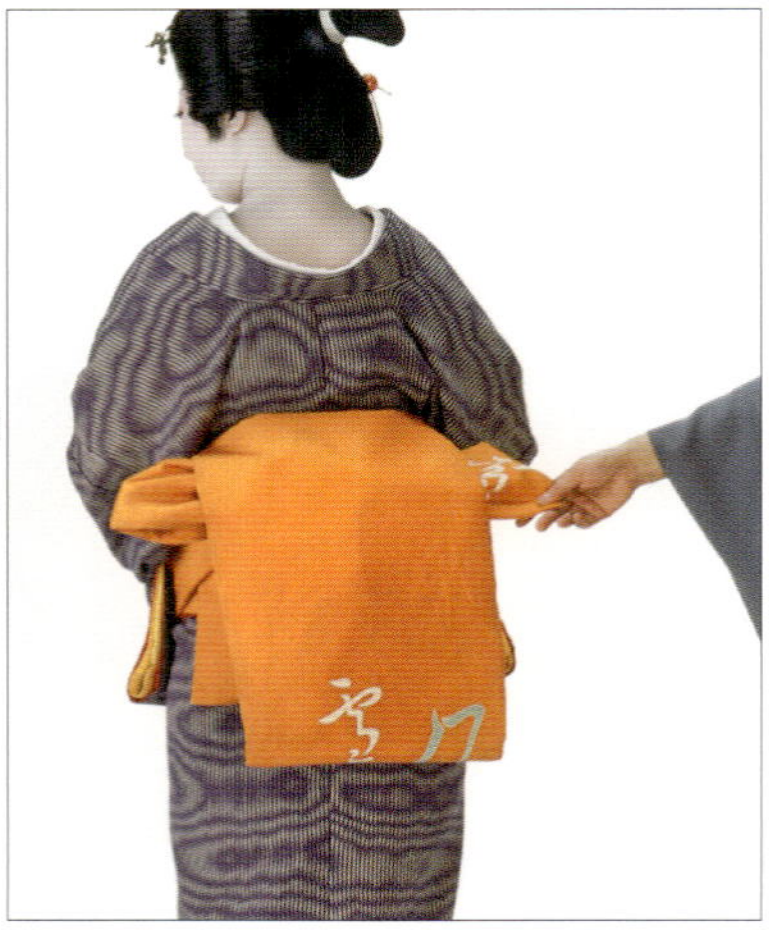

⑮ 左の角《つの》はたれ、右の角《つの》はて先で結び上がりです。角の長さは一五センチ前後です。角《つの》の位置がお太鼓中心の上になると若々しくなります。

⑯ お太鼓の輪の中に帯揚げを入れ、帯山の位置を決めて帯の布目を正す。お太鼓を作って余った部分は、帯揚げで帯山を作るときに中に折り入れる。

⑰ 帯山を胴帯の上にきちんとつける。結ぶ前にお太鼓の大きさやふくらみ、たれの長さを確認しておく。

⑱ お太鼓の中の結び目で、内側の部分を横に開いてふくらみをつけて仕上げる。

京風角出し

結び方は江戸風角出しと同じですが、て先を折らず開いたまま角にしています。巻き方は右から左の関西巻きで。江戸風角出しが粋なら、京風角出しは優しさといったところでしょうか。

① 江戸風角出しのてに三〜五センチ加えて長さを決める。帯を左から右へ巻く関西巻きです。

② 関西では関東で左のものが右に、右のものが左という違いありますが、結び方や締め方、手順、大切なポイントなどはすべて同じです。

③ 京風角出しは、て先を引き出すたれの角も帯幅をいっぱいに開いて形を作ります。

右矢の字

① て先から 50 ～ 55 センチとって亀甲ひだを作る。てが短い結びは、巻き始めにあらかじめひだを作っておく。

② て先を背中心にして一巻きし、胴帯の真ん中を持って腕を真っ直ぐに伸ばして締める。重心を下げて行うと帯がよく締まります。

左矢の字

③ 胴帯を二巻きして締め、て先を脇まで戻す。背中できちんと布目をきれいにしておくことがポイントです。

④ 文庫結びや蝶結びなど、て先を上にする結びでは、結ぶ前に必ずたれとなる帯を脇から背中心に向けて斜めに折り上げる。

⑤ 結ぶ前に、脇に戻したて先のひだを整える。整えたて先をたれの上に重ねて交差させる。交差させる位置はできるだけ胴帯の上部で。

⑥ て先を上に出して結ぶ。締める前にて先を持って上に上げると結び目も上がります。次に結び目に近いところを手のひらを上に向けて締める。

⑦ たれを開く。現代の袋帯の帯結びでは、ここで帯枕を使いますが、時代結びの頃は現代のような帯枕はありませんでした。

⑧ たれ先を持って内側に回して背中心の結び目から約 30 センチのところを持って折り山にし、羽根を作る。袋帯の蝶結びなどと同じたたみ方です。

⑨ 羽根を右肩に向けて斜めに上げ、羽根の大きさを調節する。帯の内側を結び目で開き、布目を正して帯端を揃えて重ねる。

⑩ 羽根の中心部分に箱ひだを作る。10〜13 センチの幅に作る。中心をにぎり、羽根の折り山を引いて布目を正す。

⑪ 亀甲ひだのて先を羽根の上から斜めに下げて箱ひだを包む。羽根の下を通り再びて先の元で抜いて結ぶので、て先をゆるめに巻く。

⑫ て先で羽根を包み輪から出して結ぶ。て先を羽根下の裏側に持っていく。次に羽根とて先を持って斜めに締める。紐類などと同じ結び方です。

⑬ 現代結びの多くはハンドタオルなどを入れて台にし帯が下がるのを防ぎますが、この結びでは、結んだ胴帯にて先を入れて台にして羽根を固定する。

⑭ 丸ぐけの帯締めを亀甲ひだのて先に入れる。左を上、右を下にして斜めに通す。帯締めを斜めに通すことによって、斜めの羽根を支えて固定します。

⑮ 亀甲ひだの幅を開き、ふくらみをつけて羽根の布目を正して仕上げます。

右矢の字は、江戸時代に腰元が城内で裾を長くして着るときに結んだもので、左矢の字は腰元が外出するときに、裾を上げて左肩斜め上に矢の字を結んだもの。

Point

結んで形ができたら、帯締めを斜めに通して形を固定する。

エッセー③　結びの位置で身分を象徴

前結びと後ろ結び

——笹島寿美

江戸時代には士農工商という階級があり、髪型や衣服、帯結びの形など多くの分野で身分が厳しく制限されていました。

　現代、帯は後ろで結ぶものと決まりのようになっていますが、前で結んだ時代もありました。江戸時代には幾度となく前結びと後ろ結びを繰り返していたのです。しかし、制度や時代の流れにかかわらず、前結びが決まりの人々もいました。それは、幕府御意見番のお坊さんと一般の社会生活から離れた遊女、そして囚人です。また、寡婦や隠居の女性も黒繻子《くろじゅす》の帯などを前で結んでいたのです。これらは浮世絵や歌舞伎などで知ることができます。

　ところで、のし結び（P156）という帯結びがあります。片わな結びの大型版といった結びで、お城で働く女性、腰元の上クラスが華やかに装うときには後ろ結び、位が上の太夫《たゆう》と呼ばれる遊女は前で結んでいました。

　平べったくて何の仕掛けもない長い帯。帯は結び方により人柄や性格をさまざまな表情で見せています。そして、時代に生きるそれぞれの生活のあり方から帯結びが生まれ、人の心と精神を結んでいたようです。

「千代田の大奥」橋本周延／東京国立博物館蔵・
Image:TNM Image Archives
武家の女性たちを描いたと思われる錦絵。
後ろ結びの帯、きちんとしたきものの着方から、
女性たちの身持ちの固さがうかがえます。

「桜下遊女道中図」二代鳥居清元／東京国立博物館蔵・Image:TNM Image Archives
18世紀の浮世絵です。
当時、盛んに描かれた遊女たちの姿には、
前結びにされた帯が、
多く見られます。

時代結びいろいろ

私たちが歌舞伎や浮世絵、日本画で見る帯結びは江戸時代に現れたものです。
帯は江戸時代の魂の華ともいえましょうか。
結びは生活と深い関係を持ちながら美しい彩りで女性の心を物語っています。
また、その形は結びの基本に自然に従って
帯の持つ命を慈しんで扱っていることをいやが上にも感じさせます。

のし結び

まな板

関東だらり

ひっかけ

前ばさみ

あんこ結び

細く短い紐は、幅が広く長い布のしごきになると片わな結びから諸わな結びとなり、仏像の吉祥天立像の姿に美しい前結びを見ることができます。江戸時代に、遊女が前で結んでいた結びを誇張した諸わな結びは、歌舞伎衣装の作り帯で、あんこ結びと呼ばれて豪華な姿を彩っています。あんことは、椿で有名な大島で若い娘さんを意味します。

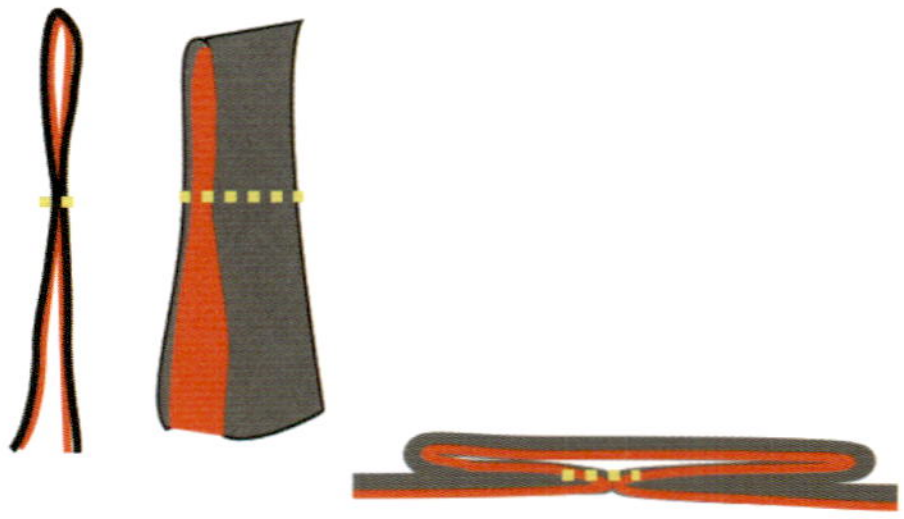

① 長い帯を二つに折り6：4の割合で縫い合わせ、羽根帯を作る。

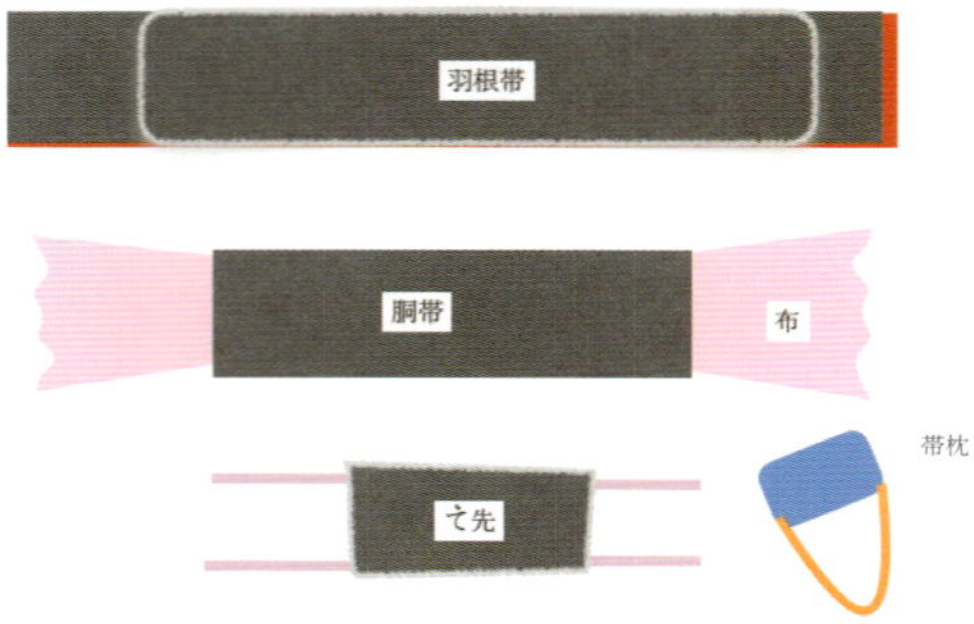

② 真上からの平面図。作り帯三点セットと帯枕(帯と)を用意する。

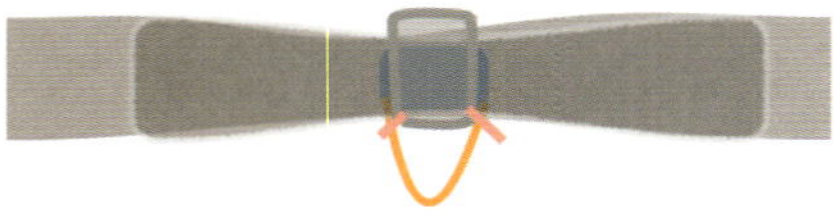

③ 帯枕に羽根帯をかぶせてひだ山を作り、て先の帯でとめる。

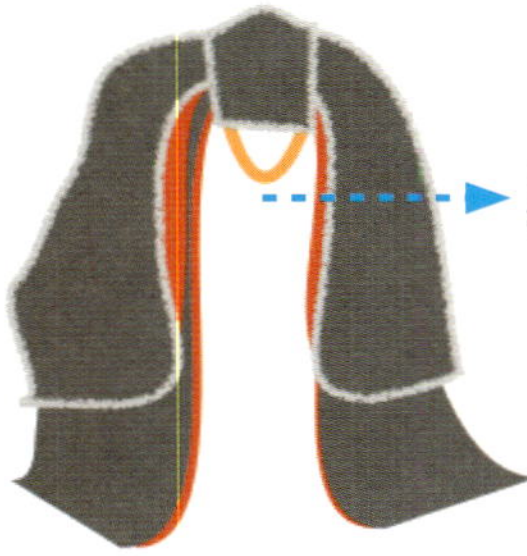

④ あんこ結びのでき上がり。

島原結び

「これは心という文字を結んでまんのや、帯は女の命ですわ」。京都の老人は言いました。関西巻きで結ぶ島原結びを見ていると、「心」の字をかたどっているのがわかります。東の吉原、西の島原、どちらも絶世の美人花魁《おいらん》がいたという江戸時代の花街です。結び方は基本の駒結びですが、帯幅の広い分だけ女心は深く美しいのかもしれません。

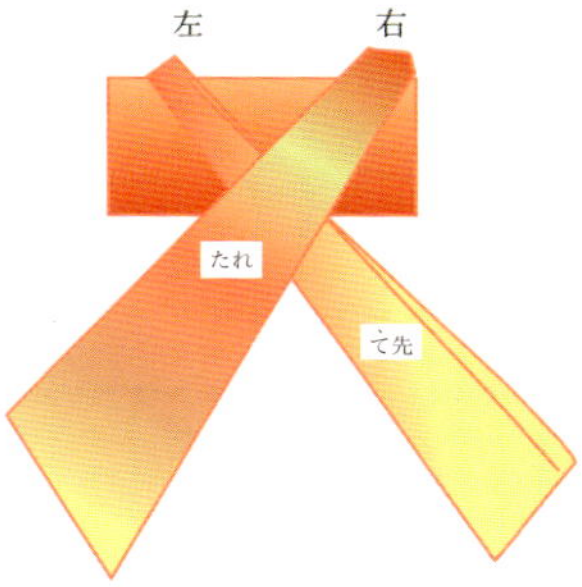

① て先は左側になる関西巻きです。て先の上にたれを重ねて結ぶ。

② たれを上に一結びする。

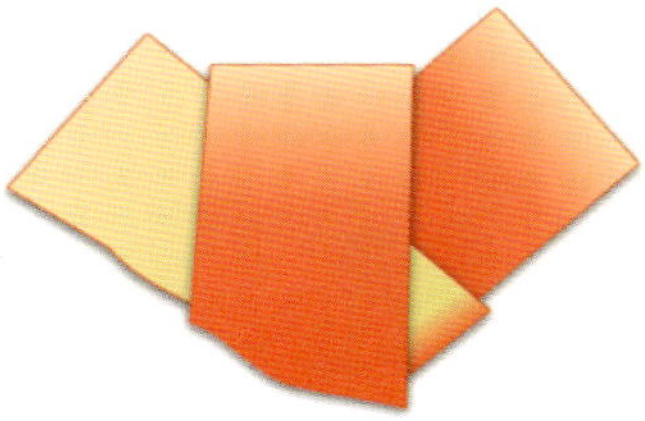

③ たれとて先で結ぶ（紐の駒結びと同様に）。

④ 文字の「心」の形になるように整える。

掛け下文庫

昭和初期から打掛を着る花嫁衣装が、一般の決まりになりました。文庫結び、腰に細い抱え帯、胸に懐剣、そして豪華な織りの打掛は江戸時代の武家婦人の礼装スタイルです。掛け下帯は幅が7寸（27センチ弱）の帯で、羽根を内側に小さく作る文庫結びです。この結びによって上に着る重い打掛は滝の流れのような美しいラインを描きます。ちなみに、打掛を掻取《かいどり》ともいい、歩きやすいように長い打掛の褄《つま》をつまみ上げる意味もあります。

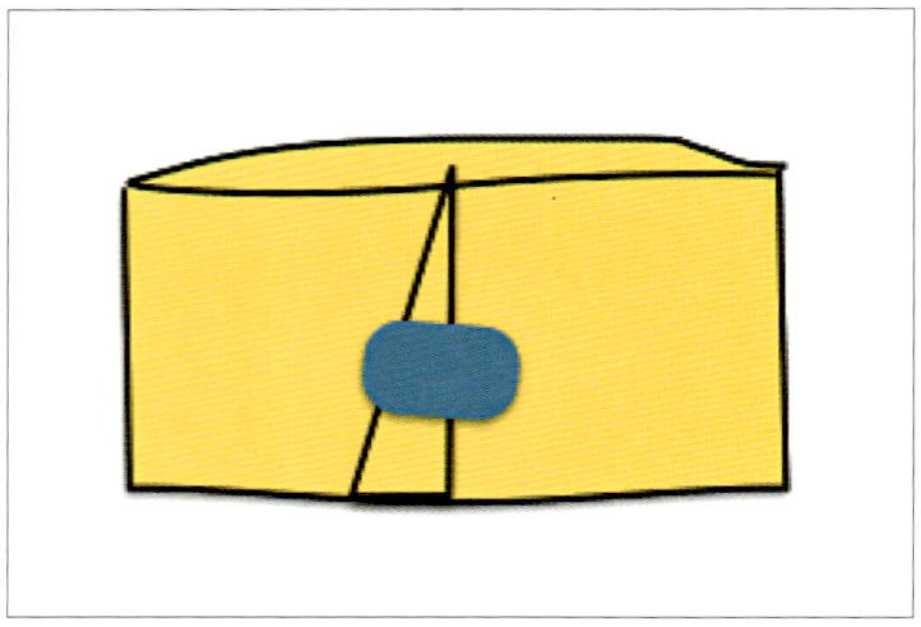

① 肩幅くらいの大きさの羽根に折りたたみ、その裏側に帯枕をつける。

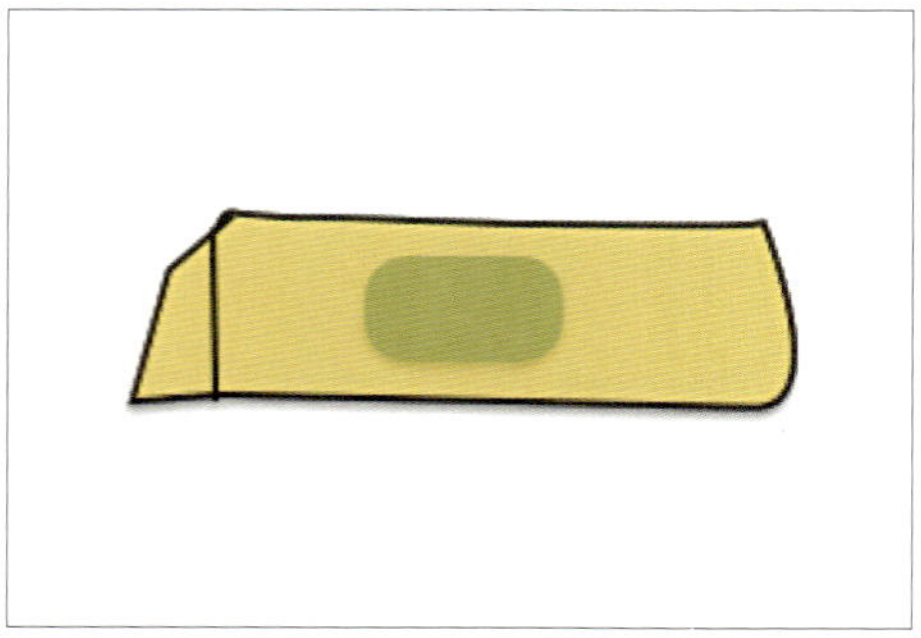

② 帯枕にかぶせて二つ折りにする。

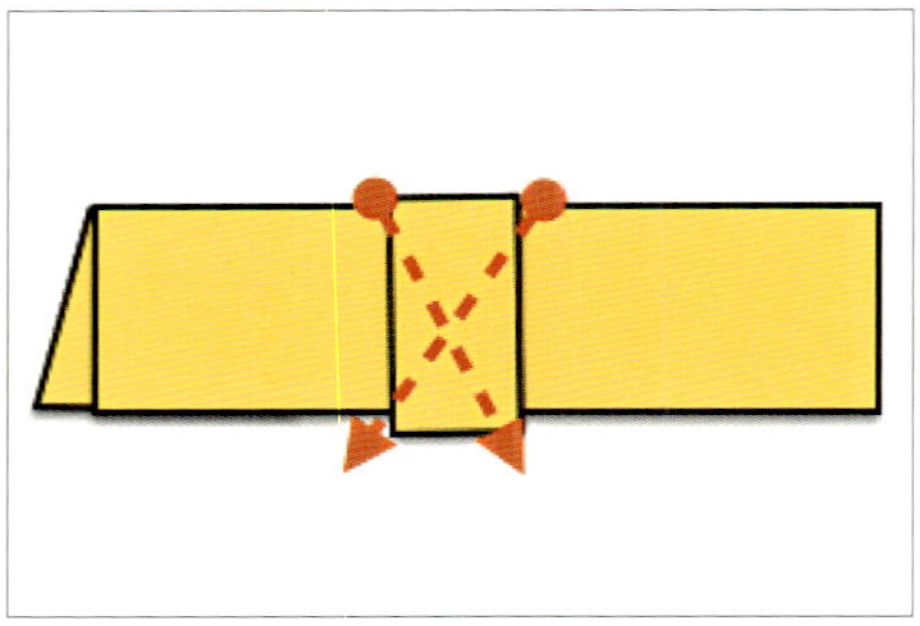

③ て先の帯をかぶせて帯締めをする。次にだらり文庫のように、●印から斜めに羽根を折り下げる。

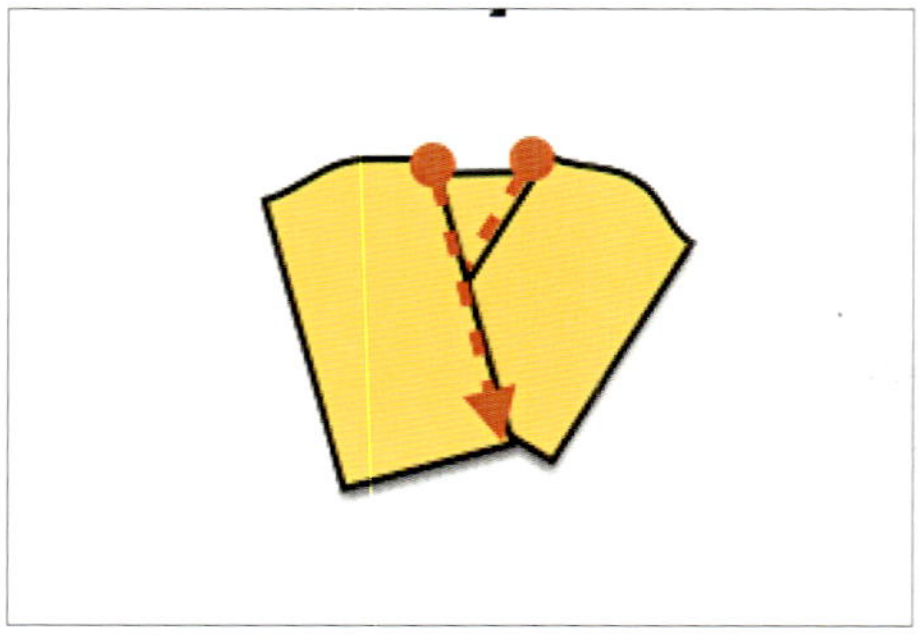

④ 羽根の先を重ね合わせる。開くような場合は、留め具でとめてから打掛を着せる。

男帯の結び

一文字——手の中で持って締める帯

半幅帯と同じ結びです。男性の帯結びのベーシックな形なので、
巻き方、締め方、結び方など、基本がマスターできます。
簡単に結べそうですが、
男帯は、幅が狭く軽いぶん、かえって形が決めにくいことも。
ここで男帯の扱いに慣れておくとよいでしょう。

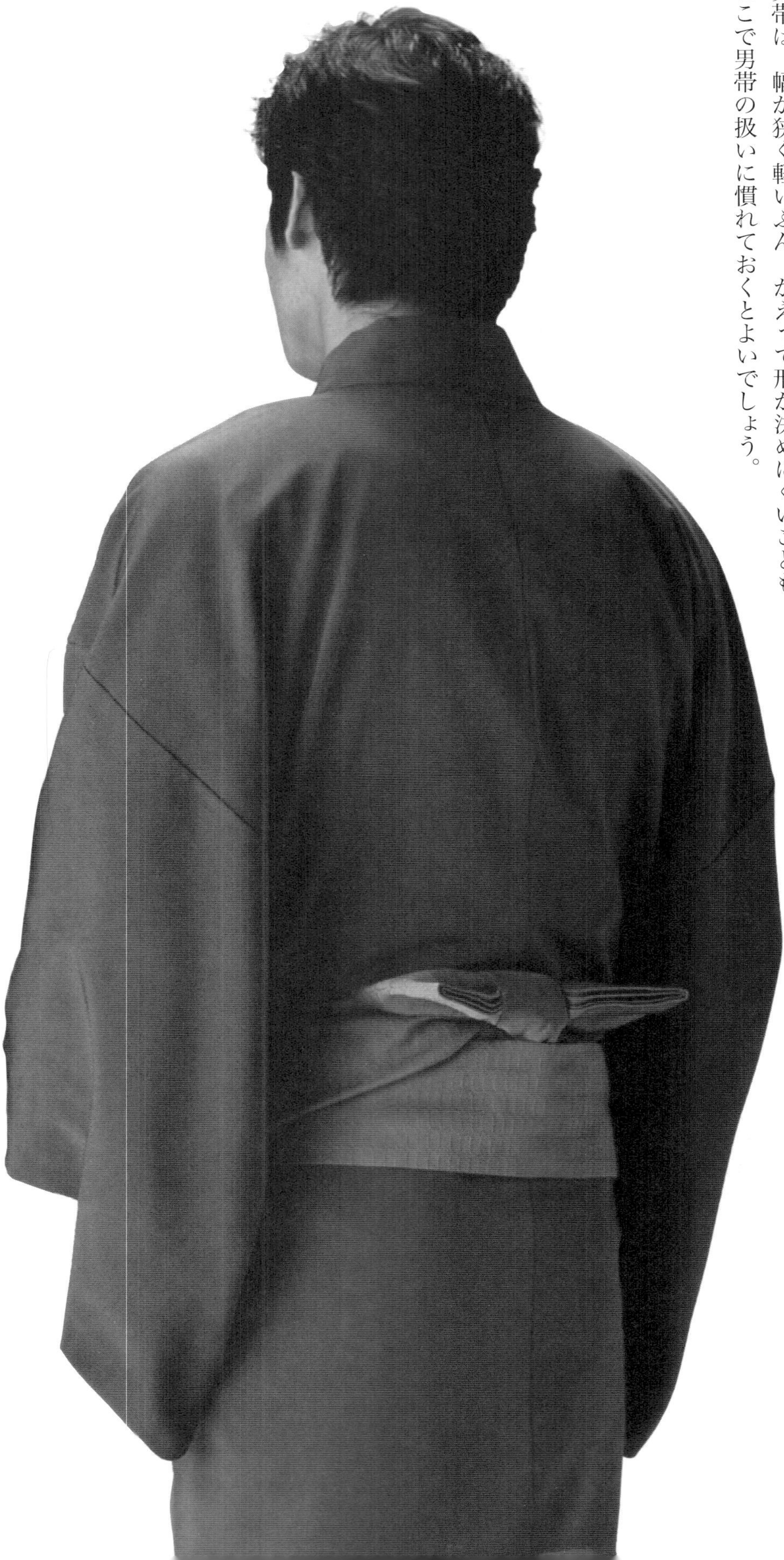

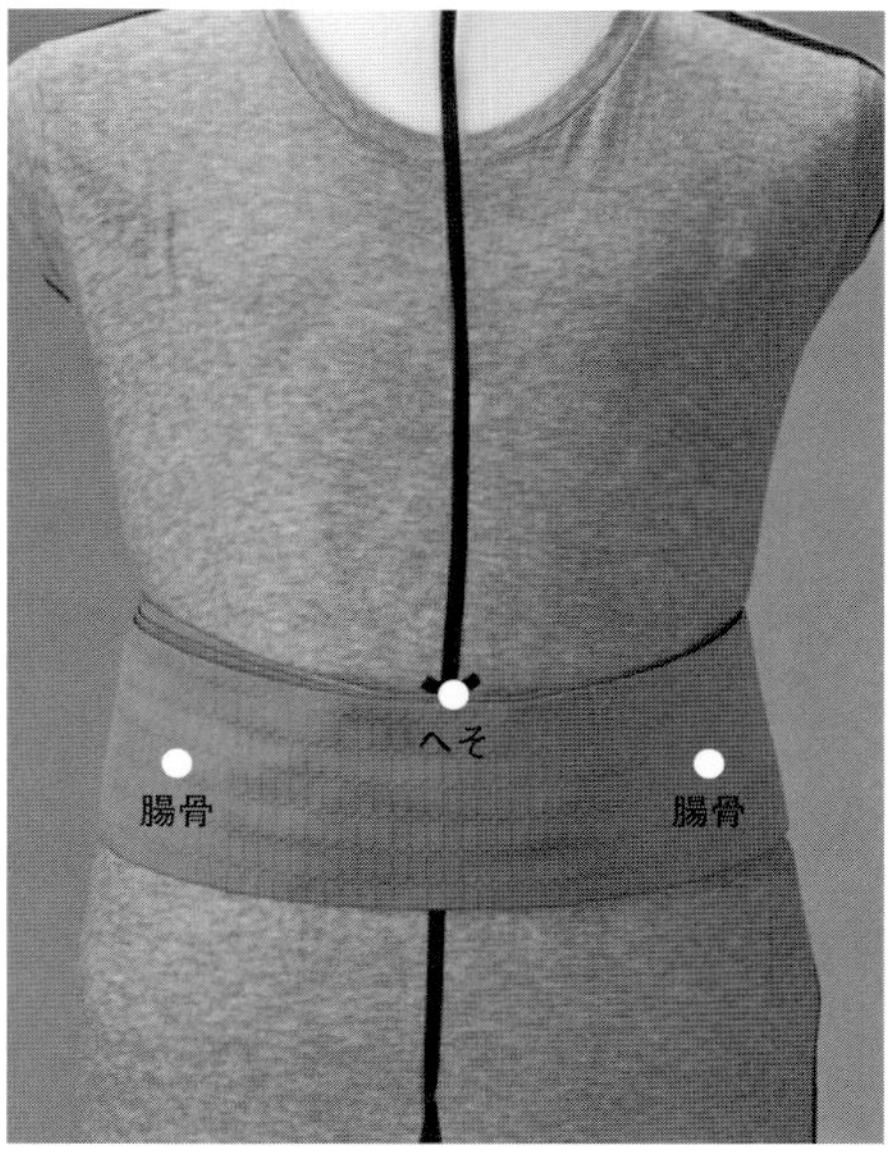

前

女性の帯の二巻きは腰骨上ですが、男帯を三巻きする前部分はへその下の臍《せい》下《か》丹田で、勇気の出るツボといわれるところで締めます。

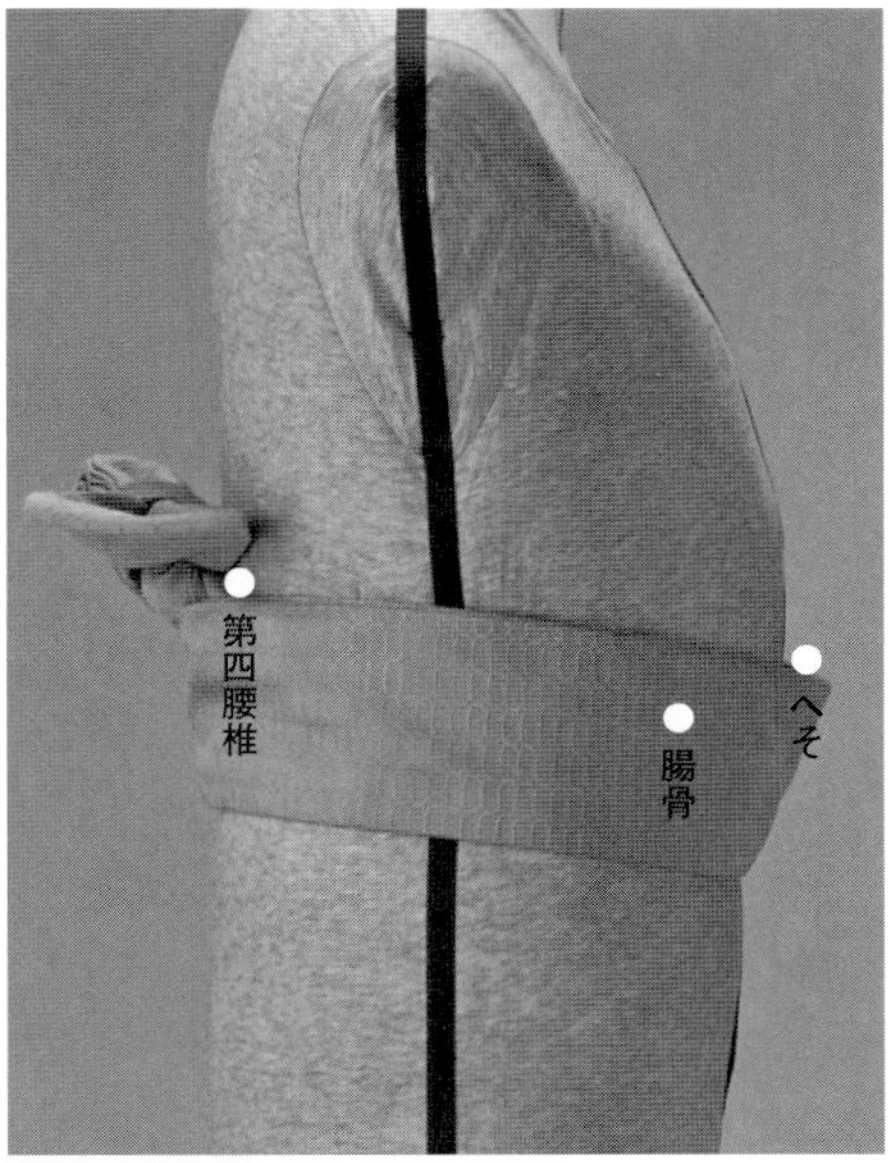

横

前はへその下に帯をあてて、後ろは腰を締めて結ぶ、後ろ上がりの巻き方になります。腰は動作をする体の要で、ここを締めることによって着くずれを防ぎます。

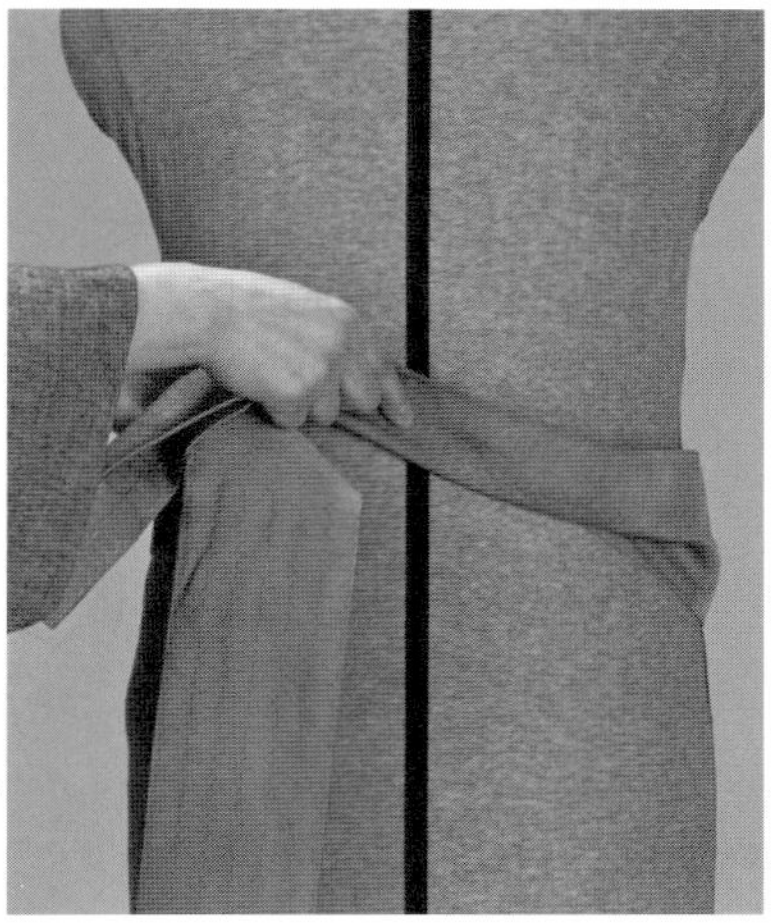

① 帯幅を半分に折って、三〇～三三センチをての長さに決める。決めたところを持って基本のとおりに帯を巻き、背中心につける。

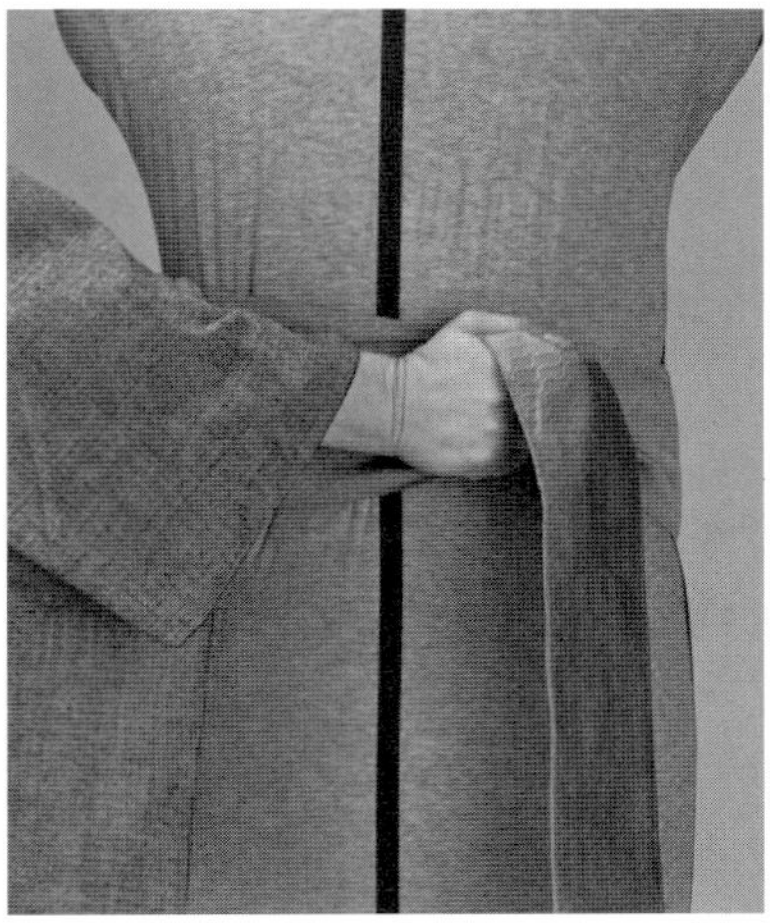

② 男帯の幅は手のひらに収まります。着る人の横に移動し、背中心で腕を真っすぐに伸ばして帯を締めると、前帯もよく締まります。

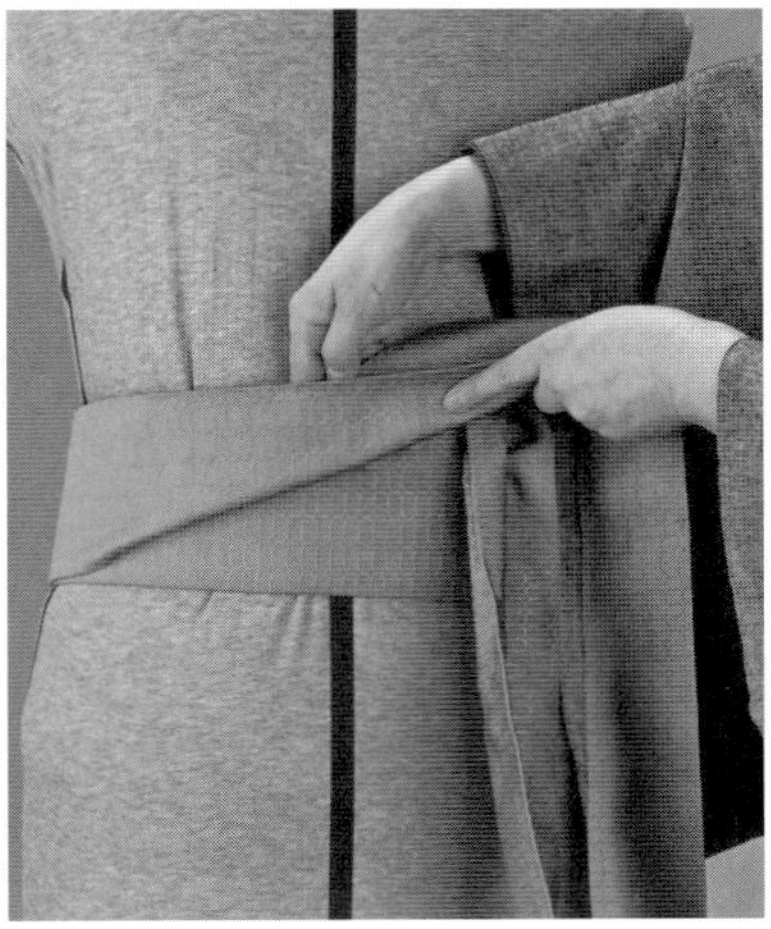

③ 体に帯を三巻きする。帯幅が狭いので、て先は脇に近いところまで戻す。たれを背中心に向けて斜めに折る。

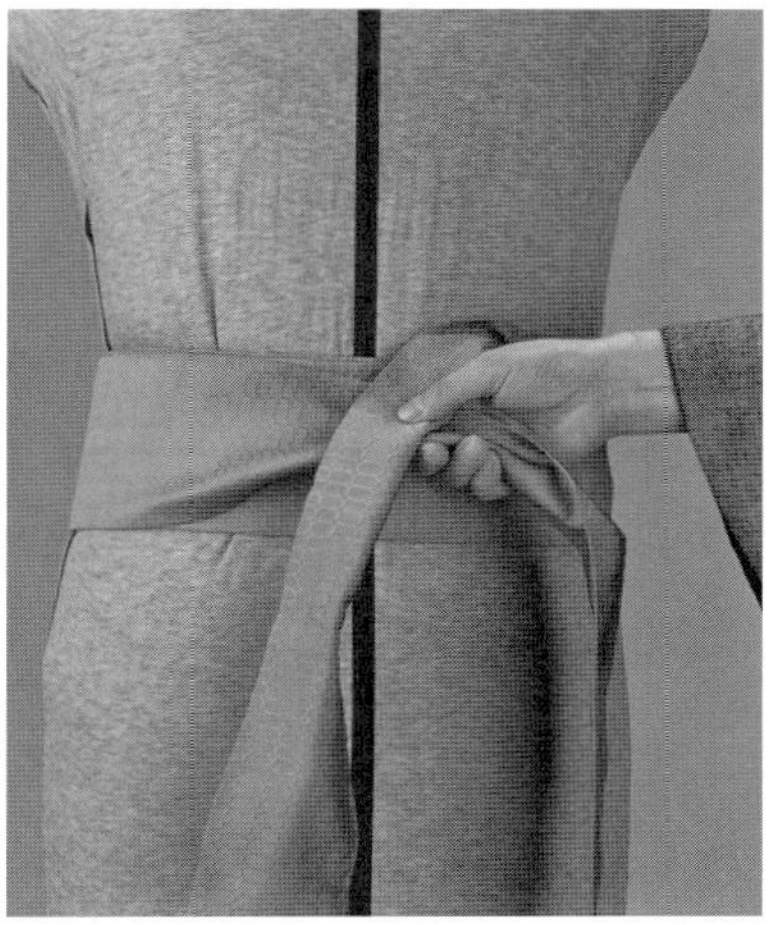

④ 背中心で、戻したて先を斜めに折ったたれの上に重ねて交差させる。重ねたて先を右の親指で押さえて持つ。二つ折りのて先は開き口が上です。

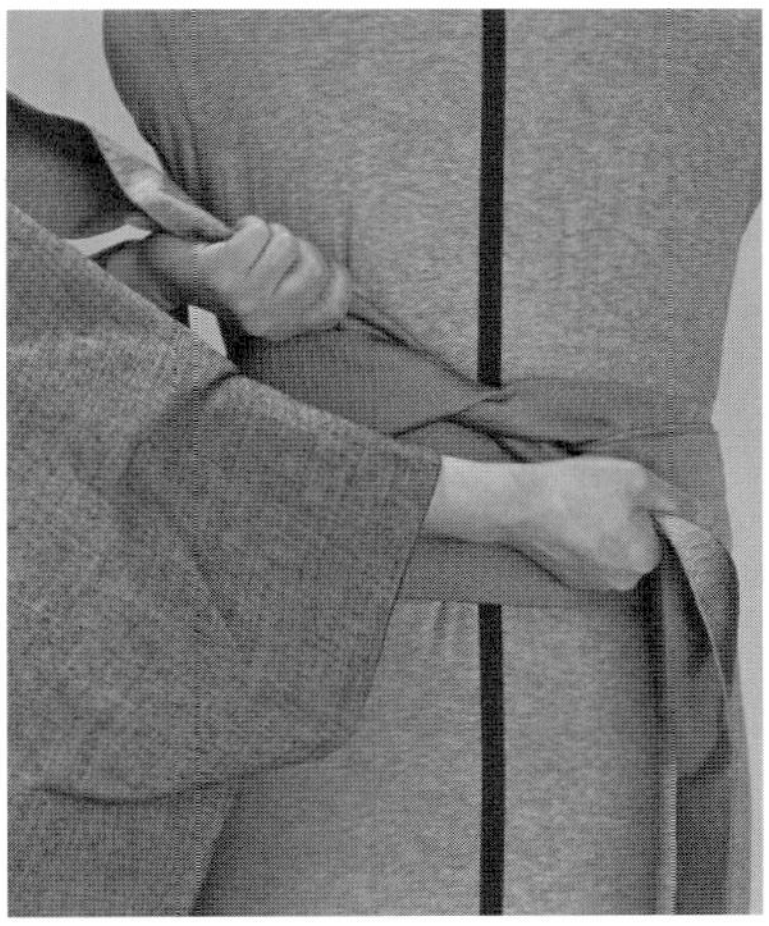

⑤ 締める姿勢は、体を着る人の左横に移動して行います。て先とたれを両手を上に向けてにぎって持ち、斜めに締める。

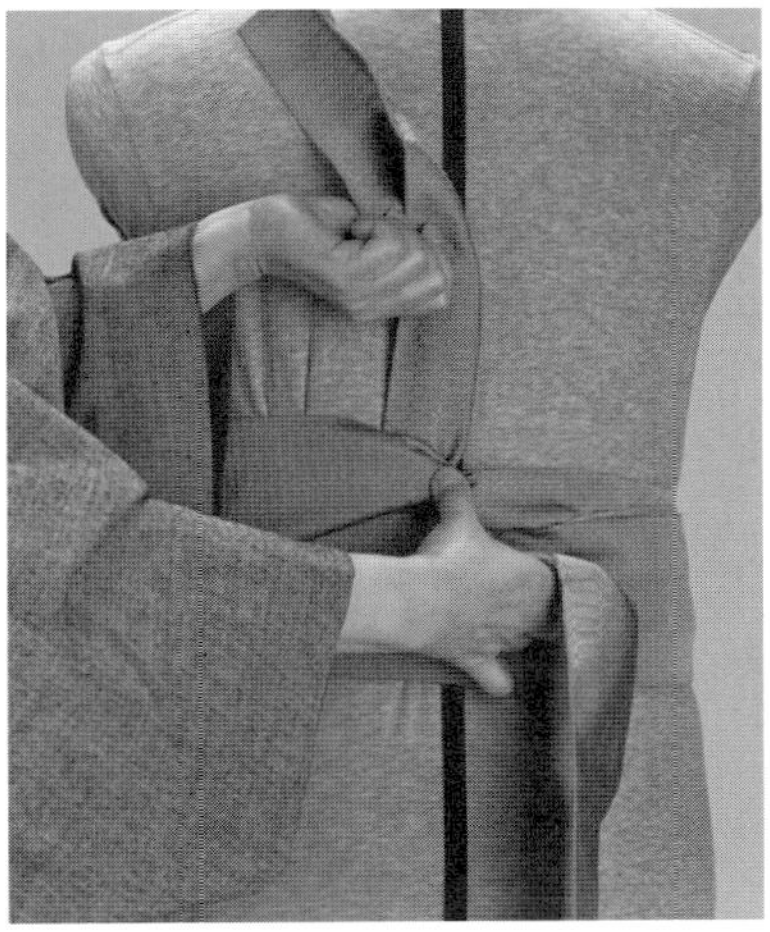

⑥ 締めたあとたれを持っている右の親指で結び目を押さえ、左手に持っているて先を背中心に戻す。両手で戻すと結び目はゆるみやすくなります。

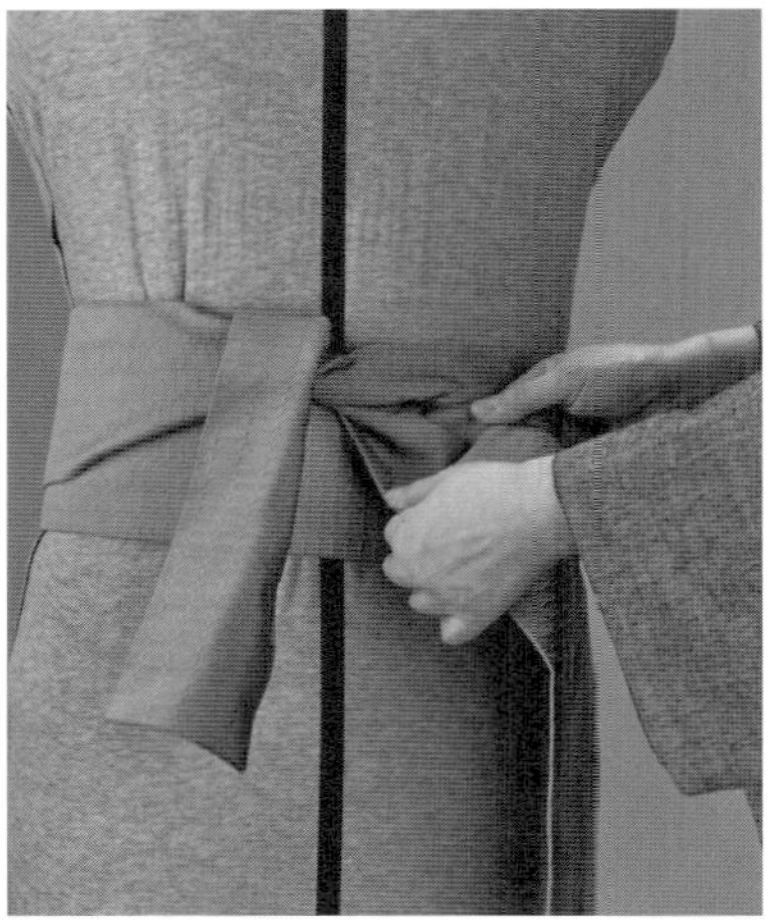

⑦ たれの帯幅を結び目で開く。これでたれが戻るのを防ぎます。

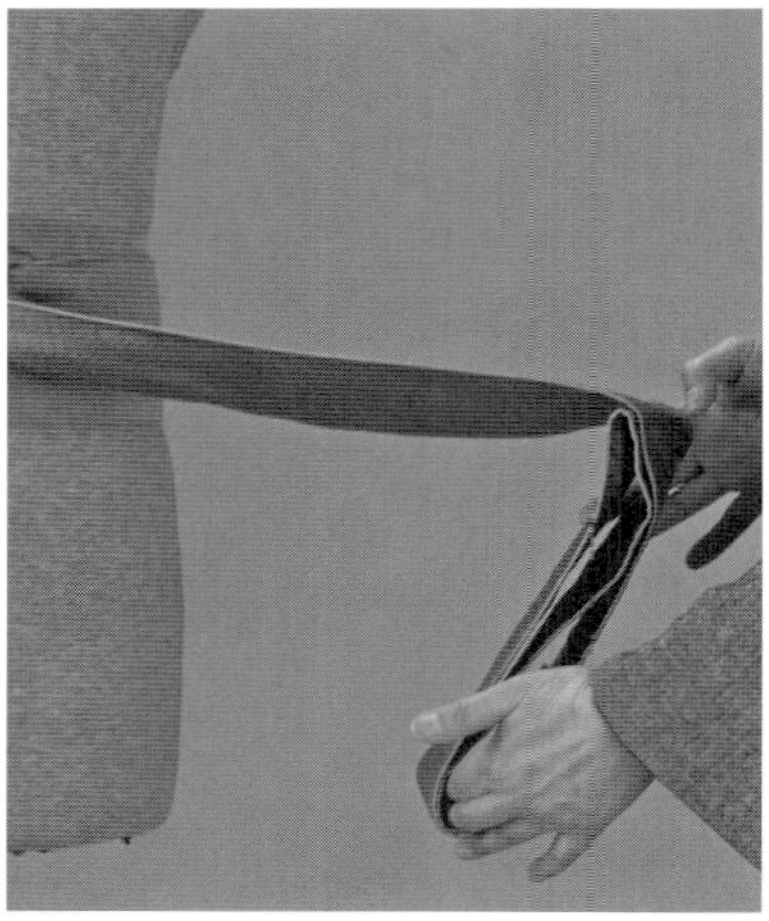

⑧ たれをたたみ、そのまま折り進める。帯の厚みや素材によって多少の差はありますが、折りたたむ長さは二〇～二三センチが目安。

⑨ 帯をたたみ進めますが、最後の折り山は、結び目から羽根の大きさの約半分強のところで決まるようにたたむ。女性の一文字結びと同じ。

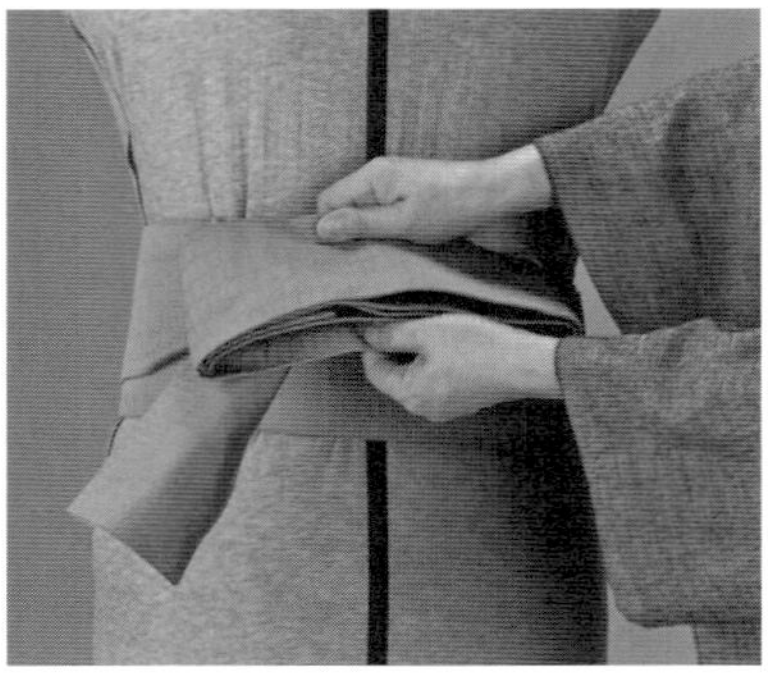

⑩ たたんだ羽根を、結び目から反対方向に向けて水平にする。下の帯幅を結び目で開き、全体の帯幅を整える。

⑪ 帯幅の端を持って両手の親指を向き合わせ、左の指先で下から帯を突き上げて山を作る。半幅帯の一文字と同じ。

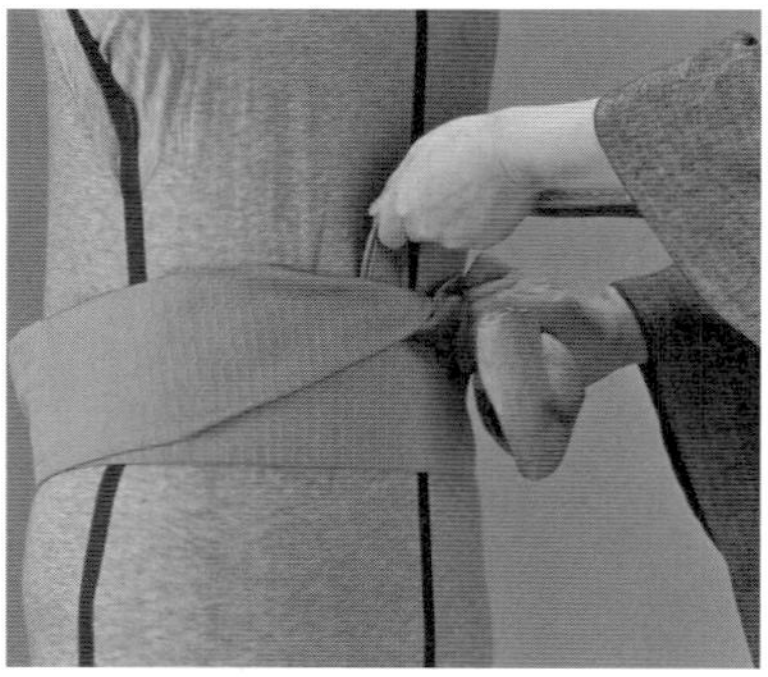

⑫ て先と羽根をしっかり締める。帯をたたみ、山ひだを作る間に結び目がゆるむので、ここで締めることがコツ。

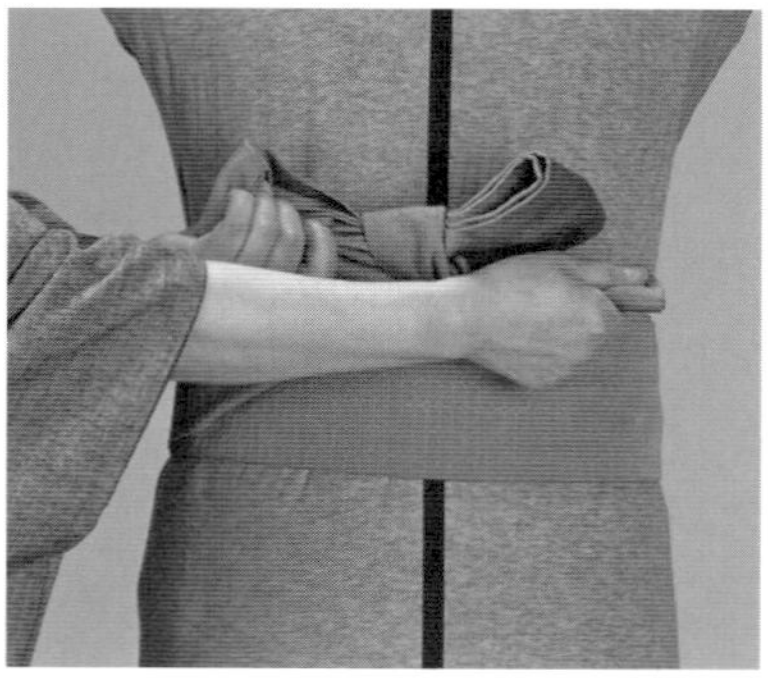

⑬ て先を上から下ろして羽根を包んで水平に結ぶ。

⑭ 残りのて先を右手で持ち、二巻き目の帯に左の指を入れる。左手で帯を引いてすき間を作る。

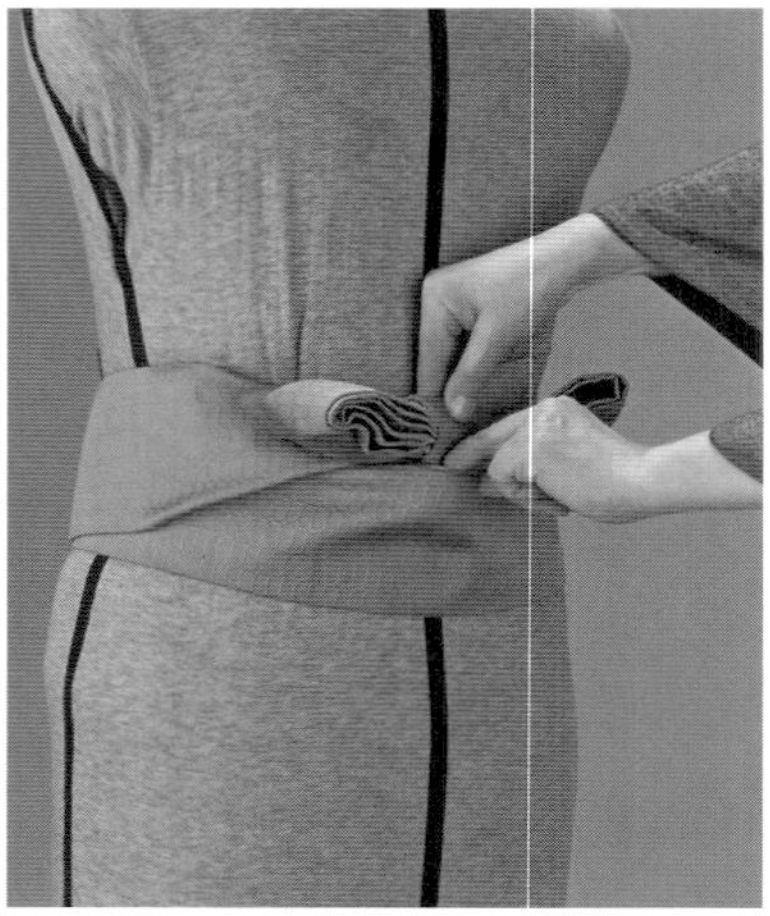

⑮ 左手で作ったすき間に、て先の残りを入れる。一文字の結び目も中に入れ込み羽根を固定する。左手は全部を入れ終わるまで胴帯に指を入れて、支えています。

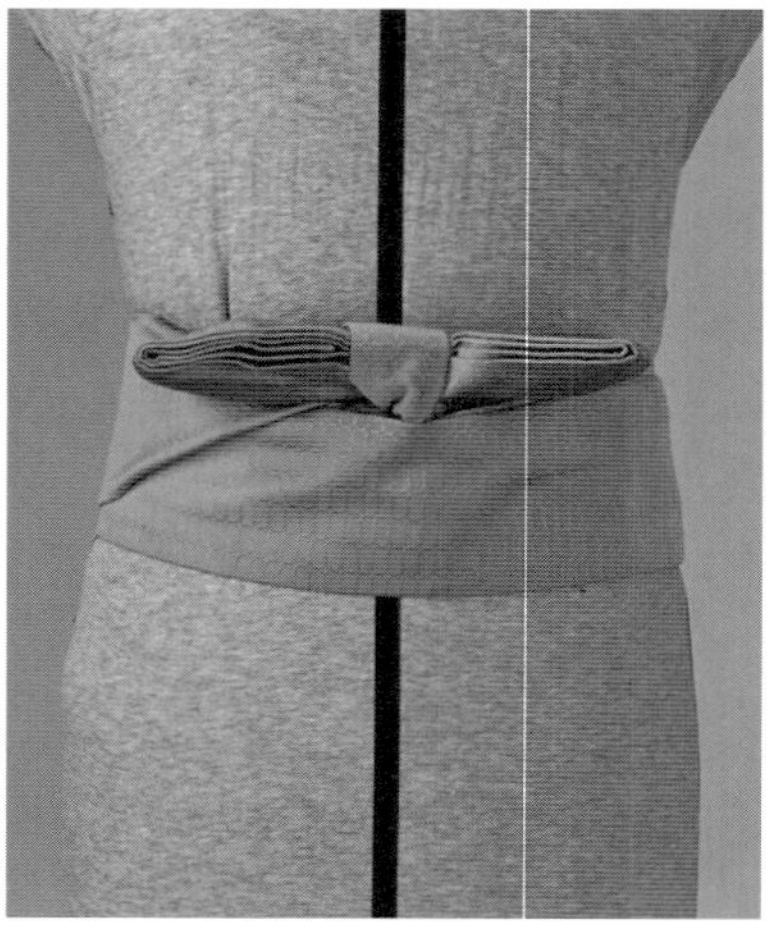

⑯ 羽根の左右を横に引いて仕上げ、一文字結びのでき上がり。この結びは男性の袴をつけるときの結び。袴の腰板が上に上がり、きりっとした後ろ姿を作ります。

神田結び——ほどけない基本の駒結び

祭りなどのとき、よく見られる結びです。きゅっと跳ね上がった威勢のよい形が見せどころです。男帯の素材の持ち味が生きるよう、結び目や折り目などの布目をきちんと整えるのがコツ。

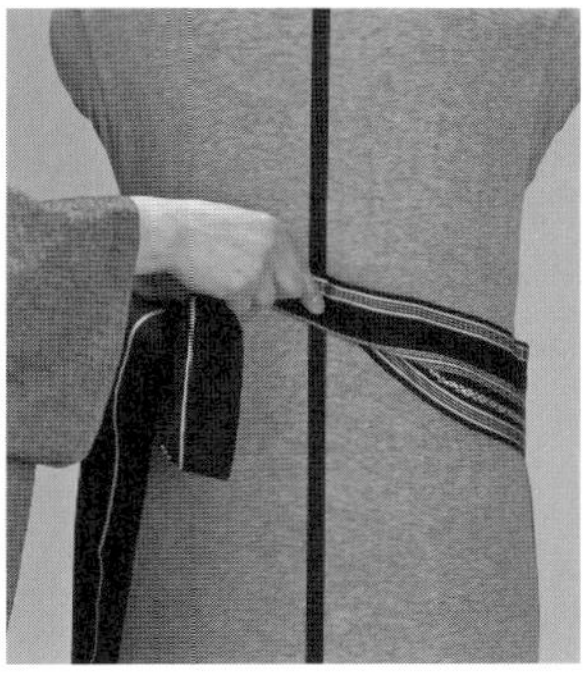

① 二〇センチ前後をての長さに決め、帯の幅を二つ折りにし、開き口を上に向けて、て先を背中心に置く。

② 前は臍の下に帯をあて、後ろは前より高い腰の位置にあてて三巻きする。二つ折りのて先を背中心から横に戻す。

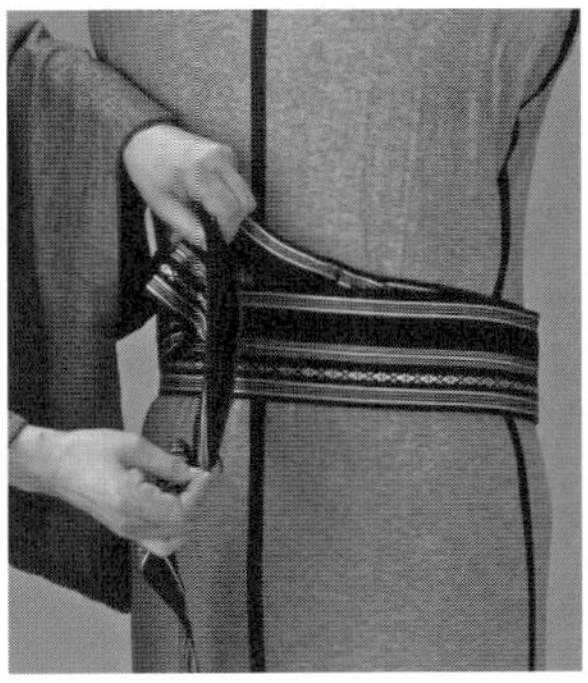

③ 背中心で、戻したて先とたれを合わせる。合わせた帯を、背中心と帯先を両手で引っ張るように持つ。

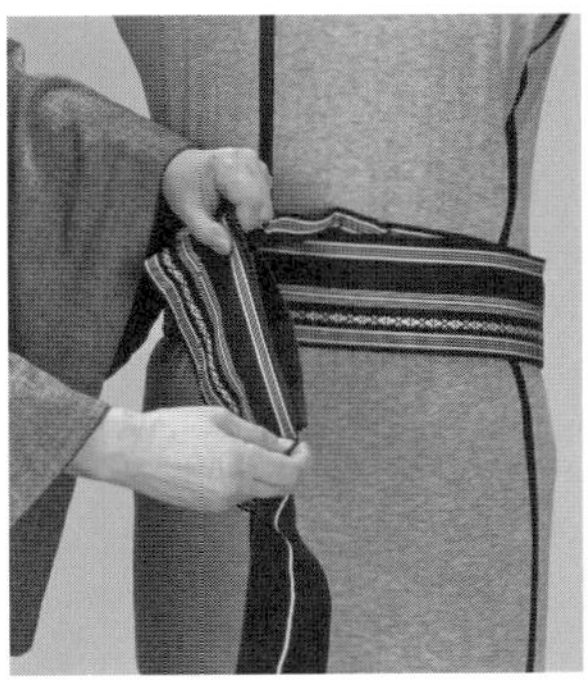

④ ての長さに合わせて、たれの長さを同じ寸法に決める。たれは帯上を持って行うことがポイントです。

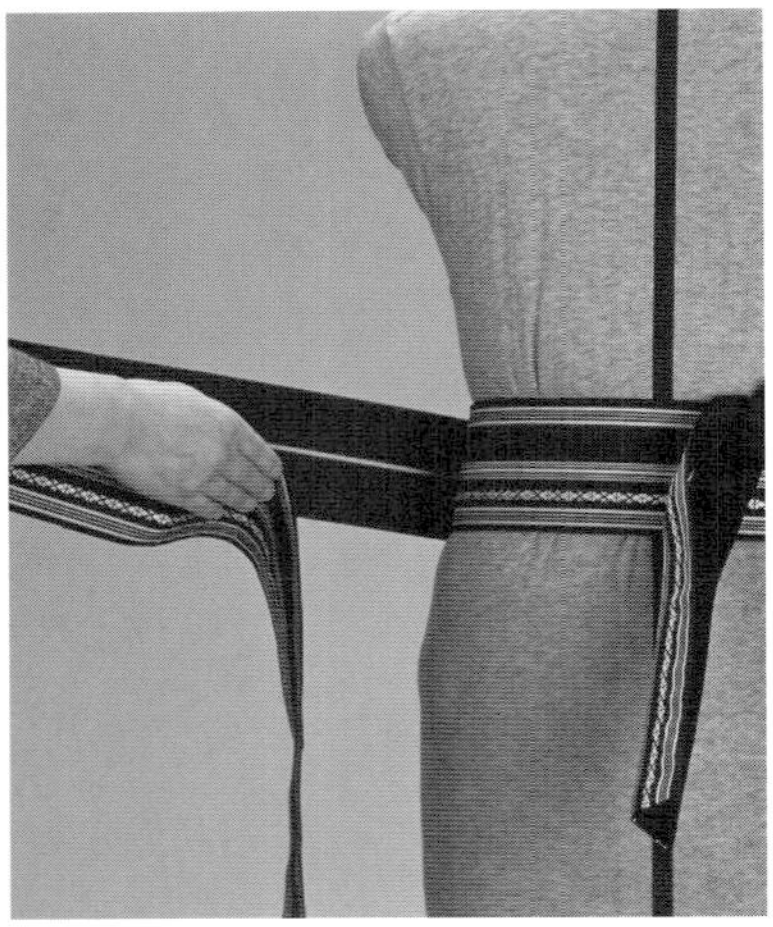

⑤ 神田結びに必要なたれの長さを決めたところを持ち、余分な部分は内側に入れる。折り目を左の人さし指で押さえ、そこを軸にして折り返す。

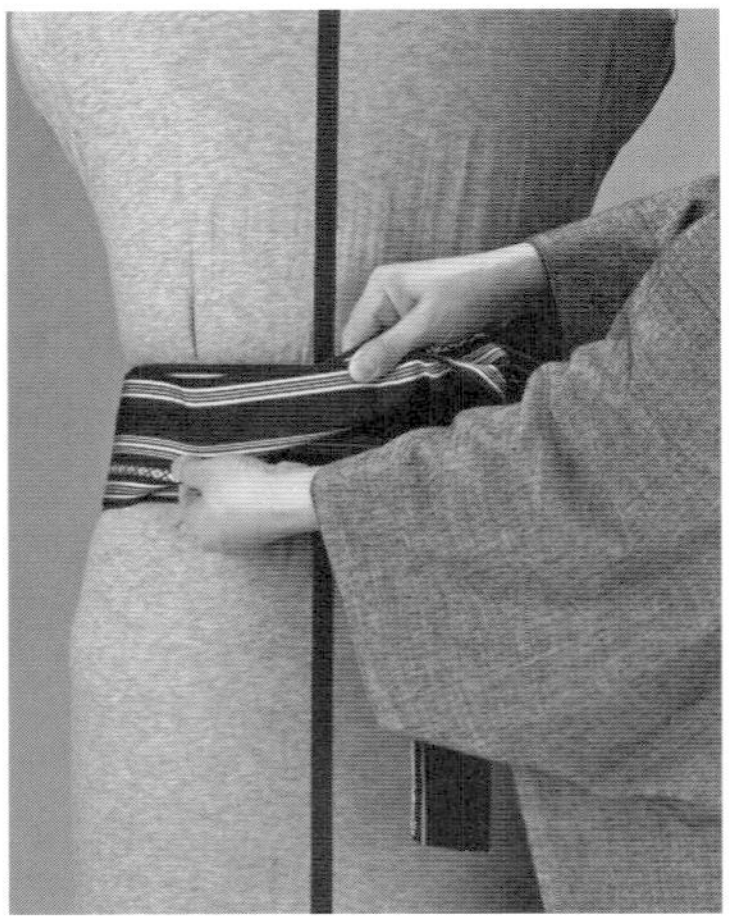

⑥ 折り返して輪になったたれの幅を二つ折りにする。背中心から脇の下に向けて自然に斜めに折る。帯幅が狭いので常にゆるめない持ち方で行うこと。

⑦ て先を、斜めに折ったたれの上に重ねて交差させる。

⑧ て先を上に出し、結び締める。締めるときには、両方の手のひらを上に向けて帯を持つ。結び目に沿って斜めの角度で行うのがコツ。

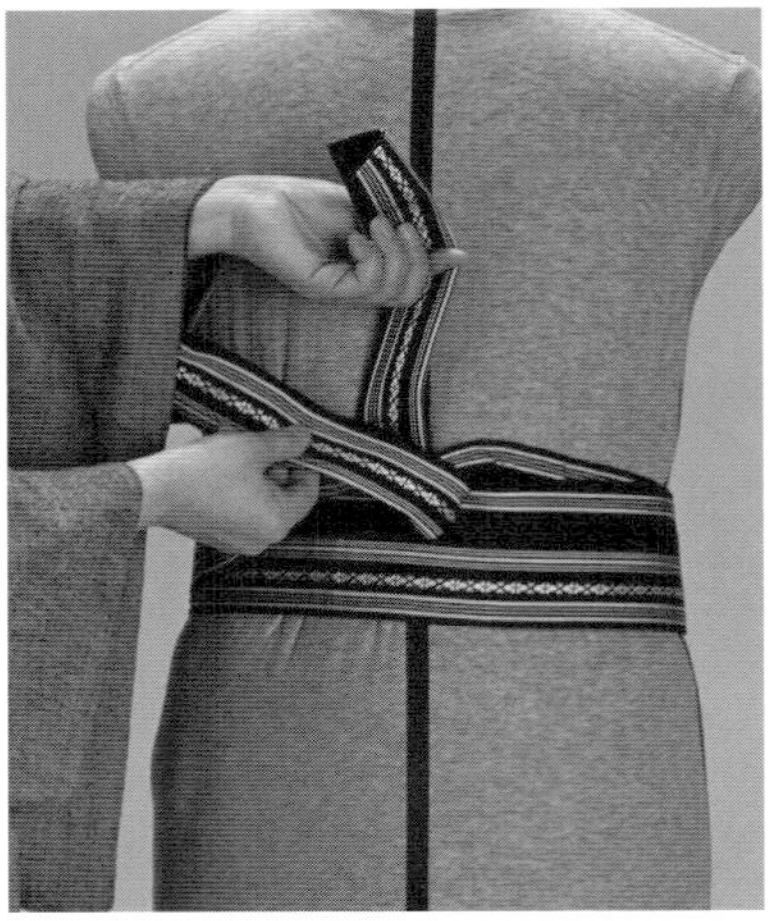

⑨ 斜め上にあるて先を背中心に戻す。下にあるたれを、結び目から逆方向の斜め上に向けて折る。結び目で折り返すことが、ゆるめないポイントです。

⑩ 右手で結び目を押さえてたれを折り返し、左手でて先を真上で持つ。て先とたれを結ぶための両手のかまえです。

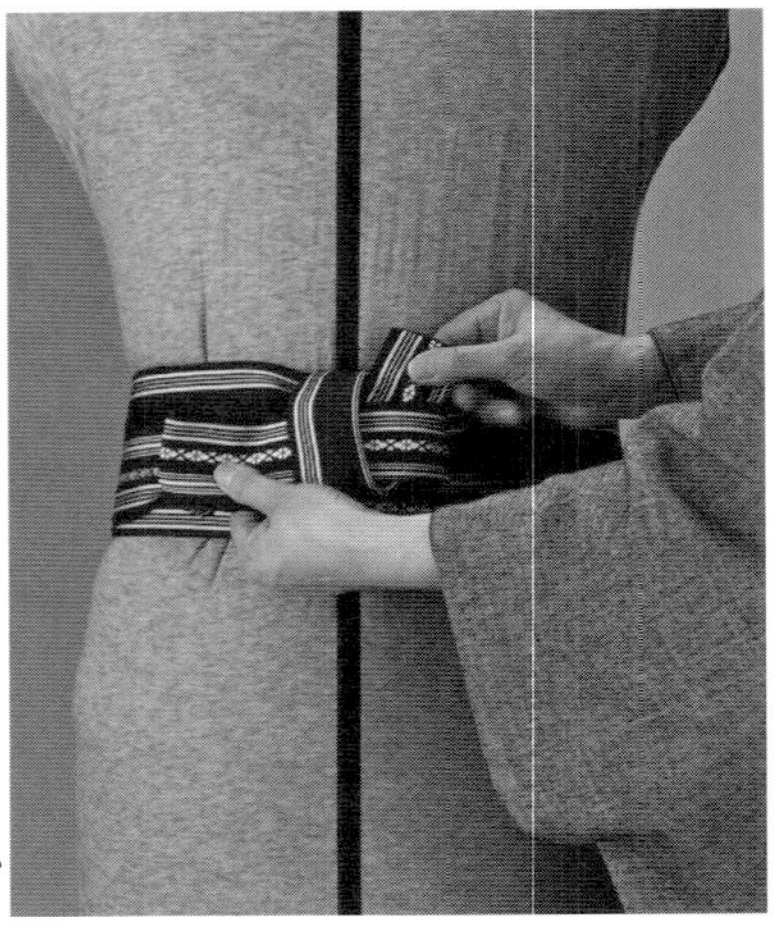

⑪ たれをにぎり持っていたところのすき間から、て先をくぐらせて結ぶ。

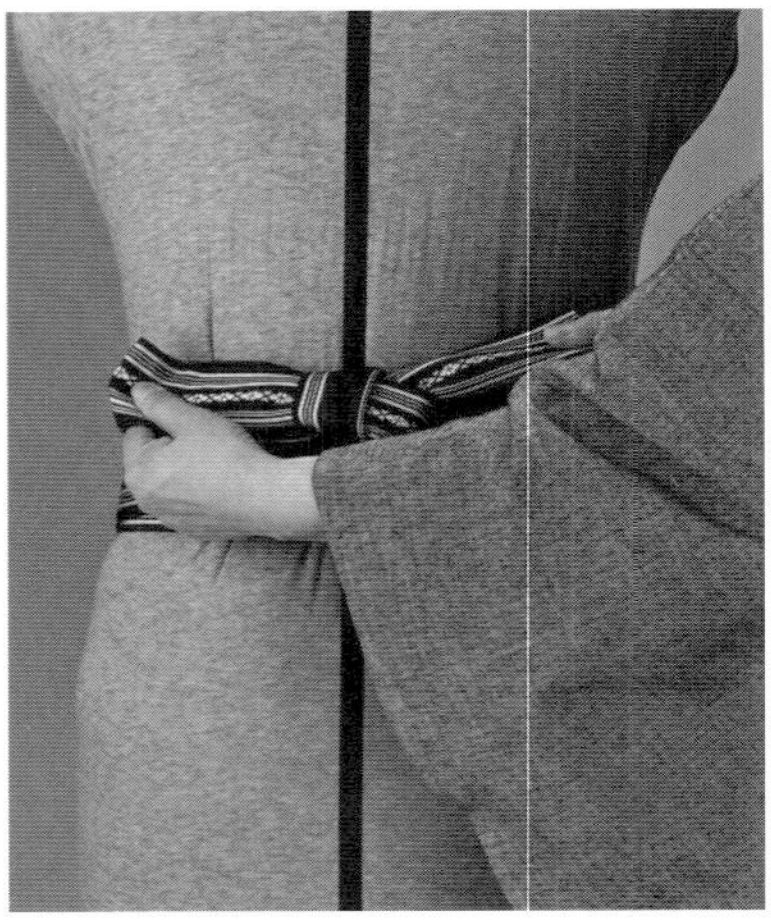

⑫ 帯の厚みですき間が残らないように、結び目をしっかりと締める。堅い帯の場合は、結び目のところを指先で上下に挟み持ち、二、三度押しつぶして締める。

⑬ 左右の帯端を少し上向きにして威勢よく仕上げてでき上がりです。男帯の結びは、威勢、威厳などの表情を表しますので、巻き方や結び方は速度が大切です。

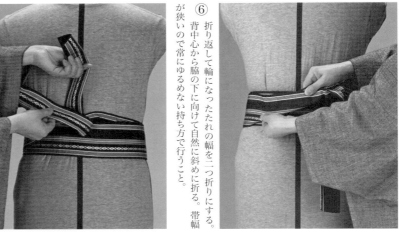

貝の口——細かいポイントがいっぱい

半幅帯と同じ形で、江戸時代から現代まで続いてきた結びです。シンプルなので、いかに形よく結べるかがポイントです。プロセスの一つひとつを手抜きせず、丁寧に進めるとよいでしょう。

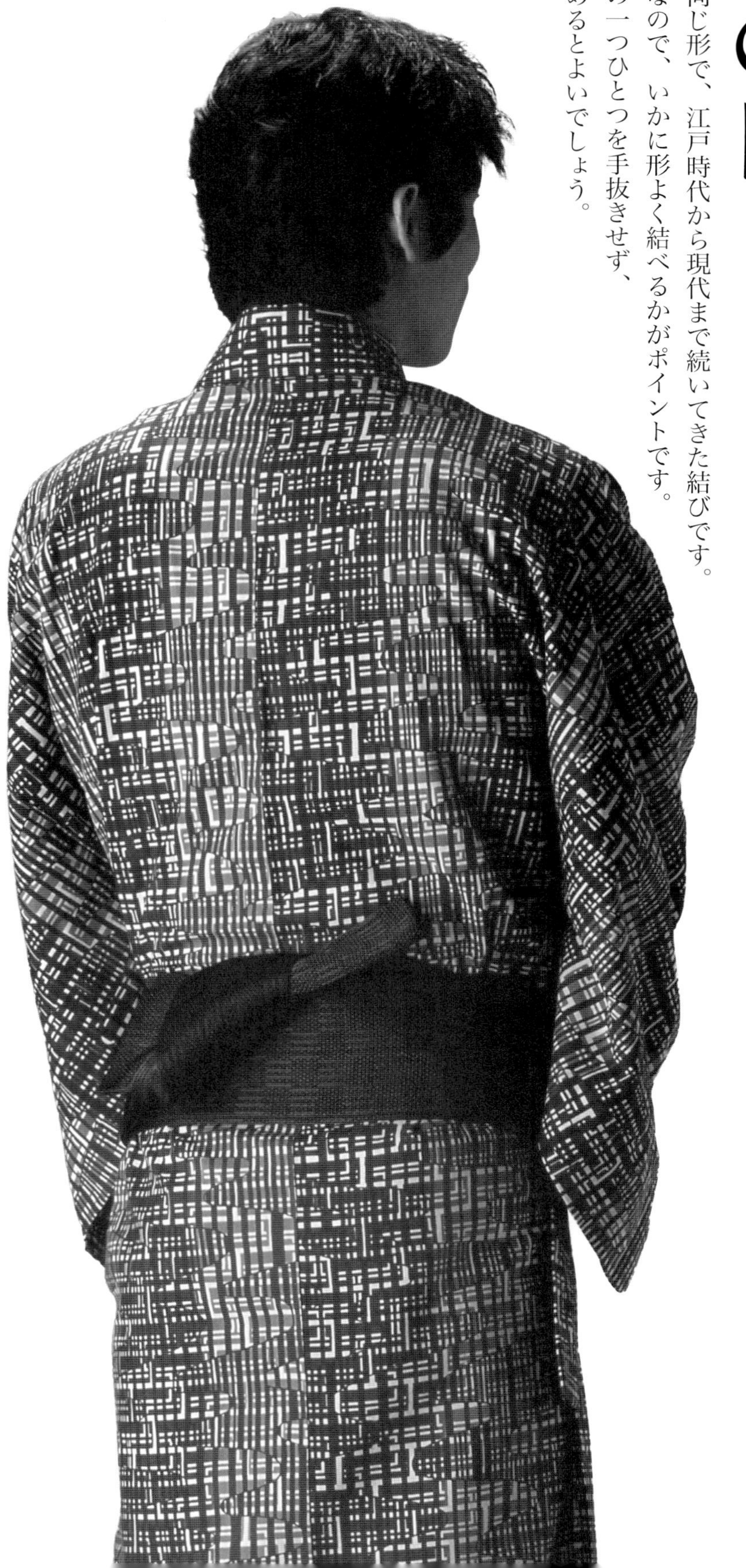

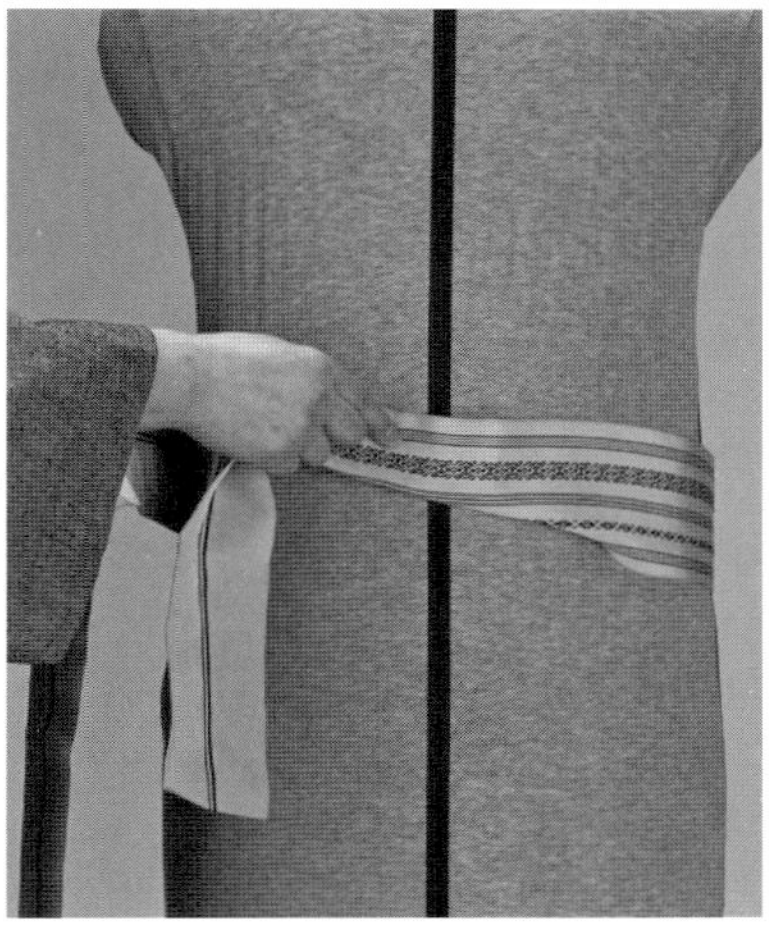

① 帯の幅を二つに折り、て先から二五〜三〇センチにての長さを決める。二つ折りの開き口を上にして、背中心から約一センチ左寄りにつける。

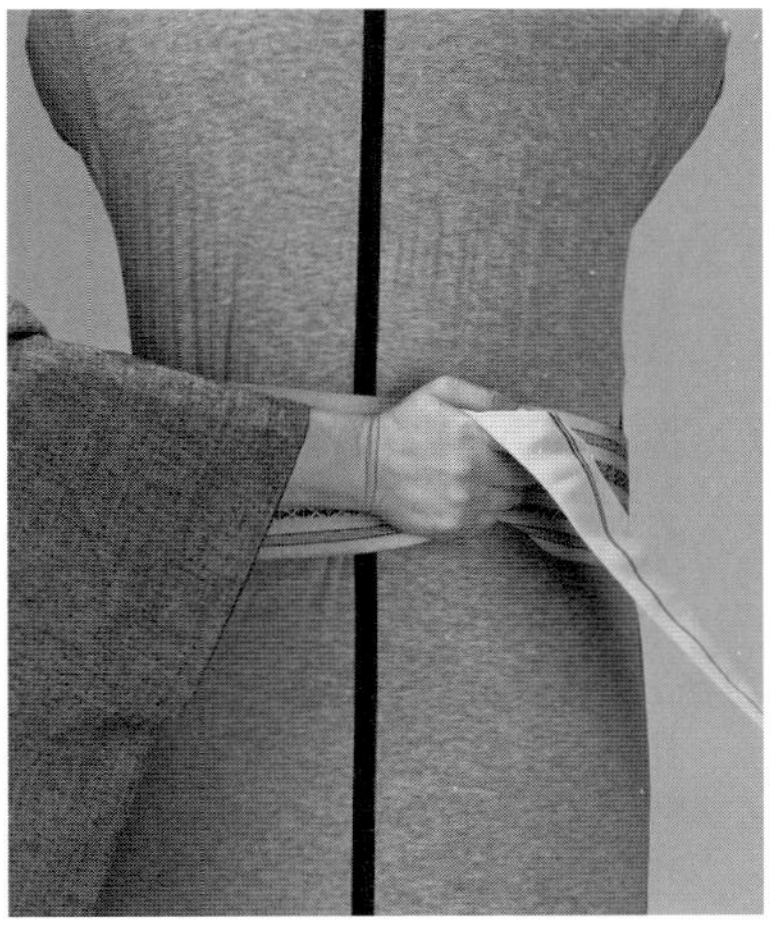

② 男帯の幅は狭いので、手のひらに収まります。締めるときは、腕を真っすぐに伸ばして手のひらを体につけて締める。締める位置は腰の中心です。

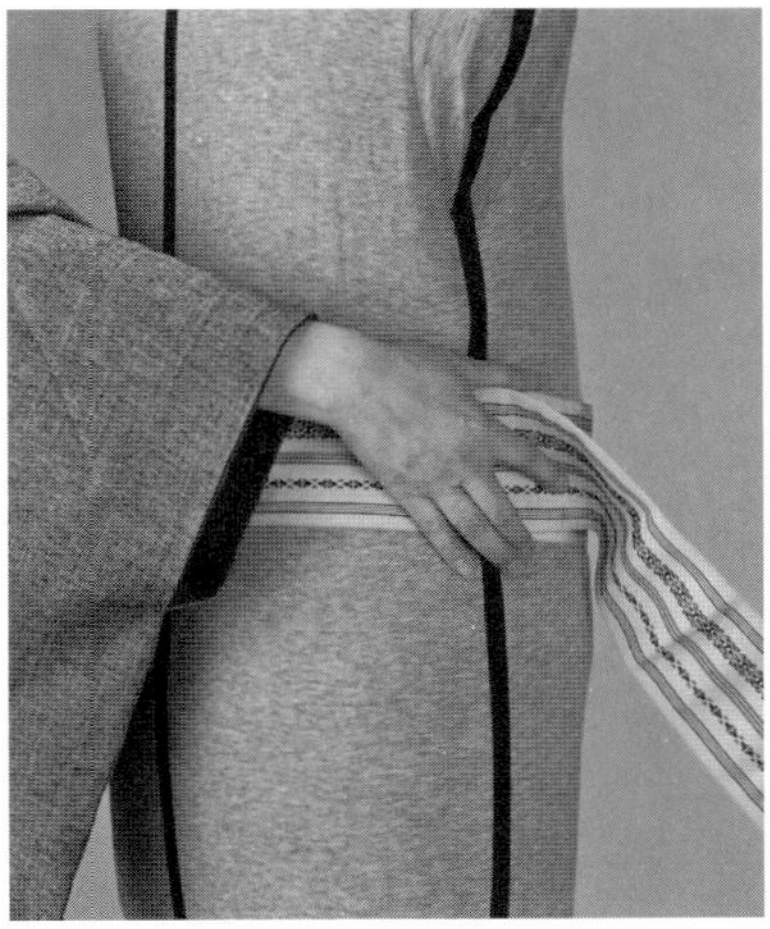

③ 帯を手のひらで押さえ、一巻き目の帯に沿って巻く。着る人の真横を通過するまで、左手で先とたれを持っています。

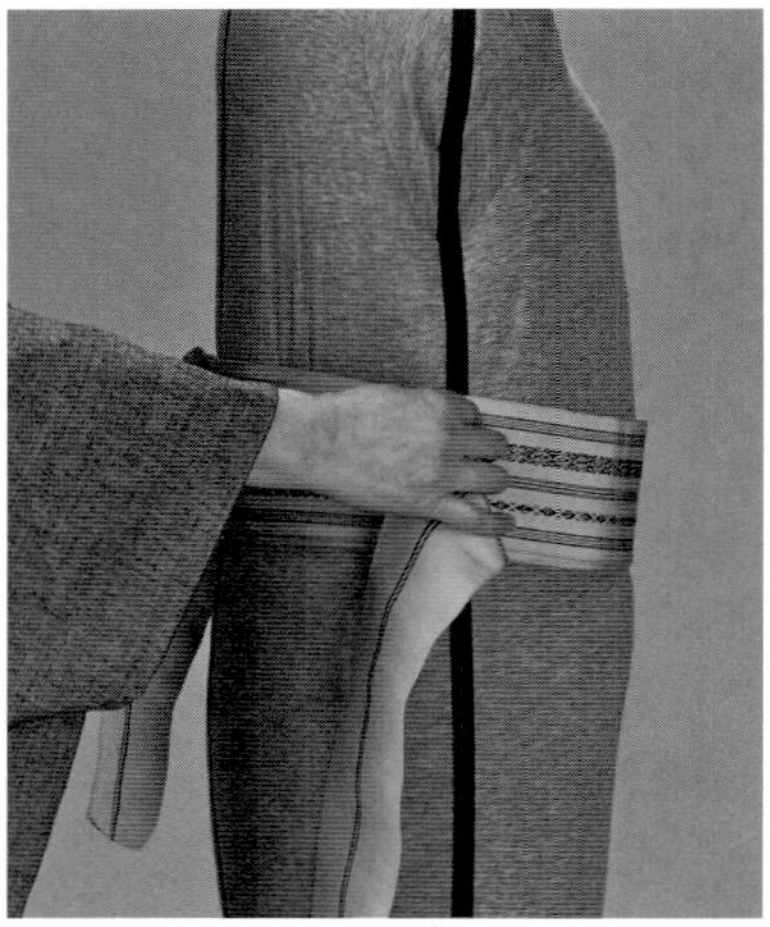

④ 男帯は三巻きします。帯を巻く方向に向けて着る人の真横で必要なたれの寸法を決める。体型は関係ありません。帯が地厚なときは約一センチを加えます。

Point

て先の位置とたれの長さを決める位置

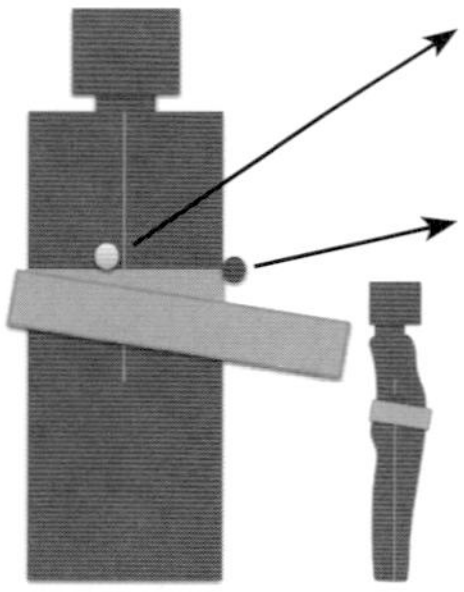

て先の長さを背中心より１～２センチ左側で決める。

たれの長さは脇で決める。
帯が広いときは、●印プラス１～２センチ。

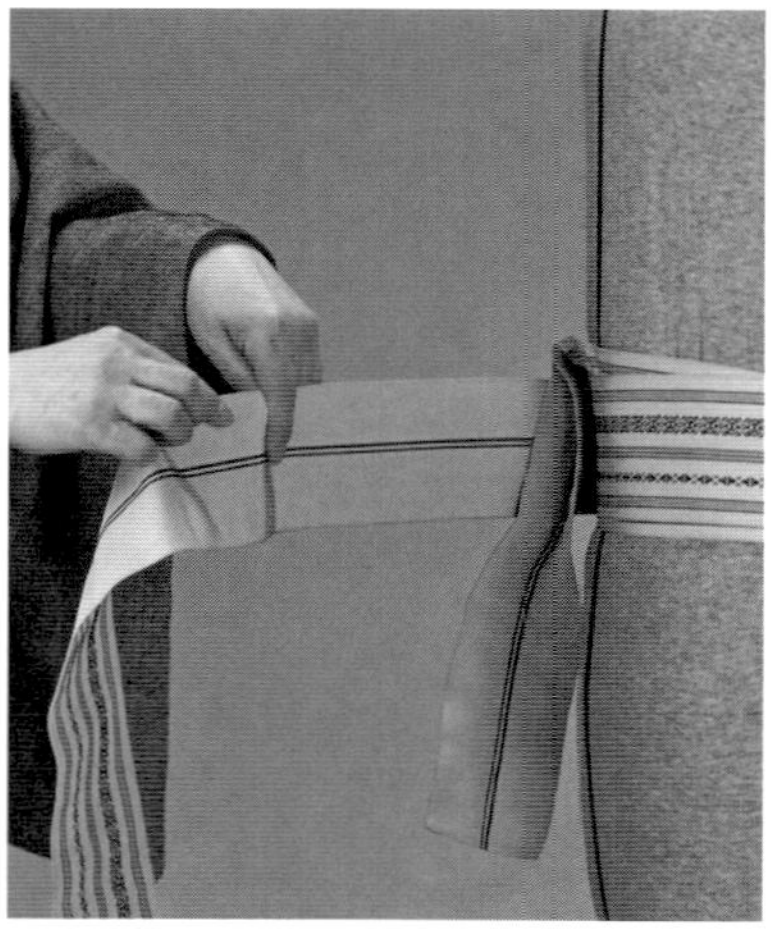

⑤ 結びに必要な長さを着る人の真横で決めたところに、左の人さし指を伸ばして帯の内側にあてる。帯を巻くときや寸法を決めるときは帯上を持つことがコツ。

⑥ 左の人さし指を軸に、余分な帯を折り返す。右の親指を帯上にあて、ほかの指先を伸ばしてたれを内側に入れる。表側の帯に沿ってゆるめずきちんと入れる。

⑦ 左のひじをくの字形にして帯を引き寄せる。全体の胴帯をゆるめないようにして、右手で残りの帯をきちんと入れ込む。着る人の斜め横で行います。

⑧ 右の親指を帯の外側に置き、内側は四本の指先を伸ばして、帯を重ねて揃える。重ねた帯を背中心に向けて斜め上に持ち上げる。

Point

全ての帯は、帯上を持って巻くとよい。

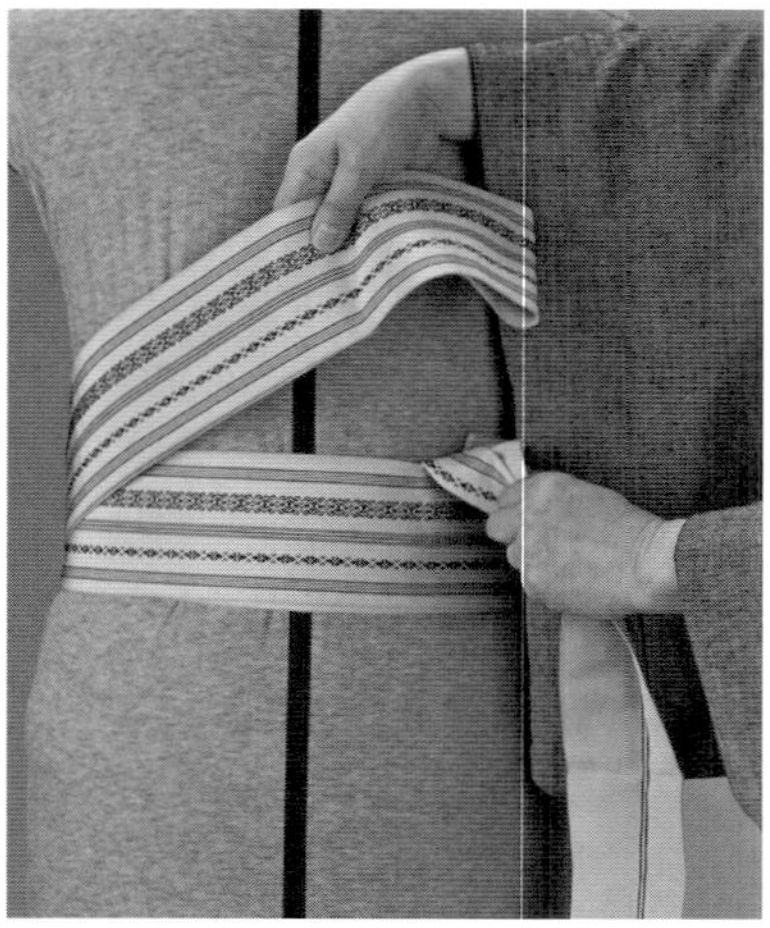

⑨ 写真はわかりやすく右手を高くしています。帯を入れた右手はたれを斜め上で持つ。その帯の下から左手でて先を持ち、約一〇センチ横へ戻す。

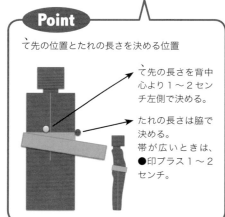

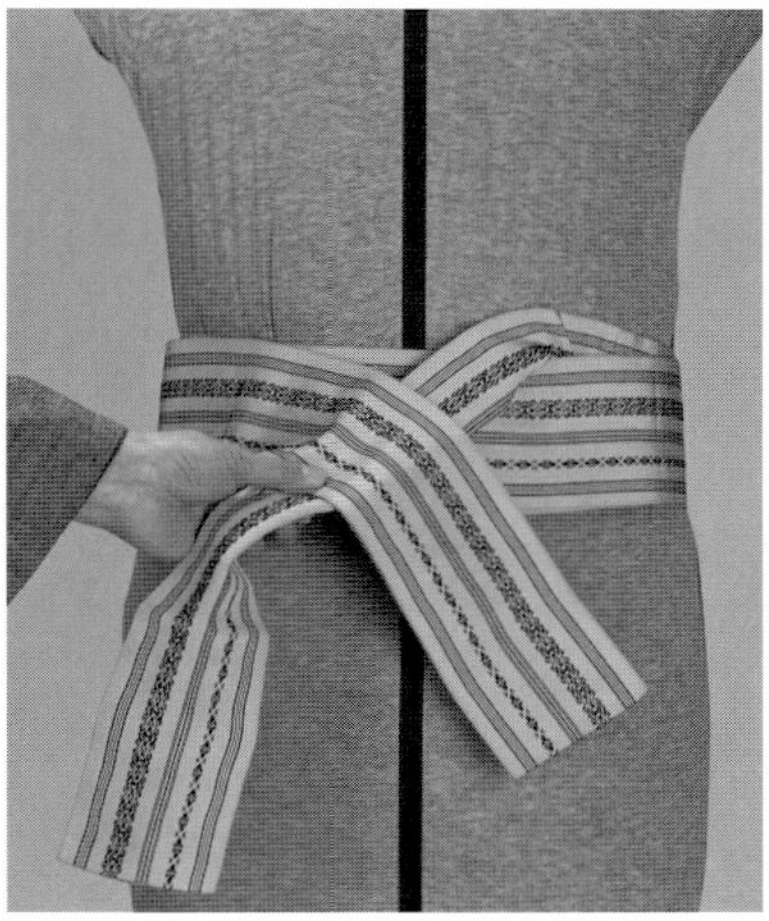

⑩ 左手でて先を結ぶ位置に進める。その上に右手のたれを下げて重ね、左の親指を上にして持つ。重ねる位置は背中心より約二センチ左寄りに。

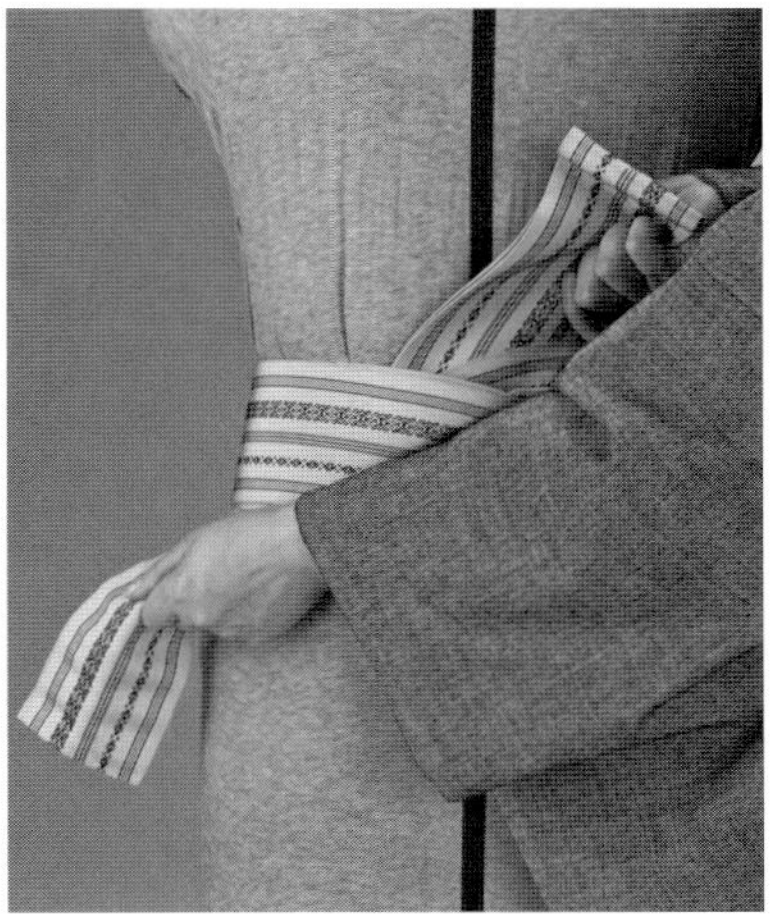

⑪ たれを上に出して結ぶ。結び目で帯を持ち、帯全体をしっかり締める。着る人の右横で結び目に沿って斜めに締める。

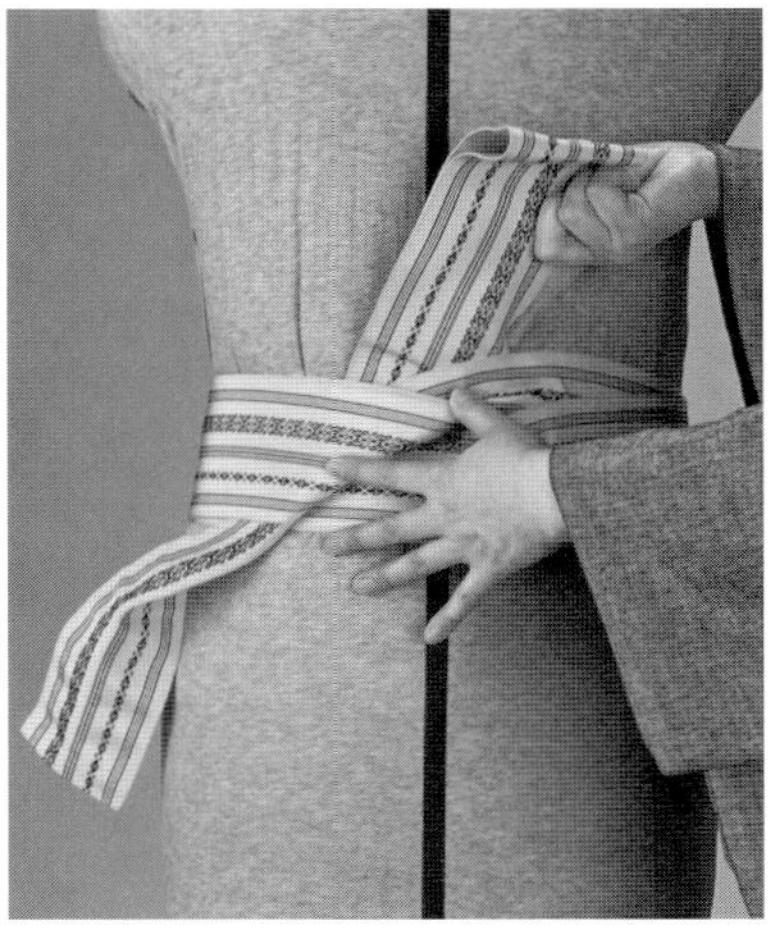

⑫ て先を持っていた左手で結び目の上の角を押さえる。押さえている元のところで、右手に持っているたれを静かに約一センチ弱戻す。

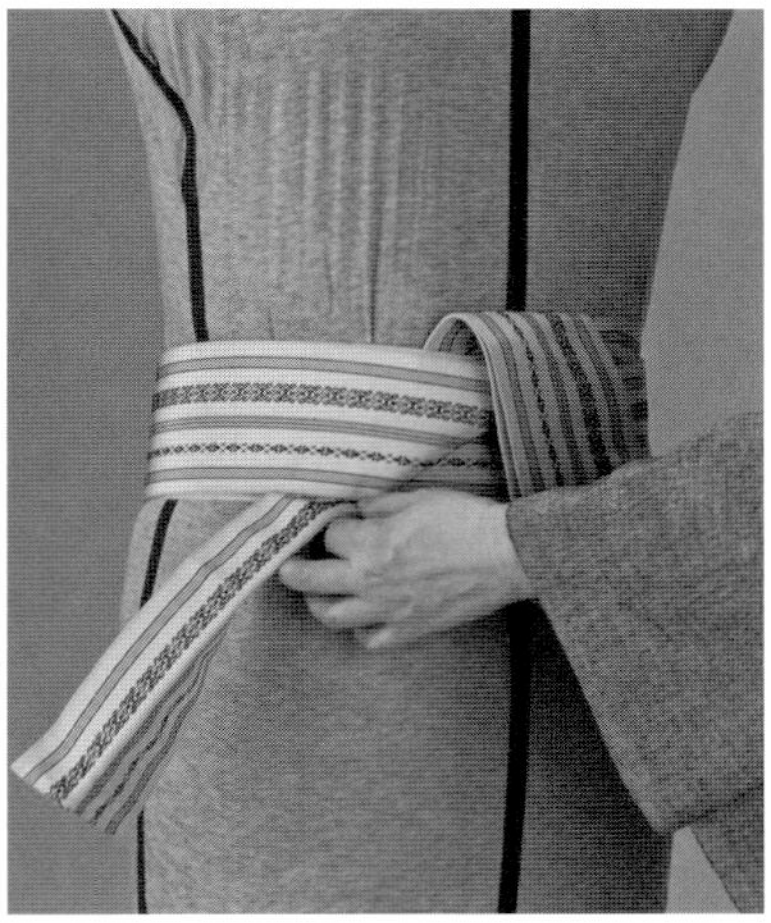

⑬ たれを戻し、次に結び目の際で、て先を折り返す。帯幅の狭い男帯は常にゆるみやすい状態になっているので、細かい部分をきちんと処理します。

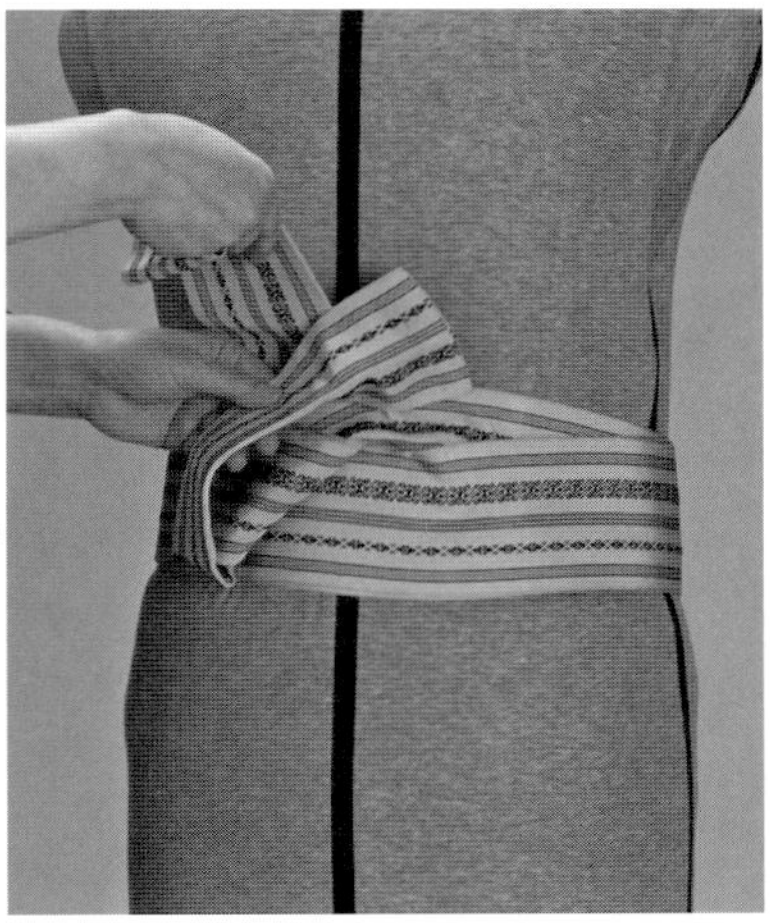

⑭ 右手でたれの右側を持つ。て先を開き口のほうから左手に持って、結び目の際から斜め上に折り返す。写真のようにて先を斜め上に高く上げる。

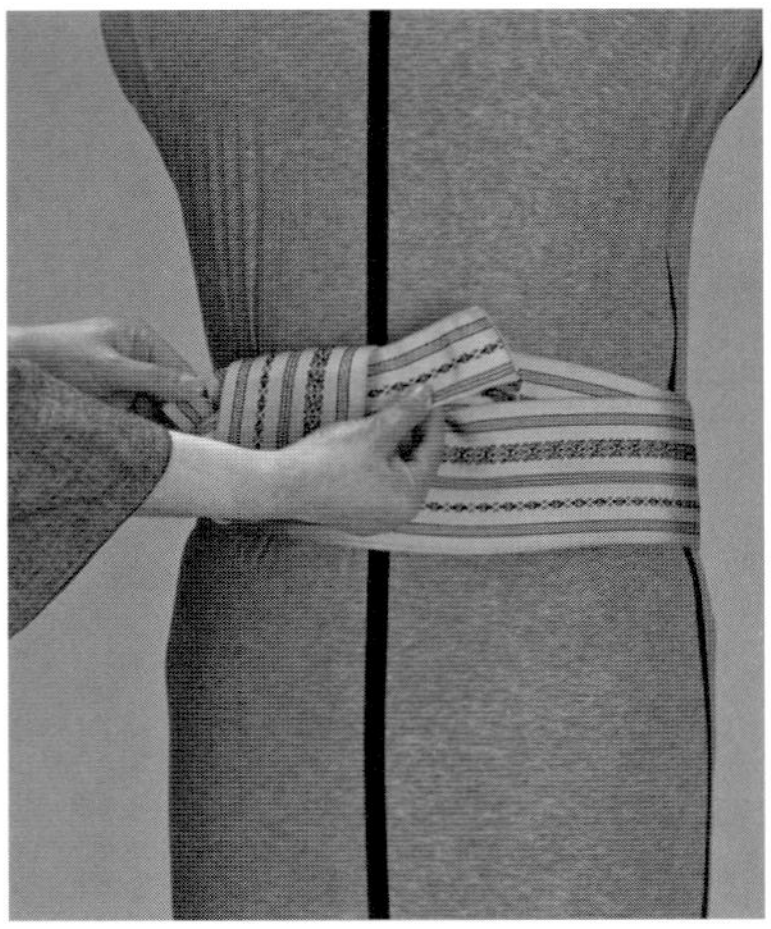

⑮ たれを下げ、て先を持っている左の指先に渡す。右手はたれを渡したあと、て先を持つ。て先を包む状態で結ぶ。靴紐や風呂敷結びの感覚で。

⑯ たれの輪を出して結び、左指先でたれの下の角を、右指先でて先の折り山を持ち、静かに引き締める。ゆるみを残さないで布目を引きのばし仕上げる。

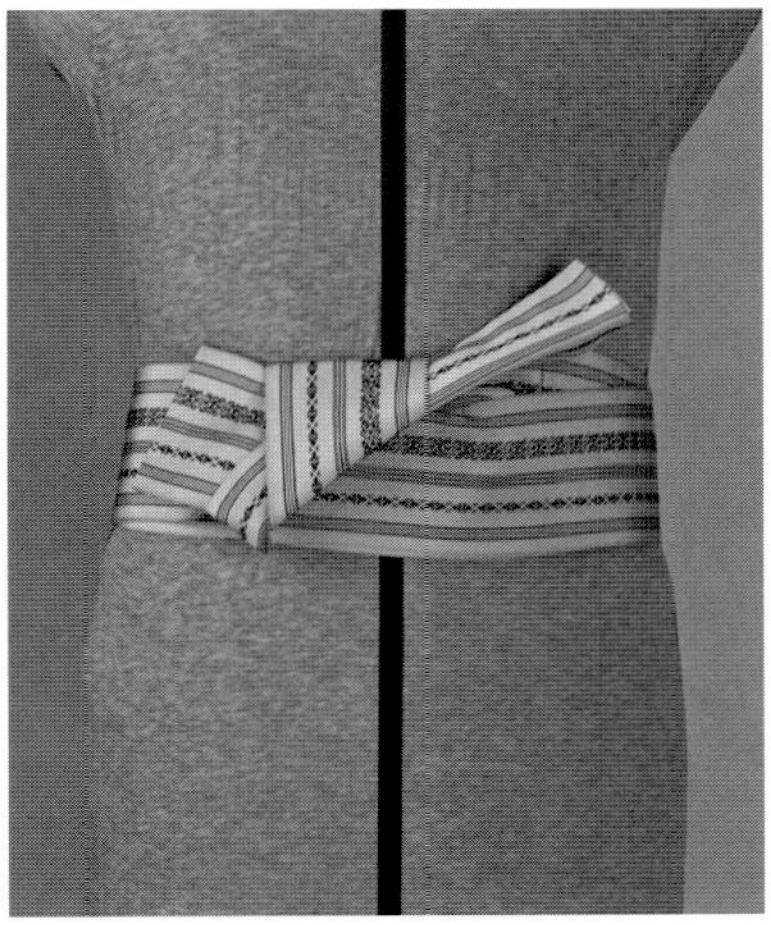

⑰ 貝の口のでき上がり。結びの中心を背中心から約二センチ左寄りにしてバランスをとっています。て先を斜めに起こして少し長めに結んで粋に。

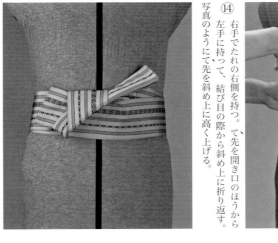

浪人結び——て先とたれを挟んで

さりげない形の小粋な結びです。しっかり胴帯にたれを挟み込むことがポイント。

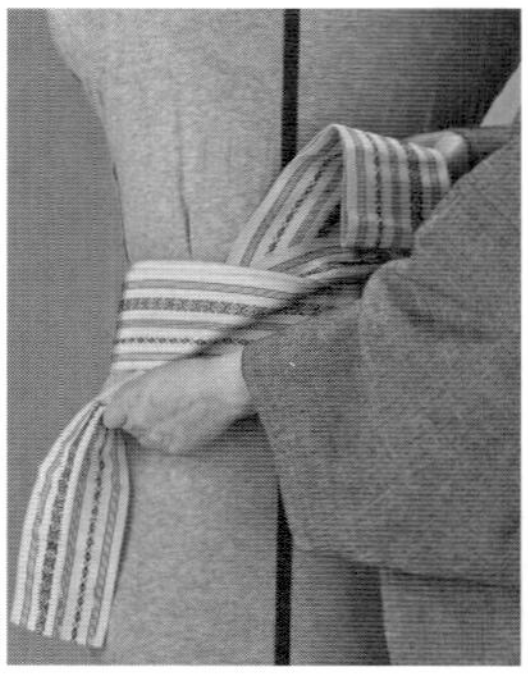

① この結びは貝の口結びとすべて同じに進め、ての長さは三〇センチ強に決めて三巻きし、たれを上に締め上げる。

② 締めたあと、たれの角を戻し、て先の結び目の角をきちんと押さえ、て先を斜め上に折り上げる。

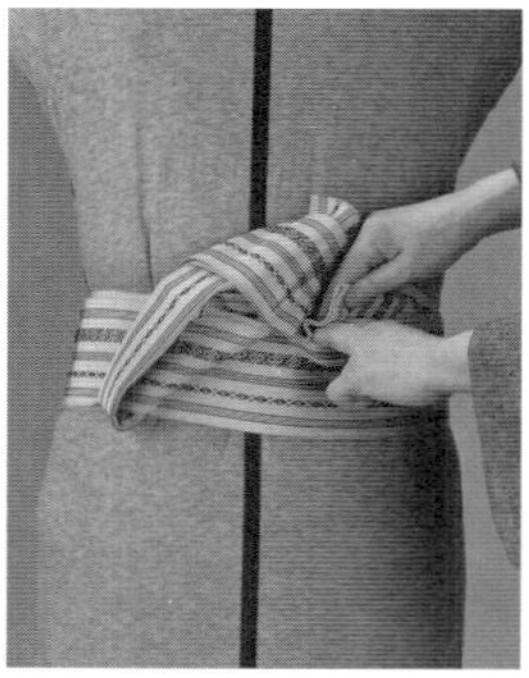

③ 折り上げたて先にたれを上からかぶせて押さえる。輪の先を指先で持ち、胴帯に差し入れる。

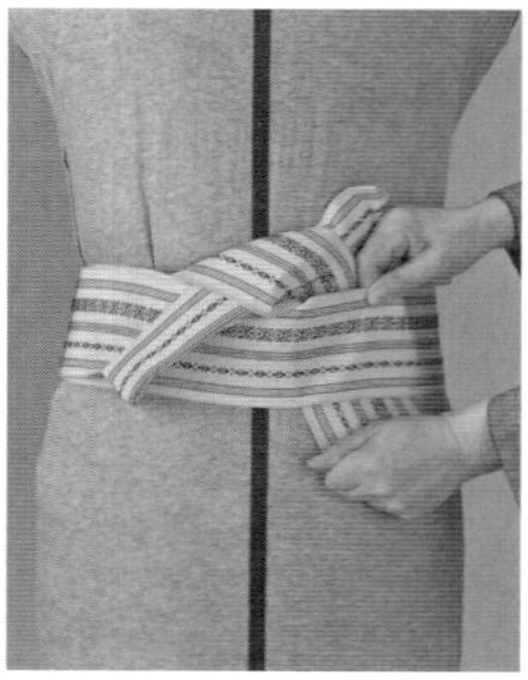

④ たれを胴帯の斜め下から引き出す。片方の手で胴帯の上端を持ち、もう片方の手で輪を引いて形を整える。

⑤ て先のゆるみを引きのばして整える。好みにより、て先を立体的に起こすか、背中にぴったりつけて仕上げます。

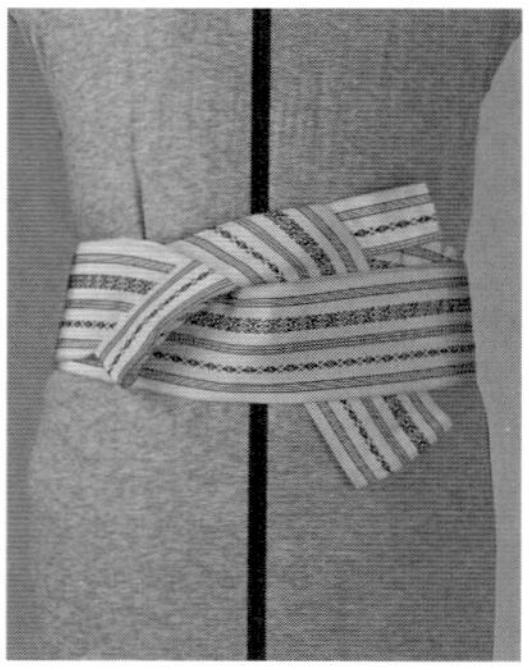

⑥ 浪人結びのでき上がり。この結びは貝の口結びと、片ばさみ結びの合作です。各部分のポイントは同じです。

片ばさみ——ゆるまない・ほどけない

浪人結びをさらにシンプルにした結びです。締め上げたたれを胴帯に挟んでいるだけですが、安定感があります。

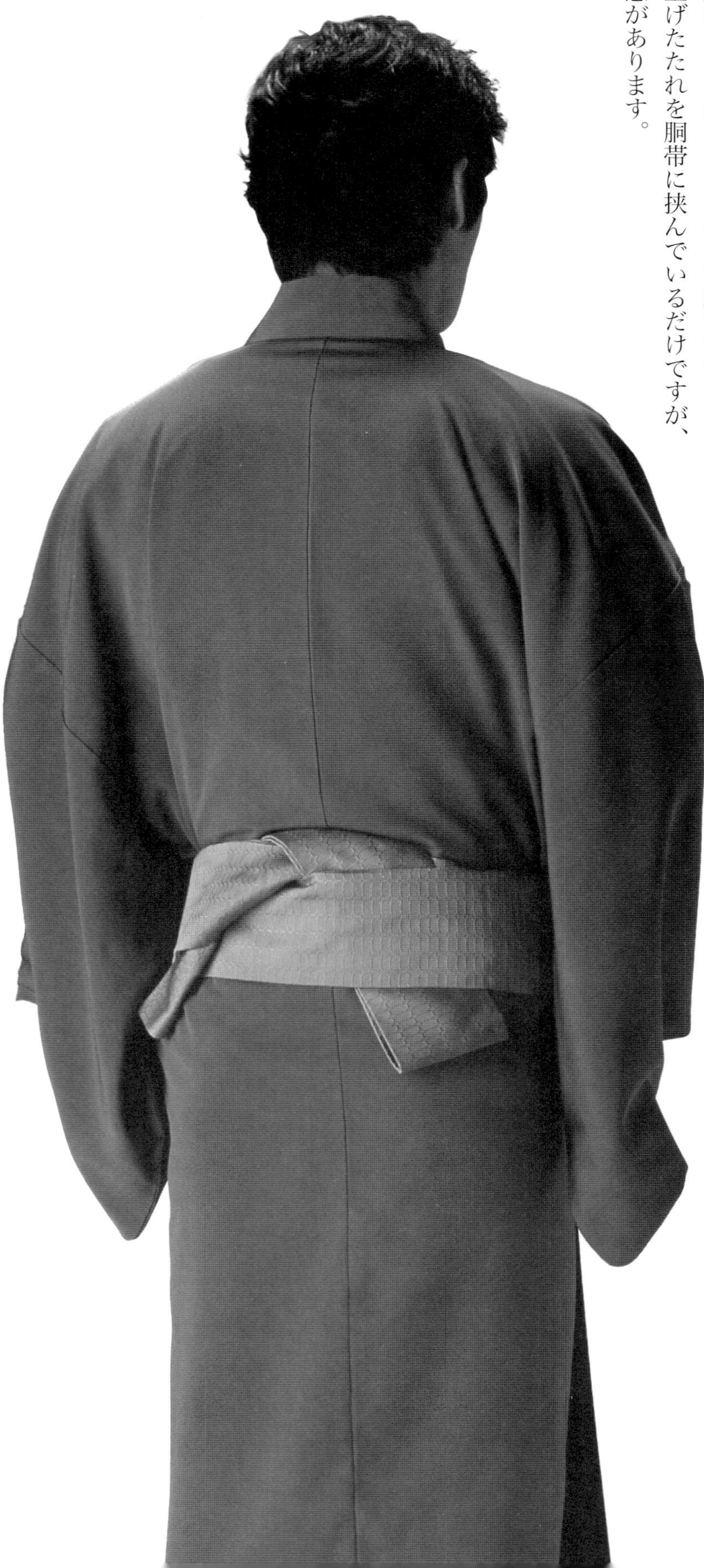

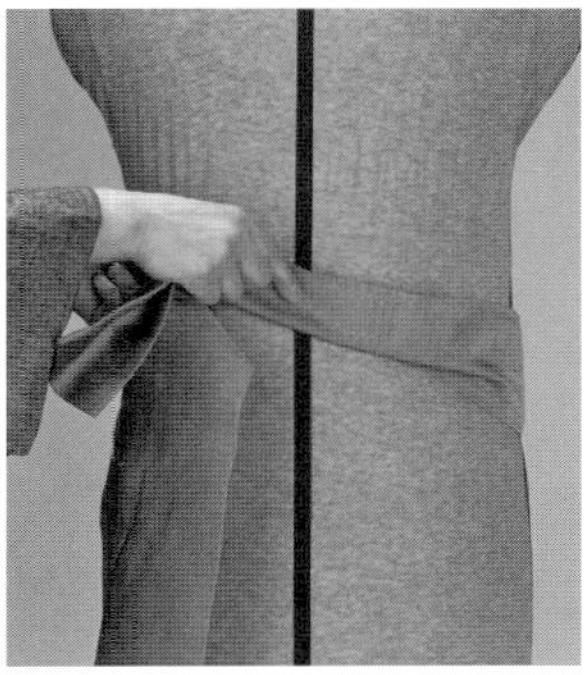

①て先を二つに折る。帯の厚みや体型によってでき上がりを想像し、逆算して一三〜一五センチの長さを決める。腰で後ろを高く巻いて、一巻きする。

②帯をにぎって持ち、右腕を真っすぐに伸ばして腰の中心で締める。着る人の左後ろに立ち、重心を下げた姿勢で締めます。帯が締まって体全体を包みます。

③帯を三巻きして背中心につけ、左手で胴帯を押さえて帯のゆるみを防ぐ。胴帯の上に親指の頭分、約二センチ弱のところでとめて押さえます。

④たれを写真のようにして下げる。帯の種類や結ぶ人の体型によって、胴帯下から八〜一〇センチのところで片ばさみに必要な長さを決め、たれ先を持つ。

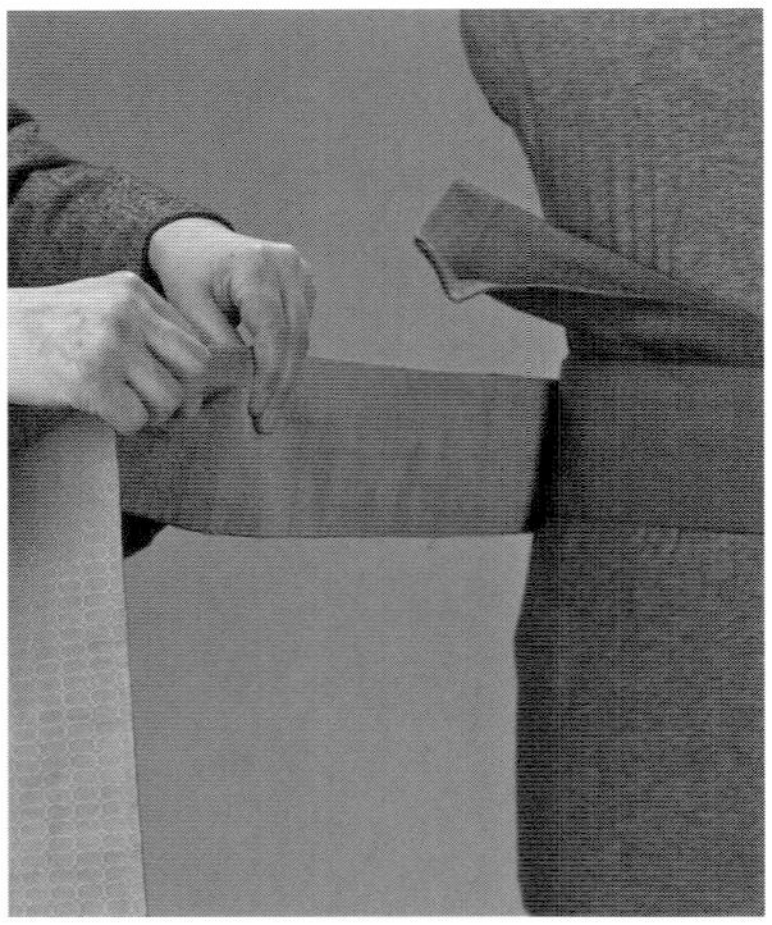

⑤ 決めた位置の内側に左の人さし指と中指をあてて持ち、そこを軸に、余分なたれを内側に折って右手で入れる。

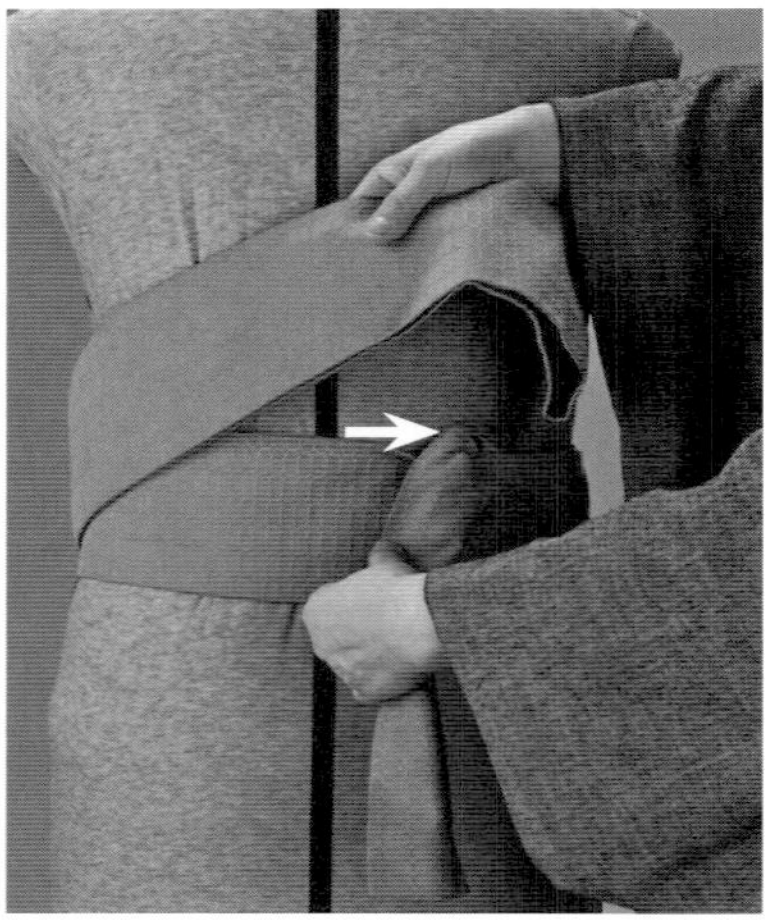

⑥ 二重になったたれを、背中心で斜め上に上げて、右手で持つ。たれの下で、て先を左手で持ち、約一〇センチ横に戻す。帯の上端を持って行います。

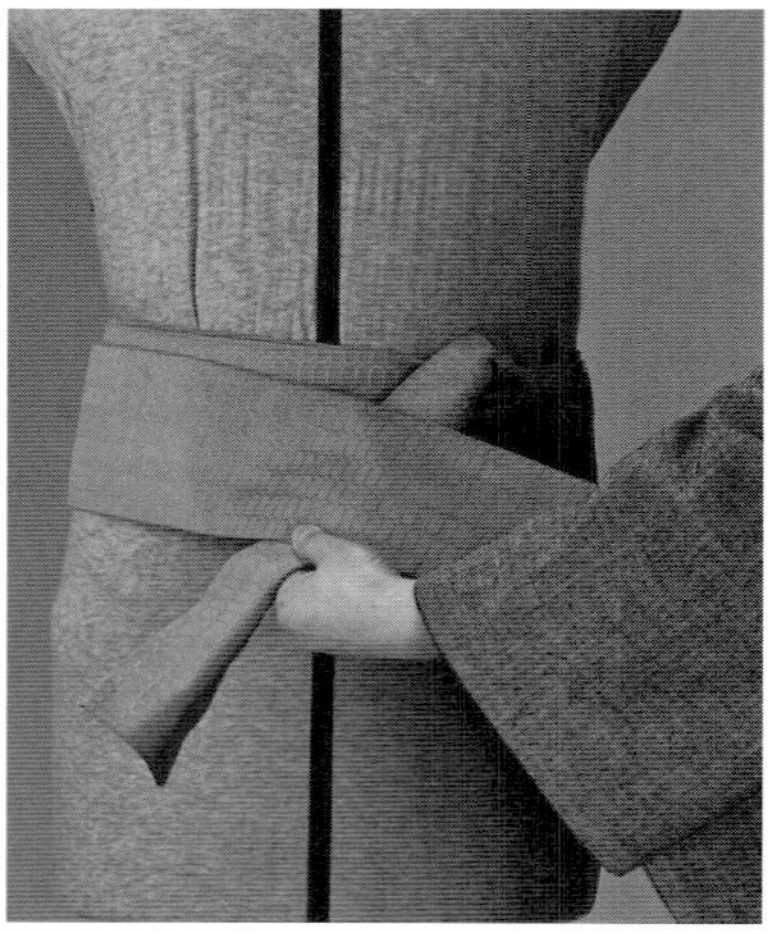

⑦ 背中心で、て先を下に、たれを上に交差させる。重ねてできる交差部分はいくつかありますが、写真の左の親指のところを持ちます。

⑧ たれを上に出して結ぶ。手のひらを上に向け、結び目で帯を持って締める。結び目に沿って斜めに締めます。着る人の後ろ右で行います。

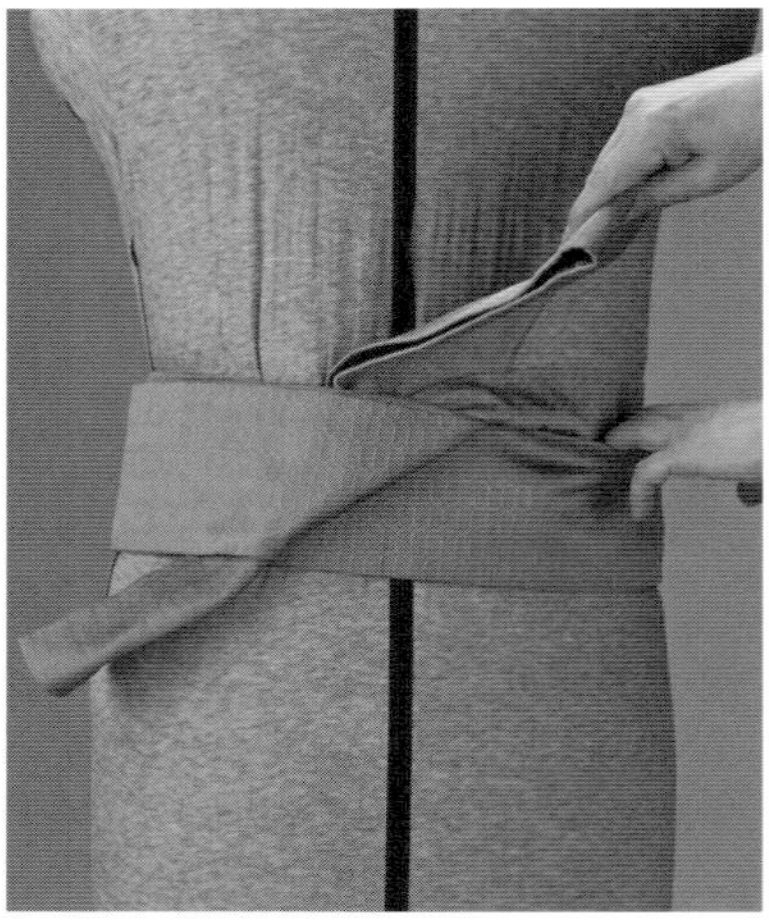

⑨ 輪になっているたれ先を、右の手で持つ。胴帯の脇のあたりに左の指先を入れる。胴帯にすき間を作るには、脇から行うと楽にできます。

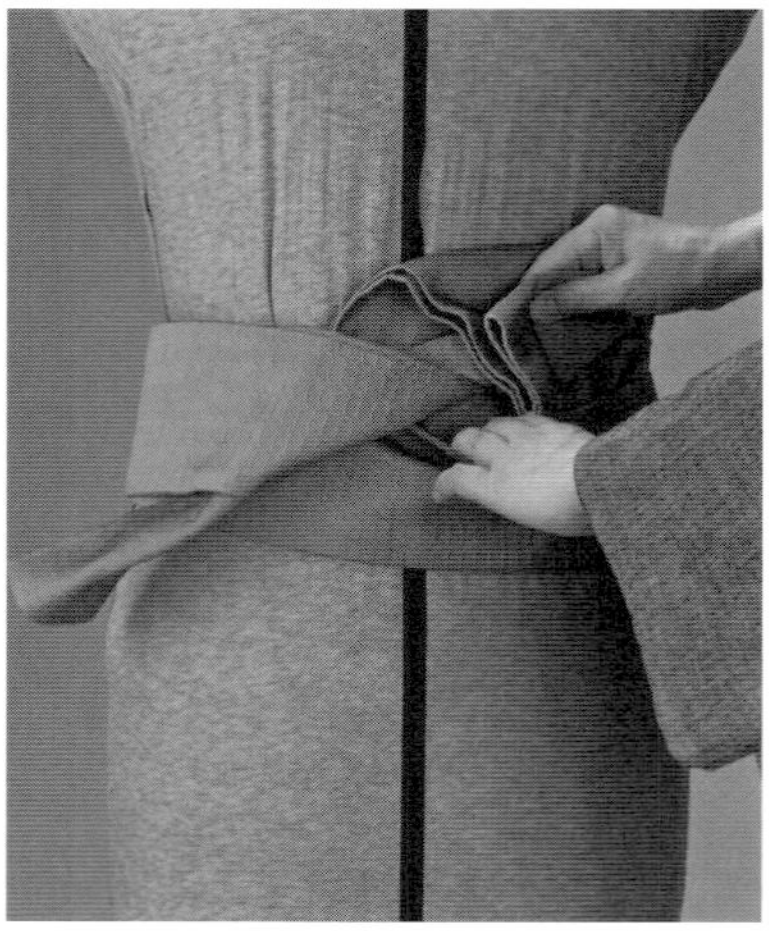

⑩ 胴帯に入れた左の指先を、帯に沿って背中心まで移す。左手が開けた胴帯のすき間に、右手の指先で持っているたれの輪を先端から入れ込む。

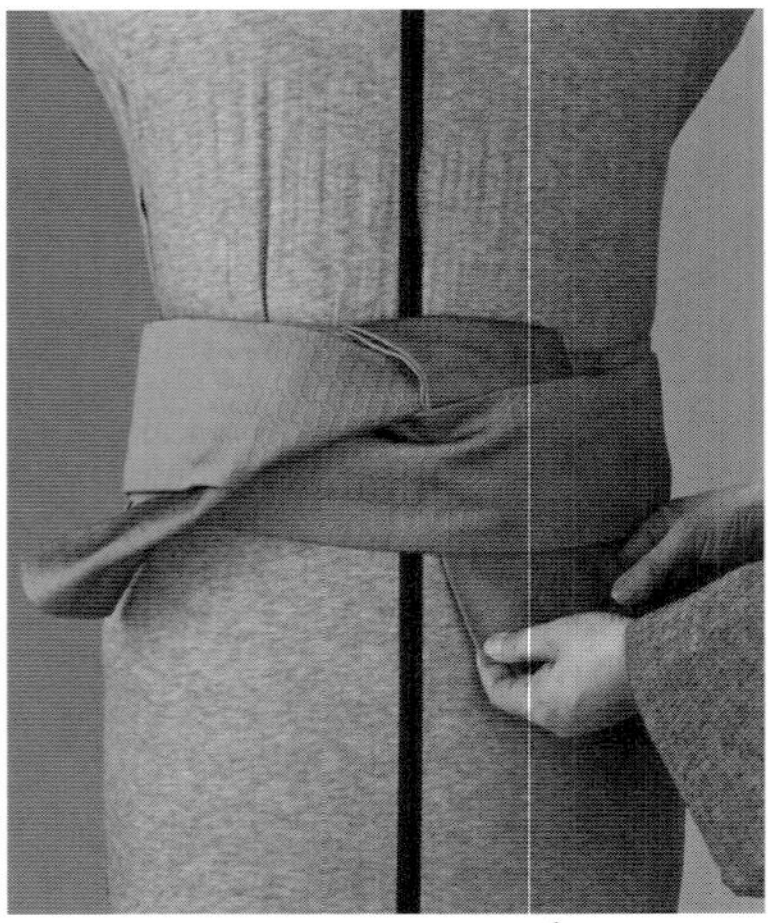

⑪ 胴帯をくぐらせ、たれを上から下に通す。下に出たたれを斜め下に引き出す。通す前から斜めの角度で入れると、布目を守ってよい仕上がりになります。

Point

片ばさみの帯を下に通したら、結び目のAのところに指を入れて持ち、て先の帯Bを持ってしっかり締める。最後にCの帯を引いて整える。

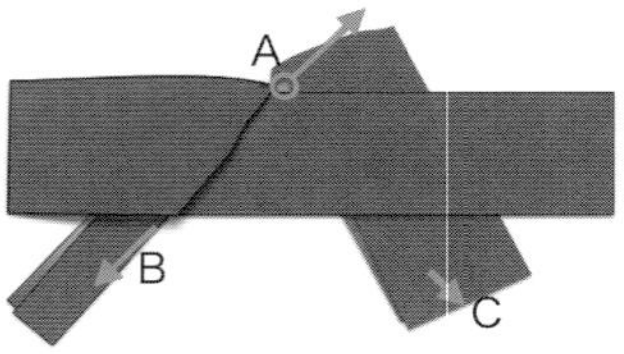

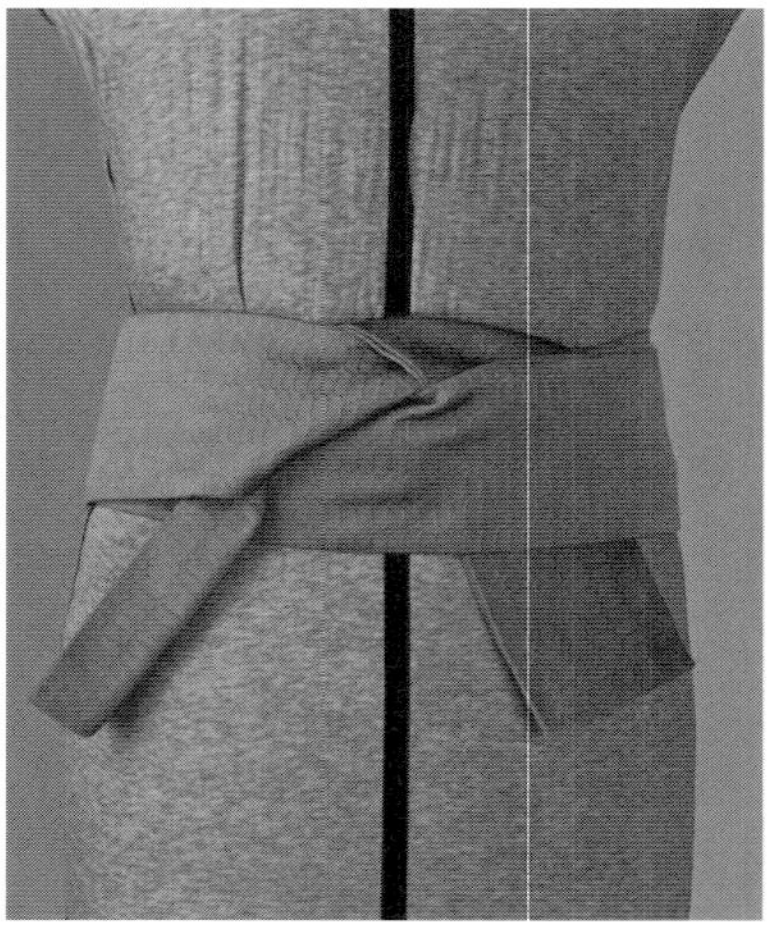

⑫ たれを通す間に結び目がゆるみます。結び角とて先とを持って締め、たれの輪を引いて形を整えます。て先とたれが斜めの形ででき上がりです。

割りばさみ——左右の帯端を揃える

てとたれを同じ長さにして並べて挟むため、帯の長さが必要な結びです。あらかじめ一度巻いてみてから、ての長さを決めるとよいでしょう。

① 前もって着る人に帯を巻いてから、ての長さを決める。結ぶところの幅を二つに折って巻き、一結びする。てとたれを同じ長さにする。

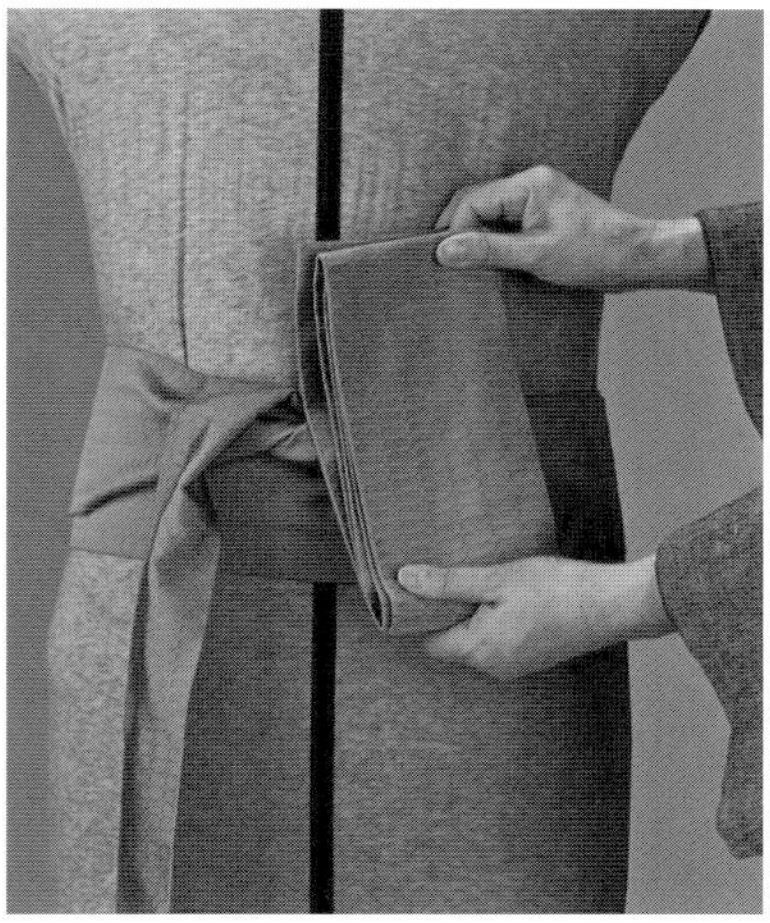

② 帯先を上に向けて、折り山を揃えながら、帯をたたむ。胴帯の上と下から八センチ前後出る長さが目安です。

③ て先の下部分を右手で持ち、左手を脇から結び目下に伝い入れ、胴帯を開く。帯を持つ右手で着る人の腰を押しながら左手で胴帯を引くと楽に開きます。

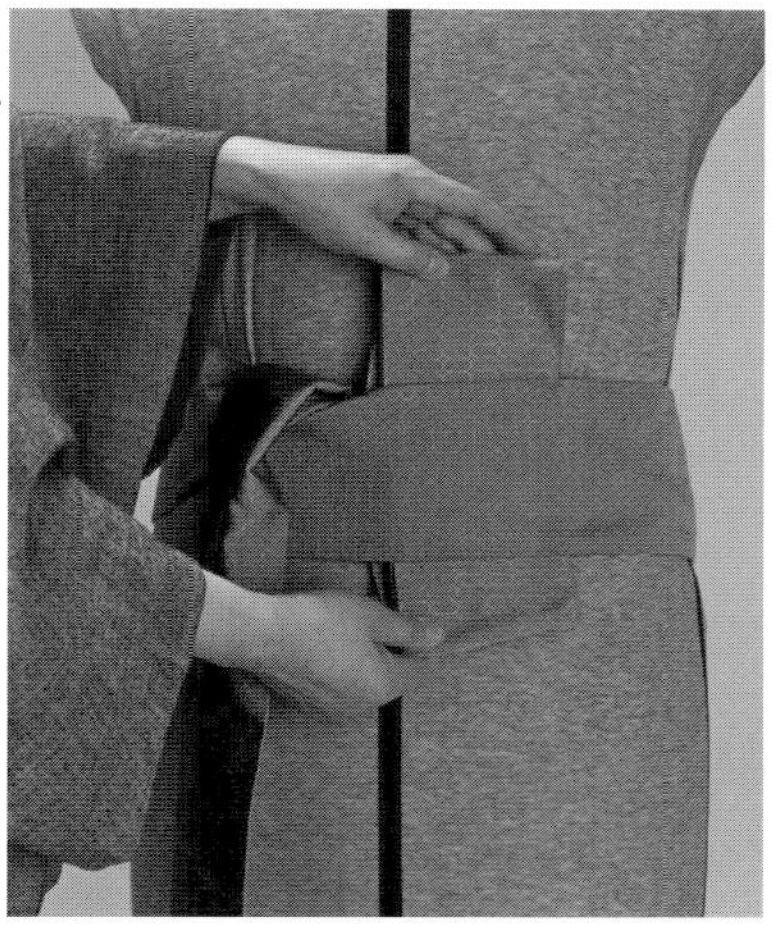

④ て先を上から下へ真っ直ぐに胴帯に通し、上をやや長めにしておきます。帯先は上にありますが、結び目の中の帯は下に向いて折りたたんでいます。

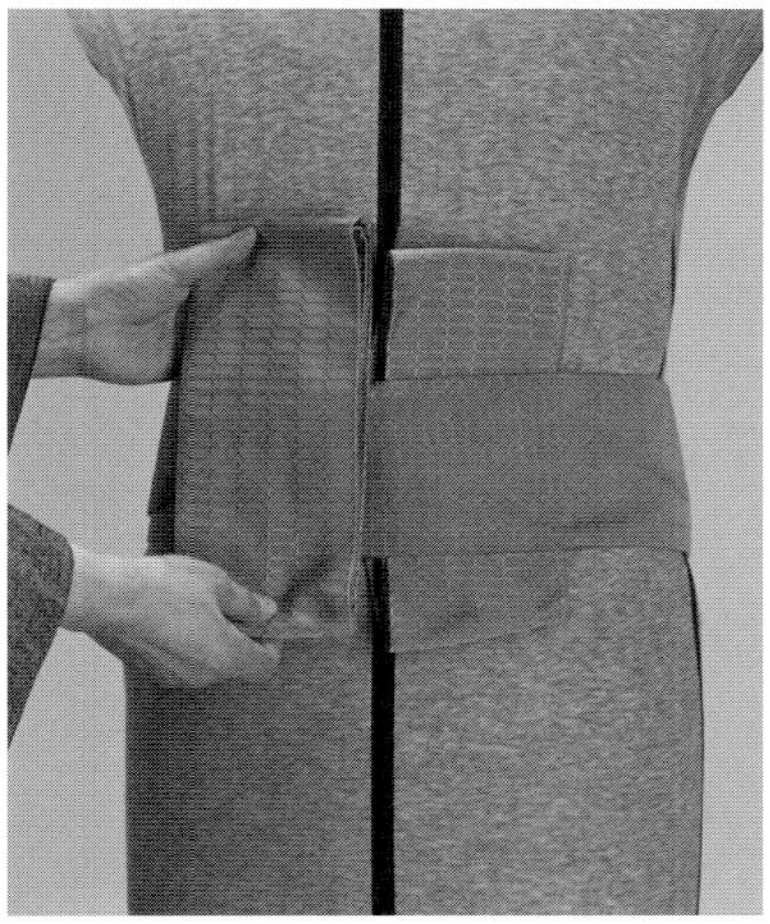

⑤ 同じ要領で、もう一方も同じ大きさに折りたたむ。折りたたんだたれを胴帯の上から下に通す。背中心を境にして上下を揃えて並べる。

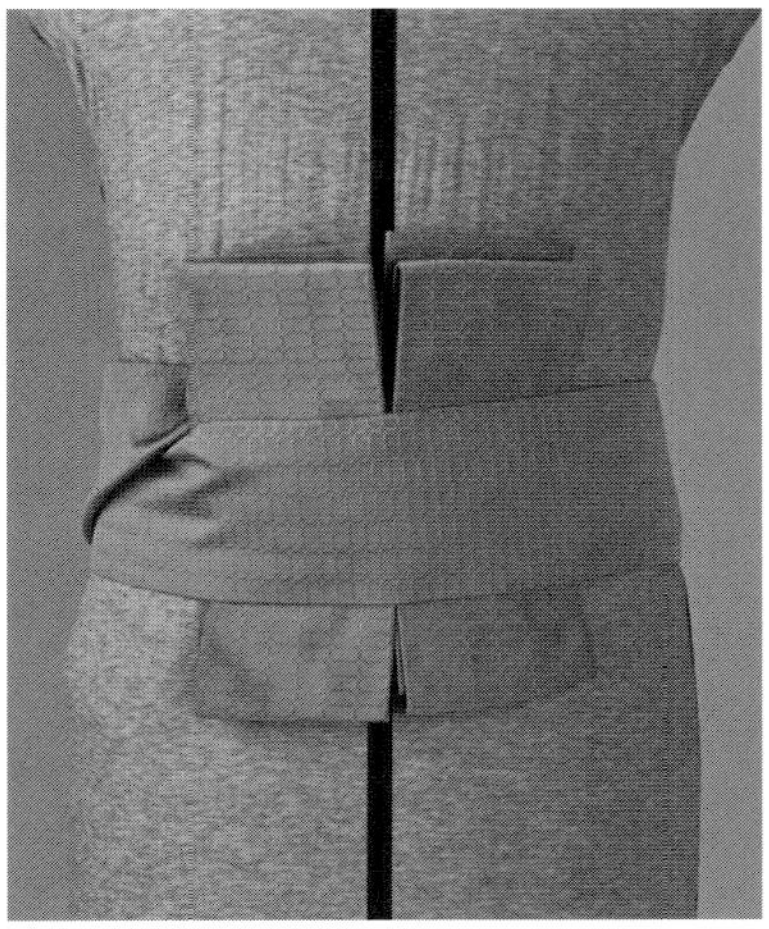

⑥ 割りばさみのでき上がりです。この結びは着る人の体型によって使える帯の長さが違い、一般的には結びにくい形です。時代劇などでは作り帯を使用します。

駒結び

——兵《へ》児《こ》帯は自然に巻くこと

結びの基本形である駒結びを、兵児帯で結びました。兵児帯はやわらかいので、結び目が下がらないよう気を付けます。

Point

兵児帯は、巻く前に帯をにぎって縦にして、布目を整えてから巻くと、しっかりします。

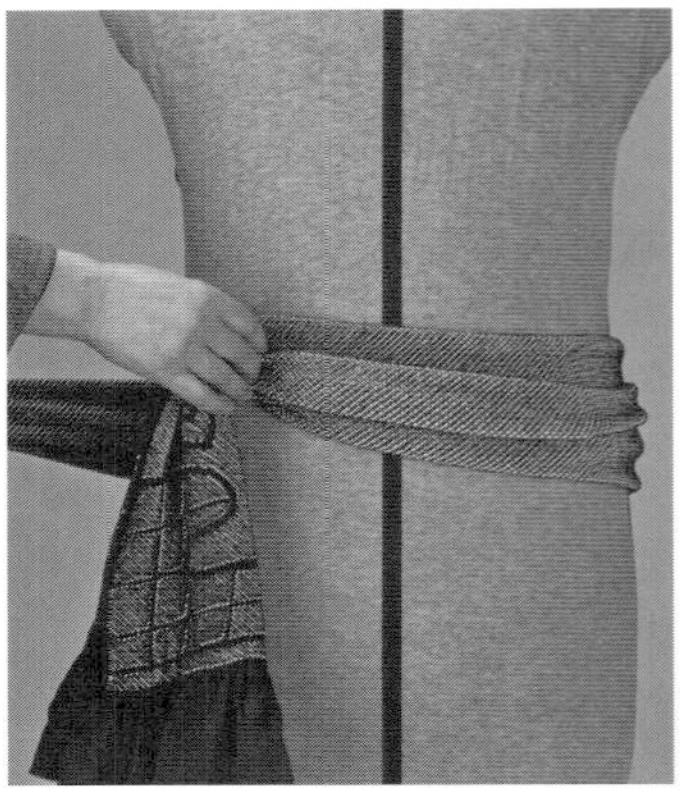

① 背中心より左右どちらかに結ぶ位置を決め、て先から約30センチのところをてにして、後ろ上がりに巻く。

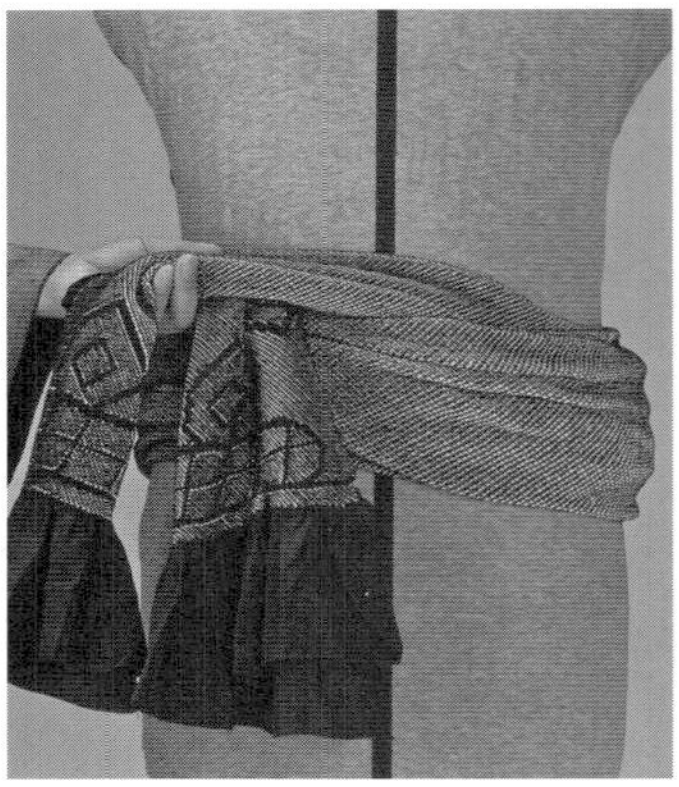

② 種類によって二巻きもあるが写真は三巻き。兵児帯は強すぎないよう自然に巻き、ほぼ同じ長さにする。

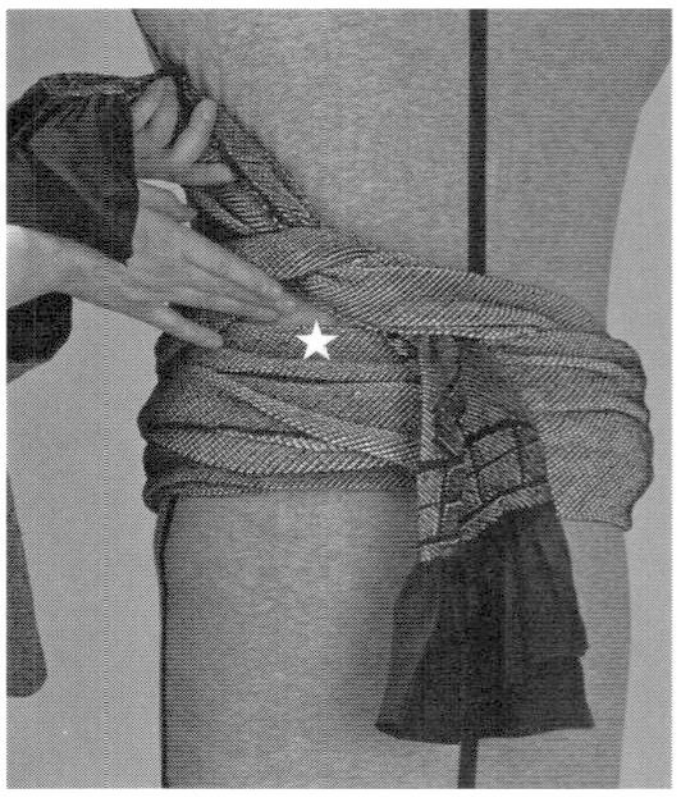

③ 兵児帯は張りがないので、結ぶと重さで下がりがちです。一結びし、結び目下の胴帯を開けて台（★）にし、落ちるのを防ぐ。

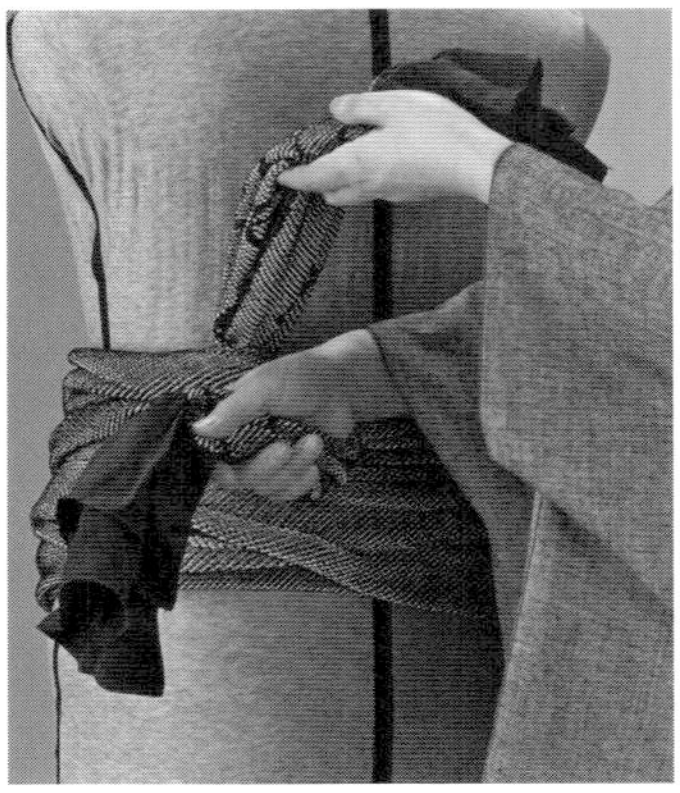

④ 神田結びと同じ持ち方で帯を結ぶ。右手で下側の帯を逆方向に折り曲げて持つ。左手で上の部分を持つ。

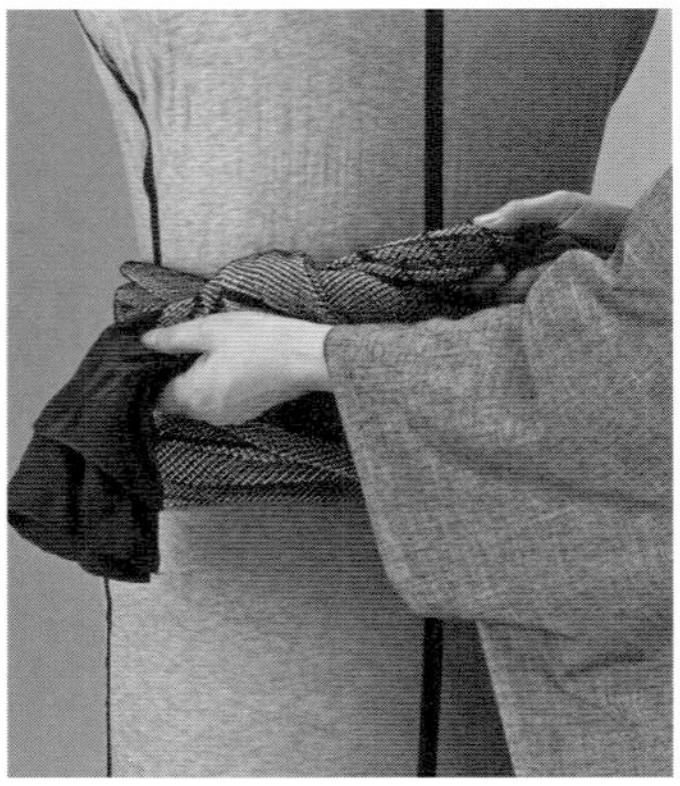

⑤ 右手で持つ部分に左手で持った部分をかぶせて右手に渡し、結ぶ。風呂敷や靴紐を結ぶ要領と同じです。

⑥ 駒結びのでき上がり。帯の種類や体型により多少結び上がりが違いますが、短いほうがきりりと男らしく見えます。

片わな結び

——帯幅を最大限に使って

結びの基本形の片わな結びを、兵児帯で結びました。輪を作る長さを残して巻くのがポイント。

① て先から30センチ前後の長さをてにする。背中心から約10センチ横で位置を決めて巻き、胴帯の上で結ぶ。

② 下側にあるたれを結び目から逆に向けて折り返し輪を作り、結び目のところで持つ。長い紐を結ぶときと同じ。

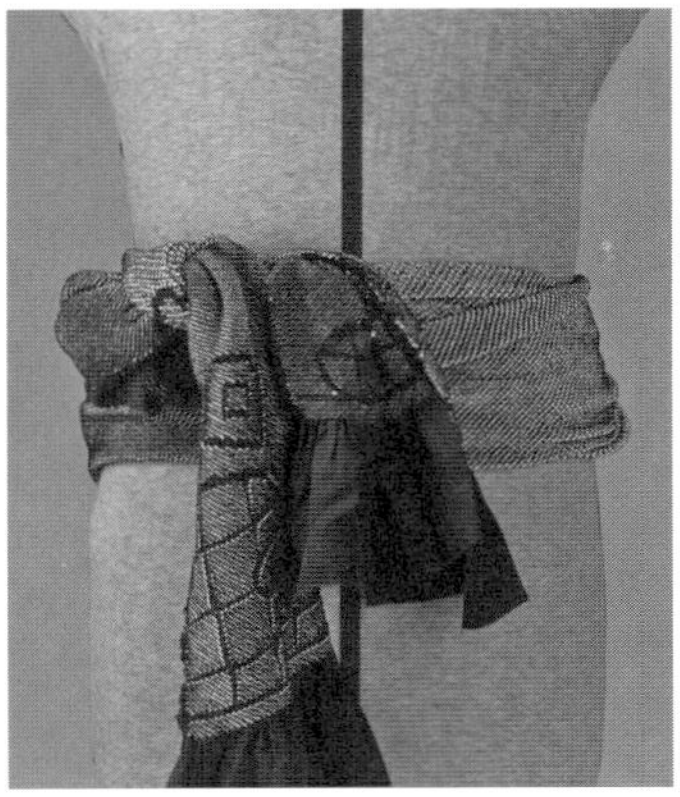

③ 輪になっている帯を右手で持ち、左手で持っている上のて先をかぶせて右手と交換して結ぶ。

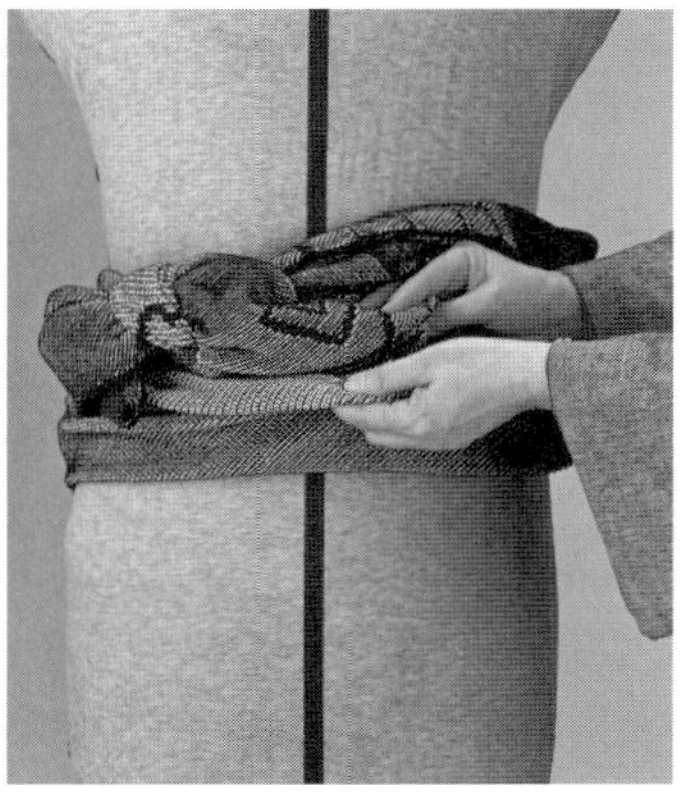

④ 長すぎた場合はどちらかの端を胴帯を開いて中に入れ、台にします。

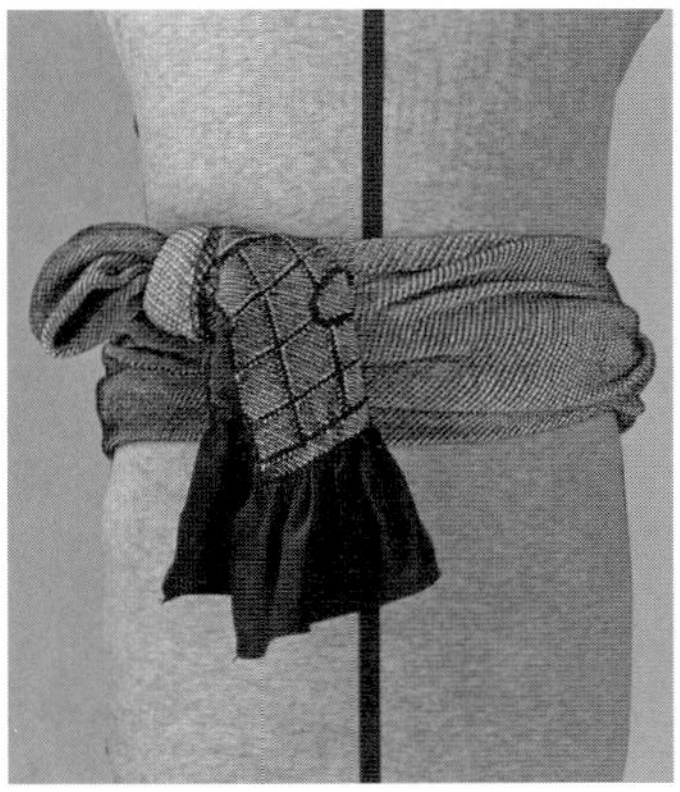

⑤ 片わな結びのでき上がりです。ちょうどよい長さの結び上がりは、そのまま両方をたらして仕上げますが、長すぎると野暮に見えます。

はさみ——巻くだけで結びません

巻いて帯端を胴帯に入れただけの簡単な結びです。
きちんと揃えないで、
無造作に巻いたほうが格好よく見えます。

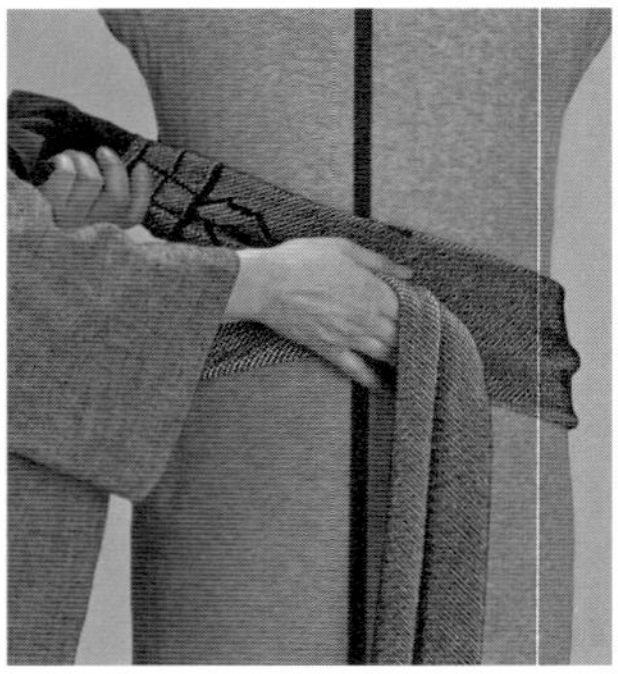

① 帯端を約一五センチ上に出し、初めの一巻きを少し強く巻く。兵児帯の絞り目が部分的に開く程度に巻くこと。

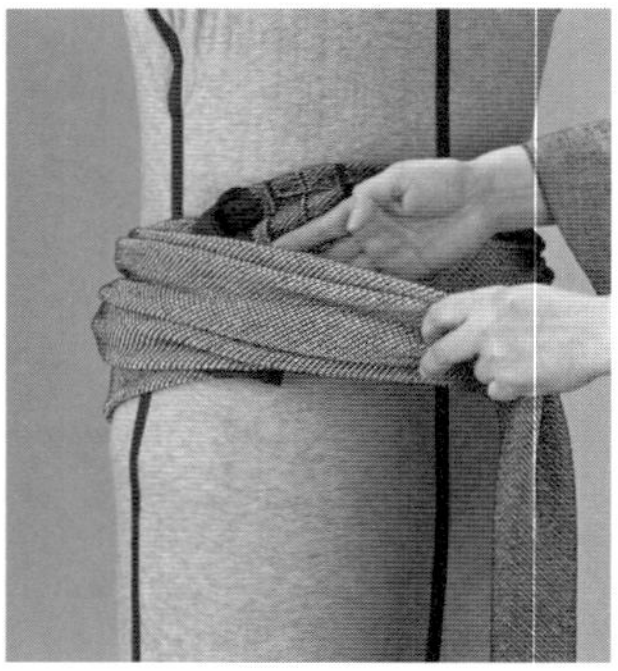

② 二巻き目からは締めずに、布目に沿った巻き方で。三巻き目を巻くとき、最初の帯端を内側に入れて押さえる。

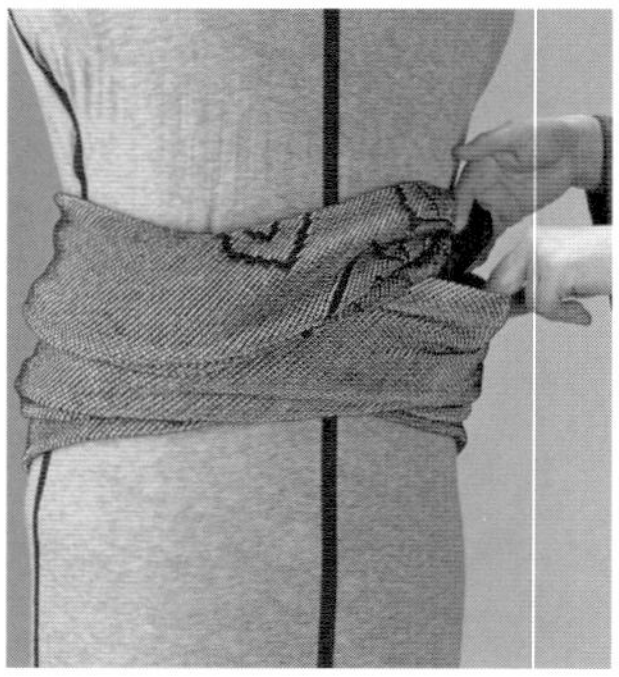

③ 最後の帯端を、巻いた胴帯の上部を開いて、上から下に向けて入れる。

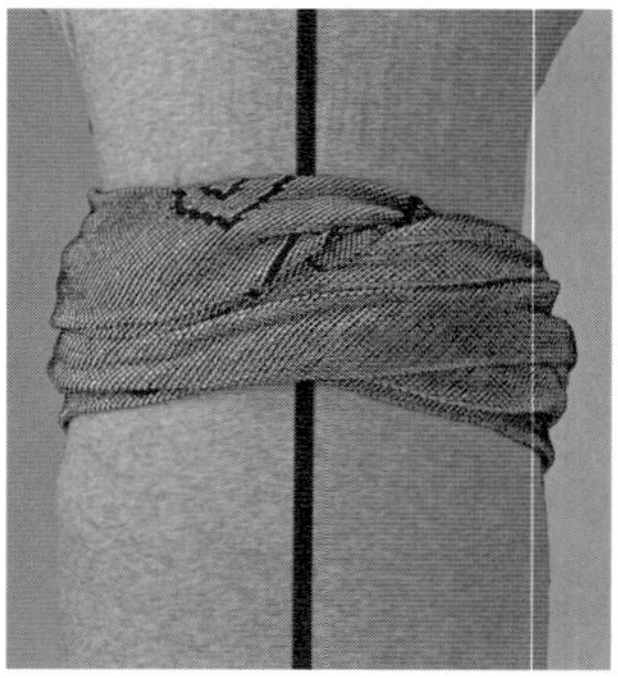

④ 体型により帯幅を調節します。各巻き目の段差や布ひだを残すと、洒落た感じになります。

帯揚げ・帯締め・羽織紐の結び

◉帯揚げ

駒結び風（平帯揚げ）

最も一般的で、よく見られる帯揚げの結びです。手早く済ませてしまいがちなプロセスですが、帯揚げの布目を揃えるなど、ちょっとしたポイントを押さえると、結び目がきれいになり、すっきりと仕上がります。

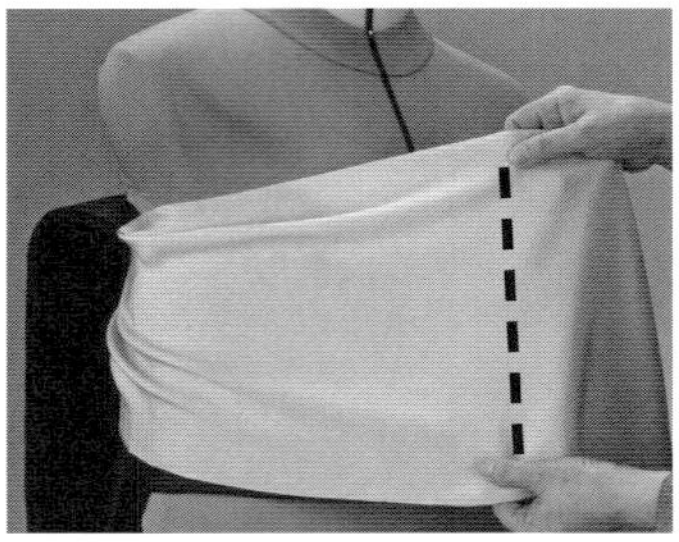

① 着る人の右側から始めます。帯揚げの幅を後ろから前に開いて布目を正す。

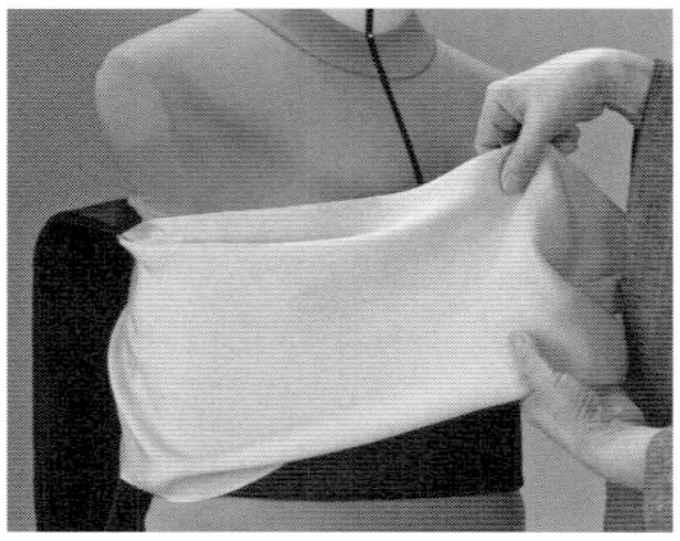

② 結ぶ位置でたたむところを決め、帯揚げを上下に両親指を向き合わせて持ち、下から大まかに３分の１折る。

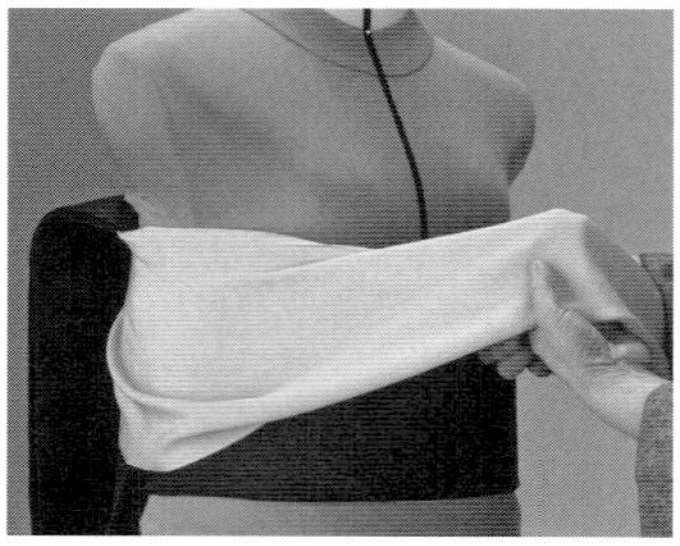

③ 同じように上からも帯揚げを深く折る。親指を上下同じ位置に置いてたたむと布目が揃います。

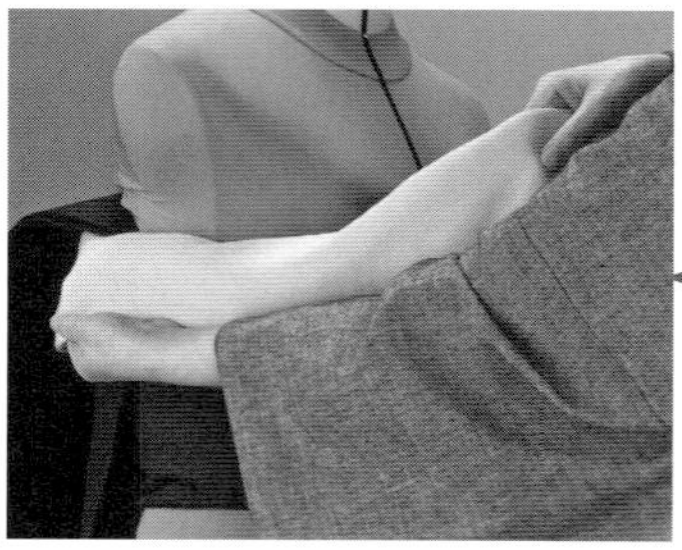

④ 三つ折りにたたんだところを右手で持つ。左の親指と小指を外に向けて３本の指を中にして帯枕までたたむ。

Point

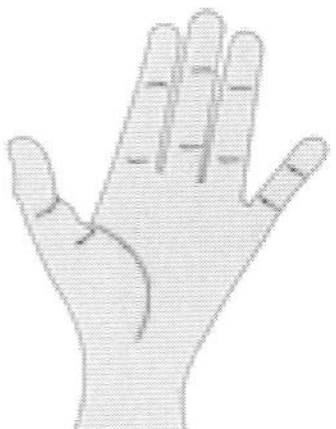

左の親指と小指はイラストのように外に向けて、残り３本の指を中にして帯枕までたたむ。

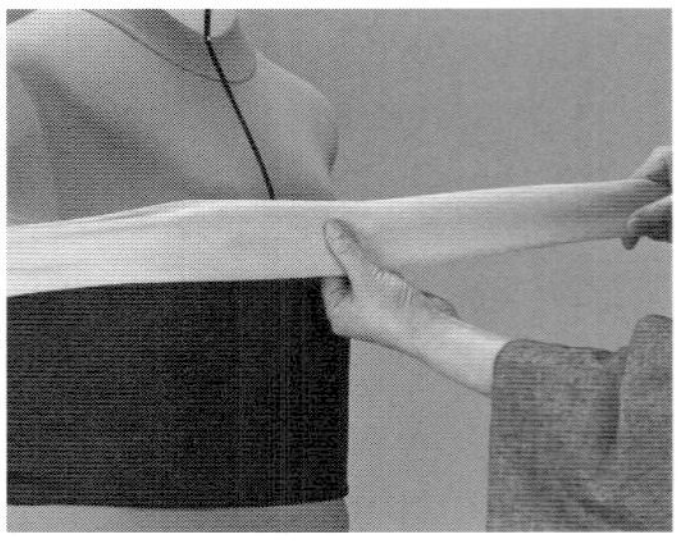

⑤ 後ろへ折りたたむときはゆるめに、戻りは右手にした帯揚げを前に引きのばして、折った布目を整える。

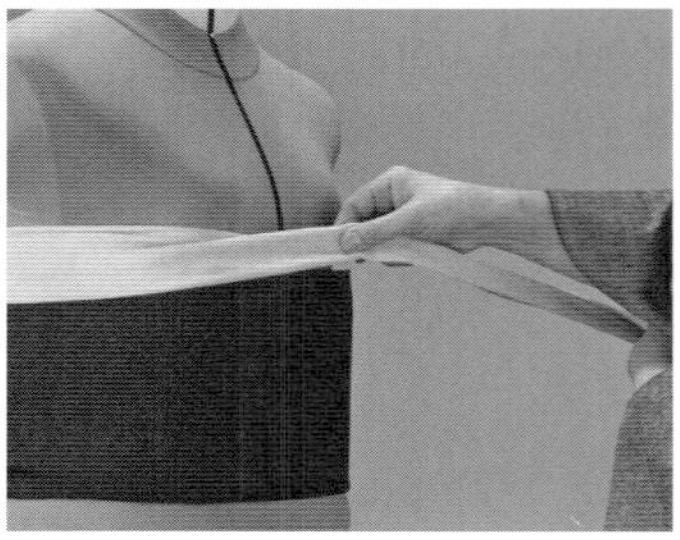

⑥ 三つ折りにした帯揚げを、結ぶ位置でさらに下向きに折る。折り山のわは上になっています。

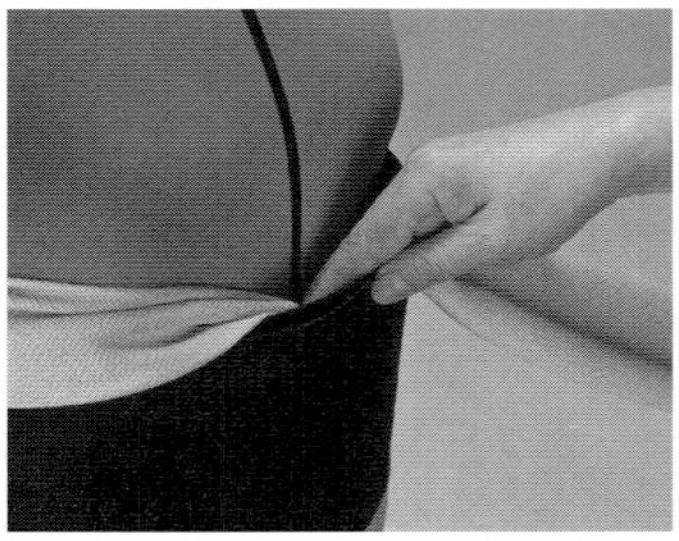

⑦ 折り山を上に向けたまま帯の内側の枕紐の部分に入れる。

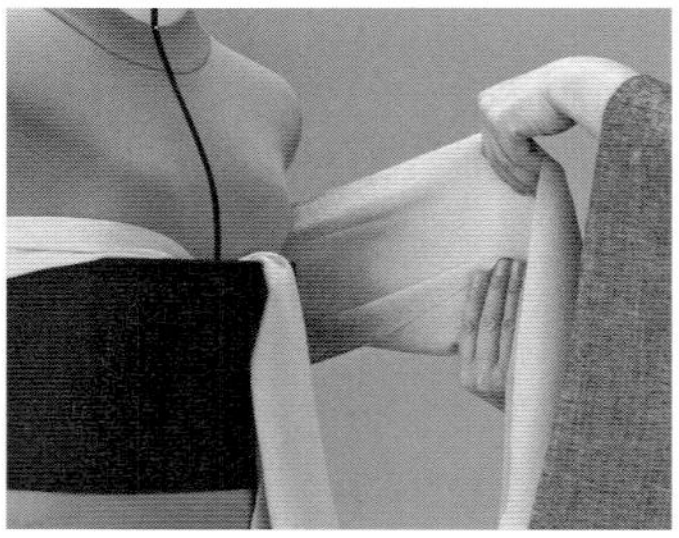

⑧ 下前となる帯揚げを写真のように挟み入れ、上前となる着る人の左側の帯揚げを同じようにたたむ。

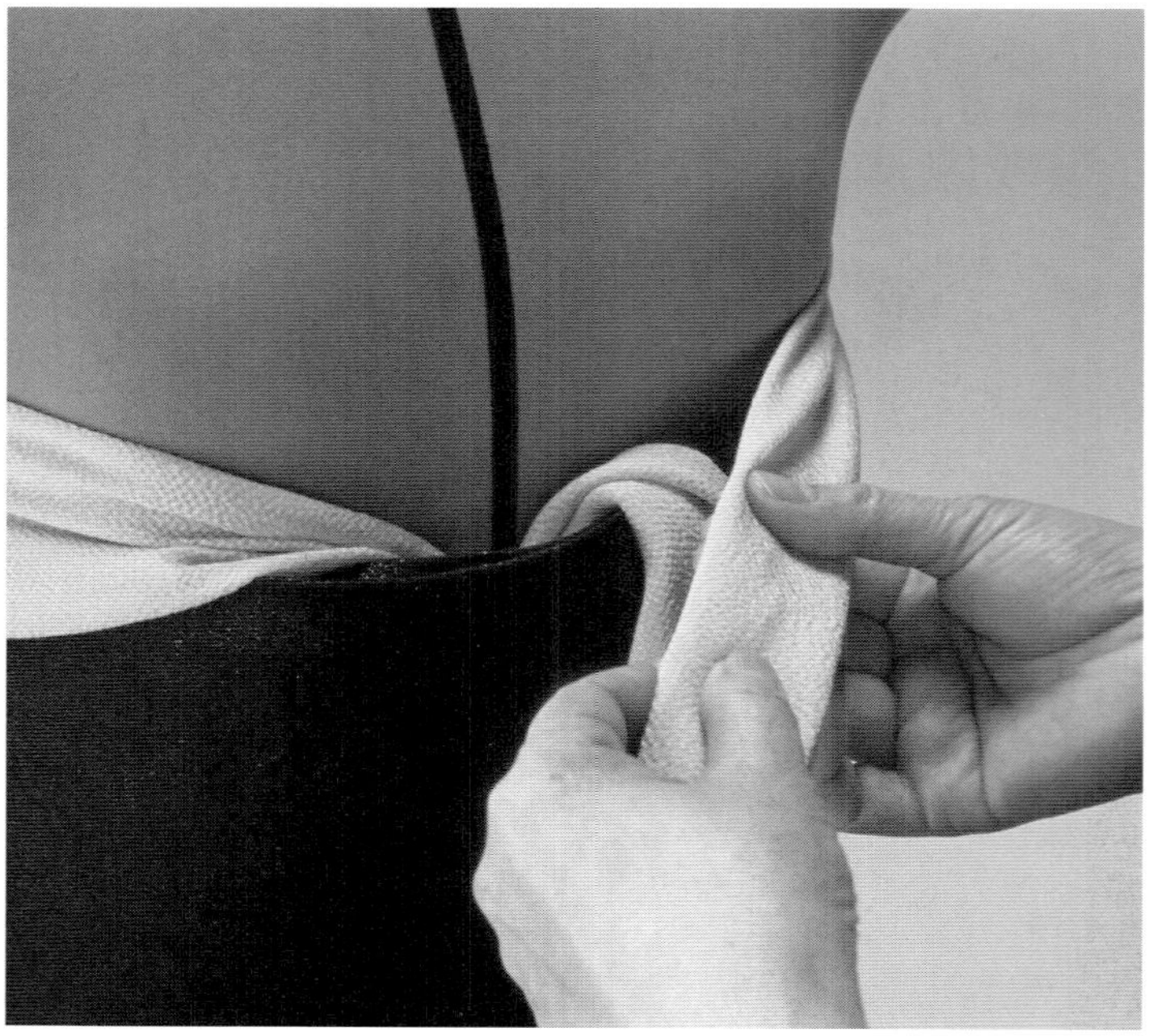

⑨ 下前となる帯揚げと同様に、上前の三つ折りの帯揚げを２つに折る。折り山のわを上にして布目を正す。

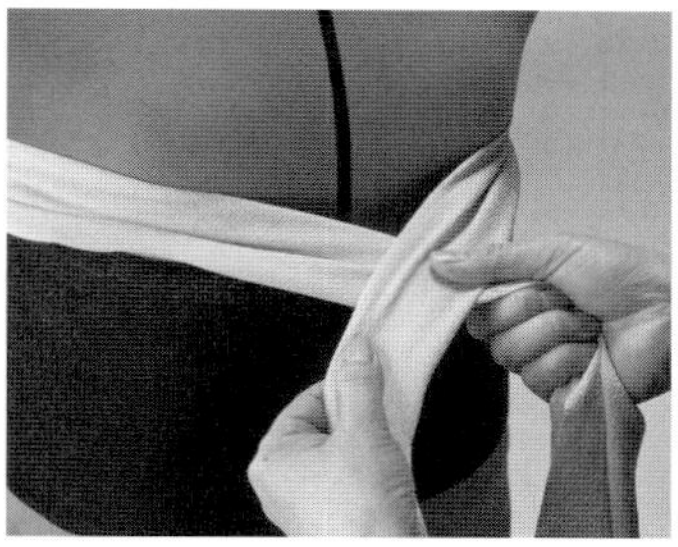

⑩ 先を整えた下前の帯揚げをはずし、その上にもう一方を重ね、交差したところに親指を上にして右手で持つ。

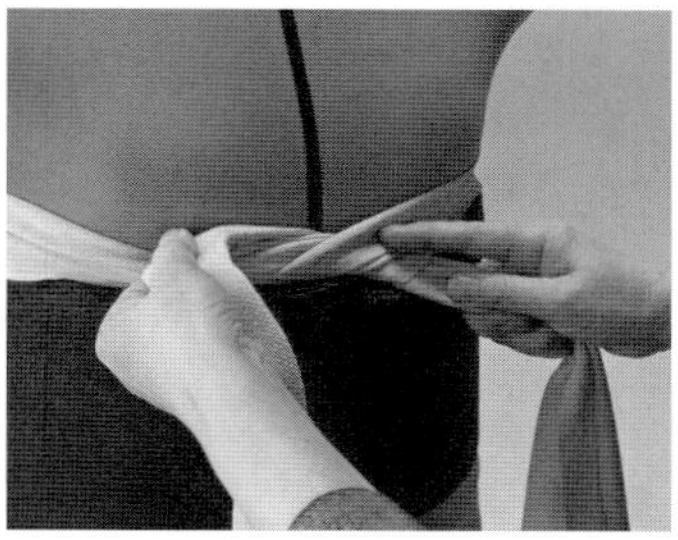

⑪ 上に重ねた帯揚げを左手で下から上に出して一結びする。帯にかからないようにきものに直接つけて結ぶ。

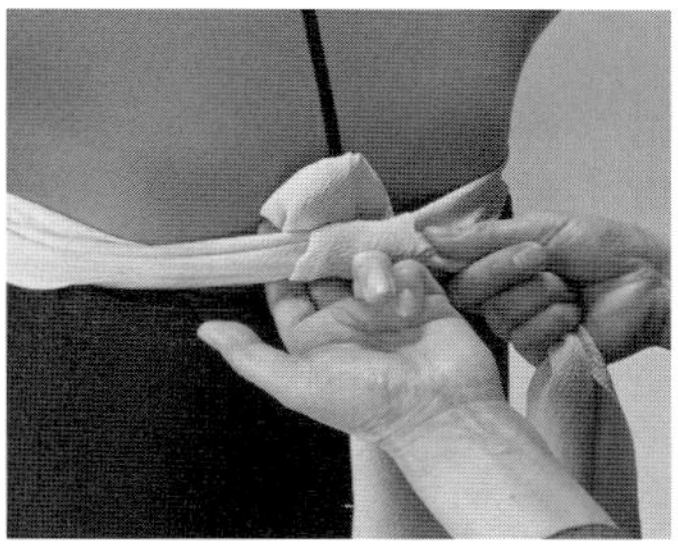

⑫ 素材により、ゆるみを防ぐため、もう一度上の帯揚げをからげて結ぶ。

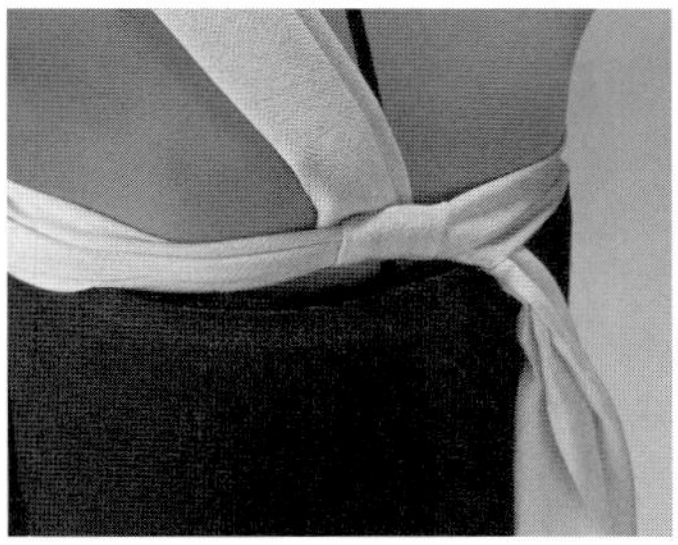

⑬ 二巻きして結んでおくとしっかりして、両手が離れてもゆるまないので安心です。

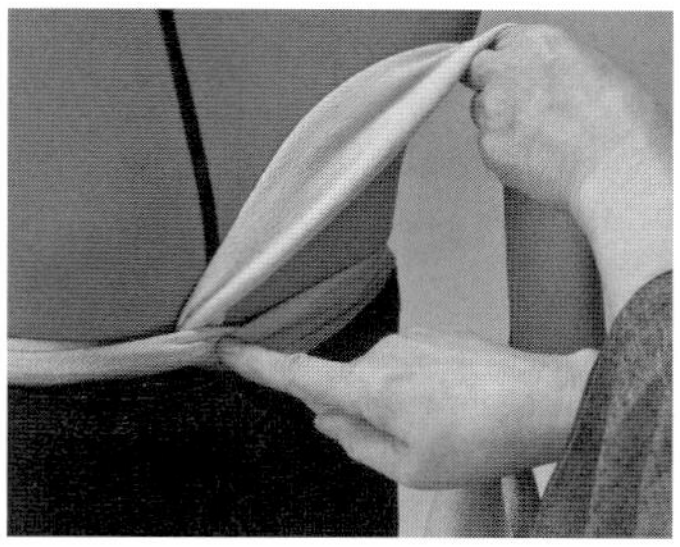

⑭ 帯揚げを一結びの場合は、右人さし指で結び目を押さえる。斜めに上げておいた帯揚げを中心に戻す。

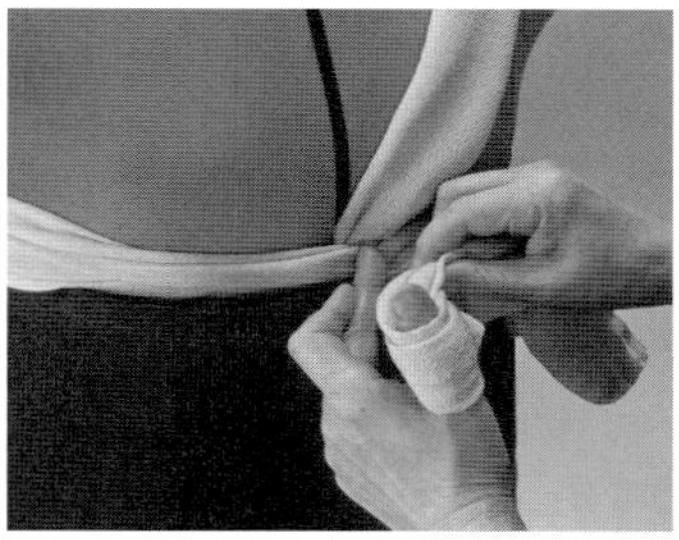

⑮ 左の中指に替えて結び目を押さえる。右手でたれている下の帯揚げを、左の親指に掛けて輪を作る。

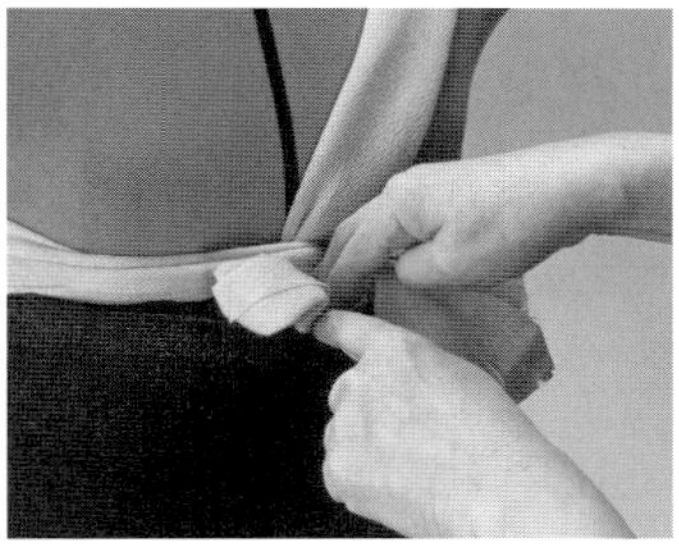

⑯ 左手で帯を引いて浮かせ、そこに右手で持っている帯揚げを入れて、ゆるみを防ぐ。

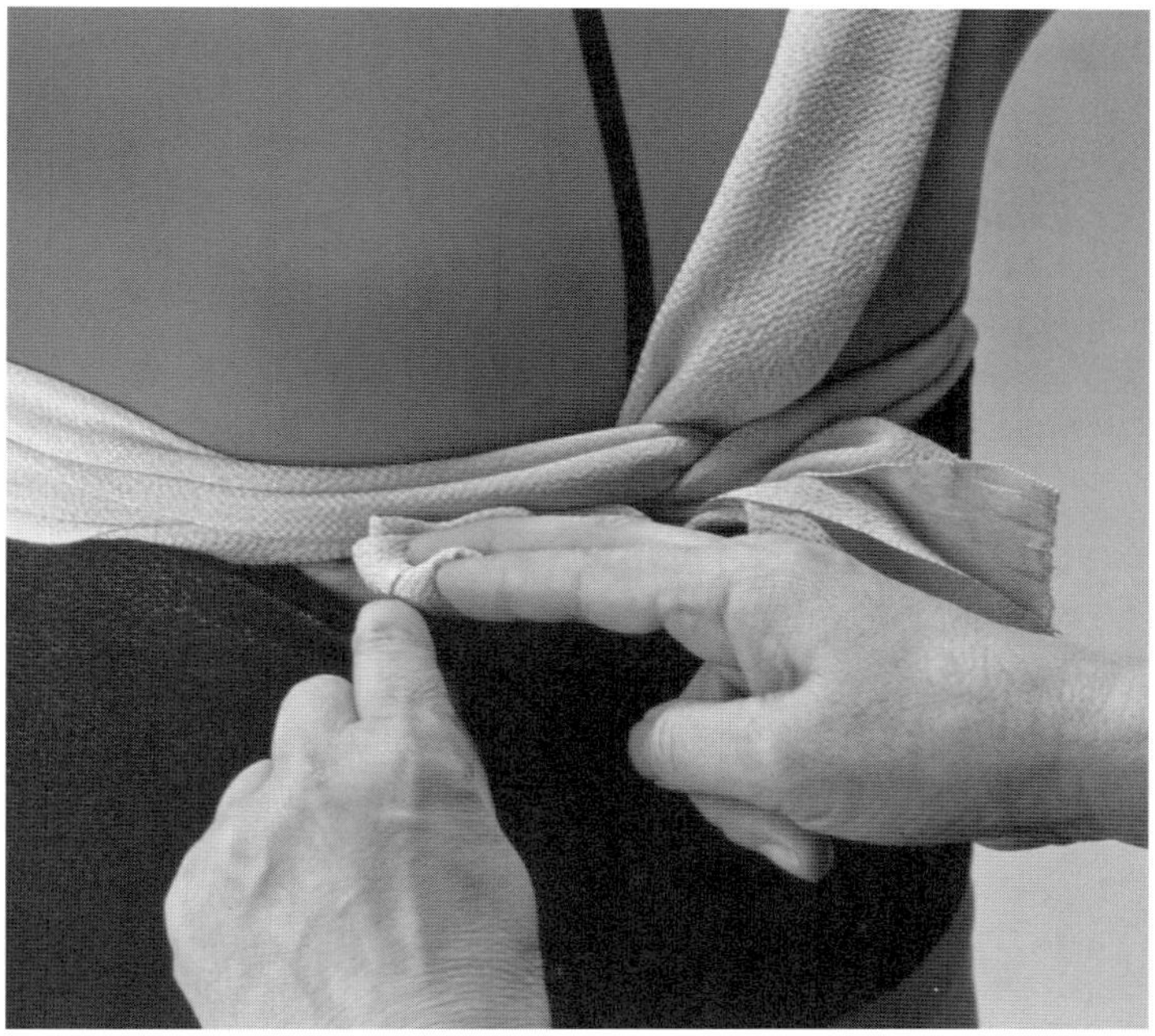

⑰ 次に、輪のほうの帯揚げを入れる。常にどちらか一方の手で帯を開いて帯揚げが入りやすいようにします。帯の内側に指先を向け余分な帯揚げを入れ込む。

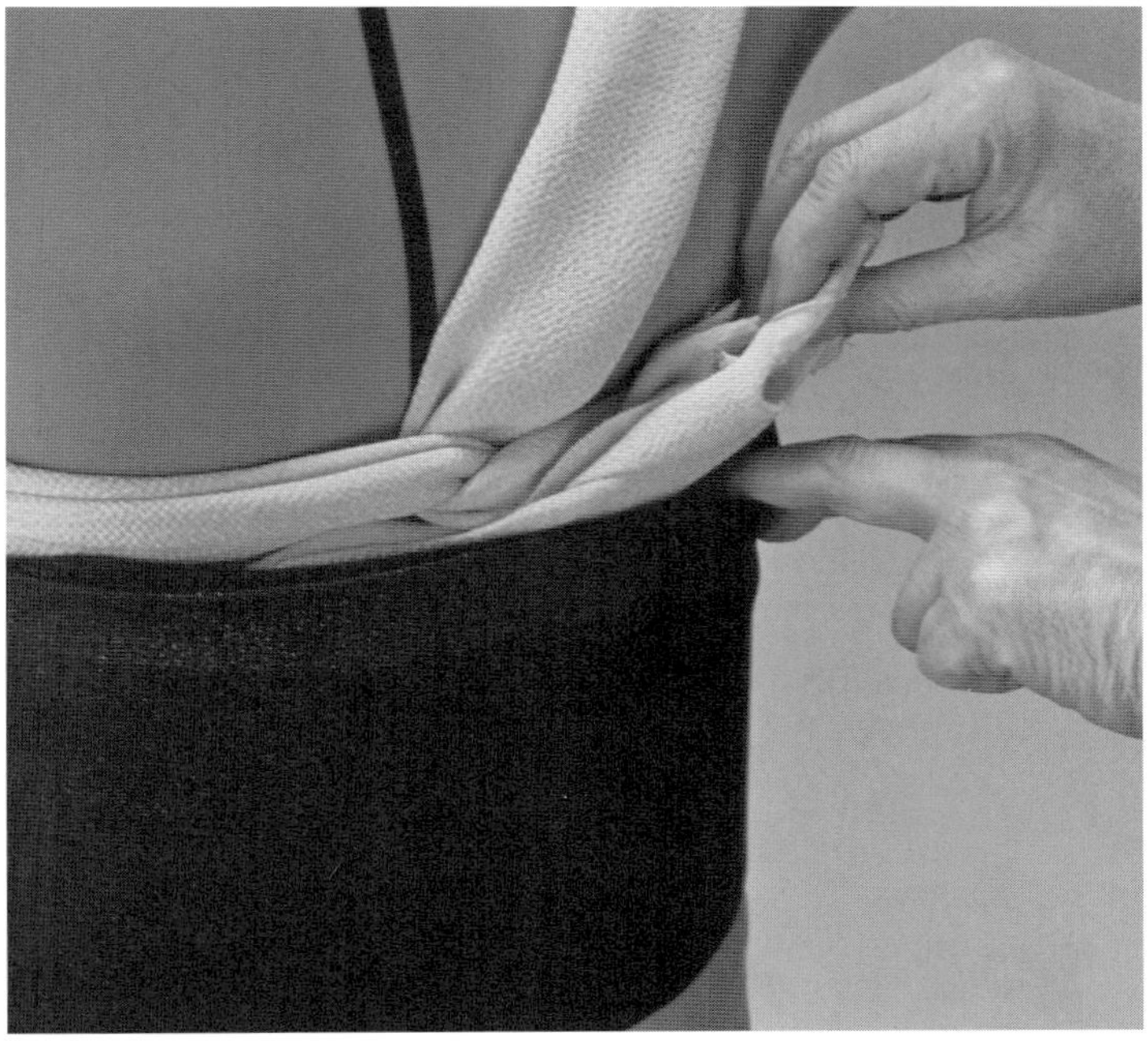

⑱ 中央の結び目、着る人の右側の輪の部分、左側の帯揚げの端、余分な帯揚げを3回に分けてきものと胴帯の間に入れて処理する。必ず一方の手で帯を開いて入りやすくし、帯の内側に指先を向けて帯揚げを入れる。

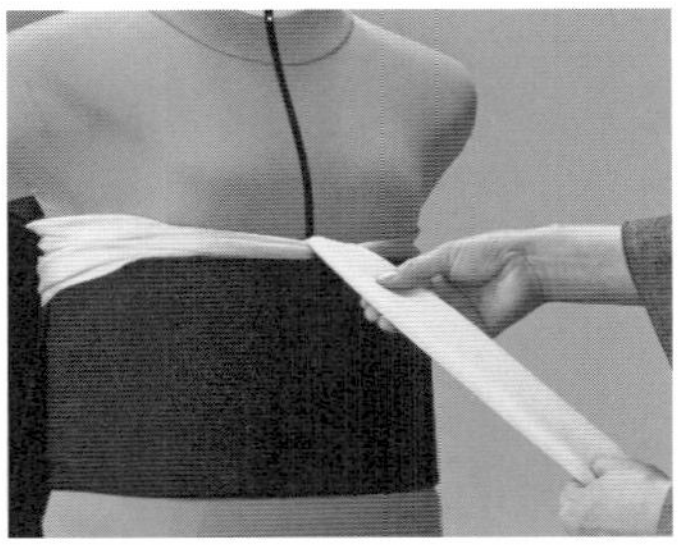

⑲ 三つ折りにしてたたみ、上にある帯揚げを中央で真っすぐにのばす。幅を整え布目をきれいに正す。

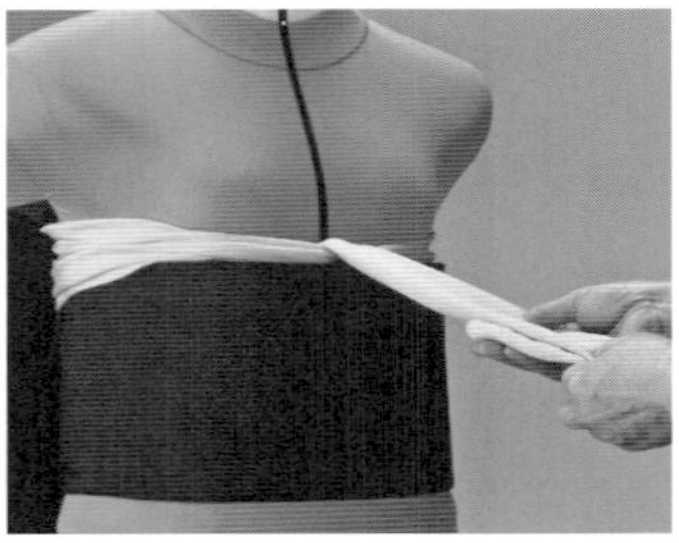

⑳ 結んで整えた帯揚げが長すぎる場合、端を適当に内側に折りたたむ。長さを約20センチ前後に調節する。

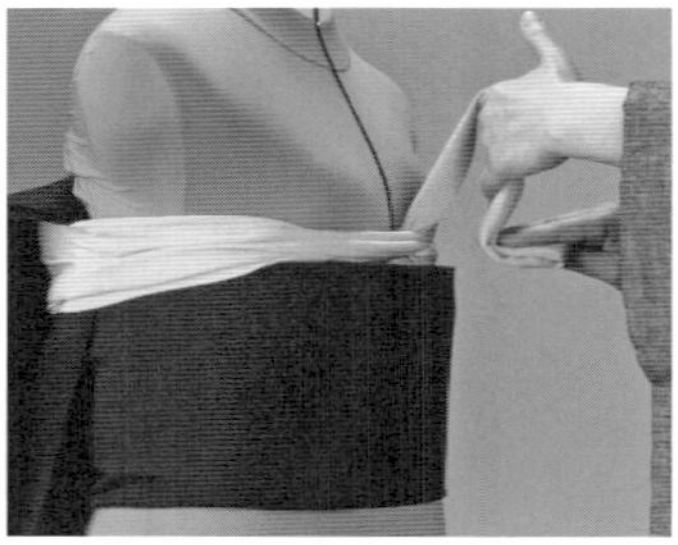

㉑ たたんだ先を写真のように指先を胸に向けて持ち、もう一方の手を真ん中あたりで横にし帯揚げを上げる。

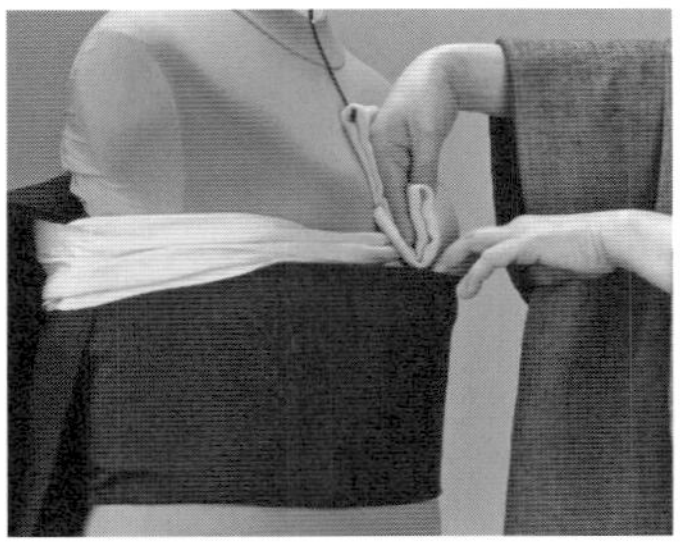

㉒ 帯揚げを相手の胸につけ、端を持った手の甲で折りたたんだ帯揚げを押さえ、片手で帯を開ける。

㉓ 指先を真っ直ぐにして帯揚げの半分弱を手前に入れ、残りを着る人の体側に入れて指先で深く入れる。

㉔ 帯揚げと帯の間に指を入れる。中央から帯端に沿わせてしごくと帯揚げが帯の内側に入る。

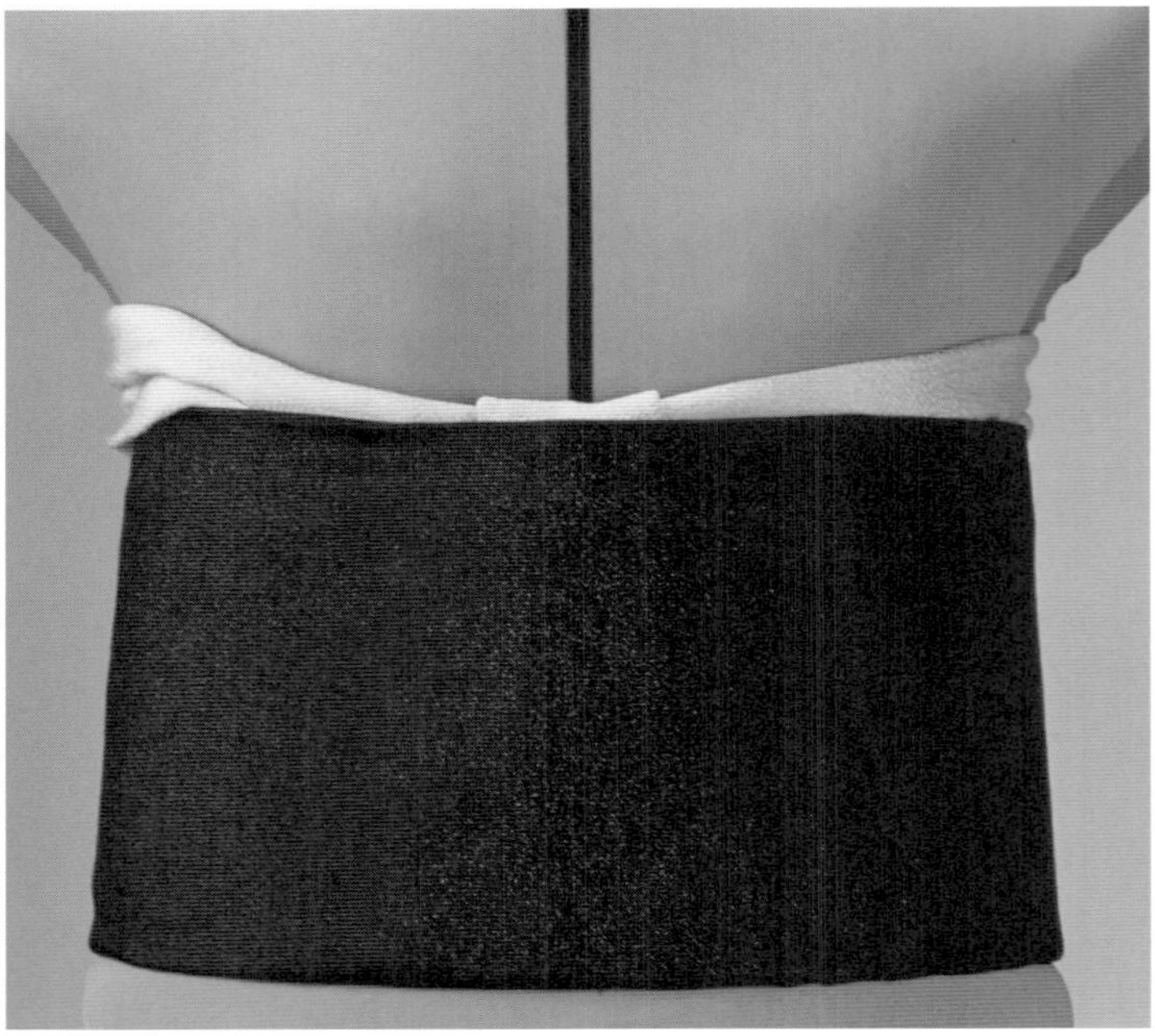

㉕ 平帯揚げの駒結び風のでき上がりです。

駒結び（絞り帯揚げ）

絞りでできた帯揚げの結び方です。絞りの帯揚げは、生地をのばしすぎると、せっかくの絞りの質感がきれいに出なくなってしまいます。結び目の始末や帯揚げの両端の始末の仕方に気をつけて、ふっくらと仕上げるのがコツです。

① 帯揚げは素材や長さにかかわらず、整え方や手順はすべて同じ。平帯揚げと同じように一結びする。

② 帯揚げを中央に戻す。絞りは両手を離してもゆるまないので、結び目でふくらみを整える。

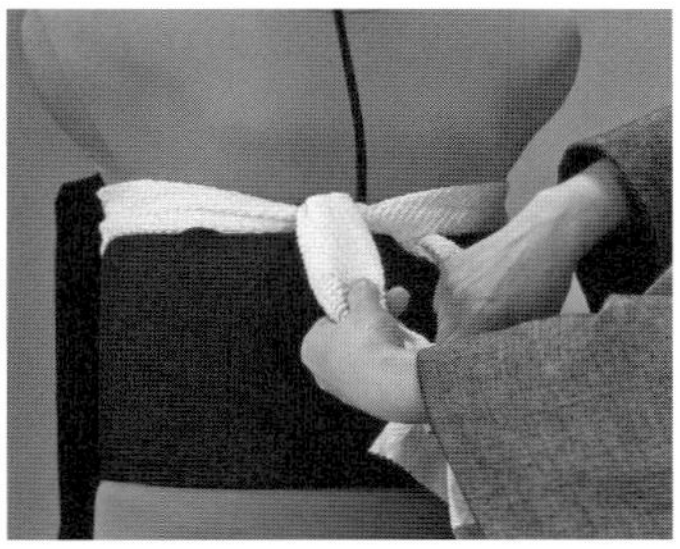

③ 写真のように、下の帯揚げを右の親指を下に向けて持つ。上の帯揚げを左の親指を上に向けて持つ。

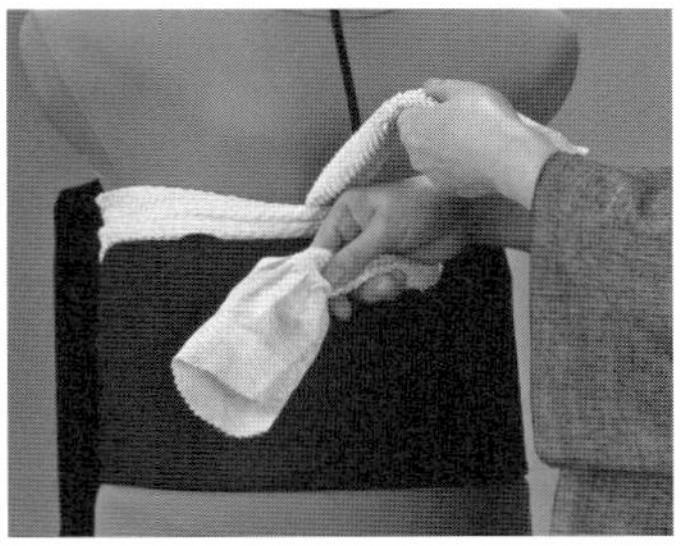

④ 右手首を左側に向け、上の帯揚げを持った手はそのまま上に上げる。両手同時に行うこと。

⑤ 左手で上の帯揚げを下げ、右の指先に渡し、右手に持っていた帯揚げを左手で受け取る。

⑥ 交換した帯揚げをそれぞれ手に持って結ぶ。左右を軽く引き締めます。ここでは強く締めないこと。

⑦ 左に向けて締めた帯揚げに、右の人さし指を左向きにして結び目に入れる。

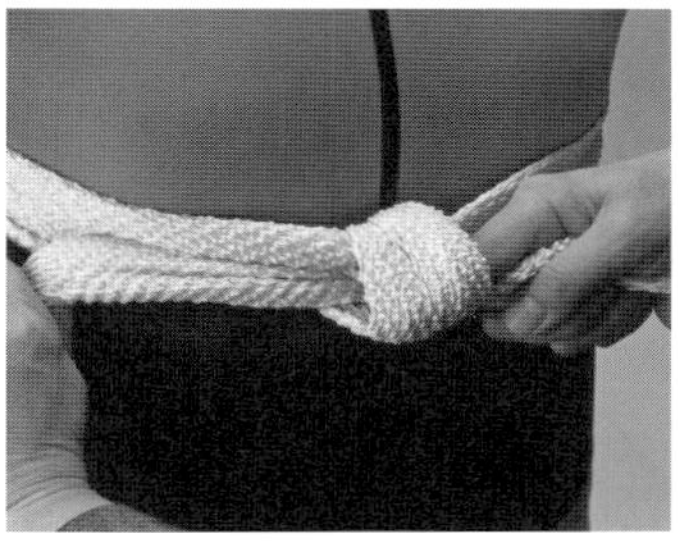

⑧ 結び目に入れた右の人さし指を上から下に回す。指を回転させながら、左手は帯揚げを左横へと引っ張る。

⑨ 正しく締めると、帯揚げは自然にまとまります。右の指を結び目から出して帯揚げを持ち、右に引いて締める。

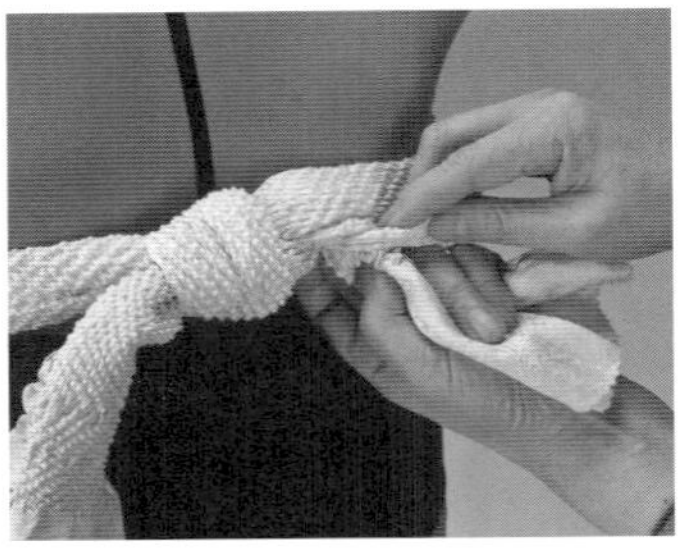

⑩ 結ぶ前に帯揚げを三つ折りにしたわの中に、締めて残った帯揚げを結び目から指先で入れる。

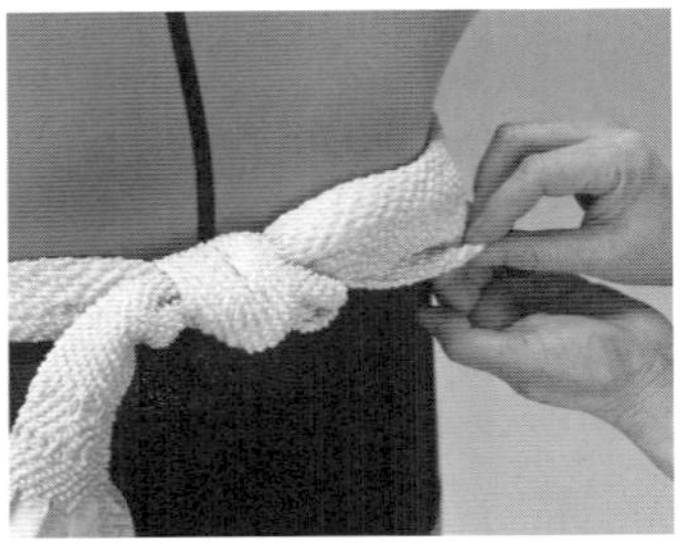

⑪ 結び目に多めに入れてふくらみをつける。脇に進むに従って余りが少なくなり、自然としまい終わります。

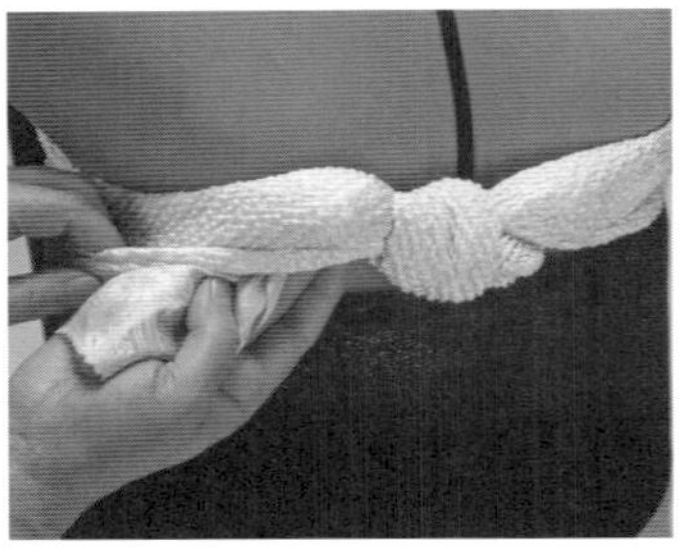

⑫ もう一方も残りの帯揚げを、結び目に多めに入れてふくらみをつける。

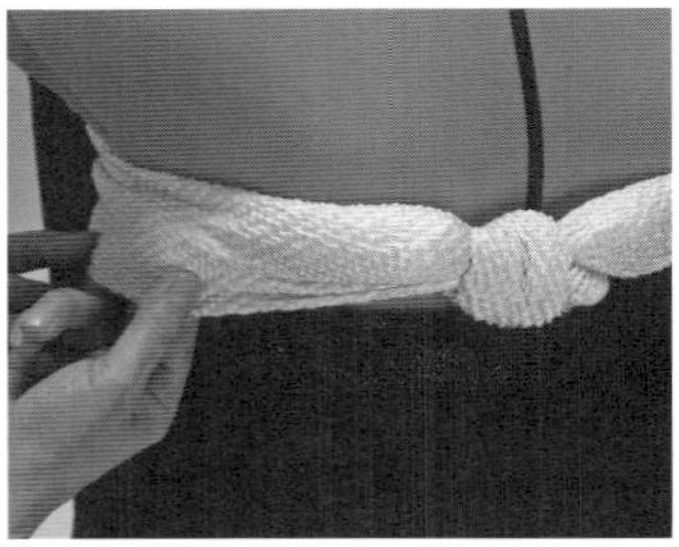

⑬ 同じように脇に進むに従って入れる帯揚げを少なくし、自然にふくらみが薄くなるようにしてしまい込む。

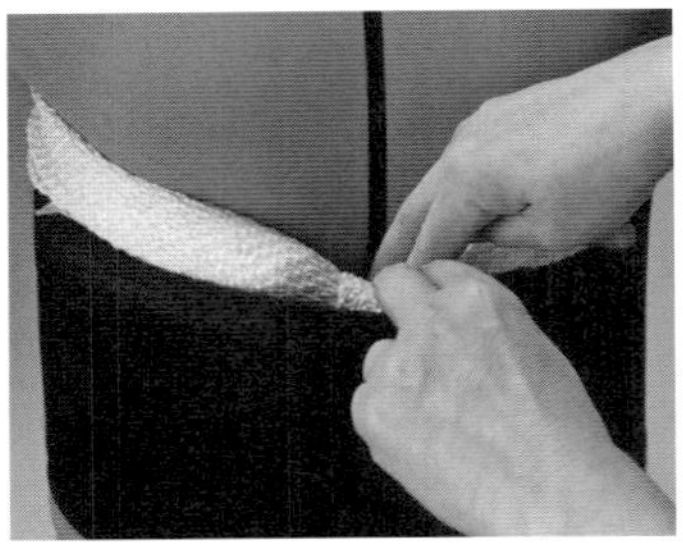

⑭ 片手で胴帯を持って手前に引き、もう一方の手で中心の結び目を帯の内側に押し入れる。

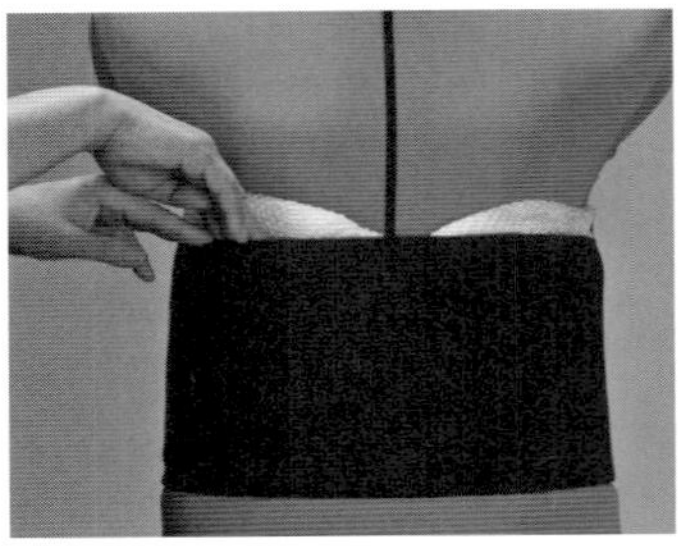

⑮ 帯揚げと胴帯の間に指先を入れて帯に沿ってしごく。帯揚げが自然に中に入り、おさまります。

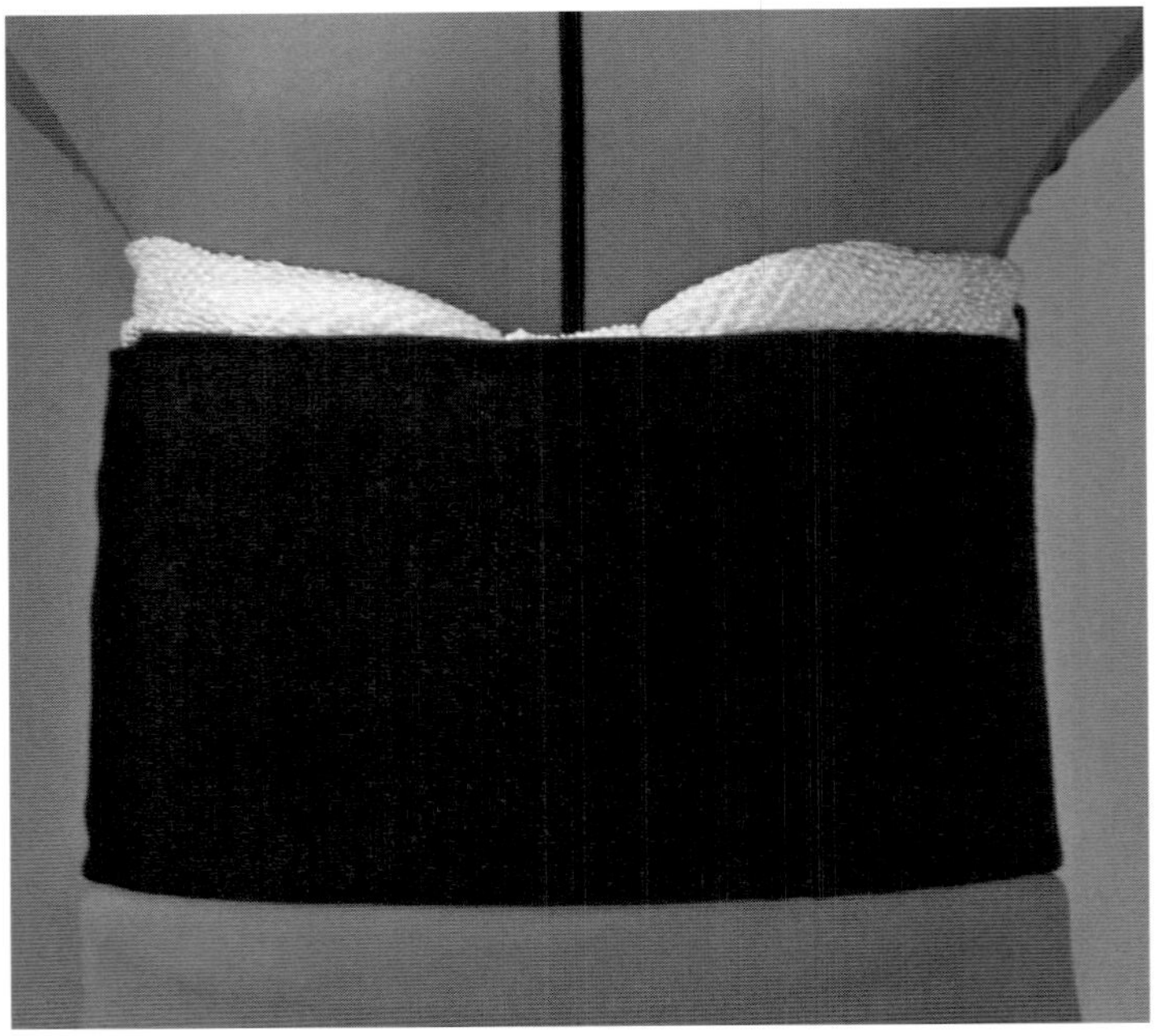

⑯ 左右同じようにして仕上げ、駒結びのでき上がりです。絞りは、幅に余裕があるので、ふくらみを大きくして華やかにすることができます。

入《い》り組《く》（平帯揚げ）

結ばずに帯揚げの両端を帯に入れて始末した形です。帯揚げの布目を引いてきっちり揃えてから、両端を交差させて、胴帯に入れて始末します。

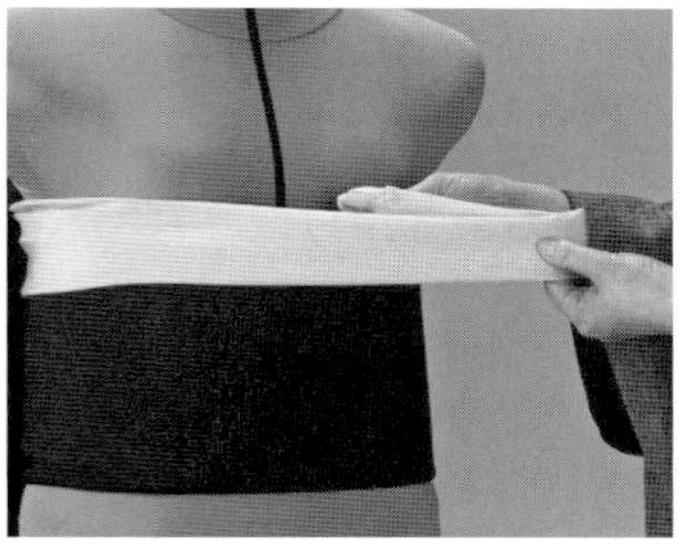

① 先に下前の帯揚げを整える。中央を通過して着る人の左横より長い残りを折りたたむ。

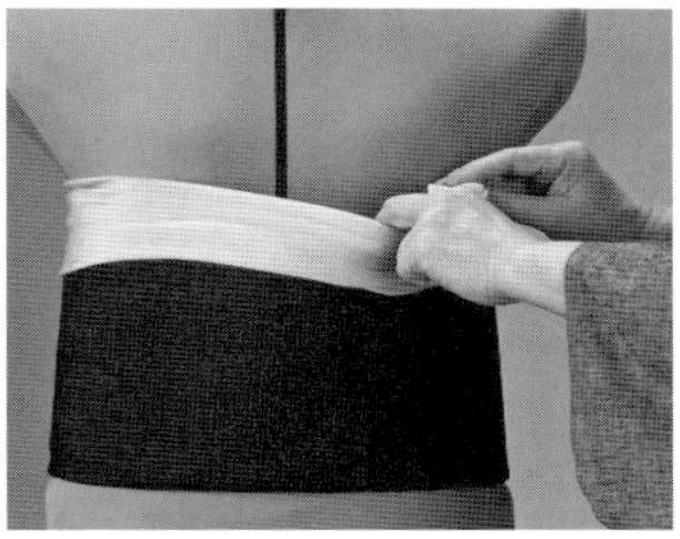

② たたんだ帯揚げがゆるまないよう胴帯につけて一緒に持つ。折り返したところから先に帯の内側に入れる。

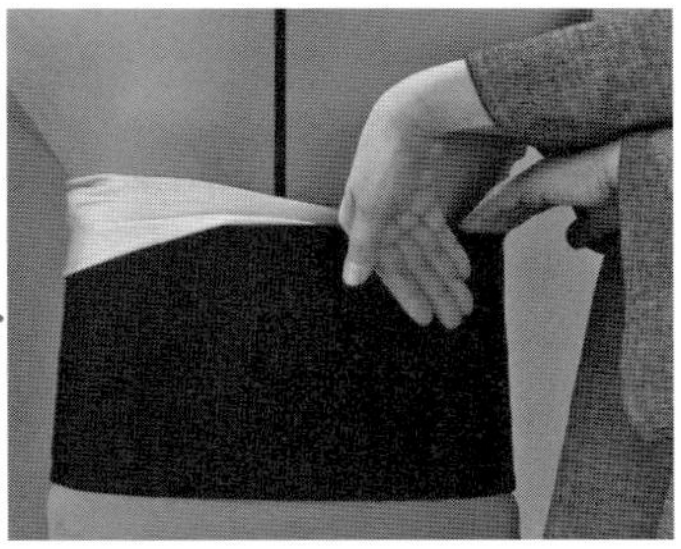

③ 写真のように、下前の帯揚げを、右手の指を下に向けて入れる。

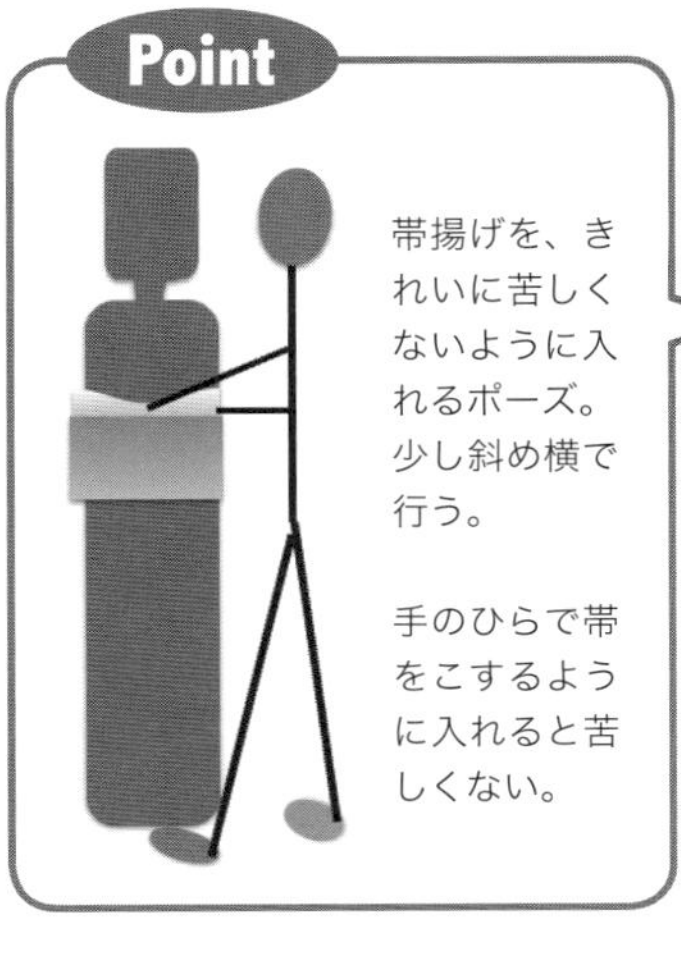
Point
帯揚げを、きれいに苦しくないように入れるポーズ。少し斜め横で行う。
手のひらで帯をこするように入れると苦しくない。

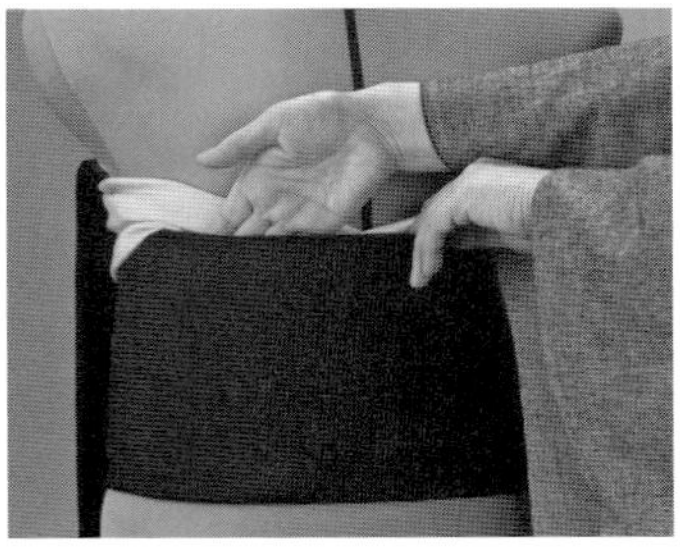

④ 上前となる帯揚げは、右後ろに向けて右手の指を伸ばして入れる。両手同時に行うこと。

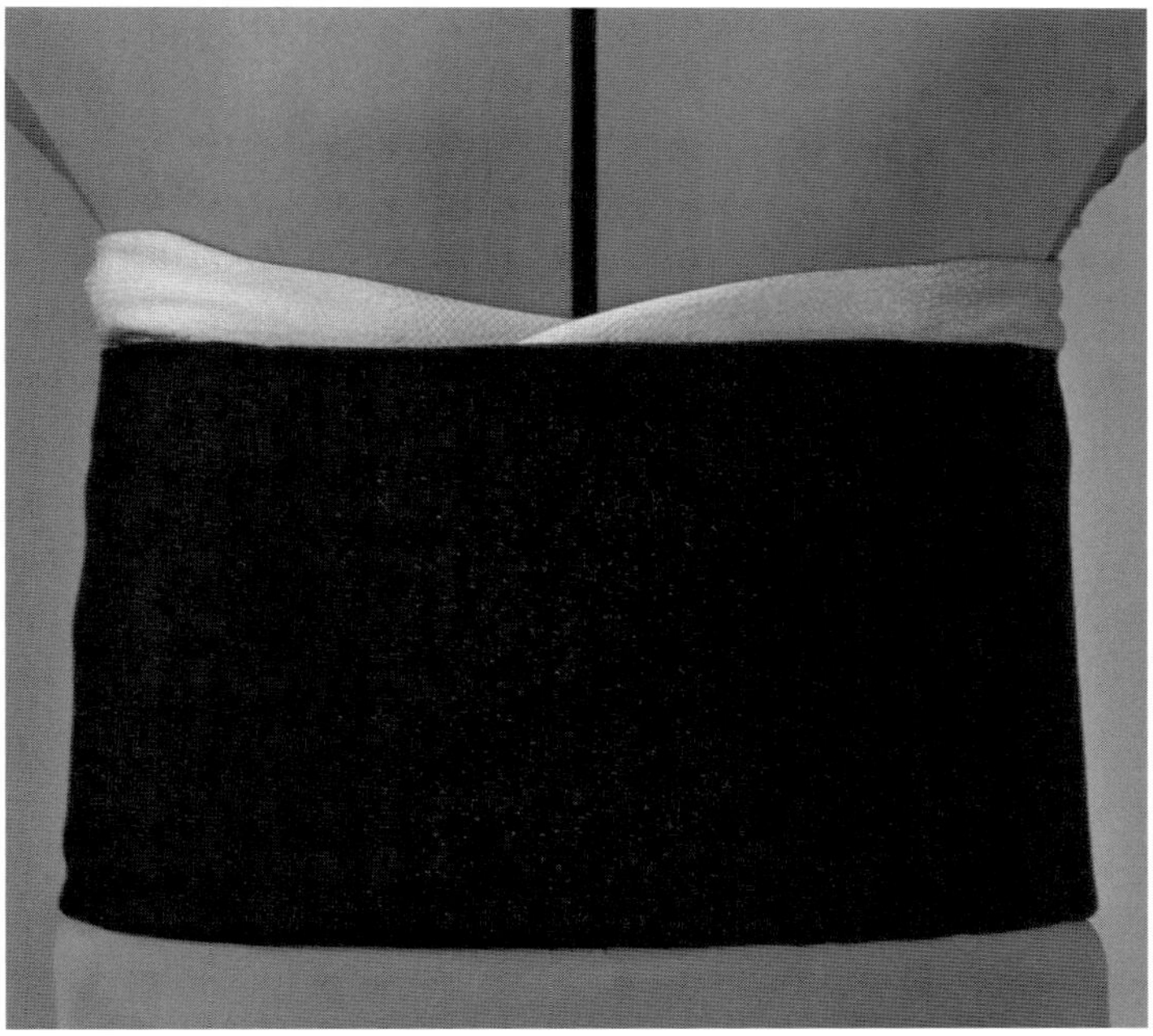

⑤ 平帯揚げで整えた入り組のでき上がり。同じ形の入り組でも絞りの帯揚げは華やかになりますが、平帯揚げの入り組は粋で落ち着いた感じになります。また、帯の上に多めに出すと、粋な中にも華やかさが出ます。

入り組（絞り帯揚げ）

結ばずに帯揚げの両端を帯に入れて始末した形です。振袖や七五三に。絞りをたっぷりときれいに見せるため、前帯での帯揚げの交差のさせ方がポイントです。

① 帯揚げを三つ折りにしてたたみ、指先で前後にしごきながら絞りを引き伸ばす。

② ボリュームのある絞りの帯揚げは、胸のあたりに入りにくいので、右後ろ脇に入れてとめる。

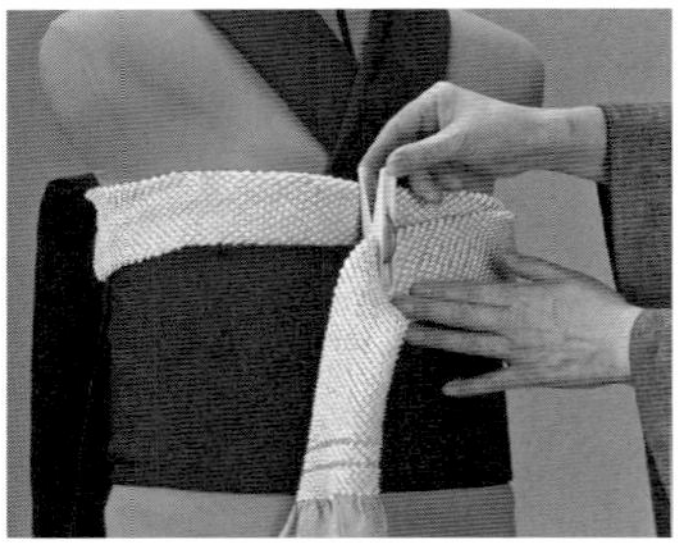

③ 着る人の左部分の帯揚げを整える。ゆるまないよう中央を留め具で帯にとめる。

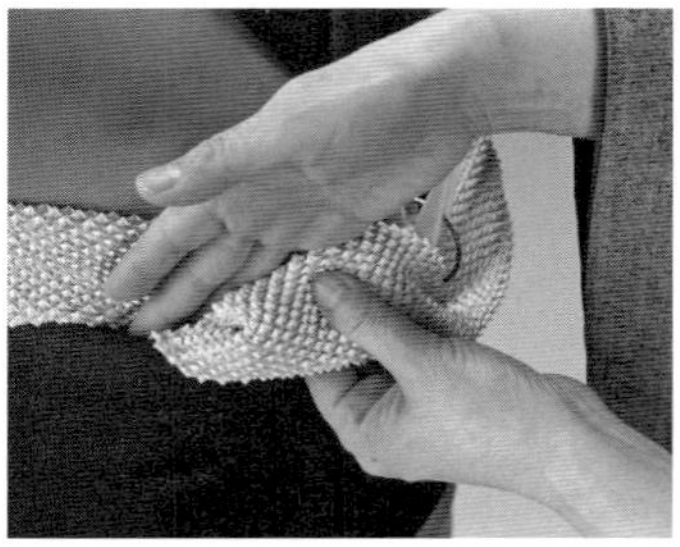

④ 表面にゆるみを残し、残りは脇へ向けて入れる。中で1か所に集まらないよう指先で平らに始末する。

⑤ 絞りのゆるみ分をきものの上前の衿に沿って入れる。伸縮する絞り目を調節しながら前帯に掛ける。

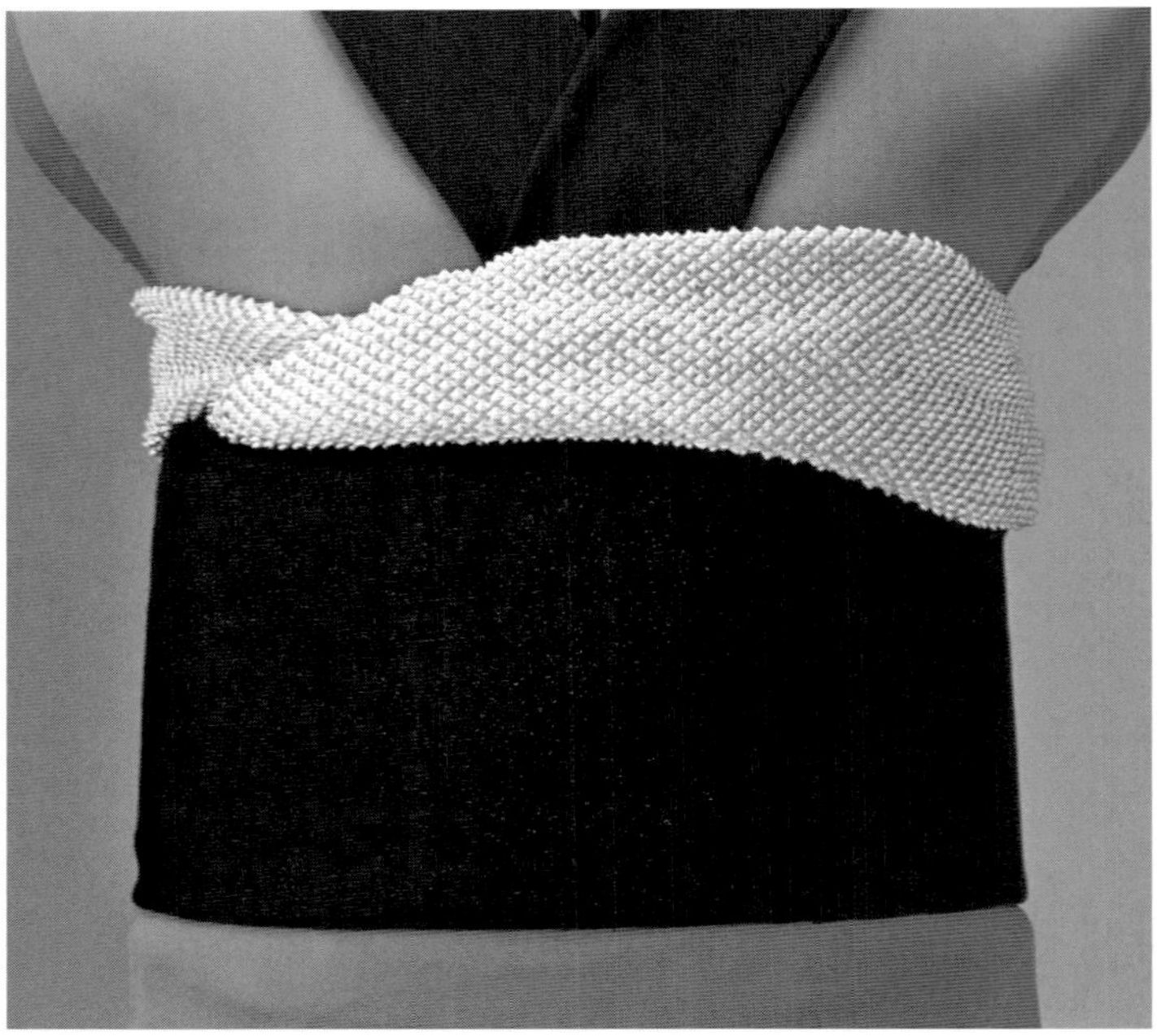

⑥ 留め具をはずし、帯の表面に出る分量のバランスなどを整えて、でき上がりです。総絞りはボリュームがあり伸縮性もあるので、適当にのばしながら形を作ります。入り組は、七五三の晴れ着や若い人たちの振袖に多く装われています。

リボン結び

前帯の上に可愛らしいリボンの形を結びました。振袖などで、ワンポイントがほしいときに。リボンが前帯からのぞくよう、バランスよく作ることが大切です。

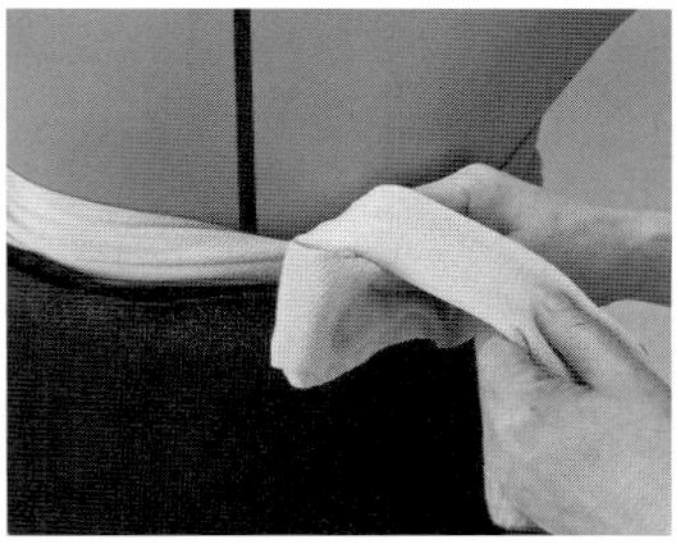

① 半幅帯などの一文字結びと同じです。帯揚げを三つ折りにし、下の帯揚げを整えてたたみ、羽根を作る。

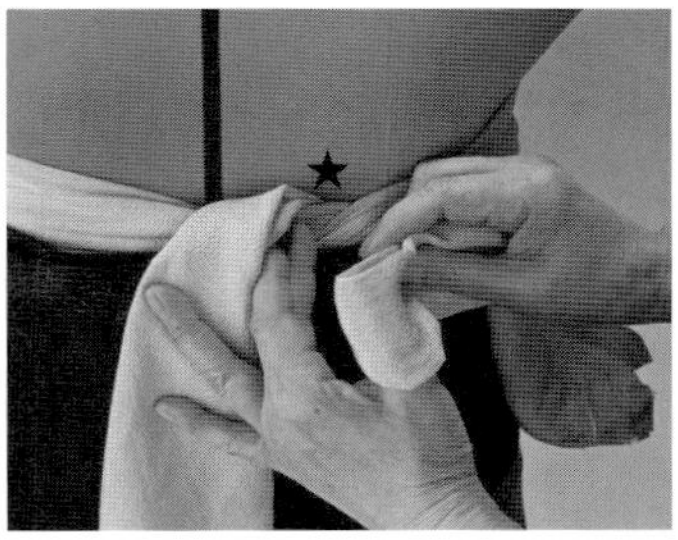

② 諸わな結びの方法で。一結び目は左中指でゆるみを押さえ（★）、親指に右手の帯揚げを掛けて輪を作る。

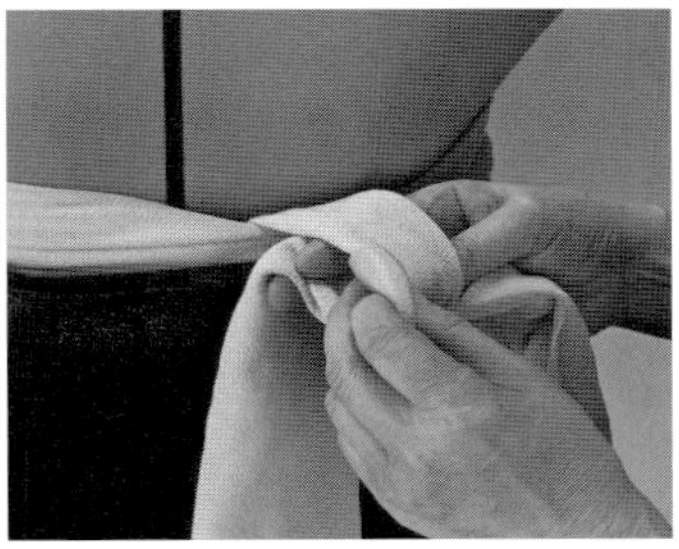

③ 右の指に上の帯揚げを下げて渡す。折りたたんだ羽根を持っているもう一方の手も同じです。

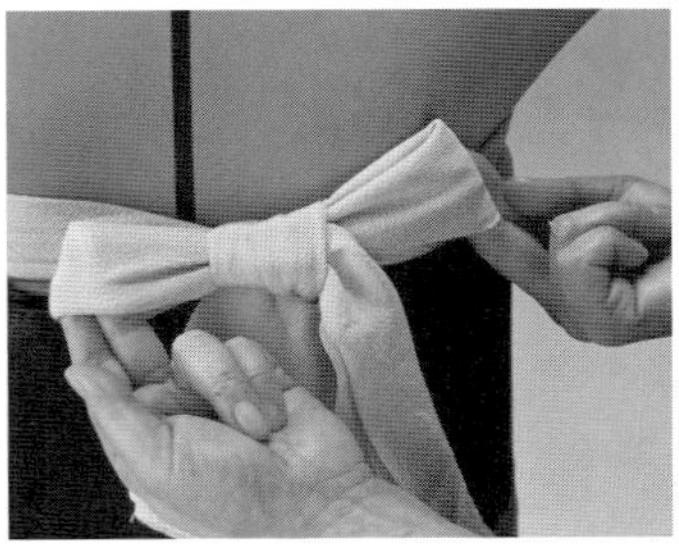

④ 上にくる帯揚げと羽根になる下の帯揚げを結ぶ。左右に引いて強く締め、左右同じ大きさの輪を作る。

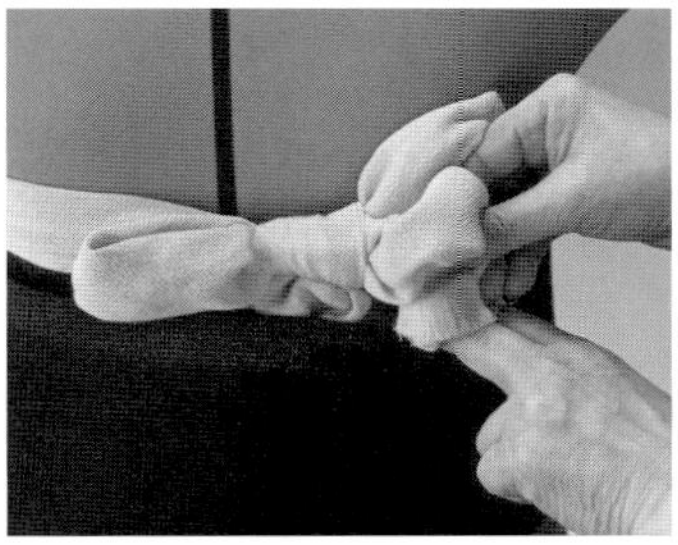

⑤ 諸わな結びの下にたれた部分を左右それぞれに胴帯を開いて、結び目まで中に入れて整える。

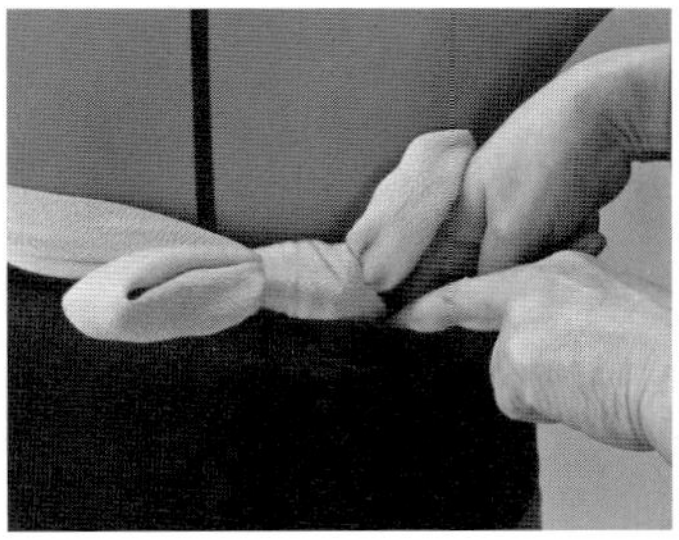

⑥ 残りの帯揚げを胴帯の中に入れ、中で平らに整えて仕上げる。

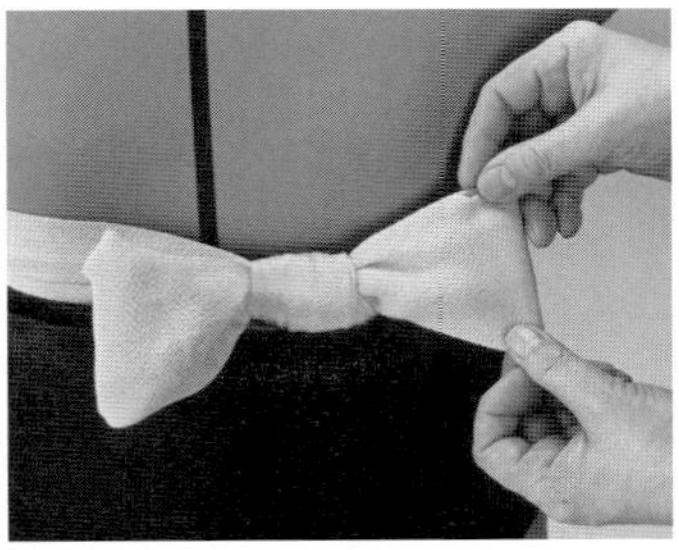

⑦ 羽根を表に向けて布目を整え、表情を作る。柔らかく薄い布は結び目をしっかり締めると張りが出ます。

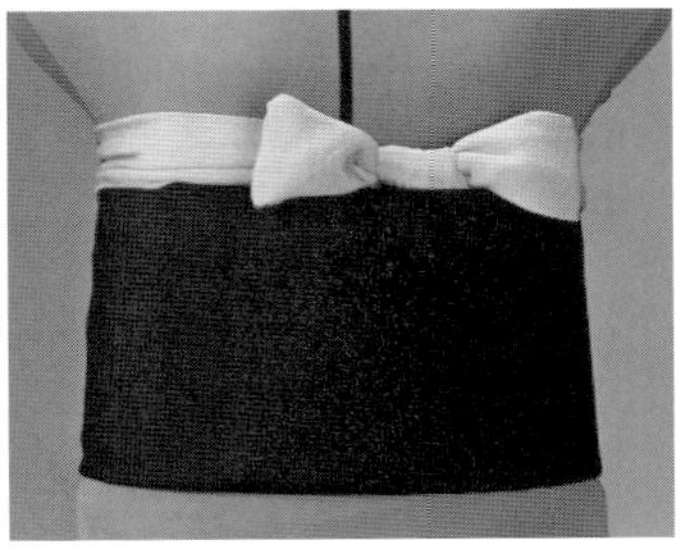

⑧ リボン結びのでき上がりです。結ぶ位置は全体のバランスで、左右どちら側でも構いません。

一文字結び

結び目も重なりもなく、前帯に帯揚げがかかっているだけに見える形です。帯揚げの両端を後ろの胴帯に入れて始末しています。

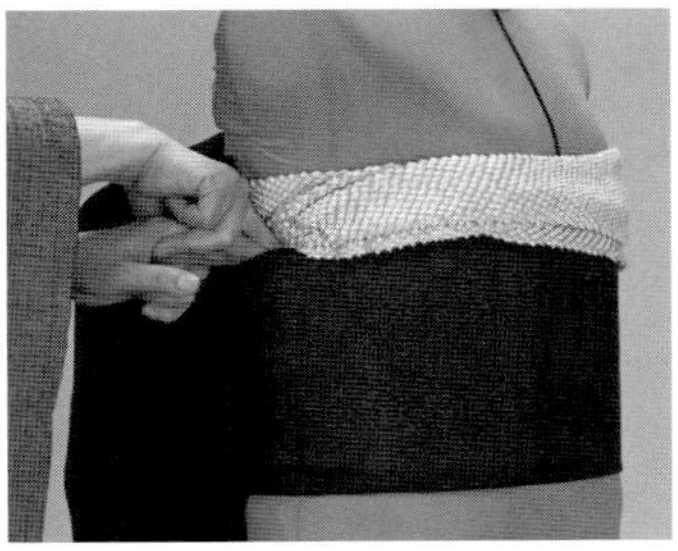

① 絞りの入り組と同じ手順で重ねる。上前となる帯揚げの端も、指先を深く入れて後ろでとめる。

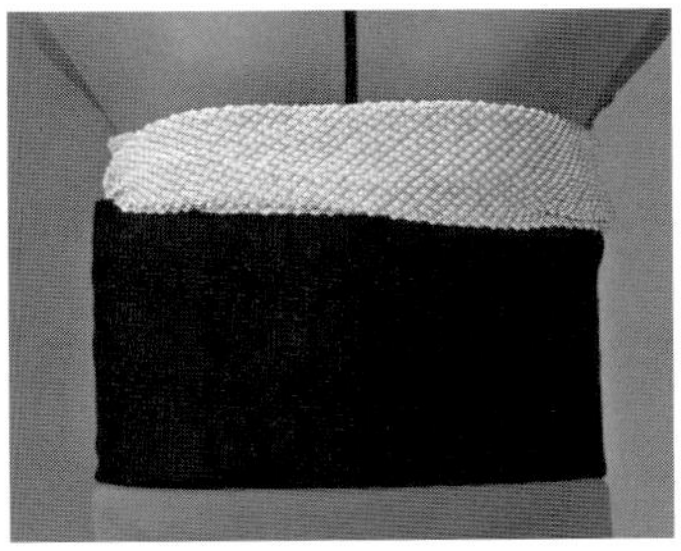

② 結ばない一文字のでき上がりです。長くてボリューム感のある絞りの帯揚げは、後ろに入れて整えます。

◉帯締め

駒結び（平組）

最もポピュラーな帯締めの結び方です。カジュアルからフォーマルまで、幅広く結ばれる形です。帯の形を支えるので、しっかりと結びましょう。必ず両手のどちらかで、帯締めを押さえるように進めていくと、ゆるみません。

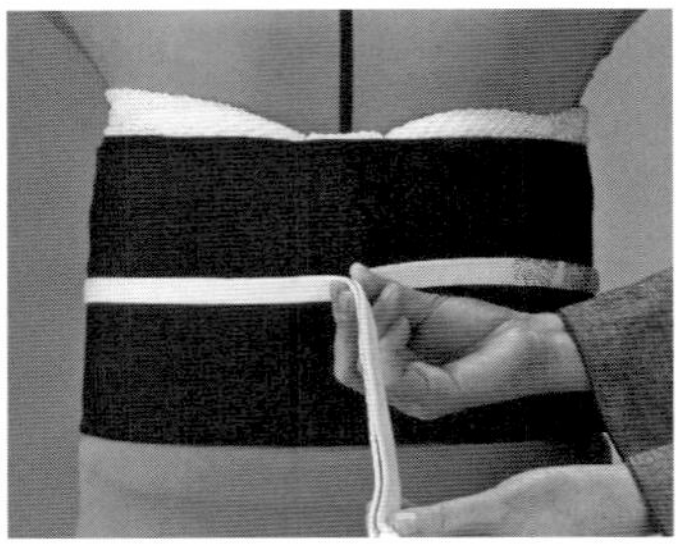

① 帯締めは前上がりにする。前帯のほぼ中心で左右の帯締めを合わせて同じ長さをとる。

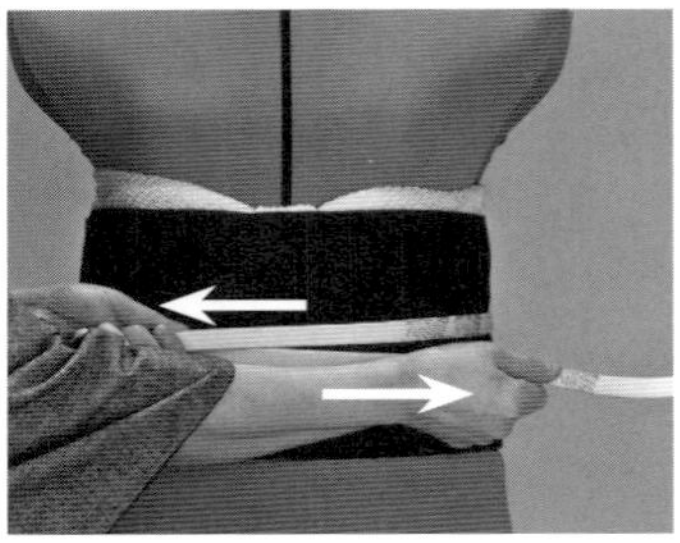

② 結ぶ前に、帯締めの上前を上に、下前を下にして強く締める。

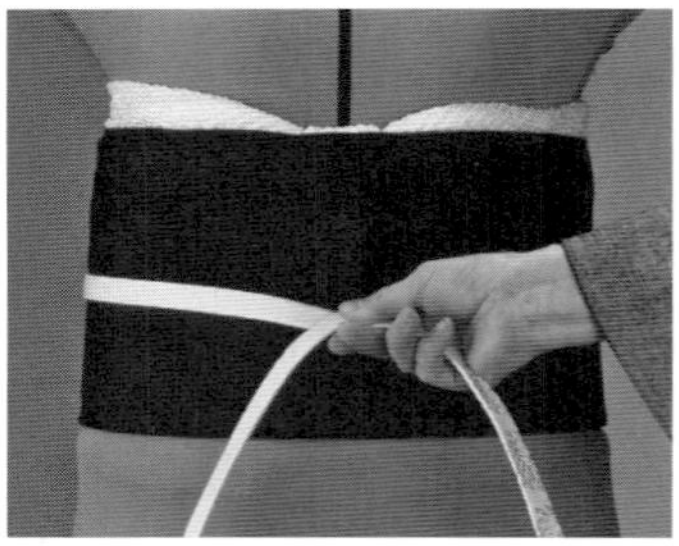

③ 前で締めると、後ろが締まり帯も押さえられます。上にある帯締めを下げて交差させ、親指を上にして持つ。

Point

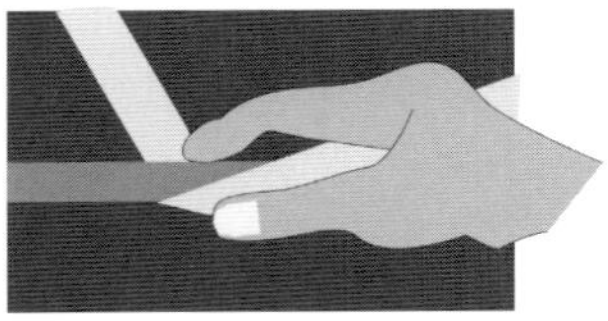

上に重ねた帯締めを下からくぐらせて一結びする。図のように、右手の親指と人さし指で帯締めの上と下で挟むようにして押さえるとよい。

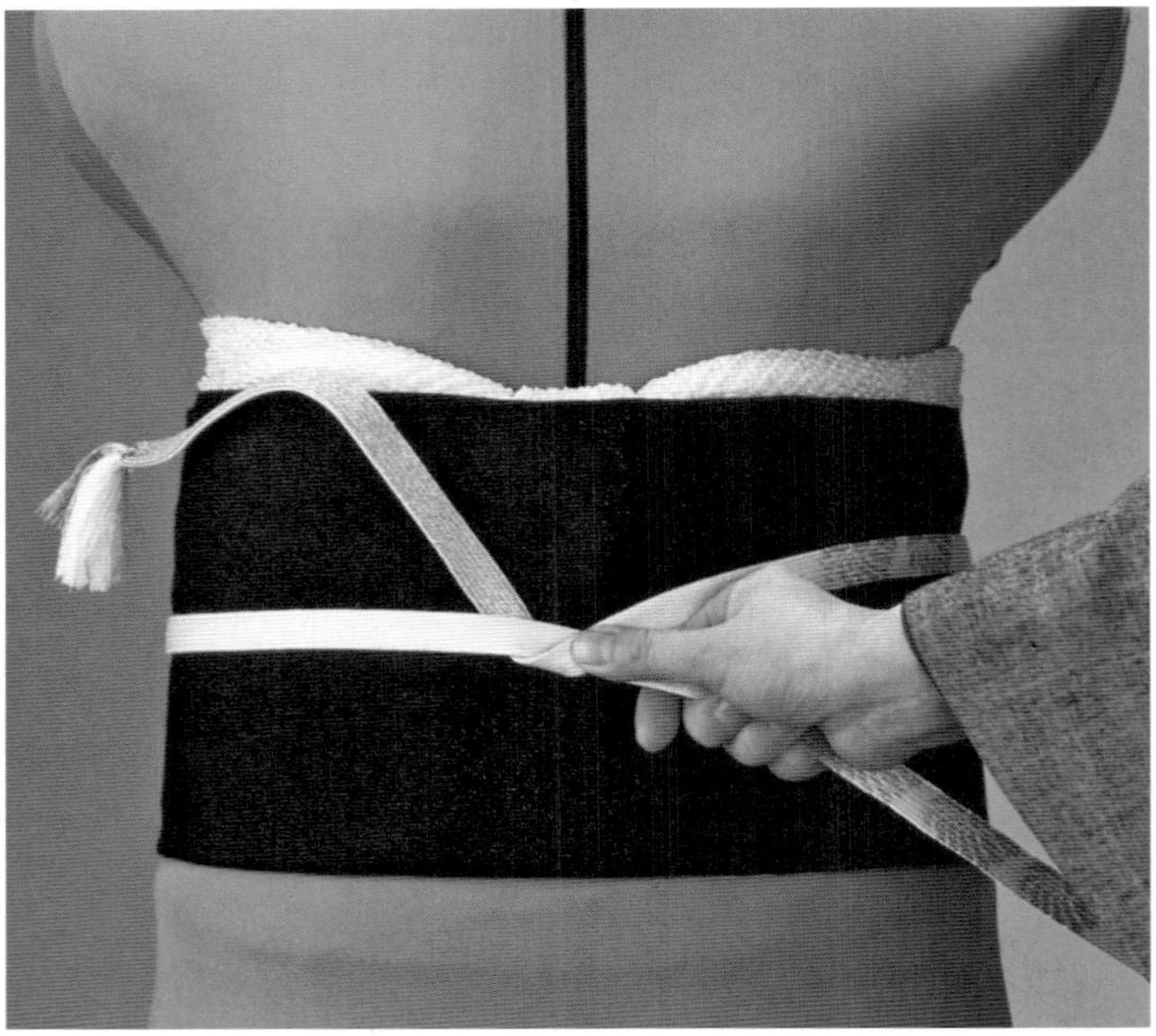

④ 上に重ねた帯締めを下の帯締めからくぐらせて一結びとなります。締めて直ぐに右の親指で結び目を押さえる。細く堅い紐類はとくにゆるみやすいので、結び目を常に指先で押さえ、手を離さないように。

⑤ 上にある帯締めの中間で左手の親指、人さし指、中指の指先を下に向けてあてて持つ。帯締めの房を進行方向に向けて右の指先で押さえている結び目に重ねる。そのまま指先で結び目を上から押さえます。

Point

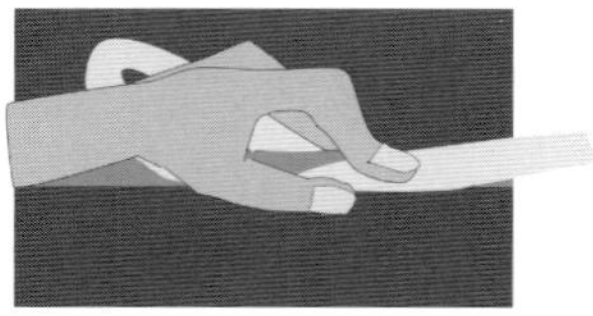

帯締めの結び目を押さえる、左手の親指、人さし指、中指の向きはイラストを参考に持つとよい。

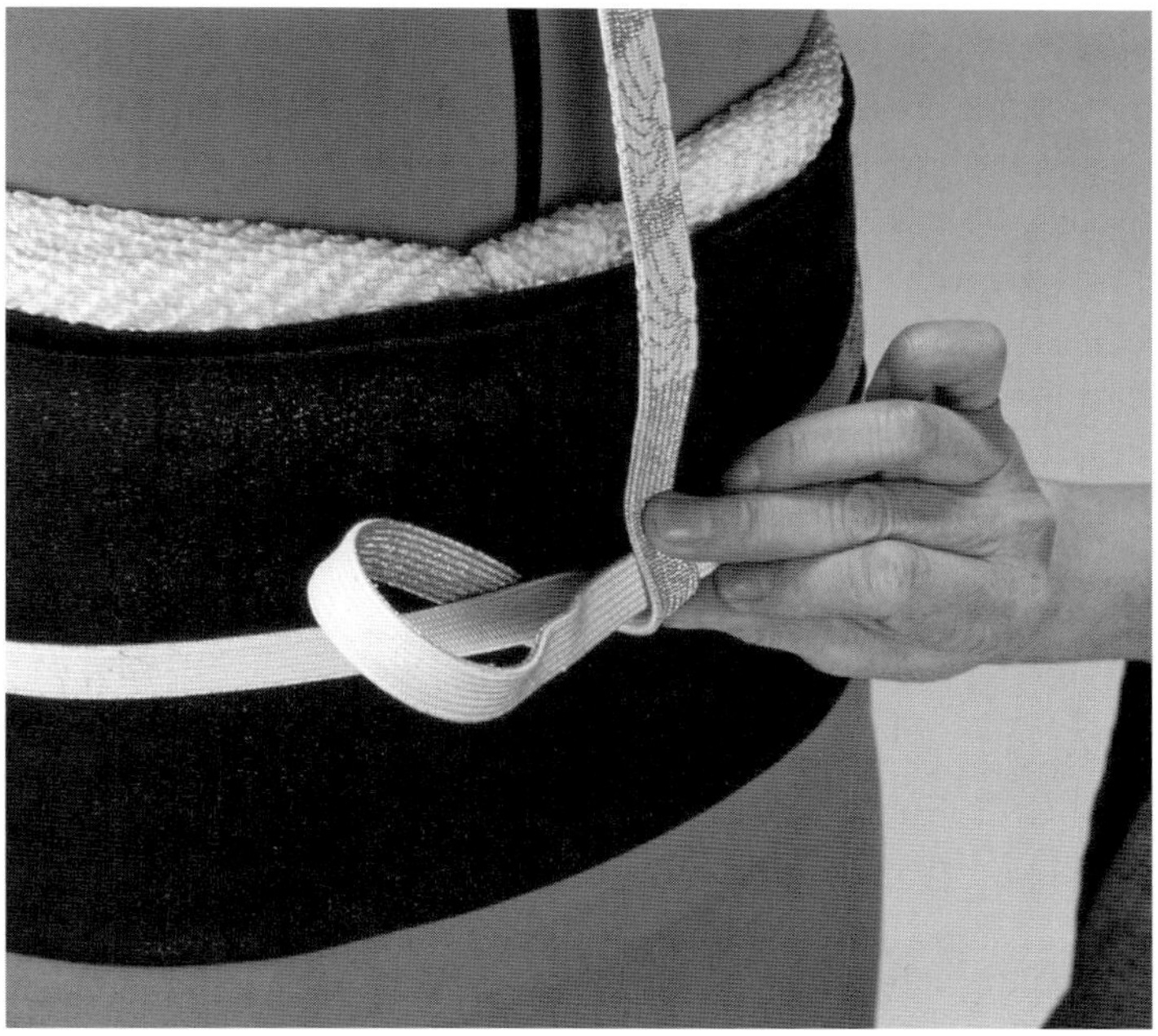

⑥ 下の帯締めを右の人さし指と中指で結び目際から真上に向けて上げる。そのまま右の指で帯締めを幅いっぱいに押さえる。着る人の体を押しながら帯締めを押さえると、着る人も寄りかかる状態になり結び目もゆるまずできます。

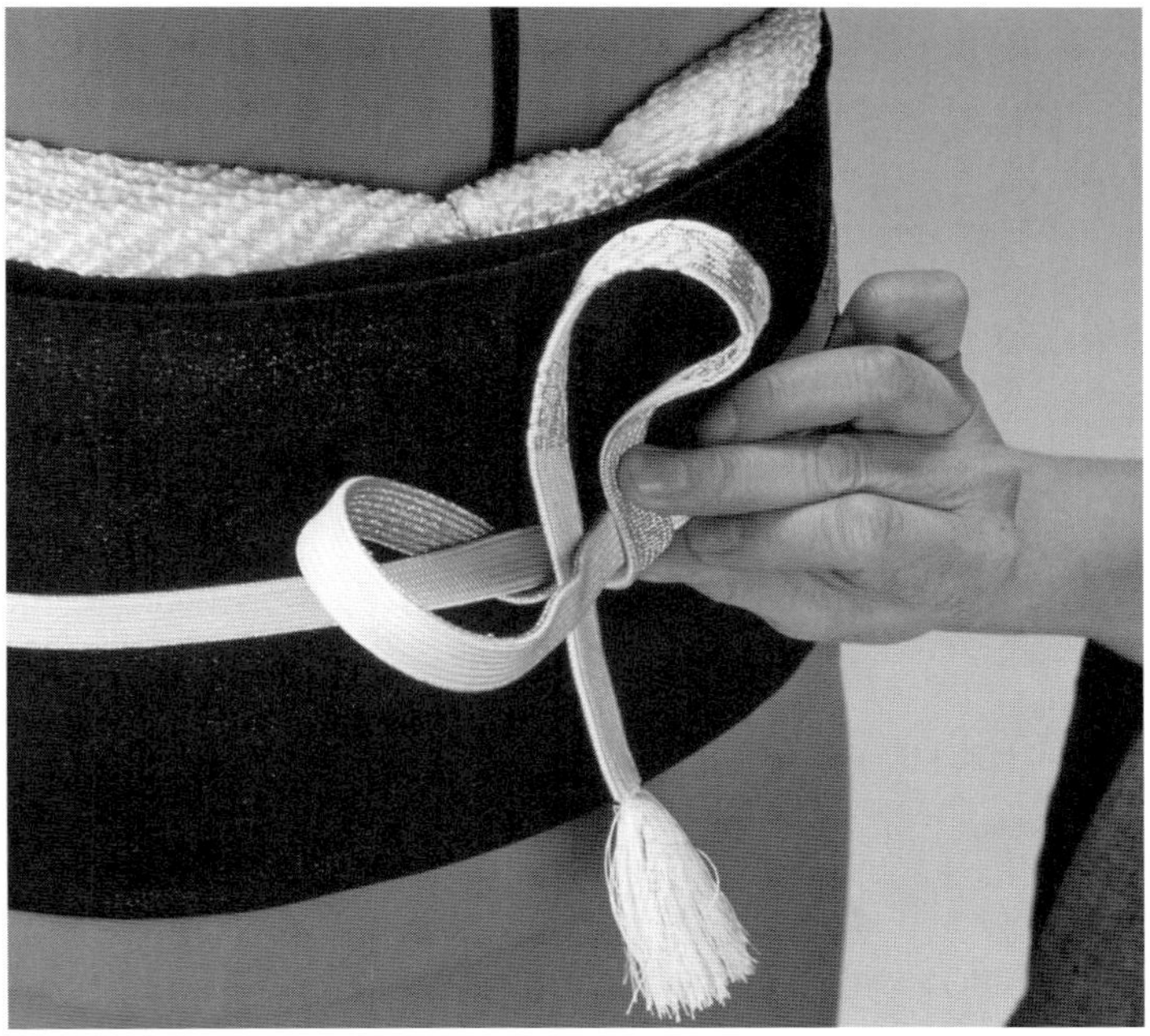

⑦ 右手で押さえたまま、左手で真上に上げた帯締めを相手にお辞儀をするように曲げて輪の中に入れる。真下に向けて曲げ、そのまま結び目の元まで輪の中に入れる。お辞儀の姿勢を保つことが、正しくきれいに結び上げる大切なポイントです。

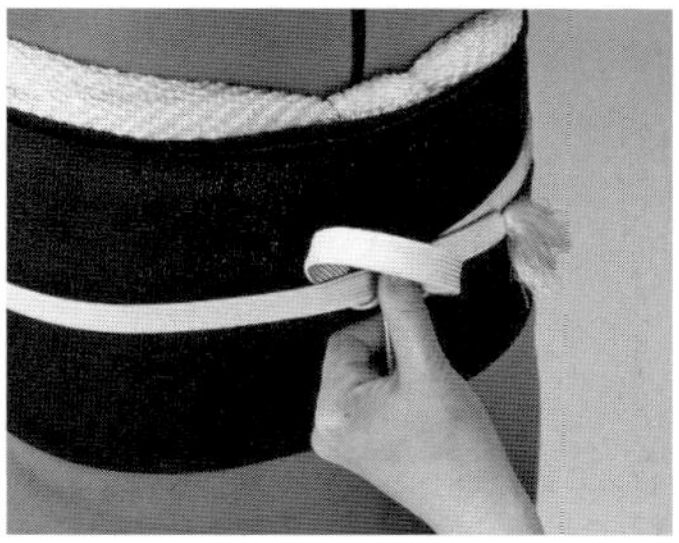

⑧ ⑦のように輪に通した帯締めを、左の親指の腹で押さえ、その部分を４本の指でにぎって締める。

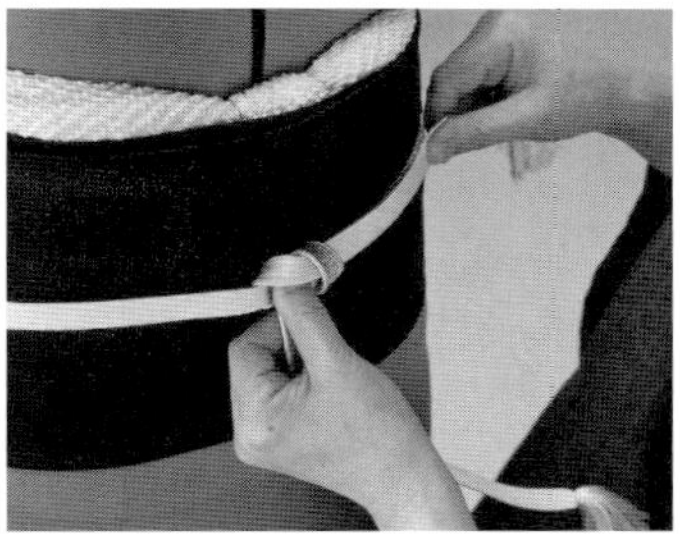

⑨ 右手で帯締めを持って輪の形がなくなるまで締める。それまで左の親指は離さないようにする。

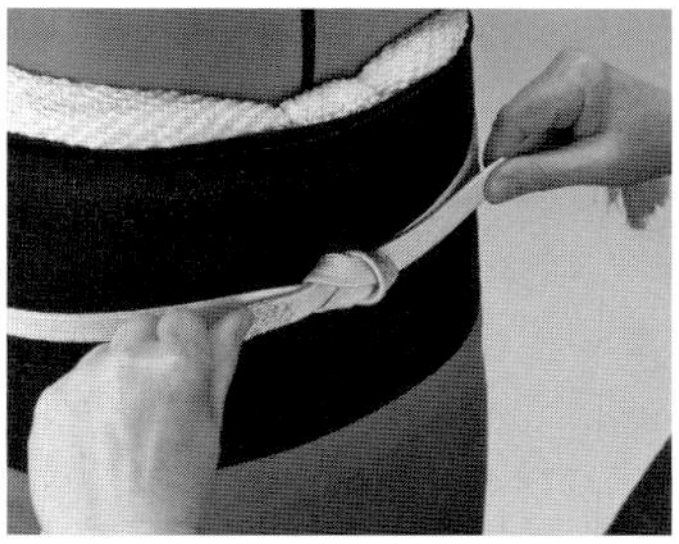

⑩ 輪を締めたら、左手にも帯締めを持って、両手同時に左右に引き締める。

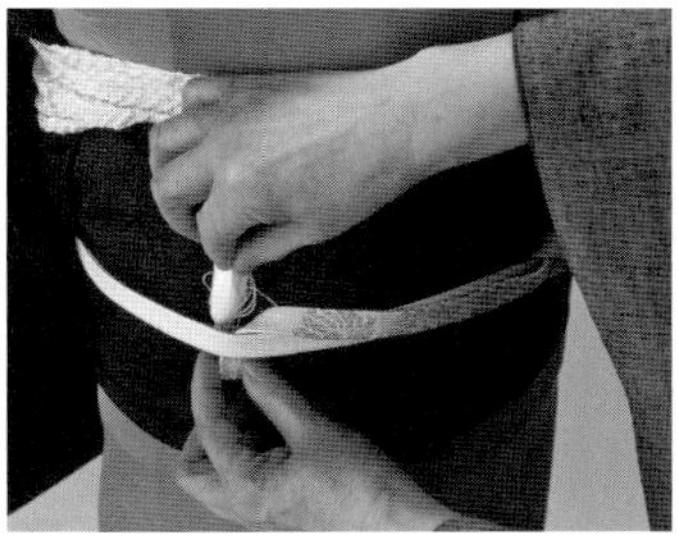

⑪ 帯締めをおのおの脇まで丁寧に揃えて重ねる。房が上になるよう挟んでとめる。

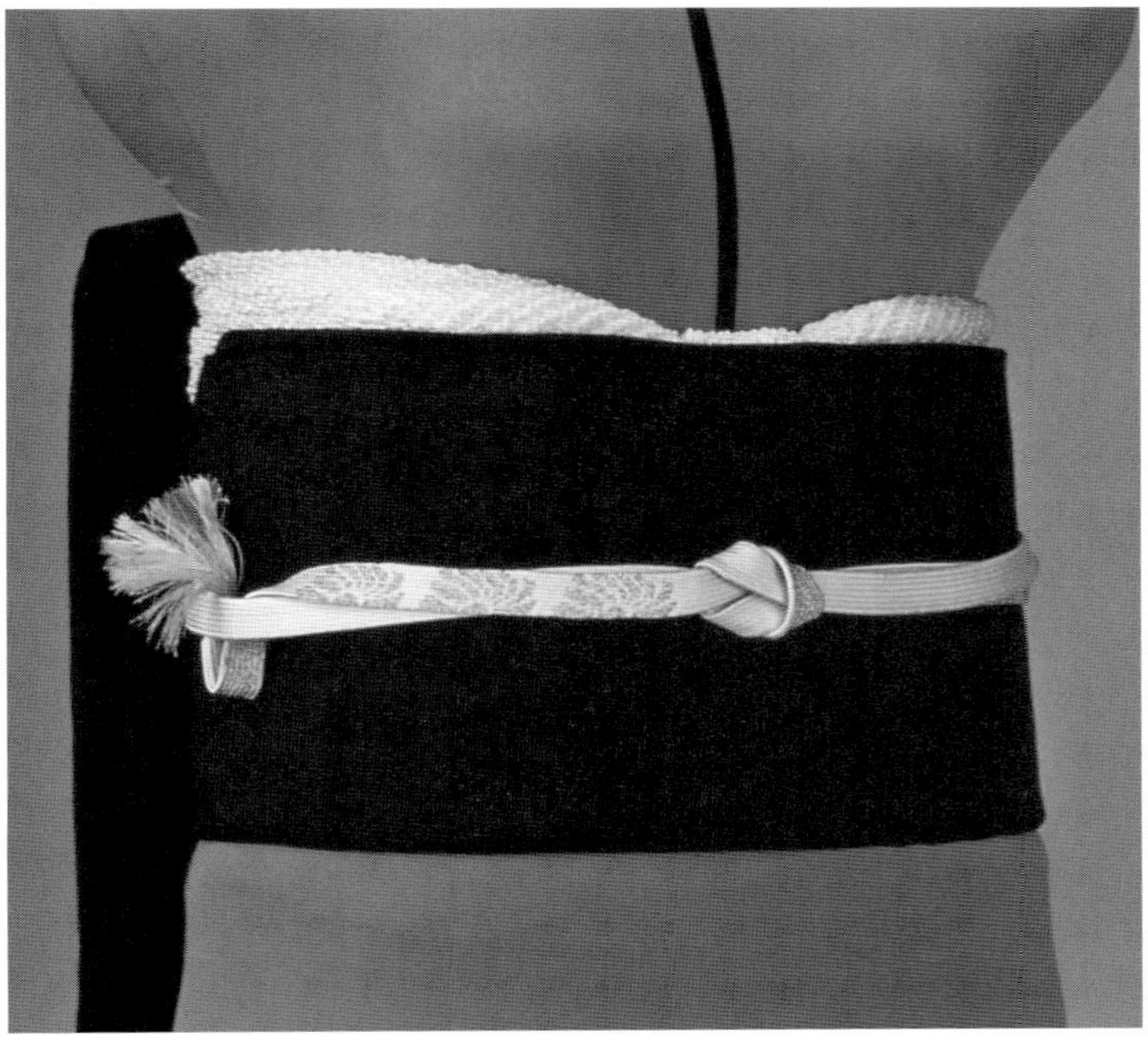

⑫ 帯締めの駒結びのでき上がりです。着付けでしっかりと結ばなければならないのは、腰に締める腰紐、帯結びの形を作る帯枕の紐、そして帯の形を守る帯締めです。また、帯締めはきものの装いの要でもあるのです。

藤結び（丸組）

ボリュームのある丸組の帯締めにぴったりの結び方です。
結び目が二重になっているので、華やかです。
両手同時に、素早く引いて結ぶとゆるみにくいでしょう。

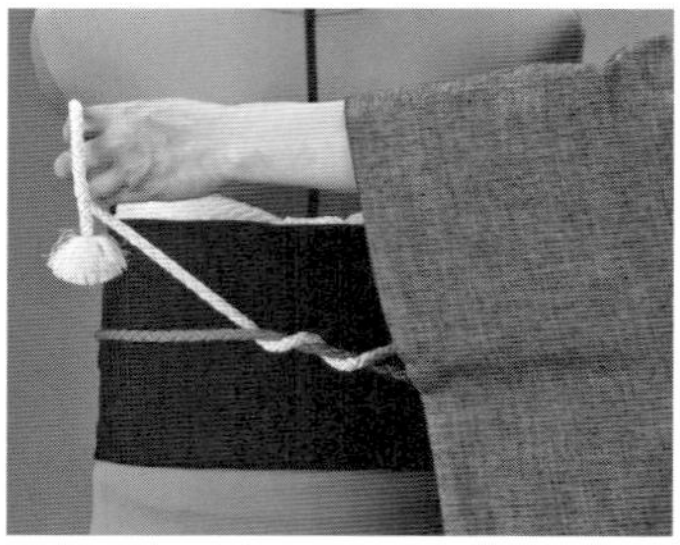

① 重ねた帯締めを２度からげて結ぶ。表裏のない丸組の帯締めなので、一気に２度からげて結び締める。

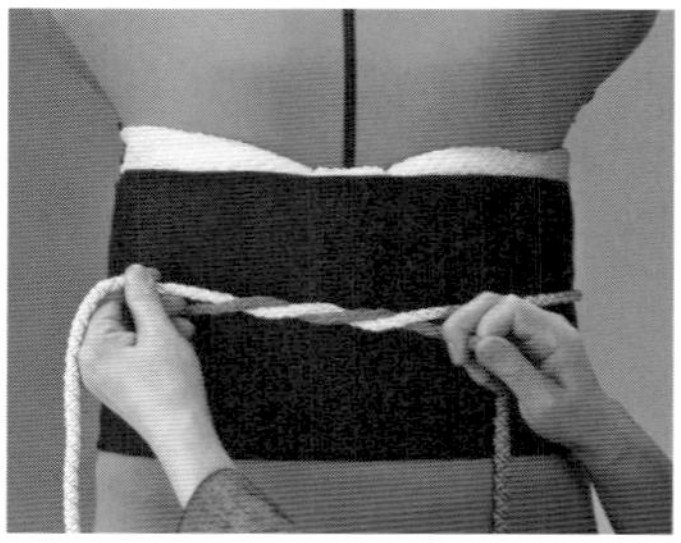

② 手を離すとゆるむので、駒結びと同じ部分を押さえながら行う。

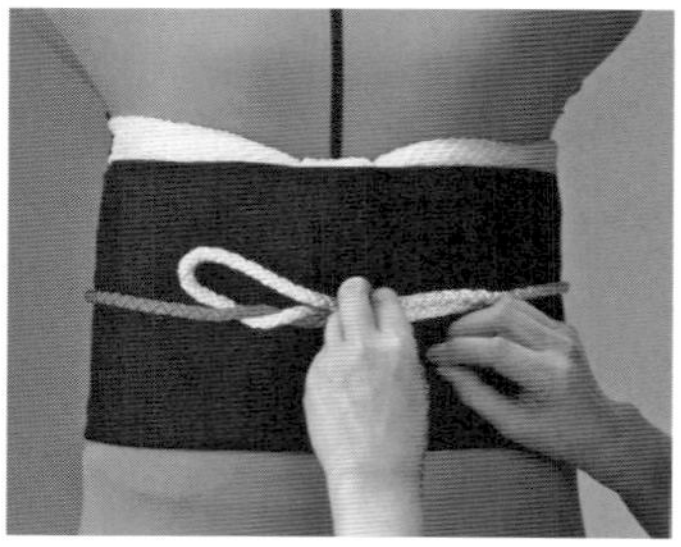

③ 上の帯締めの中間を、左手で持って結び目の上に重ねて押さえる。そのまま左手で２本を押さえる。

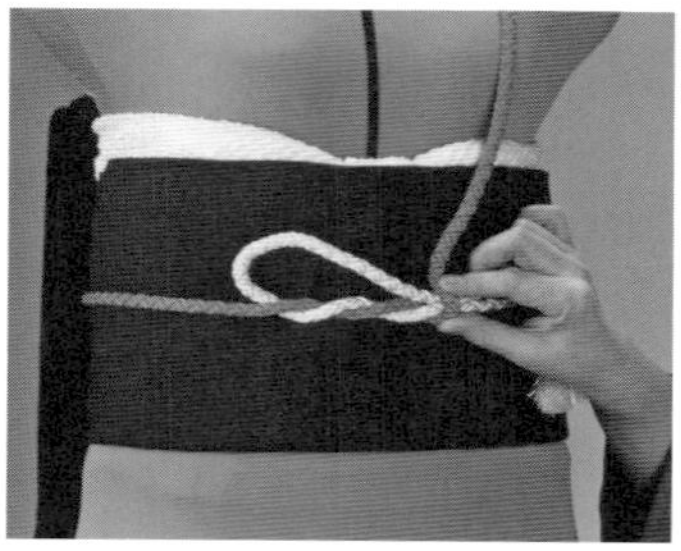

④ 右の指先で下側の帯締めを真上に向けて上げて押さえる。丸組の帯締め２本分を挟む要領で押さえる。

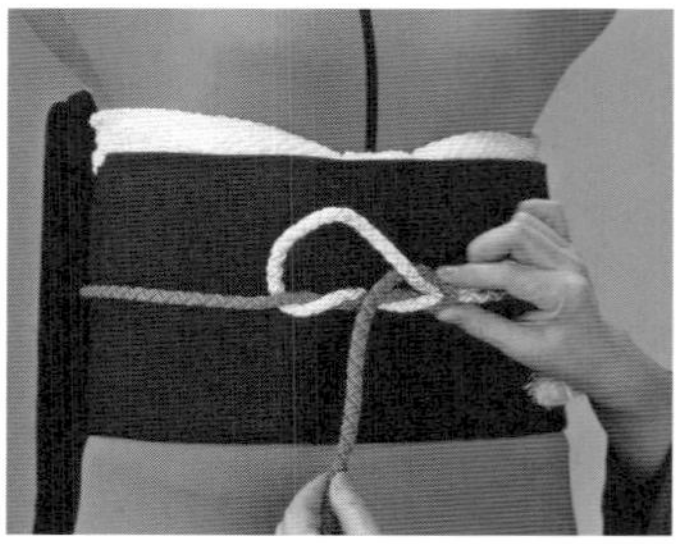

⑤ 帯締めを左手で輪の中に入れる。平組の帯締めと違い、丸組は斜めになっても構いません。

⑥ 輪の中に入れた帯締めをもう一度上げて輪の中に入れ、からげる。これで二巻きしたことになります。

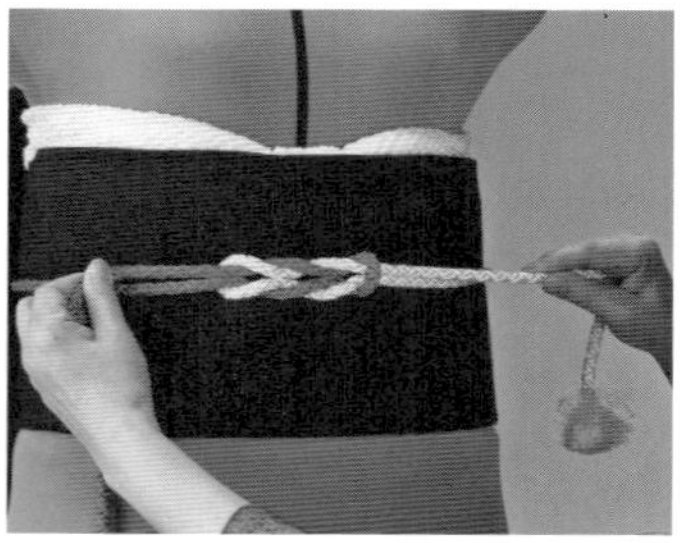

⑦ 手早く左右同時に引いて締める。ゆっくり締めると、結び目がきれいになりません。

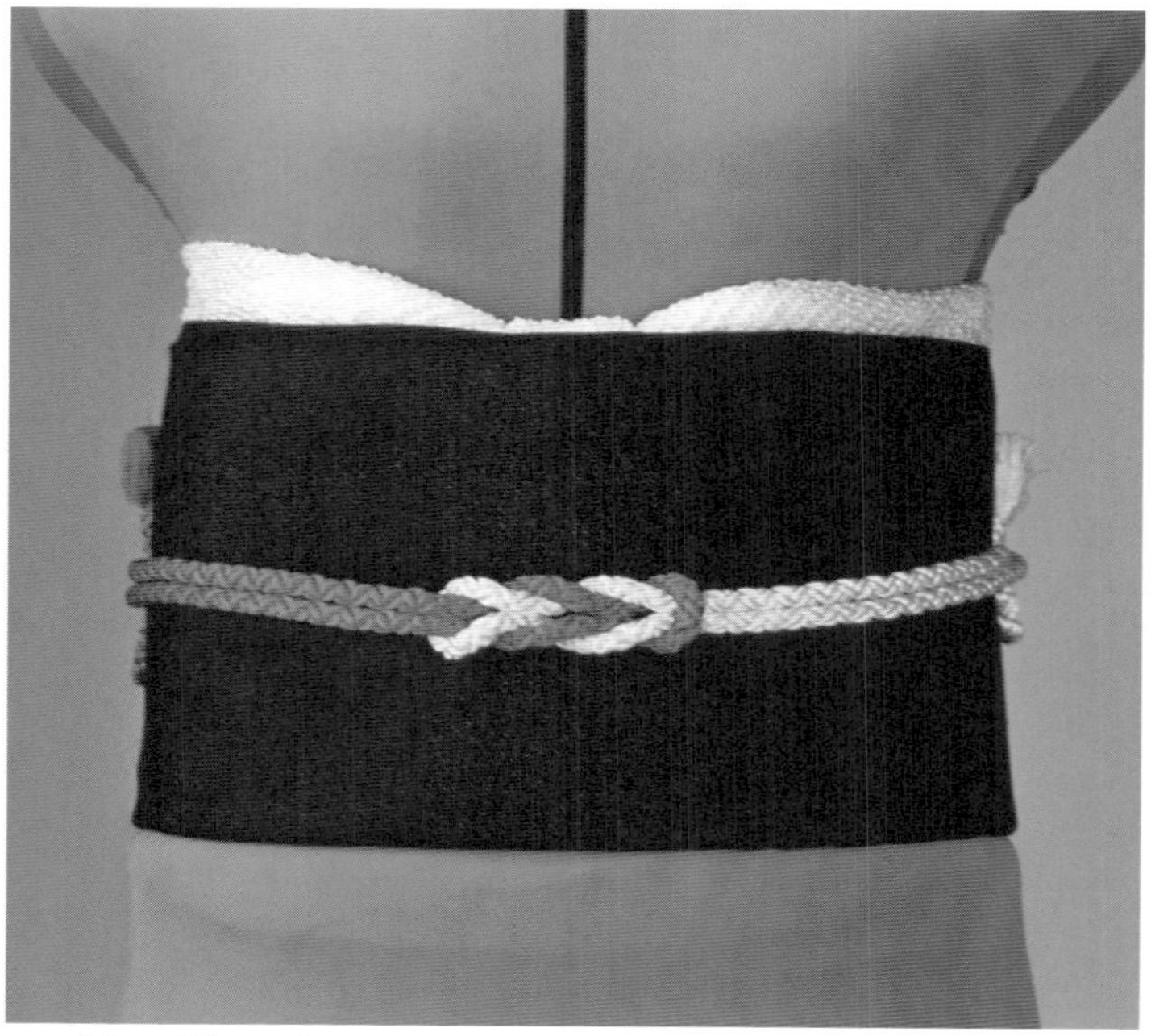

⑧ 丸組の帯締めの藤結びのでき上がりです。この結びは華やかな感じになります。写真のように左にくる部分は一巻きでも二巻きでも左に戻ります。好みの色を左右のどちらかに決めて締めると便利です。

基本の結び

① 結ぶ位置を決めて、着る人の帯締めの左右を合わせて長さを見る。左側を長く、右を短くする。

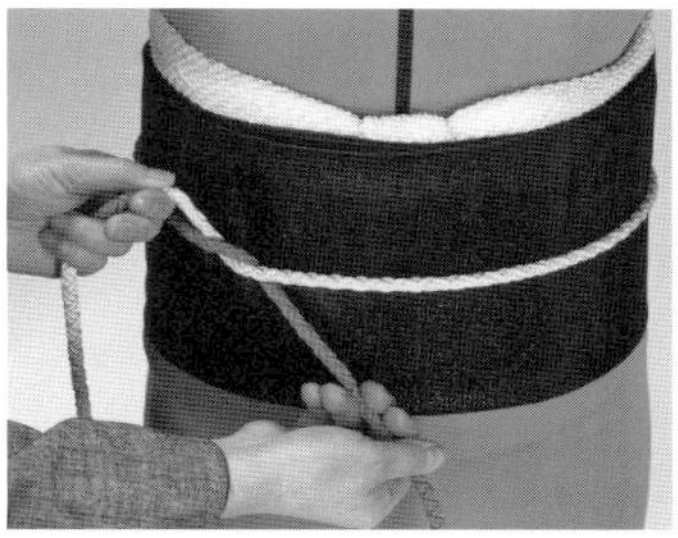

② 長いほうを上に重ね、短いほうと交差させる。長いほうを上にして一結びする。

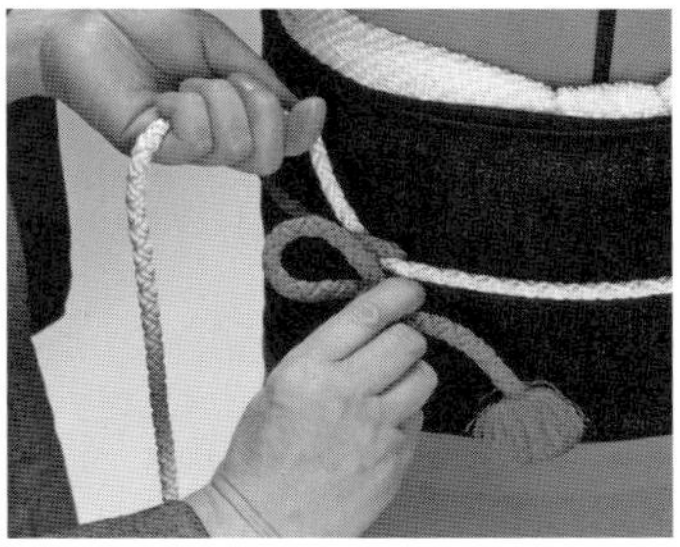

③ 短い下のほうで輪を作って結び目に重ねて持つ。結び目で持つことがゆるみを防ぐポイント。

花結び

基本の結びをベースに、輪をいくつも作って飾ってみました。輪の数や大きさなど、決まりはありません。お好みに合わせて自由に作ってみましょう。

④ 帯締めの左右の長さを自由に決め、諸わな結びする。２度目の結び目をしっかりと強く締めておく。

⑤ 組み目を整えながら、下にたれた一方の帯締めの先を下からくぐらせて上に出す。

⑥ ここでは再び輪を作り、下から帯締めをくぐらせています。長さによって自由に上下にくぐらせて形を作る。

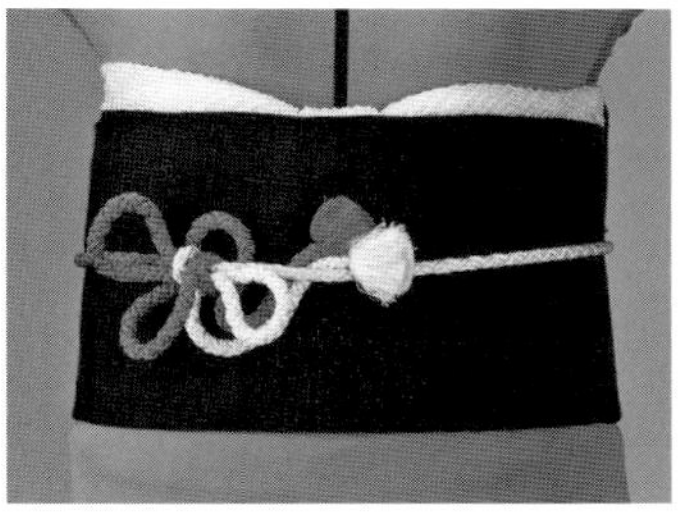

⑦ ２本を上下にくぐらせた花結びのでき上がり。結び目を強く締めると輪が張りを持ち、きれいな花になります。

玉結び

こちらも基本の結びをベースに、結び目をいくつも作って飾ってみました。結び目の数や大きさ、位置などは自由です。お好みに合わせてオリジナルの結び方を楽しんでみてはいかが。

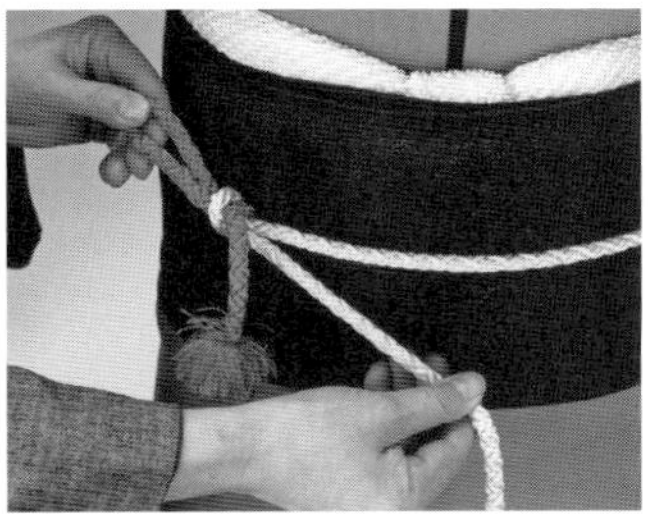

④ 上にくる帯締めの長いほうを結んでとめてしっかりと締める。２度目の結び目を強く締めることが大切。

⑤ 丸組は上と下に並ぶ重なり方をします。次に結ぶところで下段のほうを引いておき、巻いて輪に通す。

⑥ 下段をゆるめないように引いて輪の中に通し、強く締めて結び目を作る。

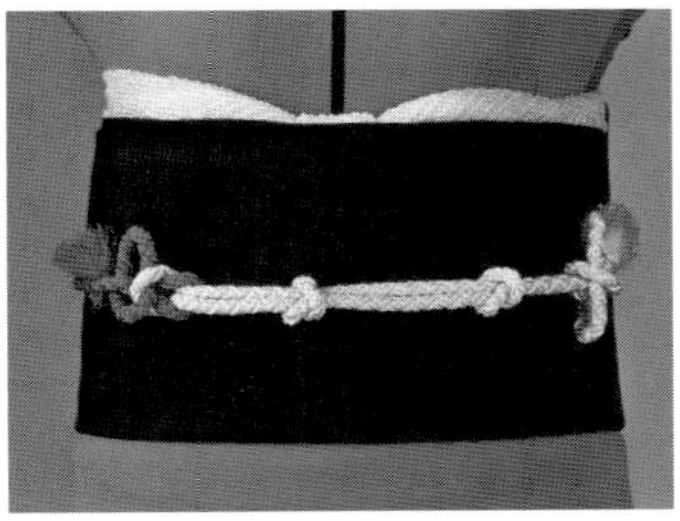

⑦ 長さがあればいくつも結び目ができます。最初の短いほうを挟んででき上がりです。

とんぼ結び

羽を広げたとんぼをかたどって帯締めで結んでみました。
両輪の形を保って結ぶと、きれいに仕上がります。

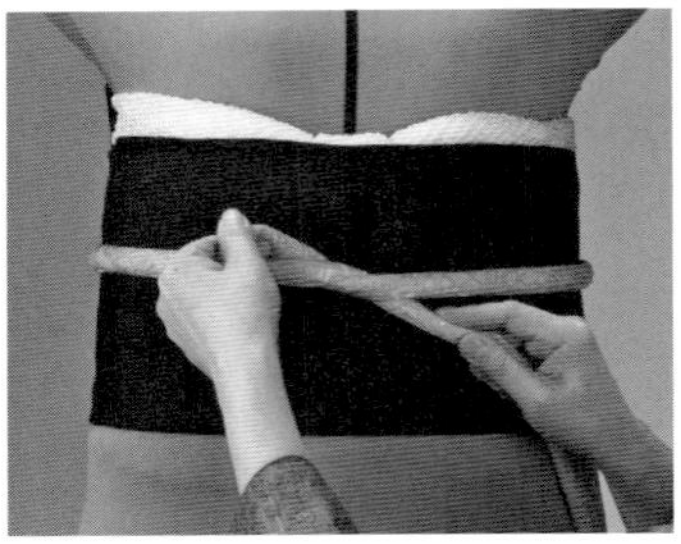

① 着る人の右を上に重ねて一結びする。芯に綿の入っている丸ぐけは無理な角度で締めると切れるので注意。

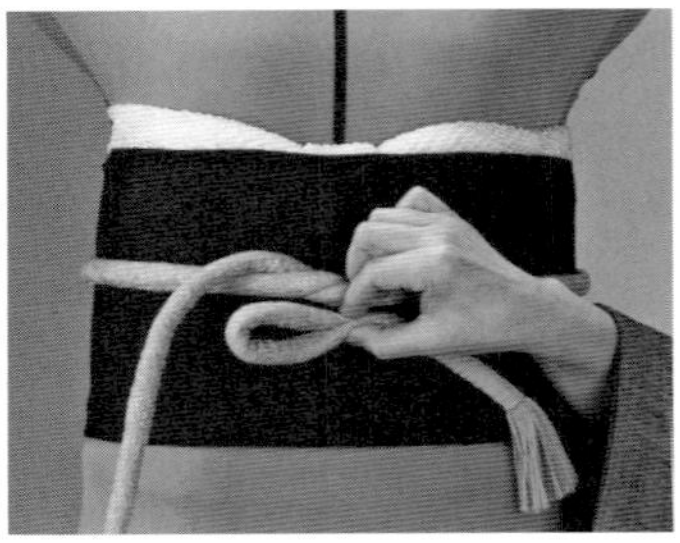

② 下の部分で輪を作る。手順やポイントは諸わな結びと同じ。結び目で輪を作り右手で持つ。

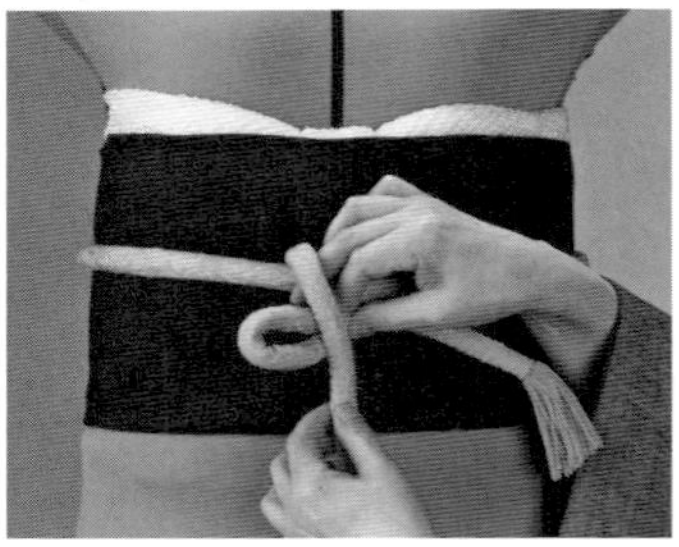

③ 上の部分を下に下げる。

④ 右の指先に左手の帯締めを渡す。左手で帯締めの輪を持ち、左右の紐を交換するように。

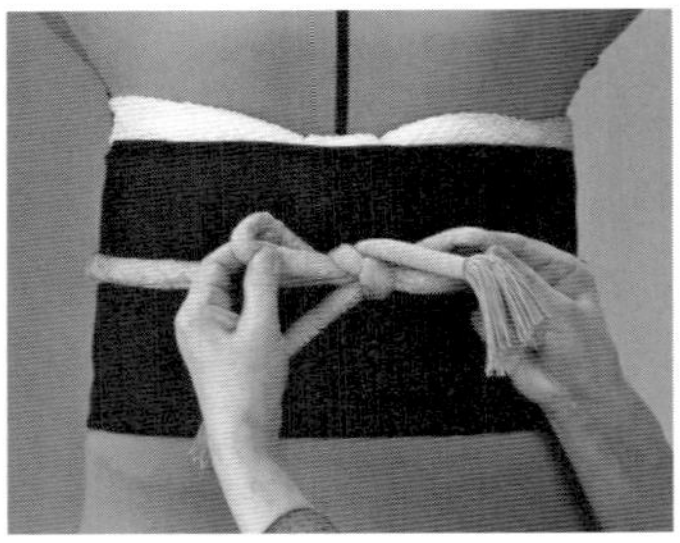

⑤ 右手の輪を指先で静かに引き出し、左右の輪を同じ大きさにして締める。

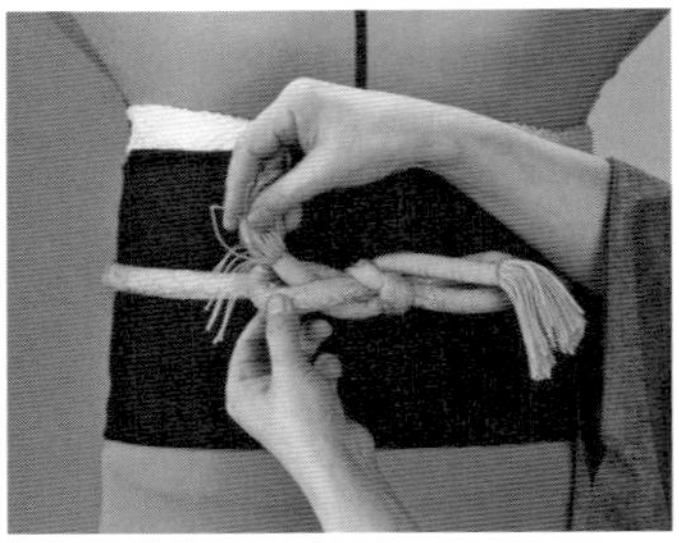

⑥ 帯締めの右の房を、下から輪の中に通す。房は内側から外側に向けます。

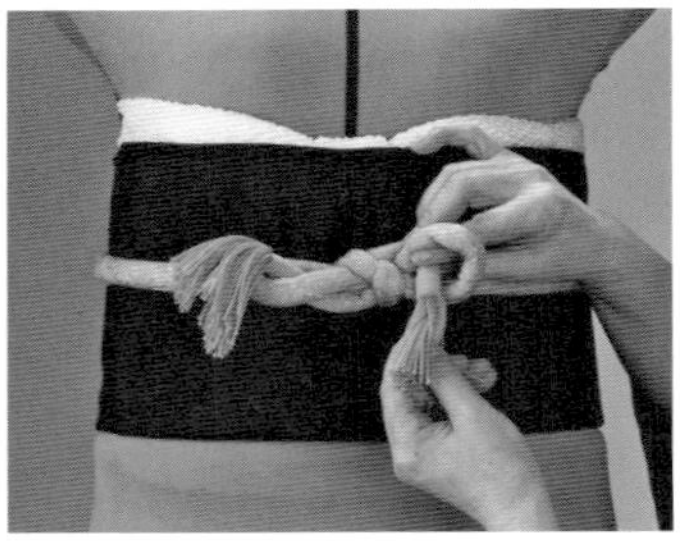

⑦ 左の房を上から輪の中に通す。

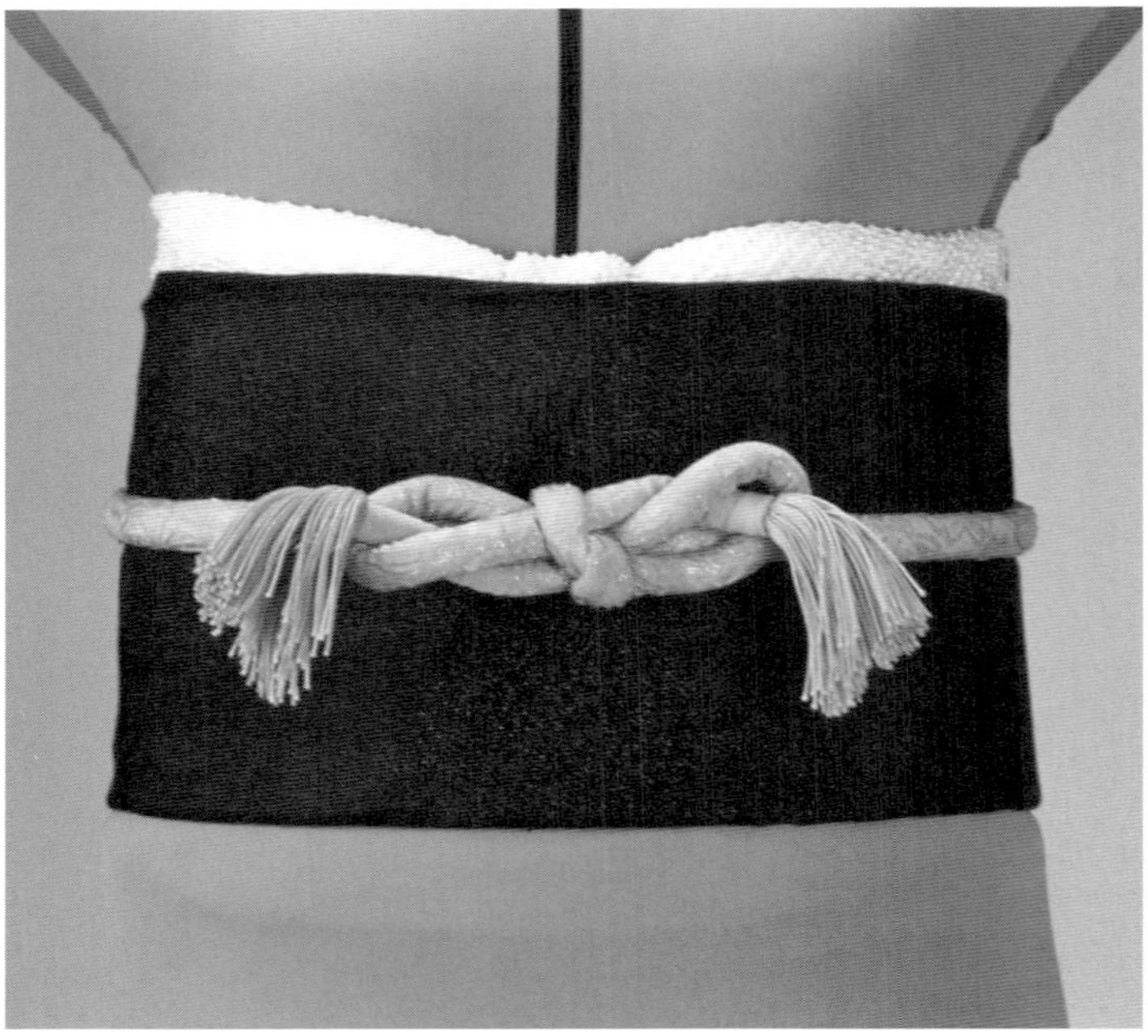

⑧ 丸ぐけで結ぶトンボ結びのでき上がりです。とんぼ結びは短い丸ぐけが適しています。

短い帯締めでも結べる㊙テクニック

お気に入りの帯締めが短く結びにくい……。
そんなときにおすすめの結び方です。結ぶ前に裏返してから進め、
最後にひっくり返して元に戻すところがミソです。

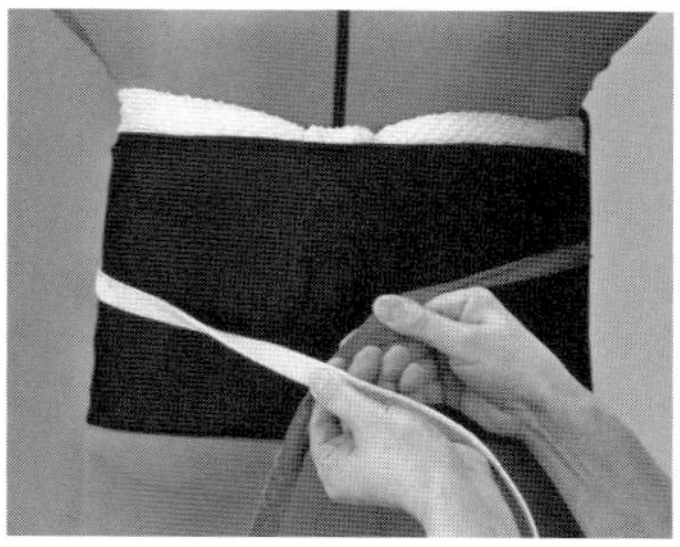

① 一度締めたあと、結ぶ前に前部分の帯締めを裏返す。

② 重ねた上の帯締めを上に出して一結びします。結び目をしっかりと締める。

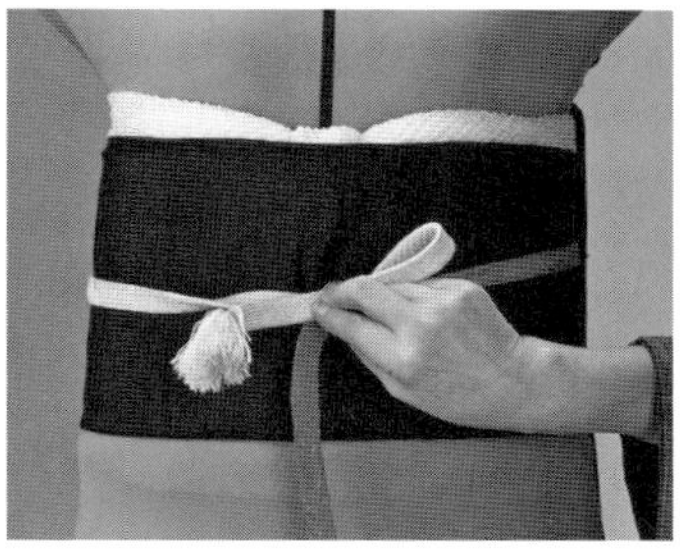

③ 上の帯締めで輪を作り、先を着る人の右側に向けて重ね、右の指先で押さえる。

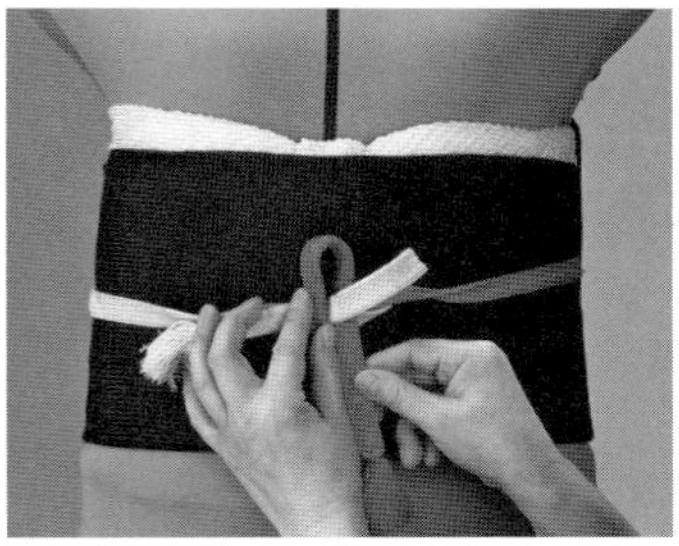

④ 左手で下の帯締めを上に上げて押さえる。右手で上げた帯締めを、相手にお辞儀のように曲げて輪の中に入れる。

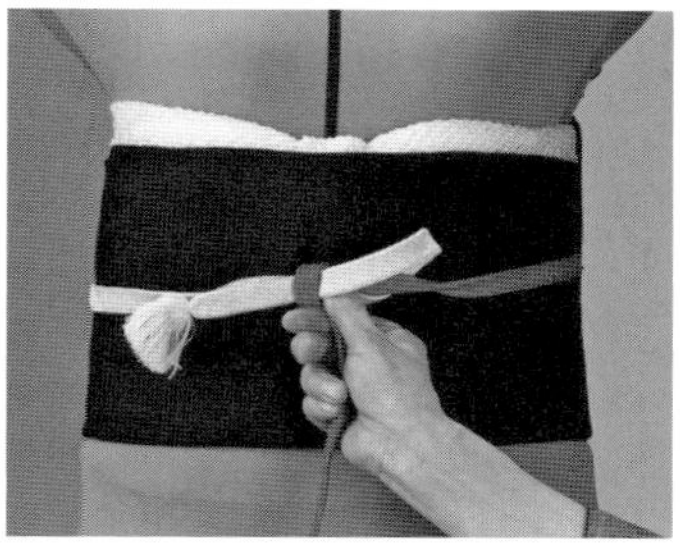

⑤ ④の状態で結び目まで入れて、右の親指で輪の中の帯締めをしっかりと押さえて引き締める。

⑥ 左に帯締めを引いて輪が小さくなったら、左右の帯締めを持って横に引いて結び目をきれいにする。

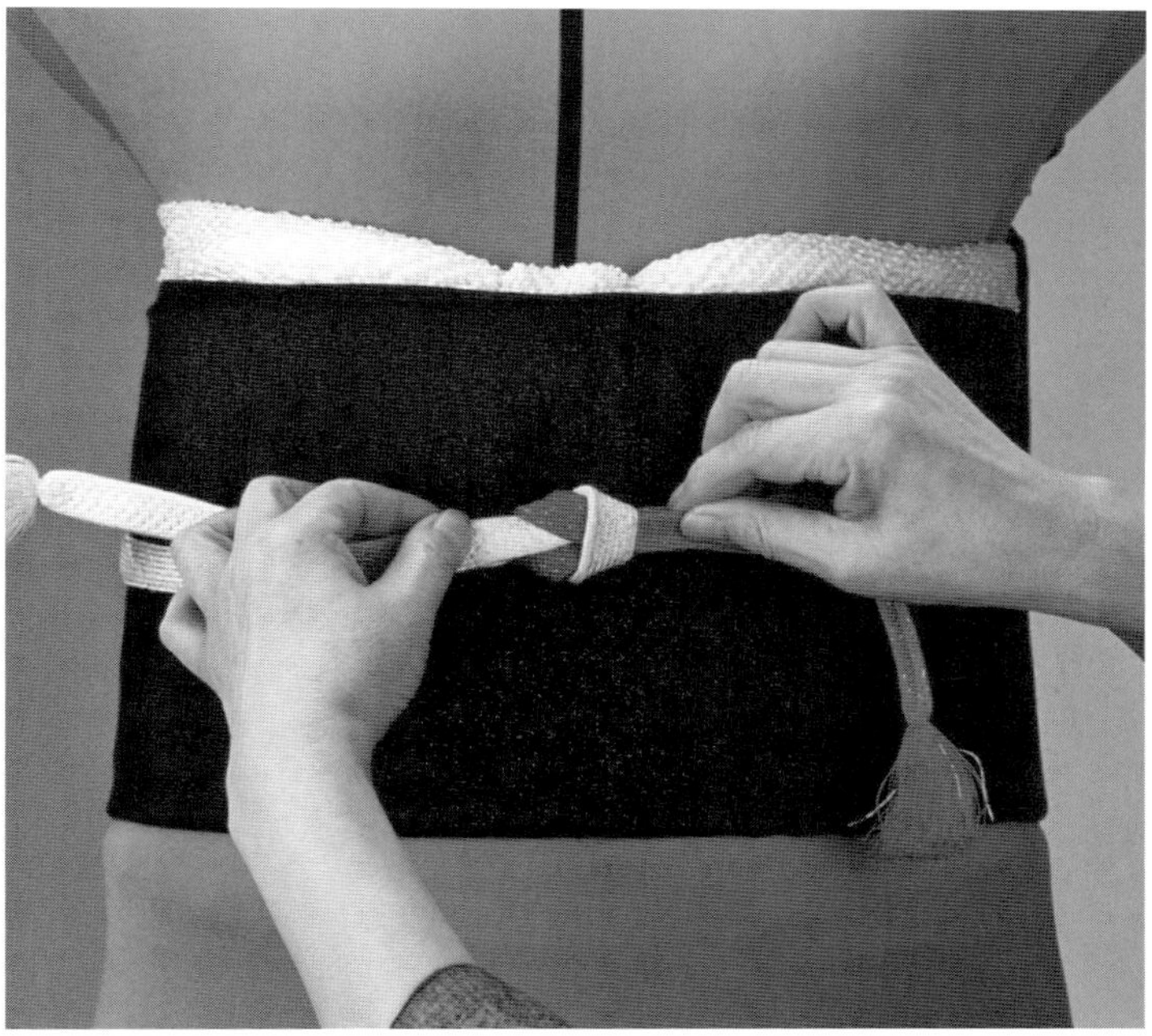

⑦ 左右の帯締めを両手で持って裏返し、最初の流れに戻す。結び目の形も反対に変わります。ここがミソ。

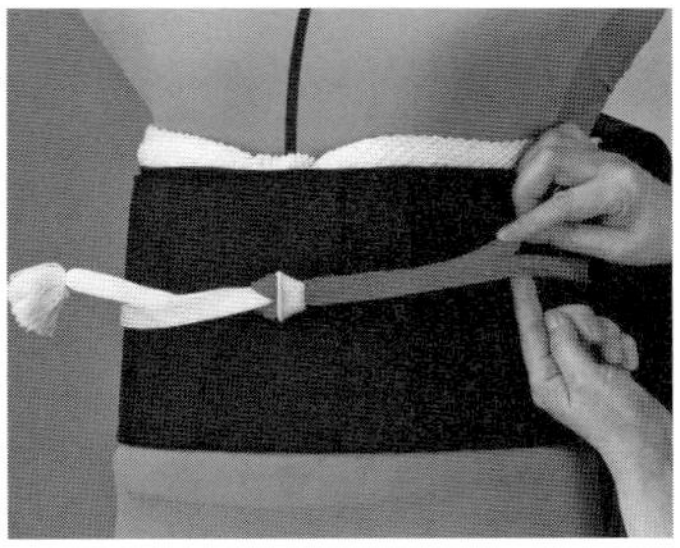

⑧ 残る帯締めは内側におさまっています。そのまま表の帯締めに重ねて整える。

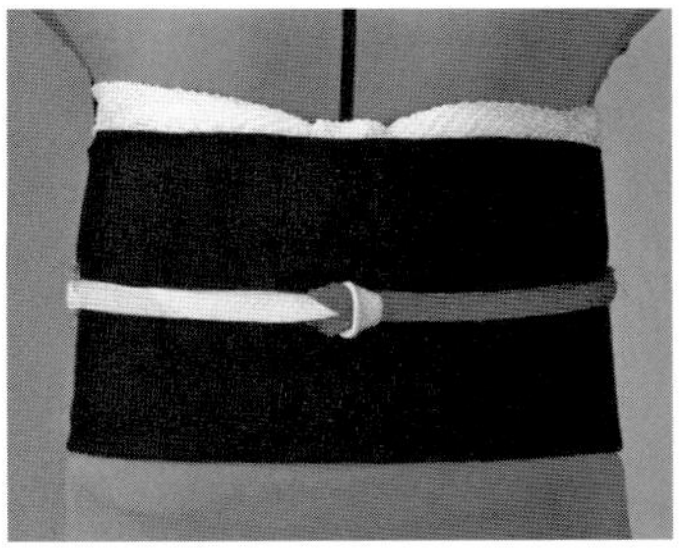

⑨ 房をきれいに中で整えて、でき上がりです。

◉羽織紐 ひと巻き結び

男性の羽織紐の基本結びです。手の中に収めながら、形づくっていきます。
羽織紐のにぎり方や引き方など、
手が自然に動くよう、コツをつかんで覚えてしまいましょう。

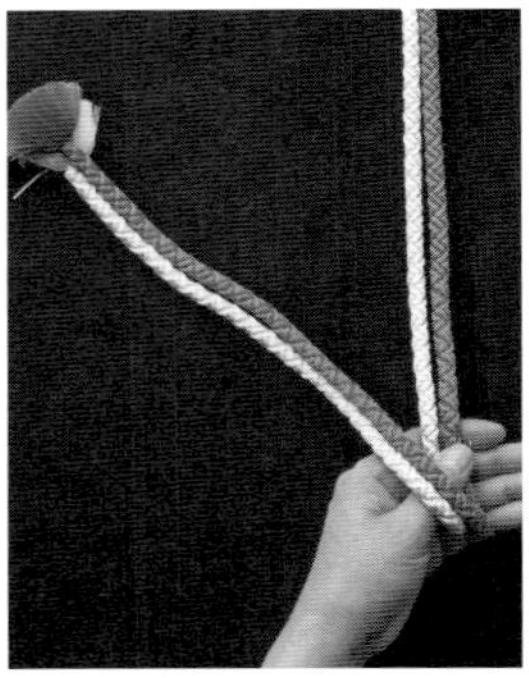

① 紐の左右を揃えて、左の手のひらで持つ。次に親指から斜め上に折り返す。

② 左手の上で、真っすぐ揃えた二本の下をくぐらせて輪を作る。左の親指は最初のところを離さないこと。

③ 親指に巻いて作った輪に、二本の紐を揃えて房を上にして入れる。

④ 輪の中に入れた二本の紐を持つ。②の輪が大きすぎると、ここで抜けてしまうので気をつける。

⑤ ④の輪を写真のようにして持ち、左手で通した部分を房のところまで引きながら締める。

⑥ 右手のひらで結び目をにぎり締め、輪に通した部分を左手で持って引き、繰り返して形を整える。

⑦ ひと巻き結びのでき上がりです。着る人に直接結ぶ方法です。

ふた巻き結び

基本はひと巻き結びと同じで、二度巻いています。
羽織紐の長さが足りなくならないよう、
うまく調整しながら巻き進めるのがポイント。

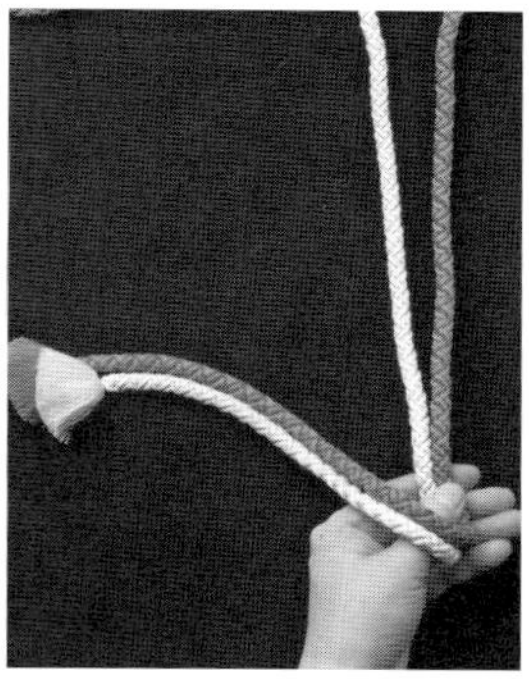

① 紐の左右を揃えて、左手で持つ。次に親指から斜め上に折り返す。

② 折り返した紐をくぐらせて輪を作り、繰り返して、二巻きする。輪は小さく作ること。

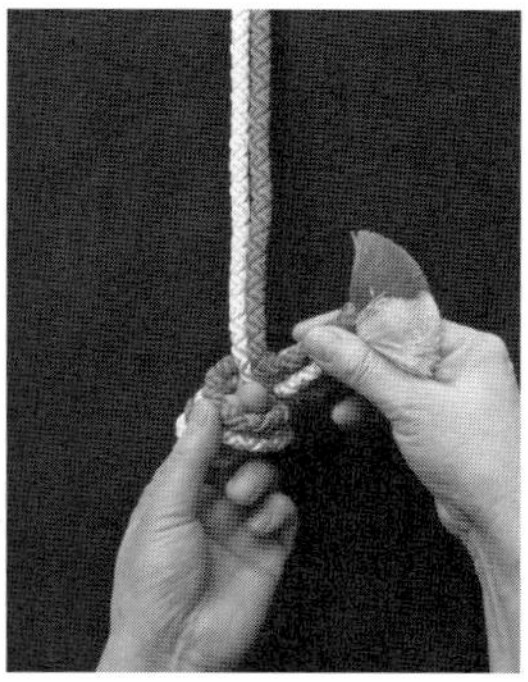

③ ひと巻き結びと同じように房を上にし、輪に入れる。四本の輪の形をこわさないようにします。

④ 房まで輪の中に入れる。大きな輪を作ると壊れやすいので紐の長さに応じて輪の大きさも調節する。

⑤ 手のひらの中でにぎり持って形を整える。にぎり締めながら輪の部分を引いて全体を形よく締める。

⑥ 上の紐を引いて締め上げ、紐をきりりとまとめて仕上げます。

⑦ ふた巻き結びのでき上がりです。これは短めの紐の二巻きですが、紐の長さによって仕上がりも違ってきます。一般に作り紐の形は無駄なくきっちりと結ばれていますが、羽織紐の結びにも個性が表れます。

平《へい》次《じ》結び

紐の左右を引っ張っただけで、あっという間にほどける結びです。（ほどき方参照）
ひと巻き結びと同じ形に見えますが、
巻き目が揃っていないのが、この結びの特徴です。

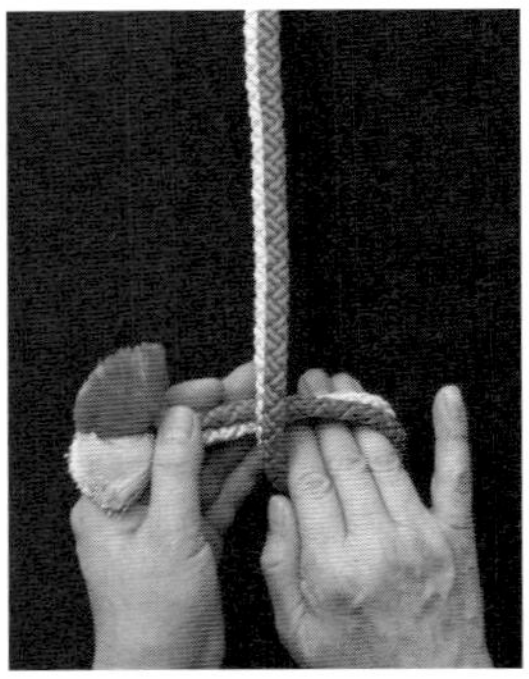

①紐の左右を揃えて房を左手で持ち、右の指先を回し、輪を作る。

②作った輪の中から指先を出して二本並んでいる紐を持つ。引き出す紐が足りなくなるので、輪は小さめに。

③輪の中で持った紐を手前に引き抜くと、自然に房を持っている手のほうの輪が小さくなって締まります。

④平次結びのでき上がりです。下に引く輪の大きさは紐の長さによって自由に調節できます。この方法は、太くて長い羽織紐が権力の象徴だった時代の結びで、常に忙しい捕り手の結びでもありました。一見、ひと巻き結びと同じ形をしていますが、巻き目が不揃いになるのが自然な形です。

ほどき方

⑤一般の羽織紐の結び方は、房を引いてからほどきますが、この結びは、羽織の左右の衿を持って引くとほどけ始めます。

⑥左右を引くと結び目がどんどん小さくなります。

⑦羽織紐に直接触れずに結びがほどけます（写真は、二本の紐で羽織紐を再現したので、衿はありません）。

駒結び

男女共通の羽織紐の結びです。

結び方は、帯締めなどと同じ方法です。紐が細く短いので、結び方や紐の折り方などを丁寧にしましょう。

① きものの合わせと同じように紐を交差させ、折り上げる。

② 上になった紐を、もう一方の紐と同じ方向に向けて斜めに折り下げる。羽織紐は短いので小さい輪となります。

③ 下になっている紐を真上に向けて折り上げる。帯締めと違い空間に浮いた状態なので持つ手を離さないこと。

④ 上に上げた紐を斜め下に向けて輪に入れて結ぶ。これで左側は左に、右側の紐は右に戻ります。

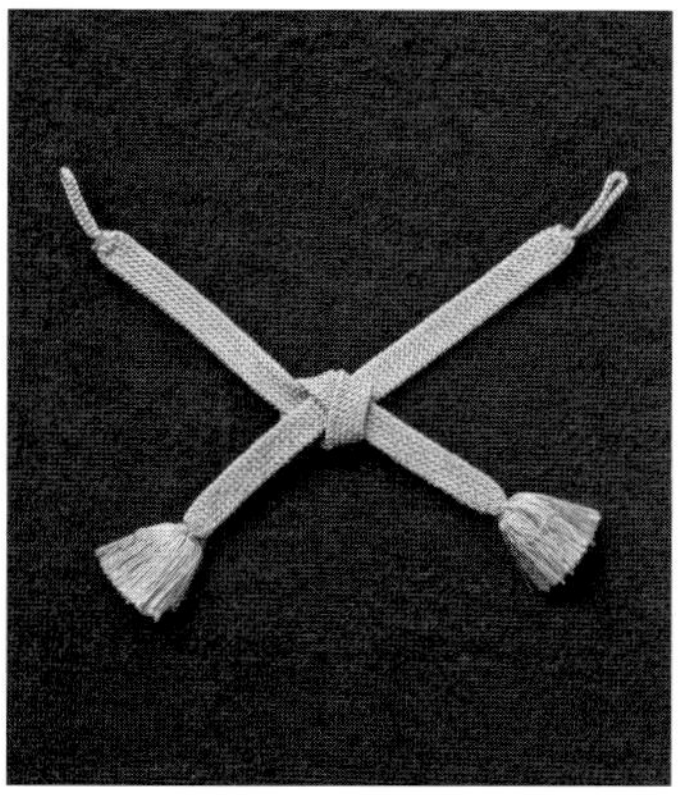

⑤ 結び目を締めて駒結びのでき上がり。結び方は帯締めとまったく同じですが、羽織紐は斜めに仕上がります。

⑥ 羽織紐は女性も写真のように駒結びをします。しっかりした土台の上ではなく、空間で結ぶので難しいですが、順序は帯締めと同じです。紐が短く余裕がないため方向を間違えやすいので、向きを把握するとよいでしょう。

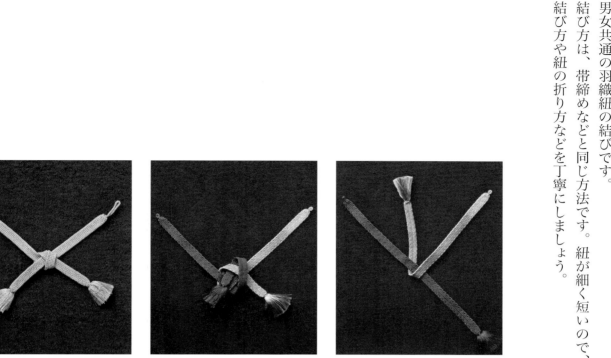

諸わな結び

男女共通の羽織紐の結びです。結び方は、基本の諸わな結びです。
羽織紐は細く短いため、二つの輪と結び目に
必要な長さが足りなくならないよう注意して結びましょう。

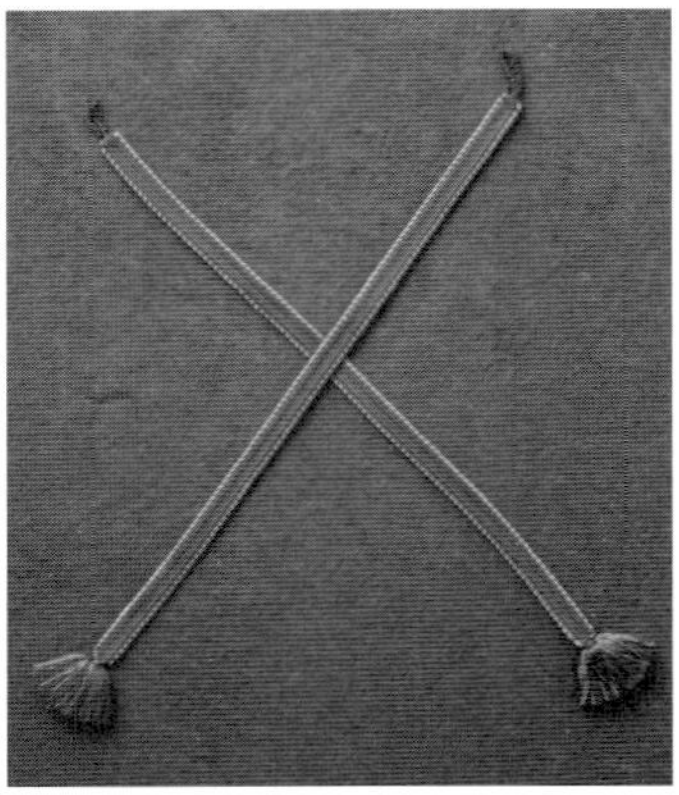

① きものの合わせのように交差させる。結び方の手順やポイントはほかの諸わな結びと同じです。

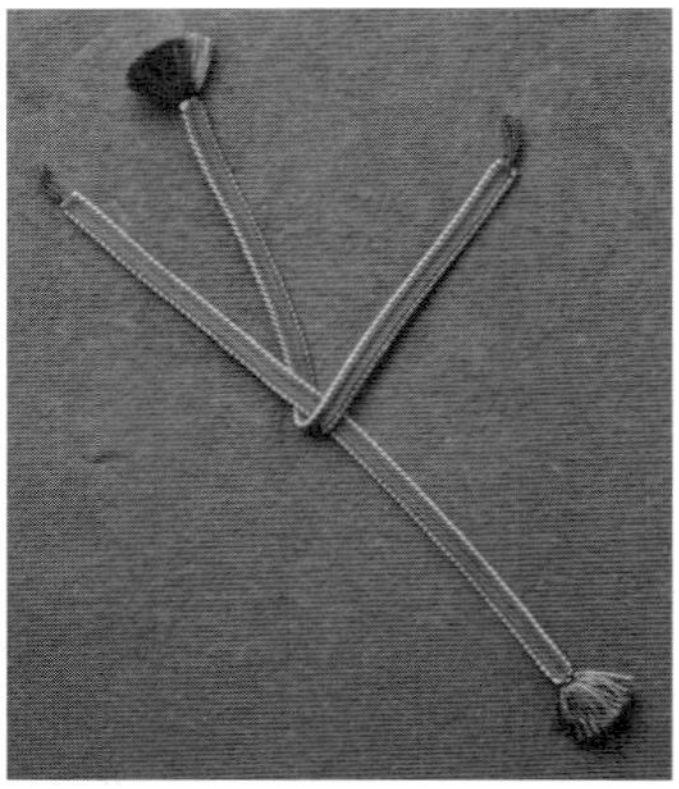

② 交差して上にある紐で下の紐を巻いて真上に折り上げる。ゆるやかに締めること。

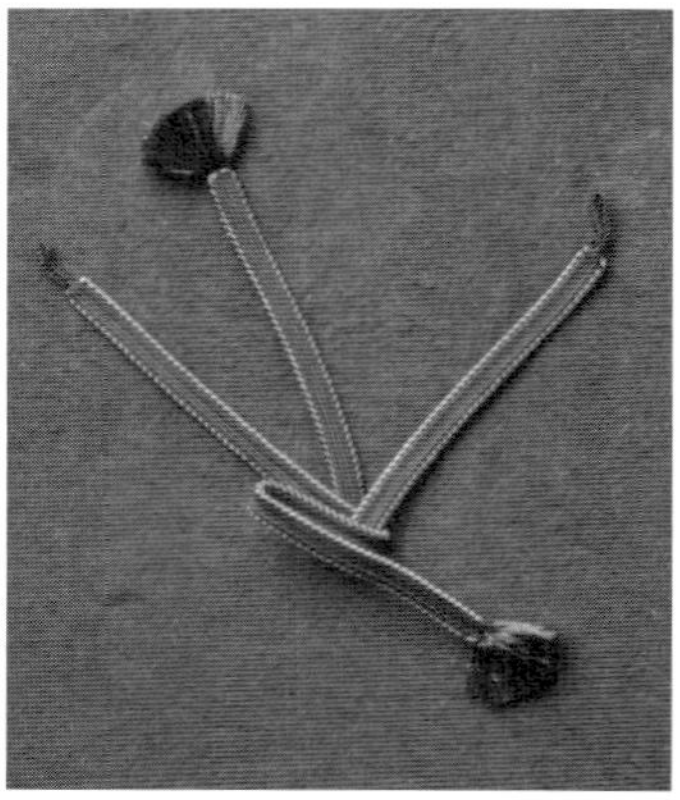

③ 右下にたれている紐を、交差部分で折り上げ、輪を作る。

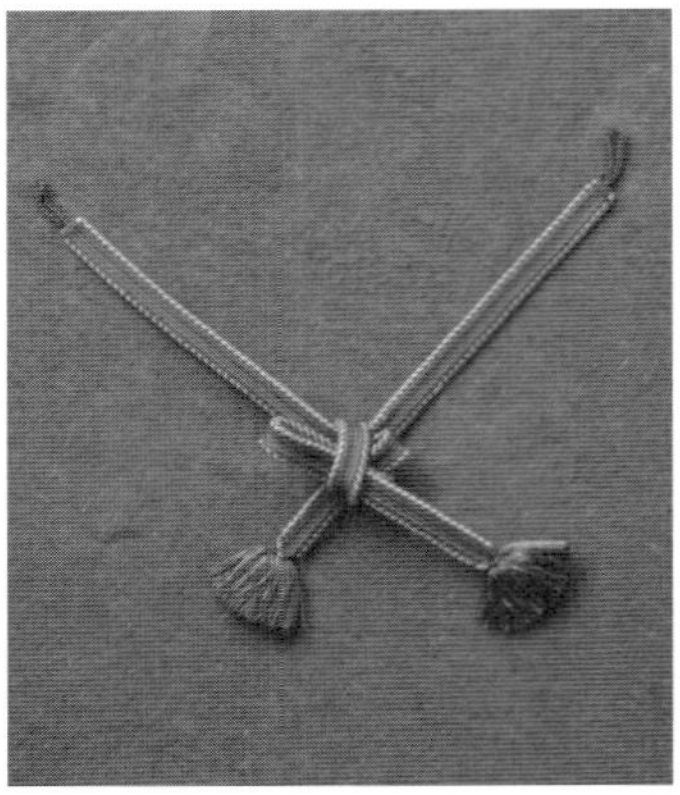

④ もう一方の紐を上からかぶせ、上の紐を指の間の輪から右上に出して紐を交換して結ぶ。

⑤ 左右の輪の大きさを同じように締め、諸わな結びのでき上がりです。羽織紐は細く堅いので、きっちり締めて形を整えて仕上げます。

作り紐

あらかじめ形作ってある羽織の作り紐。そのまま羽織に引っかけるだけなので、覚えておくと便利な結びです。ここで手順をきっちりマスターしておきましょう。

① 羽織紐の二本の上下をきちんと重ね、写真のように房を手前に短く持つ。

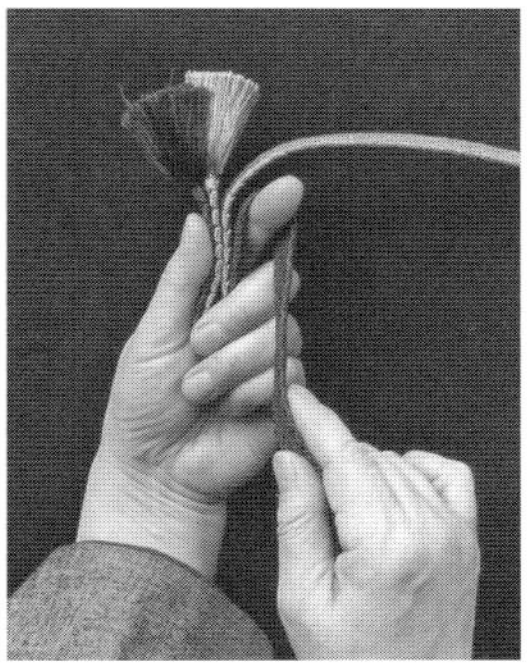

② 人さし指を伸ばし、写真のように外側の紐を指に巻いて手前に向ける。

③ 人さし指に巻いて、紐が前を横切るように再び後ろに回す。横切った紐を親指で押さえて持つ。

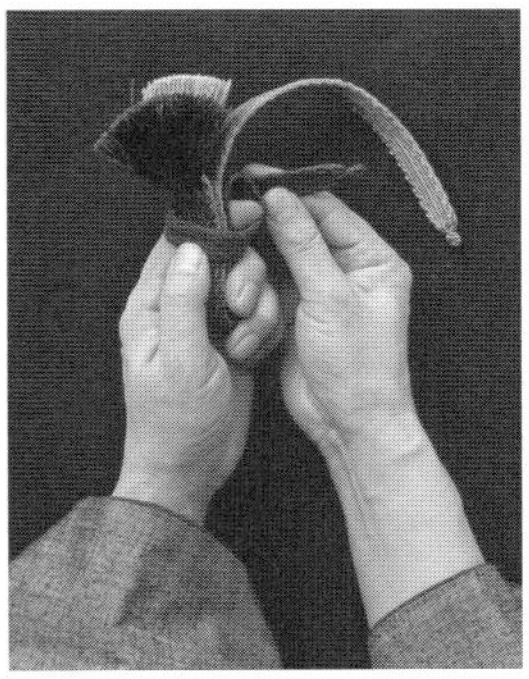

④ これで完全に一巻きしたことになります。すき間のないようにきっちりと巻くこと。

⑤ 人さし指を輪から静かに抜き、指の代わりに巻いた紐先を輪の中に入れる。

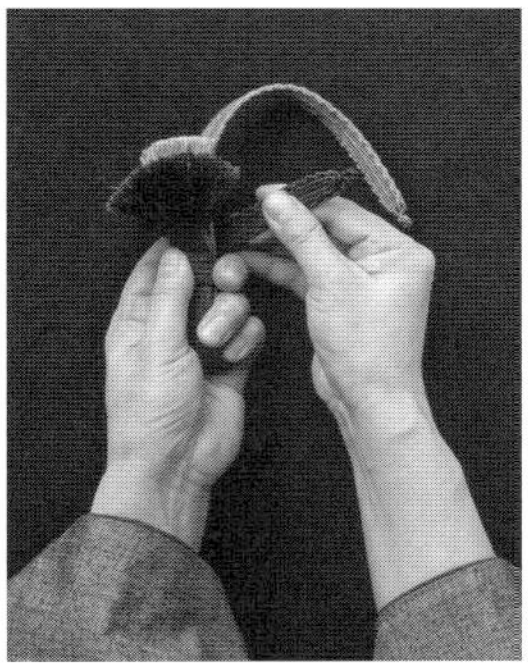

⑥ 形をくずさないように注意しながら、輪に入れた紐先を引いて引き締める。輪をにぎり締め、形を整える。

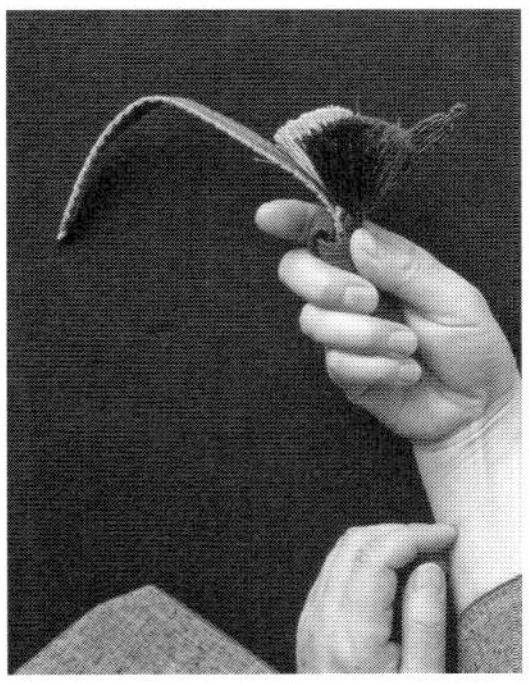

⑦ 手を左から右に替えて紐を持ち直す。①と同じように房を手前に持って人さし指を伸ばす。

⑧ 残っている紐を人さし指に巻き、前に回し一巻目の紐にきっちり重ねて横切るようにする。親指で押さえる。

⑨ ⑤と同じように人さし指を抜く。指を抜いた輪の中に、巻いた紐先をしっかりと入れてとめる。

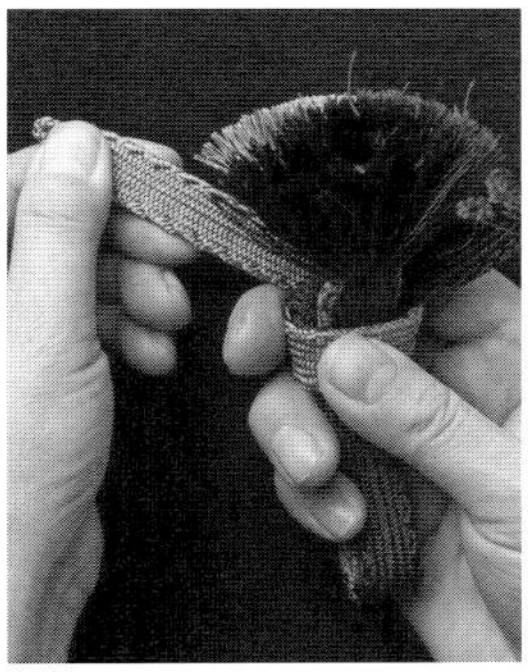

⑩ 空気を抜くようにして手前の二本の重なりを親指で絞り、紐先もきっちりと引き締めて形を整える。

⑪ 作り紐のひと巻き結びのでき上がりです。二巻きするときは、同様に二度巻きして輪に入れて形を作ります。

エッセー❹　海の向こうに結びを見たり――笹島寿美

帯締め発見チュニジアの旅

二〇〇一年五月、ロシア連邦カルムイクの日本文化紹介の親善会でチュニジアに行った際、案内されたのが世界遺産に登録されているカルタゴの遺跡とカルタゴ博物館でした。館内入り口付近の紀元前のローマ時代の大きな彫像を見上げたところ、それはアテネの女神でした。女神は腰全体に布を巻き、腰下で布端を結んでいました。そして、ウエストのところで、なんと丸ぐけの紐を駒結びにして両脇できちんと挟みどめしているではありませんか。私の胸の鼓動が止まりそうになりました。それはまさに帯締めそのものの結びだったからです。

帯と結びに魅せられ五〇年近くの年月がたちましたが、その間、いつも私は帯や結びを追い求めていました。それが初めて訪れた暑い異国の地でこれほどまでにリアルな結びを見ようとは……。現実とはいえ、浴衣に締めた自分の帯締めに何度も触りながら、夢が覚めぬうちに女神の前でシャッターを押していただいたのです。

まるで本当に帯締めをしている
ように見える女神の姿。
基本の結びは大昔から世界中で
結ばれていた形なのでしょうか。

もちろん海外にもきもので出かける笹島さん。
肌寒いロシアでは袷《あわせ》を着ていたそうですが、四〇度近い酷暑のチュニジアでは、浴衣が何より心地よかったとか。

腰帯・袴・たすきの結び

◉しごき 諸わな結び

基本の諸わな結びを、しごきで結びました。
七五三の帯の下を、二つの輪が飾って可愛らしくなります。
諸わな結びは、堅い帯では作りにくい形なので、
しごきなどの布帯や
男性の兵児帯に結ばれることが多い結びです。

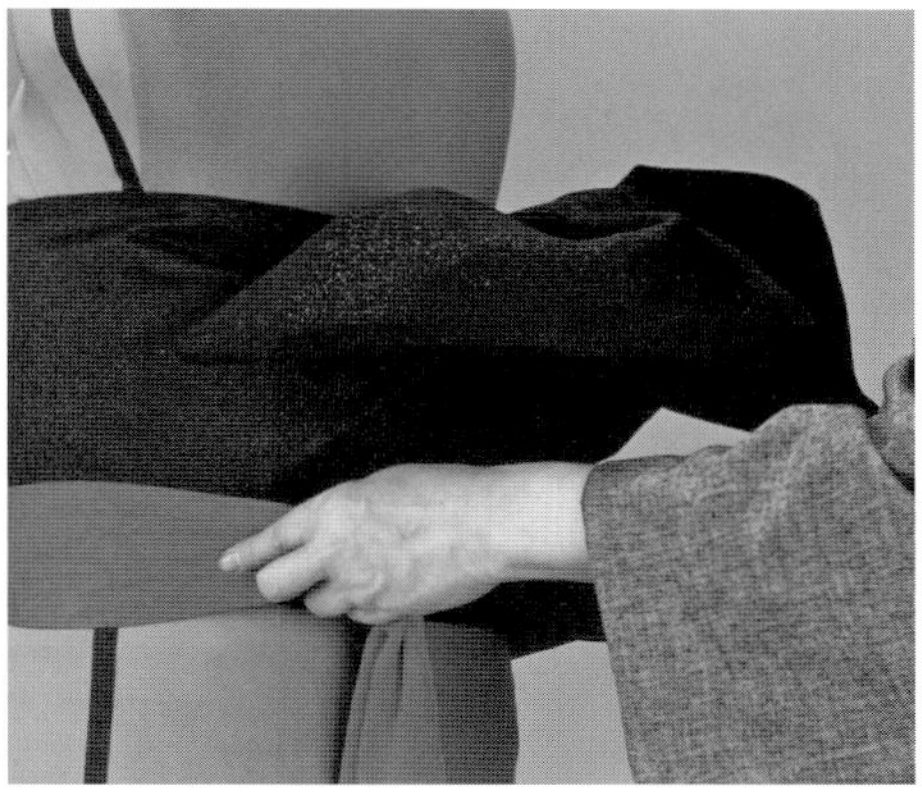

① しごきの幅を四つ折りにして、両端を揃えて長さを２等分する。半分に決めたところを左腰で結ぶ位置にあて、しごきの幅の半分を帯に掛けて巻く。

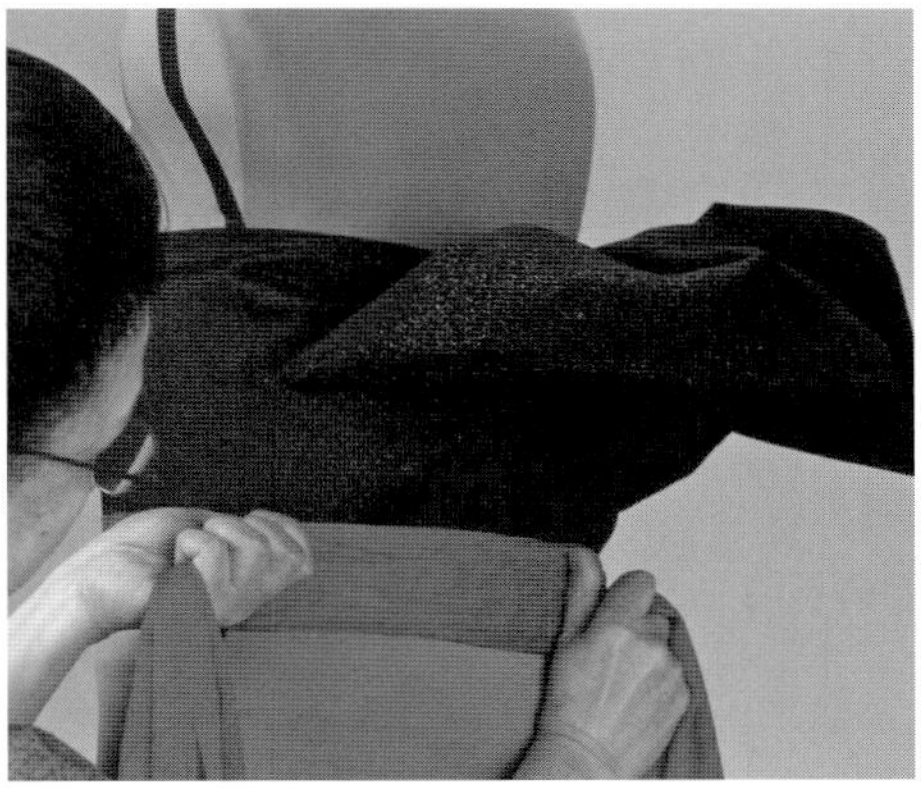

② 一巻きして全体を持ってゆっくりと締める。真っすぐにゆっくり、じんわりと締めると、腰全体をしごきが包んだ状態になります。

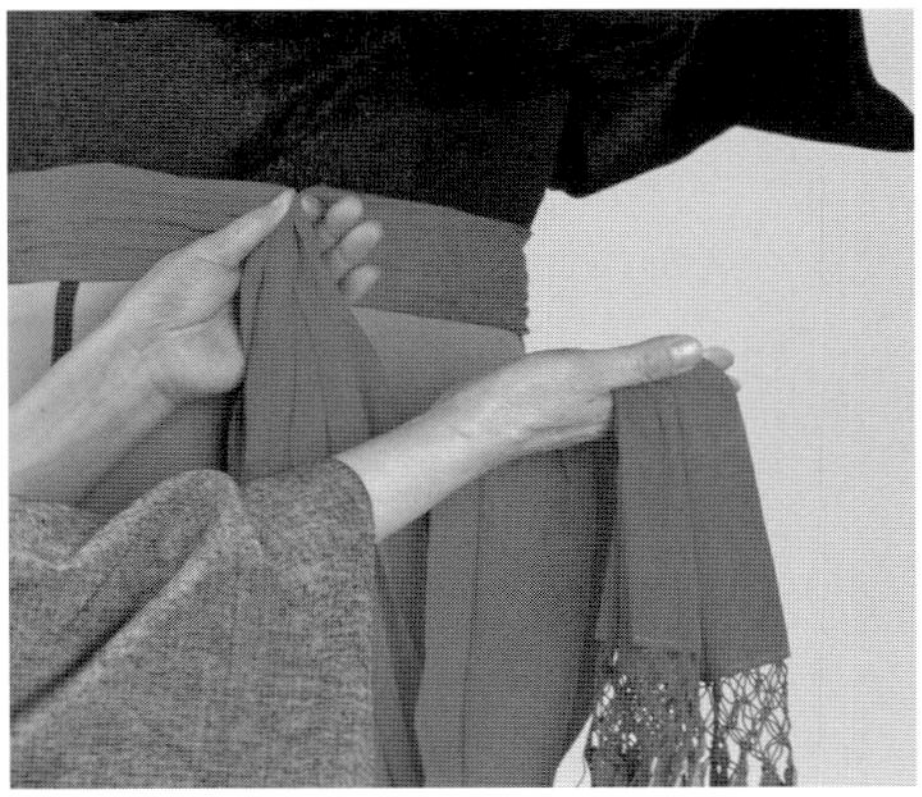

③ しごきを二巻きして、結ぶところで左右を合わせてゆるまないように持つ。左右が同じ長さであることを、端の房を揃えて確認する。

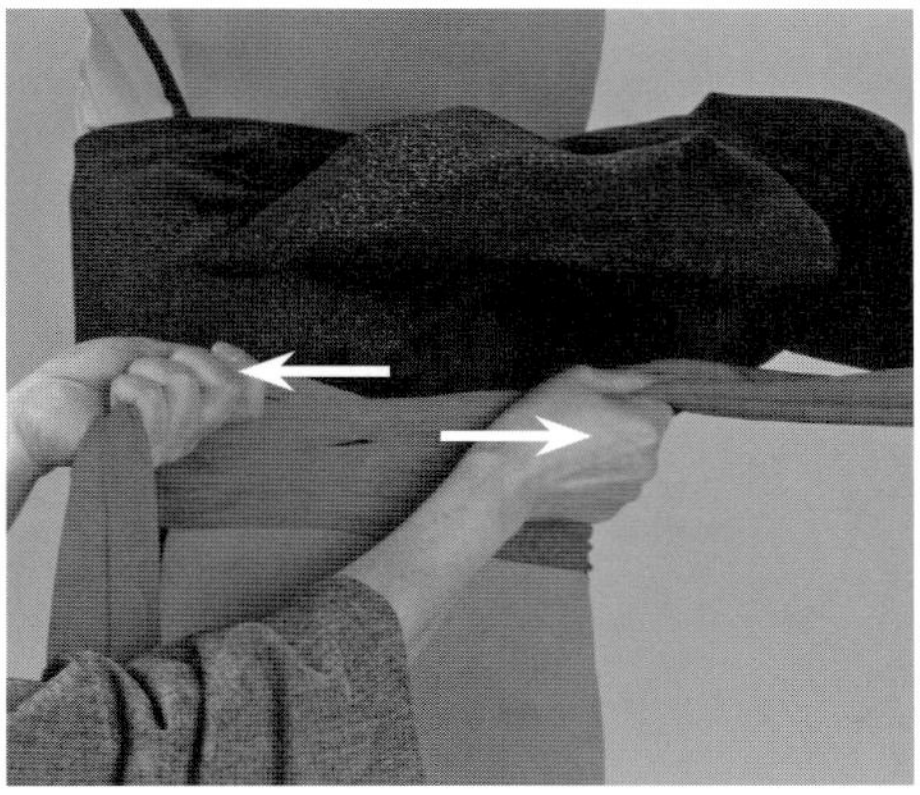

④ 結ぶ前にもう一度締める。これは帯締めと同じです。

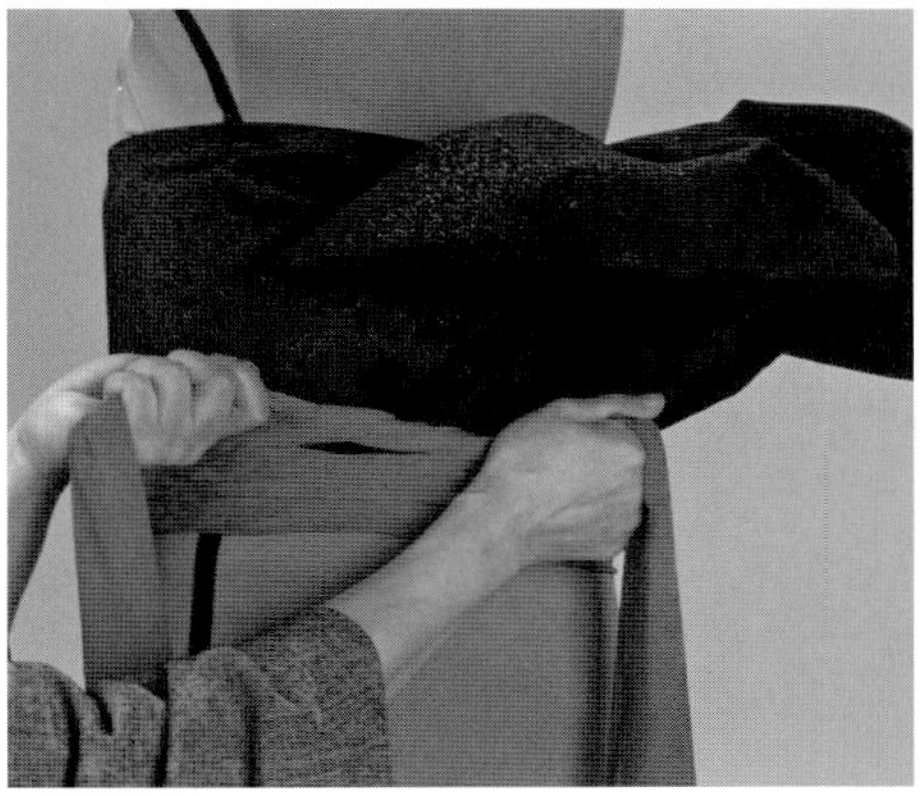

⑤ しごきは張りがなく、結んだところに重量がかかり下がりやすいので、巻いた部分の上側で締めます。

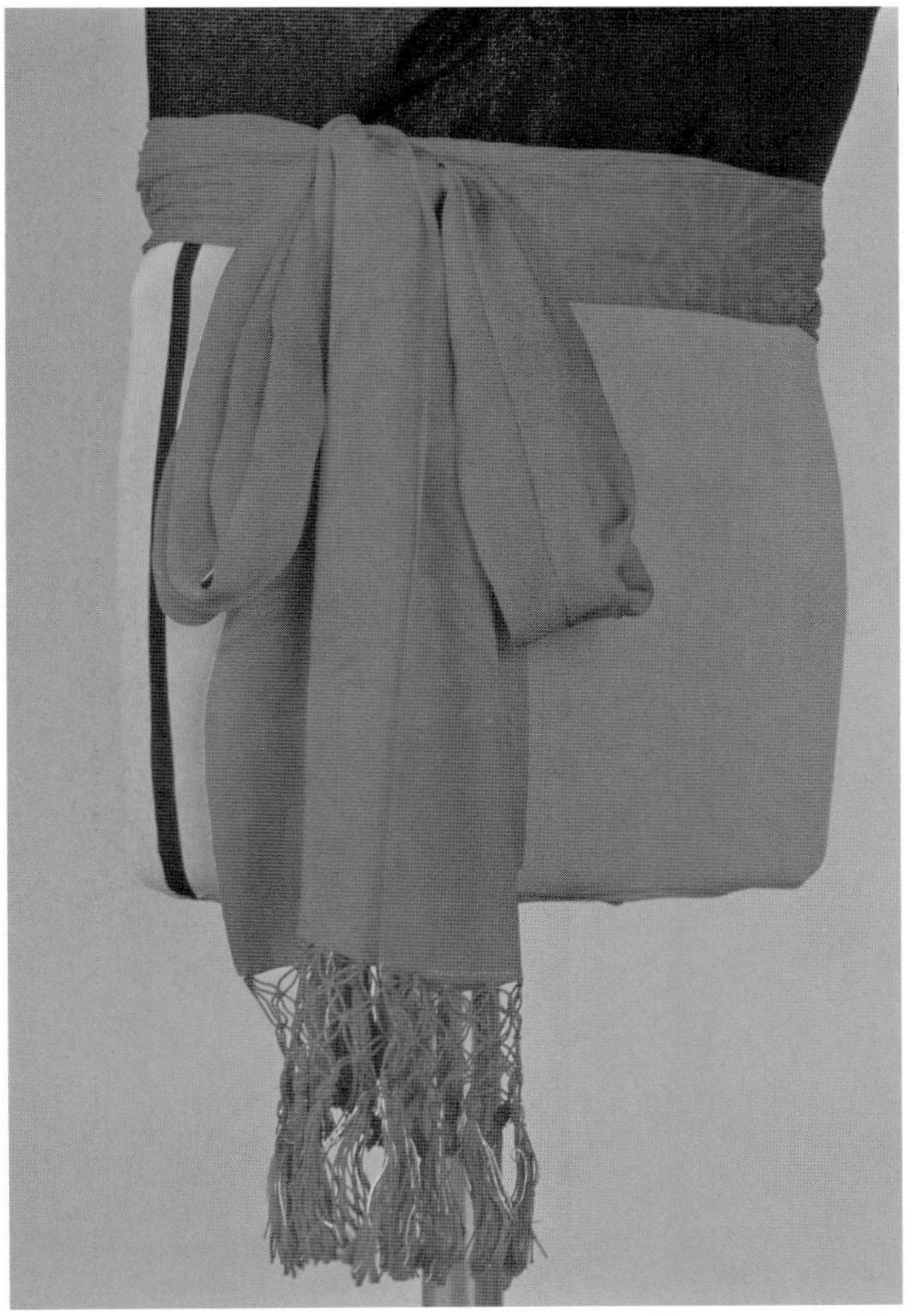

⑥ 左右の輪の大きさと房の長さも揃えてしっかり締め、しごきの諸わな結びのでき上がりです。輪より房のほうを長くしてバランスをとり仕上げます。

横一文字結び

半幅帯の横一文字と一文字を、腰帯で結びました。手順は半幅帯とまったく同じです。一文字などの基本的な結びは、このようにいろいろな帯に応用できるので、ぜひ覚えておきましょう。

① 腰帯の幅の約5倍をて先に決め、着る人の左腰につけ、下に向けて折る。幅の半分を胴帯に掛けて巻く。

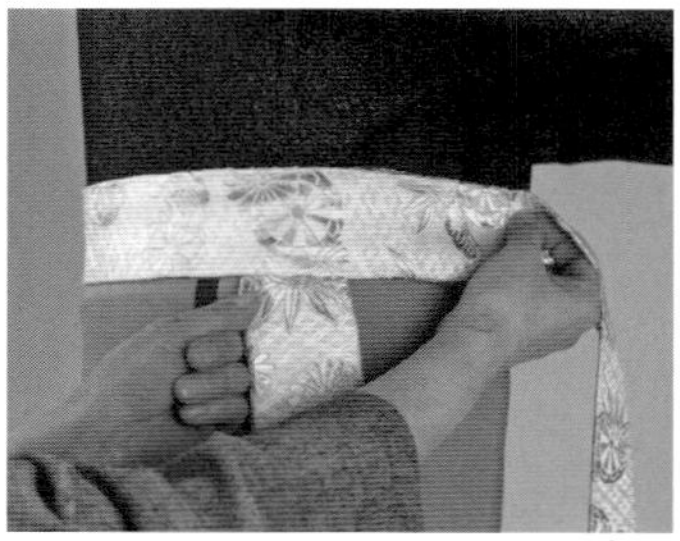

② 一巻き目の部分で下に下げたて先を押さえて締める。幅が狭いのできっちり締めてゆるみを防ぐこと。

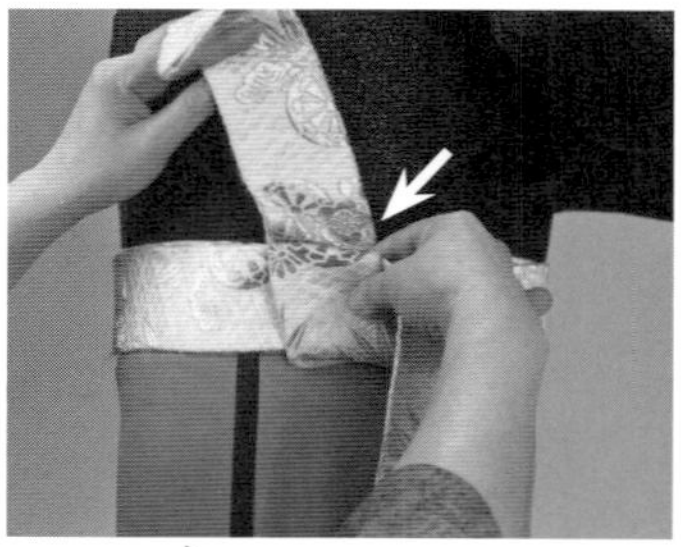

③ 下のて先を上に上げて二巻きし、押さえる。胴帯と上に上げた帯角を右手で持ってゆるみを防ぎます。

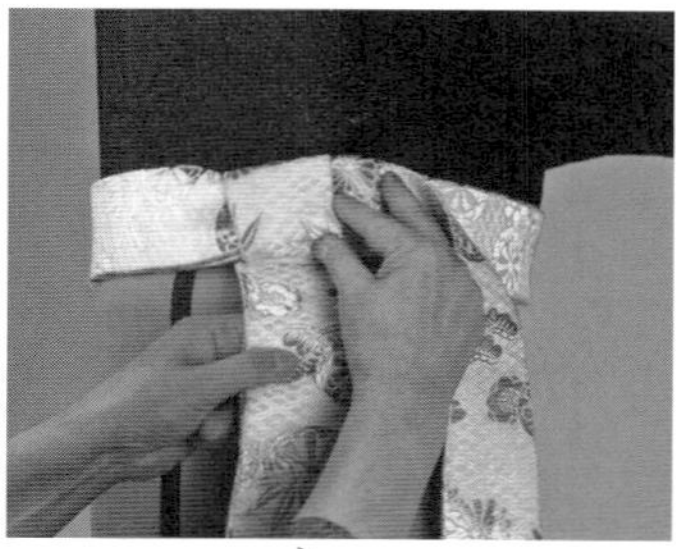

④ 上に上げたて先の帯端から胴帯にくぐらせて下に下ろし、二巻きした胴帯がゆるまないようにきつく引き締める。

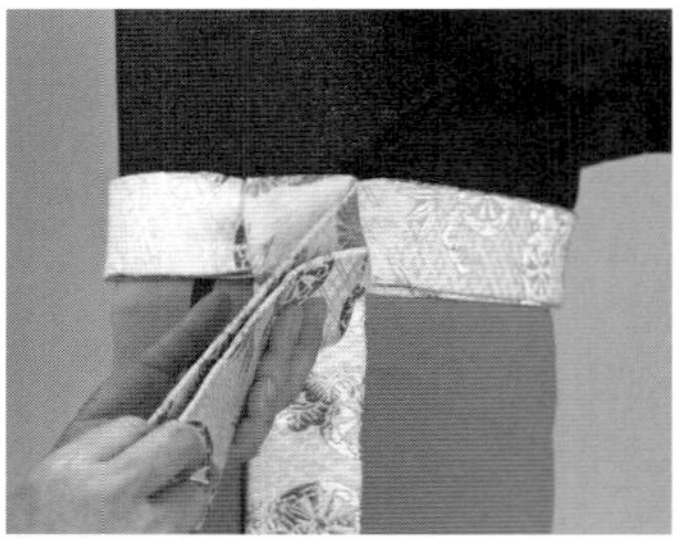

⑤ たれ先を内側に折ってたたむ。腰帯幅の約3倍の長さを目安に、折りたたむ。

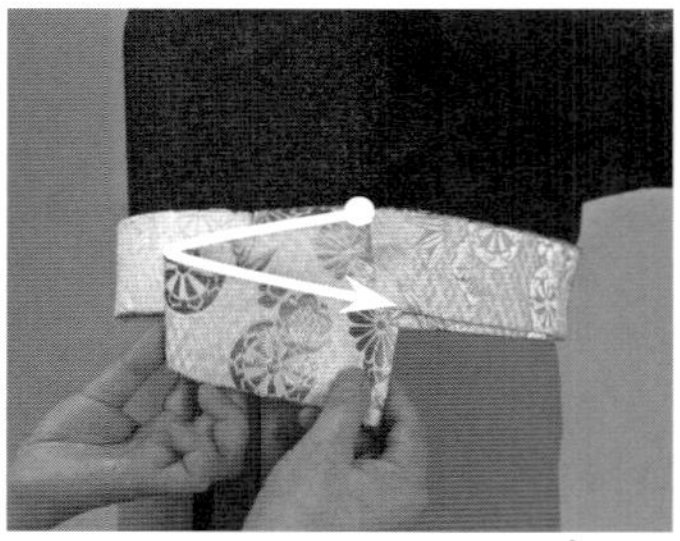

⑥ 帯幅を揃え、残った部分をて先の端を境界にして逆に向けて折りたたむ。これでゆるみを防ぎます。

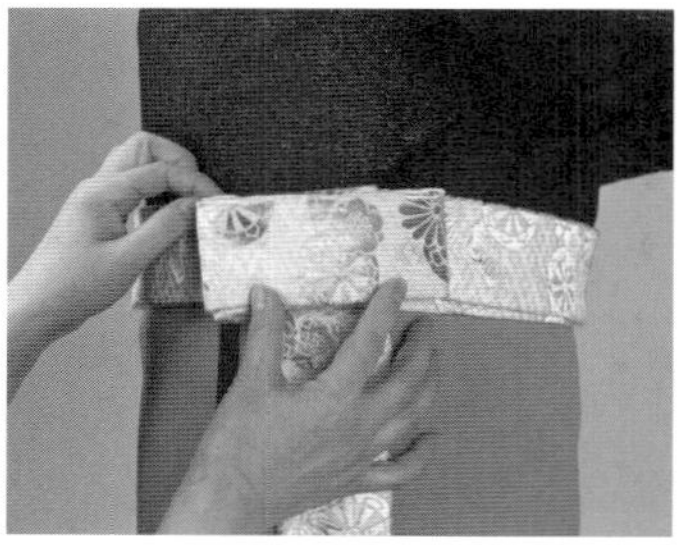

⑦ たたんだ部分を胴帯の上に重ねて端を揃えて整える。形がくずれないように押さえておくこと。

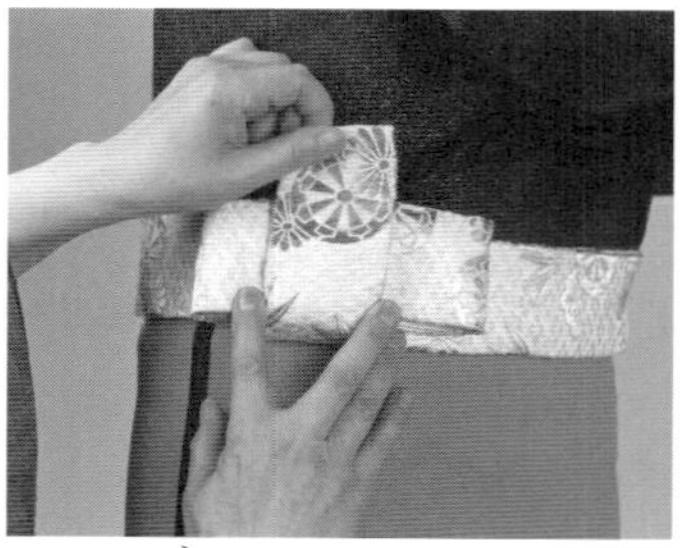

⑧ 下のて先を際から折り上げ、たたんだ部分を押さえる。帯幅の分を押さえているのがポイントです。

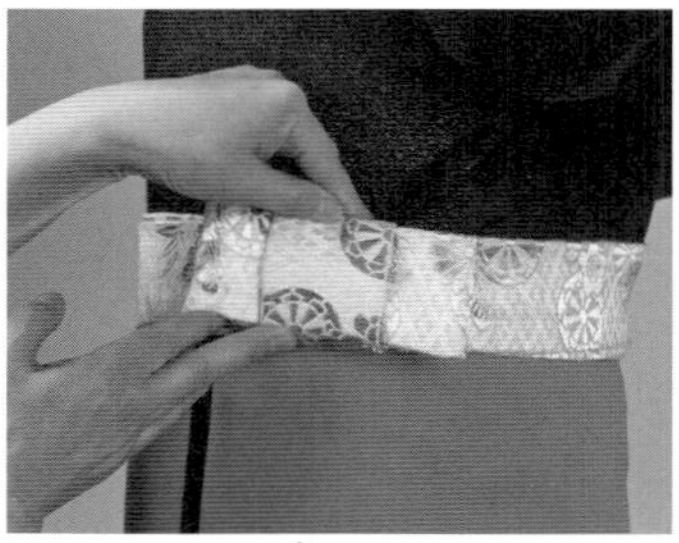

⑨ 残っているて先を中に入れてしっかりと固定する。て先が短いと抜けやすくなるので気をつけます。

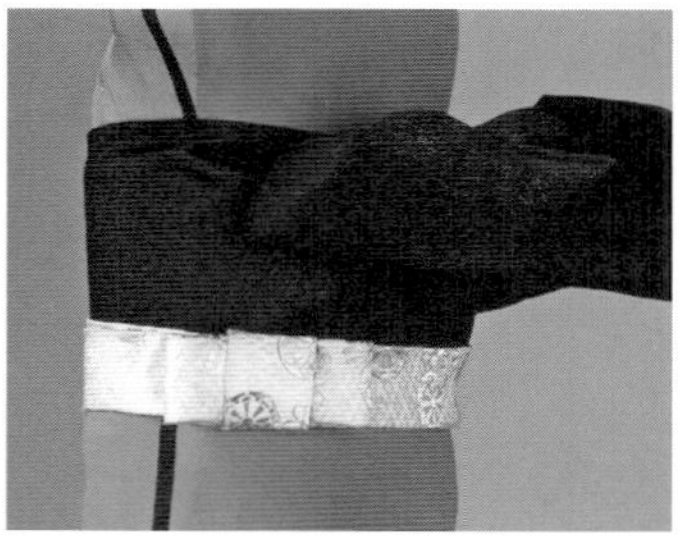

⑩ 腰帯を巻いて作る横一文字結びです。これは花嫁衣装に使用する、抱え帯と呼ぶ腰帯で結んでいます。

一文字結び

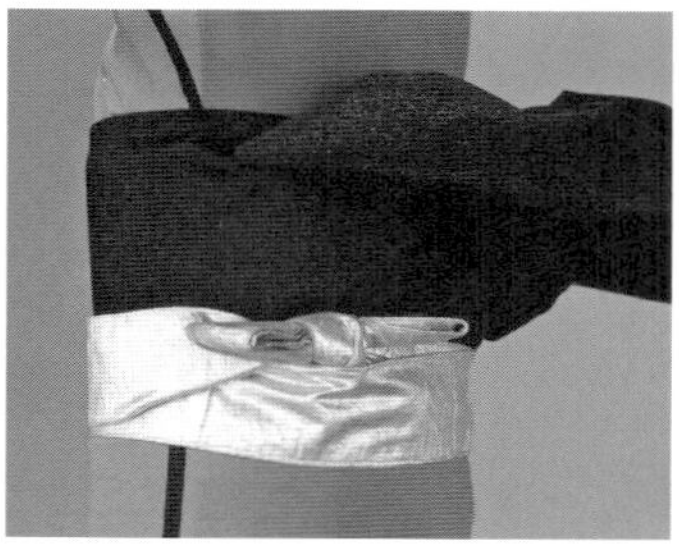

⑪ 結び方はほかの一文字と同じ手順で行う。時代衣装や舞踏衣装には欠かせない腰帯（補助帯）の結びです。

引き抜き諸わな結び

主に狂言などの舞台衣装で見られる結びです。

左右の帯端が芯入りの帯で結びます。二つの輪はねじって両脇でとめ、芯の入った紋の部分を真ん中で下げて仕上げています。

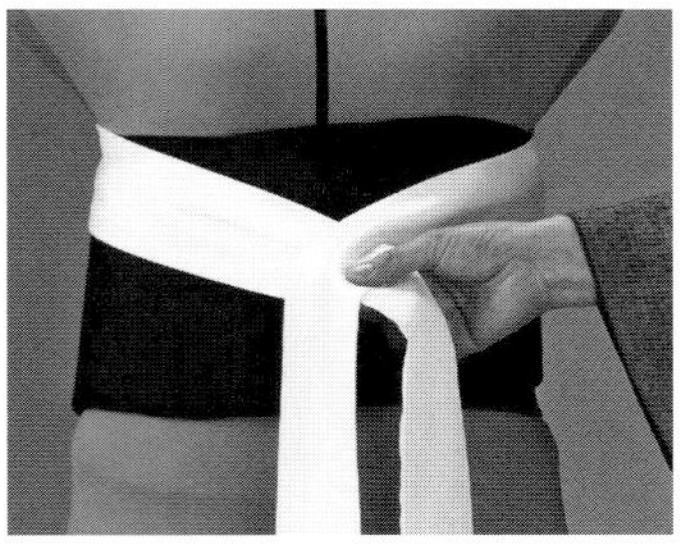

① 左右の長さを同じにし、芯の入った堅いたれの部分を下にして重ね、交差させてゆるまないように持つ。

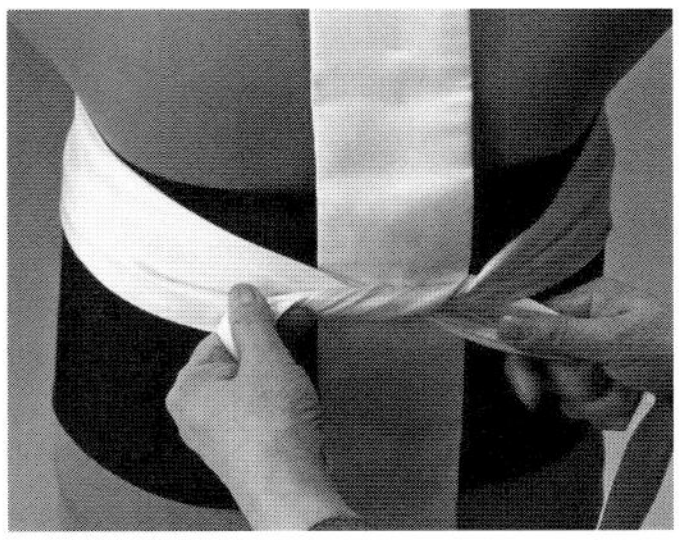

② たれを真上に上げ、交差したところを巻いて結ぶ。芯入りの部分は結び目の下になり押さえられています。

③ 右手に持っている紐は輪になっています。輪と上紐で締める。ここで衣装全体を押さえるのでしっかりと。

④ 上にある紐で、下の手首を巻くようにして上からかぶせる。

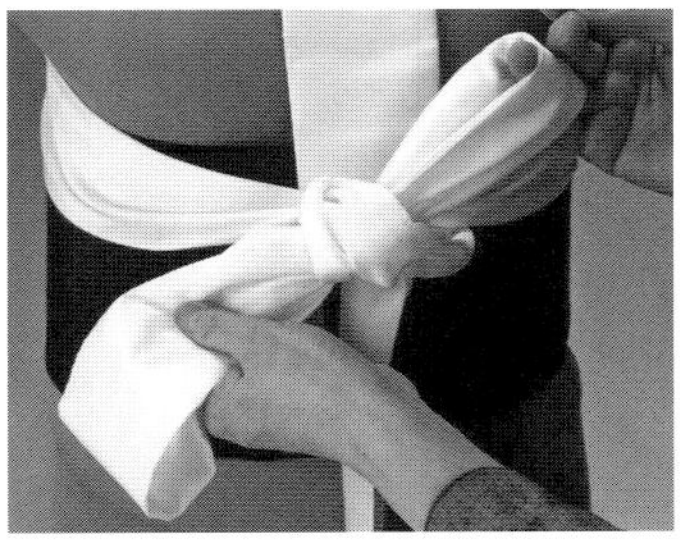

⑤ 上の紐を右の指先に渡して下の輪の紐を受け取り交換する。右手で紐を引き、輪を出して結ぶ。

⑥ 芯の堅いところまで引き出し、締めながら左右の輪を均等にする。上に重ねた紐先は下で真っすぐになる。

⑦ 結んで大きな輪になった紐を数回よじって細くし、挟んでとめる。左右同じようにして挟みとめる。

⑧ 芯の入った堅い部分には家紋が入っていて、芯の重みできれいに下がります。上下重ねて揃える。

⑨ 狂言で見る結びのでき上がりです。すべりのよい羽二重《はぶたえ》の帯で結びます。下側の帯先を引くとすぐにほどけるのが特徴です。

狂言の腰帯

狂言「隠狸《かくしだぬき》」（太郎冠者：野村萬斎）／
撮影＝政川慎治　写真＝万作の会

しごき結び（帯たすき）

昔の旅中で、帯の形を守るため、しごきで帯を押さえるように結ばれていた結びです。前から後ろにかけて、からめるように帯にかけたしごきが、昔の人の知恵をしのばせます。

男

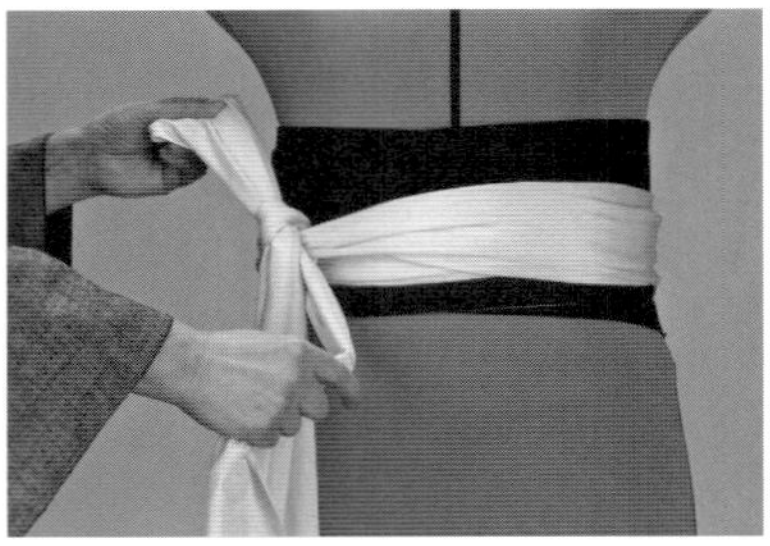

① 約半分の長さに中心を決め、結ぶ位置の横につけ、帯の上で二巻きし、片わな結びの要領で結ぶ。

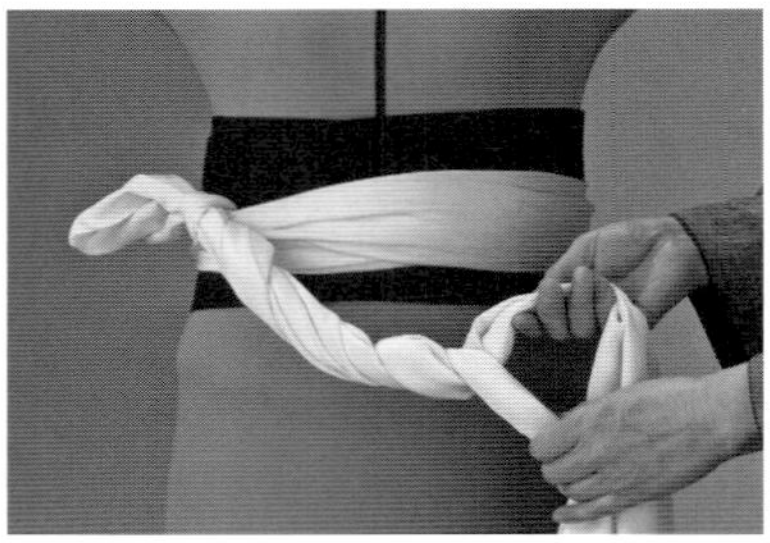

② 結んだ残りの長さを着る人の右腰から左腰に向けて縄のようにねじる。下がり気味にして長さを計算しながらねじります。

③ 左腰にねじったしごきを下から差し込んでとめ、上に輪を作り、残りを下げて前姿のでき上がり。注連縄《しめなわ》のようです。

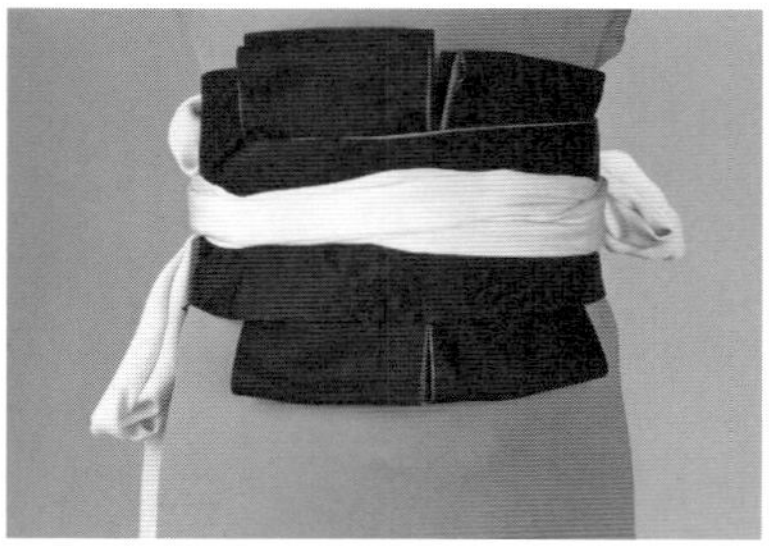

④ この結びは帯の形のくずれやゆるみを防ぎます。武士の華やかな旅姿などに見るしごき結びです。写真は後ろ姿。

女

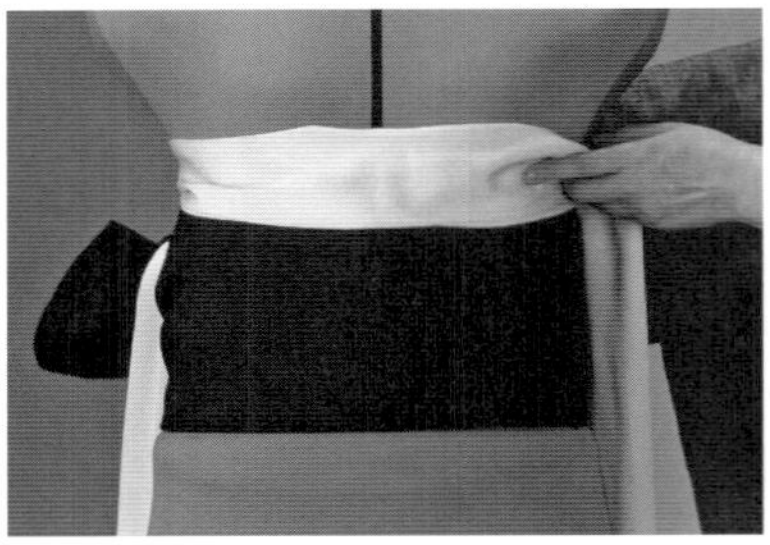

① 右の①と同じように中心を決める。前帯上の左横で前から後ろに巻く。

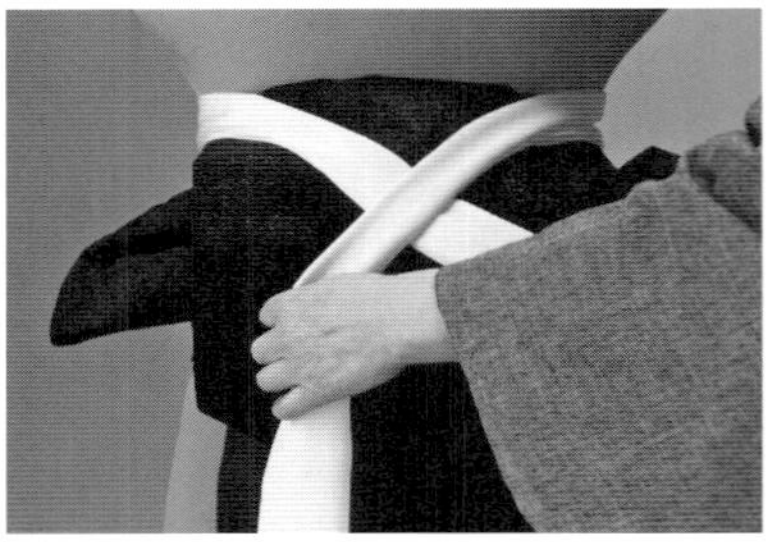

② 両脇からお太鼓の中心に向けて斜めに下げて交差させる。交差した部分を一ねじりして斜めに下げて前に戻す。

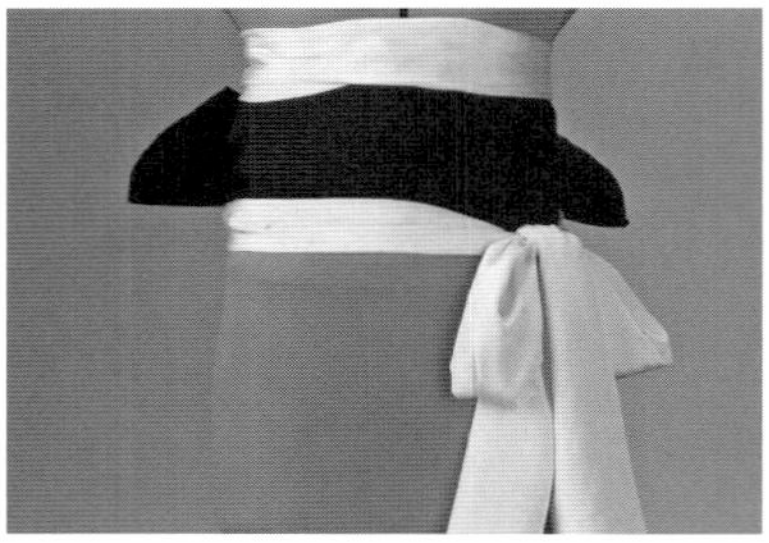

③ しごきなどと同じ基本の諸はな結びの形です。

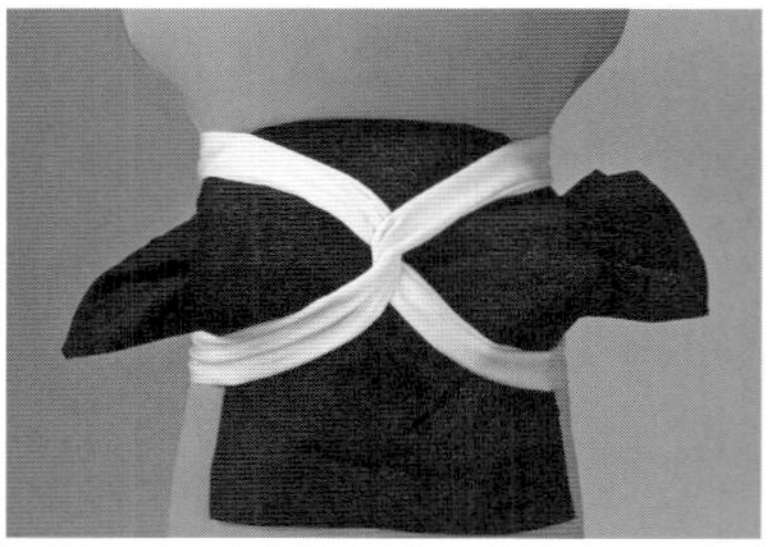

④ でき上がりの後ろ姿です。一ねじりでも帯結びの形を十分守っています。江戸時代の一般女性の旅用に結ばれたものです。

◉袴　横十文字

男性の袴の基本の結び方です。
前、後、脇の急所をしっかり締め、
手早く機敏に動かしながら進めることが大切です。

二通りの方法

① 袴の前紐を両手で持ち帯上で腰にあてる。巻いている帯を約二〜三センチ出して袴紐を付ける方法もあります。※②と③は二通りあります。④以下は共通です。

② 袴紐は帯上を通して後ろの帯結びの上に回す。ほどけやすい紐の場合、背中心の帯の上で一結びして締める。

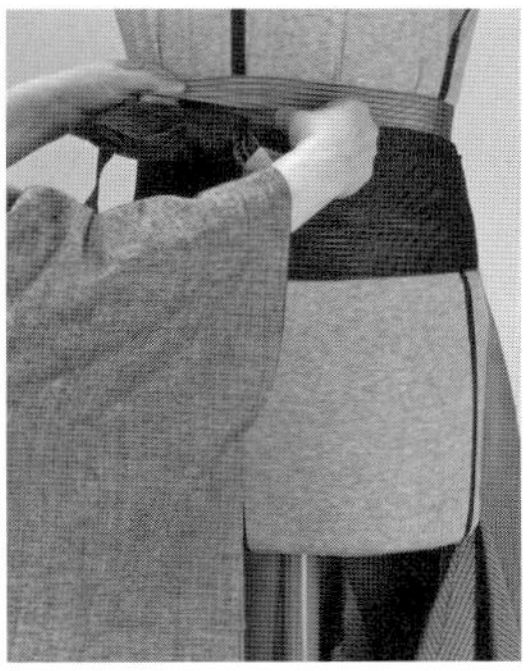

② 帯上を通り袴紐を後ろの結びの上に回す。左右の紐を持ち替えて詰めて持ち、写真のように左右の指先で締める。

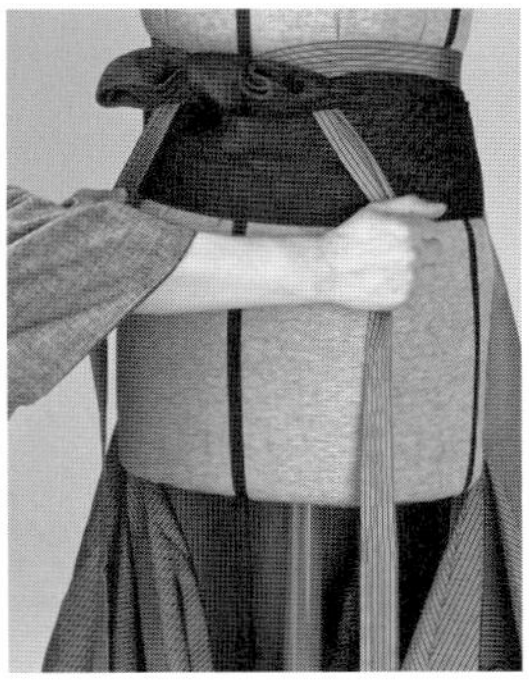

③ 締めた紐をゆるめずに帯の羽根下に向け斜めに下げる。ゆるみやすい紐は左右を持ち替えねじって下げる。

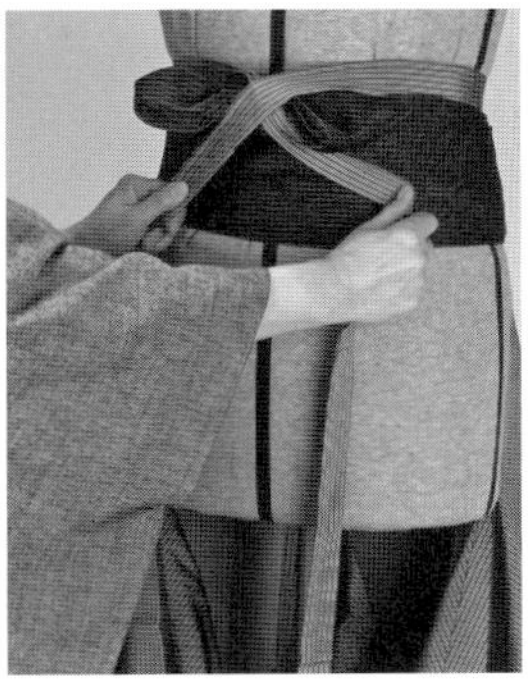

③ 背中心で締めた左右の紐を交差させたまま、ゆるまないように一文字結びの真ん中で下げ、再び紐を前に回す。

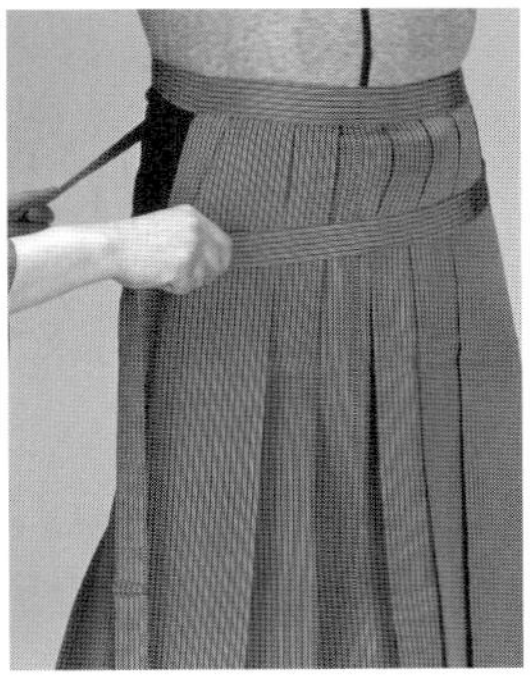

④ 後ろで締めて前に回した紐を、写真のように帯下を通す。写真では着る人の左側の紐を前から右側へ進める。

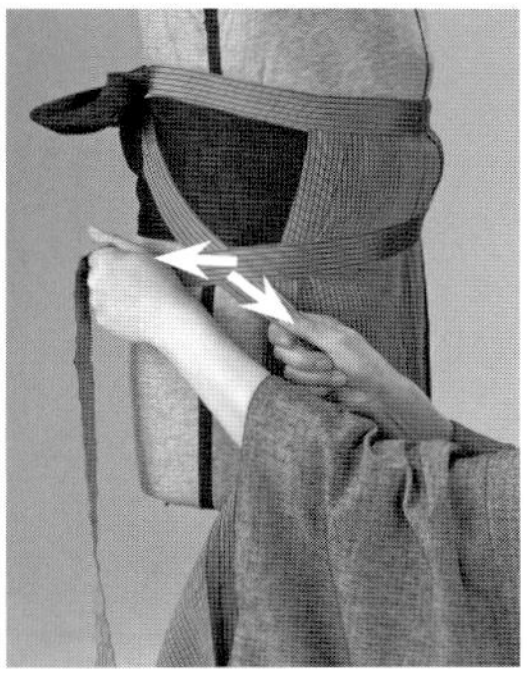

⑤ 着る人の右腰の帯下部分で左を上に重ねる。左右の紐を持ち替えて、押す引くの方法で締める。

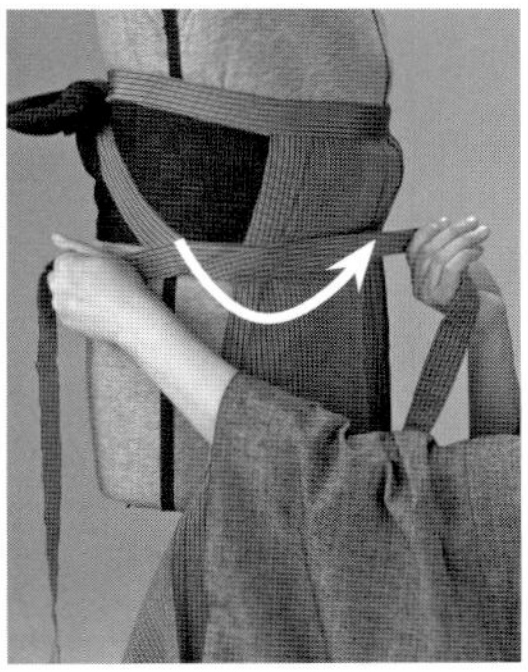

⑥ 引き締めて手前に持っている紐を右の手首を返して裏返す。先に締めた紐の上に重ねて再び後ろに両紐を回す。

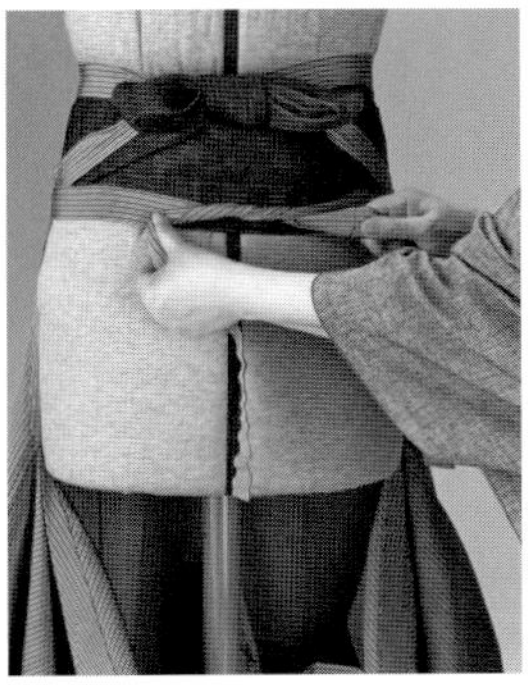

⑦ 後ろの帯上でしっかり締めて二回からげて、紐を結ぶ。帯からはずれて紐を締めると、紐幅により不快感が残る。

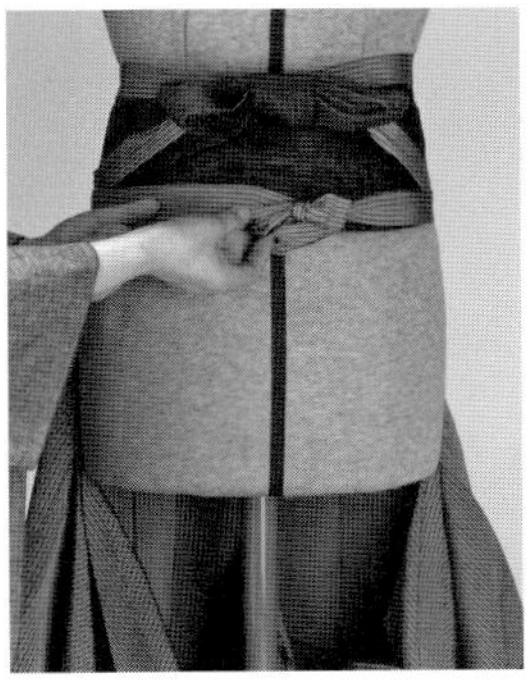

⑧ 結んで残った余分な紐は、踏んだりしてほどけないよう、きちんと挟んでとめ、整えておく。

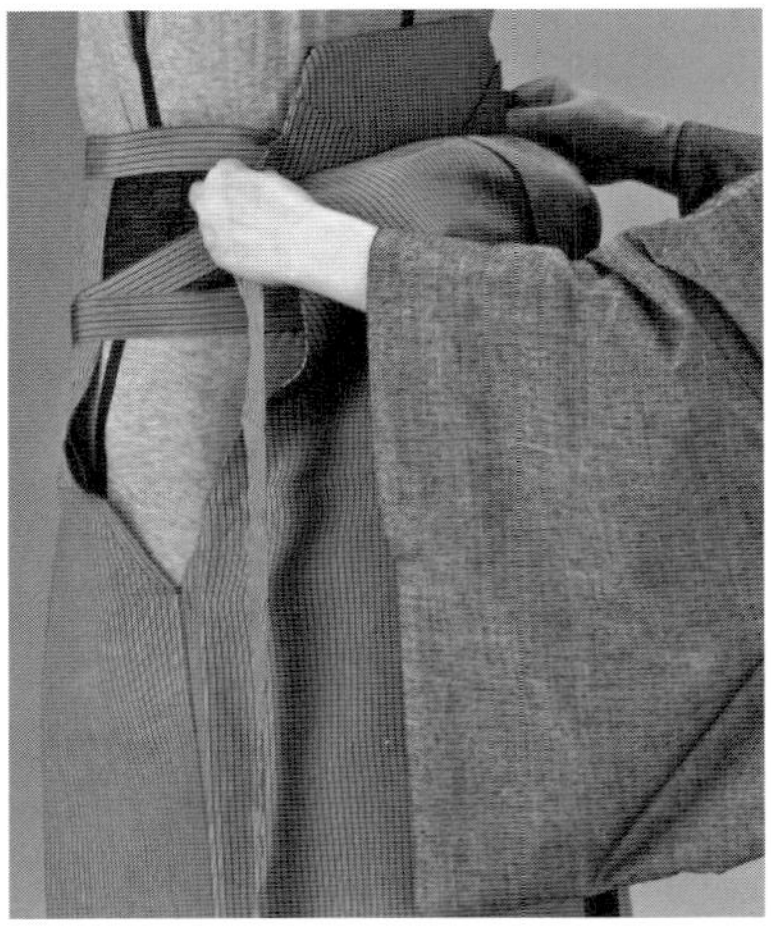

⑨ 後ろ紐が付いている腰板の角を両手で持って結んだ帯の上に、板を底からぴったりとつけて上げ、板を曲げないようきちんと背につけること。

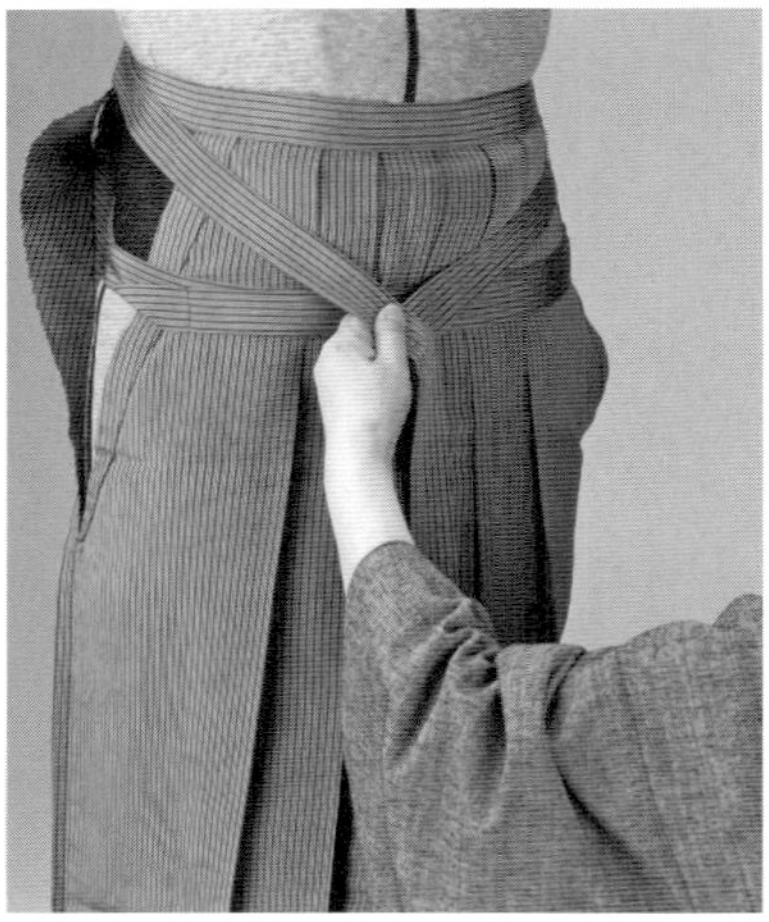

⑩ 後ろ紐を前に回す。前紐の中央上で、左を上にして交差させる。紐を持つ手をゆるめると、後ろの腰板が浮くので交差部分を引き締めて持つ。

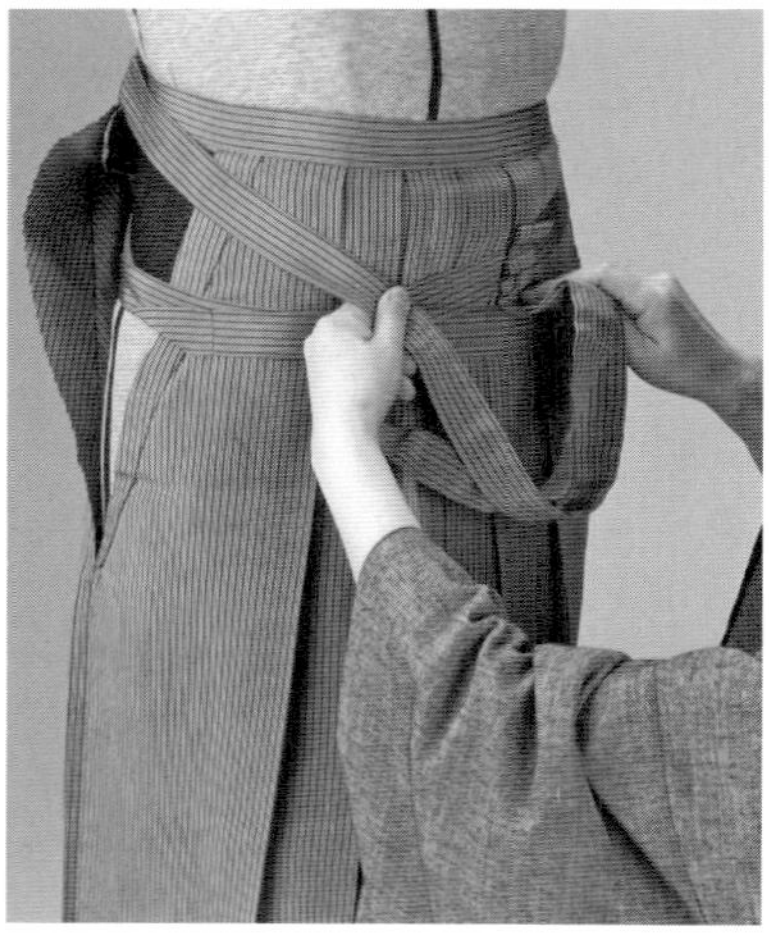

⑪ 左手で交差した紐をゆるめず持つ。左右の紐端を揃えて右の指先で持ち、中央の横で先に締めている前紐の上から、前で下に二本一緒にくぐらせる。

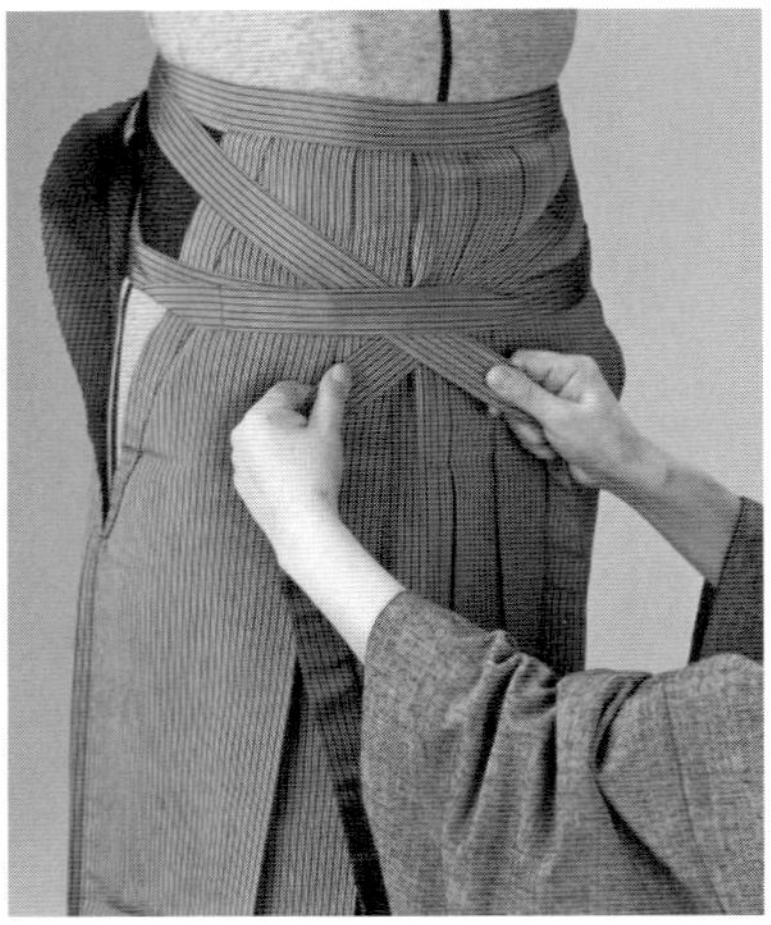

⑫ 前紐をくぐらせ中央できちんと重ねて引き締める。左右の親指を交差した方向に向けて紐を持ち、ゆっくりと引き締めると紐は後ろ腰板の角まで締まる。

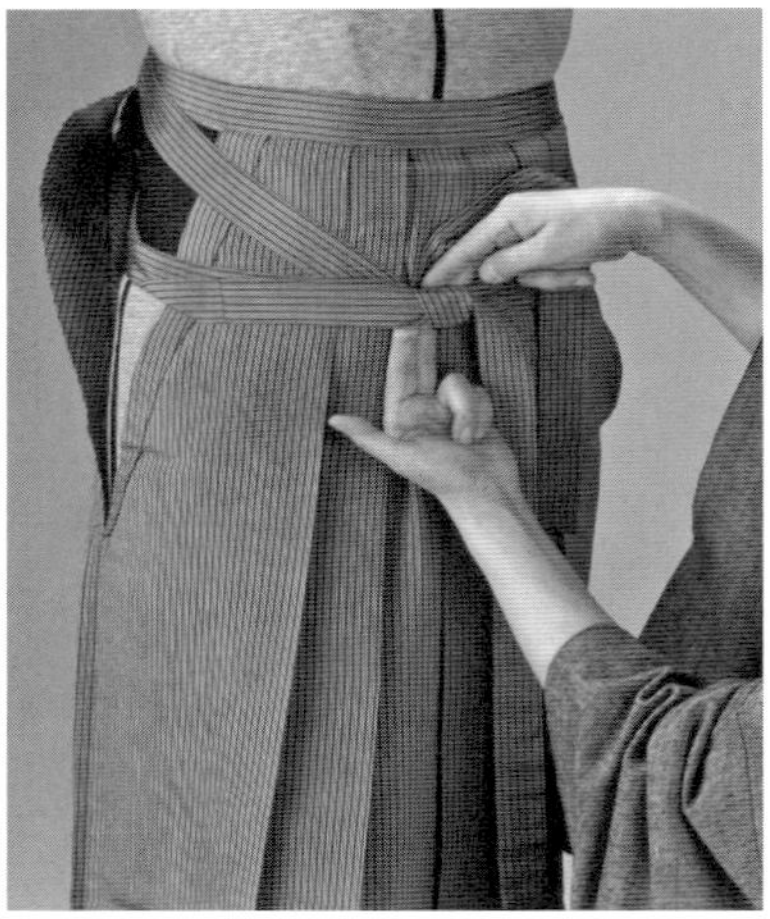

⑬ 通した二本の紐のうち、下側の左の紐を上に上げて紐全体をくぐらせる。通すとき、片方の手を手前に引き、紐が通りやすいようにすき間を作る。

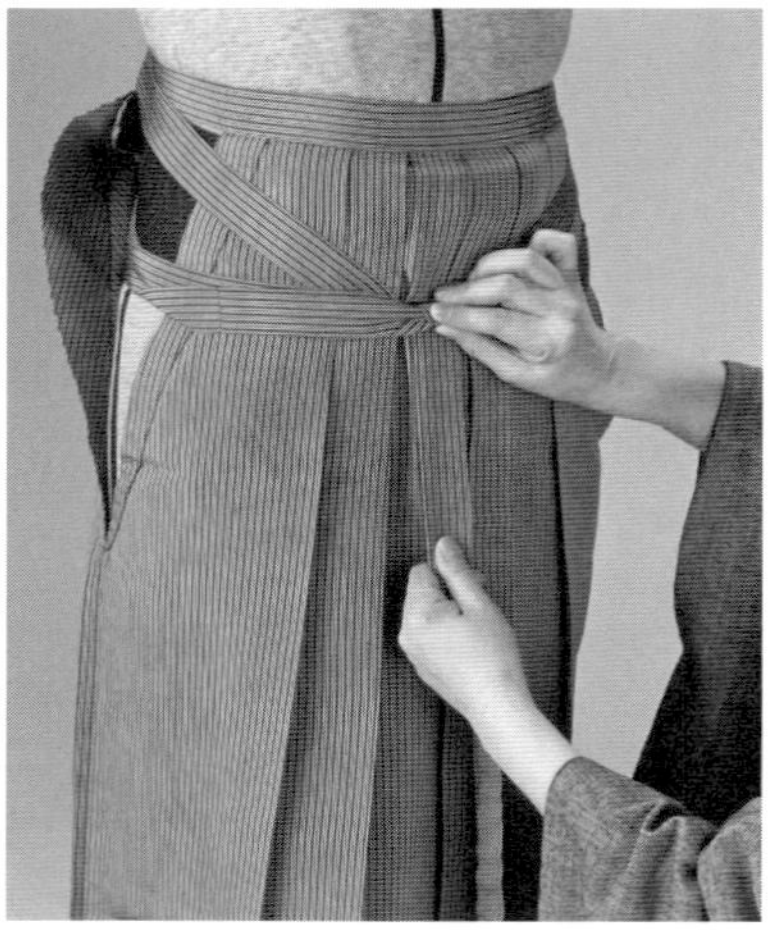

⑭ 上から下に紐全体をくぐらせ、片手で紐を押さえ、反対の手で引き締めると、一結びした状態になり、後ろの袴紐が安定します。不安なときはもう一度巻く。

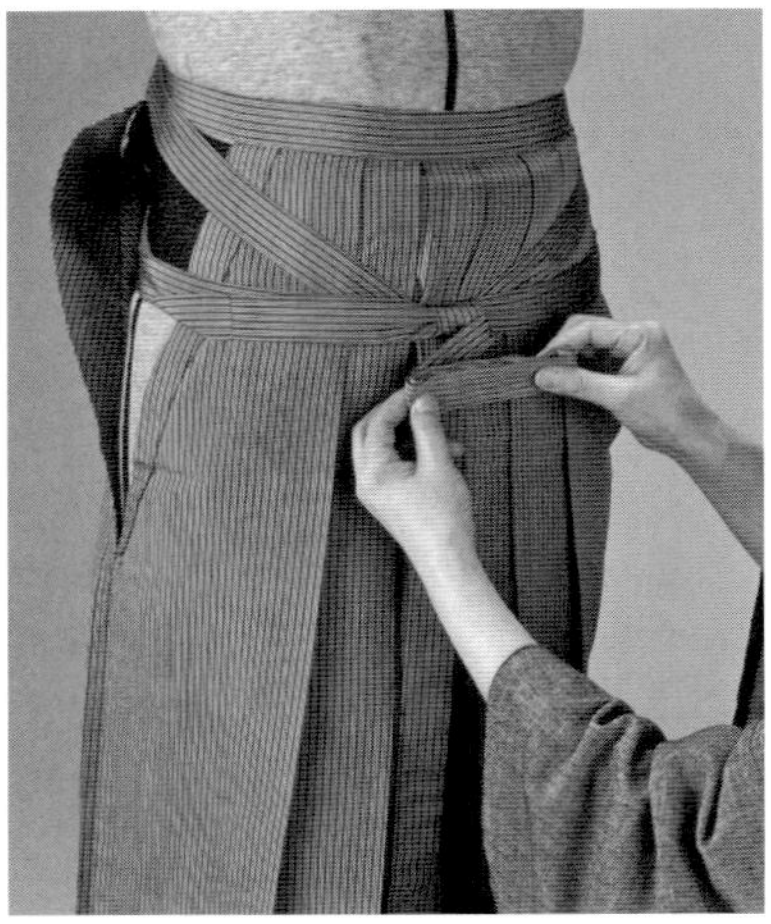

⑮ 右下にあるもう一本の紐を折り、幅を約八センチにたたむ。半幅帯や角帯の一文字結びと同じ方法です。帯でも袴紐でも基本は同じです。

⑯ 折りたたんだ紐を中央で前紐にきちんと重ねる。着る人に向かって右側のたたんだ紐は、左に向いて横にして重ねています。常に自然な流れに従って行います。

⑰ たたんで横に重ねた紐の上に、真っすぐ下にある紐を上げてきちんとつけ、その上から押さえる。次にくずれやすい状態の紐を根元の際から巻いて押さえる。

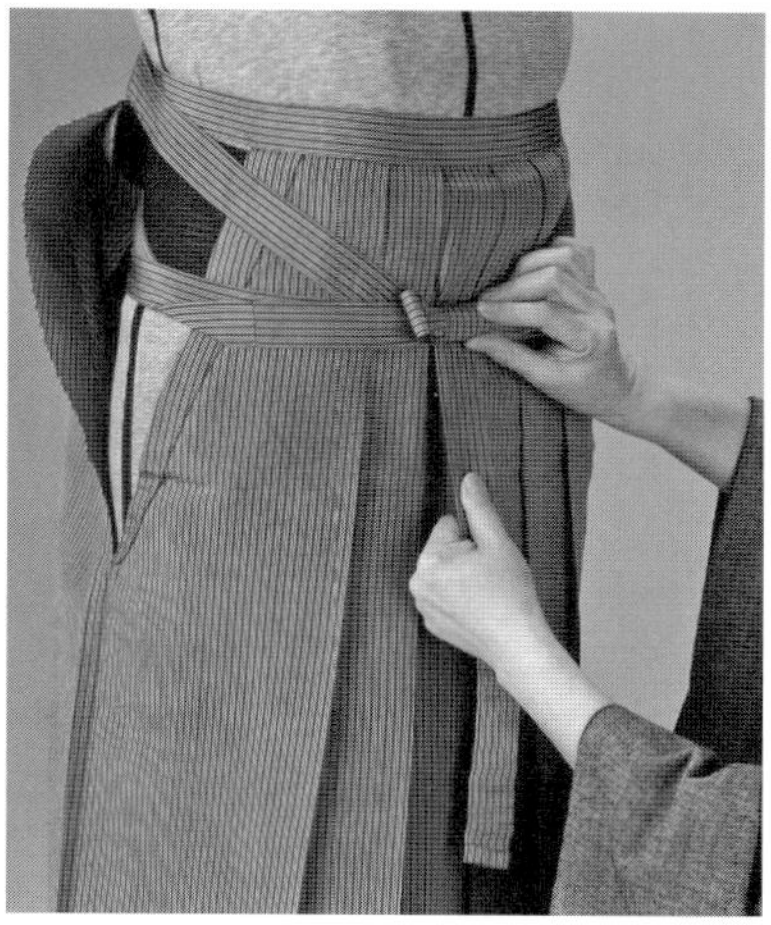

⑱ 横の紐を縦の紐で巻いて引き締める。引き締める左の親指は真っすぐ上に向ける。締めるところにもう一方の手の指先をあてて形を支える。

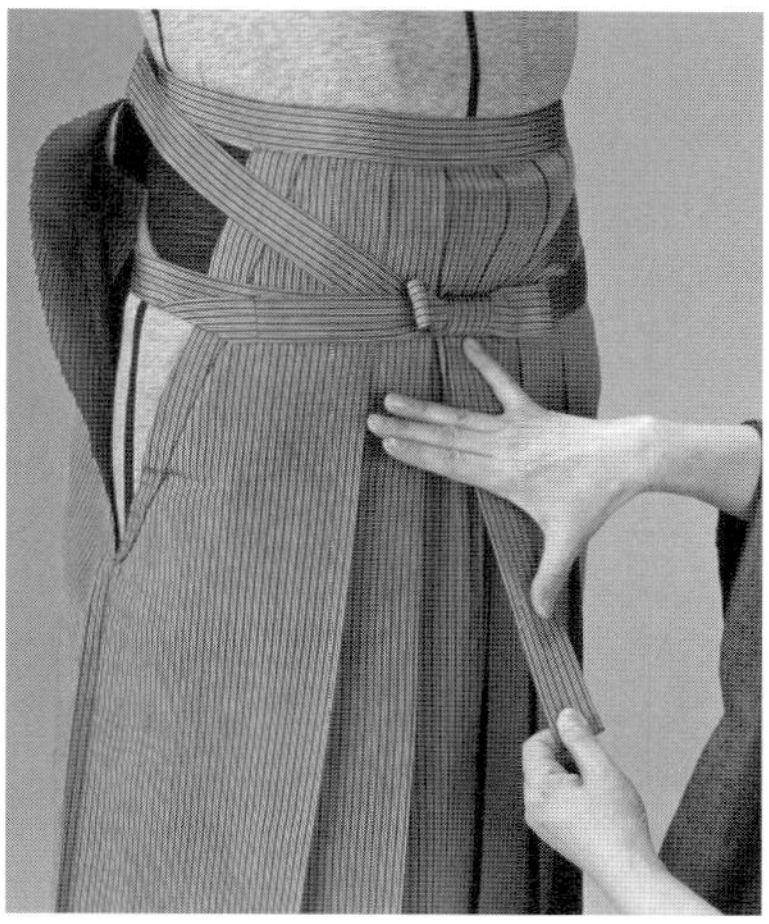

⑲ 袴紐の長さは一定していませんが、手の幅一つ強の長さになるまで巻く。残した長さが、形を決めるのに必要な紐です。体型には関係ありません。

⑳ 手幅一つ強の長さを残した紐を、それまでと同様に横紐を根元から巻いて下に出し、輪をそのままにする。下に引き抜かないので紐の幅は上に残っています。

㉑ 上に残した紐の端を内側に向け、紐先を入れてまとめる。上下の紐の加減を調節する。紐を上から下に向けて巻くので、くずれて紐端が下に落ちる心配はありません。

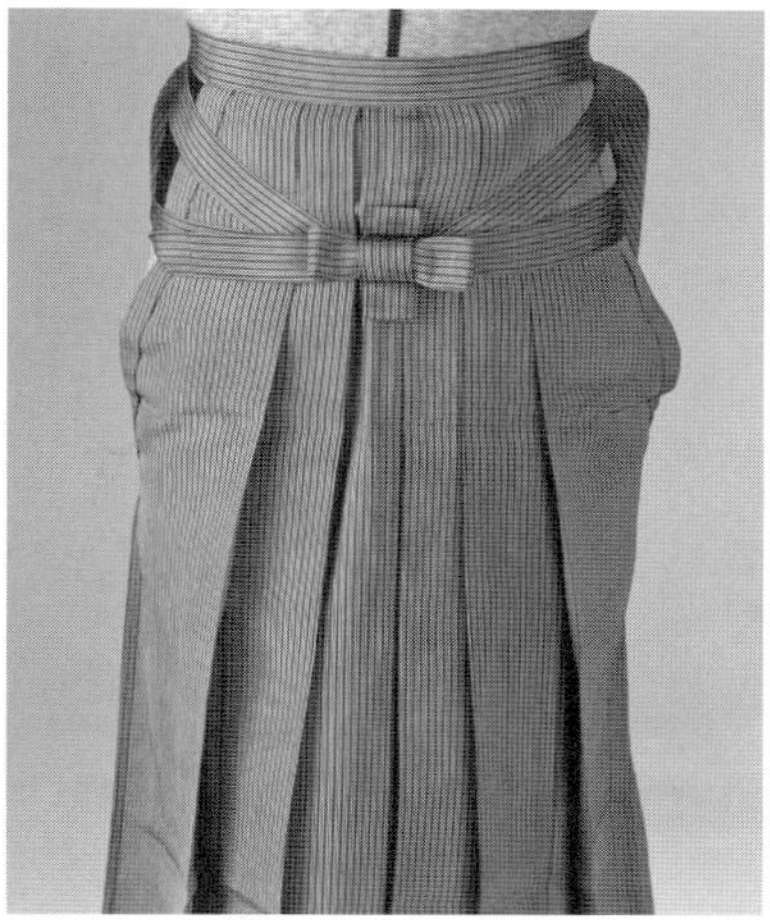

㉒ 袴紐の横十文字結びのでき上がりです。十文字の形は、幅七に対して縦五、中央の巻き幅三の割合です。全体が七五三のバランスで横十文字を仕上げています。

㉓ 袴をはいた横の姿です。袴下の帯結びは一文字結びで、後ろを高くして帯を巻きます。袴をはいた凜々しい姿は、帯の巻き方と帯結びによって決まります。

一文字

男性の袴の結びです。半幅帯や男帯の一文字と手順は同じです。袴紐が落ちたりずれたりしないよう、手できちんと押さえながら進めること。

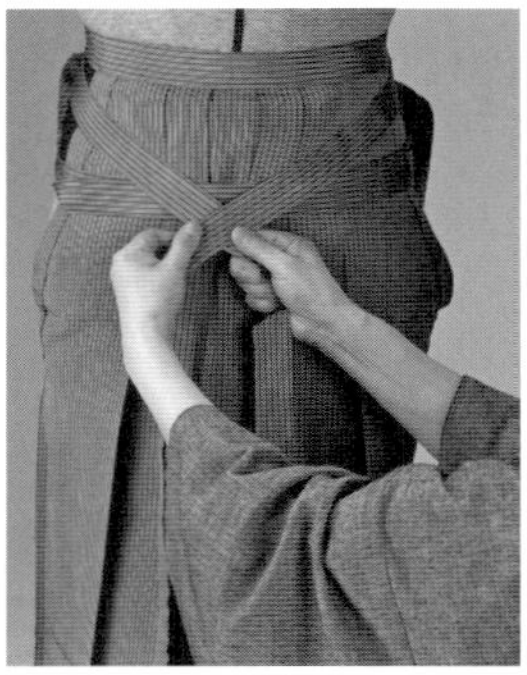

① 後ろ紐を前紐の真ん中で、右手の紐を上に重ねる。交差した紐を指先で引き締めて右の親指で押さえる。

② 右の人さし指を前紐の下から上に向けて入れ紐をすべて持ち、すき間を作る。左手で一番上にある紐を下から通す。

③ 下から上に通した紐と右手で持っていた紐を締め、上紐を中心にして戻す。これで一結びしたことになります。

④ 下の紐を角帯などの一文字結びと同様にたたむ。紐先から約八センチ幅に折りたたみ結び目を横切って決める。

⑤ たたんだ紐と上の紐で結び目をしっかり締め直し、右の指先に上の紐を渡して結ぶ。

⑥ 上の紐を右の指先で全部を引き出して結び、紐を横にのばして締める。折りたたんだ紐幅を正面に向けて整える。

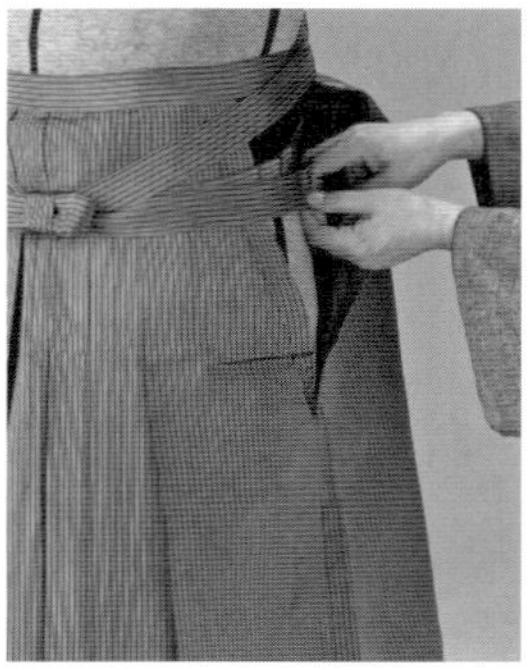

⑦ 引き締めた残りの紐を、先に締めている前紐にきちんと重ねて後ろに回してからげ、はずれないようにとめる。

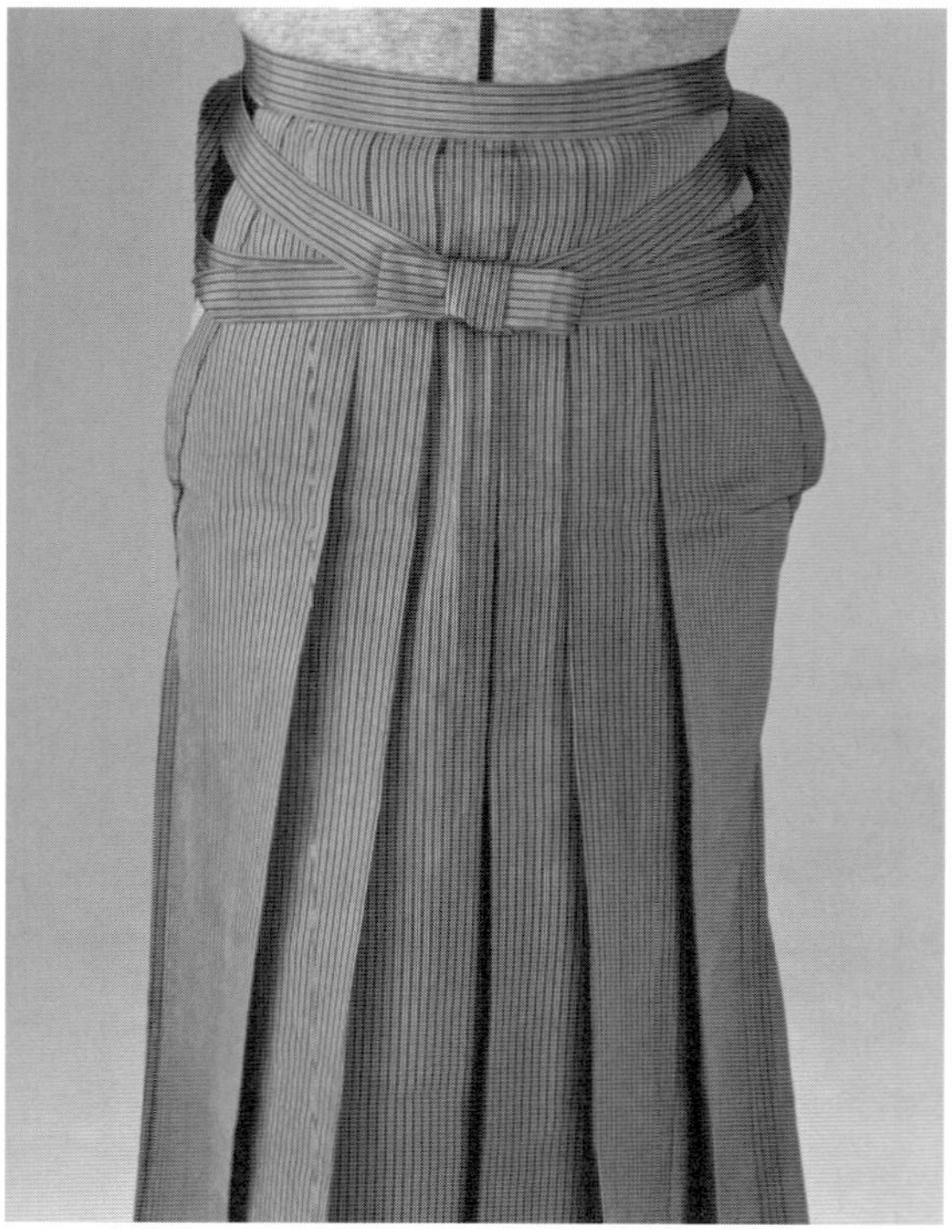

⑧ 袴紐の一文字結びのでき上がりです。紐を結び終わってから袴全体の最後の仕上げをする。前の各ひだを紐の位置から約二〇センチ下で静かに下に引きのばし、布目を整える。裾に近い下のほうで引くとかえって布目をくずしてしまうので注意します。

駒結び

基本の駒結びを袴紐で結びました。結び方は、兵児帯などと同じです。

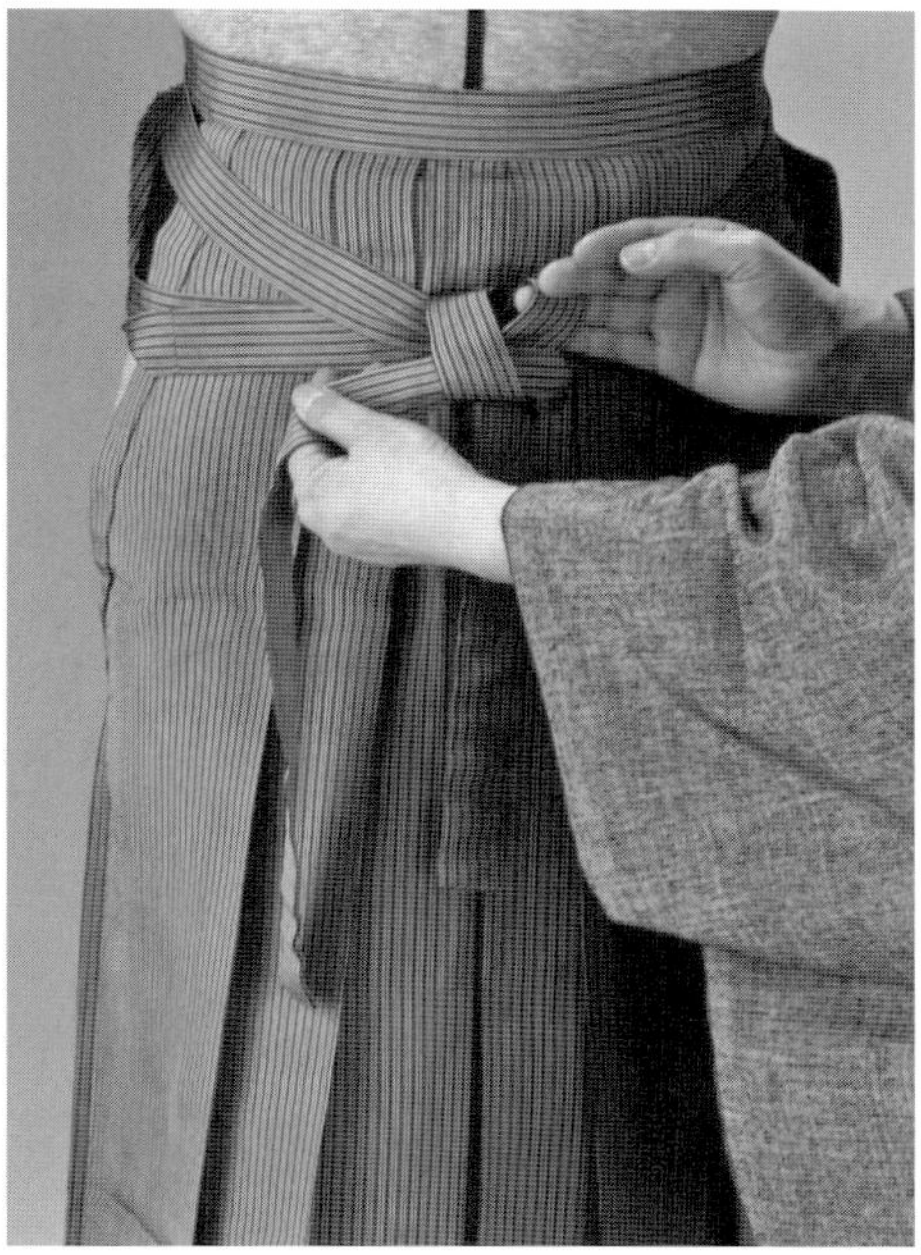

① 角帯の神田結びや兵児帯の駒結びが、細い紐に代わっただけです。後ろ紐の上に前紐をくぐらせて、上に出して一結びする。

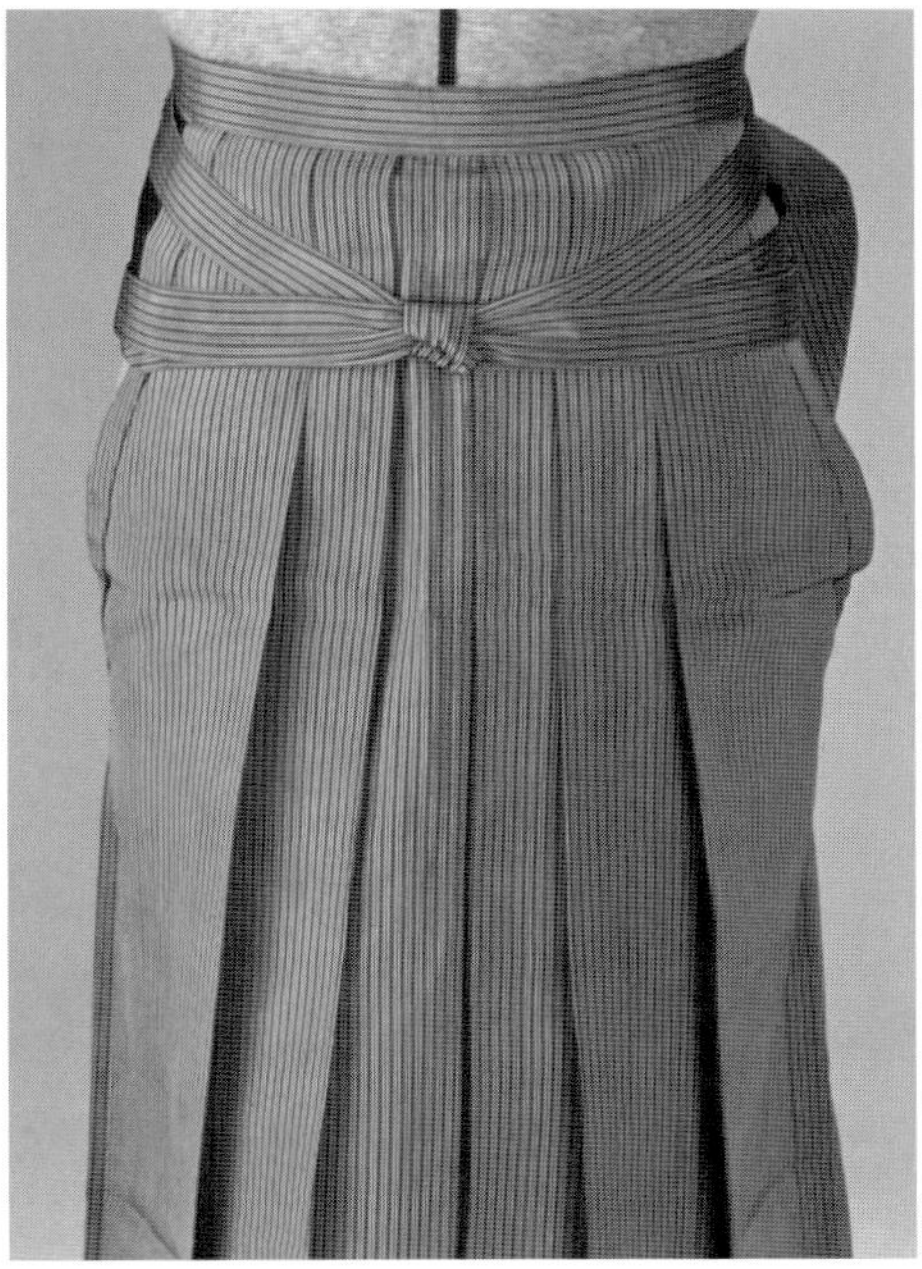

② 結んで引き出した余分な紐を左右に分けて後方に回す。駒結びは活動的な装いなので紐先を前紐にしっかりとからげてとめ、仕上げる。

弔い結び

男性の弔事用の袴の結びです。横十文字結びを少し変化させたもの。

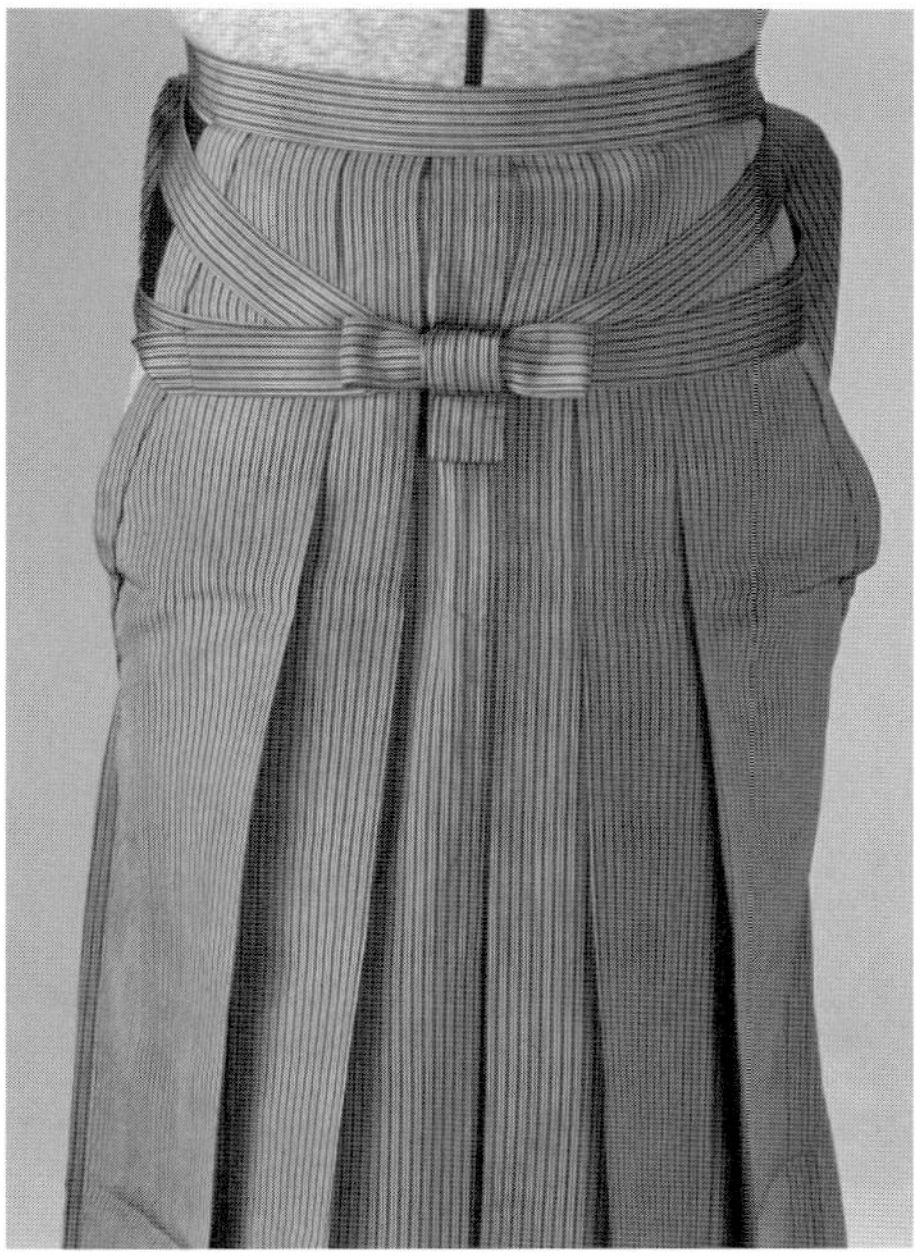

横十文字結びで最後に残す手幅一つ強の紐を、手幅半分にする。最後に巻いて下に輪を作りますが、上の輪は作らないで紐先を中に入れて仕上げます。

諸わな結び

基本の諸わな結びを女性用の袴紐で結んだものです。袴紐の長さに気を付けながら二つの輪をバランスよく作ります。

女

① 色など好みによって帯の出し方を決め、表に出す。袴の前紐の左右の角を持って帯にきちんとつける。

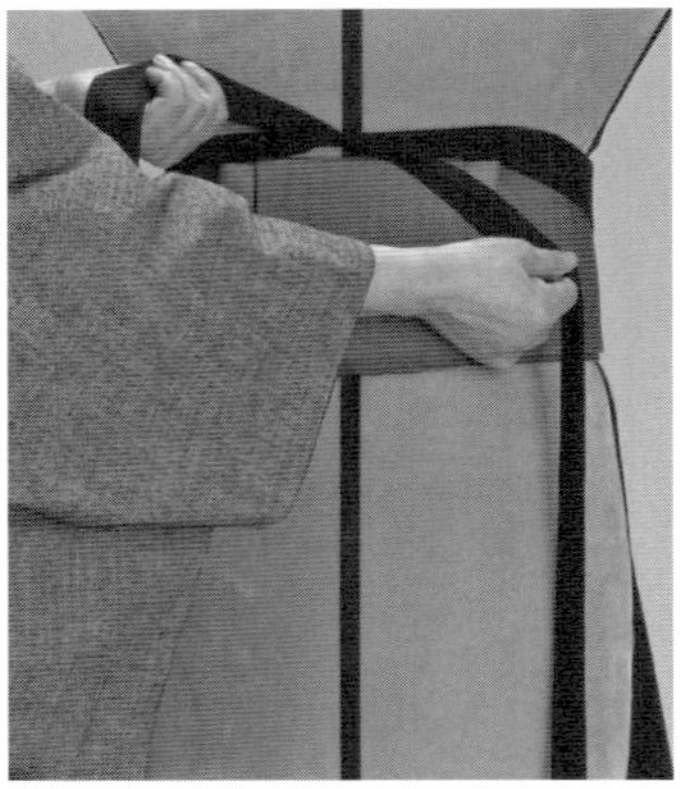

② 前紐を帯の上で一結びする。結ばないで左右の紐を交差させて締める男性の袴紐と同じ方法でも構いません。

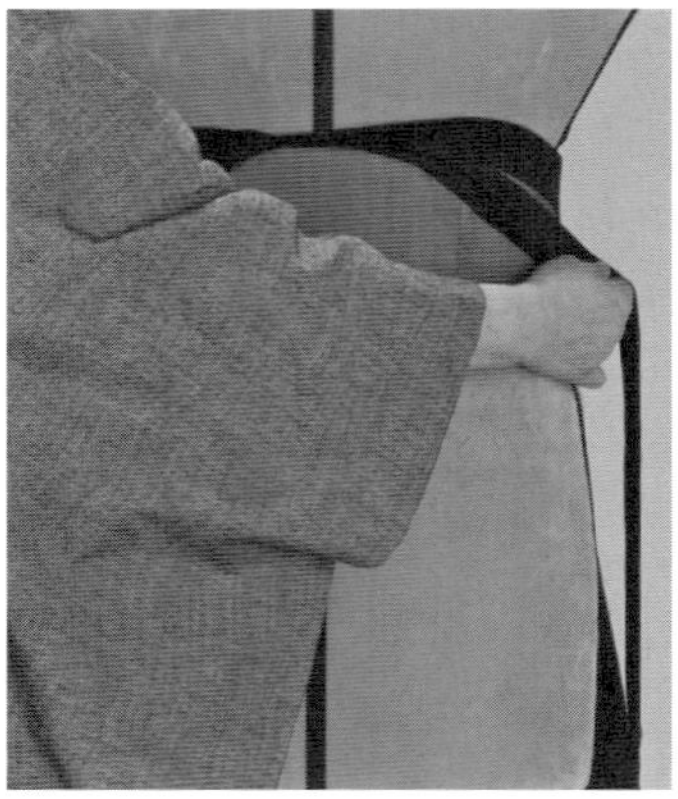

③ 締めた紐を帯の内側で下ろして前に回す。女性の袴下の帯結びは、小さく厚みのない結びにします。

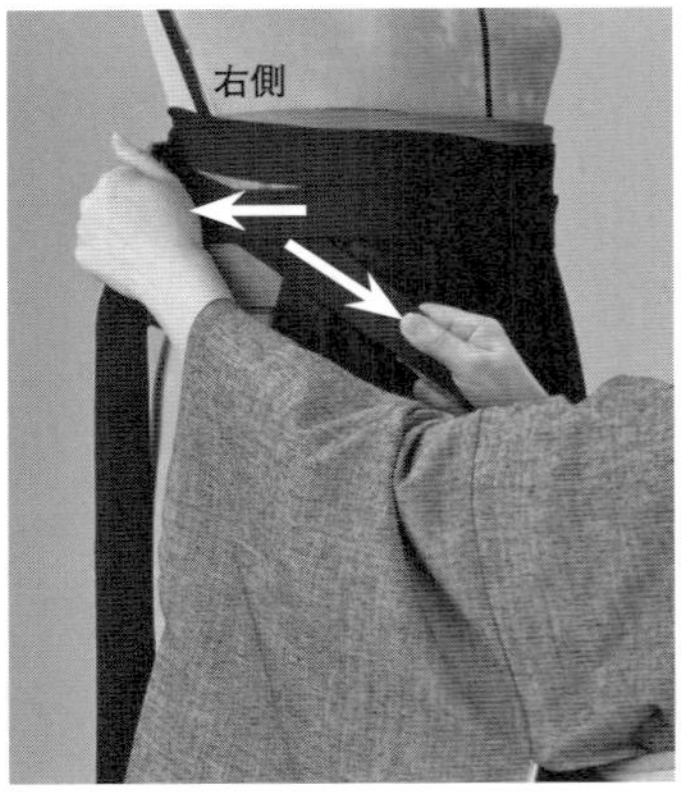

④ 後ろで下ろした紐は、着る人の左から前を通って、右脇で右紐の上に交差させ締めます。男性と同じです。

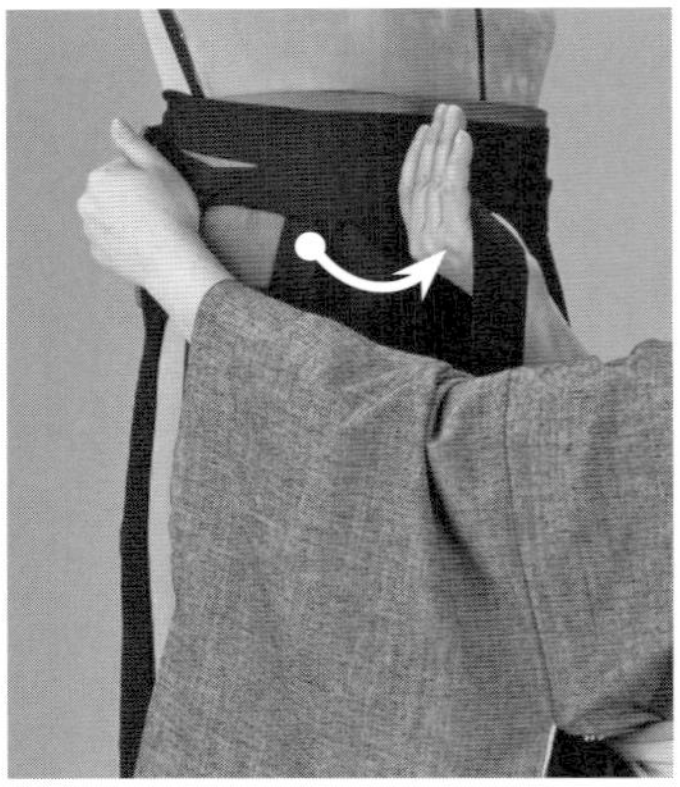

⑤ 交差した紐を持った左手を押し、右手で紐を引きしっかりと締める。引き締めた右手首を返して紐を裏返す。

⑥ 裏返した紐を、前紐にきちんと重ねて後ろに回す。左手の紐は締めたまま後ろに回す。

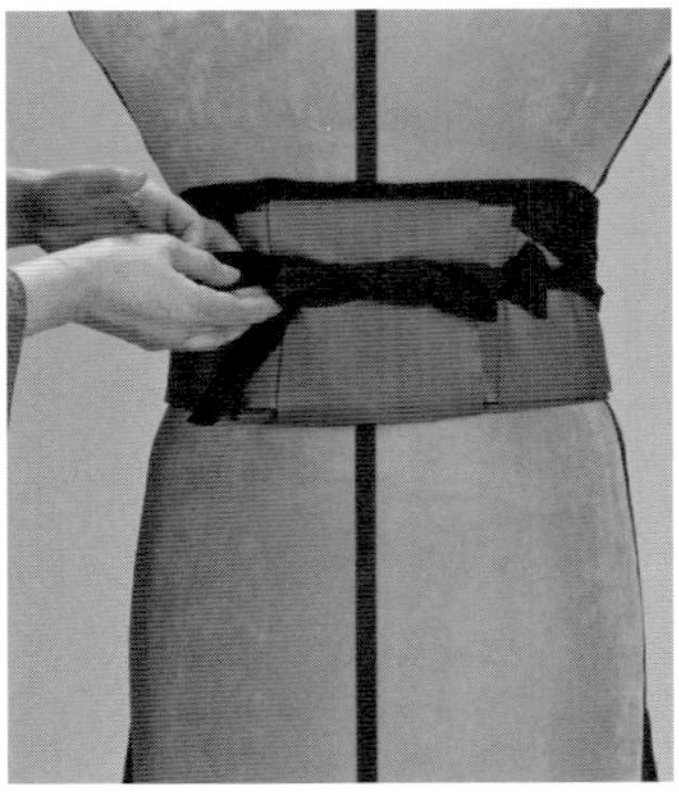

⑦ 後ろに回した左右の紐を帯上で二回からげて結んでとめる。結んだ残りの紐はきちんと挟んで平らにする。

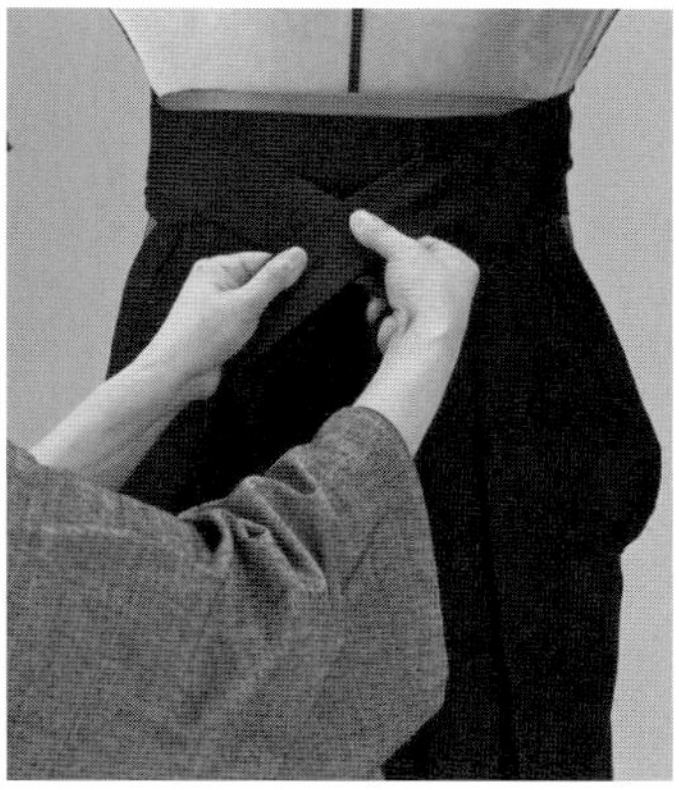

⑧ 後ろ紐を前紐中央の上で、着る人の左の紐を上にして交差させる。重ねた紐を左右の指先で引き締めて持つ。

⑨ 交差部分を右の親指で挟むように持つ。下から上に向けて、右の人さし指を入れてすき間を作る。

⑩ 作ったすき間に、重ねて上にある紐を左手で下からくぐらせて上に出す。

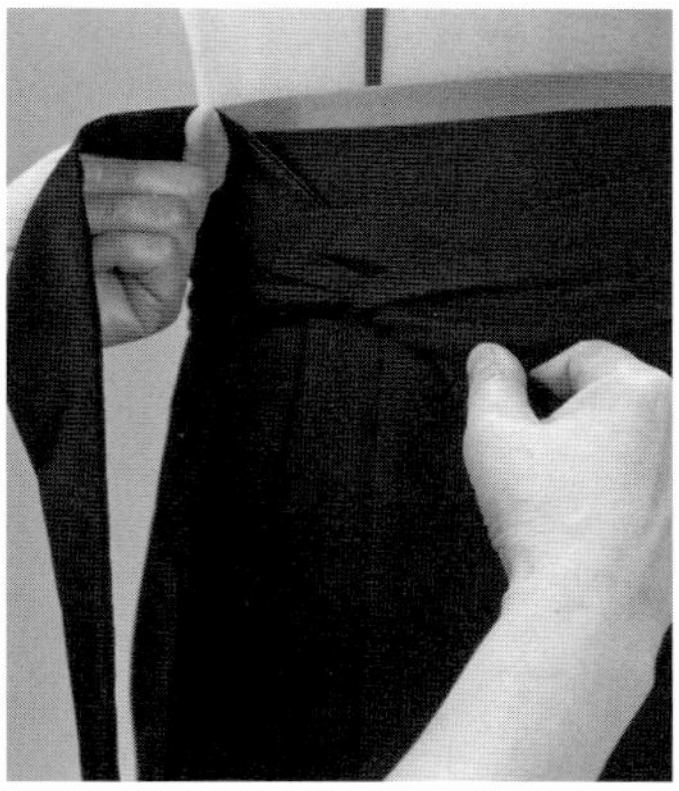

⑪ 前紐をくぐらせて上に出した紐と下の紐とで締める。これで袴の後ろ紐を一結びした状態になります。

⑫ 結び目から下の紐を左に向けて折り返して、約10センチの輪を作り、小さくひだをとって右手で持つ。

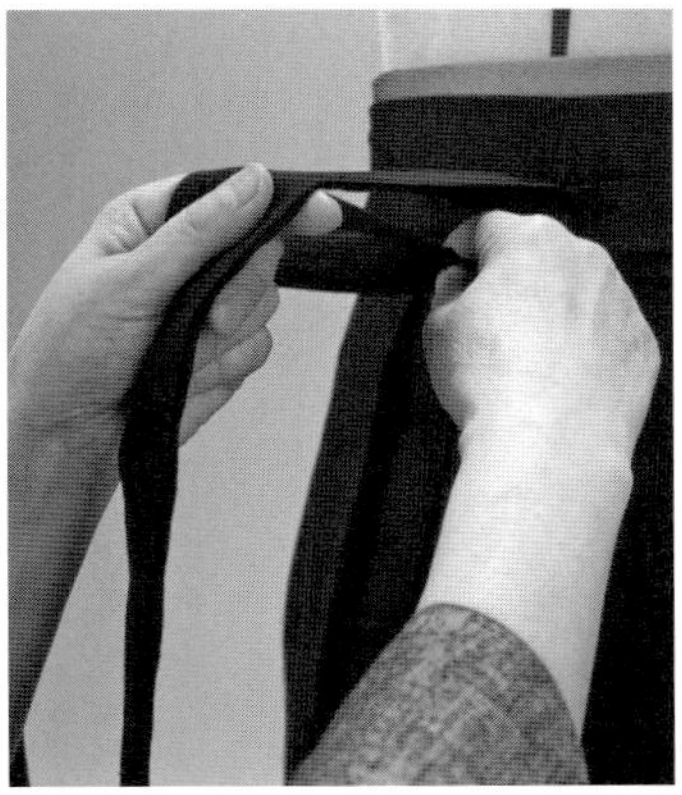

⑬ 輪を結び目で右の指先で持つ。左手で上の紐を持って締め、上から下げて右親指に渡す。

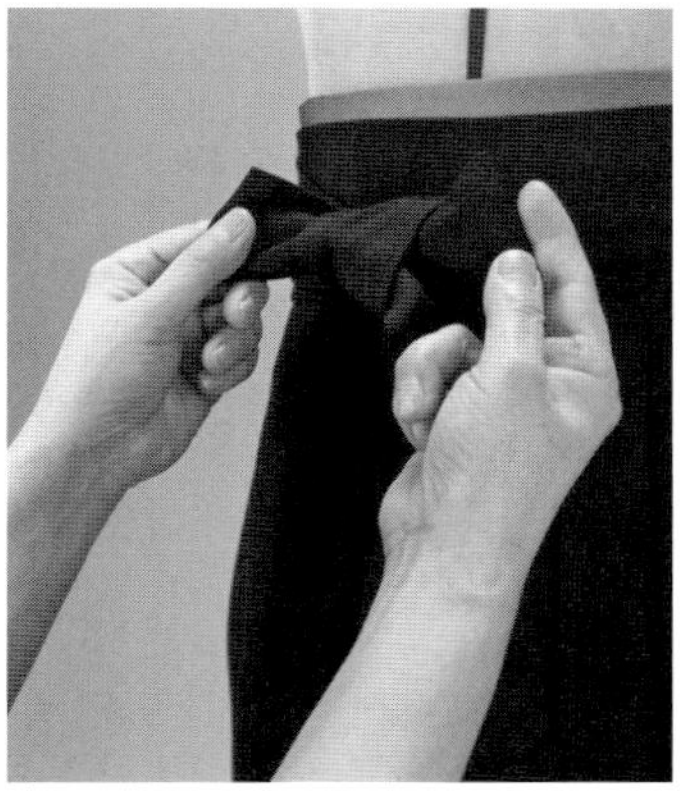

⑭ 左手の紐と右手の紐を交換し、右指先で受け取った紐を引き出して輪を作る。左右を横に引いて結ぶ。

⑮ 結び目をしっかり締めて諸わな結びのでき上がりです。輪の大きさは結び目で引いて調節できます。この結びは、下がる紐が輪の大きさより長いと形がよく見えます。全体のバランスによって、右か左どちら寄りで結んでもかまいません。

諸わな結び

基本の諸わな結びを男性用の袴紐で結んだものです。
女性の諸わな結びとは違い、二つの輪はねじって両脇にとめて仕上げます。

男

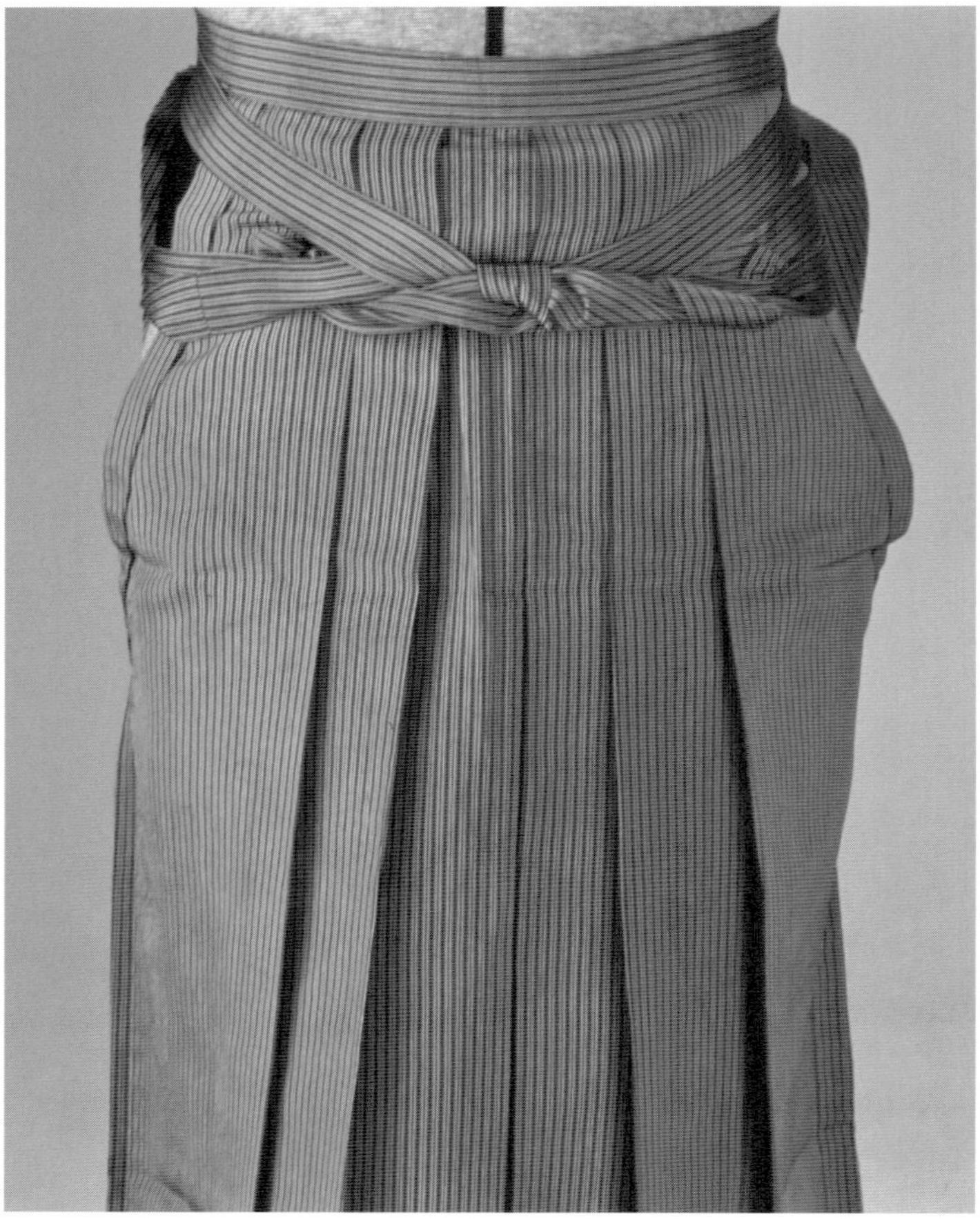

④ 諸わな結びのでき上がりですが、挟んでとめてしまうと駒結びと変わりありません。したがって袴の後ろ紐が短い場合には、諸わな結びではなく駒結びにして、左右の紐先を挟んでとめます。最後に袴の前ひだをおのおの下に引きのばして仕上げます。

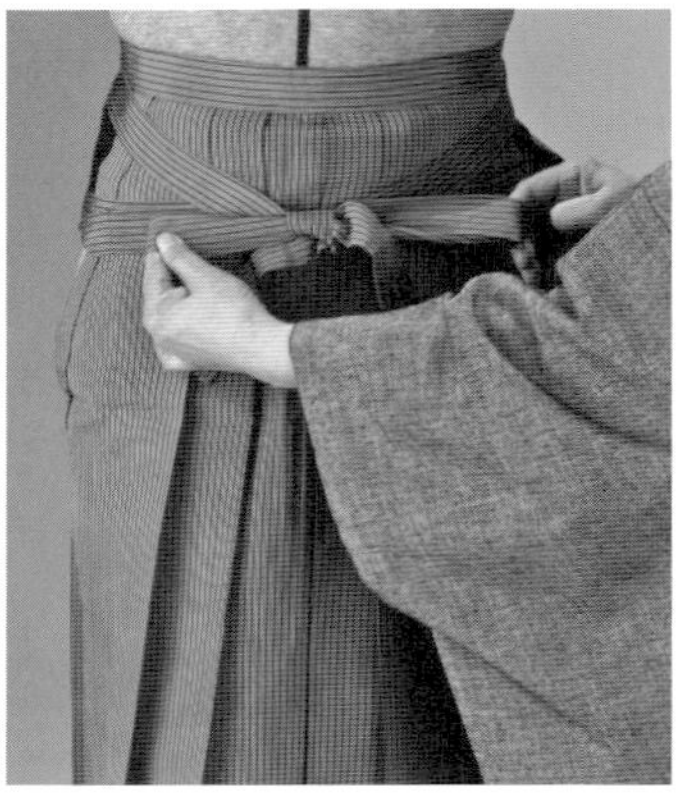

① 女性の袴紐と同じ結び方です。左右の輪を持って横にしっかりと引き、輪と端の長さを同じに調節する。

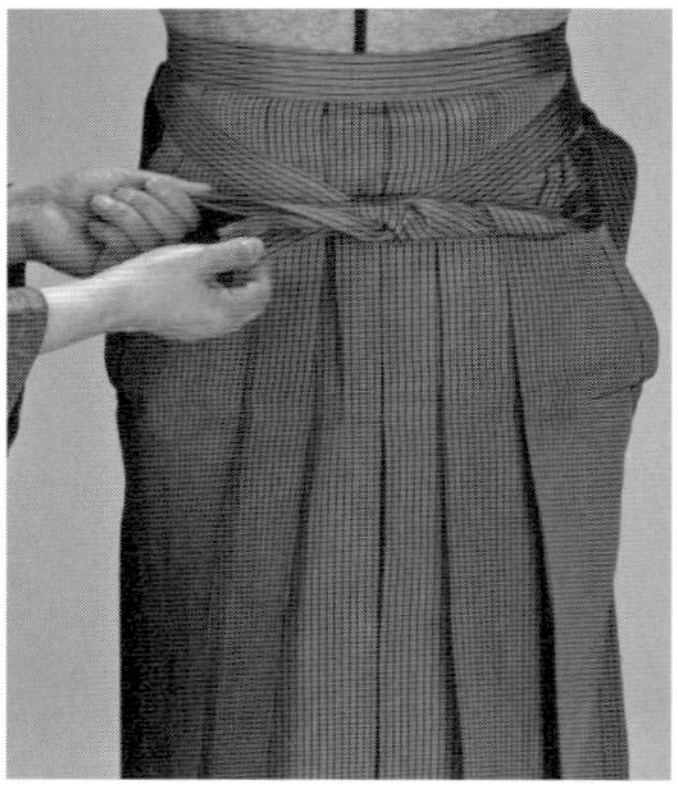

② 左右それぞれ別々に輪の部分の紐と端をからげてねじる。ねじった紐を、締めた前紐に挟んでとめる。

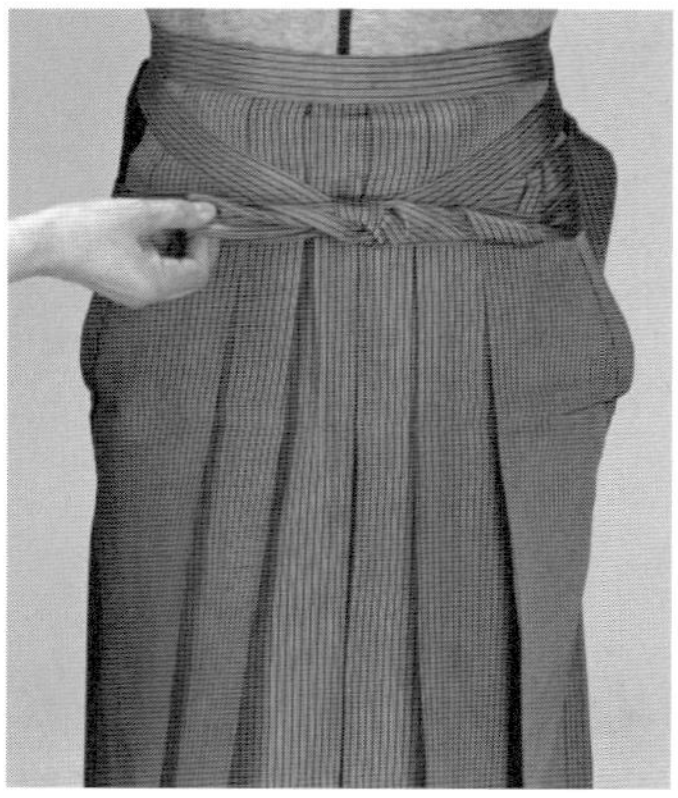

③ ねじった紐をしっかりと先に締めた前紐に挟んでとめる。紐が短い場合は一度からげてから挟むとよい。

おったて結び

巫女《みこ》の袴に見られる結びです。結び方は、片わな結びですが、輪を真っすぐ立てるように締めて仕上げるのが特徴です。

① 諸わな結びと同じ手順です。上に重ねた短いほうの紐を、先に締めた前紐に通して一結びする。

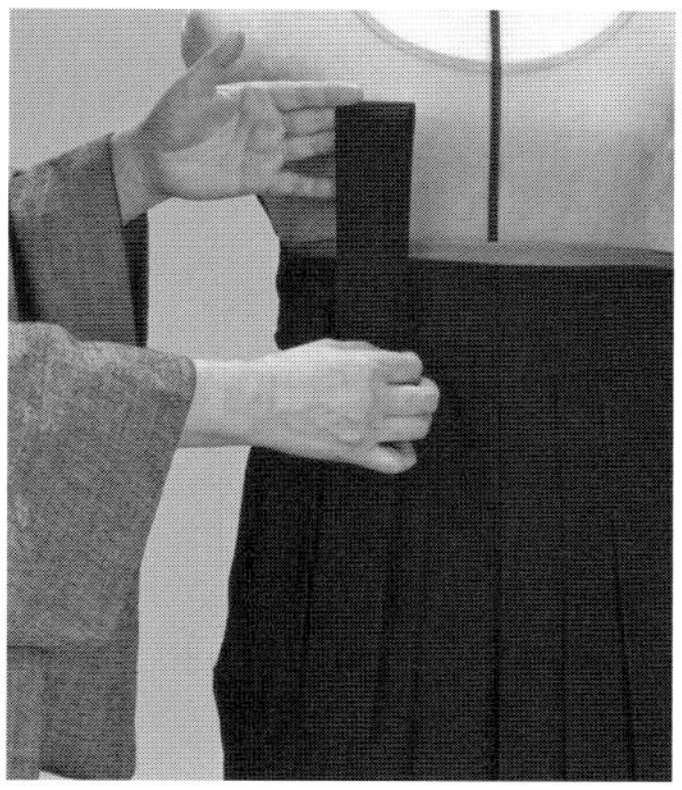

② 下の紐を真上に向けて、立て輪を作る。結び目で小さな山ひだを作って持つ。

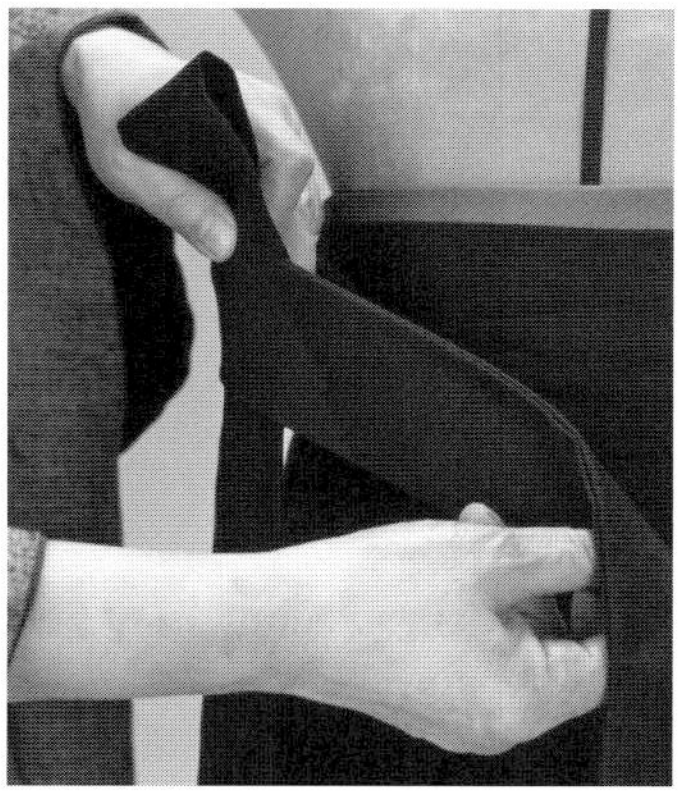

③ 一結びした紐を、立て輪の真横から着る人の左側に向けて山ひだの紐の上を横切り、片わな結びにする。

④ おったて結びのでき上がりです。立て輪をしっかり締めると輪は真っすぐに立ちますが、動きによって倒れます。この結び方は緋袴をはく巫女の姿に見られますし、幅の広い帯になると、時代ものの、のし結びがあります。

◉たすき

一文字結び

きものの袂《たもと》が落ちてこないようにしたいときなどに便利な、たすきを使ったとめ方です。袂を後ろからたすきで引っかけるように前に持っていって押さえています。

① 紐先を左手で持ち、ゆったりと間隔をおいた部分を右手で持つ。たすきをすることは気を入れることです。

② 紐は軽いので勢いをつけ縄跳びの後ろ跳びのようにして頭上へと放る。左紐を肩に掛け右手を斜め下にする。

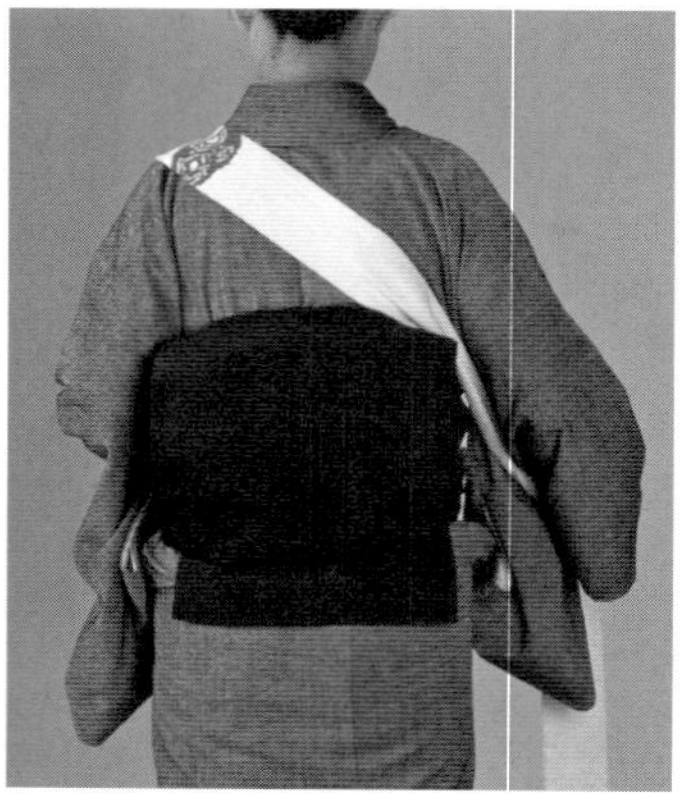

③ 前から後ろに放った紐は、背中で左の肩から右脇下斜めに掛かる。紐は背中にぴったりつけています。

④ 右手の紐で脇下から袂を引っかける。前にきた紐を左手で間隔を大きく開いて持ち、右手も前の横で紐を持つ。

⑤ 間隔を大きく開いて持っている両手の紐を、右手は右肩に向け、左手で縄跳びのように紐を後ろに放る。

⑥ 左手の紐で左脇下から袂を引っかけて前に出し、左横で上の紐と一結びする。窮屈にならないように締める。

⑦ 結んで長いほうをおりたたみ、輪を作って結びとめる。結び上がりは一文字の形にきりりとまとめます。

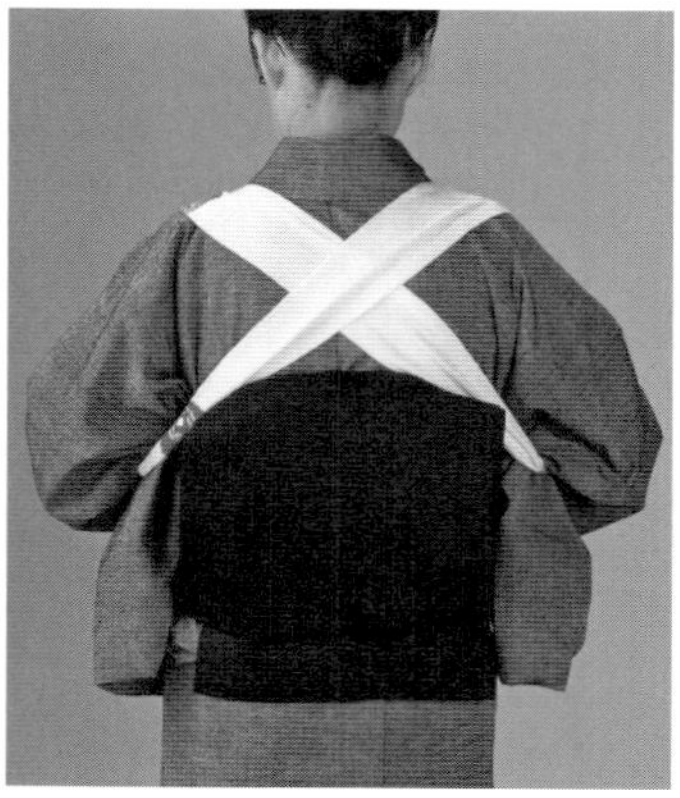

⑧ 背で×印になりでき上がりです。このほか肩から斜め下に掛けて、片袖だけを押さえて片わな結びをする方法もあります。

花結び

祭りなどで背中に飾りがほしいときに、たすきで作る結びで、人に結ぶ方法です。昔から続いてきた諸わな結びの様子がうかがえる姿になります。

① しごきの両端を揃えて２等分する。半分にしたところをどちらかの手で持ち、印にして決めておく。

② 印で持っている半分のところを背中心につけ押さえる。結ぶ位置を決め半分の一方を着る人の肩に掛ける。

③ 左肩に掛けて下に下げ、袂を引っかけて後ろに戻す。背中で押さえているところに向けて斜めに上げる。

④ 着る人に、斜め横に腕を伸ばしてもらい、袂の締め加減を調節しておくことも大切です。

⑤ 背中で押さえていたところで戻したしごきを一緒に持ち、もう半分のしごきを右斜め下に向けて下げる。

⑥ 右の脇下に下げて袂を引っかける。そのまま真上に上げて、右の肩を通して再び背中で結ぶ位置に戻す。

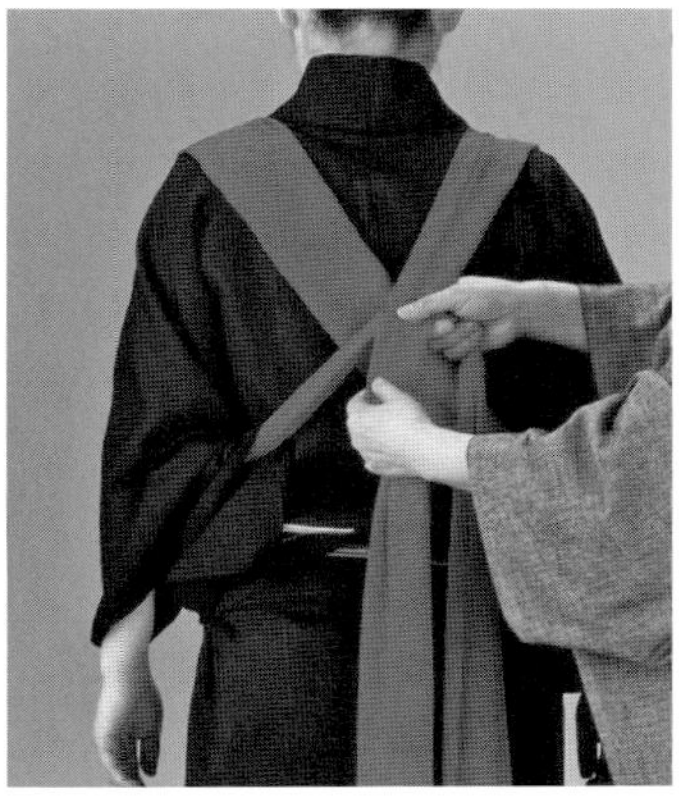

⑦ しごきを結ぶところで最上段に重ねる。親指を上にし交差したところを全部持って押さえる。

⑧ 最上段で重ねたしごきを持って、×印となっている真下から真上に向けて通して上に出す。

⑨ ×印の上に引き出したしごきと下にたれているしごきを持って、窮屈にならないよう注意して結び目を締める。

⑩ 一結びした結び目を持ちながら、下にたれた部分を結び目から左に向けて輪を作る。紐状のものは、常にゆるみやすいので手早く行うこと。

⑪ 輪を作って結び目を持っている下と上の部分で、全体のゆるみ加減を調節して締める。

⑫ 上から下ろした部分を、輪を作ってにぎり持っている指先に渡す。持っている指先や手は、紐や帯などの通り道になり、そこを通して結ぶことになります。

⑬ 左に持った部分と右の部分を引き出して結ぶ。左右の輪が同じ大きさになるまで締めながら出して調節する。

⑭ たすきの花結びのでき上がりです。左右の輪よりたれ下がりを長くして、華やかに仕上げます。

帯の知識

帯の歴史変遷

監修＝笹島寿美

帯は、細い紐から始まったといいます。
細い紐が現代の帯の形にいたるまで、どんなふうに変遷していったのでしょうか。
帯の歴史をたどってみました。

［上古］

○原始風俗

男女ともに細い紐を前で結んでいた結びが、埴輪から知ることができる。その長さは比較的短い。呪術信仰が強く、結びはそれらとの関係が深かった。

［中古（大和・奈良・平安時代）］

○隋や唐との交通の道が開かれて貴族による風俗文化が流布される。

○仏教伝来

○仏像で、薄い絹織り一幅のしごきで諸わな結びや片わな結びに前で結んでいる。

○一般庶民は細い紐で前結び、公家社会の男子は革帯、石帯。

［鎌倉・室町時代］

●戦国時代

大火災や大戦乱の直後の風俗は簡略になる傾向がある。応仁の乱後、女官が袴をはかない風習が生じる。

ちなみに、一九四五年、第二次大戦後、大塚末子氏考案として羽織の丈を短くした茶羽織などが流行、和服の洋服化が始まる。

○庶民の帯は、男女ともに右または左脇で結ぶ風習が始まる。帯幅は八つ割の一寸五分の細帯。

○キリスト教伝来

フロイス（一五三二頃〜九七年）。ポルトガルの宣教師。一五六三年日本に渡来、織田信長の許可と保護のもとで九州の平戸や大村領、京都など各地で布教。

［安土・桃山時代（一五七三〜一六〇三年）］

安土・桃山時代の三〇年間は外国の影響もあり、次にくる江戸三〇〇年弱（二六五年間）の制度や風俗、文化の要素が含まれている。

●天正（一五七三〜九一年）

○帯の発達の始まり

天正時代「お伽婢子《とぎぼうこ》」に敦賀の商人が結納に深紅の打帯を遣わしたという記事がある。

●文禄（一五九二〜九六年）

●慶長（一五九六〜一六一五年）

豊臣秀吉が政権を握っていた約二〇年間。この時代に風俗画、漆工、陶芸、染織などが、朝鮮の影響を受けて独特の発達をする。

○千利休の存在。

○出雲阿国（一五二七〜一六一三年）

安土・桃山時代に歌舞伎を創始した女役者。出雲大社の巫女で念仏踊りから、やがて、阿国歌舞伎と広がり、現代歌舞伎の元祖となる。阿国の若衆姿には胸にキリストのペンダントをして名護屋帯が巻かれているのが見られる。そこで、阿国ファッションのルーツは、宣教師の衣服と細紐帯であると想像できる。

参考―ＭＯＡ美術館に桃山時代の宣教師達の姿を描いた絵画がある。

○名護屋帯と細帯

出雲阿国をはじめ女性らが、小袖に名護屋帯を締めている。

［江戸時代（一六〇三〜一八六七年）］

慶長八年（一六〇三）江戸時代始まる。

●慶長一四年（一六〇九）

九州・平戸にオランダ商館建設。鎖国時代でも、オランダとは交渉がもたれていた。

○オランダ（和蘭陀）は一五八一年、スペインのハプスブルク家の支配を脱して独立、海運国として発展。江戸時代の鎖国期間中、通商を認められていた唯一のヨーロッパの国で、オランダを経て輸入されたものや、当時の新奇なものに「オランダ」の名を冠して呼ばれた。

○西陣機屋では、帯のたれ先にある二本の線をオランダ線と呼ぶところもあり、諸説あり。

○金沢の茄子料理にオランダ煮がある。

●寛永六年（一六二九）

出雲阿国で人気を呼んだ女歌舞伎は、風俗上の問題が主となり全面禁止となる。

●寛永十八年（一六四一）

幕府の命令によりオランダ商館は平戸から長崎港内の出島に移る。

●慶安（一六四八〜五一年）

○慶安四年（一六五一）

京都西陣の職人がオランダ法にならってビロードを織り始める。

○慶安年間、京都で舶来品を模して織り上げた和製品が現れる。

●承応（一六五二〜五五年）

元年、女歌舞伎、若衆歌舞伎が禁止され野郎歌舞伎になる。野郎歌舞伎は、男が女装するために帯やきものを大きくして男性の骨格を隠し、優しさを表した。帯幅が広くなる一因はこうした野郎歌舞伎の影響が大きい。

●明暦三年（一六五七）

本郷丸山本妙寺から出火した振袖火事。結核で死んだ娘の振袖の衣装を寺に寄付したのを本堂で焼いたことが原因となる。

●万治元年（一六五八）

○尾形光琳（一六五八〜一七一六・享保一年）。画家、工芸家。京都の富裕な呉服商、雁金屋の次男。俵屋宗達の絵に憧れ、大成して光琳派、琳派ともいわれた。江戸深川の冬木屋の妻女のために、秋草文様を描いた「冬木小袖」は有名で、光琳文様として服飾界に流行した。交友関係も広く、二条家、酒井家などの公家、大名の家にも出入りし、豪商とも関係があった。晩年は不遇で失意のうちに没した。

●寛文（一六六一〜七三年）

○帯の長さ六尺五寸、幅五〜六寸を二つ折りにして使用。

●寛文十二年（一六七二）

遊女の左褄、反物の寸法が改められ身幅が狭く、着丈が長くなったので褄を持つようになる。（菱川師宣「北桜及演劇図巻」より）

●延宝（一六七三〜八一年）

○この頃から帯の結びが後ろになる。

○帯の長さ一丈二尺〜一丈三尺、幅八〜九寸を二つから三つ折りにして使用。

○京都東洞院に花見に来ていた浮世紺屋の娘、お春が、結び垂らした帯姿を見て、名優上村吉弥が舞台で唐犬が耳を垂れたような結びをしたことが、吉弥結びを流行させる。

●天和（一六八一〜八四年）

○井原西鶴の『好色五人女』に、帯は市松模様のビロードとある。

○天和年間に鯨帯の名が出ている。

○御側、御次以下、平御次の帯で「表は黒繻子、裏は黄繻子の腹合わせ」とある。

【寛文・元禄・享保の頃】

寛文八年（一六六八）町人衣類の倹約令。しかし天和年間にかけて徐々にゆるみ、豪商らは綸子地、金紗、総鹿の子、繍《ぬ》いなど財力にまかせて扱う。元禄年間（一六八八〜一七〇四年）を迎える。

●貞享三年（一六八六）

○井原西鶴の『好色一代女』に「うへに菖蒲八丈に紅のかくし裏を付けて、ならべ縞の大幅帯」とある。大幅帯とは、延宝の頃の幅八〜九寸の帯を、折らずに一幅を使用したように思われる。

●元禄（一六八八〜一七〇四年）

五代将軍綱吉の時代。商人の経済的地位が向上し、学問文化の面でも町人の台頭が著しく、江戸文化の頂点を形成する。

○娘は後ろ帯、主婦は前、または横で結ぶ。しかし、仕事やスタイルの点から自然と主婦も後ろ帯となる。この頃より帯幅が一般に広くなり始める。

●元禄十六年（一七〇三）

○西陣織屋一六三余町の大機業地に発展、あでやかな女帯の結びや模様の時代を迎え、その進歩が見え始める。

●宝永（一七〇四〜一一年）

○近世中期

○心中の流行

近松門左衛門によって大当たりした歌舞伎の世話物によって、元禄・宝永・正徳にかけて心中が流行する。心中するときの衣装として黒小袖のきものに浅黄色の抱え帯の流行。抱え帯は裾の乱れを防ぐために使用。

●正徳（一七一一〜一六年）

●享保（一七一六〜三六年）

八代将軍吉宗、享保の改革。流行の中心が上方から江戸に移る。

○中に綿など入れて、褥《しとね》のようにされた時代でもある。

○女帯に縞繻子、繻珍緞子

○享保から元文にかけて、女帯の幅が広くなった終点といってもよい。

●元文（一七三六〜四一年）

○帯幅一尺〜一尺二寸。

●寛保（一七四一〜四四年）

○市松模様

初代、佐野川市松が『高野心中』で袴の模様に応用した平安時代の有職《ゆうそく》模様の石畳文が流行し、役者の名がつけられた。石畳の模様は、市松模様と呼ばれて大流行となる。浮世絵の中に多く描かれている。「雪中傘さし美人」宮川正幸筆の帯幅は広い。菊川英山筆など。

●延享（一七四四〜四八年）

○延享二年　西陣高機織屋七組仲間の成立

●寛延（一七四八〜四九年）

寛延二年九月二日　初世の名女形、瀬川菊之丞逝去、五七歳。姿、器量（顔）、声が役者として特別美しくはなかった菊之丞は、虚構の中で生き、そして虚構の中にいる自分しか認めなかった（渡辺保著『娘道成寺』駸々堂出版より）。

●宝暦（一七五一〜六四年）

●明和（一七六四〜七二年）

○鈴木春信　錦絵を発明。

明和二年（一七六五）錦絵（極彩色の浮世絵版画）を考案して世に出す。江戸・東なので「吾妻錦絵」ともいわれ、京都西陣の錦織をしのぐような美しさと驚かれたという。そして浮世絵師・春信は宝暦十年（一七六〇）から、没する明和七年（一七七〇）まで浮世絵を描く。

○江戸っ子気質始まる。

○宝暦から明和にわたって「通」といわれるお洒落が始まる。

○大相撲と称するようになる。

○遊女とは違った芸者の出現。

○男性の平帯（角帯）は、黒紗綾専用で、博多織の帯は貴人のものだった。幅は一幅ものを半分に折って使用。

○女帯は、真田帯、モール織り金入り、織り留めに金入り、繻子織り留め入り。

○宝暦・明和頃に文庫結び。

●安永（一七七二〜八一年）

一〇代将軍家治の治世。老中・田沼意次が天明年間（一七八一〜八九）にかけて、商業を重んじる政策と賄賂横行で腐敗政治と呼ばれた時代。

○平賀源内の活動。

○安永三年、本格的なオランダ医学の研究が興る。杉田玄白、前野良沢など。

○洒落男は博多帯で帯幅二寸を限りとする。古風な男は黒紗綾帯を幅広にて使用。
○女帯は、ビロード、親和染、変わり八丈。
○親和染
親和の能書を文様とする。帯に文字入りのものが始まる。
例　恵世物語の中に菊寿の帯がある。
三井親和（一七〇〇～八二年）。書家。深川に住み、篆書《てんしょ》をよくする。

●天明（一七八一～八九年）

天明の大飢饉。
○客観的、古典的色彩と共に洗練された芸術性が特色。文学史上、天明の中興といわれる。
○粋なお洒落が出現、黒、ねずみ、茶といった渋い色の流行。

●天明八年（一七八八年）

京都大火のため西陣中枢ほとんど全焼、機業一時中絶。
○奢侈禁止。
○谷風、小野川で相撲人気爆発。
昔から不況のときには相撲の人気が高いといわれている。

●寛政（一七八九～一八〇一年）

松平定信による寛政改革・倹約令。
○異学問の禁止。
○谷風、小野川横綱免許。雷電が現れ各大名が競って名力士をかかえるようになる。
○女性は、結婚すると歯を黒く染める。
○小袖の袂の長さが二尺七～八寸となる。
○未婚の白い歯の女性は後ろ帯。
○風俗取締まり
風俗取締まりの影響によって、結婚をしていることを示すために三〇歳以上の女性は、後ろ帯から再び前帯になる。
○女性は、きものの上に黒衿をかけたり、前掛けするのが流行。

●享和（一八〇一～四年）

［**近世末期**］

●文化（一八〇四～一八年）

●文政（一八一八～三〇年）

江戸を中心に町人文化の爛熟期
○瀬川路考の「路考結び、路考髷《まげ》、路考櫛、路考帽子」などが流行する。瀬川路考は、歌舞伎俳優、瀬川菊之丞の代々の俳名。三代目（一七五一～一八一〇年）は美貌の女形。
○路考結びは、水木結びで、約二尺ほど下がっている結んだ余りの掛けと、もう一方の二つ折りになって上から下に下がっているたれとを結んだ形をいう。（角出し結びの原型と思われる）
○太鼓橋の渡り初めに深川芸者が結んだ帯の形、路考結びから、お太鼓結びが流行となる。
○浮世絵師、菊川英山の最盛期に描いた美人画に黒の帯を締めたものが多い。
○中年の女性の前帯が再び後ろ帯になる。
○腹合わせ帯（鯨帯）の黒を表面に出し、上三分の一ほどを折り返して模様を見せて巻く。
○刀に使用していた丸打ちの組紐を、帯締めとして使用し始める。
○文化・文政に現れた帯結びが、歌舞伎や時代劇、そして現代の形を作り上げている。

●天保（一八三〇～四四年）

天保の飢饉（天保七年、全国を襲った慢性的な大飢饉）。老中・水野忠邦による天保改革・倹約令。
○大塩平八郎の乱、農民一揆
○西陣、種々の災厄が打ち続き染織ともに不振となる。（この頃、機屋二千百余件、機数三千百余）
○奢侈禁止、風俗矯正。
絹のきものが廃止され、天竺木綿の桟留《さんとめ》、縞のきもの。
○歌舞伎の隆盛期
江戸…市川團十郎
上方…坂田藤十郎、芳沢あやめ。
○江戸、京都、大阪の男性は貴賤、老若かかわらず博多帯を専用とする。本物を本博多といい、それ以外は京都、甲州の模造帯が使用される。（帯の主な産地は、博多、西陣、桐生の三産地）
○ビロード帯の使用禁止があり、代わって黒繻子地の先に朱で「如源」と織り出した帯の流行となる。

●嘉永（一八四八～五四年）

●明治時代（一八六八～一九一二年）

明治維新。幕藩体制の崩壊、天皇制統一国家。
○洋服登場、鹿鳴館時代。
○日本最初のジャカード機製作、この頃バッタン使用（明治十年）。
○明治二十年代は、一般人の帯は、腹合わせ帯の使用。
○丸帯による太鼓結び（二重太鼓）、矢の字結び。
○兵児帯の誕生。西南戦争で、薩長の兵は、軍服に刀を差せないので、白い反物のしごきを軍服の上から巻いて刀を差した。それ以後、布の帯を兵児帯と呼んでいる。兵児は、鹿児島の方言で一五～一六歳の青年をいう。

●大正時代（一九一二～一九二六年）

○竹久夢二の出現によって衣装模様に変化を見る。
○丸帯の改良によって名古屋帯が作られ一重太鼓の隆盛が始まる。
○ポイント柄の帯の出現。

●昭和時代（一九二六～一九八九年）

○**前期**…豪華な丸帯で花嫁衣装を彩る。
○**中期**…裏表の全体に模様のある帯に代わって、軽くて無地部分のある表が六割柄のある六通帯が人気を呼ぶ。
○**後期**…振袖に結ぶ帯結びの百花繚乱の時代。

●平成時代（一九八八年～）

バブル崩壊と日本文化離れで和装界の不況時代に入る。

帯にまつわる用語集

監修＝笹島寿美

おなじみの袋帯、名古屋帯、半幅帯……帯を表す言葉をいくつご存じですか。帯は形、素材、産地によって、じつにさまざまに表現されています。帯にまつわる言葉を集めてみました。

●色共帯（いろともおび）
現代の帯。喪服の黒帯に対して、グレー、紺、古代紫などの色のある帯地に、梵字や般若心経などを文様に織り込んだ法事用の帯。

●上締め（うわじめ）
帯の結びがほどけるのを防ぐために、締めている帯の上に更に締める細く短い帯〈長さ三尺〉。
○**男性用**…太い木綿糸で組んだ厚地の真田紐を多く使用している。
○**女性用**…布の紐。
○**京阪**…一幅のものを四つ〜五つに折りたたんで使用。
○**江戸**…しごき一幅のものをしごいて使用。

●踊り帯（おどりおび）
舞踏用の帯。金銀を織り込んだ派手なものが多い。

●抱え帯（かかえおび）
室内では長いきものの裾を引いているが、外出のときには、裾を上げるために、腰で締め押さえるときに使用する細い腰帯。

武家婦人や御殿女中の姿に見られる。また、武家婦人の装い方なので、現代の花嫁衣装にも使用される。

●角帯（かくおび）
上古時代の綺帯の頃より、武士が腰に刀を差すために帯は必要とされていたもので、男帯をいう。角帯の始まりは確かではないが、角帯は、女性の幅広帯と同じ時期のものと思われる。また、角帯は、江戸時代においては平帯と呼ばれ、普通幅二〇センチくらいのものを二つ折りに仕立てたものであるが、一枚織りにした単《ひとえ》帯や袋帯などもある。博多帯は男帯の代表である。

●掛け帯（かけおび）
貴族の女子の礼装で裳《も》の腰につけた紐。女性が社寺に参詣するとき、胸に掛けて背中に垂らして使用した絹布の細い帯。

●掛け下帯（かけしたおび）
御殿帯とも呼ばれ、黒繻子地に梅、菊、椿などの花を刺繡で散らした文様の帯で、幅五〜六寸（曲尺）。また、打掛（搔取）の下に締める帯をいう。

袱紗《ふくさ》（提げ）帯を使用、素材は繻子、綸子《りんず》で、色は決まっていない。

昭和三十年頃から花嫁衣装が豪華になる。その姿は江戸時代の武家社会の打掛を着た御殿姿になって定着する。幅二七センチ弱、長さ四メートル、生地は錦、緞子。

●鬘帯（かづらおび）
能などで女役の鬘を押さえ、前から後ろに長く垂らして使用する織物の細幅の帯。

●紙子の帯（かみこのおび）
こしの強い和紙をこんにゃく糊で張り合わせて柿渋を塗って乾かし、もんで柔らかくしたもので作る帯。経糸《たていと》が絹糸で緯糸《よこいと》に和紙をこより糸状にして織り込む。

一枚の紙子は四八枚張り合わせて作った。現代では贅沢で高価なものだが、江戸時代は貧しさを表した。台詞に「紙子四十八枚」がある。

●綺帯（かんはたおび）
上古時代の神妙の織物。種々の色で錦といわれていた。薄いもので幅が一寸五分〜二寸と狭い。

●くけ帯（くけおび）
或時、清十郎、龍門の不断帯、中居の亀といへる女に頼みて「比幅の広きをうたてし（悪いの意）、よき程にくけなおして」と、頼みしに、そこそこにほどきければ、昔の文名残ありて、……くけ帯より露はるる文より『好色五人女』。手紙は帯芯に使われていたのであろうか？

●九寸名古屋（きゅうすんなごや）**〈現代〉**
仕立てていない帯の状態をいう。芯を入れて仕立てると八寸帯になる。

●小倉帯（こくらおび）
九州小倉で産する木綿の帯。庶民の帯。

●括し帯（くくしおび）

●黒共帯（くろともおび）**〈現代〉**
喪服に締める黒無地の帯。この呼び名は、昭和四十年代に色共帯と一緒に名づけられたもの。

●裙帯（くんたい）**・領巾**（ひれ）**〈喪〉**
中古に用いられた女子装身具の一つ。首から肩へかけ、左右に長く垂らした薄い布。奈良時代には、女子専用の服装となり、平安時代には公家女房の正装と着用。

●腰当て（こしあて）
箙《えびら》の上に締める帯。刀や脇差しを帯に結びつける革製の具。

●腰帯（こしおび）
後ろの腰部分と前の両端のところに長方形の芯を入れ、家紋を入れた帯。一尺幅で能狂言などの法被や狩衣に揃えて垂らす。現代、歌舞伎衣装界では石帯と呼んでいる。

●化粧廻し（けしょうまわし）
力士が土俵入りするときにつけ、一メートルほど模様があり、前にたらす。幅約七〇センチ、縦約八メートル五〇センチ、幅を六つ折りして腰に三重に巻く。

一九九四年の頃では手織りの博多織は一枚一〇〇〇万円といわれている。一般的な機織りのものでも、一枚二〇〇万円といわれている。

参考―第六五代貴乃花横綱誕生誌より（1994・11・26）

横綱の締める白い綱は、麻と銅線の芯を晒し布で包み、三本を左に撚り合わせたもの。長さ四〜五メートル、重さ十数キロ。綱には、現在二つの論がある。

（その1）神社などで見かける「注連縄」説。これは、八一〇年代（弘仁年間）に大阪の住吉神社で相撲が開かれたとき、近江国(滋賀県)に住む「はじかみ」という力士が非常に強く、勝負にならなかったので、行司が、そこの神社の注連縄を「はじかみ」の腰に巻き、触れただけで相手の勝ちと決めた。しかし、触れた力士がいなかったので、以後、強い者の印に綱をつけたとされているという説。

(その2)「結びの神の緒」説。

従来、番付の最強者は大関、横綱は大関の中から選ばれた力士の称号で、称号の免状を与えた吉田司家が求めた横綱昇進の絶対条件は、気品、人格、信望など。また、横綱は、相撲以外に、安産祈願、豊作祈願、城郭・寺の新築の折の神事を行った。三本の布を合わせた綱は、強者の印ではなく、三造化の神の緒を締めているという説がある。

参考―スポーツ新聞の記事より〈1994・11・26〉

雲龍(防)不知火(攻め)を表す。明治の初めは、不知火が防を表していたという説もある。

●提げ帯・下げ帯(さげおび)

室町時代、宮中の女官が用いた帯で袱紗帯ともいう。幅(三寸五分)の狭い帯で前で結んでたらす。江戸中期以後、御殿女中の夏帯として用い、後ろで結ぶ。帯の両端に厚紙の芯を入れて重みをつけ結び上がりに張りが出るようにする。

○**老以上**…表地が唐織りの類、裏は紅羽二重、芯は木綿。

○**小姓～表使い**…表地が錦織、裏紅羽二重。

○**御側、御次以下平御次**…表地が繻子、裏紅絹。

●三尺帯(さんじゃくおび)

布製のもので、長さは約一メートル一五センチほどで、一般に子ども用の帯を三尺と呼んでいる。

●しごき・引っしき帯

一幅の布を、そのまましごいて帯にしたもの。江戸時代は、きものを長くして着ていたので外を歩くときは、しごきで裾を上げて押さえていた。

○旅姿、きものの両脇を挟み上げる東絡《あずまから》げに使用。

○現代の七五三や花嫁姿で江戸時代の名残として飾りに結ぶ。

○幕府軍服を着た薩長軍が、刀を差すために白いしごきを巻く。これが男性が締める兵児帯の始まり(兵児帯の項参照)。

●下帯(したおび)

小袖の上に締める下紐の帯をいう。男性の褌《ふんどし》、女性の腰巻をいう。どちらも布製。

●下紐(したひも)

下着に締める紐。上代において、夫婦や恋人同士が下紐を結び合って誓い合った。奈良時代には、人に恋されると自然にほどけるという俗信があった。『結びつる我が下紐のとくる日あらめや』(万葉集二九七三)

●下締め(したじめ)

伊達締めをいう。長襦袢やきものの着くずれを防ぐために締めるもの。

●下の帯(したのおび)

褌、褌《みつ》、廻し

●洒落袋帯(しゃれふくろおび)**〈現代〉**

外出着や街着に合わせて締めるお洒落模様の気楽な帯。名古屋より長く、礼装に締める袋帯より短い中間の帯。

●手巾帯(しゅきんおび)

僧が法衣の上から巻き、前で結ぶ帯。長さは手拭い(約五尺)ほどで、綿の芯が入った組紐状の丸ぐけで、環に仕立てられている。

●背負上げ(しょいあげ)

帯を結ぶときに使用する帯枕を包んだもの、帯揚げ。

●調べ帯(しらべおび)

原動機の回転をほかに伝達するために使用する帯。素材は革やゴム、麻など。

●シラミ紐

シラミ取りのためにおなかに締めるように作った紐。

●尻桁帯(しりげたおび)

帯名ではなく、状態をいう言葉。帯を低いところにゆるく結んだ男の姿、働こうとしない身なり。

●紕帯(そえおび)

平安時代のもの。紕、飾り帯、織物のふち飾り、添え帯。

●昼夜帯(ちゅうやおび)

鯨帯、腹合わせ帯ともいう。裏と表を違う素材で腹合わせにして仕立てた帯。

○天和年間頃に鯨帯の名はあった。

○御側、御次以下、平御次の帯で「表は黒繻子、裏は黄繻子の腹合わせ」とある。

○明治二十年代には、昼夜帯は一般に締められていた。

●作り帯(つくりおび)

長い帯を締めたり、形がうまくできないときに、胴に巻く部分と、結び上がった形の部分を別々にして作る帯。舞台用の帯などにも多く使用されている。

●付け帯(つけおび)

平安時代に小袖に巻いた帯で、帯から上を脱いだ小袖を、帯に掛けられるように作ってある。

●綴帯(つづれおび)

京都西陣で作られる高級織物で、織る人の手の爪をノコギリの歯状にギザギザにして模様を爪で織り込んでいく。手のかかる帯なので、価格も高くなることから、前に出る柄は片面が多い。関西は左巻きなので、綴の帯は、模様をよく確認する必要がある。

●つばめ帯

通常、男帯は三巻きの長さになっているが、これは細い二巻きの男帯で、結ぶ部分の帯端に芯がない。

●名古屋帯(なごやおび)**〈現代〉**

大正年間に名古屋の家政科の先生によって考案された。そこで地名の名古屋がつけられた女物の帯。たれは並幅、前は半幅に仕立てられたもので、これを締めたお太鼓の形の表面は、ほかの帯(袋帯や丸帯)の形と変わりがない。それまでの一本の丸帯や腹合わせ帯を二本に分けて作ったので、当時は布地の経済的なこと、締め方が容易で、締め心地の軽さなどから喜ばれ、改良帯、軽装帯などと呼ばれた。

昭和時代の後期には帯の長さも少し長くなって巻きやすくなり、最高に人気があった最もポピュラーな帯。

○**八寸名古屋**…織物の帯に多く、折り端をかがる仕立ての帯。

○**九寸名古屋**…九寸幅の布に模様を染めて、両端を折って仕立てると八寸の帯になる。

●名護屋帯(なごやおび)

室町時代から江戸時代初期に結ばれた、絹糸を丸打ちに組んだ組紐状のもので、両端に房をつけた帯。豊臣秀吉が、朝鮮出兵をしたとき朝鮮から学んだ方法。三〜五巻きして脇や後ろで結んで下げる。名護屋は、肥前国、佐賀県唐津市にある海辺の村で豊臣秀吉が朝鮮出兵の時本営を置いた。
※注「名護屋打ちの帯」の名が、井原西鶴名作集の一つ『好色一代女』（一六八六年、貞享三年）の中にある。

●**七寸帯**（ななすんおび）
帯幅が七寸の七歳の子ども用の帯。大人の普段着用の帯。

●**根深帯**（ねぶかおび）
布の半幅帯をいう。家庭画報に作家宮尾登美子（高知出身）の帯が掲載されている中から知った帯名。

●**博多献上帯**（はかたけんじょうおび）
仏具の独古《とっこ》や華皿《はなざら》を縞状の模様に図案化して九州博多で織った帯。江戸時代に福岡藩黒田家が江戸幕府に献上したことからその名がつけられている。その模様は、四季に使用。

●**白帯**（はくたい）
僧が締める白い帯。

●**鉢の木帯**（はちのきおび）
金襴美麗の黒地に松、桜、梅を諸処に織り出した帯。広さ（鯨尺）二寸、上を芯にする。
○鉢の木の由来
謡曲の曲名。世阿弥作。最明寺入道時頼が諸国行脚のとき大雪で悩んだときに佐野源左衛門という武士が大切にしている梅、松、桜の鉢の木を焚いてもてなした。

●**半幅帯**（はんはばおび）**〈現代〉**
袋帯や名古屋帯の幅を半分にした帯。細帯と呼ばれることもある。以前は、主に羽織の下に締める帯として使用されていた。浴衣用、踊り用、外出用と多種ある。
※注　地方によってハンチャ（福岡地方）、根深帯（高知県）の呼び名がある。

●**ハンチャ帯**
仕事着で丈の短い半纏に似たものを東北や九州でハンチャといい、そのハンチャに締める帯をいう。現代の半幅帯の形。

●**単帯**（ひとえおび）
一枚に織られた裏地のない帯。初夏、盛夏、初秋の帯。博多織の単帯は代表的である。

●**平帯**（ひらおび）
平たく編んだ平打ちの帯。

●**平ぐけ帯**（ひらぐけおび）
帯芯を入れないで、平たくくけた幅一〜二寸の男帯。

●**常陸帯**（ひたちおび）
別名、鹿島の帯。昔、一月十五日、鹿島神社（茨城県）の祭に男女が思いを寄せている相手の名を書いて神前に供えた帯。神主が結び合わせて分けるのを受け、結婚を占う帯占い。

●**袱紗帯**（ふくさおび）
御殿女中が締める錦や唐織の下げ帯。付け帯に対して琥珀や縮緬の類いによる腹合わせの帯。

●**袋名古屋帯**（ふくろなごやおび）**〈現代〉**
夏をのぞいて締める帯。幅広い用途（外出着や街着）の帯。素材には金・銀襴や綴織のものと塩瀬羽二重、縮緬、綸子地の染めものがあり、織りのものは芯を入れずにかがり仕立てにして使用。

●**袋帯**（ふくろおび）
若い女性は振袖、ミセスは黒留袖などに締める礼装の帯。

昭和初期に丸帯に代わって作られ、戦後の経済成長とともに著しく発展し、平成にわたって袋帯の全盛を迎える。

袋帯は柄付けの割合によって次のように呼ばれている。
○**全通**…帯全体に柄があり、表と裏にあるものを丸帯、片面（表）にあるものは袋帯、踊り帯、名古屋帯などがある。
○**八通**…たれから八尺（一尺＝三八センチ計算）、て先から約一尺模様がある。
○**六通**…たれから六尺、て先は一尺の模様がある。
○**お太鼓柄**…前になるところと太鼓のところに模様がある。

●**兵児帯**（へこおび）
明治維新に、軍服に刀を差すために用いたのが始まり。薩摩の兵児（若者の方言）が用いた白木綿の帯に由来。その後、普及し、男性や子どものしごき帯や三尺帯となる。羽二重、縮緬広幅で、絞り染めが多い。

●**本袋帯**（ほんふくろおび）
両脇に縫目がない帯。模様の裏を織り、織り上がってからひっくり返すので技術的にも精魂を要するといわれる。近年織る職人が少ない。
○縫い袋帯…表と裏を別々に織り、縫い合わせて袋状にした帯で、礼装用、洒落着用がある。
○洒落袋帯…いろいろな素材のものを袋帯仕立てにした帯で、色や模様が遊び柄。外出着や普段の洒落着などに締める帯。

●**俎板**（まないた）
最高級の遊女、花魁が結ぶ帯の一種。花魁道中などで見せる帯。
○板
厚く織った唐織りを厚板という。

薄く織った唐織りを薄板という。

●**丸帯**（まるおび）
一枚の大幅物の織りの帯地を二つに折り返し、これを縫い合わせて作った帯全体に模様がある第一礼装の帯。
○江戸時代は、御側、御次以下は使用できなかった。
江戸後期には九寸の大幅もあった。儀式用には白地、黒地などを用いるが、普段にはいろいろな素材が用いられる。
○大正時代に丸帯から名古屋帯が作られ、その後廃れる。
○明治・大正時代の花嫁は、黒留袖に丸帯を使用。
○昭和時代には花嫁のお色直しで振袖に使用。

●**ミンサー帯**
竹富島の代表的織物で、約三〇〇年の歴史を持ち、その締め心地のよさは現在でも好評。

ミンサー帯とは、「綿狭帯《めんさ》」に由来するもので、つまり、綿でできた幅の狭い帯という意味で、昔は沖縄の各地で織られ、地方によりその柄に特徴があった。竹富では最も素朴な絣《かすり》の五つ玉と四つ玉の絣を組み合わせて「いつ（五）よ（四）」の模様とし、島の娘たちがいつ世までも末永く仲睦まじくと願いを込めて織り上げ、思う人に贈った帯と伝えられています。現在ではその柄を取り入れていろいろな布に織り込み、ミンサー布として広く親しまれるようになった。

●**喪服帯**（もふくおび）
江戸時代は無地（紋織りでない）の黒の丸帯を普通とした。また、白無垢のきものに白の丸帯のことも。現代の喪服帯は、黒喪帯と呼ばれる。

●製作スタッフ
着付け指導：笹島寿美
着付けアシスタント：脇島栄子　冨田貞美
撮影：齋藤幹朗（世界文化社）
モデル：坂井 舞、坂本有紀、真田真紀、塩村文夏、滝本佳美、千代喜久、
夏川はるみ、雅也、松田京子、牧野恵梨奈、南 奈央
ヘア・メイク：佐藤 耕

カバー・本文デザイン：新井達久（新井デザイン事務所）
編集：佐藤未知子、富岡啓子（世界文化社）
校正：株式会社円水社
DTP 製作：株式会社明昌堂

本書は『帯結び 100 選』（2001年刊）に、新規の解説を加えて再編集したものです。

『帯結び 100 選』に関わっていただいたモデルの方の中に、連絡が取れない方がいらっしゃいました。本書をご覧になりましたら、編集部（03-3262-5124）までご連絡いただくようお願いいたします。

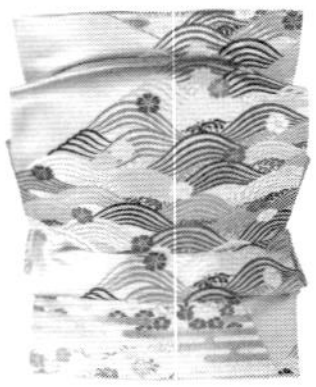

決定版 笹島式 **帯結び100選**

発行日　2018 年 12 月 20 日　初版第 1 刷発行

指導　笹島寿美
発行者　笠原　久
発行：株式会社世界文化社
〒102-8187 東京都千代田区九段北 4-2-29
☎ 03-3262-5124（編集部）
☎ 03-3262-5115（販売部）
印刷・製本：株式会社リーブルテック

 ISBN978-4-418-18427-9